MW01200077

Diarios

Rafael Chirbes

Diarios

A ratos perdidos 3 y 4

EDITORIAL ANAGRAMA
BARCELONA

Ilustración: foto © Schiffer-Fuchs / ullstein bild / Getty Images

Primera edición: octubre 2022

Diseño de la colección: Julio Vivas y Estudio A

Pau Claris, 172
08037 Barcelona

ISBN: 978-84-339-9959-7
Depósito Legal: B. 15160-2022

Printed in Spain

Liberdúplex, S. L. U., ctra. BV 2249, km 7,4 - Polígono Torrentfondo
08791 Sant Llorenç d'Hortons

A ratos perdidos 3
(2005-2006)

Sigue la agenda Max Aub
(5 de marzo de 2005-5 de mayo de 2005)

2005

5 de marzo de 2005

¿En qué se me ha ido febrero? Unos cuantos ratos ante el ordenador con la mente en blanco, todo lo más anotando unas pocas frases que pienso que pueden servir a la novela que debería llegar. Ni siquiera me he asomado a este cuaderno. Bueno, al menos he conseguido entregarles a los de *Sobremesa* un artículo largo sobre los aceites de Castellón que, por cierto, son magníficos. ¡Ah!, y las columnitas que, desde hace tres o cuatro meses, les escribo a los de la revista *Descobrir.* Algo es algo.

8 de marzo 2005. Madrid

Tras muchas vacilaciones acerca de si, cuando en abril vaya a Nueva York, tengo que leer un texto que escribí hace ya algún tiempo o si tengo que limitarme a leer un capítulo de la última novela, me doy cuenta de que, una vez más, lo que tengo que hacer es preguntarme a mí mismo en voz alta qué voy a hacer allí, qué demonios es esto de ser europeo (el Pen Club de Nueva York, que es el que nos invita, quiere que hablemos de eso, de la europeidad), qué es ser escritor, o individuo en la nueva Europa. Seguramente, sin citas interpuestas o con las citas que me lleguen a las manos. Propósito de hoy: ponerme a escribir ese texto ya, en cuanto llegue a casa.

13 de marzo

En la primera salida de don Quijote, Cervantes no tiene piedad alguna con su personaje: lo desprecia, casi diría que lo odia, un tipo estúpido que no se entera de nada de cuanto ocurre a su alrededor; a quien solo la mezcla de humor y prudencia del ventero salva de un linchamiento, y cuyas solas acciones son descalabrar a dos pobres arrieros y conseguirle una paliza suplementaria a un muchacho. El desprecio de Cervantes se resume en la frase con la que cierra la escena entre el gañán golpeado y el labrador rico, y que yo creo que resume qué es lo que don Quijote ha conseguido con su acción: «él [el muchacho] se partió llorando y su amo se quedó riendo» (pág. 66 de la edición del Instituto Cervantes, de Francisco Rico, 1998). Nunca, en anteriores ocasiones en que lo había leído, me había dado tanta sensación de desprecio del autor hacia su personaje: un narrador agrio, malhumorado con su protagonista al que considera peligroso, un payaso, un ser inútil y dañino para su entorno, y, además, un engreído. La literatura (las novelas de caballería cuyos párrafos imagina en las descripciones) sale tremendamente mal parada, y frente a ella, el autor finge contar al margen, en una rara oralidad que rebaja las cosas de nivel, las pone a ras de suelo, las despoja de cualquier fascinación, las descarga, les quita los coturnos. Otra cosa es que luego, en las siguientes excursiones, se enamore cada vez más de don Quijote, y el personaje se le vaya escapando, tomando vida propia. En la primera salida, lo que viene a contar la novela es la sucesión de desastres que puede llegar a cometer quien mira el mundo a través de los libros fantásticos. Más bien parece una venganza de escritor frustrado contra la literatura y contra quienes la sacralizan. Claro que es una venganza contra la literatura, como cualquier buena novela que se precie. No hay gran literatura que no se haya escrito contra la literatura.

10 de abril

Murió el pasado fin de semana mi amiga Isabel Romero. Había hablado tres días antes con ella. Me comentó que había estado en Nápoles con su novio, Miguel; que había sido uno de los viajes más felices de su vida, a pesar de que le habían robado el bolso; me contó incluso lo mucho que le había gustado el artículo que habla de la ciudad en *El viajero sedentario.* Lo llevó con ella y lo utilizó como guía. De repente, recibo una llamada de Ana Puértolas en la que me dice que ha muerto: un derrame cerebral. Se despidió de sus vecinos, C. P. e I., porque subía al piso de arriba, a su casa, a preparar la comida, y cinco minutos más tarde, su novio se la encontró muerta. No sé dónde poner la noticia. Sensación de caída libre. Dolor intenso. Pero eso qué importa. Importa que ella se ha muerto. Yo me quejo de que soy incapaz de escribir una línea, incluso de que me cuesta cumplir con los compromisos contraídos; que no consigo preparar un par de páginas que tengo que leer en la presentación de un libro de Max Aub que ha prologado Caudet, ni escribir los dos folios que piden los del PEN de Nueva York. Vale: pero Isabel está muerta, una mujer fuerte, llena de vida, y ya no está. Eso sí que importa, eso sí que es un asunto serio.

16 de abril de 2005. En el avión
(Transcripción del cuaderno chino.)

Los cuatro mandamientos de Juan Valera para uso de un escritor: austeridad, cultura, trabajo y tolerancia (de un texto de Rafael Conte).

Una cosa puede ser todo a la vez y su contraria. Ya Cervantes había inventado el baciyelmo (Andrés Amorós en un artículo sobre Juan Valera).

Braudel escribe su *Mediterráneo* en cautividad y Auerbach su *Mimesis,* en el exilio, en Estambul, mientras espera el visado para USA. Uno no puede dejar de asombrarse, de admirar aún más el esfuerzo de esas personas.

Aparecen en la editorial Debate las memorias de Edward Said. Se titulan *Fuera de lugar* y no sé si tendrán la frescura ni desde luego el humor de las de Terry Eagleton. Entre las tesis de Said: que los textos no constituyen solo series discursivas (en polémica abierta con Michel Foucault y Jacques Derrida) y que la tradición occidental no es más que una parte visible de un contrapunto de presencia y de sintomáticas exclusiones: «El orientalismo es una praxis de la misma especie que la dominación de género masculina o patriarcado en las sociedades metropolitanas.» *Reflexiones sobre el exilio. Ensayos literarios y culturales,* Debate, 2005.

19 de abril de 2005

En el Metropolitan Museum de Nueva York.

En ningún otro museo tengo la impresión tan lacerante de encontrarme en un *bric-à-brac.* Piezas de Francia (esas vírgenes góticas borgoñonas), de Alemania, de España... Vírgenes segovianas, ¿qué hacéis en el nuevo mundo sajón? Ya llevaron muchas los talleres barrocos a la América Latina, lo sé, lo sé; una imponente reja procedente de la catedral de Valladolid: a pocos pasos del lugar desde el que contemplo la reja, un grupo de españoles habla de expolio y de la prepotencia norteamericana. Pero cuanto hay en esa sala es solo el modestísimo aperitivo del banquete que viene luego: cuadros de pintores florentinos, holandeses, flamencos (Botticelli, Vermeer, Holbein, Rembrandt, Rubens), estatuas de cualquier lugar del subcontinente hindú; de China, de Corea, de Japón; figuritas e ídolos negros de los dogón africanos; estatuas aztecas, olmecas, mayas, incaicas. Pinturas impresionistas hechas en cualquier rincón de Europa: Vlaminck, Degas, Bonnard. El narrador que Carpentier ha elegido para su novela *El recurso del método,* su aportación a la narrativa de dictadores, al referirse a las más viejas familias neoyorquinas, dice que «ciertos apellidos de añeja ascendencia holandesa o británica cobraban, al sonar en las inmediaciones de Central Park, un no sé qué de producto importado –a la vez postizo y exótico...» (pág. 39).

Me molesta el mensaje de rapiña que las colecciones transmiten: como si no tuvieran el mismo origen el museo de Berlín, con su altar de Pérgamo y la Puerta de Istar; o el British y el Louvre, ejercicios de violencia en Egipto, en Grecia, en Mesopotamia. El tremendo expolio zarista del Hermitage. Probablemente los viejos libros de arte me han acostumbrado a ver esas colecciones con naturalidad, digamos que las cosas se han asentado: el depredador ha tenido tiempo de borrar sus huellas y, por eso, el subconsciente piensa que son fruto de la historia. Aquí, en Nueva York, se me vuelve demasiado evidente que el museo es puro fruto del dinero: alguien ha comprado cuadros y estatuas porque podía, lo mismo que compró casas, muebles (también los hay en el museo), joyas (no faltan) o un bolso, unos zapatos y unas cortinas para su señora. Lo explícito del mercadeo le otorga al conjunto un toque de frivolidad que nuestras frágiles almas toleran a duras penas, la desnudez del dinero sin excusas de ideologías que no sean la pura exhibición de riqueza y poder.

Que tengan esa tremenda variedad, que procedan de los cinco continentes y de todas las épocas refuerza la sensación de intrascendencia y también de ajenidad. *Just money*. Lo dicho: un *bric-à-brac*. Pero tampoco eso es privativo de este museo. Todos los museos son chamarilerías de lujo. Qué otra cosa es el Hermitage, que nació y creció a golpe de rublo arrojado sobre las mesas de los marchantes del resto de Europa. Pienso que lo que me condiciona es que el inmenso museo esté en una ciudad que se presume nueva y ha acumulado demasiado deprisa objetos que se crearon cuando aún no existía, hay una especie de desapego entre la ciudad y los contenidos de su gran museo (pero casi todos los museos tienen obras anteriores a la fundación de la ciudad que los alberga: San Petersburgo acababa de ser fundada cuando se creó el Hermitage, almacén de objetos lejanos en el espacio y en el tiempo; y Londres y París y Berlín, ¿no eran despobladas tierras cuando los faraones o Darío acumulaban obras de arte que ahora exhiben sus museos?). A lo mejor, lo que me agobia cada vez más es el concepto mismo de museo general, universal (pero ¿la universalidad no está en el origen de los museos, desde el de Alejandría que dio nombre a todos los museos, a los del Vaticano?).

Todos los lenguajes del mundo hablándote al mismo tiempo. Te quedas ciego y sordo. Aunque ¿qué otra cosa es el periódico que uno lee cada día? Las revistas culturales dejan caer sobre ti obras –al parecer, fundamentales– recién escritas, esculpidas o pintadas en cualquier lugar del mundo, y que tú no conoces. El hombre no tiene tiempo para almacenar ordenadamente todo lo que los tiempos modernos han puesto a su alcance, ¿y cómo vas a hablar de lo que no conoces? Eso te crea en la cabeza un ruido que sobrepasa los umbrales de lo soportable y acaba convirtiéndose en pastoso silencio. Solo sé que no sé nada. Estoy solo ante las cerámicas griegas, ante una estatua sedente del siglo IV antes de Cristo, que aparece representada de lado, apartándose un velo del rostro. De joven estudié las características de las cerámicas rojas y negras, las técnicas, los significados, todo eso lo estudié en los libros. Me fascinaba ese capítulo de la historia del arte: en esta ocasión paso por delante sin dedicarle apenas atención. También leí de joven acerca de la estatuaria ática cosas que he igualmente olvidado; y cuántas tumbas egipcias he visto, en el propio Egipto y en tantos museos, cuántas pinturas egipcias en las que hay personajes que llevan ofrendas, cazadores, pescadores, campesinos, escenas en las que pueden identificarse las herramientas con las que los albañiles trabajan, los aperos de labranza, los útiles de pesca, las especies de aves y peces que viven en el Nilo y en torno a él; las variedades de plantas. Las veo y, a continuación, las olvido. El mundo se ha vuelto demasiado grande para abarcarlo en una sola vida, unas cosas embarullan a otras, lo que viene luego cubre demasiado pronto lo que había antes. Ideas e imágenes recién llegadas desalojan las que guardábamos dentro. Estuve en China y leí algunos libros sobre aquel país; visité Indonesia y leí sobre Indonesia: qué poco recuerdo de esos viajes, imágenes sueltas, sensaciones, confusos derribos. Ahora, en el Metropolitan, contemplo las figuras coreanas, chinas, japonesas, indonesias, y todo se mezcla en mi cabeza. Las viejas imágenes de figuras asiáticas en los libros de Malraux. El mito de Angkor. Me miran silenciosas, desconocidas. Recuerdo una calurosa jornada entre los frisos del Borobudur, en la isla de Java: figuras clásicas, curiosamente parecidas a las que Fidias dejó en el Partenón. A medida que avanza mi paseo por el museo, se acrecienta la sensación de fracaso. La vida como un pozo que se vacía, recipiente infinito que uno intenta llenar en vano: el niño de san Agustín metiendo el mar con la ayuda de una concha en el hueco que ha abierto en la arena de la playa. El hombre no tiene tiempo para almacenar ordenadamente todo lo que los tiempos modernos han puesto a su alcance. Mil viajes de Ulises en una sola vida. Mil *Ilíadas,* mil *Odiseas.* No recuerdo quién era el que decía que Kipling había visitado tantos lugares que no había tenido tiempo de conocer ninguno, ni nada. Ahora estoy ante figuras que proceden del bajo Níger y unos paneles explican sus características, los rasgos de la cultura de la que proceden: aprender unos cuantos tópicos, picotear aquí y allá. Hablar de esto y aquello como un papagayo. El concepto de cultura como visión que todo lo que abarca ha muerto (quizá siempre haya sido así). Pero no, cultura es –tiene que ser– construirte el código que te permite entender el mundo, tu propia vida como pieza del gran rompecabezas, pero en nuestro tiempo el código es un alfabeto que no puede leerse, algo así como los jeroglíficos antes de que se descubriera la piedra rosetta, o como las misteriosas inscripciones de nuestros plomos ibéricos, testimonios de lo indescifrable. Una especie de alfabeto compuesto por millones de letras.

La televisión: escenas de la bolsa de Nueva York, la cara de media docena de políticos, un grupo de chinos paleando escombros después de un terremoto, pakistaníes que se llevan las manos a la cabeza mientras corren de un sitio para otro después de un atentado. Miles de emisoras emiten las mismas imágenes a la misma hora. Por si fuera poco, la red de internet ha permitido simplificar y unificar aún más las cosas (pese a su aparente efecto jaula de grillos). Si se mira la historia reciente, los republicanos y los demócratas, los halcones y las palomas, el coche en el que agoniza Kennedy en Dallas, Marilyn y James Dean. Madona y los Rollings. Kissinger con su Premio Nobel. Los Beatles y Mary Quant. Martin Luther King y Malcolm X. La segunda mitad del siglo XX en una docena de brochazos. Todo fácil de conocer. Pero los de mi pueblo se sienten diferentes de los habitantes del pueblo que está a un par de kilómetros en el acento con que hablan, en buena parte del vocabulario que utilizan, en la cocina, y hasta en las leyendas y narraciones que se cuentan. Imitan –burlándose– el acento con el que hablan los del pueblo vecino. Te dicen eso se lo ponen al arroz los de allí, nosotros no se lo ponemos nunca. O así cocinamos nosotros las cocas, con mezcla de harina de maíz, ellos las hacen solo con harina de trigo. Traslademos el modelo a cualquier rincón del mundo. Multipliquemos. Intentemos descifrar el clamor de esos millones de acentos en esas decenas de miles de lenguas, de esas maneras de cocinar una torta. Ensordecedor guirigay de pájaros en la selva. El lenguaje de la televisión sirve para unirlos: la docena de marcas que la televisión anuncia, las canciones, y las historias del corazón que cuenta, esos frágiles dioses que pasan la tarde con nosotros, en el saloncito de casa. Qué felicidad que el mundo se reduzca a un par de docenas de nombres. A una docena de quebraderos de cabeza que tenemos localizados y que nos cuentan los locutores de la televisión. Cómo tranquiliza eso. Infinita diversidad a la que tenemos acceso si ponemos un poco de empeño (te vuelve loco el guirigay) y monótona unidad con que esa diversidad acaba representándose en la televisión: un mundo de ruido que limita con el silencio. Cuando digo que la televisión acaba por unirlos lo que quiero decir es que acaba por disolverlos, por hacerlos desaparecer y sustituirlos por ese lenguaje de ninguna parte que es ella misma. Ante ese temor, el de que te disuelvan, crecen las religiones y los nacionalismos.

En mi adolescencia, leí con pasión *Les voix du silence* de Malraux, me fascinó su idea del universal museo imaginario. Me llevaba a reconocer como arte a aquellos Vishnú y Shiva que en las novelas de Salgari de nuestra adolescencia eran temibles ídolos exóticos, signos de la barbarie de lo que estaba fuera de nuestro mundo y lo amenazaba, paisajes de terror como de tren de la bruja de los niños; los budas de las películas de Fu Manchú, que lo que hacían era darnos miedo, por desconocidos, porque imaginábamos que pertenecían a un mundo con códigos distintos al cristiano. Si nosotros éramos el código de Dios, ellos tenían que ser formas de representación del diablo, como lo eran los colmillos del conde Drácula o la estrella roja de los comunistas. Ya no recuerdo bien lo que contaba Salgari; ni recuerdo con detalle los viajes a China y otros lugares de Asia que efectué bastantes años más tarde. Del paseo por el Metropolitan me quedan imágenes: un Shiva como dios de la danza metido en un aro, bellísimo, soberbio; una Madona de Rafael rodeada por cuatro ángeles: mejor sería decir flanqueada por cuatro herméticos ángeles, dada la impasibilidad de esos seres que miran en direcciones cruzadas, uno de ellos hacia fuera, hacia el espectador del cuadro. Parecen atentos a cosas que están ocurriendo más allá de nuestra percepción. Me ha recordado a otra Madona de Rafael que vi en Bolonia, también con ángeles inquietantes y ensimismados o atentos a algo que no desciframos. Me inquieta en el cuadro de Nueva York lo mismo que en el de Bolonia, la belleza autosuficiente de estas figuras herméticas, ángeles como de pesadilla. Parecen decirnos que guardan secretos que están fuera de nuestro alcance; enigmas que permanecerán sin resolver.

Repito. La visita al Metropolitan me transmite sensaciones de confusión. Con una educación cristiana y de historia del arte occidental, puedo descifrar más o menos el cuadro de Rafael, aunque no conozca la anécdota que lo hizo posible, las circunstancias en que se encargó, para quién, qué quiso reflejar. Todo eso está en el libro de mi educación católica, en otras cosas tan inútil, o nociva. Pero la nueva educación laica peca de tener una visión estrecha cuando elimina la enseñanza de la iconografía cristiana en un país como España o Italia, el almacén de formas y topos y mitos cargados de sentido. Los jóvenes no saben distinguir a un apóstol de otro, a un evangelista de otro. ¿Cómo entender, sin ese equipaje, la pintura occidental? Así no se puede entender por qué El Escorial tiene forma de parrilla, y por qué Martín Santos termina haciéndole decir al protagonista de *Tiempo de silencio:* «dame la vuelta que por este lado ya estoy tostado». Pero yo no sé nada, o apenas nada, de cómo se expresa cada una de las culturas representadas aquí; qué es lo que se quiere expresar con cada volumen, con cada línea, con cada rasgo de esas obras escultóricas que llenan las salas. Solo para quien sabe las claves, esas esculturas cobran significado, así que la exposición acaba siendo un deprimente examen de conciencia de cuanto desconozco, de lo que ya no tendré tiempo de aprender. No hay canon ni armonía fuera de Dios, de los dioses, en la práctica totalidad de estas culturas cuyas obras contemplamos en los museos. Plasmaciones del mito y de los ritos. Decía Malraux en *Les voix du silence:* «Las obras de la exposición han perdido su función, desde los platos de oro en los que ya no come ningún rey, hasta los dioses a los que ningún sacerdote reza»; al final, te queda poco más que la sensación de que, en todas las épocas y en todas las geografías, el hombre –a falta de algo mejor– ha intentado expresar lo innombrable, el miedo, mediante representaciones artísticas, mediante formas. No es gran cosa. ¿Y qué hacemos todos esos miles de turistas recorriendo las sucesivas salas, sino proseguir la búsqueda, moviéndonos a nuestra manera entre las búsquedas de ellos? Otra conclusión, si cabe aún más pesimista, es la de que, al margen de lo que esas formas hayan querido expresar, siguen siendo valiosas para nosotros porque podemos apropiarnos de ellas en un puro juego (así lo hicieron los cubistas, así lo hizo Picasso a principios del siglo pasado con las culturas centroafricanas). Esas formas, solo acompañadas por un vago perfume de procedencia, parece que vienen a ocupar espacios de inquietud, o simplemente a revelar vacíos que hay en nuestro interior y que se diría que buscan articularse mediante determinados juegos de colores, líneas o volúmenes. Pero ¿qué huevos estoy escribiendo?

Ayer, recorriendo el MoMA, viendo las fotografías de corte clásico tomadas en los años veinte, treinta, cuarenta y cincuenta, me emocioné. Como si iluminaran ciertas claves, y me ofrecieran sentido. Sé qué es lo que está haciendo esa gente, tanto la gente que capturó esas imágenes, como la que aparece representada. Guardo ese código. Lo domino. Casi puedo imaginar la canción que canta Kiki en ese local de Montparnasse, o de Montmartre, en el que aparece fotografiada.

Hay un famoso cuadro de Robert Ryman (un pintor que nació en 1930) que se titula *Twin*. Es una superficie en blanco. Pienso en lo triste que debe ser pasar a la historia de la humanidad por ese cuadro, estar aquí a la vista de los millones de personas que cada año visitan el MoMA y consideran como representación de algo tu blanca tela. La madre de todos los monocromos. Que te pongan en la historia de la pintura en la misma estela que Miguel Ángel, que Rafael, que Cézanne y Picasso, por un cuadro en blanco. No puedo librarme de esa sensación de estafa, o, aún más patético, de impotencia, me digan lo que me digan los defensores del cuadro: ya pueden hablarme del gran avance de los monocromos. Los azules inigualables de Klein. Antes el arte era una habilidad para hacer esto o aquello, ahora es una forma de ingenio, la historia de una cadena de ocurrencias. No nos seduce la obra a simple vista. No pone en marcha nuestro mecanismo de comprensión. Primero tenemos que participar del código (pero ¿eso no ha ocurrido siempre?, ¿no ocurre siempre y necesariamente así?, ¿qué entendemos ante la estatua griega si no sabemos que representa a Venus y lo que la diosa significa en la mitología?). El artista contemporáneo es más que nada un retórico. La artesanía ha pasado de moda. El artista primero, y ante todo, formula, luego intenta expresar su fórmula, y finalmente te explica la obra. Sin un cargamento de teoría, no puedes tener acceso a ella. Lo grave es que la mayor parte de las veces tienes la impresión de que vale más la palabra que el acto, la explicación más que la obra: en principio era el Verbo. Y, por lo que se ve, también al final. En cambio, en los pintores clásicos tienes la impresión de que, por mucho que despliegues tus dotes verbales, nunca le llegas a la suela de los zapatos a la obra. Acabas diciéndole al exégeta: cállate y déjame mirar.

Cuando una obra contemporánea nos seduce a primera vista, al margen de que conozcamos la idea sobre la que se sostiene, lo hace del modo más primitivo: por su color, por sus formas, nos devuelve a un espacio infantil, que debería ser de una insoportable ingenuidad para nuestro mundo moderno. Me da igual si luego envolvemos la experiencia con complicadas teorías.

La zona reservada al arte pop en el museo: Liechtenstein, Warhol, Oldenburg: aquí el ruido no está dentro de la obra, sino en torno a ella, uno la contempla rodeado por un gran griterío. Veo las intensas letras amarillas *OOF* sobre fondo azul que Ruscha pintó, llamativo, chillón, anuncio de neón reclamando una mirada en la confusión de formas y luces de la gran ciudad. Formas. En la sala Estée Lauder, cuelgan cuadros de Max Beckmann, Otto Dix, George Grosz, Siqueiros, Diego Rivera y doce pequeñas estampas de Jacob Lawrence, contando escenas de la vida de los emigrantes mexicanos.

No puedo evitar un pensamiento sectario: cosmética social. Pero en realidad el pop art cumple lo que le pedía a la literatura Walter Benjamin, dejar la altivez del libro para apropiarse de cualquier cosa del exterior. Pero no sé por qué sospecho que en este caso le sale el tiro por la culata.

En Manhattan, permanece siempre un oscuro ruido de fondo, tanto de día como de noche. Nunca dejas de oírlo. De vez en cuando, a ese mugido se sobreponen otros sonidos más secos, agudos o roncos, penetrantes intrusiones sonoras que se levantan sobre el rumor perpetuo: hay metales que chocan; alguien que martillea; bufidos de frenos de alguno de los enormes camiones que circulan por la ciudad; cláxones, sirenas de policías o de ambulancias; el rugido de un vehículo pesado que acelera, crujidos que parecen emerger del fondo de la tierra. Todo eso se enreda y crece por encima de la interminable respiración sonora de la ciudad, el fondo sordo y continuo: respiración de dragón insomne. A cualquier hora puede cruzar las calles de Manhattan un camión de una veintena de metros de longitud cargado de hierros, vigas de madera, elementos constructivos o tremendas máquinas-herramienta, dejando a su paso un conjunto de complicados y potentes ruidos. Acaba de frenar ante un semáforo, dando soplidos como si fuera un dinosaurio asmático: se trata de vehículos enormes que parecen construidos hace ya unas cuantas décadas (en los años cuarenta y cincuenta) y transmiten la sensación de que esta ciudad no jubila nada antes de tiempo, lo utiliza todo hasta apurarlo (la misma sensación comunican las decrépitas estaciones de metro, los viejos vagones: el servicio, sin embargo, es excelente, gracias a la buena frecuencia con que pasan los convoyes y a la velocidad que alcanzan, sobre todo esos trenes que llaman express).

La mugre ocupa la base de buena parte de los edificios, como si subiera desde las aceras, o aún desde más abajo, desde los sucios túneles del metro, desde las carboneras y sótanos, y la ciudad tuviera que esforzarse por mantenerla a raya. Uno imagina siniestros y mugrientos esos mundos subterráneos incluso en los edificios más lujosos, da por supuesto que son extensiones de la mugre del metro que corre a la misma profundidad: hollín y chafarrinones de óxido que descienden y se extienden desde las vigas del techo del ferrocarril subterráneo, y manchan los marchitos azulejos que, hace muchos años, fueron blancos. Los túneles, en algunas estaciones sostenidos por decrépitas vigas metálicas que forman tristes salas hipóstilas, parecen conducir directamente al infierno. Sí, me digo, todo destartalado, pero útil. Los trenes se suceden sin interrupción. El servicio es rápido y eficiente. A uno no le queda más remedio que comparar ese funcionamiento de los transportes con el de algunas ciudades españolas, donde se empieza por hacer estaciones diseñadas por una firma prestigiosa (Foster, Calatrava, pongamos por caso) y luego parece que el dinero no llega ni para adquirir el parque móvil: lo que menos importa es que pasen o no pasen los trenes. Lo importante es que, de momento, ya tenemos una línea de metro que es la envidia de otras ciudades y se inaugura en vísperas de la campaña electoral.

Salgo a fumar a la puerta del hotel. Del otro lado de la calle, un hombre de raza negra, vestido con un traje azul oscuro, hace lo mismo que yo, fuma. Su cuerpo es sólido, ancho. Es también muy alto: ocupa casi todo el hueco del portal. La cabeza le llega prácticamente al dintel metálico de la puerta ante la que está detenido: un animal fuerte, hermoso y triste en su soledad de fumador. Yo, a él, debo de parecerle un animalito frágil, envejecido y poco saludable. Este fumar en la calle y en solitario le pone un punto de erotismo al vicio. Uno ve esos tipos fuertes, con frecuencia ejecutivos bien vestidos, esas mujeres bellas y elegantes, fumando a solas en la calle, quietos, a la puerta de algún rascacielos en el que tiene la sede su empresa, y descubre en ellos una herida, fragilidad bajo su aspecto acorazado, algo que los aísla del grupo al que pertenecen, y los deja solos, particulares, en su vida propia. Son fumadores. La marginación los convierte en amables, en deseables. Uno quiere llenar parte de ese hueco humano y ese vacío social que expresa el tabaco. En el origen de todos los amores desgraciados está el afán de redención. Se descubre a primera vista la herida del otro, lo que te parece que le hace sufrir y te abalanzas como el tigre hambriento sobre una gacela. Pero eso que te atrae es lo que, en realidad, te hará sufrir a ti, la grieta por la que entrarás en tu propia desgracia.

Oigo hablar en inglés a mi alrededor; un espeso túnel formado por el ruido de las conversaciones, que apenas entiendo porque la gente –como es lógico– habla muy deprisa; las voces forman un nido *(nest)* en el que me siento aislado, a gusto. Me ocurre siempre que acudo a un país cuya lengua no entiendo (el inglés puedo leerlo; pero cuando lo hablan deprisa no alcanzo a descifrar el significado de las frases, solo palabras sueltas, alguna expresión coloquial; además, soy duro de oído). Estoy bien así, aislado; metido en mis cosas: pensando en que me duele un poco la cabeza (también estar levemente enfermo pone un puntito de grato ensimismamiento); digo que me duele un poco la cabeza, seguramente porque duermo mal, debido al *jet lag*. Por la noche sudo, paso momentos febriles (estoy algo resfriado, el aire del avión tiene la culpa) y, por si fuera poco, me ha salido un forúnculo que me tortura (acabo de comprarme una crema). Pero todas esas molestias no llegan a distraerme, refuerzan mi sensación de lejanía, la idea de que todo conocimiento –como todo placer– exige una entrega, un sacrificio, incluso una dosis de dolor: en eso pensaba cuando estos días pasados seguía caminando por la ciudad a pesar de que tenía los pies a punto de reventar; la espalda dolorida. Sufre, amigo Chirbes, pensaba mientras arrastraba tres gigantescas bolsas de libros adquiridas en el MoMA (libros para mí, y para regalo). A nadie se le ha entregado un gramo de belleza ni de sabiduría sin una dosis de sufrimiento. La idea de conocer disfrutando es muy propia de la sociedad contemporánea, de los folletos de turismo actuales. Viajar resulta siempre incómodo, y cuando alguien se encarga por nosotros de que se vuelva cómodo, quiere decir que el viaje nos enseña poco, nos sirve para poco, porque el término «comodidad» implica no salirte de tus parámetros, de tu forma de vida: reproducir tu mundo vayas donde vayas. En ese caso, te ocurre lo que antes he escrito que alguien le recriminaba a Kipling: puedes llegar a viajar tanto que no te dé tiempo a conocer nada.

Esta madrugada, insomne, hojeaba uno de los libros que ayer compré: hermosas vistas de los rascacielos de principios de siglo, edificios neogóticos, neorrenacentistas, art déco. Qué felicidad estar así, tumbado en la cama, en la habitación de un hotel, repasando las hojas del libro que me muestran lo que está alrededor, lo que he visto, lo que puedo ver con solo salir a la calle y pasear un poco, qué más da el dolor de piernas, de cabeza, de espalda, el forúnculo. Esa infantil complacencia de sentir que estás en un lugar tan interesante que hasta los libros se ocupan de él es la base del turismo. Haber visto siete maravillas del mundo y que aún te queden dos por ver. *«Vedere Napoli e dopo morire.»* Pienso en la vejez que se acerca. No me conservo bien, demasiados excesos aún hoy día, excesos que a esta edad no están a la altura de las abandonadas Sodoma y Gomorra, aunque un poquito de Sodoma también sigue habiendo, como se verá.

Excesos a mi edad es dormir poco, comer sin cálculo, fumar como un carretero y beber como lo que soy, un taciturno alcohólico social, que cuando deja de hacer lo que esté haciendo solo encuentra consuelo en algún lugar en el que sirvan copas y donde vea gente a su alrededor, o que solo sabe divertirse en la barra de un bar, mejor solo que acompañado, pero viendo gente que va y viene. En la nueva etapa, irá creciendo el índice de dolor que invierta por cada gramo de belleza o de simple satisfacción obtenidos. Es uno de los axiomas de la vejez, que llega a ratos sigilosa, y en otros momentos, impúdica: diciendo altiva que ya está aquí, dándole golpes y patadas a tu puerta para que se la abras cuanto antes, como si su retaguardia –la dama de la guadaña– tuviera prisa por hacer su trabajo. Si no tengo más que cincuenta y seis años, un niño según los cánones contemporáneos: pero arrugas y manchas en la piel aparecen de un día para otro. Últimamente reclaman mi atención (nunca había hecho caso de esas cosas, me miro poco en el espejo, me afeito y peino en un pispás). La piel cambia deprisa. Aunque procuro no fijarme, el espejo me muestra el deterioro, añadiéndolo a las aprensiones que nuestra época nos entrega a cualquier edad, miedo al cáncer, a la hipertensión, al colesterol, al azúcar, a la sal: han aparecido unas manchas negras en la mejilla izquierda y una parte de dicha mejilla se ha oscurecido, amenazante: como si, dentro de poco, la sombra fuera a ocupar buena parte del rostro y a oscurecerse aún más. Pienso en un cáncer de piel, en el sida, aunque seguramente no son más que rasgos que regala generosamente la vejez que tanta prisa tiene. Finjo que no lo noto, pero lo noto, y aquí escribo que lo noto. Los solitarios (sería mejor decir los solterones), además, pensamos que todas esas cosas nos apartan de los contactos sentimentales o simplemente sexuales. Cada vez menos posibilidades de gustar a nadie, y los que vivimos solos únicamente gustando a alguien podemos gozar de esas compañías esporádicas que se suponen necesarias para el equilibrio. Entras en algún local de ligue y descubres que nadie te mira o que, si alguien cruza por azar la mirada contigo, la aparta con precipitación. Le diriges a alguien la palabra y te dice: no, es que estoy cansado, o casado, o tengo prisa; esos son los signos que anuncian que lo peor está empezando a llegar. Aún hay más. Demasiadas veces te invade la sensación de que ni siquiera tienes acceso. Es decir, que ves a alguien que te gusta y ni siquiera te atreves a pensar en dirigirle la palabra, porque constatas que es de otra época, de otro tiempo, que está en el escaparate de un local al que no tienes acceso; piensas que tu tiempo con él ya ha pasado. No sé cómo ni desde cuándo, pero esa sensación es cada vez más frecuente. La sensación de estar cerca de algo hermoso que no es para ti, ya no. Te da vergüenza mancharlo hasta con la mirada.

Contradiciendo lo que acabo de escribir. El cuerpo oscuro de Anthony (de ébano, dirían antes) reflejado en el espejo de la habitación del hotel. Una escultura rotunda, sólida, la perfección del cuerpo: como si el cuerpo no estuviera formado por partes, sino que estuviera –como lo está– hecho de una sola vez, contundente. Termina la función erótica y dice: «*Very exciting, very sexy*», y la vejez parece desvanecerse por unas horas.

Tantas vidas a la deriva en esta ciudad. El mexicano al que han mandado a hacer un recado (lleva una cesta que me da la impresión de que contiene carne), al oírme hablar en español por el teléfono móvil, se dirige a mí y me enseña un papel en el que aparece escrita la dirección a la que tiene que encaminar sus pasos: algún lugar de la cercana calle Cuarenta y dos. Estamos en la esquina de Lexington con la Cuarenta y siete, así que no me resulta difícil ofrecerle las indicaciones que pide. Tiene que caminar en línea recta cinco calles y luego torcer a la derecha. Le dices: ¿Ve usted?, señalándole el rótulo de la esquina en el que aparece el número. En cada esquina encontrará usted indicado el número, así que es muy fácil. Cinco cuadras más abajo verá el 42. Escucha como si no entendiera, aturdido, confuso. Y observo que, nada más cruzar la calle, se acerca a otra persona, vuelve a mostrarle el mismo papel que me mostró a mí y a escuchar sus explicaciones. Entonces me doy cuenta de que lo que le ocurre es que no sabe leer, ni contar, ni reconoce los números. Por lo que parece, tampoco sabe ni una palabra de inglés. ¿Cuántos días hará que ha llegado a Nueva York? Me angustio por él, pienso que yo podría ser él. ¿Conseguirá mantener su puesto de trabajo? Porque, a este paso, va a tardar una eternidad en encontrar la dirección que busca y, seguramente, cuando regrese –si es que sabe volver– al sitio del que ha salido con el encargo, recibirá una bronca. Quizá el despido. Sí, es absurdo, pero siento angustia por él. ¿Conocerán sus carencias los empleadores? Esta ciudad se ha construido con gente parecida a él. Piensas en ti mismo, en situaciones del pasado en las que tuviste que ocultar un cúmulo de carencias para mantener un trabajo miserable, pero que te permitía subsistir; en las carencias que te ves obligado a ocultar, y que siempre te hacen ver como un impostor, tan torpe. Piensas en tu primer viaje a París hace ya casi cuarenta años, en el desconcierto que marcaba cada uno de tus actos. Piensas sobre todo en las carencias de hoy, que la madurez vuelve flagrantes. Cuando temes por ese hombre, temes por ti, te pones en su lugar y piensas que no está muy lejos del tuyo. La mayoría de la gente caminamos sobre quebradizas placas de hielo. Pueden llegarnos situaciones imprevistas que quiebren el suelo, nos hundan en el agua helada, o nos claven al barro. La compasión por ese hombre es compasión por mi propio destino, compasión hacia alguien –yo mismo– que puede vivir cosas que no es capaz de superar, situaciones que no puede solventar. El hombre que busca la calle Cuarenta y dos con una cesta cubierta por un plástico y que lleva un papel en la mano no es un adolescente, un joven que tiene la vida por delante, sino alguien que ha superado ya la cuarentena. Da tanta pereza aprender cosas nuevas a partir de cierta edad, está uno tan poco cualificado para hacerlo. Produce espanto que alguien así se vea obligado a cambiar de vida tan tarde. Son esas historias que no ocupan ni una línea en los libros. O que proporcionan páginas de retórica beata, chorros de pegajosa bondad. Este hombre tiene poco tiempo para aprenderse Nueva York, y, sobre todo, pocas armas. Me pregunto dónde y con quién vive. Seguramente con algún familiar en alguno de esos barrios del norte de Manhattan que visité anteayer: subí en el metro hasta la calle Ciento sesenta y tantos, donde te das de bruces con lo que parece un suburbio bogotano, aunque algo menos colorista, o de colores un poco menos chillones, y se diría que más triste, aunque supongamos, y es posible que eso no se advierta a simple vista, que algo más esperanzado: uno imagina que aquí, en Nueva York, un colombiano pobre puede llegar a algo, a lo que sea, quizá solo a ver la luz del sol unas cuantas mañanas más de las que puede llegar a verlo en Medellín, en Cali. Pienso en las novelas de Fernando Vallejo, con todos esos jovencitos de piel morena y ojos verdes que no verán salir el sol de mañana, cuerpos mutilados arrojados en una cuneta. Recuerdo eso que dice *La Celestina* de que no hay nadie tan viejo que no pueda vivir un día más, ni tan joven que no pueda morir mañana. En Medellín, en Cali, se muere más deprisa, se muere antes: es una simple cuestión de estadística. Salir fuera es escapar de la estadística.

Alguien me había dicho: Vete a ver Banana Village (así llaman a ese barrio hispano que se extiende por las calles Ciento sesenta y tanto). Hay color, un estallido de color, me habían dicho. No me lo pareció. Está la estética de las clases populares latinoamericanas, gusto por lo chillón, por colores vivos como el rosa, el verde manzana, el azul cielo, pero lo que me pareció que hay, sobre todo, es pobreza; y también algo más espeso, más difícil de definir: como la prolongación de una herida infectada que se extiende por esos barrios altos, también por Harlem, por la Ciento veinticinco y adyacentes. ¿Vio usted el Apolo? El teatro en el que todos los artistas estaban obligados a triunfar para ser considerados de verdad grandes, me pregunta el chófer del Instituto Cervantes que me lleva al aeropuerto. Lo vi, respondo. Esta ciudad parece que es capaz de contenerlo y combinarlo todo, pero sin mezclarlo: es más un cocido de varios vuelcos que un puré. Uno se trae de su país, pegado a la piel, lo peor de sí mismo.

Los gordos de Nueva York. Sobre todo, los gordos negros (las negras). A mí, que siempre he preferido la carne –el pecado bíblico– al hueso –mensajero de la muerte–, de pronto llega un momento, después de varios días dando vueltas por la ciudad, en el que me angustian los gordos. Son tantos y tan descomunales. Me produce vértigo imaginar que me hubiera correspondido vivir en uno de esos cuerpos, arrastrar alguno de esos cuerpos jadeantes en los que los muslos se rozan, las nalgas y las barrigas se bambolean irregulares y temblonas; cumplir con los ritos corporales, asomarse a y limpiar en los huecos de esos cuerpos; ser dueño, o esclavo, de esa masa temible. Incluso a mí que me gusta –ya lo he dicho– la gente carnal, viendo a esos gordos de volumen cósmico, me espanta la idea de convivir con alguien que posea un cuerpo así. ¿Y si fuera yo mismo el portador de toda esa carne? Siento rechazo, miedo, una sensación de asfixia.

Casi siempre en las calles de Manhattan hay abundancia de taxis, los llamativos vehículos de color amarillo. En pocas ciudades del mundo es tan fácil obtener un taxi como en Nueva York (y creo que en ninguna es más fácil moverse sin necesidad de recurrir a taxis). Hay momentos (sobre todo en sitios del Midtown, como Park Avenue, la Quinta, o Madison Avenue) en los que la práctica totalidad de los vehículos que ocupan la calzada son taxis: la calle se convierte en un suntuoso río amarillo. Impresiona contemplar ese espeso ofidio de metal que avanza lentamente como un colorista dragón chino.

El concepto de Europa (lo que quieren que cuente en dos folios los del PEN): refugiarse en un acorazado poderoso, porque USA es eso, un amenazador acorazado con los cañones apuntando a los cuatro puntos cardinales; y porque China empieza a serlo (y Japón y la India y Brasil). Refugiarse de las amenazas exteriores, qué se le va a hacer, pero ese concepto acorazado de la existencia no parece el más gratificante como ideal de vida, de convivencia humana, para un escritor, para un pensador. Eso deben construirlo los políticos, que organizan ejércitos y trazan fronteras; los empresarios que buscan la competitividad económica y todas esas cosas. De ahí a que se nos pida a los escritores que formemos parte de la tripulación de ese acorazado, que engrasemos los cañones, y lancemos las gorras al aire, hay un trecho. La historia del mundo –y muy especialmente la de Europa– nos enseña en qué acaban todas esas retóricas, y también que cuando se construye un acorazado acaba utilizándose. El ser humano tiene, seguramente por genética, un ajustado sentido de la economía: se humanizó y se separó de sus compañeros del mundo animal precisamente porque fue capaz de llevar a cabo cálculos económicos, construyó instrumentos para matar y para desollar y almacenar los cadáveres que conseguía y almacenar los alimentos. Cualquier objeto que construye o inventa acaba utilizándolo. Aparte de que, por muy *laborable* que sea su oficio, el escritor casi nunca forma parte de la activa marinería, sino que tiende a instalarse cómodamente entre el pasaje y, a ser posible, a ocupar camarotes de lujo y a sentarse en la mesa del capitán a la hora de la cena. Los mismos que critican a los escritores de entreguerras porque, por sus ideas comunistas, pusieron su arte al servicio de intereses políticos, claman ahora para que el escritor muestre su europeidad. Pero ¿no hemos quedado en que eso era espantoso?, ¿en que eso era lo que les pedía Stalin a los escritores? ¡Defender opciones políticas! Yo diría que el escritor tiene que vigilar a los políticos, meterse en los engranajes, entender, o intentar entender, cómo funciona la maquinaria de las cosas, procurar contarla, pero entendido así se trata de un oficio que, por fuerza, a los políticos y a los que se llaman gente de bien, no ha de hacerles ninguna gracia. Me gusta el modelo de los artesanos también para el arte. A quienes se dejan tentar por la obra como contrafuerte del edificio del poder, me da igual el que sea, les recomiendo que se lean *La muerte de Virgilio,* de Hermann Broch.

Los escritores debemos hablar menos y escribir más, y cuando nos pregunten nuestra opinión en la radio, en la televisión o en el periódico, pedir a quien nos la pregunta que se lea nuestros libros: ese es exactamente nuestro pensamiento, ahí están nuestras opiniones. Traducirlos al lenguaje de las revistas, de los periódicos o del cine es reconocer el fracaso de la literatura, la inutilidad de la narrativa. La literatura no puede aspirar a sustituir a las organizaciones benéficas, ser una sucursal de las sociedades no gubernamentales y caritativas. No es una fábrica de consuelos. Ni el *Lazarillo,* ni la *Celestina,* ni el *Quijote* consuelan de nada. Desnudan. Ponen al descubierto los engranajes de su tiempo: más bien, desconsuelan. Pero ni siquiera quieren que consolemos (o solo muy en segundo plano). Lo que nos piden es que nos pongamos el casco y, como Mambrú, nos vayamos a la guerra.

Últimos días de abril de 2005
(Escrito a la vuelta del viaje neoyorquino.)

Mirar fuera.

El viaje, y, al volver a casa, una ventana en la calle Mayor: el cine visto en la tele, los libros. Lo que mi abuela llamaba *un coche parado,* un lugar desde el que se ve pasar la vida, porque son los demás los que se encargan de ponerla en movimiento ante tus ojos, tú te estás quieto, solo los ojos, los oídos, atentos. *El viajero sedentario* he titulado el libro en el que he reunido lo que escribí sobre algunas ciudades. Hace pocos meses volví a ver en televisión *Tres vidas errantes,* la película de Fred Zinnemann con Deborah Kerr, Peter Ustinov y Robert Mitchum, y me asaltó la melancolía de las vidas posibles y no vividas (la película cuenta el vagabundeo de unos esquiladores de ovejas que recorren Australia). Me entró un pesar muy grande. Era de noche, tarde, y tenía ganas de llorar. Los viajes que uno lleva a cabo en su juventud tienen mucho de esa búsqueda de vidas posibles fuera de la que a uno le ha tocado en suerte. El hombre es el único ser que puede ponerle condiciones a su destino. Eso era, al menos, lo que me ocurría a mí. Buscaba algún lugar del mundo en el que la realidad permitiera que los deseos más escondidos salieran a la luz y se reconocieran como valores. Luego, una vez que supe que eso no era así, ni podía serlo, que ese lugar no existía, que todas las Lima eran la misma Lima, seguí convencido de que los viajes me habían ayudado a hacer soportables las limitaciones (un poco al estilo de lo que cuenta Graham Greene en sus memorias: los viajes lo libraron del suicidio, viene a decir), y me ayudaron a poner los pies en el suelo que pisaba a diario. De vuelta, siempre he tenido la impresión de conocerme mejor a mí mismo y de conocer más a quienes me rodeaban. Lo había visto todo al natural, y a través de un catalejo, o de un microscopio, el modelo Gulliver. Podía ver las cosas desde mi perspectiva, pero también desde la perspectiva del gigante de Brobdingnag y desde los ojos del liliputiense. Es el mecanismo que utilizan todas esas ciencias que se basan en los estudios comparativos de la sociedad, de la lengua, de lo que sea, un mecanismo que pasa por las *Cartas persas* de Montesquieu, o las *Cartas marruecas* de Cadalso, y viene de la historia de Heródoto. Entender que todo es un juego de códigos y descifrar las razones por las que esos y no otros comportamientos se han impuesto en cada lugar y tiempo y se mantienen, o –en determinadas circunstancias– están a punto de saltar por los aires. La vida como una maquinaria cuyos mecanismos podemos llegar a descubrir, o al menos intuir. En el viajero, luchan más encarnizadamente que en el sedentario fascinación y razón. Y conocer es desnudarse de la fascinación, apartar de la realidad los vestidos, los velos, dejar la conciencia en paños menores, o, mejor aún, en carne viva. Perseguir la realidad que ya sabemos que no es nada que pueda capturarse, pero cuya búsqueda nos sirve de brújula para no perdernos: aunque sepamos que es inútil el intento de echar la red para capturar la abundancia de lo que nos rodea y de lo que formamos parte, el niño de San Agustín queriendo meter el mar en un agujerito que ha hecho en la arena armado con una pechina.

En la sala Spyros and Eurydice Costopoulos del Metropolitan hay una soberbia estatua griega del siglo IV antes de Cristo. Representa a una mujer sentada y que se nos ofrece de lado, no de frente. Con una mano, aparta de su cara el velo que la cubre. Va vestida con un bello manto, que forma unos elegantes pliegues. La mujer posee una rotundidad asombrosa, procedente a la vez del cuerpo que se adivina bajo el ropaje, y de la contundencia con la que el escultor ha expresado una idea que no se nos aparece como respuesta, sino como una interrogación planteada a partir de unas cuantas líneas precisas, de un juego de volúmenes. Sabemos que hay algo particular en ella desde la primera ojeada, pero no sabemos lo que es. La mujer nos brinda al mismo tiempo una imagen de plenitud, de serenidad, y una inquietud inexpresable. A la vez, seguridad y misterio. Ese es su secreto y, por eso, nos fascina. Un gran artista es el que sabe plantear con precisión lo que no la tiene.

Las bolsas de basura se amontonan ante los elegantes edificios de la Quinta Avenida y de Park Avenue. Los mendigos registran tranquilamente en su interior mientras los conserjes, tocados con gorra de plato y envueltos en imponentes abrigos, miran hacia otra parte, un elemento más a la hora de leer esta ciudad desde los presupuestos del Barroco: pobreza y opulencia dándose la mano. Ese Nápoles del XVII y del XVIII, en el que en el mismo palazzo convivían los nobles y los *lazzari:* Nueva York, cuyo gran momento ya da la sensación de haber pasado, tiene mucho de símbolo. En la ciudad medieval, la casa en la que se vive es casi del todo muda si se la contempla desde fuera. Expresa poder económico y social, pero no sirve exactamente como representación y en el conjunto de la ciudad los espacios públicos pesan poco. Son el Renacimiento y el Barroco los que devuelven ese concepto de ciudad espectáculo que ya tuvo Roma, en la que, además de posición social individual, hay representación del poder cívico. En el momento de esplendor de Nueva York, que se sitúa entre los primeros años del siglo XX y el estallido de la Segunda Guerra Mundial, los edificios quieren expresar una idea, rica metamorfosis del individualismo burgués (el sistema navega por debajo, no hay que exponerlo a la luz, no se nombra): muchos de los edificios son verdaderos conjuntos alegóricos que expresan la fuerza del trabajo, el poder del transporte moderno, de las comunicaciones, de la electricidad, la borrachera de la velocidad (esa iconografía del edificio Chrysler), los hallazgos de la técnica. Es a la ciudad a la que representan los personajes de Calderón en sus autos sacramentales y todos *(La cena del rey Baltasar)* ponen a prueba a Dios, a un dios que es, por el momento, la cúspide del progreso. Son torres de Babel, llegar más arriba y con más riesgo, sustituir al Dios monoteísta, que hace un par de años empezó a tomarse la venganza por su mano. Ojo por ojo.

En muchas esquinas huele a quemado, a chamusquina. No me refiero al olor de cocinas que se expande por buena parte de la ciudad y que cambia de matices con el carácter del barrio (Chinatown o Banana Village son buenos ejemplos de eso) y de los restaurantes y panaderías cercanos. Me refiero a que huele a hueso quemado, a quemadero de basura en la que se hubieran arrojado animales muertos: olían así ciertos lugares a las afueras de mi pueblo cuando yo era pequeño. Y es un olor que aún percibe uno en las grandes aglomeraciones del tercer mundo: en Yakarta, en México D.F., en los arrabales de Marrakech y Casablanca huele así. Bueno, pues Manhattan huele así a trechos, incluso en algunos rincones de sus barrios elegantes (Lexington, entre las calles Cuarenta y Cincuenta, Times Square, la Séptima, entre las calles Diez y Doce). Estos días pasados, olía de esa manera junto al Rockefeller Center y en las cercanías del MoMA. Procede ese olor de chamusquina de las cocinillas que manejan los vendedores en muchas de las esquinas de la ciudad y en las que asan alimentos que los ejecutivos consumen con un espíritu de comunión interclasista que me recuerda al cuento de la jorobada que mi padre me contaba cuando yo tenía tres o cuatro años, que se me quedó grabado y he contado en otro lugar de estos cuadernos. Con ese cuento intentaba explicarme que jamás debemos despreciar a nadie (la verdad es que nosotros éramos muy pobres: nos quedaba muy poca gente por debajo a la que hubiéramos podido despreciar). Pero hablo de a qué es a lo que huele el centro de Manhattan, ese olor a quemado. Más arriba, se perciben otros matices. En las calles Ciento sesenta y tantos, uno sale del metro y se encuentra con un conjunto olfativo que lo traslada a las afueras de Bogotá, los aceites, los chiles picantes... Desde la salida de la estación, se encuentra con los carteles de una tienda que se llama Valencia; otro cartel anuncia la Botanica Chingo; un restaurante que hay en la plaza a la que da la boca del metro lleva el nombre de Rubia Restaurant, y especifica: «Orden para fuera», para anunciar que se trata de lo que unos cientos de metros más abajo conocen como *take away.* Nueva York se convierte en un suburbio de Bogotá, solo con echar un rato en el metro. Entonces vuelve ese olor de la miseria intuido en el centro de la ciudad, que te da la impresión de que es un eco de este. La miseria y su eco. La realidad del olfato de la pobreza y su reflejo en Manhattan Sur.

Da un poco de vergüenza escribir acerca de Nueva York a estas alturas. El otro día volví a ver *Brigada 21,* la excelente película *de tesis* que William Wyler firmó en el año 51. Ver el perfil de Nueva York, captar su latido en unos cuantos planos, en esta película, que es una película de *huis clos,* seguramente la adaptación de una obra de teatro. Me sorprende el tema y su desolador desenlace. La pareja de delincuentes homosexuales, la mujer del protagonista con un hijo ilegítimo y una operación turbia en contacto con los bajos fondos, quizá un aborto, aunque en la versión española se diga que la criatura nació muerta; la extraña dignidad de ella, abandonando al policía al que ama, el *noble* suicidio de él, dejándose matar para salvar a sus compañeros, porque ya no tiene ninguna esperanza, es incapaz de cambiar su carácter intransigente y no acepta el secreto de su mujer. ¿Se estrenó así en España cuando la vi de pequeño?, ¿fue este el doblaje?, ¿cómo pasó censura? Vista ahora, me parece una película insólita.

Termino de leer *Art Deco New York,* un libro interesantísimo de David Garrard Lowe. Cuenta la influencia que la Exposición Internacional de Artes Decorativas de París tuvo en los diseñadores y arquitectos neoyorquinos, que convirtieron el art déco en una moda que marcó en buena parte la vida social y supuso, sobre todo, una manera de construir y decorar la ciudad: el libro describe la importancia que, en la llegada de esta moda, tuvo el papel de Nueva York como gran puerto americano, lugar avanzado en los contactos con la otra orilla del océano. Gracias al art déco, los arquitectos se alejaron de las tradicionales influencias del estilo que se llamó Bellas Artes, pastiche historicista en el que se habían construido la mayor parte de las mansiones de los ricos, y que buscaba su inspiración en los modelos arquitectónicos de la historia de Europa: Grecia, Roma, Florencia, el gótico; ahora, los nuevos diseñadores, los arquitectos, dirigieron sus miradas hacia Asia o África. Encontraron su inspiración visual más que en los clásicos de la pintura, en el recientemente aparecido cubismo, que, además de influir en la decoración de los interiores, fijará la imagen de los rascacielos, con sus superficies escalonadas y sus retranqueos. Otros rasgos que quienes visitaron París –o quienes se dejaron influir por la moda que aquella exposición trajo– incorporarán en su catálogo serán el aprecio de los materiales de calidad, la puesta en valor de la artesanía, del trabajo bien hecho, de los buenos acabados, borrando el abismo que, por entonces, aún existía entre artesanos y artistas. Como consecuencia de esa atención, adquirieron gran importancia el diseño del mobiliario y la decoración de los interiores, y se crearon multitud de espacios públicos y privados de inconfundible personalidad que aún hoy contemplamos con admiración.

El art déco se impone en el momento más esplendoroso de la ciudad, por entonces en plena ebullición como motor indiscutido de los Estados Unidos. Nueva York recoge los frutos de las acumulaciones de capital que se habían producido en el país tras el final de la Guerra Civil y la consecuente llegada de un desarrollo libre de cualquier impedimento fiscal o aduanero. Por fin se establece a lo ancho de un inmenso país unificado un buen sistema de comunicaciones, que se ven favorecidas por el uso de dos revolucionarios logros para la economía contemporánea: la electricidad y el teléfono. Todo ello permite que las grandes compañías puedan centralizar su administración y sus servicios (a principios del pasado siglo Nueva York controlaba el sesenta por ciento de los empleados de banca del país y por su puerto entraba y salía el cuarenta por ciento del total de las mercancías que se exportaban e importaban en los Estados Unidos).

En esos agitados momentos de crecimiento, las sedes de las compañías centralizadas construyen edificios descomunales que la falta de espacio en la isla de Manhattan, y un suelo rocoso que soporta sin problema grandes presiones, convierten en rascacielos cada vez más altos. En el estilo art déco se construyeron buena parte de los mejores rascacielos de la ciudad. Pero lo que muestra la arquitectura es solo una parte de la influencia que esa moda ejerció sobre Nueva York: el art déco impregnó la vida social en su conjunto, cambiando, además del concepto de vivienda, el del mobiliario, el de vestuario y maquillaje, y, sobre todo, las conductas de las nuevas capas sociales. Los jóvenes que habían participado en la Primera Guerra Mundial y habían experimentado la permisividad social, respecto al alcohol y a las costumbres sexuales en las grandes ciudades europeas, chocaron a la vuelta con un país marcado por el puritanismo prohibicionista, y la mojigatería sexual. Buscaban seguir disfrutando de las libertades que habían conocido al otro lado del Atlántico, se rebelaron contra la prohibición del alcohol que los europeos les habían ofrecido con tanta generosidad a los jóvenes soldados, y a cuyo consumo se habían acostumbrado en aquellos años de guerra.

La ley seca ayudó mucho a liquidar el viejo Nueva York de principios del siglo XX. Se vino abajo la vida social, incluso entre las clases altas, que ya no se permitían ofrecer bebidas en sus casas y a las que, además, la presión urbana obligaba a abandonar sus palacetes para instalarse en apartamentos en los que no podían organizar las viejas fiestas tumultuosas para decenas de invitados (se decía que, en Nueva York, había cuatrocientas personas que contaban y que quien se preciara debía invitarlas a todas ellas). La vida social abandonó los espacios privados y empezó a desarrollarse en cafés y bares, que, tras la prohibición, eran muchas veces clandestinos (los *speakeasy),* o semiclandestinos. De hecho, los sitios que distribuían alcohol se multiplicaron por tres durante la ley seca. La juventud salió de sus casas en busca del exterior, con una curiosidad que fue en aumento. De buscar sencillamente lo que estaba fuera del hogar se pasó a un gusto esnob por lo raro, lo exótico, por todo lo que rozaba el límite de lo permitido, o estaba explícitamente prohibido: y esa libertad moderna la representaba el art déco. Había nacido una nueva sociedad en momentos en que se ahondaban las distancias entre ricos y pobres, convirtiendo Nueva York en una ciudad a la vez más lujosa y más miserable, donde los ricos eran cada vez más ricos y los pobres se volvían más pobres. El crac del 29 extremó esas diferencias que marcaron la década. Ciudad bipolar.

El libro de Lowe cuenta de manera espléndida cómo emergió la nueva sociedad producto del crac, cuyo estilo duró algo más de una década (*El gran Gatsby* la refleja muy bien), y se eclipsó entre 1939 y 1940, justo cuando Nueva York montó la Gran Exposición Universal en la que quería celebrar su propia riqueza y su modernidad. La exposición fue un fracaso relativo en su primer año de apertura y, cuando abrió al siguiente, Europa ya se encontraba inmersa en una nueva guerra, y, para el viejo continente, carecía de sentido aquella gigantesca exhibición. Se vino abajo el proyecto. Algunos pabellones ni siquiera abrieron sus puertas. Muchos empleados de stands europeos abandonaron sus puestos de trabajo para quedarse en Nueva York como refugiados, huyendo de la guerra que azotaba sus países: lo hicieron los camareros de los pabellones de Francia e Italia, que montaron sendos restaurantes en la ciudad (Le Pavillon y el Italian Pavilion). El primero de ellos se convirtió en el referente insuperable de la alta cocina para el Nueva York más elegante. Los edificios que habían servido como emblemas de la feria fueron demolidos. Las cuatro mil toneladas de acero que formaban el Perisphere, una gigantesca esfera que se exhibió como imagen publicitaria de la exposición, acabaron sirviendo para fabricar armas y se convirtió en un sarcasmo el himno que George e Ira Gershwin habían compuesto para la ocasión, titulado «Dawn of a New Day», y que anunciaba, ya desde ese título, el amanecer de una nueva época que congregaría armónica y pacíficamente todos los credos y razas: la imagen de una multitud de gente con las caras sonrientes era el emblema que mostraban los carteles del evento. Un proyecto de mundo feliz que se vino abajo: no se sonreían unos a otros los habitantes del mundo, sino que se mataban en sucias trincheras. Mientras los Gershwin entonaban ese himno adamita, las bombas caían sobre buena parte de las ciudades europeas, y los ejércitos de Hitler ocupaban las más hermosas avenidas de la ciudad en la que nació unos años antes el estilo que había revolucionado Nueva York, la hermosa París, creadora del art déco.

Me vienen otra vez a la mente las palabras en las que Goethe dice envidiar a los americanos porque los europeos caminamos sobre los huesos de nuestros antepasados que se entremataron en mil guerras. Cuando Goethe escribió esas palabras, América aún le parecía a la Europa ilustrada un continente inocente. Y todavía hoy nos ofrece la imagen (al menos la América del Norte, las del Centro y del Sur son otra cosa) de que su tierra no ha recibido demasiada sangre. Tras la Guerra Civil los norteamericanos decidieron que sus masacres se desarrollaran en decorados lejanos, Europa, Latinoamérica, Asia, África, *un peu par tout.* Trasladaron fuera de casa la tramoya de la muerte, con sus maquinarias, actores y decorados. Además, este país es tan grande que uno tiene la impresión de que le han quedado muchas millas que aún no han sido empapadas por sangre humana, tierras que no llevan moltura de huesos incorporada en el polvo. Por supuesto que no aquí, en Manhattan, donde pelearon encarnizadamente indios contra europeos; y también, los europeos entre ellos: alemanes, holandeses e ingleses. Aquí no debe quedar ni un centímetro que, en un momento u otro, por una u otra razón, no se haya empapado con sangre: añádanse a las víctimas de las viejas guerras, los muertos por accidentes de tráfico, las víctimas de atracos violentos, por imprudencias o alevosía de la policía, por lo que ahora se llama violencia de género, por ajustes de cuentas entre bandas, las víctimas de la mafia. Creo que, en alguno de los libros que he leído antes de emprender este viaje, se habla de que los árboles y las construcciones de buena parte de Central Park (lo consulto en el libro de Homberger, que creo que es donde lo leí, pero no lo encuentro) fueron plantados sobre un cementerio indio. Pero imagino que se podría sembrar de cruces en memoria de algún muerto casi cada esquina de la ciudad. En cualquier caso, lo que quiero decir es que, en esta ciudad de famélicos recién llegados, de oportunistas sin escrúpulos, la crueldad no ha debido de faltar nunca. Por lo que cuentan los libros, a fines del siglo XIX y principios del XX, las bandas de irlandeses que controlaban los trabajos portuarios usaron métodos en extremo crueles, así como las mafias chinas (las *tongs),* que controlaban los locales clandestinos de juego y los fumaderos de opio; los italianos también se han comportado de manera especialmente violenta. Cientos de películas lo cuentan. La guía de Homberger, un libro muy instructivo, habla de que más del cuarenta por ciento de los habitantes de Nueva York en el año 2000 habían nacido fuera de la ciudad, emigrantes que arrastraban hasta su nuevo domicilio las viejas rencillas de sus países de origen. En las últimas migraciones dominan los latinoamericanos, que lógicamente se han traído sus odios, sus peleas, sus tráficos y sus maras.

He empezado a escribir sobre los muertos que abonan el suelo de Europa a raíz de un artículo de Hermann Tertsch que publicó hace unos días el periódico *El País;* es uno de esos textos furiosos que cada dos por tres escribe Tertsch, a veces agudo y brillante; muchas otras, descabellado. Dice en uno de los párrafos el texto: «En esta Europa donde tantos han intentado, con éxito tantas veces, convertirse en seres humanos de plena dignidad y en la mayor libertad jamás experimentada, tenemos, queridos europeos autosuficientes, los más inmensos depósitos de seres queridos muertos. En Sedán, en Verdún, en Normandía, en Katyn, en Stalingrado y Paracuellos, en Badajoz y en Auschwitz, en Salónica y Srebenica. Nosotros los europeos hemos generado la mayor movilización del odio y del crimen jamás habida. Hemos sabido matar mejor que nadie, más rápido que nadie y más barato que nadie. Nuestra buena fe puede existir. Pero los muertos no la corroboran.»

Empiezo a leer el último libro de Ricardo Piglia. Tras el prólogo, de ocho páginas, de luminosa y cuidada escritura, aunque como siempre ocurre últimamente con él, de tono más bien hermético, con reflexiones acerca de lo que es la literatura, lo comprimido, lo soñado, etc., llego al capítulo uno y ya en la primera línea aparece (¿quién será, será?), pues sí, de nuevo, Borges. Me invade la sensación de fatiga, y el prólogo se me agria como un plato mal digerido, no soporto ese ir y venir de la supuesta vanguardia, siempre con los mismos bestiarios literarios (¡cuánto y cuánto Borges!) recurrentes, como migas de Pulgarcito en el camino para no perderse, sentirse a gusto en el bosque de la alta cultura, entre media docena de indiscutibles secuoyas literarias; el artista defendiendo su posición en la escala social ante el común de los mortales: demostrarle al lector que, si está donde está, como espectador avezado, es porque no le queda más remedio que doblar el espinazo ante la inteligencia del autor. Me entran ganas de mandarlo a la mierda, y lo mando. Seguramente, mañana volveré a empezar la lectura. Esta noche, de momento, me pongo con unas conversaciones entre Kapuściński y John Berger, un libro trampa publicado por Anagrama. Me da la impresión de que lo único que tiene son los nombres de los autores en la portada y poco más.

¿Y si viniera la muerte y no se acabara el sufrimiento?

Escribir de Nueva York como ciudad barroca. Sus símbolos, su escenografía en la que busca representarse a sí misma. Hay un esfuerzo de representación en la arquitectura neoyorquina de los años veinte y treinta. Se trata de simbolizar (¡qué palabro tan feo!); de convertir en símbolo cada una de las construcciones como elementos del gran símbolo en que debe convertirse la metrópolis contemporánea, faro que ilumina el mundo, escaparate en el que se miran las otras ciudades. Capital del comercio. Babilonia del dinero. Esa vocación aparece muy claramente subrayada en los edificios de entreguerras, cuyos adornos de ladrillo visto, las terracotas y cerámicas, las figuras metálicas que aparecen en algunas fachadas, las pinturas y trabajos en madera o cerámica de los interiores (especialmente en los lujosos recibidores), son representaciones de una religión laica que vivía su gran momento de optimismo. No creo que sea ajena a la parafernalia simbólica de aquellos años la existencia de un arte revolucionario y didáctico en la URSS, del que este sería respuesta. Dos sistemas enfrentados fabricando imaginarios, peleando en el mundo de las ideas, sobreactuando. También aquí, en el corazón descarnado del capitalismo, el culto al trabajo en todas sus variantes (manual, científico, técnico) ocupa un lugar preferente en la cosmología que estas catedrales laicas representan. Quien entra en el hall del edificio principal del Rockefeller Center se encuentra con unos murales tremendos que nos muestran el esfuerzo humano, la explotación del hombre por el hombre, la esclavitud en el trabajo, y el progreso como forma de liberación (a Diego Rivera le encargaron algún fresco para estos muros: le fue rechazado, al parecer porque pintó las figuras de los grandes revolucionarios, incluido Lenin). Y eso aparece representado en techos y paredes junto a las puertas de los elegantes ascensores, que se supone que tomaban empleados de cuello blanco y magnates. En los murales, obreros que se esfuerzan en su trabajo, que sufren, que están a punto de ser aplastados por una viga, por una máquina de tren. Son escenas que no tengo ante la vista en estos momentos y que no puedo describir con suficiente detalle, pero que conmocionan a quien las desconoce cuando las contempla por vez primera, porque no imagina que va a encontrarse con algo así en esta gran catedral del dinero.

No es el único lugar en el que el tema del trabajo decora los rascacielos de los multimillonarios. Raro es el edificio en el que no aparecen símbolos que tienen que ver con el mundo laboral, o representaciones del hombre liberándose gracias al esfuerzo: una teoría de corte hegeliano y acento posmarxista: el capitalismo superando a Marx, parece ser el mensaje, el hombre se supera al entrar en contacto con *lo otro,* apoderándose de ello gracias al trabajo, que le ayuda a formar parte de un universo armónico y a liberarse de sí mismo como estúpido animal (desgraciadamente, la realidad era bastante menos armoniosa que su representación). Incluso en la explanada que hay frente al propio Rockefeller Center, aparece Prometeo (ese gran mito, metáfora de la capacidad de liberación del hombre frente al destino), convertido en enorme estatua de bronce. También se muestran unos bajorrelieves coloreados y moldeados al estilo asirio, que representan el arte, la ciencia y la industria presididas por el comercio (en realidad, todo el conjunto arquitectónico es un monumento al comercio. Unos metros más allá, en las puertas del British Empire Building –siempre sin salir del Rockefeller Center– se representa a los trabajadores británicos: hay un minero, un pescador, un ganadero... En el Daily News Building se ha incluido el globo terráqueo (la ubicuidad de la información), y aparecen conjuntos escultóricos que se refieren a los trabajadores de la imprenta o a los repartidores de periódicos. Y buena parte de los ornamentos que animan la fachada del edificio Chrysler son referencias evidentes a elementos del mundo del automóvil y a la imagen de marca de la compañía: el friso de tapacubos que decora el piso treinta; los radiadores metálicos que adornan sus ángulos; o las águilas de acero que contemplan altivas e impasibles la ciudad desde el piso sesenta y ocho, y que son la imagen de marca de la compañía automovilística que levantó el edificio. Otras representaciones de volantes, radiadores o piezas de la carrocería aparecen en diferentes lugares de la construcción. El *lobby* del edificio Chanin, en la intersección de Lexington con la calle Cuarenta y dos, forma una especie de juego de fugas geométrico, que representa *la ciudad de las oportunidades,* y en el piso cincuenta y dos, donde Chanin tenía su despacho, aparecen ruedas, herramientas y otros símbolos que representan el trabajo; en la parte inferior de las puertas, montones de monedas proclaman el triunfo de la riqueza.

Otros ejemplos: en el *lobby* del Barclay-Vesey Building los murales cuentan la historia de las comunicaciones humanas desde las tablillas de barro de Babilonia hasta las emisiones de radio, en tanto que el tema de la energía y las comunicaciones condiciona la decoración del RCA Victor Building (hoy, General Electric Building, en Lexington con la calle Cincuenta y uno; ¡me gusta tanto ese edificio!), las ornamentaciones de la fachada se refieren a la electricidad, que permitía a Victor que sus máquinas parlantes pudieran funcionar: chispas, rayos, elementos que transmiten esa sensación de fuerza eléctrica aparecen desperdigados por su fachada, que incluye una figura coloreada de una especie de genio, que recuerda al Dios de la Biblia o a ciertos dioses babilónicos, y que representa la relación entre la electricidad y el sonido. En el edificio de la poderosa editorial McGraw Hill, de 1926, que perteneció a Randolph Hearst, las estatuas art déco de su fachada aluden a los temas propios de su revista: son representaciones de los deportes, la industria, la música y la pintura. Edificio por edificio, y en su conjunto, la ciudad aspira a ser un símbolo universal. Los rascacielos sirven como representación a la vez de poder y de modernidad: sus formas, con retranqueos y juegos de volúmenes, se acogen al gusto más atrevido de la época que los vio nacer: el cubismo, el constructivismo. Por eso, en el *lobby* del Empire State, el decorador no ha dudado en representar el propio Empire Estate grabado en mármol. De su mástil surgen dorados rayos como surgirían del sol, o, mejor aún, como surgirían de la cabeza de un profeta o de un santo, Moisés, o más precisamente, Dios. El edificio se sacraliza a sí mismo. Exige ser venerado. Caminar entre los rascacielos es como caminar entre las columnas y estatuas sagradas de un gigantesco templo contemporáneo como los egipcios caminaban entre las columnatas de Karnak y Luxor.

Por cierto que, en ese momento de fe en sí misma, la ciudad no muestra el menor interés por el pasado, ni siente ningún respeto por él. Todos estos templos de la modernidad se levantan sobre las viejas mansiones señoriales que bordeaban la Quinta Avenida, Madison Avenue, Park Avenue y Lexington, y que los ricos abandonaron precipitadamente en pocos años y fueron demolidas sin mayores escrúpulos. Algunas de estas casas eran realmente espectaculares, auténticos monumentos. Así, la de Cornelius Vanderbilt, en la Quinta Avenida, entre las calles Cincuenta y siete y Cincuenta y ocho, tenía ciento treinta y siete habitaciones. Veo un grabado que representa la ciudad de Nueva York a fines del siglo XIX, una vista de la isla tomada desde lo alto del puente de Brooklyn. En la lejanía, la ciudad rodeada de agua y con las altas y agudas puntas de las torres de sus iglesias elevándose por encima de la aglomeración de casas, se parece a las viejas ciudades europeas: recuerda el perfil de cualquier puerto del viejo continente (Rouen o, sobre todo, Hamburgo). Pienso entonces en las palabras que, Alfred Lichtwark, el director del Kunsthalle, el museo de bellas artes de Hamburgo, escribió y reproduje en *El viajero sedentario:* «Ninguna ciudad ha desarrollado un afán de destrucción tan grande como Hamburgo. Hamburgo podría haber sido una ciudad renacentista, una ciudad barroca, o una ciudad rococó, pero todos esos tesoros han sido invariablemente sacrificados con gusto en el altar del comercio» (pág. 142). Podría decirse lo mismo de la gran urbe del siglo XX. Nueva York nació más tarde y no tuvo tiempo ni de construir ni de destruir ciertos estilos, no llegó a tiempo de ser una ciudad renacentista o barroca, pero igualmente se apresuró a destruir cuanto tuvo. La historia de las ciudades vivas es casi siempre la historia de una serie de destrucciones. Aún en los años veinte y treinta, Nueva York demolía los palacetes de los que Paul Morand habla en su excelente libro y que ocupaban las calles que van de la Cuarenta a la Sesenta, el Midtown: «Blenheims en miniatura y de Chenonceaux reducidos» (pág. 88). Describe así Morand las construcciones de entonces: «una vez aplacado el apetito de castillo del Loira (influencia Rothschild), le sustituye la gula del castillo gótico (influencia Sazón); después viene la sed de pequeños Trianons (época Castellane); esto dará lugar veinte años más tarde al estilo Portland Square (influencia Marlboroug), al palazzo italiano (influencia Baldwin y San Faustino), y finalmente, ya hoy, al hotel moderno; espejos, cornucopias, bojes recortados, etc. (influencia Elsie de Wolfe); todos estos anhelos y caprichos se leen aún como un libro abierto sobre el rostro de la Quinta Avenida» (pág. 88). Bueno, pues ya no se leen esos signos arquitectónicos en el libro urbano en que leyó Morand. Ya solo se contemplan sus imágenes o se lee acerca de ellos en las páginas de los libros de historia de la ciudad, y en los viejos cuadros y fotografías.

Los imponentes edificios que los sucedieron han conseguido que nos olvidemos de los viejos palacios y mansiones sin sentir demasiada melancolía. Pienso en lo poco que le importa a nadie el París de antes de Haussmann. En *La Cu-*

rée, Zola denunció la destrucción del viejo París y la inmoralidad y corrupción que presidió la construcción de esos nuevos barrios que ahora admiramos y que, en el ajetreo de su nacimiento, enriquecieron a los especuladores. Cuando las ciudades nos seducen, olvidamos lo que han tirado por la borda, aquello de lo que se desprendieron. Y ese olvido nos lleva a sentirnos injustos con quienes trabajaron en y por eso que ya no existe: los nuevos ricos, los advenedizos borraron del mapa el paisaje que los viejos ricos y poderosos habían creado. Con el mismo golpe de piqueta, se llevaron por delante también el trabajo de picapedreros, arquitectos, carpinteros y albañiles que habían construido lo que los ávidos buitres de la vieja sociedad les encargaron fabricar y los de la nueva no dudaban en hacer desaparecer. Nadie echa hoy en día de menos el trabajo de los viejos constructores, admira la obra de los usurpadores sin preguntarse por su origen. Sobre los palacetes demolidos se levantan los edificios art déco, los pastiches italianizantes o de falso estilo español, construcciones de muchos pisos que ahora tanto nos gustan, y nos llevan a que miremos con un poco de lástima y con bastante altivez los cursis castillejos de los viejos millonarios neoyorquinos que reproducen las estampas de principios del pasado siglo. Se levantan también muchos edificios sin gracia, muros silenciosos o molestos.

Mientras en Nueva York destruían en nombre de la modernidad, en Barcelona se inventaron un pastiche kitsch al que llamaron Barrio Gótico y, sobre todo, una representación tamaño Liliput de los viejos monumentos de la península ibérica que aún puede visitarse: el Pueblo Español de Montjuic. La sensación de relativismo moral se impone, pero, si uno se deja llevar por ella, pierde energía, siente que los sentimientos le vampirizan la energía del trabajo que intenta llevar a cabo, se empantana en esa forma de modernidad que solo mira el presente, y lo hace con una mirada voluntariamente trivial, burlándose de cualquier voluntad de permanencia. Los nuevos tiempos han roto abiertamente el pacto social que pone en comunicación los logros de las generaciones pasadas con las futuras. Es una decisión –no sé si querida– que, por un camino complicado y tortuoso, devuelve al hombre en apariencia más refinado al cainita *estado de naturaleza* hegeliano.

Al escribir sobre la imposibilidad de entender el arte de las esculturas orientales o africanas que guarda el Metropolitan, cuyo sentido real desconocemos, como desconocemos las culturas que lo alumbraron, he escrito que nos regalan formas. Pienso ahora en la música, en su abstracta capacidad para conmovernos solo con formas, todo eso a lo que tantas vueltas le dio Thomas Mann en *Doctor Faustus* y en otras obras suyas. La ambigüedad de la música, su capacidad para ser inaprensible, y para actuar en nuestros sentimientos, y poner en marcha nuestra memoria y hasta nuestra voluntad (esa excitante música militar como ejemplo, los himnos nacionales, músicas performativas). Pienso en eso, y pienso que algo falla en ese pensamiento que se deja hipnotizar por las formas. Sería mejor escribir que, cuando consideramos la música solo como conjunto de formas, estamos falseándola, fomentamos las falsas percepciones de la música; manipulamos la música para nuestros propósitos, la colocamos en un espacio de sentimientos de la misma gama que los que muestran los perros ante los sonidos asociativos de Pávlov, un cosmos anterior al arte y a las formas de razón. Cuando decimos que nos gusta la música y no queremos saber la razón por la que nos gusta, estamos diciendo sencillamente que no sabemos nada de música: que no conocemos su historia, sus códigos internos, que la leemos como se leen esos plomos ibéricos encontrados por los arqueólogos y que solo conocen la correspondencia de sus signos con las letras actuales pero no lo que su combinación formando palabras significa, la música como algo indescifrable. Decimos una frivolidad del mismo calibre que cuando decimos que tal libro nos gusta porque sí, que no queremos saber por qué. Eso está bien para quien lea con pasión a Antonio Gala, poco más.

Una mirada a Chinatown

Está a un paso de Wall Street. Detrás mismo de los edificios municipales de la ciudad. Uno bordea el majestuoso City Hall, y, de repente, se encuentra con un rincón de Shanghái: hay un parquecillo amueblado con multicolores artefactos en los que juguetean niños chinos, ancianas chinas sentadas en los bancos y que combaten el calor abanicándose con sus paipáis, grupos de chinos, buena parte de ellos tocados con la gorra caqui que popularizó la Revolución Cultural, que juegan a las cartas, o a algo que parece la petanca; chinos que charlan en su lengua cantarina; o que se han traído las jaulas –como acostumbran a hacerlo en su país– para oír cantar a los pájaros. Entre tanto, un grupo de obreros chinos procede a reformar las edificaciones del jardín y remueve tierra y escombros. Al fondo, las viejas casas de ladrillo –los *tenement* del viejo Manhattan–, pintadas en colores intermedios y con las escaleras metálicas colgando de las fachadas, exhiben ideogramas sobre sus puertas o en las banderolas que cuelgan junto a las ventanas. De repente, el viajero mira en torno a él y descubre que es el único habitante de ese lugar que tiene lo que acostumbramos a llamar rasgos occidentales. China en Nueva York.

En realidad, y aunque Chinatown sea –como se verá– uno de los últimos reductos étnicos (llamémoslo así por comodidad) que se crearon en esta parte del viejo Manhattan, todo el Bowery (la vaquería), el duro barrio de los emigrantes del siglo XIX en el que se inspira *The Gangs of New York,* la novela de Herbert Asbury, fue así: cada recién llegado buscaba la compañía de sus paisanos, que ocupaban una casa, una manzana, una calle: alemanes, polacos, irlandeses, suecos... Lo contó un estudioso rumano llamado Bercovici, que había observado que, además, los emigrantes se instalaban en el Lower East Manhattan casi del modo en que sus pueblos se colocaban en el mapa de Europa: los españoles junto a los portugueses, y los alemanes al lado de los austríacos.

Hoy, esa personalidad compuesta por la yuxtaposición de culturas compactas se ha disuelto en buena parte del barrio (ya no hay calles irlandesas, polacas o alemanas), mientras que se ha reforzado en el caso de la comunidad china. Chinatown es más grande de lo que lo ha sido nunca, y también más exclusivamente chino: se ha convertido en el asentamiento más numeroso de chinos en Occidente. Invade parcelas cada vez más amplias de Little Italy (si bien Mulberry sigue siendo la calle de los restaurantes italianos por excelencia) y del Lower East Manhattan, que, en su tiempo, fue un barrio judío, y hoy está ocupado en buena parte por hispanos. Cuando Paul Morand, el elegante viajero francés, escribió su libro *Nueva York,* limitaba Chinatown a cuatro calles: «Mott, Pell y Doyer's Streets, desde hace poco Bayard Street, constituyen el barrio chino. Son cuatro calles como las demás, igualmente sórdidas, pero tan absolutamente orientales que se creería uno de repente en Cantón.» En la actualidad, la colonia china de Manhattan ocupa cuarenta manzanas y sigue extendiéndose año tras año. Sin contar con que barrios como Queens, del otro lado del East River, tienen una creciente población oriental compuesta, sobre todo, por vietnamitas, hongkoneses y coreanos, que también han empezado a adquirir propiedades en Chinatown. De hecho, hoy en día, las inversiones más fuertes y los grupos más activos en Chinatown (que algunos proponen que debe llamarse ya Asiatown) proceden de Hong Kong y Corea.

Mil ochocientos cincuenta fue el primer año en que un chino se censó en Nueva York, adoptando el nombre de su esposa, una irlandesa. Nueve años más tarde, según *The New York Times,* había ciento cincuenta chinos en la ciudad, que se habían convertido en dos mil solo veinte años más tarde. La razón del crecimiento hay que buscarla en que fueron mal vistos y perseguidos en el oeste del país, especialmente en California, y en que Nueva York, acabada la Guerra Civil, e iniciada la fiebre de las comunicaciones a través de un país definitivamente unificado, ofrecía buenas oportunidades de trabajo. De hecho, los primeros chinos que llegaron a la ciudad lo hicieron para trabajar en el ferrocarril. Los que se instalaron luego lo harían para trabajar como marineros, guardas, porteros o empleados de pensiones, y ocuparon estas calles del Bowery, en torno a Canal Street (que sigue siendo la columna vertebral de Chinatown), porque los emigrantes alemanes que habían habitado hasta entonces el degradado y sucio barrio empezaban a abandonarlo para trasladarse a los más saneados espacios del norte de Manhattan. Los chinos abrieron sus templos, sus teatros, sus fumaderos de opio, y bebían té verde mientras escuchaban cantar a sus pájaros y grillos enjaulados. En el barrio se vivía como en Shanghái o Cantón.

Sin embargo, pronto, el barrio, que había empezado a conocerse como Chinatown, se convirtió en un mundo cerrado, en el que convivía según sus propias normas la población de origen oriental: frecuentaba los templos budistas, las lamaserías, los teatros de ópera china y de malabarismo, hacía sus negocios, y, con frecuencia, trabajaba sin salir ni siquiera del barrio. En el barrio se vivía como en Shanghái o Cantón, hasta que llegó una Chinese Exclusion Act, dictada en 1882 por el gobierno americano, y gracias a la cual se prohibió a los emigrantes procedentes de China traer a sus familiares, incluidas las esposas, adquirir los derechos de participación en la vida pública y ciudadana, y, por supuesto, obtener la nacionalidad estadounidense: un conjunto de medidas que vino a agravar la tendencia al aislamiento de una comunidad ya de por sí ensimismada.

La comunidad chino-neoyorquina evolucionó hasta convertirse en una sociedad violenta compuesta en su mayoría por solteros, y en la que el juego, el comercio y consumo de opio y la prostitución fueron actividades preponderantes. La vida cotidiana pronto quedó sometida al control de los clanes, o *tongs,* bandas armadas que peleaban entre sí por dominar el tráfico de falsos pasaportes (muchos chinos se hicieron pasar por japoneses), el proxenetismo, la distribución de alcohol o los abundantes fumaderos que abrían discretamente sus puertas en el barrio. Stephen Crane, el autor de la inolvidable novela *La roja insignia del valor,* en un artículo que escribió bajo el título «Sueños variados de opio», calcula que, a finales del siglo XIX, había en Nueva York unos veinticinco mil fumadores de opio, repartidos entre los distritos de Tenderloin y *(«of course»,* así lo dice Crane), Chinatown. Las historias de la ciudad cuentan las sangrientas guerras entre las *tongs* (Morand las recoge), quienes, para resolver sus diferencias, contrataron a pistoleros mexicanos e italianos, consiguiendo hacer a Chinatown famosa en el mundo entero por su extremada violencia. El cruce de Doyers con Mott Street llegó a conocerse en Nueva York con el nombre de «la esquina sangrienta». Cuentan los libros que nunca, ninguno de los muchos miles de chinos que ya por entonces poblaban la ciudad habló jamás, ni denunció los asesinatos ante la policía. Dice Morand: «En esas casas, aglomeradas como nidos de golondrinas, los lavanderos lavaban y planchaban; los boticarios se rascaban la espalda con manitas de marfil; el tendero pesaba su jengibre o sus golosinas rosadas, y el anticuario contemplaba, con mirada amorosa, sus jades al trasluz. Al día siguiente se les ofrecía a las víctimas un magnífico entierro a la china, con reparto de papel dorado y figuras de cartón pintado.» La guerra de clanes duró hasta 1910, pero el acta de exclusión no sería derogada hasta 1943, cuando el presidente Roosevelt quiso congraciarse con una comunidad cuyo país de origen peleaba como aliado en la guerra contra los japoneses, aunque, hasta 1968, se mantuvo una cuota que limitaba a veinte mil los chinos que, cada año, podían entrar en Estados Unidos. De hecho, ha sido la desaparición de esa cuota la que ha provocado el crecimiento en proporción geométrica de la población china en USA: entre 1982 y 1989, se instalaron en el país más de trescientos cincuenta mil chinos, de los que la quinta parte eligieron Nueva York como lugar de residencia.

A pesar de eso, Chinatown sigue siendo aún hoy un mundo cerrado, a pesar de los miles de turistas que pueblan Canal Street, un verdadero paraíso para los amantes de las falsas marcas. En la acera norte de la calle se alinean decenas de joyerías, que se anuncian con ideogramas formados por luminosos neones de vivos colores. Las pesadas piezas de oro se exhiben con impudor en los escaparates. En las mismas, o en otras tiendas de la misma calle, se «muestran puñados de relojes Gucci o Rolex o U-blot como si fueran racimos enredados de percebes», en palabras de Antonio Muñoz Molina, que dedica un par de páginas de su libro *Ventanas de Manhattan* al viejo barrio chino.

En Canal Street, turistas llegados desde cualquier rincón del mundo (abundan los españoles) buscan entre las montañas de género que se amontonan sobre los mostradores de las tiendas, que cuelgan de las paredes y de las puertas, o se exhiben en las mesas instaladas sobre las aceras. Bolsos y mochilas, zapatillas de deportes y zapatos de lujo, pantalones vaqueros, relojes, teléfonos móviles, aparatos electrónicos de todo tipo, telas de seda, cerámicas y porcelanas, sedas, objetos decorativos de misterioso gusto. Todo puede comprarse aquí, en esta agitada vía en cuyas aceras humean las cocinillas, y destellan los colores de las frutas y verduras que exponen los puestos rodantes: naranjas, mangos, papayas, cocos, cerezas. Los turistas caminan por la calle picoteando de las frutas recién adquiridas que guardan en bolsas y cucuruchos de papel. Algunos lo hacen sosteniendo entre las manos un coco cuya agua sorben ayudándose con un tubito de plástico. En muchos lugares, el género que surge desde el interior de las tiendas y los puestos callejeros apenas permiten el paso de los numerosos viandantes. En las calles laterales, aunque no desaparece por completo el comercio de bienes duraderos, y hay tiendas especializadas en sedas o souvenirs, aumentan los establecimientos en los que se venden productos perecederos: pescaderías que exhiben bañeras en las que nadan peces, cangrejos, bogavantes y bueyes de mar, o carpas de agua dulce; y que exhiben todo tipo de bivalvos, algunos de ellos seguramente llegados desde Oriente; fruterías en las que se exponen cestas con ajos tiernos, coles y lechugas de agua, tallos de jengibre; restaurantes, en cuyos escaparates se ordenan los *dimsum,* o se muestran patos recién asados, o aún sometidos a la acción de las llamas; dorados cochinillos cocinados al estilo de Cantón. Entre las aceras circula un ruidoso tráfico rodado que no excluye numerosos camiones. Al viajero no deja de extrañarle la cantidad de pesados y ruidosos vehículos que, a todas horas del día, circulan por las calles de la gran manzana.

Al sur de Mulberry, se extiende lo que Muñoz Molina llama «la parte más recóndita de Chinatown, donde todos los letreros están ya en chino y no hay tiendas de relojes falsos ni turistas sino tan solo supermercados chinos y quioscos que venden periódicos en chino, y carteles de películas chinas y tiendas con carteles de ídolos chinos de la canción, y fruterías donde venden tubérculos y hortalizas de formas tan raras que uno no sabe imaginar sus nombres y pescaderías donde hay pulpos que se agitan en cubos de plástico y pescados con las bocas abiertas y los ojos desorbitados que parecen barrocas esculturas chinas de marfil». En esa zona, abundan los locales minúsculos, los sombríos tabucos y sótanos en los que chinos de avanzada edad practican viejos oficios (trabajan el cuero, las maderas, el bambú, reparan zapatos, cortan el pelo, cosen) o almacenan cualquier tipo de mercancías. La mayor parte de esos lugares transmiten sensaciones de suciedad y sordidez en la misma medida en que las transmiten las ciudades del viejo imperio situadas a decenas de miles de kilómetros, como si, al venir aquí, estos hombres hubieran arrastrado consigo una cutrez existencial, genética. Los escaparates de las farmacias, con sus hierbas, saurios e insectos desecados, subrayan la sensación de continuidad entre los dos mundos, el de los habitantes de China y ese otro al que, desde allí, llaman *overseas brothers.*

En 1929, a Morand le parecía que el Chinatown neoyorquino había perdido color. Decía que poseía menos personalidad que los barrios chinos de Los Ángeles y San Francisco y que sus habitantes se habían convertido en tipos con «el rostro cuadrado, la boca materialista, la mirada realista y el vientre redondo de los negociantes». Añoraba el escritor francés «los bellos pescadores flacos del Yang-tsé». Sin embargo, aún hoy, tres cuartos de siglo después, no solo el viajero cree encontrarse aquí como en algún lugar del milenario imperio, sino que buena parte de los habitantes del barrio jamás ponen los pies fuera de él, y se mantienen en el más absoluto aislamiento, como si jamás hubieran dejado China: envueltos en una especie de aura protectora que permite el sigiloso funcionamiento de una serie de códigos en el interior del barrio. De hecho, más del treinta por ciento de los vecinos no habla otra lengua que alguna de las que se hablan en su país, y es incapaz de expresarse en inglés. Uno no sabe si, como decía Morand, el barrio ha perdido color, pero, entre las viejas casas de ladrillo, sobre algunas de las cuales aún ondea la bandera roja con la hoz y el martillo, y de cuyos balcones cuelgan estandartes pintados con ideogramas, o que exhiben dragones y farolillos de papel a las puertas de muchos locales, se mantiene toda una sintaxis de lo chino que, seguramente, hoy resulta bastante más difícil de encontrar entre los elevados rascacielos de Pudong, Shenzhen o Hong Kong. Nueva York tiene esa capacidad misteriosa que le permite derrochar y almacenar al mismo tiempo. Toda la ciudad está hecha así, con un misterioso equilibrio entre lo viejo que parece a punto de derrumbarse y lo nuevo que aún no se ha acabado de imponer.

26 de abril

Pasó lo de Aub y Caudet, pasaron los dos folios «europeos» que pedían los del PEN Club de Nueva York, ciudad a la que he ido y de la que he vuelto (pasó Nueva York, o pasé yo por Nueva York), y aquí estoy de nuevo, aunque por pocos días. Pronto me toca salir otra vez de viaje. Las notas sobre Nueva York han llenado un cuaderno chino que compré con ese fin. Siempre me parece mentira que las cosas se ordenen, que acaben saliendo como estaba previsto. Me sorprende llegar a algún sitio: me sorprende volver a casa. No es que me parezca un milagro, es que me parece una sucesión en cadena de milagros, en estos tiempos en los que nos hartamos de decir que los milagros no se dan.

5 de mayo de 2005

Me acerco al ordenador, o me inclino sobre el cuaderno, como si fueran cama de faquir. La escritura como una intervención quirúrgica que hubiera que concluir cuanto antes. Contemplo la pantalla luminosa del ordenador y más bien lo que me asalta es una turbadora añoranza, un sustrato que tiene que ver con lo sexual, o, bajémosle el ardor y subámosle la dignidad, con lo sensual. La verdad es que, aunque no sea capaz de disfrutarlo, está estos días el campo en flor: brotan las hojas de los árboles, los rosales se llenan de flores y el aire se impregna de un intenso olor de azahar. Recorren la casa maullando a todas horas un par de gatitos que me regalaron recientemente y a los que Paco alimenta dándoles biberones de leche; se los pone sobre el pecho, los acaricia, les habla. O sea, que el mundo entero parece invitar a la armonía, al goce, y sin embargo dentro sigue instalada la grisalla. Nueva York me regaló una gratificante aventura sexual, que no disuelve la sensación más constante en estos últimos meses: la vejez que se entremete con su corte de inconvenientes y fealdades; con su prudente estrategia de retirada. Desde la guarida de la vejez, atisbas el deseo sexual como una búsqueda de lo luminoso a través de las pantanosas aguas turbias, o, aún más amargo, una búsqueda de lo sombrío que se disfraza de aspiración al bien, quizá una perversa estrategia de destrucción del bien. Retirada. El otro día, curioseando, miré la abundante sección de contactos del periódico. Solo un individuo decía buscar gente de cincuenta o más años. Nunca he usado (espero no tener que hacerlo) esos métodos para ligar, pero compruebo que estoy fuera de mercado. Producto caducado. Hay juguetes que los niños no llegan a estrenar, los rompen antes de iniciar el juego, haciendo pruebas, aprendiendo a montarlos: algo así la vida. Te acercas a los sesenta y te das cuenta de que sigues aprendiendo la mecánica del artefacto, de que aún estás en la fase que precede al juego, leyéndote el libro de instrucciones, pero resulta que el árbitro se ha mirado el reloj porque está a punto de silbar el fin del partido. Ya no hay sol en las bardas, que diría el Maestro.

Me digo: cambiar de vida; rodearme de otras cosas, buscar un ambiente más grato, o una soledad más perfecta: cambiar de casa, pero ¿para ir adónde? Además, ni siquiera podría permitírmelo. La economía no da para eso. Comprar una casa decente en Valencia con lo que obtenga de la venta de esta y del apartamento. Hacer otra mudanza. Enredarme otro año en embalar y desembalar, en montar estanterías. Seguir preparando el juguete con el que se supone que, al fin, vas a empezar a jugar. Algo entre patético y cómico. Y luego está Paco, qué pinta en Valencia Paco. Hasta el perro Manolín juega un papel a la hora de detenerme. Cuánta infelicidad un piso en Valencia, para el pobre perro acostumbrado a vivir al aire libre, a corretear libremente (cada vez menos, también él envejece), a tenderse al sol. Tengo miedo. Pienso, por primera vez desde hace mucho tiempo, en quitarme de en medio. El actor hace mutis por el foro. Paz. Encontrar un poco de paz. Leo cientos de páginas cada día hasta que se me nubla la vista y, enseguida, me olvido de lo que he leído. Eso es cuanto hago, cuanto tengo que hacer: y pensar egoístamente en mí, en mi propio sufrimiento, mi autocrático sufrimiento, la forma suprema del egoísmo, un egoísmo raro, retorcido, que se expresa en extrañas formas de sacrificio quietista: como si fuera una forma de energía que uno dedicara a la humanidad, un sustrato cristiano, el monacato. Las monjas de clausura se ciñen el cilicio, se flagelan, rezan, y su dolor callado en una oscura celda es un generador de electricidad que ilumina el mundo. El sufrimiento redime. Desencadena en algún lugar del planeta formas de verdad, de belleza y de justicia. La comunión de los santos. Qué mentira.

Hojeo la última novela de Marsé, *Lolita's Club,* o algo así. No tiene que resultar fácil sobrevivir a *Si te dicen que caí,* a *Últimas tardes con Teresa,* a *Un día volveré.* Vivir bajo el magnífico mausoleo que tú mismo te has construido, oír, desde el subsuelo, el rumor de los peregrinos que llevan flores a tu tumba. Ni siquiera estoy convencido de que *Rabos de lagartija,* una novela que me conmovió, sea lo que la crítica ha dicho de ella.

Atreverte a escribir tu propia historia desde la mirada poliédrica del insecto capturado en la tela de araña de la que no consigue librarse. Contar la desgana de la araña, que se desinteresa de su captura y deja secarse el insecto prendido de las irisaciones que el sol a contraluz vuelve hermosas.

13 de mayo

Encuentro en Salamanca con Miguel Sánchez-Ostiz. No nos conocíamos, pero nos reconocemos. Velada gozosa, brindis, confidencias, abrazos. No sé si él está más solo que yo, probablemente sí, pero también es verdad que posee otra energía, una rabia que lo mantiene en permanente estado de exaltación y lo lleva –además de a procurarse toda forma imaginable de sufrimiento– a no parar de escribir. Quién pudiera encauzar así la tristeza. Investiga el mundo de Pamplona, el furor cainita de los vascos –acaba de terminar un libro sobre Baroja– y esa turbina lo hace girar sobre los mismos temas, encontrándoles nuevas perspectivas, añadiéndoles matices inesperados. Es verdad que se mueve en espiral, que no puede salir de ese vórtice, *e pur si muove.* Se puede descubrir el sinsentido de lo humano en esas peleas entre familias, entre clanes; en el frenesí de las comilonas y borracheras; en la sangre vertida en una cadena inacabable de asesinatos. Investiga, indaga, hace crecer su paranoia, y, para ayudarse en la tarea, se busca nuevos enemigos con cada línea que escribe, hace que crezca el número de quienes querrían que no hubiera existido.

Conoce el medio en el que se mueve como los biólogos modernos conocen cada una de las aves que nidifican en los espacios naturales: las han visto nacer, las han anillado, conocen el destino de sus migraciones, y las aguardan en el viaje de vuelta, las pesan cada vez que se las reencuentran, las miden, hasta les han puesto un nombre. Ostiz conoce individuo por individuo a los habitantes de su comunidad, sabe su comportamiento y el de sus antepasados ante los avatares de la historia que les ha tocado vivir; de qué familia proceden, con quién comen, esnifan y beben hoy y con quién lo hacían años atrás y con quienes comieron, bebieron y mataron sus padres y abuelos: conoce las indignidades cometidas o heredadas, el crimen originario sobre el que levanta su fortuna o su miseria cada cual. Es un molesto entomólogo de su país.

Inserción de un cuadernito de tapa dura negra/ Viaje a Alemania

(23-29 de mayo de 2005)

2005

23 de mayo de 2005

Bajo la enorme cúpula del Rathaus de Hannover exhiben cuatro maquetas que representan otros tantos momentos de la historia de la ciudad: el siglo XVII, 1939, 1945, y el momento actual. En la de 1939, se muestra una ciudad que empieza a ser moderna en la periferia, pero que mantiene intacta la vieja almendra, con las torres de las iglesias levantándose por encima de caserones y palacios. En los barrios nuevos, entre las modernas instalaciones, rodeado de jardines, el nuevo Ayuntamiento (este que ahora alberga las maquetas); la estación del ferrocarril; un gran depósito o caldera, que seguramente almacenó las reservas del gas urbano; un precioso edificio art déco que he visto esta misma mañana y en la actualidad alberga el periódico local: su geométrica fachada de ladrillo, salpicada de pequeños puntos brillantes que parecen festivas lentejuelas, la verde cúpula de latón, todo muy en el estilo de la Sezession vienesa. El conjunto de la ciudad de antes de la Segunda Guerra Mundial transmite sensaciones de armonía, la ciudad como acumulación de proyectos (ideas) que se han materializado en trabajo de unas cuantas generaciones: tejados, torres, paredes, cúpulas, jardines, depósitos, edificios públicos. Obras sencillamente útiles y obras con voluntad escenográfica. Las que sirven para resolver las necesidades materiales de sus habitantes; las que alimentan sus imaginarios, esa necesidad de llenar los vacíos existenciales, con lo que llamamos arte, como ornato y consuelo de la vida privada, representación de compartidos valores, o como descarnada representación del poder y la riqueza. El antiguo Rathaus es un bordado de ladrillo: parece uno de esos tapetes de punto de cruz y seguramente sirvió como inspiración del edificio modernista de la prensa que se construyó a principios del siglo XX. La tradición de trabajar el ladrillo como tapiz, o como conjunto escultórico, se descubre también en el interior de la iglesia del Mercado (el exterior y la torre son, sin embargo, de extrema sobriedad). Desde esa maqueta que representa una ciudad parecida a tantas otras europeas que contemplamos en antiguos grabados, me dirijo a la maqueta que está situada junto a la escalera que sube al piso principal del nuevo Rathaus, cuyo salón, con sus arquerías, las columnas de mármol que las sostienen, y un par de niños-angelotes apoyados en representaciones vegetales trabajadas en piedra, recuerda mucho al salón del Ayuntamiento de Valencia, construido pocos años después que este Ayuntamiento nuevo de Hannover. Quizá se inspiraron en él los arquitectos valencianos, vieron imágenes, viajaron para buscar ideas para su proyecto, o quizá se trate solo de similitudes nacidas de la moda de la época, aunque los elementos se parecen demasiado para que la relación sea solo fruto del azar, rasgos característicos del estilo que estaba de moda por entonces.

Pero he empezado a dirigirme hacia la maqueta que está junto a la escalera de ascenso al salón, la que reproduce la ciudad como era en 1945, al finalizar la guerra, y lo que ahí se representa te sobrecoge. La mirada no da crédito a lo que contempla. De la vieja ciudad no queda casi nada en pie, y nada que no haya sido dañado. Escombros, muros solitarios, ruinas: los cientos de años de trabajo acumulados durante siglos, cristalizados y convertidos en ciudad, han sido dilapidados: el conjunto se ha venido literalmente abajo, Hannover ha desaparecido. Se trata solo de una maqueta, pero la mirada no puede apartarse de ella. Su contemplación libera en quien la observa sentimientos que son a la vez de piedad, de melancolía, de impotencia, de rabia, de odio. He visto imágenes así de otros lugares –Colonia, Hamburgo, Dresde, Lübeck, Le Havre, Rouen–, debería acostumbrarme a la imagen de la Europa en ruinas que siguió a la guerra, pero, en cambio, todo ese torbellino de sentimientos, en vez de domesticarse, de suavizarse con el paso del tiempo, me asalta cada vez con más virulencia. ¿Fue necesario dejar la ciudad así?, ¿quién decidió que se hiciesen las cosas de esa manera? Ya sabemos que se trataba de derrotar al nazismo, y que fue Hitler quien lo empezó todo. Pero ¿pagó alguien por todos estos destrozos?, ¿brindaron en Londres con champán cuando recibieron estas imágenes?, ¿cómo se purifica uno de este pecado contra la humanidad? Ni siquiera llego a calcular la desmesura de todos los que fueron enterrados bajo esos escombros, que es el gran horror que alguien debería haber expiado. Ahora me limito a llorar sobre toda esa belleza destruida, ese coágulo de trabajo acumulado durante generaciones, decenas de miles de vidas durante cientos de años dedicadas a construir algo que, de repente, alguien decidió que dejara de existir, lo disolvió. Pero dejar de existir, destruirse, disolverse es el destino de cualquier obra humana, me digo, cínico. Los políticos hablan de Europa, nos piden a los escritores que nos pongamos a su servicio y hablemos de Europa (eso querían días atrás los del PEN Club), que citemos a Shakespeare, Goethe, Cervantes, Dante o Montaigne. Pero esos nombres no son Europa, son la literatura. Individuos sueltos que sufrieron tanto como podemos sufrir cualquiera de nosotros los efectos que sobre la población y el patrimonio tuvo el manejo de palabras como Raza, Patria, Nación, o incluso Europa. La concreción de esas palabras son las ciudades humeantes, los escombros, los millones de cadáveres. Contemplo la maqueta en 1945, la ciudad convertida en nada. Me dan ganas de llorar. El Reich, el Imperio, Europa...

24 de mayo de 2005

Como de costumbre, me cuesta orientarme en Berlín. Decido apearme del metro en la estación de Anhalter en vez de en la de Unter den Linden, porque en el plano que utilizo me parece una zona muy densamente edificada y la imagino repleta de animación. Resulta que no es así. Al salir del metro me encuentro en un ancho descampado, en el que destaca, como un fantasmagórico decorado, la solemne fachada de lo que podría haber sido un teatro, levantándose solitaria, porque el edificio ha desaparecido por completo. Tal como se presenta, exenta, y mordida en sus costados, parece un milenario arco triunfal romano. Pero es una obra del XIX, y están restaurándola. Detrás, espacios vacíos, un campo yermo, que limita, a la derecha, con un enorme búnker que se levanta entre arbustos silvestres; a la izquierda, con un campo de deportes; y, al fondo, con una construcción moderna, que vista desde aquí parece un conjunto de puntiagudas velas que se reúnen en el vértice hasta formar una especie de gran tienda india de llamativa blancura. Se llama Cosmoalgo, y tiene todo el aspecto de ser alguno de esos museos de la ciencia de los que todas las ciudades se han dotado en los últimos años. Atravieso el solitario descampado y luego camino por una calleja que se llama Mockernstrasse, hasta que me topo con un canal, que en el mapa está indicado como Landwehrkanal. Del otro lado del curso de agua, se levanta un gigantesco y llamativo edificio con las paredes de cristal, distribuidas en complicadas masas. Sobre el tejado, un avión. El edificio blanco que yo creía que era un museo de la ciencia, parece que es más bien un polideportivo, y en cambio, el edificio acristalado que ahora tengo a la vista es el Deutches Technikmuseum. Mi paseo, que yo calculaba que estaba llevándome en dirección del Under den Linden, resulta que me ha conducido hacia el sur (¡maldito Berlín!). Vuelta atrás y, como no quiero repetir el mismo camino, acabo metiéndome en una zona en la que, además de arbustos, crecen unos cuantos árboles jóvenes (me parecen hayas) sobre terrenos baldíos que, seguramente antes de la guerra, debieron de estar ocupados por edificios. Un edificio horizontal, de atrevido diseño, bordea el viejo búnker, al cual veo que puede accederse. En el sucio muro de cemento, se anuncia una exposición, imagino que sobre los horrores de la guerra. Me levanta el ánimo llegar a Stresemann, frente a la casa de Gropius, donde, por fin, parece que la ciudad está viva. Hasta ahora no me había cruzado con ningún peatón. Crece la animación a medida que me acerco a Potsdam –¡al fin, la ciudad!–, donde todo está recién construido, o en construcción, y entre cuyos edificios circulan decenas de turistas que también ocupan las terrazas de Alte Potsdam y curiosean en el patio circular del edificio Sony, bajo la espectacular hélice que le sirve de carpa. Hacia el norte, tras una exhibición de la mejor arquitectura contemporánea en el regular perfil de Lennéstrasse, con sus elegantes edificios, que caen en vertical sobre los árboles del Tiergarten en un juego de variaciones sobre el rigor geométrico. A la derecha, el recién inaugurado Monumento al Holocausto, que, como no podía ser de otra manera, ha desatado una gran polémica en el país. Lo contemplo intentando averiguar si formo parte del grupo de los defensores o del de los detractores. No puedo decir que me guste, aunque también es cierto que por desgracia cada día me gustan menos cosas. Se trata de una sucesión de alineamientos de grises cubos de hormigón de diferentes alturas –los más cercanos al exterior son horizontales, a medida que se avanza hacia el centro del monumento se elevan y se convierten en verticales– que acaban dando la impresión de un cementerio en el que se apilasen pesados ataúdes, o tumbas. Al juego de efectos, contribuyen, además de las diferencias en la distribución de los volúmenes de los cubos, las ondulaciones del terreno. Si tuviera que buscarle precursores a la idea, se me vienen a la cabeza las columnas que instaló Buren en el patio del Palais Royal de París allá por los ochenta del pasado siglo, durante la borrachera arquitectónica de Mitterrand. Claro que estaríamos hablando de la diferencia de escala que separa el templete de Bramante en San Pietro in Montorio, con la cúpula de San Pedro, y la diferencia de sentido que separa un liviano juguete de un solemne mausoleo. La pega que le encuentro a ese laberinto de cemento es que, si pretende crear angustia en el visitante que allí dentro se siente rodeado de esos cubos-ataúd, presunta representación del espíritu de tantos asesinados, al encontrarse en un lugar muy frecuentado de la ciudad lo que sucede es que el laberinto se convierte más bien en motivo de encuentros sorpresa y diversión: en cada cruce te encuentras con turistas que, como tú, vagan entre los cubos, inesperados encuentros que provocan gozosos comentarios, e intercambio de risas: por todas partes, la mirada se distrae del severo (o siniestro) cemento gris para dirigirse a rostros, cuerpos, sonrisas de individuos, la mayoría jóvenes, que gritan y ríen, corretean, se persiguen, juegan al escondite o se besan aprovechando un instante de discreta soledad entre los cubos. Bien pensado, quizá era eso lo que buscaba el autor de la obra, que se viera surgir la vida entre esos recordatorios hormigonados del horror. Vale lo uno y lo contrario, las dos teorías son defendibles: uno no sabe muy bien cómo descifrar casi nada en estos tiempos sin código. De lo único que quiero dejar aquí constancia es de que a mí el monumento no me ha despertado ningún sentimiento piadoso, ni me ha hecho sentir angustia, u horror (y eso que soy claustrófobo), más bien me ha mantenido en un estado de curiosidad levemente erótica el rosario de encuentros e inesperadas apariciones entre los cubos. Además, mientras visitaba la macroescultura, he constatado que el monumento está rodeado de edificios de alto standing, y especulo acerca de que habrán marcado con un sobreprecio las viviendas desde cuyas terrazas se contemple la ciclópea obra, y esa idea económica me distrae definitivamente de cualquier idea de expiación, me impide hacer ninguna de esas abluciones laicas que tan necesarias nos resultan de tiempo en tiempo.

Continúo mi paseo –ahora rodeado por grupos cada vez más numerosos de turistas– hasta la Puerta de Brandeburgo, que se exhibe recién rehabilitada, y cuyo entorno ha cambiado radicalmente desde la última vez que pasé por aquí. Los edificios de la Unter den Linden aparecen relucientes, y albergan comercios caros. Una gran fotografía semicircular recuerda el paisaje de la puerta y su entorno tras los bombardeos de 1945. Si el monumento al Holocausto no me ha conmovido, aquí me parece trivial utilizar la palabra «horror». Es no decir nada. Escombros, hierros retorcidos, vehículos aplastados. Los turistas contemplamos la imagen rodeados por edificios lujosos recién construidos o rehabilitados. En esta zona, las obras del nuevo Berlín, la gigantesca cúpula de vidrio del Bundestag, el flamante edificio de la Bundeskanzleramt, que cruza el río Spree por un elegante puente, transmiten una poco simpática idea de prepotencia. Están hechos para decirnos que el poder es algo importante y que el poder alemán es muy poderoso. Desde lo alto de un puente, contemplo al fondo una sucesión interminable de obras en marcha, entre ellas las de la nueva estación central de ferrocarriles. Luego, me paseo por el Tiergarten durante no sé cuánto tiempo. En el largo recorrido, solo algunos *joggers* y ciclistas se cruzan conmigo. Nadie pasea, nadie se entretiene entre los árboles, los escasos visitantes del parque o corren o van en bicicleta: es tan extraña esta ciudad de varios millones de almas, en la que, cuando paseas, la mayor parte del tiempo parece que eres el único habitante. Siempre me pregunto dónde demonios viven los que rellenan el censo; tiene uno la impresión de que la presencia humana es más bien anecdótica, incidental.

25 de mayo

Estoy comiendo en un *Biergarten.* La gente se acerca a los puestos de comida y bebida, escoge lo que desea, y luego se dirige a alguna de las mesas instaladas bajo los árboles. Normal, se me dirá. Pero a mí no me lo parece. No es que no me parezca normal el rito, sino el modo como lo practican, la manera de moverse, los gestos al elegir y tomar los alimentos, la naturalidad con la que se dejan caer sobre la silla, no sabría explicarlo, pero me parece descubrir una correspondencia entre carácter y movimientos que no es exactamente la de un español cuando hace algo parecido a lo que ellos están haciendo aquí. Es la naturalidad, te das cuenta de que los gestos son los más convenientes, y de que están efectuados sin la presión de una supuesta vigilancia externa, y también sin el forzado desparpajo, sin esa representación de la seguridad para uso de los demás que percibe uno en ciertos bufés libres españoles. Se me dirá que estoy manejando tópicos de hace cincuenta años; que en España la gente hace lo mismo que aquí y se mueve lo mismo que se mueven los de aquí. Se sirven, se sientan, se levantan con naturalidad. Lo hacen en cualquier hotel, lo he visto cientos de veces, lo veo cada vez que viajo por el interior del país. Lo sé, lo sé. Pero es como si en España esas actividades libres siempre aparecieran envueltas por una capa añadida: de exhibición, de idea de que se muestra una meticulosa voluntad de civismo, reivindicación, o provocación; autosatisfacción por poder estar allí y gozar de aquello: sean valores positivos o negativos, pero valores subrayados, que espantan la naturalidad. Es probable que todo eso esté solo en mi cabeza, no digo yo que no. Que se me haya quedado dentro como poso de una educación, como fruto brotado de la experiencia de vida en una sociedad en la que el comportamiento público tenía esa sobrecarga, y que hoy ya ha desaparecido esa ganga residual del barroco: la honra está fuera de uno, hay que sostenerla ante los demás, cada gesto está tan marcado por la actividad que lo exige como por el público que lo contempla y juzga; y por la vigilancia universal del franquismo para la que nada pasaba desapercibido. Seguramente, hablo de lo que me pasa a mí. Pero lo que contemplo a diario, incluso en mi pueblo, parece darme la razón. Siempre, al fondo, está la vigilancia, el guardia municipal que cada ciudadano lleva dentro. No existe esa delicada libertad de convertir en respetuoso espacio privado lo público, en usar según tus gustos y necesidades lo que es parte tuya porque es de todos. En España hay una regla de uso –lo diré así– unívoca. Y luego están esos continuos actos de gamberrismo que arrasan parques y jardines públicos cada dos por tres, farolas apedreadas, bancos destrozados, estatuas mutiladas, árboles arrancados. Cada semana aparece ese tipo de noticias en el periódico. Algún día me gustaría extenderme sobre el tema. Cuando vengo a Alemania, encuentro que los alemanes se comportan en los lugares públicos con la confianza y el respeto con que lo hacen en su propia casa. Por poner un ejemplo: entre el comportamiento social generalizado en Alemania y el del español en su país, veo un grado de diferencia que podría asemejarse al que veo entre un español en España y un marroquí en Marruecos, país que parece menos de sus habitantes que de cualquier turista que lo visite. El turista entra y sale con naturalidad de bares y hoteles; el marroquí se abstiene, o lo hace temeroso. Solo en la mezquita se siente en casa. Creo que, en eso, Marruecos ha cambiado mucho, hace muchos años que no lo visito. A lo mejor ahí está una de las claves del creciente islamismo.

26 de mayo

Leonnie, tan frágil, tan voluntariosa. Comemos juntos en Gotinga, en un espantoso restaurante hindú: las frituras están secas como ladrillos puestos al sol, insípidas. Cuando las pruebo, me enternece recordar el cuidado con que el camarero las ordenaba como si fueran fichas de un fichero o preciosos libros en una biblioteca. Las dejaba una vez y otra en el mostrador, las ordenaba con unos dedos ágiles, como un empleado de banca que cuenta billetes, las colocaba de nuevo en la bandeja. Las sacaba otra vez. Al parecer, no le habían quedado bien ordenadas. Habíamos pedido esas lajas de verdura rebozadas y un curri para los dos. Bueno, pues la verdura, que nos atrajo desde el primer momento, resultó ser intragable, y en cambio el curri, que a la vista parecía un comistrajo, era excelente, pero como me daba vergüenza dejar a mi frágil y afectuosa Leonnie casi sin comer, apenas lo probé.

Paseamos por la bonita ciudad. Aquí no vas a madurar nunca, amiga Leonnie, le digo. Esta ciudad es un juguete para niños. Se ríe. Luego, a la salida de la charla, que no se salió ni un ápice de lo esperable, mientras tomamos una copa, veo en la barra del bar a un tipo solitario, hermoso, cuya presencia me turba. Pienso: en todas partes se puede madurar. Leonnie quiere hacer una tesis sobre mis libros. La fascinación de la derrota. Niego la mayor: le digo que en mis libros no aparece para nada esa fascinación, y que lo que hay es un intento de darles la voz a quienes han sido excluidos de la narración de la historia, sacar a la luz su sensibilidad, contar qué los expulsó. Me gustan los personajes que rompen la fraseología dominante, los criados de *La Celestina.* Le comento que, en todos mis libros, hay una contradictoria desconfianza de la cultura: sin cultura eres un imbécil, con cultura estás a punto de convertirte en un hijo de puta. Le recomiendo que lea a Galdós: *La de Bringas, Torquemada,* además de *La Celestina;* que lea las *Tesis de filosofía de la historia* de su paisano Benjamin.

Se supone que los escritores son seres espirituales, ajenos a las contingencias del mundo, a las reclamaciones de la cotidianidad. Lo digo porque en la residencia de Wannsee, en Berlín, han vuelto a repetirse todos los pequeños y previsibles percances que suelen suceder en esos sitios de hospedaje para intelectuales. El decorado es realmente espectacular, la vieja mansión con sus cúpulas y torres, la arquería florentina, el bosque, la escalera que desciende hasta las aguas del lago Wannsee sobre las que se mueven las velas de las embarcaciones de recreo. También el sitio está cargado de referencias: en estas riberas, Kleist se suicidó de un disparo con la misma pistola con la que acababa de matar a su amante; y creo que en este mismo edificio en el que me albergo se redactó el siniestro proyecto nazi bautizado como noche y niebla. Uno puede gozar del paisaje mientras desayuna bajo la arquería neorrenacentista (la casa debe de ser de principios del XX) con vistas al lago. El bosque de castaños, cayendo suavemente por la ladera de la colina hasta el borde del lago, muestra en estos lluviosos días de primavera una deslumbrante gama de verdes; las aguas del lago cambian de color y alteran su brillo a medida que las nubes cruzan el cielo, matizando, filtrando o cubriendo el disco del sol; sobre ellas se deslizan los veleros o los *bateaux-mouches* que los berlineses ocupan queriendo aprovechar esta primera mañana de sol después de un largo invierno: hay un ajetreo continuo desde la estación de metro hasta el embarcadero: parejas, jubilados, paseantes solitarios, grupos de adolescentes cargados con mochilas; niños que apenas alcanzan a caminar y van cogidos de la mano de dos en dos, vigilados por los maestros; en la otra ribera, se distinguen los numerosos barcos varados ante la muralla boscosa, que cerca el espejo del agua. Qué duda cabe de que todo esto está muy bien: un lugar de ensueño. De acuerdo. Pero la vida cotidiana tiene otras exigencias, sobre todo si uno no ha venido aquí a pasear por el bosque, ni a navegar por el lago Wannsee (los alemanes pronuncian el nombre del lago tan suavemente que me parece que se refieren a algún lugar de China: Wannsee –ellos dicen *ouansi*–, como pariente toponímico de Guangzou). Pero yo estaba aquí para leerle al público alemán –que debía de estar en algún lugar más allá de todos estos árboles– unas cuantas páginas de un libro –cosa que acabé haciendo ante un auditorio poco numeroso– y, de paso, darme unos cuantos paseos por la ciudad, para lo cual, si resides en este apartado rincón, hay que echarle voluntad (se le echa). El metro recorre una buena decena de kilómetros antes de que aparezca la primera vivienda habitada. Precioso recorrido. Pero yo no soy un agrimensor, ni he venido a llevar a cabo labores forestales, y lo que quisiera sería tener cerca restaurantes, bares, librerías, museos, tiendas: menos mal que a mediodía está abierto el *Biergarten* que se llama Loretta o algo así, un comedor bastante poco recomendable: los alimentos que sirven no valen gran cosa. Además, Loretta cierra pronto. La primera noche, me encontré famélico y sin posibilidad de encontrar un pedazo de pan en varios kilómetros a la redonda. Aún peor, ni siquiera sabía por qué puerta entrar en la casa: la única llave que me habían entregado, la de la habitación, no ajustaba en la cerradura de la puerta principal, y allí no había timbre al que llamar ni nadie a quien acudir. Miré en la puerta de al lado: tampoco entraba la llave. Golpeé con la llave en los cristales, sabiendo que nadie iba a responderme (no se veía ni un coche aparcado, aunque sí que se veían en el interior numerosas luces encendidas). Di un par de voces, avergonzado de que, si había algún escritor hospedado, creyera que se las había con un loco (luego me encontré con el único escritor habitante de la mansión, y me di cuenta de que era un ser que ni siquiera si gritaras pidiendo ayuda porque estabas entre las llamas de un incendio levantaría una ceja; pero de eso quizá hable luego). Grité aún más fuerte, a pesar de que cada grito que daba me hacía sentirme aún más ridículo, y, por qué no decirlo, más culpable. En esos casos siempre piensas que eres tú el que ha entendido algo mal, te has equivocado, eres torpe, estás haciendo algo incorrecto, inconveniente. Por fin, descubrí una puertecita oculta tras un saliente de la fachada. La llave de la habitación se ajustó suavemente en la cerradura de esa puertecita de la que nadie me había hablado, giró sobre sí misma y, milagro, la puerta cedió. Subí a pie, porque el ascensor solo funciona en horas en que el invisible servicio lo utiliza. No vi a ningún empleado en los dos días que pasé allí, ni siquiera a la hora del desayuno: vajillas, cubiertos y alimentos aparecían primorosamente colocados junto a la galería florentina cada mañana como traídos por algún genio que los sacaba de su lámpara. Las cosas estaban en su sitio cuando bajabas e iban disminuyendo a medida que los escasos e invisibles habitantes de la mansión las consumían o –la segunda mañana, acabé descubriendo a una pareja, sin duda escritores– se las llevaban a sus habitaciones. O sea, que si bajabas temprano tenías más oportunidades de comer bien que si bajabas tarde: a última hora podía faltar el agua, el zumo de naranja, el jamón de York, o las cucharillas, y no tenías a nadie a quien pedírselo. La noche en que no encontraba la puerta, mientras subía por la escalera descubrí que las luces que había visto encendidas desde el exterior iluminaban despachos abiertos de par en par y en los que no había nadie, salones vacíos, pasillos y escaleras solitarios. Había puesto mis esperanzas nutricias de aquella noche en un panecillo que durante el día había comprado en una panadería situada junto a la estación del metro de Zoo. Estaba de verdad hambriento. Hacía horas que no había pegado bocado, y quedaba por delante la larga noche. Me dirigí al envoltorio que había dejado sobre la mesa antes de salir esa tarde, pero el envoltorio se había transformado en un informe bulto negruzco, parecía como si se hubiese podrido el papel de estraza y se hubiera convertido en una masa gelatinosa: un hervidero de inquietas hormigas cubría por completo la superficie y ocupaba también el interior, el pan estaba cubierto por millares de hormigas que se habían abierto paso hacia su interior y lo recorrían siguiendo túneles, descamaciones, huecos. Desde allí, siguiendo una de las patas de la mesa, y continuando viaje sobre la reluciente tarima del suelo, los animalitos se dirigían hacia la ventana llevándose cada hormiga su cargamento de pan. Cuando cogí el paquete, parte de la multitud que poblaba la superficie del papel se desbandó y empezó a correrme velozmente por manos y brazos. Nunca he visto tantas hormigas y tanta avidez en ellas como aquella noche. Era el rugido de la marabunta. Los insectos parecían dispuestos a devorarme a mí, a llenar mi cuerpo de pasadizos y agujeros como habían hecho con el panecillo. Corrí hacia el cuarto de baño, e introduje el paquete bajo el agua corriente, y empecé a lavarme manos y antebrazos, pero ellas ya habían ascendido hasta el cuello y corrían en todas direcciones tomando posiciones en hombros, pecho y espalda. Tuve que introducirme bajo la ducha para librarme de las hormigas. No imaginaba que lo peor aún estaba por llegar. Lo peor fue cuando, después de haberme relajado bajo la ducha, quise fumarme un cigarro y descubrí que había extraviado el mechero. ¿Dónde encontrar, en diez kilómetros a la redonda, un mechero, una caja de cerillas? Llegué a pensar en pedir un taxi, pero ¿a qué número tenía que llamar para solicitarlo? Y esperar que, a las once y media de la noche, pasara casualmente un taxi por aquellas callejas deshabitadas, una cinta de asfalto entre los árboles, era soñar con rollos. Estaba claro que tenía que olvidarme de fumar hasta la mañana siguiente, a la hora en que abriera alguno de los puestecitos que hay junto a la estación de metro. Así pues, relax, contar ovejas, intentar avanzar algunas páginas en la novela que me estoy leyendo, llamar desesperadamente al sueño, como había llamado unos momentos antes a alguien que pudiera abrirme la puerta, es decir, en vano; porque estaba claro que, entre pitos y flautas, esa noche no iba a dormirme fácilmente. Un drogadicto sin droga: sin comida, ni alcohol, ni tabaco...

Los habitantes de la casa deshabitada merecen párrafo aparte. Ya he contado que entreví a una pareja que preparaba bocadillos y sándwiches a toda velocidad, como si tuviera que aprovisionar al ejército de Napoleón antes de la batalla de Moscú, y los metía en bolsas que supongo que se llevaba a la habitación. Hasta entonces me había parecido encontrar huellas de otras presencias humanas, pero aquel encuentro fue la primera constatación de que Crusoe no estaba solo en casa. Él era muy moreno y delgado, llevaba el pelo largo recogido en una coleta y respondía a un tipo que vuelve a estar de moda y exhiben algunos cantantes partidarios del mestizaje. Ella era pequeña, y de mirada inquieta, maliciosa, fenotipo ratona. Cuchicheaban en voz muy baja, mientras rellenaban todos los panecillos disponibles en el bufé con lo que encontraban a mano. Los abrían y trufaban en un pispás, los envolvían en una servilleta de papel (se habían colocado el servilletero en su mesa) y los metían a toda prisa en el bolso de ella. No alcancé a formular para mí mismo un juicio riguroso hacia su actitud, porque pensé en que tenían derecho a reforzar la intendencia por si las moscas, ya que, de no ser en ese momento mágico del desayuno, poco consuelo gastronómico cabía esperar el resto del día en aquel albergue sin despensa a la vista. Odiaba su actitud, incluso me parecían odiosos sus movimientos ávidos mientras llevaban a cabo su tarea de almacenamiento, pero no podía dejar de sentirme cerca de ellos, cuando recordaba el sufrimiento de la noche anterior, el hambre, la desvanecida esperanza que puse en un panecillo que resultó que había sido asaltado por las hormigas. Seguramente, sufrir esos avatares corrompe más tu alma que si asaltas el bufé. Cuando, al pasar a su lado, los saludé dándoles los buenos días, me respondieron con una mirada huidiza. Es posible que ellos sí que se creyeran merecedores del juicio que yo no me había atrevido a formular.

Pero ese día me crucé con más pobladores de la casa: seres fantasmagóricos que bajaban silenciosos por la escalera, haciendo crujir los escalones de madera, que desaparecían tras una puerta al fondo de un pasillo, o, con la mirada perdida en el telón de lago y bosques en la terraza de columnas florentinas, consumían los alimentos que servían cada mañana los invisibles sirvientes. He escrito que miraban hacia el lago y el bosque, pero más bien hacia donde parecían mirar era hacia dentro de sí mismos. Pasabas y no te veían, saludabas y no te respondían. Caminaban sigilosos, comían con idéntico sigilo (a veces, desde mi mesa, oía el crujido del pan, el de alguna verdura fresca que se quebraba entre sus dientes). La última mañana en que desayuné allí se sentó ante una mesa frente a mí uno de aquellos seres callados: se trataba de un duende de mediana edad, entrado en unas carnes que amenazaban con reventarle el pantalón tanto por la mitad delantera de su cuerpo, como en los tercios traseros. Se sirvió en el bufé y se sentó a comer frente a mí. Comía con buen apetito y también ese día yo podía escuchar el ruido de sus dientes al trabajar determinados alimentos. Comió, se levantó para servirse más. Volvió a comer, volvió a levantarse, a servirse, a comer. Así, siete u ocho veces. Oía el crujido de sus pasos en el parquet, el de los cubiertos chocando contra la loza cuando, a mis espaldas, volvía a servirse, y el de cubiertos, loza y dientes en acción cada vez que volvía a tenerlo enfrente. Yo había terminado de desayunar y bebía café chupeteando un cigarro. Creo que nunca he estado tan cerca de nadie y tanto rato sin dirigir al menos un gesto con la cabeza, sin murmurar un saludo. Me sentía a disgusto. Además, siendo aquello una residencia de escritores y no sé si también de artistas plásticos, pensé que el hombre debía de ser colega, quizá un escritor que, como yo mismo, estaba de paso para hacer algunas lecturas, así que, tras pensármelo algunos segundos y aclararme la voz con un carraspeo, me atreví a preguntarle en el lamentable inglés que, cuando no me queda más remedio, utilizo: ¿Está usted aquí para muchos días? Fue como si le hubiese enviado un trallazo de corriente eléctrica. No levantó la cabeza para mirarme, sino que levantó todo el cuerpo, aunque sin separar el trasero de la silla: se agitó con un movimiento tortuoso, aunque inusitadamente ágil, y que se correspondía mal con su aspecto osuno. Gritó: *I live hear,* yo vivo aquí, fue exactamente lo que dijo, y también lo único que dijo, porque de inmediato, con la misma agilidad con que había desplegado su cuerpo, volvió a recogerlo y a recogerse él mismo en torno a un panecillo que sostenía con una mano, y al que dio un nuevo bocado. Oí el crujido de la corteza del pan al romperse entre sus dientes, y ese fue el único sonido que volví a escuchar de aquella mole de carne. Ya no levantó la cabeza cuando, al pasar junto a él, dije *goodbye,* ni tampoco cuando, horas más tarde, nos cruzamos por un pasillo. A lo largo de aquellos días, me crucé con otros individuos: un par de mujeres maduras, un tipo pelirrojo que llevaba una bolsita de cuero colgada del hombro y bajaba y subía las escaleras una y otra vez, siempre muy apresurado, como si continuamente estuviese llegando tarde a una cita; otro individuo de aspecto caprino y con una piel de intenso color rosa, que parecía coloreada con algún tinte artificial; y más personajes que ahora no recuerdo, pero igual de huidizos y callados. Todos pasaban a tu lado como si llevaran los ojos vueltos del revés, y en una actitud que parecía expresar que no era que no te vieran a ti, sino que no podían ver nada ni a nadie. Supongo que se trataba de escritores o de artistas y que miraban así porque su mundo estaba dentro de ellos mismos. Como soy desconfiado, las últimas horas empecé a pensar si no me habrían llevado a algún sanatorio de esos en los que uno sabe cuándo entra pero no si va a salir algún día.

He escrito que me sentía cerca de los lémures que rellenaban con bocadillos el interior de un bolso de señora; desde luego, más cerca que del director del centro del Wannsee y de la traductora. Me explico: cuando esta noche, acabada la lectura y bebido el vino que ofrecen tras el acto, y cubierto el animado tiempo de charla que suele sucederlo, veo que son ya las diez y media de la noche y, conociendo la escasa afición culinaria de la casta literaria alemana, propongo ir a cenar, la traductora responde tajante que no: No, no, dice, yo me voy a casa. Yo también, se apresura a añadir el director. Presiento que, de nuevo, me han reservado una noche ayuna en este sombrío bosque sin despensa. Menos mal que el intérprete, un simpático y parlanchín argentino, se ofrece enseguida a acompañarme. Le invito, propongo. Y el hombre empieza a calcular dónde podemos ejercer nuestro derecho alimentario, y decide que será en Mexico Platz, donde hay un restaurante siciliano que resulta no estar nada mal y cuyo servicio se porta con una amabilidad encomiable, a pesar de la hora a la que hemos llegado, más bien intempestiva para los hábitos del país. Así que de vuelta en ese lugar cuyo nombre suena a remoto y chino (Guan-tsi) cuando lo pronuncian los alemanes, tengo la sensación de que el mundo vuelve a estar en orden.

29 de mayo

De nuevo en Berlín, ahora en un hotel junto a la Alexanderplatz y frente al Instituto Cervantes. Anoche vi en el Kino Arsenal de la Potsdamer Platz *Los niños de Rusia,* el documental de Jaime Camino, y confieso que lloré como una magdalena. Me sorprende lo bien que hablan esos ancianos que fueron niños refugiados, muy especialmente las mujeres, qué voces tienen, con qué precisión y de qué manera tan hermosa cuentan sus historias. Narrada con una sencillez ejemplar, la película alcanza en algunos momentos cotas épicas, hermosísimas. Antes de la proyección había tomado una copa con Jaime en el hall del hotel. No nos conocemos, pero brota enseguida una corriente de simpatía. Me cuenta que está jodido, que lo han operado de algo que, según entiendo, es un cáncer. Hablamos de literatura, de la admiración que sentimos hacia *Si te dicen que caí,* la novela de Marsé. Yo había vuelto a Berlín (ahora estoy en el aeropuerto, dentro de diez minutos sale el avión que me llevará a Alicante) para asistir a una mesa redonda sobre las diferencias en el tratamiento literario en el tema de la memoria *(encore!* Uf) entre Alemania y España, en unas jornadas dominadas por la abrumadora presencia de socialdemócratas en construcción de la propia épica. Aproveché para leer un texto durísimo, así que, mientras lo leía, se apoderó de la sala un silencio tenso, se cortaba el aire. A una parte de la mesa y del público se les puso cara de limón verde. Como contrapartida, al terminar la intervención se acercaron unas cuantas personas para expresarme la gratitud por haber dicho aquello que se alejaba del ambiente de autosatisfacción que había reinado hasta aquel momento. Ignacio Sotelo, que no parecía mostrarse muy feliz mientras yo leía el texto, se me acercó luego para decirme que le había parecido muy bien la lectura porque le había dado la vuelta al simposio: no supe cómo interpretarlo, porque tenía un tono como de decir: has tenido que venir a aguarnos la fiesta. También Juan Goytisolo se mostró efusivo. Nos habíamos cruzado tres o cuatro veces el día anterior, y no nos habíamos dirigido la palabra: después de una desagradable experiencia que tuve con él y que sería largo describir aquí, mantengo la posición de que hay que evitar tener contactos con Juan Goytisolo si uno no quiere acabar atrapado en alguna red de malentendidos. Ayer me envió un emisario para preguntarme si me parecía bien que hablásemos. Le dije que no tenía ningún inconveniente (pensé: ¿por qué no viene él y tiene que mandarme a alguien?). Hoy se ha acercado: Los incidentes pasan, la amistad queda, me ha dicho. Y ha añadido: Mándame algún libro tuyo. Amigos comunes me dicen que son muy buenos, pero yo no los he leído (pienso: ¿y por qué no te has acercado a una librería y te has comprado alguno? Yo, los tuyos que he leído, los he comprado). Sé que no es verdad, al menos *Mimoun* me consta que lo leyó y, además de leerlo, comentó a bastantes personas que era una novela muy mala. Cualquier palabra que un español escribe sobre Marruecos, Goytisolo la lee y la comenta, la fiscaliza, es competencia desleal en un mercado cautivo; como Cristo ve a cualquiera que profana un templo suyo y lo castiga. A pesar de eso, me parece miserable por mi parte andar dándole vueltas a esas estupideces de vieja diva, lo veo tan mayor, y, de rebote, me veo tan mayor yo mismo, que le dejo en la recepción del hotel un ejemplar dedicado de *Los viejos amigos.* Es cierto que me ha producido ternura verlo así de frágil. No me lo había parecido en el primer momento, más bien me dio la impresión de que el tiempo no había pasado por él: tiene la cara prácticamente igual que hace treinta años, y eso te confunde; pero habla con una voz muy débil, está extremadamente delgado y camina con paso vacilante. Ignacio Olmos, el director del Cervantes de aquí, de Berlín, me ha dicho que está muy mal. Viaja con una mujer que le sirve de enfermera y a la que ayer la escuché hablarle de no sé qué pastillas que le habían parecido muy baratas, y también se refirió a una mantita. No pude apartar la imagen: el azote de España acurrucado y envuelto en una mantita. Qué cabrona es la vida. Él respondía a lo que ella le preguntaba con un tono tan educado como autoritario, viejo gruñón de clase alta. Suele ocurrir: los fugitivos de su clase regresan en la vejez a ella. Los de la nuestra también lo hacemos: lo noto, lo veo venir. La vida, una escapada frustrada de la que se vuelve cabizbajo. Ignacio O. me cuenta que este viaje lo encuentra muy afectuoso con todo el mundo, reconfortado con la admiración del público, y reconciliado consigo mismo, ejerciendo el papel de viejo sabio, profeta y precursor (en eso no hay cambios, sigue igual), pero sin el autoritarismo de antaño, y aceptando –¡por fin!– que sus méritos han sido reconocidos incluso en España. Veinte años sin vernos, me dijo. Lo corregí: Son más bien treinta, Juan. En efecto, yo creo que la última vez que nos vimos debió de ser el año 79; y las cartas en las que primero me enredó en un lío y luego pretendió reconciliarse fui recibiéndolas el año 80. La última, a la que decidí no responder ya, llegó un par de días antes del golpe de Estado del 23 de febrero, o sea, en el 81.

A la hora de comer, me sientan al lado de Santos Juliá, quien se jacta de que los del PSOE no lo tragan (¡vivir para ver!, si es su historiador orgánico). Un tal Alberto Reig, al parecer también historiador, y yo nos reímos a carcajadas. Él se defiende como gato panza arriba. Luego, alguno de los comensales le comenta lo brillante que fue la charla que sobre Ortega dio días atrás Javier Pradera en el Instituto Cervantes de Berlín. A Santos se le hace la boca agua, se esponja, inicia una larga enunciación de las virtudes intelectuales y humanas de Pradera. Es el gran tema de la sobremesa.

Anteayer di un largo paseo por la ciudad. Caminé por la Alexander Platz, por la animada Karl-Liebknecht-Allee, que ahora está tan de moda, llena de bares y restaurantes, de tiendas de diseño, de galerías, uno de esos trechos urbanos en los que Berlín se convierte en ciudad, porque Berlín es ciudad a trechos: concentra la energía en determinados puntos, la fuerza de cuya radiación se desvanece en unos centenares de metros y se esfuma casi de repente, para dar paso a barrios apacibles apenas transitados, o para diluirse en alguno de esos pedazos de bosque interior, o directamente en algún descampado. La bicicleta –tan utilizada por los berlineses– resulta el medio de transporte idóneo para disfrutar de la ciudad y sortear las abundantes pausas urbanas que a veces ocupan kilómetros, lugares de recreo muy agradables para quienes viven aquí, que se encuentran con esos jirones milagrosos de bosque que penetran y rompen el trazado urbano un poco por todas partes, pero que la hace inaprensible para quienes venimos de paso, y nos vemos obligados a botar de un sitio a otro como saltamontes. El paseo que di anteayer se prolongó hacia el sur, hacia la catedral, la Isla de los Museos y todos esos pomposos edificios que conocí mugrientos y vuelven a mostrarse limpios, altivos, con sus diademas de dioses y héroes, los verdes tejados metálicos. Los cielos de Berlín vuelven a estar poblados por hermosos caballos, algunos de ellos alados, que levantan sus patas, o que tiran de cuadrigas. Si los grandes huecos urbanos que se extendían al sur de Unter den Linden, hacia la Potsdamer Platz, han sido ocupados por modernas edificaciones, este Berlín de iglesias, palacios y museos, con su retórica ornamentación imperial, retoma la historia de la capital prusiana, que se envolvía en sintagmas clásicos para expresar el orgullo de sus grandes señores y guerreros, y una vocación imperial que tantos disgustos acabó dándole (¡y dándonos!), y que casi la llevó a desaparecer del mapa. Al amparo de esta escenografía, el barrio mezcla algunos viejos edificios con modernas edificaciones, que albergan tiendas exclusivas y hoteles de alto nivel, y tiene como eje la Friedrichstrasse. Paseándolo, el referente que se me viene a la cabeza es el XVI parisino, releído o reinterpretado con la sobriedad ornamental post-Bauhaus, que domina la ciudad moderna. En cualquier caso, se trata de un barrio que expresa el nuevo impulso berlinés hacia conceptos que parecía haber desterrado definitivamente durante todos estos años de decadencia. Y digo el XVI parisino, pero los escaparates, las vistosas marquesinas ante las puertas de los grandes hoteles, las llamativas alfombras sobre las aceras, los salones que se adivinan desde el exterior, con enormes lámparas y ramos de flores de tamaño monstruoso, y esos porteros vestidos de pesada librea, incluido alguno de raza negra, tienen también algo de lo que Nueva York ofrece en lugares como Madison Avenue.

En el Chekpoint Charlie, ese no lugar que es al mismo tiempo lugar de memoria, desolado templo de la Guerra Fría, unas cuantas cruces recuerdan a quienes murieron allí intentando saltar el Muro. En lo que fue el lado comunista, un grupo de turcos ofrece prendas y objetos que parecen haber cruzado el túnel del tiempo en sentido inverso: quincalla de medallas e insignias con la hoz y el martillo, gorras del ejército soviético, chaquetas militares, sin duda falsificaciones que los turistas compran con avidez como recuerdo de su paso por uno de los cruces de caminos de la historia. (Uno imagina talleres clandestinos, con mano de obra semiesclavizada fabricando esos objetos.) Junto al solar donde se levantan las tumbas, abre las puertas un viejo Café Adler (águila, en alemán) y, a la derecha, una calle desolada. Al fondo, distingo los modernos edificios de la Potsdamer Platz.

Bajo la bóveda entoldada del edificio Sony miles de personas aúllan ante la gigantesca pantalla de televisión que transmite la final de la Supercopa alemana: Berlín contra Bayern de Múnich (finalmente ganó el Bayern por dos goles a uno). Anoche, en el Kino Arsenal situado en el mismo edificio apenas éramos una docena de personas las que asistíamos a la proyección de la película de Camino sobre los niños españoles que se llevaron a Rusia. Siento tristeza al recordarlo, mientras un muchacho nos explica que, hace unos años, el Berlín era el equipo al que apoyaban los neonazis y ahora eso ha cambiado. No tengo muy claro qué es lo que puede haber cambiado. ¿Que los aullidos expresan ahora otra ideología? Hum. No sé, no sé. Al terminar el partido, pasan junto a la mesa que ocupamos en una de las terrazas de la Alten Potsdam los grupos de amigos, las familias, las parejas de novios, toda esa gente que gritaba furiosa hace un rato y se ha transformado de pronto, ha vuelto a la condición humana, y camina tranquilamente, se coge de la mano, charla distendida. Me recuerda a la gente que, siendo un niño, veía pasear por el Prado de mi pueblo cualquier domingo por la tarde: la cosmopolita Potsdamer de 2005 me recuerda a Tavernes en 1955. Me emociona esa sensación. Seguramente tengo los nervios demasiado a flor de piel después de haber visto anoche la película de Camino. Todo me roza, me pincha.

Vuelta a la agenda Max Aub
(23 de junio-27 de octubre de 2005)

2005

23 de junio

Empiezo a ver en la televisión por enésima vez *Esta tierra es mía,* de Renoir. No importa el artificioso aire de panfleto. Da igual la credibilidad que pueda tener si uno la observa secuencia a secuencia: nadie, en una dictadura, le dejaría soltar ante un tribunal un parlamento así de largo y duro al acusado. Lo callaría a palos. Los guardias de servicio en la sala se lo llevarían a empujones. Pero esa es la extraordinaria maravilla que permite una bien medida obra de arte: que en la película sí que puede hablar, y no rechazamos sus palabras como increíbles, sino que las jaleamos. La película es una lección (no en vano se desarrolla en una escuela y son maestros sus protagonistas) acerca de cómo se puede mantener la dignidad en las peores circunstancias, un canto a las ideas que se construyen con trabajo, y a la escritura que, como diría Ibn Jaldún, no es lo mismo que las ideas: se habla, se escribe con palabras, no con ideas; las palabras son contenedores que intentan capturar las ideas y guardarlas. Nadie nos explica de qué modo pueden mantenerse las ideas flotando, sin agarrarse a una palabra, ¿cómo podemos decirnos que son previas y las buscamos?, ¿o, en realidad, no existen y, así, exentas, son solo ilusiones de la mente?

Cuando todo se tambalea, buscar fuerzas en los clásicos. Lo pensaba esta tarde, en el momento en el que Federico me ha interrumpido para comunicarme por teléfono la muerte de Manolo Romero, «el Rojo», un profesor de filosofía que compartió conversaciones y experiencias con nosotros en la Residencia estudiantil en la que vivimos durante un tiempo. Me lee por teléfono un obituario que le ha escrito Pilar Rahola agradeciéndole a Manolo su magisterio. Cuenta la Rahola, que fue alumna suya, cómo, en los últimos años del franquismo, Manolo les enseñaba a pensar con libertad y a mantener una difícil dignidad. Ella no me cae bien, me parece un loro parlanchín. Pero la despedida que le ha escrito resulta muy emocionante. Las personas no somos de una pieza. Nuestras vidas están sembradas de claroscuros, llenas de recovecos. Manolo, con quien había recuperado el contacto estos últimos años, estaba muy tocado por las secuelas que le dejó la operación de un tumor cerebral: se quedó semiparalítico, apenas caminaba y, al parecer, le costaba unos esfuerzos sobrehumanos poner sus ideas por escrito. A pesar de que pasaba horas enteras para redactar un par de folios, ha seguido escribiendo mientras su cabeza le ha permitido alguna forma de pensamiento. Escribía con la boca, cuando ya no podía escribir con las manos. Hace unos meses me envió unas páginas deliciosas en las que contaba su infancia en Verín. Su muerte le quita un poco más de sentido a mi vida, pero el recuerdo de sus cartas, escritas en condiciones tan difíciles, y ese inesperado testimonio de sus alumnos que me llega se lo devuelven. Nos movemos en zigzag. Como diría Lenin, un paso adelante y dos pasos atrás.

2 de julio

No sabría explicar qué es lo que he hecho durante los últimos quince días: perder el tiempo. Ni siquiera encuentro voluntad para escribir en estos cuadernos. Se me van las horas sin darme cuenta. He recogido unas cuantas notas con el propósito de que me sirvan para la novela. Y he leído. Entre otras cosas, una biografía de Thomas Mann escrita por Hermann Kurzke. Me ha parecido cansina (por utilizar una expresión muy extremeña) y simplificadora. Casi todas las novelas de Mann, según su biógrafo, son poco menos que excusas para contar sus fantasmas homosexuales, envoltorios de un monotema obsesivo. Si a eso le añadimos que el libro de Kurzke está escrito con una prosa de vuelo rasante (o mal traducido, no sé alemán, no puedo comparar), creo que están justificadas las razones de mi aburrimiento. Se eleva en la última parte, cuando se escapa del eje central de la tesis: las dudas del novelista entre lo masculino (papá) y lo femenino (mamá), e introduce los elementos del drama histórico en la personalidad del novelista. Para explicar el personaje, le va mejor su tiempo que su sexo.

La mayor parte del mes de junio la dediqué a preparar una charla sobre Galdós que di a medias en Las Palmas, y digo que la di a medias porque leí apenas la mitad de lo que había escrito, que acabó resultando muy largo. Al volver al aeropuerto de Alicante, se me estropea el coche, y, en el ajetreo de grúas y talleres, pierdo la estilográfica que más quería, una preciosa Montblanc de punto grueso que me regalé el pasado verano como compensación por quedarme todo el tiempo en casa, escribiendo. Tengo la maldita manía de llevar siempre encima las plumas que me gustan, así que las acabo perdiendo. Nada es eterno. Pero, últimamente, me dura todo tan poco. Más desgracias: un inesperado bajón de la tensión, que suelo tener muy alta (15-19) y de repente cae a 5-7 y pico. Los últimos días apenas tenía ánimos para levantarme de la cama y se me había agudizado la sensación de vértigo que siempre me persigue. Dejo de tomar las pastillas para la tensión y bebo algo más durante estos días y recupero el pulso: estoy entre doce y siete y pico. Perfecto. Pero mucho tabaco y alcohol. Entre sobresalto y sobresalto, conseguí entregarles a los de *Sobremesa* un artículo sobre el Chinatown neoyorquino que me habían pedido. El propósito del verano es seguir trabajando sobre los doscientos y pico folios inconexos que componen el cuerpo de la novela, y poner un poco de orden en la casa. Colocar libros y papeles.

5 de julio

Día extrañamente apacible. *Gaudeamus!* Ni vértigos, ni angustia. Por la mañana, escribo convencido de que hay una novela escondida entre los folios que manejo, algo que toma lentamente forma (falta un par de años de trabajo, pero el dibujo del rompecabezas empieza a intuirse). Por la tarde, y por primera vez en los cuatro o cinco años que llevo viviendo aquí, me entretengo podando los rosales, arrancando hierbas, contemplando los patos y pollos que picotean en el huerto. Una paz idílica, como de manual, lo ocupa todo. Armonía entre lo de dentro y lo de fuera. Me invade una cálida oleada de cariño hacia la casa, hacia el huerto. Me gusta el sitio donde vivo y creo que puedo estar aquí, con los frutales y las plantas aromáticas (sube el olor de la hierba luisa, de las clavellinas), en realidad vivo rodeado por un jardín botánico: melocotones, ciruelos, un chirimoyo, limoneros, aguacates, guayabas, plataneras, nísperos, membrillos..., y el magnolio, y el ciprés, y las palmeras, y los rosales, los gladiolos, las estrelicias, el jazmín, el galán de noche, pero si es eso, si vivo en un jardín botánico. Me digo que tengo que sacar fuerzas de eso: contemplar esa belleza y cargarme con ella; y luego están los libros, los folios a medio escribir, el ordenador, los DVD, la música de Brahms, de Beethoven, de Shostakóvich, de Poulenc. No es un sitio de paso. Es el sitio en el que vivo desde hace cinco años, donde seguramente viviré los que me quedan.

Leo a Poe. Algunos cuentos cada día. En la mayoría, el más allá que regresa: el terror disfraza la culpa, es una forma de justicia, o de autocastigo: el animal humano guarda un código que se ha roto y, por eso, su existencia se abre a sombríos abismos, algo así. Pero no es solo eso, ni esa guardarropía de donde extrajo buena parte de su temario el romanticismo (primer acto de la obra que seguirían representando los surrealistas), digamos que también es eso, pero no es solo eso: Poe monta una especie de excitante tren de la bruja al que obliga a montarse a sus contemporáneos para enseñarles, por primera vez en la contemporaneidad, los monstruos del pasado remoto, que se arrastran desde antes del comienzo de la historia entre nosotros, y la razón no ha sido capaz de enterrar del todo. Detrás de la técnica siguen los cadáveres de quienes nos precedieron con sus experiencias precientíficas. Están ahí, agitándose por debajo del ruido de las máquinas de vapor.

Hay otras formas de terror en Poe, de muy refinada ambigüedad psicológica. Ahora mismo acabo de leerme «Berenice», con un protagonista, el primo de la víctima, que resulta ser un monomaníaco obsesionado con los dientes de la mujer; hasta el punto de que –textualmente– los convierte en ideas (así, tal cual, como suena): acaba arrancándoselos en la tumba, y lo hace sin saber que lo ha hecho, y al lector no le queda claro si se los ha arrancado después de muerta o la ha matado para arrancárselos, más bien lo segundo. A su lado está la pala, pero también las heridas de uñas que muestran sus brazos, los arañazos, y la sangre que cubre a ese hombre que no sabe nada, ni recuerda, y se ha encontrado sin saber cómo ni por qué con la cajita que guarda los dientes a su lado. Es sin duda uno de los cuentos más extraordinarios y terribles que uno pueda leer, material de estudio sobre los mecanismos profundos de eso que ahora se llama violencia doméstica, filón para freudianos y lacanianos que quieran analizar los mecanismos de la obsesión, su conversión en imagen de lo innombrable (dientes, ideas, virginidad, vagina). Poe entra a saco en el subconsciente del lector, en sus habitaciones más ocultas, y las pone patas arriba. La sensación de barracón de feria, de pesada broma de guiñol que transmiten algunos otros cuentos, no asoma para nada aquí, a pesar de que es el texto más descabellado, pero a la vez perfecta obra maestra, que sirve como deconstrucción del amor, humorada macabra de metáforas y metonimias, sarcasmo de la retórica amorosa, burla de las frustraciones de un yo dispuesto a afirmarse a costa de lo que sea, dientes e ideas; como podrían ser cabellos e ideas u ojos e ideas (la vagina es el despojamiento, pelar la gallina llama la Celestina al acto de acceder al sexo). La retórica literaria nos ha acostumbrado a convertir en depósitos del alma (del deseo) ojos, cabellos o labios. Pero ¿los dientes?, ¿los duros y agresivos dientes? La metáfora del deseo alterada, revolución en el lenguaje que es excavación en el origen del deseo, esa inestable frontera entre el amor y el odio, entre el cumplimiento del sexo y el crimen, que tanto sedujo a los más directos herederos de Poe, los surrealistas. Es la falta de certeza, la labilidad del otro, su negativa a ser devorado, lo que ata al amante, y por eso el amor consecuente solo se consuma con el homicidio (única forma de posesión total y a la vez decepcionante); y su frustración se materializa en el suicidio. En ese fango terrible cava «Berenice», y no –aunque lo hay– en el atrezo de la tumba y el cementerio, que son metonimias de la representación del amor como gran metáfora de la muerte. Dice el narrador: de Berenice yo creía que *toutes ses dents étaient des idées. Des idées!* ¡Ah, por eso era que los codiciaba tan locamente. Sentí que solo su posesión podía devolverme la paz, restituyéndome a la razón (pág. 301). El amor solo se consuma en el exterminio.

Si la ferocidad de ese cuento de la cajita con los dientes (que son ideas) tuvo que enloquecer a los surrealistas, «Ligeia» y «Morella» son el amor *fou* en estado puro, tocan el núcleo mismo del concepto surrealista del lazo indisoluble entre amor y muerte. En uno de los cuentos, muere la amada, Ligeia, y, pasado el tiempo, el protagonista también se queda viudo de Lady de Tremaire, su segunda esposa. En el momento de la muerte de esta segunda mujer descubre que sus cabellos se convierten en los de la primera, color ala de cuervo. En realidad ha amado una reencarnación. En «Morella» es el cadáver de la hija el que se convierte en el de su madre. Al enterrarla en la tumba en que se enterró a la madre, el protagonista descubre que el viejo cadáver ha desaparecido: es ella, la joven, quien se ha convertido en reencarnación de la madre: «Pero ella murió y con mis propias manos la llevé a la tumba; y lancé una larga y amarga carcajada al no hallar huellas de la primera Morella cuando deposité la segunda.» Así concluye el cuento en la traducción de Cortázar que he leído. La pasión transmigra, abduce a los vivos y los convierte en siervos de los muertos, y los decorados en los que se cumplen los deseos son escenarios que parecen exteriorización de la intimidad de los protagonistas, ponzoñosa suciedad que anuncia el crimen y la inminente podredumbre. Imagino que existen estudios que han analizado la ambigüedad de los sentimientos de Poe hacia la mujer, su furiosa violencia reprimida hacia ella.

Aunque quizá la aportación más importante de Poe al baúl de la imaginería romántica fuera él mismo, su propia imagen del artista como ser interesante, dedicado a estudios raros, misteriosos, y, sobre todo, su empeño en destruirse, alcohol mediante. Poe tiende el velo del arte que inquieta a los adolescentes y la madurez enseña que no oculta nada, apenas un vacío nacido de la palabrería esotérica. En los dos cuentos a que me acabo de referir, «Morella» y «Ligeia», sus protagonistas son prácticamente el mismo personaje, con afición por las lecturas misteriosas, que a Poe le sirven para introducirnos en el mundo de las almas privilegiadas, mentes enfermizas capaces de percibir cosas que el común de los mortales no advierte: el artista es un médium que pone en contacto a sus fieles con territorios vedados a las sensibilidades vulgares, aunque, si uno se detiene a mirar, resulta que esos territorios son siempre formas del horror. El arte conecta con el horror, y el artista sufre sus embates, por lo que debemos cuidarlo, mimarlo, dejarle libertad para hacer cosas que a nadie más que a él están permitidas. Las heroínas –sobre todo, en las ventanas del espíritu que son sus ojos– ganan en belleza a medida que enferman, que se acercan a la frontera del más allá: se convierten ellas también en médiums de esa energía como de pila voltaica que acumula el artista. La mujer es la antena que permite al artista captar las señales que emiten los mundos misteriosos, el más allá, «misterios del trascendentalismo en los que vivíamos inmersos» («Ligeia», pág. 308). Y también: «Privadas del radiante brillo de sus ojos, esas páginas, leves y doradas, tornáronse más opacas que el plomo saturnino» («Ligeia», pág. 308). Se crea el mito de la mujer misteriosa a cuya intimidad solo la intuición del artista puede tener acceso. De ahí saldrá gran parte de la narrativa del siglo XIX y principios del XX, conflictos matrimoniales con el personaje de mujer sensible e incomprendida por un marido burgués brutal tan rico como tosco, y la aparición de un amante delicado, estudiante y artista, llega al menos hasta D'Annunzio y nuestro Blasco, el esquema triangular –mujer predispuesta para conectar con lo invisible, marido torpe, y amante artista y médium– está por todas partes en folletines y en novelas consideradas de altura.

Poe basa gran parte de su poder de seducción sobre los lectores en los guiños hacia la ciencia y la técnica que se relacionaban con el estudio de la psicología y eran consideradas las más adelantadas en su tiempo, las que ayudaban a abrir las puertas de lo secreto en que él parece chapotear: galvanización, teoría de la sensibilidad de las plantas, hipnosis, mesmerismo; se nos ofrece como intermediario entre los viejos fantasmas del pasado remoto que se expresaban a través de la revelación y la magia, y los que parecen pertenecer al futuro en lo que por entonces semejaba una ruptura radical con las tradiciones. La llegada del espíritu moderno. El hombre empieza a conocerse a sí mismo, a descubrir lo que hay por debajo de la realidad aparente, de lo que cualquiera puede ver, de lo vulgar. Ahora han aparecido las sofisticadas ciencias del alma: Charcot, la hipnosis, Freud, de ahí se alimentaría el surrealismo...

17 de julio

Escribir sin prisa y sin miedo. Se hace lo que se puede. Es cierto que se me escapa el verano sin hacer lo que quería, y me enredo en compromisos imprevistos. Mientras anoto esto, me río de mi perpetuo tono quejumbroso. Pero sí he disfrutado leyendo los tremendos cuentos de Poe como si volviera a tener dieciséis años. Aunque ahora ya no simpatice con el lubricante como de atracción de feria que rezuman muchos de ellos, las puertas del más allá y demás «asustaderos», además de lo que uno aprende de sus dotes como narrador, Poe te obliga a abrir puertas de habitaciones que uno prefiere mantener cerradas, en las que no habita precisamente el más allá, sino algo que no sabemos si viaja en nuestro código genético, o si se ha asentado por sedimentación de numerosas narraciones, visiones del horror (incluidas las del propio Poe) que nos acompañan, y revelan la difícil relación que lo vivo mantiene con lo muerto; la atracción que nos produce el cuerpo vivo (la belleza de la carne) y la sospecha de que tratamos con algo que pronto estará podrido. La sospecha se vuelve insoportable cuando la dirigimos hacia nuestra propia carne. O cuando hemos firmado un pacto a muerte con el cuerpo ajeno que deseamos, e intuimos condenado a pudrirse. Los cristianos lo han resuelto con las teorías del cuerpo místico, y, sobre todo, con las del juicio final y la gloriosa resurrección de la carne, aunque se les queden en el aire muchos interrogantes: volveremos envueltos en una carne floreciente en su esplendor, pero, *pour quoi faire?* ¿Qué haremos con tanta carne encima el día de la gloria? No estaría bien que volviéramos el día glorioso a las andadas. Frente a eso, parecen poco potentes –demasiado mecánicas, o artesanales– la cremación de hindúes y budistas, o el embalsamamiento de los egipcios: formas de darle cierta urgente dignidad al cadáver. En el embalsamamiento, molestan las complicadas manipulaciones a que se le somete, y no deja de ser carne impura, que el común evita tocar, cediéndoles ese espantoso privilegio a profesionales: sepultureros, sacerdotes de diversas religiones, médicos especializados en autopsias. Ocurre así desde que el hombre es hombre. En el lavadero municipal de Tavernes había una balsa especialmente dedicada a lavar la ropa que había estado en contacto con los enfermos y los que acababan de morir: sábanas, ropas de cama, pero también sus trajes, la ropa interior, se lavaban en aquella balsa, situada al fondo de la nave, que los niños contemplábamos con respetuoso temor. Como permanencia de ese tipo de sentimientos, puedo contar lo mucho que me impresionó descubrir en Bali que a los muertos pobres, cuyos familiares no podían pagar una ceremonia de incineración, se los entierra provisionalmente hasta que se consigue un lote suficiente de cadáveres para repartir a escote los gastos de la ceremonia crematoria. Si ya el olor a hueso quemado y aquella ceniza que caía sobre los asistentes a las cremaciones –incluidos muchos turistas– hizo que los coloristas desfiles me pareciesen envoltorio tramposo del tráfico de carroña, lo de enterrar y desenterrar basura me crispó: de nuevo el barroco, eso a lo que llamamos en sentido amplio barroco (al margen del mensaje ideológico del XVII), las hermosas muchachas, los llamativos vestidos, las flores, los estandartes de alegres colores y la música, disimulaban la podredumbre, los harapos, los cuerpos a medio devorar por las alimañas. Aquella tarde balinesa recibí la misma sensación que la que me sobrevino cierta tarde en una iglesia de Cádiz ante un espantoso Cristo yacente, al que rodeaban flores de todos los colores. Noté que me mareaba el olor de flores marchitas y humedad de la iglesia. Era el olor de la muerte, el del interior de una de esas sepulturas que abren los personajes de Poe. Salí de allí de estampida, me ahogaba. Lo siniestro en su esplendor. Por debajo del aroma pesado de aquella mezcla de flores, percibí el hedor de un cadáver.

Para no parecer un desalmado, o un gruñón, mejor no comentar las últimas novelas leídas. Además, cómo puedo criticar lo que hacen otros, si yo escribo lo que escribo, incluidos estos torpes cuadernos. Me repito: escribir sin prisa y sin miedo; y qué se le va a hacer si las cosas no salen. Pues no publicarlas. Lo importante es no bajar la guardia, no tolerarte a ti lo que no toleras a los otros; o, aún más, tolerarte menos a ti de lo que toleras a otros, aunque sea por vergüenza torera, por mantener tu habla en libertad. Todo esto resulta fácil escribirlo a las ocho de la mañana. Dentro de un rato, se apoderará de ti el terror. Antídoto: preguntarte si acaso es obligatorio escribir novelas. ¡Deja de mirarte el ombligo!

De lo publicado en Anagrama durante los últimos meses me quedo con Pombo, Barba y Méndez.

Compagino la lectura de dos libros extraordinarios: *Goya*, de Hughes, y *La Regenta*, de Clarín (hacía veinticinco años que no había vuelto a leerla). Pocas páginas se han escrito tan brillantes en la literatura española como las primeras de *La Regenta,* mezcla compleja y funcional de temas que se anudan y anuncian todo el desarrollo del libro: descripción de paisaje rural y urbano, historia y sociología de Vetusta, ambiciones de los protagonistas y pintura excelente de caracteres, todo avanzando al unísono, con contundencia, con una imposición autoritaria del omnipotente narrador. Las descripciones de los personajes resultan brillantísimas y nos sorprende su modernidad, en algunos casos anteceden a las metáforas que luego impondrá el surrealismo: don Saturnino, el arqueólogo, «no era clérigo, sino anfibio» (pág. 68), mientras que otras veces anuncian las vanguardias formales del siglo XX: el viejo y rijoso clérigo don Cayetano, amante de Garcilaso y de Marcial, «era anguloso y puntiagudo» (pág. 83). Y de Frígilis, el fiel compañero de cacerías de don Víctor Ozores, dice: «Era un señor ni alto ni bajo, cuadrado» (pág. 124). Leyendo esas descripciones, uno piensa en el arte que llegó unos decenios más tarde, el cubismo, el constructivismo: las palabras tienen ese filo cortante, esa capacidad para ofrecernos los personajes como un poliedro. A la vez de frente y de perfil. Curiosamente, en la presentación de personajes, la más previsible resulta Ana Ozores, que de entrada se nos ofrece a mitad de camino entre el ternurismo y la literatura calentona, de casino. El resto de los tipos está espléndidamente trabajado, el propio don Víctor, con su aspecto de guerrero retirado y su afición por los pájaros, y durmiendo en la otra esquina de la casa, es cualquier cosa menos un personaje de una pieza ya desde las primeras líneas que se le dedican. Aún crecerá más cuando se nos ofrezca aceptando con sorprendente dignidad el adulterio.

El libro de Hughes no puede empezar mejor, y no me importa que, en la parte histórica, se le note que mira la sociedad española del XVIII a través de unos pocos manuales: eso no le resta un ápice de interés, porque los argumentos están muy bien construidos y el conjunto de datos elegidos ocupa un lugar preciso en la narración del personaje y sirve a su propósito.

20 de julio

Termino de leer el libro de Hughes sobre Goya, que es un excelente texto de divulgación, y una melancólica reflexión sobre el sentido del arte, y de la vida. Lo concluyo con algo más que melancolía. Sirva esta nota para ilustrar el tono del libro: «el tipo de modernidad del que hablo no tiene nada que ver con la inventiva. Tiene que ver más bien con una inquisitiva e irreverente actitud ante la vida, que cala hondo en las estructuras de la sociedad y no rinde homenaje a la autoridad, sea esta la Iglesia, la monarquía o la aristocracia; ello conduce, sobre todo, a no dar nada por sentado y a mantener una postura realista hacia sus temas y asuntos; tiene que ver, en fin, con ser como Lenin señalaría unos años más tarde en Zúrich y en un contexto social muy diferente, "tan radical como la propia realidad"» (pág. 23). Cómo no estar de acuerdo con ese planteamiento no solo de la modernidad sino de cualquier estética.

El *Goya* de Hughes me retrotrae a los primeros años que pasé en Madrid cuando acudía una y otra vez al Prado para contemplar los fusilamientos, la carga y las *Pinturas negras.* En mi mesa de trabajo, clavadas con chinchetas en las paredes de mi casa, o en las de la casa de mi madre en Tavernes, siempre ocupaban un lugar privilegiado algunas postales de Goya: el aquelarre, el perro, la carga, Saturno devorando a sus hijos, los fusilamientos. El libro de Hughes reaviva la pasión por su pintura, por la energía de los personajes que aparecen en sus cuadros, tipos de la calle y no cuerpos armoniosos; más bien, todo lo contrario: cuerpos deformados como fruto del trabajo, piernas, torsos y brazos que podrían pertenecer a cualquiera de los trabajadores con que uno se encuentra abriendo zanjas en una calle. Justo cuando estoy leyendo el libro de Hughes visito en Valencia una exposición dedicada a Ribera y me reencuentro con los mismos dedos deformes, las manos callosas, la precisión de un realismo de los de abajo que, cuando me llega con su mezcla de materialismo y afán social, me devuelve a Lucrecio. Nada de torsos perfectos de dioses o de héroes, solo cuerpos que proceden del trabajo o de la mera fatiga de vivir, y guardan sabiduría, y escepticismo hacia cualquier tipo de presencia del milagro, porque han mamado durante generaciones la idea de que nada se produce sin el esfuerzo de alguien, gente que sabe que con lo que cuentan para resolver los problemas reales es con sus propias manos. Nada lo resuelve el cielo, todo es trabajo, empeño. Ribera pinta santos sin milagro posible.

Dice Goya: «Sin imitación de la naturaleza no hay nada», y añade que el resto es «opresión» de «fatigados» estilos que llevan a «nada bueno [...], no solo en pintura» (pág. 150).

Al pie de la imagen de *El sueño de la razón produce monstruos,* escrito como un garabato a lápiz. «El autor soñando. Su intento solo es desterrar vulgaridades perjudiciales, y testimoniar con esta obra de *Caprichos* el testimonio sólido de la verdad» (pág. 208). Sin duda, sirve como manifiesto para uso de un escritor desconcertado. En ese sentido, muestra Goya un valor tremendo cuando, en el *Desastre 69,* nos presenta un cadáver que sale de la tumba exhibiendo un cartel en el que se lee: «Nada.» No quedan muchos testimonios de ese materialismo radical en la historia española: sin duda, *La Celestina* (el suegro de Rojas fue denunciado a la Inquisición y juzgado por dudar de que después de esta vida hubiera algo). Deslumbra y agota la contemplación de los grabados de Goya, precisamente porque –al igual que ocurre con sus cuadros– todo en ellos, incluidos los desastres, parece sacado del natural, despojado de cualquier artificio, ajeno incluso a cualquier preocupación compositiva; sin embargo, todos llevan un tremendo trabajo de composición. Como muy bien expresa Hughes, Goya nos conmueve con su cruda verdad, a pesar de que las cosas no aparecen en estado crudo, sino que han sido cocinadas, eso sí, «de un modo tan diferente y asombroso que hace que parezca(n) crud(as). Esta simulación de crudeza no es la menor modernidad de *El 3 de mayo*» (pág. 350).

Los grabados de Goya traen una España terrible, podrida (físicamente podrida, sucia), cuyos espasmos aún le llegaron a la gente de mi generación: quiero decir que a quienes nacimos siglo y medio después de que él trabajara, no nos llegan sus imágenes como algo ajeno, arqueológico, sino como una parte de un mundo aún a medio enterrar: los mendigos, las montañas de basura a la salida de los pueblos, o en las orillas de los ríos, los perros apaleados y cubiertos de llagas, la gente sin lavar, esos tipos bestiales, los babeantes tontos de los pueblos...

Curiosa experiencia la de hoy: estar leyendo un libro sobre Goya, viendo las reproducciones de su obra, y el mismo día asistir a una exposición de Ribera. Uno encuentra complicidades entre ellos: también Ribera, con su dificilísimo juego de tensiones en claroscuro, nos sirve un mundo que percibimos cercano, extraído de la calle, lleno de esa crudeza a la que alude Hughes al hablar de Goya. Yo diría que es una forma de aspirar en el arte, una voluntad de que el arte capture la vida, esa *naturaleza* a la que se refieren las palabras del aragonés que he copiado hace un rato, la huida de «fatigados estilos [...] que no llevan a nada bueno». Sentía la sacudida de esa naturaleza –tan reflexionada, tan cocinada– esta mañana en el museo, mientras contemplaba el rostro de San Pedro, las arrugas en las comisuras de los ojos, la carnosidad de sus orejas: el cuadro no era tanto una imagen religiosa, sino una especie de *summa* de saberes psicológicos, casi un manifiesto social: en la intención de cada pincelada se me ofrecía la manera de ser de alguien de abajo; son esas cosas que yo he intentado capturar con palabras.

Cada noche, igual: en vez de escribir durante un par de horas más, se apodera de mí un peso muerto del que no puedo librarme, la desgana me tumba en la cama: ahí, en posición de feto insomne, pienso en la novela, como si el pensamiento fuera algo, como si la novela bastara con pensarla; o como si la novela estuviera dentro de una cáscara, fuera nuez, almendra, y –como los monos que vemos en los documentales– yo le diera vueltas entre las manos al fruto porque no supiese cómo extraer la pulpa o almendra que guarda. El fruto está dentro, pero no lo veo, no consigo tocarlo, no me lo puedo comer. Me duermo luchando contra el cofre leñoso que no se deja quebrar.

21 de julio

Avanzo en *La Regenta,* que tiene una brillantez, una capacidad de seducción literaria de la que carecen incluso las mayores novelas de Galdós, pero que es inferior a ellas en el uso de algunos rasgos de estilo. Clarín hace demasiados guiños al lector de su época, a su cliente, el anticlerical de casino. Le falta esa compacta densidad que mantiene a flote las *Novelas contemporáneas* de Galdós, corchos que flotan en el tiempo, insumergibles. En *La Regenta* aparecen demasiado esas cosas de hombres de las que aún se hablaba a media voz en los casinos cuando yo era niño; demasiadas alusiones a lo que ocultan (cosas físicas, procesos biológicos, excitantes y temibles secretos) los cuerpos de las mujeres. Ya lo he escrito, tiene un regusto de café de casino. No sé cómo expresarlo de otra manera. En don Benito, me da la impresión de que arrolla la vida en su compleja totalidad, mientras que aquí (ya sé que es una simplificación injusta) hay demasiado picor en la entrepierna. Toques de *novela* verde. Se notan sus limitaciones en el personaje de Ana Ozores, en el que no ahorra la retórica: retórica su excitación juvenil con Gerardo, el muchacho con el que acaba escondida en una barca; retórica en la descripción de sus afanes religiosos; y salto retórico en el deslumbramiento que siente por el Magistral: Clarín lo ha ido preparando todo desde fuera –en los comentarios de otros personajes– y, de repente, hace estallar la pasión en la mujer. Se descubre la fascinación al mismo tiempo que se reconoce. Ana reconoce de sopetón su deseo, y empiezan a aparecer en escena la alegría, los pajarillos, etc. Se nos ofrece el gozo que sucede a la confesión, sin habernos ofrecido la confesión misma; estamos en la alegre sobremesa, sin haber participado del banquete; y tenemos la impresión de que nos han hecho trampas, de que es el autor quien ha puesto esos pajaritos cantores en el decorado (págs. 270 y ss.). Con esto no quiero decir que no sea una novela extraordinaria, incluso una de las mejores novelas de la literatura española de todos los tiempos: sus descripciones del paisaje, de la ciudad; la pintura del clima, del ambiente, de la geografía, su feroz voluntad de denuncia de un tiempo, su efectividad. Las descripciones del paisaje son extraordinarias –el moho de las paredes, la piedra húmeda, la lluvia, los bosques que el sol ilumina–, y seguramente no tienen igual en nuestra lengua; de los retratos de los personajes ya he dicho algo, todo en el libro nos transmite una soberbia sensación de verdad. Nadie iguala a Clarín en la brillantez del fraseo, o en el manejo de los elementos literarios para crear momentos dramáticos de gran efectividad: Ana, tras la exultante confesión con el Magistral, pasea eufórica por el campo y, de repente, todo se oscurece en torno a ella: se da cuenta de que su criada ha desaparecido, se encuentra sola en un desconocido lugar de la naturaleza, y frente a un repugnante sapo que la mira. El efecto es soberbio. Pavor y asco. La imagen nos llega como un vórtice en el que se multiplican los sentidos: el mal, el diablo, el pecado, la suciedad, la propia culpa, el fracaso que aguarda. Todo está en la presencia del animalito. «El sapo la miraba con una impertinencia que le daba asco y un pavor tonto» (pág. 271). Ese sapo anticipa hacia dónde se encamina el destino de Ana, y también hacia dónde caminará el libro: anuncia lo que se amplificará en la última escena cuando sea una persona repugnante la que se convierta en un gigantesco sapo. Por cierto, la oscuridad que la rodea a ella tiene su correspondiente en las ceremonias sexuales que allí al lado se supone que celebra la criada, que la ha dejado sola porque se ha ido a ver a un primo amante suyo («Iba a verle para que no se apagara aquel fuego con que ella contaba calentarse en la vejez», pág. 274), y Ana se pregunta: «¿Cómo serían aquellos amores de Petra y el molinero?» y ve el camino en que se encuentra ella perdida como un camino «extraviado: caminos de mala fama, solitarios, que sabían de ella [de Petra] tantas cosas dignas de ser calladas». Así que el camino, la oscuridad, el sapo, los secretos encuentros de la criada con su primo, todo acaba empapando esa huida con una pegajosa rebaba sexual, deseo, miedo y sensación de peligro todo junto.

Intenso erotismo rezuma también el capítulo en el que Clarín nos cuenta el paseo de los proletarios, con sus músculos en fase de reposo, mientras Ana Ozores se identifica con los niños pobres que miran e intentan aprender el nombre de los pasteles que se exhiben en un escaparate, y nunca probarán porque son demasiado caros para ellos. Ni a los niños ni a ella los quiere nadie: de repente, Ana es una proletaria del amor, una marginada. Este capítulo que dio que hablar a los críticos marxistas hace unos años, porque ofrecía el contrapunto de la naciente clase obrera en el exterior del mundo burgués que describe la novela, sin duda ofrece hoy inapreciable material de estudio para las feministas. En realidad, la potencia y vitalidad que exhiben esos cuerpos obreros frente a la fragilidad reproductiva de los personajes burgueses (el propio don Víctor, un hombre maduro y sexualmente agotado) está muy en consonancia con las teorías de Bajtín de las que he hablado en otro lugar. Lo nuevo crece, se muestra al exterior, está capacitado para penetrar, entra y sale; lo viejo es mudo y cerrado.

Una novela como esos cuadros de Ribera, como los grabados de Goya. Hacer hoy con palabras lo que ellos hicieron entonces con imágenes.

Insomne. Dando vueltas a la nuez, sin poder romperle la cáscara. Dentro están las cosas que seguramente sé (¿o lo que he vivido me ha hecho dos tontos y ya no sé nada? Dar tantos tumbos te confunde, acaba embrollándote). Pero ahí está la cáscara dura en la que no consigo entrar.

22 de julio

Está amaneciendo y el ordenador continúa encendido, la luz fosforescente destella en una habitación en la que poco a poco se desvanece la penumbra.

Por la tarde, me llama N. Quiere que vaya con él a Castells, un pueblo de la montaña en el que a la noche actúa su amigo T., un campanero de Alqueria de la Comtessa, en un concierto de gaitas vascas, dulzainas valencianas, banda de música y campanas. De camino, sobre la zigzagueante carretera, por encima de los picachos y bañándolo todo, brilla la luna llena. La bonita plaza del pueblo, los dulzaineros, los músicos de la banda (medio centenar de ellos uniformados en una población de cuatrocientos habitantes), el toque de campanas, la luz, el estruendo de los fuegos artificiales, el olor de la pólvora, la música. Alguien ha colocado media docena de ladrillos en el suelo, y de ahí van saliendo los cohetes armónicamente. Admiro el ingenio de quien ha ideado el sistema en apariencia tan simple, pero que tan perfectamente cumple con su cometido, también la técnica de los músicos (los dulzaineros son muy buenos, emocionan), la de los campaneros, que transportan insertadas en una especie de catafalco móvil las diversas campanas con las que intervienen en el concierto; la de dos gaiteros que al parecer han venido desde Pamplona: un conjunto de esfuerzos que se completa con el de los que sirven copas y bocadillos en la barra; con los que instalan mesas y sillas: toda una batería de esfuerzos desplegados para que cincuenta o sesenta personas (no somos más) disfrutemos de esta fiesta. De vuelta a casa, la luna, los olivos de plata, los pinos, las encinas, y la cinta brillante de la carretera que zigzaguea en dirección al mar sobre el que empieza a crecer una línea rosada.

En *Georgia,* la película de Arthur Penn, esta frase que muy bien puede decirle Rubén a Matías: «Quieres esconderte de la vida, pero la vida te encuentra y te aplasta.»

26 de julio

Me río a mandíbula batiente con una película de Luigi Zampa que se titula *Los años rugientes,* comedia dura y divertidísima que cuenta la corrupción en la Italia fascista de 1937. La película, que es del 42, está en la línea de lo que hará Berlanga aquí en España unos años más tarde. Por cierto, ¡qué actores! Nino Manfredi, Gino Cervi y un montón de secundarios.

29 de julio

Vuelvo a disfrutar viendo en la tele *Viajes con mi tía,* la película en la que Cukor adaptó a Greene, con su enloquecido Quijote femenino –interpretado por una divertidísima Maggie Smith– que a los ochenta años sigue corriendo de un sitio para otro, porque qué otra cosa es la vida sino un ir de acá para allá, movida por el amor de un sinvergüenza que la estafa y la ha estafado siempre («tu padre también viajó mucho de una mujer a otra», le dice la aventurera tía al sobrino). Humor y pesimismo: uno tiene humor porque está armado con un inexpugnable pesimismo, ese es el eje de la película de Cukor que se transforma en moral de resistencia: el humor es la resistencia que te permite mantener la moral en pie y adaptarla a las circunstancias aunque a veces roce lo inmoral, como en ese final, en el que ella sustituye el humor por el romanticismo y se deja atrapar en la gran estafa, de la que la salva precisamente la capacidad de engaño que ha transmitido a quienes ama: su sobrino-hijo, y su amigo-amante. Maestros Greene y Cukor.

29 de julio

Grata sorpresa. Compré con mucha desconfianza la biografía de Genet, escrita por Edmund White, un autor cuyas novelas gay nunca me han gustado gran cosa, así que empecé a leer sin fe este libro que ha resultado excelente y lleva detrás un trabajo ímprobo de investigación. A lo largo de casi un millar de páginas muy bien escritas, White nos entrega no solo a Genet sino toda una época, además de efectuar una brillante lectura de los textos genetianos. White se mueve, desde la confusión juvenil de Genet, hacia su cada vez más luminosa búsqueda del sentido de la lucha entre el bien y el mal y, por eso mismo, sus fantasmas cada vez se abren más hacia el exterior. Pasos decisivos del Genet maduro son su relación con Sartre –Genet se convierte en sartriano durante algún tiempo– que evoluciona hacia una especie de furioso sartriano contra Sartre para concluir en una seca ruptura en el 68. A partir de ahí, sus relaciones cada vez más estrechas con los Panteras Negras (también ciudadanos sin patria), con la Baader Meinhof, o con la resistencia palestina; o su identificación del diablo con USA (tan actual). Pero el libro es más que eso: es la historia de un esfuerzo, de una dolorosa herida incurable, la crónica de una autodestrucción. Uno lee las últimas páginas con un nudo en la garganta. White me ha ayudado a reanudar las relaciones con un autor que me deslumbró en la juventud y luego me fatigó: el *Diario de un ladrón* fue para mí una revelación extraordinaria, me brindaba una poética homosexual alejada de casas de muñecas, salones y despachos, estética cimarrona, virulenta, como la que después nos trajo en su cine Fassbinder, quien, por cierto, hizo una adaptación –tan libérrima como descabellada y excitante– de *Querelle de Brest* (aquí en España, algunas novelas de Pombo representarían esa vertiente). White ha venido a contarme que estos años de alejamiento de Genet no han sido demasiado justos, me ha devuelto al Genet que leí con pasión a principios de los setenta. Reconozco que, cuando empecé a leer este libro de White, estaba convencido de que me iba a encontrar con un cargamento de esa retórica gay que me fastidia, y tanto lastra sus novelas (me aburre no por gay, sino por retórica; la propia expresión *narrativa gay* me rechina; a nadie se le ocurre hacer novela hetero), no imaginaba un trabajo tan riguroso de reconstrucción y de interpretación. Se trata de uno de esos libros tras cuya lectura te quedas con ganas de enviarle una felicitación al autor. Reproduzco un montón de citas en el cuaderno. Aquí van algunas:

«Tomad la elocuencia y torcedle el cuello a Verlaine», pág. 213 (la recogió el poeta mexicano Enrique González Martínez, *Tuércele el cuello al cisne de engañoso plumaje).*

«Todo lo bello y noble es producto de la razón y el cálculo», Baudelaire, pág. 213.

«No existe el don. Esa palabra es una reliquia de la teología. Como si el talento fuera concedido por Dios, cuando en realidad el don es la voluntad [...]. No abandonarse a sí mismo a la inspiración, volviéndose como Cocteau, el poeta-médium al que no le gusta trabajar», Genet, pág. 215.

«La moda debe ser primero bella y después fea. El arte debe ser primero feo y después bello», Cocteau, pág. 284.

«El genio es la desesperación superada por el rigor», Genet, pág. 322. Y estas frases de White recogiendo el pensamiento de Genet: «La homosexualidad constituye una "civilización" que, en lugar de unir, aísla a sus ciudadanos», pág. 558. Genet, al hablar de sus libros, dice: «No los escribí para obtener la liberación de los homosexuales. Los escribí por otra razón completamente distinta: lo hice para saciar mi gusto por las palabras, por las comas, incluso por la puntuación, para saciar mi gusto por las oraciones», pág. 751.

Vuelvo a *La Regenta,* de la que Genet me ha apartado durante unos días: espléndidas las páginas en las que Clarín nos cuenta el regreso a casa de Fermín de Pas tras haber vigilado a Ana Ozores, el diálogo con su madre, que está esperándolo en la escalera para cenar. Qué personaje la madre. Su presencia sirve para complicarnos aún más la inagotable personalidad de De Pas. La minuciosa descripción de la sociedad vetustense no tiene en ningún momento visos de costumbrismo, sino que posee función narrativa, y está cuidadosamente estilizada para que sea a la vez parte de la novela y referente exterior. Un libro, sin duda, admirable.

4 de agosto

La tarde, con Verlaine, y su música que me empuja a recitarlo en voz alta. Luego cojo el lujoso volumen de Rimbaud que me regaló V. (hace ya quince años que murió, me acuerdo tanto de él, sigo sin librarme de la culpa, triste nación homosexual que ha condenado a estar solos a sus ciudadanos). No acabo de reconciliarme con Rimbaud. Su furia me parece una retórica adolescente, una calentura que se pasa con el tiempo. Lo aguanto mejor en los poemas breves, y me carga en *Une saison en enfer:* algo así como Nietzsche leído por un estudiante, ejercicio de perversidad *a priori,* voluntarismo del mal. Un exhibicionista. Sí que me inquieta esa parte profética que guardan los poemas: los anuncios de huida, la atracción por Oriente, por el más allá del mar, que el autor acabó cumpliendo. Pero lo comparo con Baudelaire y se me queda tan corto, fruto más del don (¿ese valor teológico, aquí diabólico?) que del rigor, por utilizar la terminología genetiana. El rigor está en Baudelaire, que es, a la vez que poesía, una poética. Mientras Rimbaud se proclama inmoral, Baudelaire habla de una sociedad de la que no se puede reclamar ni caridad, ni indulgencia, ni ninguna elasticidad *«dans l'application de ses lois aux cas multiples et complexes de la vie moral»,* pág. 576, *Obras completas.* Lo dice en el hermosísimo artículo «Edgar Poe, sa vie et ses œuvres». Leo unas cuantas veces el poema «Les petites vieilles»: ahí está todo, el arte como control, como iluminación, como conocimiento, la belleza como resultado de todo eso junto.

Apoteosis final de *La Regenta,* que no para de crecer hasta el final, en una exhibición de maestría en el tratamiento de los personajes, en el manejo del estilo, de la técnica: seguramente nadie en nuestro país ha analizado con una precisión parecida los avatares del alma humana; cómo mira Clarín a sus personajes desde todos los ángulos, cómo los retuerce, no hay ninguno que sea de una pieza: lo de entomólogo del ser humano le viene como anillo al dedo. No para de poner el microscopio en llagas que el lector reconoce, pero que hasta que Clarín no se las mostró no sabía encontrarlas ni definirlas. De la madre de De Pas, dice: «De estas ideas absurdas, que rechazaba después el buen sentido, le quedaba a doña Paula una ira sorda, reconcentrada», pág. 794. El libro está lleno de esos *deslizamientos* (es como si precedieran a los que tan bien trabajaría decenios más tarde Musil). Y, luego, está su demoledor sentido del humor: casi por todas partes puntean la novela observaciones tan hilarantes como iluminadoras (en eso también es pariente de Musil). Uno se imagina a Clarín en la soledad de su cuarto, riéndose, pensando: preparaos, vais a ver la barbaridad que voy a decir, os vais a enterar, y a continuación va y la dice con extraordinaria finura, y esa que, para muchos de sus contemporáneos, debió de parecer una barbaridad, resulta que es –leída hoy– una observación luminosa, precisa. Demoledoras son las páginas que dedica a la fe, a las ideologías como argucias del poder. Así, mientras don Pompeyo, el militante del agnosticismo, cede y acaba confesándose en el lecho de muerte al Magistral que mientras le habla de la dulzura del cielo, de la fe, etc., piensa que ha triunfado en su propósito, que «ese tontiloco se le met(e) entre los dedos». Poco más cruel puede decirse sobre la confesión de un moribundo. Para el Magistral la confesión del pobre escéptico es solo un modo de recuperar el prestigio que ha sido puesto en entredicho, ganarle la batalla al imbécil, uso terrible de la muerte ajena. Nada queda al margen de la ambición, ni del sexo (el Magistral acaba de poner nuevamente a sus pies a Ana); ni del dinero, que, como una planta trepadora, se enreda entre las dos pasiones. Sigo pensando que Ana Ozores es el personaje en el que más le cuesta entrar al novelista, seguramente porque su afán de convertirla en protagonista absoluta hace que se le vaya de la mano por exceso, aunque es verdad que cobra mucha más fuerza en la segunda parte del libro, cuando el ser ideal que ha levantado la retórica de Clarín empieza a trabajar dentro de la novela, a enfrentarse con el entorno (su marido, don Víctor; Visita, el Magistral, Álvaro Mesías); entonces toma cuerpo la Ana que nos presentó Clarín, cobra una vida que no tenía cuando en los primeros capítulos el narrador se empeñaba en dibujárnosla llena de sensualidad y acumulaba datos para que la viéramos como el autor quería que la viésemos, cuando aún no la conocíamos. Ana Ozores deja de ser un motivo romántico para convertirse en personaje de novela, de una grandísima novela que roza el cielo.

La visión de las ceremonias de seducción y consumación del sexo en *La Regenta* tienen una indisimulada deuda con *La Celestina,* le rinden un claro homenaje. Como en el libro de Fernando de Rojas, los preparativos del amor están engrasados por la engañosa delicadeza, por el azúcar de los tópicos románticos, por la palabrería poética, mientras que el desenlace resulta brutal. Don Álvaro Mesías, el pretendiente de Ana, tan galante, y que tan educado se muestra en las páginas anteriores, le descubre cruelmente su doblez al lector mientras habla con don Víctor, el marido de la que ya tiene claro que va a ser su víctima. Piensa: «Este idiota me está avergonzando sin saberlo... Ya que él lo quiere, que sea... Esta noche se acaba esto... Y si puedo, aquí mismo...» El gavilán se abalanza sobre la presa sin compasión. Un zarpazo animal. En ese momento ya no hay complacencia en la retórica, ni atisbo de piedad. Cuando Ana vence el pudor y se le entrega apasionadamente, Víctor define esa entrega como «hambre atrasada» y a Ana la desprecia, la ve y define despectivamente como «adúltera primeriza». El acto sexual tira el lenguaje a ras de suelo. Todo el episodio de seducción entre Víctor y Ana se mueve en ese topos celestinesco: el brutal realismo de la criada, Petra, con su crudo lenguaje y su poder sobre los amantes, remite a la personalidad y actitudes de los criados del libro de Rojas (la reivindicativa Areusa), e incluso la tramoya de los encuentros de los amantes son celestinescos: noche, tapia, jardín y escalada al balcón incluidos. Bien mirado, todo el esquema del libro sigue las pautas de *La Celestina:* un pesimismo creciente se apodera de las páginas finales de la novela, en las que se adivinan ecos del lamento de Pleberio, y donde se dirime el formidable juego de fuerzas entre la naturaleza (Lucrecio) y la sociedad (Marx).

10 de agosto

Vuelvo a ver *La familia,* de Ettore Scola. Al final de la película, la idea de que solo el trabajo queda. ¿Por qué tendré tan pocas fuerzas para seguir trabajando? Leo lo que llevo escrito de la nueva novela y se me cae el mundo a los pies. A lo mejor es por eso, porque soy incapaz de sacar un texto que se pueda leer sin que te dé vergüenza, por lo que me paso los días sin hacer nada, dándole vueltas a un par de ideas que tienen poco que ver con la literatura (más bien con pasiones y desengaños privados). Un carácter nervioso y emocionalmente inestable no es el mejor instrumento para sacar adelante algo que exige tanta constancia, tanto orden, como una novela. Pero ¿acaso tenía otro carácter o menos angustia cuando escribí las otras novelas? Una cabeza y unos nervios un poco menos gastados, solo un poco, pero quizá aquel poco fuera suficiente.

12 de agosto

Continúo bajando escalones.

Leo *Nadan dos chicos,* de Jamie O'Neill. El libro, que empieza de forma muy brillante, se estanca, se vuelve prolijo, pesado, recargado de anécdotas sin interés, y sumiso a esa estética gay blanda y bobalicona que tan mal llevo. Es una pena. Hasta el estilo baja de tono a medida que avanza la narración, y lo que al principio es fuerza poética deviene en retórica.

15 de agosto

Curioso modo de llevar un diario. Todo cuanto me ocupa –y estos días se producen tristes movimientos sísmicos internos, desilusiones– me parece indigno de aparecer aquí anotado. No me apetece perder ni un minuto poniendo por escrito lo que me ocupa durante horas, me provoca insomnios y me lleva a pensar si no ha llegado la hora de quitarse de en medio. Tumbado todo el día, como ayer, como anteayer, asediado por los sentimientos más negativos, e inutilizado por pensamientos obsesivos –ni siquiera tienen la textura flexible del pensamiento, son obsesiones, sin más–, no encuentro fuerzas ni para levantarme de la cama.

He leído *Vita,* de Melania Mazzucco, una novela sobre los italianos en Nueva York, llena de vida, y con momentos de gran brillantez, pero que se acaba perdiendo por exceso, por sobrecarga de elementos. Me gusta decirlo en mis charlas: un libro no es bueno por lo que le pones, sino por lo que le quitas. Estoy convencido de ello. La literatura se hace cortando. No importa que no te parezca muy brillante lo que has hecho; si no le sobra nada, acaba siendo excelente. Lo dice Cervantes en el *Quijote,* donde reclama que «se le den alabanzas no por lo que escribe, sino por lo que ha dejado de escribir». La Mazzucco, que tantas cualidades tiene, ha acabado escribiendo de más y ha disuelto –a fuerza de repeticiones y de una añadida carga sentimental de última hora– lo que podría haber sido una extraordinaria novela. En el polo opuesto, como un libro excelente gracias a su capacidad para tapar, para sugerir en vez de mostrar, sitúo los cuatro relatos de *Vieja Nueva York,* de Edith Wharton, en los que somete a la clase alta de la ciudad al trabajo de un finísimo estilete: una clase alta que se sostiene sobre el dinero pero que se justifica a sí misma en el manejo del matiz. Son esos matices los que la Wharton despliega ante nuestros ojos y la convierten en ella misma: una voluntad de ser y saber al margen y frente a los otros. Wharton despedaza los códigos de su clase, pero su ambigua crueldad le permite establecer al mismo tiempo que su disección, su epopeya, la narración de su ascenso y caída, y ese doble carácter dota a sus textos de una sustanciosa complejidad y de una carga íntima de alto voltaje que uno debe descifrar bajo los movimientos de la estricta danza de las convenciones. En ese papel que se adjudica, y que supone ejercer a la vez de portavoz y verdugo, le encuentro paralelos con la Jean Austen de *Emma.*

18 de agosto

Anoche volví a ver *Sunset Boulevard:* la prueba de que puedes manejar al narrador como quieras. En este caso, quien nos cuenta la película es un muerto. Vemos flotar su cadáver en el agua de la piscina y empezamos a escuchar su voz, contándonos cómo ocurrió todo aquello. Me parece recordar que Muñoz Molina utilizó el mismo recurso –poner la narración en boca de un cadáver– en *Beatus Ille,* probablemente su mejor novela. Solo que allí el lector no se enteraba de quién era el narrador hasta el final del libro (forzando la máquina). Creo, y lo digo con frecuencia, que un buen texto es el que te lleva coherentemente desde la primera frase hasta el final (en cine, una imagen), el que hace que no te salgas de esa lógica, que no pierdas el tono. Si mantiene el tono, el resto *va de soi,* es cuestión de artesanía.

Disfruto buena parte de la tarde con la lectura de unas cuantas páginas del *Quijote.* Me gusta mucho que, cuando en el episodio de las bodas de Camacho, tras el engaño, los amigos de Quiteria y Basilio abandonen la fiesta, los partidarios del derrotado Camacho decidan quedarse para seguir comiendo, oyendo música, cantando y bailando: hay que aprovechar lo que al fin y al cabo está dispuesto y cocinado, el trabajo acumulado, el dinero invertido. Es tan humana esa solución: hace que les pongas a los personajes del libro las alegres caras de fiesta que tú has conocido en alguna parte. Digamos que ahí es cuando el episodio se sale del código de lo pastoril, se sale incluso de la literatura (se supone que la literatura no tolera una reacción de esa intrascendente llaneza, de esa despreocupada vulgaridad tras algo tan tremendo como una boda frustrada). Al fin y al cabo, es gente que ha salido de casa vestida para una fiesta, y ha abandonado los quehaceres dispuesta a pasarlo bien. ¿Cómo vamos a tirar el día? ¿Cómo vamos a despreciar ese derroche de carnes y buenos vinos? Ese es el meollo de todo el libro de Cervantes, deslizarse entre los códigos para devolverte a casa.

Releo en las notas que tomé de la biografía de Genet escrita por White el tema de la herida incurable que hay detrás de la obra, y recuerdo unas palabras que René Huyghe incluye en su *Dialogue avec le visible,* cuyas últimas páginas estuve repasando la otra noche. Goya refleja el horror de la guerra. Es cierto. Pero ¿por qué esa pasión por reflejar el horror, los cuerpos torturados, mutilados? Es el único pintor de su tiempo que pinta esos temas que ya habían aparecido en algunos grabadores centroeuropeos. El dolor como testimonio de su tiempo, sí; pero hay algo más: cuando se retira a la Quinta del Sordo, decora las paredes de las habitaciones en las que vive con esas representaciones del horror. Las más terribles imágenes salidas de sus manos tienen un fin privado, no están hechas para ser vistas por nadie que no sea él, lo cual pone entre paréntesis su voluntad de denuncia. Y ahí podemos encontrar ciertas claves que nos permiten afirmar que hay un desgarro dentro de él que lo convierte en privilegiado pararrayos a la hora de recoger la energía negativa del ambiente, esos sangrientos inicios del siglo XIX. La visión baudeleriana: el artista experimenta en sí mismo el dolor, como una especie de médium social. Es una visión romántica, pero muy útil para entender la mecánica creativa. El dolor privado en la obra adquiere un sentido público, colectivo. Lo que digo de Goya y Genet, sirve para Bacon (un modelo perfecto), pero también para Galdós, con todo su pudor a la hora de mostrar la herida. Quizá por esa pudorosa actitud suya, lo terrible de su tiempo se nos mete más hondo. Sus suicidios y renuncias no se nos anuncian a bombo y platillo: ocurren –como tantas otras cosas en sus libros– de un modo que pasa casi desapercibido, pero precisamente por eso, la amargura nos impregna más, se quedan como actos poco llamativos, anécdotas, con lo que su inutilidad evidencia un pesimismo mayor. Yo me atrevería a decir que, con esa capacidad que tiene para coordinar los movimientos de sus personajes con los de la gran ola de la historia, Galdós supera el teatral gesto de desesperación de los malditos, que siempre parece que suena a hueco, y consigue expresar una desesperación de modestia casi milagrosa, que la vuelve más efectiva: la inyecta lentamente, sin que el lector se dé cuenta, como no se da cuenta de sus cambios de estilo en las novelas. Por eso creo que la Iglesia católica española ha leído mejor a Galdós que la sociedad civil, la Iglesia sí que ha encontrado ese tufo de materialismo desconsolado: para ella Galdós representa el tipo más condenable. Su sombrío materialismo es lo que los católicos peor han soportado, peor aún que su anticlericalismo: que sean las correspondencias entre fisiología, economía y política las que componen la trama de las novelas de Galdós; que no haya alma fuera de la clase a la que se pertenece y de la historia que se vive. El odio de los católicos se ha transmitido a las sucesivas élites culturales españolas (al fin y al cabo, formadas a sus pechos), siempre despectivas con el garbancero. A Cervantes lo salva ese carácter que Américo Castro define como *elusivo* y –sobre todo– lo que llaman el cervantinismo, que no es otra cosa que la juguetería en la composición de las distintas tramas y narraciones del artefacto literario (pobre lección recibida por quienes dicen amarle): me refiero a esa perspectiva que hace que se defina como cervantino a Potocki, por haber construido su (por otra parte extraordinario) *Manuscrito encontrado en Zaragoza* como un juego de muñecas rusas.

Si la obra de Galdós fracasa en la medida en que no ha sido capaz de librarse hasta muy recientemente de los casticistas que lo veneran por lo que él combatió, el fracaso de la de Cervantes lo encarnan los moscones de la forma, los que siguen creyendo que el *Quijote* es un juguete. Cervantes aún no ha conseguido librarse de ellos. Yo creo que la primera salida de don Quijote es precisamente un agrio alegato contra la literatura ensimismada y sus efectos desastrosos sobre el cuerpo social: Alonso Quijano convertido en Quijote golpea brutalmente a un pobre arriero, le abre la cabeza en cuatro al otro; consigue con su torpeza que el amo apalee con más crueldad y deje sin cobrar su sueldo a un muchacho al que cree haber salvado; y acaba tundido a palos por el mozo de unos mercaderes. Tras esto, llega el auto de fe de los «desalmados libros de desventuras» (Castalia, I, pág. 107) que tanto daño le han hecho. Si yo tuviera que buscarle un sentido a esa primera salida quijotesca, diría que es un ataque a los literatos que viven entre libros y son incapaces de entender el ajetreo de la vida. Da la impresión de que, a partir de aquí, Cervantes se enamora del personaje, y descubre que el propósito merece otro tratamiento; que el mensaje ha de venir encubierto, en el despliegue de una aventura de ancho vuelo y visión sesgada *(eludida,* diría Américo Castro). El enfrentamiento entre lo libresco y el mundo que el caballero encuentra alrededor le permite –gracias a su estrategia *elusiva*– iniciar la construcción de una aventura novelesca que, al final, cuando concluya muchos años después el último volumen (seguramente, ni siquiera imaginado cuando inició el proyecto), nos habrá regalado, en un inagotable juego de perspectiva, la entera España de su tiempo, y, con ella, su desengañada visión del mundo y su enmienda a la totalidad a la literatura como nido fantástico. Como hará Galdós trescientos años después, Cervantes nos ofrece sus preocupaciones de refilón: como he escrito en alguna de estas páginas, nos enseña casi más por lo que calla que por lo que enuncia. Por eso, y porque no dudó en cargar el libro con la miel seductora del ingenio, a la manera que pide Lucrecio que se haga para que el lector trague las verdades insoportables; y (¿por qué no?), seguramente por su propio carácter, no ha dejado un libro rotundo, que dé un puñetazo sobre la mesa, como *La Celestina,* sino un ejercicio ininterrumpido de drenaje de los valores de uso en su tiempo. Solo en *El coloquio de los perros* dejará Cervantes que baje la amarga bilis a su pluma. Sin embargo, si se lee con atención el *Quijote,* puede encontrar el lector contrapuntos casi tan duros, y desde luego tan útiles en la demolición de la retórica literaria, como en *La Celestina.* El mundo visto a ras de suelo, desde abajo. Los pastores acaban comiéndose el banquete para no desaprovechar lo cocinado; o comen queso y cantan desafinadamente cuando están solos en los montes y no recitan dulces églogas con delicadas voces y acompañamiento de liras; Montesinos le cuenta al propio Durandarte en elevado lenguaje lírico cómo le arrancó el corazón para guardarlo como reliquia, entre mucha lágrima, etc., y, de repente, dando un inesperado giro a toda esa sobrecarga poética de la novela de caballerías, le explica que «en el primer lugar que topé saliendo de Roncesvalles eché un poco de sal en vuestro corazón, porque no oliese mal y fuese, si no fresco, a lo menos amojamado a la presencia de la señora Belerma» (pág. 821). El código caballeresco sale despedido por los aires con un efecto tan gamberro, que yo creo que hay que entrar en el siglo XX o en alguno de los humoristas del XVIII como Voltaire, Diderot o Fielding (por cierto, buenos discípulos de Cervantes) para encontrar algo así. Pero, como nada viene de la nada, permítaseme a mi vez encontrarle a este Cervantes un padre en el gran Rabelais.

Amargo precedente de Goya me resulta el capítulo del rebuzno. Cuando Sancho, tras su sensato discurso de paz entre los contendientes de ambos pueblos, se pone a su altura, y confiesa que también él, «cuando muchacho [que] rebuznaba cada y cuando que se me antojaba [...] y con tanta gracia y propiedad, que en rebuznando yo rebuznaban todos los asnos del pueblo, y no dejaba de ser hijo de mis padres» (pág. 861). Lo demuestra lanzando un gran rebuzno en aquel mismo momento. Pero sus pacíficas palabras, su intento de conciliación y su gesto son malinterpretados por uno que está a su lado y que cree que la cosa va de burla, así que «alzó un varapalo que en la mano tenía» y le da un garrotazo al rebuznador Sancho. Cuando don Quijote intenta salvarlo, de inmediato empieza a caerle una lluvia de piedras. Creo que es la primera vez en todo el libro en que me da la impresión de que Cervantes se muestra más pesimista con la vida (el pueblo) que con la literatura, una de esas veces en que asoma entre líneas un pliegue de lo que tan cuidadosamente elude. El episodio destila la misma amargura que ese cuadro de Goya en el que dos duelistas semienterrados se apalean. Los pueblerinos se vuelven a sus casas después de apedrear a don Quijote y apalear a Sancho, y lo hacen «regocijados y alegres; y si ellos supieran la costumbre antigua de los griegos, levantaran en aquel lugar y sitio un trofeo» (pág. 862). El tono no puede ser más desolador respecto a la opinión que le merece a

Cervantes el cuerpo social, casi siempre con el garrote a mano a lo largo de todo el libro: a aquellos bárbaros, viene a decirnos Cervantes, no vale la pena predicarles. Como contrapunto de esa barbarie popular, el inmediato episodio de los molineros que, con las caras manchadas de harina, salvan, gracias a su «industria y presteza», a don Quijote y Sancho de morir ahogados, devuelve una visión entrañable de la gente que está a sus quehaceres. Como en *Moby Dick,* el tema de la oposición entre gente que trabaja y gente que enreda es decisivo en el *Quijote.* El saber del que trabaja, frente a la locura del que sueña y maquina. Por cierto, que una de las más conmovedoras escenas del libro se incluye en este episodio del río, cuando abandonan las caballerías en la orilla: «ninguna cosa le dio más pena [a Sancho] que el oír roznar al rucio y el ver que Rocinante pugnaba por desatarse, y díjole a su señor:

»–El rucio rebuzna condolido de nuestra ausencia y Rocinante procura ponerse en libertad para arrojarse tras nosotros. ¡Oh carísimos amigos, quedaos en paz y la locura que nos aparta de vosotros, convertida en desengaño, nos vuelva a vuestra presencia!

»Y en esto comenzó a llorar tan amargamente, que don Quijote, mohíno y colérico, le dijo:

»–¿De qué temes, cobarde criatura?» (pág. 869).

4 de septiembre

Días en Vigo, con C. y P. Leo a Baroja: *Zalacaín, el aventurero, César o nada.* La sencillez de *Zalacaín* roza con la simpleza, un relato de esos que ahora califican como literatura juvenil. Pero hay en ella algo que seduce al lector: yo diría que es la soltura con la que el narrador se mueve por los paisajes, los cuentos y la gente de su tierra. Baroja cuenta las historias como si estuviera en la taberna, se vale de los mismos recursos, del mismo desparpajo, y de esa especie de descrédito de lo humano, negligente pesimismo al hablar de otros, que parece indispensable en la convivencia tabernaria donde el único objetivo de conversaciones, charlas y chistes es reforzar el yo. Destila Baroja un controlado desprecio por esa gente ignorante, altiva, mezquina, a la que salpimenta –y ahí está el autocontrol– con rasgos de grandeza: al fin y al cabo, la anécdota que sustenta el libro es la historia de una heroicidad construida sobre motivos infames: cruzar las líneas enemigas para cumplir una misión de vuelo rasante, más bien una estafa. Baroja gusta de esos cruces –héroe, pícaro, sinvergüenza– que le parecen muy propios del pueblo, en definitiva muy vascos. También una estafa sustenta el heroísmo en *César o nada,* pero la novela es más agria, más sombría: la conclusión de Zalacaín (hay un odio en esta tierra, una herida ancestral, un rencor que nos lleva a seguir matándonos generación tras generación) surge como la moraleja de un cuento, mientras que en *César o nada* el odio se nos aparece infiltrado en la vida cotidiana del país, es un odio con encarnadura social, tiene una complejidad y una extensión venenosas. Ni siquiera el deseo de justicia se levanta sobre la bondad, sobre un impulso de bien o de reparto; más bien se trata de un acto de la razón, apoyada sobre los peores instintos. César nos resulta desabrido, antipático, egoísta. Es su antihéroe nietzscheano, y sin embargo es el personaje positivo del libro. Yo creo que el nihilismo barojiano lo lleva a descuidar hasta la construcción del libro (¡total, para qué!, parece oír uno cuando lo lee): toda la primera parte de *César...* (incluido el viaje romano) nos resulta divagación, retórica, fruto más de la necesidad de explayarse del propio Baroja que de las exigencias de la narración. A Baroja lo que le interesa es palearnos encima la agria visión del mundo de su personaje, tan parecida a la suya propia, su desprecio a las nociones éticas y estéticas imperantes, su insensibilidad hacia el paisaje, el arte, y la religión y sus ritos. Él quiere hacer un panfleto, nada más. Le importan un bledo las leyes de la narración, se inmiscuye, opina, e insulta: sobre todo, insulta a todo bicho viviente. César se burla de quienes se emocionan con Botticelli o al ver un *pueblo histórico* por primera vez. Odia César las antiguallas, el gusto por lo viejo, o por lo que se ha considerado artístico, porque a él lo que le emocionó de verdad fue descubrir la Bolsa de Londres. Es héroe positivo contemporáneo al que el arte no le parece más que un truco para disimular la fiereza del hombre, que si un día luchó por la presa, hoy lucha en el espacio del cálculo, de la economía:

«–Entonces –argüí yo–, para usted la moral es la fuerza, la tenacidad; lo inmoral, la debilidad y la cobardía.

»–Sí; en el fondo es eso. El hombre capaz de sentirse instrumento de una idea me parece siempre moral. Bismark, por ejemplo, era un hombre moral» (pág. 17).

La interlocutora privilegiada de César, su hermana Laura, saca esta conclusión: «comprendo que la piedad es siempre aniquiladora». César y Laura, los hermanos, son dos nietzscheanos en estado puro, y expresan lo que el zorro Baroja quiere contarnos, dispuesto a justificarse él, a divertirse, e incluso a divertirnos, con los arrebatos de su personaje, tan anticlerical como él, y como se supone que lo somos sus lectores: resultan inefables los paseos por Roma y la descripción que hace César del imaginativo vestuario del clero: «“Indudablemente la religión es cosa muy pintoresca”, murmuró César. “Un empresario de espectáculos no tendría imaginación para idear estos disfraces”» (pág. 65). Más adelante, hablando con el abate Preciozi, su guía romano, se expresa así: «“¡Qué tipos tienen ustedes en Roma! [...] ¡Qué variedad de narices y de miradas! Jesuitas con facha de sabios y de intrigantes; carmelitas con traza de bandoleros; dominicos, unos con aire sensual, otros con aire doctoral. La astucia, la intriga, la brutalidad, la inteligencia, el estupor místico... ¿Y de curas? ¡Qué muestrario! Curas decorativos, altos, con melenas blancas y grandes balandranes; curas bajitos, morenos y sebosos; narices finas como un cuchillo; narices verrugosas y sanguinolentas. Tipos bastos; tipos distinguidos; caras pálidas y exangües; caras rojas... ¡Qué colección más admirable!"» (pág. 80). Y al contemplar la cúpula del Vaticano: «"¡Qué admirable pájaro tienen ustedes en esa hermosa jaula", dijo César. "¿Qué pájaro?", preguntó Preciozi. "El Papa, amigo Preciozi, el Papa. No el Papagayo, sino el papa blanco... ¡Qué pájaro más maravilloso! Tiene un abanico de plumas como de pavo real; habla como las cacatúas, pero se diferencia de ellas en que es infalible, y es infalible porque otro pájaro, también maravilloso, que se llama el Espíritu Santo le cuenta por las noches todo lo que pasa en la tierra y en el cielo. ¡Qué cosas más pintorescas y más extravagantes!"» (pág. 87). En la segunda parte, el panfleto se decanta por lo narrativo y se vuelve acción trepidante para acabar convirtiéndose en una novela tremenda, demoledora, a la altura de *Imán* de Sender, o, por no salir de casa, del mejor Baroja, el de *La busca* o *Aurora roja.*

Aprovechando la estancia aquí, en Vigo, me leo algunas novelas en gallego: María Xosé Queizán, *Amor de tango,* digna evocación de la vieja ciudad conservera; y una confusa y bastante descabellada narración de corte policiaco sobre las redes nazis en la posguerra viguesa, *As plumas do Moucho.* A continuación, me pongo con Ánxel Fole: *Terra Brava.* Qué bien se respira siempre con él. Admiro su modestia, la capacidad que tiene para ponernos ante los ojos, y dentro de nosotros, su tierra. La vieja tradición del cuento (el *Decamerón)* como almacén de la sabiduría popular. El miedo, el humor –la retranca–, la tristeza. Me gusta mucho Fole. Lo quiero cada vez que lo leo, y lo quiero cada vez más. En la primera parte del libro se reproduce un diálogo en el que expone su afán por mantener y reconstruir la lengua amenazada de su pueblo, las señas de identidad. Es un texto del año cincuenta y pocos: no era fácil tener claras por entonces las ideas que él expone, y, sobre todo, había que tener mucho valor para expresarlas así. Escribir con esa sencillez en la que, sin embargo, todo cabe; escribir así de bien.

Miro la fecha que anoté en la primera página de este cuaderno –26 de octubre de 2004–.* Ha pasado casi un año. Pienso: como mucho me quedan por anotar otros ocho o nueve cuadernos como este; además, para que sirvieran para algo, tendría que conseguir tiempo, calma, de modo que lo que incluyese aquí lo hiciera después de haber meditado, de haber trabajado con borradores, y no escribir así, a vuela pluma, como lo hago ahora. Y, por supuesto, tendría que releer los cuadernos de vez en cuando, utilizar estas notas para algo. Todas las citas que incluyo de los libros leídos son material de trabajo. Una vez escritos, no dejarlos dormir en algún cajón el sueño eterno. Encontrar tiempo para todos esos cuidados. Es el resumen de la vida que me queda, siete u ocho cuadernos, y un mundo que se me escapa, por más libros y periódicos que me empeñe en leer; y una memoria y una voluntad en retirada. Uno sigue leyendo, acumulando (la urraca), pero la cristalización de algo parece cada vez más lejana. En este torbellino que noto alrededor, en vez de tener más claridad para opinar sobre esto o aquello, permanezco cada vez más expectante, atónito, mareado por el ruido de los hechos, aturdido, embobado. Sensación de ciclo cumplido: sé que hay nonagenarios lúcidos, que siguen trabajando hasta el final, que se comprometen con esto y aquello, gente que sale en manifestación a los ochenta y tantos años, a los noventa, pero cada uno tiene su cuerpo y su alma, y a cada cual hay que pedirle lo que pueda dar. Lo pensaba esta tarde,

* Véase *Diarios a ratos perdidos 1 y 2*, pág. 421. *(N. del E.)*

leyendo el catálogo de la exposición de Ribera que visité el otro día en Valencia. Escribir sobre Ribera, un pintor que siempre me ha atraído, cuando resulta que apenas manejo datos de su vida, de su tiempo, de su técnica: constato lo mucho que saben y yo desconozco los prologuistas del catálogo. Es solo un ejemplo. Podría decir casi lo mismo de Galdós, de Cervantes o de Proust. Al final, uno escribe tejiendo su tapetito con cuatro hilos cogidos de acá y de allá. Poco más que nada: formas refinadas de camelística. A medida que me hago mayor, esa realidad que en la adolescencia me parecía no solo que podía conocerse, sino incluso cambiarse, se me revela inasible; y mi voluntarismo de entonces, de una ingenuidad clamorosa. El ansia de saber como forma de locura. Quedan a salvo los saberes mecánicos, positivos; nos guiñan el ojo, nos tientan, se nos ofrecen como un remanso: saber hacer una mesa que se sostenga, un tejado que no se hunda, diseñar una tubería que la presión del agua no reviente, conocimientos que se ponen a prueba y resisten. Desde la silla en la que garabateo en estos cuadernos que tratan sobre las diversas formas que toma el humo, imagino cuánta paz debe de encontrarse en ellos. Estos días pasados, mi amiga C., que fue concejala en Vigo, me mostraba las obras que se hicieron durante su mandato: casas que estaban en ruinas y se rehabilitaron, calles que se peatonalizaron, jardines recién plantados. Tener la sensación de que lo que haces sirve para algo, y no este vagar, esta búsqueda, esta aspiración, que a nadie ayuda; y a mí menos que a nadie; este hablar por no quedarme callado, este ponerme a prueba por puro miedo de estar quedándome pasmado y mudo.

Vuelvo a fumar mucho, pero es que parece que los cigarros se me consumen entre los dedos en media docena de caladas. ¿Habrán vuelto a manipularlos los de tabacalera? En cada fumada se me van dos o tres cigarros seguidos.

La idea clavada en la cabeza: la vida que me queda no da más que para siete u ocho cuadernos como este. Y pierdo tantas horas cada día. Como si mi trabajo fuera problema de otro, de un capataz del que me escabullo cuando no me vigila. Para mayor desgracia, este carácter hipersensible que sufre ante cualquier embate externo, que se obsesiona, y se siente atrapado en sus propios enredos que le impiden hacer apenas nada durante días y días. Escribo a vuela pluma y me digo: esto debería reflexionarlo, documentarlo, reescribirlo. Pero no lo hago. Como si otro fuera a hacerlo por mí. Cada vez tengo más la impresión de que cuanto escribo es solo el borrador de lo que debería escribir; incluso cuando le añado páginas a la novela, lo hago como si lo importante fuera el borrador, seguir escribiendo sin tener en cuenta el resultado final: eso ya lo corregiré, me digo. Y me ocurre a mí, que siempre he odiado la escritura automática, que no soporto los cuadernos psiquiátricos, de autoayuda; y que no me acostaba nunca antes de dejar puesto en limpio cuanto llevaba escrito. Además, de estos cuadernos está excluido lo que hago (solo constan lo de leer y sufrir a solas); están excluidas mis relaciones con el exterior, adónde voy, con quién y de qué hablo; las noticias de las que me entero. Nada de eso tiene su sitio aquí, con lo cual lo que escribo resulta más bien un galimatías, sensaciones que flotan en el aire, sin base. La caza del humo. Cualquiera que leyera estas páginas se diría bien, este tío sufre, pero ¿por qué?, ¿o por quién? Hasta tal punto tienen poca sustancia estos cuadernos que ni siquiera me preocupa demasiado que la letra resulte inteligible; de hecho, hay páginas que ni yo mismo consigo descifrar. No pocas veces, mientras estoy escribiendo, me digo que para qué anoto la cita de un libro si seguramente no se entiende la letra con que la estoy anotando, y tendré que volver a consultar el libro; y aunque pienso eso, no hago el menor esfuerzo para corregir la letra, para poner más cuidado y que la letra quede más clara. Al final, el cuaderno es casi un cuadro abstracto pintado por un demente (en los hospitales psiquiátricos los ponen a hacer cosas así a los locos). Se supone que las cosas están dentro de él, pero nadie puede encontrarlas porque no tiene el código para abrir la puerta que te introduce dentro. Tienen valor porque están, no importa si están al servicio de alguien o de algo; si pueden usarse o no. Qué desatino.

Anoche, seducido por el libro de Gracq, *Leyendo escribiendo,* me pongo con *Le lys dans la vallée,* de Balzac, y me siento un hombre fácil. Sí. Siento que cualquiera puede seducirme. Pero no. Hablamos de Balzac.

5 de septiembre

De la correspondencia de Eça de Queirós (toca hablar de ese feliz encuentro más adelante), recojo una frase que tiene que ver con lo que anoche escribí sobre mi propio desconcierto y mi incapacidad para conocer. Dice Eça: «*A história será sempre uma grande Fantasia*» (pág. 100). Y también: «*Reconstruir é sempre inventar*» (pág. 100).

Vuelvo a ver *Ludwig,* de Visconti, tan sombría. Me pregunto por la capacidad del viejo Visconti para soportar todo ese dolor que reflejan sus últimas películas. Y hacer cine con esa carga encima.

7 de septiembre

Termino de leer el precioso libro de Ánxel Fole. Me atrae –ya lo he dicho– la sencillez de una escritura sin embargo tan efectiva; y su habilidad para, con esa sencillez, traer los complejos repliegues de un mundo: Galicia, su geografía, su gente, su humor, la viveza de su habla, su ironía, sus miedos. Añoranza de una literatura así, tan a contrapelo de la mayoría de los libros que me llegan ahora: más bien difíciles construcciones para contar asuntos simples. Pienso en la última y muy plúmbea novela de Magrinyà.

A mediodía he entregado el artículo sobre Vigo para la revista *Sobremesa:* escrito para cubrir el expediente, o para llenar la nevera. Y, sin embargo, cuántas horas de angustia, de vacilaciones antes de sentarme ante el ordenador. Lo he dicho en algún otro lugar. Escribir tendido en una cama de faquir. Temo ese momento, lo retraso; luego, me siento y procuro cumplir cuanto antes el expediente. Una vez concluido el acto, me relajo, respiro hondo, me siento liberado de un gran peso. Es un poco lo del trapecista: en unos minutos resuelve la tensión de las horas previas, de las complicadas jornadas de entrenamientos durante meses. Luego, los aplausos, los saludos, y a esperar con angustia la siguiente sesión. Pero el trapecista se juega –además del sueldo– la vida. ¿Qué es lo que se juega ese aprensivo, cobardón, el escritor? ¿La vanidad? El miedo espantoso a echar el cubo al pozo y descubrir que está seco. Bueno, ¿y qué? La mayor parte de la gente vive sin tener que echar el cubo en ese pozo. Volvamos a la tesis de la vanidad, a pensar que he conseguido cierto reconocimiento. Por fin pertenezco a un gremio –el de los escritores– con el que, por otra parte, no comparto gran cosa; si no resultara impúdico diría incluso que es una profesión que, así nombrada, ni siquiera me gusta, y que odio sus ritos y sus aledaños. Soy incapaz (cada vez más incapaz) de contarle a nadie si estoy o no escribiendo o qué es lo que estoy escribiendo: alguien a quien no le atrae para nada ser lector de los textos que escribe y se olvida del nombre de los personajes que aparecen en sus libros. Literatura es lo que han hecho los demás y yo leo con admiración; muchas veces, hasta con pasión. Lo que yo hago es subirme al trapecio lleno de miedo. Años de preparación para debutar –muerto de miedo– en un número que incluye un par de volteretas nuevas: patapaaaam: el escritor les ofrece su triple salto mortal, a solas él y el aire. Dos, tres vueltas en el vacío, y regreso al vestuario.

(Por llevarme la contraria: no digo yo que no me emocione cuando estoy terminando un libro, cuando pongo la palabra FIN *y se lo envío al editor. Pero la alegría dura poco: enseguida empiezas a ver las erratas, al fin y al cabo corregibles, y los errores, que ya no tienen remedio, y te dices que tampoco ha sido este el libro que esperabas de ti. Y vuelta a empezar con la cama del faquir, con el trapecio, con ese peso que te tira sobre la cama y no te deja hacer nada.)*

19 de septiembre

Lo que de verdad me hace sufrir, lo que me chupa las ganas de vivir, eso que llamamos deseos, o pasiones, los trapicheos de la carne, las derivas sentimentales, las decepciones, se quedan fuera del cuaderno, no soy capaz de escribirlos, o aparecen solo como retórica (por ejemplo, el párrafo que estoy escribiendo), aire sin cuerpo. Aquí solo llega lo masticado, lo digerido, la rebaba del animal que se acicala, inutilidad y cobardía. No resisto la tentación de copiar una cita de la *Diana* de Montemayor: «Y lo que más me maravilla es que, siendo este amor tan intolerable y extremado en crueldad, no quiera el espíritu apartarse de él ni lo procure.» Claro que Polidora puntualiza: «por la mayor parte, los que aman tienen más de palabras que de pasiones». No está mal visto, pero sigamos con lo nuestro. He leído unos cuentos de Mijaíl Zóschenko, *Matrimonio por interés.* Me alegran el día, me hacen sonreír. Me gusta la contraposición quijotesca que sirve de hilo a buena parte de los cuentos: el lenguaje ingenuo de los trabajadores enfrentado cómicamente con el rimbombante de los burócratas soviéticos. Ese es el tema central. También leo *Henderson, el rey de la lluvia,* de Bellow, autor que tengo abandonado desde hace años y que, además de conseguir el Nobel en su día, gozó de gran prestigio entre la élite literaria española. Mientras lo leo, entiendo mi desentendimiento. *Henderson* está lleno de reflexiones sobre el sentido de la vida y de la muerte, del amor, del universo, etc.; tan lleno, que acaba siendo como un cuarto trastero donde se almacenan los grandes conceptos, que en ese depósito se convierten en tópicos, puro bla, bla, bla...

13 de octubre

Carácter reactivo: veo el desfile militar en la tele de la habitación del hotel (bueno, digamos que veo unos cuantos minutos del desfile). Así, a bote pronto, entiendo la lógica interna de lo militar: las filigranas del Tercio de Tambores (creo que han dicho que son ellos), que levantan el brazo con una insinuante ondulación, casi de bailarina oriental; los legionarios que caminan deprisa, levantando los antebrazos solo hasta la altura del ombligo. Toda la parafernalia que pasa por la pantalla del televisor revela una tremenda sobrecarga de esfuerzo, solo por mantener la cohesión del grupo, mediante uno de esos lenguajes familiares de los que hablaba Natalia Ginzburg, y que tanto interesaron a su traductora, Carmen Martín Gaite, ejercicios que a los profanos nos parecen inútiles, pero de implacable lógica interna: el mundo de los catadores de vino, el de los restauradores de cocina tecnoexpresiva; o el de los coleccionistas de sellos o monedas, participan igualmente de unos códigos de uso interno, que definen y discuten valores que solo adquieren sentido desde los propios lenguajes del clan. Pero no era de eso de lo que quería hablar cuando he definido mi carácter como reactivo. Quería contar que, al ver a Zapatero en la presidencia del desfile, y al sonriente José Bono bromeando con el Rey, se me enciende la sangre, me cabreo conmigo mismo por haberle perdido el gusto a escribir novelas. ¿Renunciar a escribir?, ¿dejarles a estos payasos la exclusiva de la narración del tiempo que he vivido? Y, de repente, me crezco. Como don Quijote, pierdo cualquier atisbo de pudor, y digo eso quijotesco de que yo sé quién soy, y, sobre todo, sé quiénes son ellos. Quiénes sois vosotros, grandísimos cerdos. Bono exhibe el gesto de quien ha llegado muy arriba, la autosatisfacción de mirar por encima del hombro –y como quien ni siquiera se ocupa de mirar– a los de su pueblo. ¿Veis a quién votáis?, ¿veis qué arriba he llegado?, ¿qué alto está vuestro paisano? Ibarra, a quien vi por la tele anoche, se sostiene sobre ese mismo esqueleto psicológico, el gallo que se ha hecho con el dominio del corral a fuerza de pico y espolón. Esos dos hablan así, engallados, ponen las palabras de puntillas, las hacen encocorarse y sacar pecho: como el gallo, al tiempo que cacarean se pavonean y estiran el cuello y echan la cabeza hacia atrás, amenazando a quien les discuta el dominio que han conseguido a fuerza de culebrear y babear al servicio de quien podía más que ellos. Javier Ortiz me ha contado los tiempos en los que Bono era un tímido monaguillo que le llevaba la cartera y ayudaba servilmente a Raúl Morodo; otros me han contado los años en que Ibarra lavaba con lejía para decolorar su camisa azul de falangista a la espera de conseguir un puesto en el PSOE. No son personas, son más bien figuras del arte, polichinelas, grabados de Daumier, de Goya, de Otto Dix. Cuando hablan, les dicen a sus paisanos: tú eliges, yo soy el que puede subirte arriba o hundirte. Y, al permitirles esa elección, están convencidos de que los hacen libres. Es el lenguaje de los padrinos sicilianos, el momento en que los rasgos de la caricatura se ensombrecen, se vuelven amenazadores, pinturas de la Quinta del Sordo, macabro guiñol del pim, pam, pum nacional.

14 de octubre

Último día de trabajo en la oficina. Bien. Hasta principios de diciembre no volveré a Madrid. No sé por qué motivos han decidido cerrar dos números de una tacada, más trabajo para este mes, y vacaciones el que viene. Ojalá aproveche este tiempo que me queda por delante para ponerme con la descabellada novela que tengo empezada, añadirle páginas, o, mejor, cortarle unas cuantas para ver si desbrozando consigo poner un poco de orden en el terreno de cultivo. Quema de rastrojos. Que no se me olvide tomar notas sobre la estupenda *Le lys dans la vallée* cuando vuelva a casa. Había olvidado por completo ese libro que leí en París a mediados de los ochenta, ha sido como si lo leyera por primera vez. Qué novela tan extraña, tan sorprendente. En España nadie hubiera podido describir por entonces toda la maraña psicológica y sentimental que exhiben los personajes de la novela de Balzac, del mismo modo que sería imposible encontrar a nadie en la España de entonces con una visión así de organizada del cálculo económico, del valor de las rentas, de la propiedad como forma capitalista. Pero lo que de verdad convierte el libro en sorprendente es la carta con que cierra la narración y con la que responde la destinataria al Vicomte Félix de Vandenesse, que es quien ha escrito la larguísima epístola que compone el grueso volumen. En la respuesta, la mujer, Natalie de Manerville, se burla de toda la verborrea sentimental exhibida a lo largo de más de trescientas páginas. Se ríe de la carta que ha recibido y a la que responde, se ríe de quien la ha escrito y, de paso, del lector que ha soportado, se ha creído y a lo mejor hasta se ha emocionado con el largo texto que compone la novela. Tres folios le bastan a la Manerville para hacer saltar el libro por los aires. Esa sangrante ironía, o cinismo, puesta en la pluma de una mujer; su sentido del humor que demuele la palabrería romántica, resultan imposibles de encontrar en nuestra literatura; ni siquiera es imaginable un personaje femenino con esa libérrima mirada: para llegar a una inteligencia así, a esa finura, hacen falta unas cuantas generaciones de *précieuses ridicules,* o de *cultas latiniparlas.* En España, el barroco las metió en conventos de clausura y no empezaron a asomar tímidamente la nariz literaria hasta bien entrado el XIX. La carta de Natalie de Manerville –que así se llama esta antagonista balzaquiana– desmonta todos los argumentos del protagonista, incluida la apelación a la compasión (entre imbécil y desvergonzado, el protagonista lloriquea). Pero es al lector, que ha caído en la trampa de creerse los argumentos del protagonista a lo largo del libro, a quien Balzac deja con un palmo de narices; con ese desenlace epistolar, destruye, además, toda una escuela literaria, una forma de educación vital. Tira por los suelos el catafalco romántico. Balzac, que a lo largo de toda la novela nos ha parecido un finísimo analista del masoquismo –en una sucesión de espesas relaciones de ardiente erotismo y exentas de sexo–, poco menos que un morboso platonista, de repente se carcajea, se burla, pero ¿cómo has podido encajar tanta basura?, se ríe, y nos descubre lo que es: un pesimista revolucionario, que trabaja con barro y se mueve en el barro, lejos de cualquier aliento misterioso.

Recién concluida *Le lys...,* inicio la lectura de *El invernadero,* de Wolfgang Koeppen (si no recuerdo mal, es la segunda parte de la trilogía que completan *Muerte en Roma* y *Palomas en la hierba,* dos novelas asombrosas). *El invernadero* me parece la más confusa de las tres. Sin embargo, ese caos exasperado que marca la lectura del libro (que se mantiene sobre la tensión y constantes quiebras del lenguaje) adquiere pleno sentido en las últimas páginas. Lo que parecía más bien un boceto sin acabar, crece, se ajusta repentinamente, y, como si fuera una masa informe que, poco a poco, ha ido construyendo la imagen y el volumen de algo monstruoso, se nos brinda como un libro terrible. Al concluirlo no he podido por menos que acordarme de *Le lys...*, que solo cobra pleno sentido en las tres o cuatro últimas páginas. Cierra en unos pocos trazos (cierra, humilla y dinamita) los cientos de páginas precedentes. Me parece que ambos libros tienen en común ese quiebro.

15 de octubre

No acabo de entender el estatus de prioridad de Rimbaud en la poesía francesa contemporánea. Baudelaire es indiscutiblemente grande. Crece a cada lectura, se carga de sentidos. Pero ¿Rimbaud? Me parece un jovencito petulante, convencido de que va a escandalizar a su lector, como escandalizaba a su madre. Dice palabrotas, blasfema, habla de *placeres* (que uno ni siquiera tiene muy claro que conozca). Todo eso nos seducía a los dieciocho años, pero hoy, al menos a mí, me parece cartón piedra. Verlaine, el patito feo, hoy más bien sombra de Rimbaud, te ofrece el gozo de la música, la ligereza. Lo leo con provecho, con un placer paralelo de la misma textura que el que siento leyendo a Ronsard o a Garcilaso. Y, sin embargo, alguien cuyo rigor tanto me admira, como es Gracq, vuelve continuamente a Rimbaud. Se lo encuentra por todas partes, lo usa continuamente como referente. ¿Me falla la sensibilidad para entenderlo? ¿Qué refinado mecanismo pulsa, qué tecla toca en la genética literaria francesa, que yo no soy capaz de percibir? Me vienen a la cabeza esos chistes que, en valenciano, te hacen reír, están cargados de intención, hasta de sutileza, y que, traducidos, resultan estúpidos, vulgares, y hasta groseros. Pero no es eso, porque también la mayor parte de los poetas españoles, incluidos los más grandes, reclaman la herencia de Rimbaud. Me paso la mañana hojeando las obras completas del poeta rebelde y dándole vueltas a su misterio, que vivo como una limitación propia.

16 de octubre

Días atrás, visita al Museo del Prado con mi amiga E. Velázquez y Goya. La vida te cambia la percepción de las cosas. En mi juventud, encontraba en Goya una fuerza revolucionaria, una especie de feísmo reivindicativo. Sí, me parecía que sus colores eran rebuscadamente feos, sus trazos toscos, agresivos: goyescos. Hoy, Goya me sigue fascinando tanto o más que entonces, pero ahora admiro sus elegantes grises, la delicadeza de los colores intermedios que maneja con maestría en sus retratos, los plateados, los tonos de acero, los matices del negro. Qué elegancia. A su lado, los colores de Velázquez en buena parte de sus pinturas de corte se nos vuelven más previsibles (con excepciones, esos paisajes de Villa Médici, esos fondos de la sierra de Madrid), e incluso sus personajes son más académicos, los obreros de *La fragua de Vulcano* son personajes de la corte, o de taller de pintor, flexibles atletas olímpicos y no habitantes del submundo proletario. En ellos no están grabadas ni la miseria, ni las marcas del trabajo, son brazos de gente que cuesta creer que haya levantado nunca un martillo. Los cuerpos de los de abajo se los encuentra uno en Caravaggio, y en Goya, que prosigue esa herencia de personajes que no son modelos del taller del pintor, sino tipos de la calle. Sus cuerpos de contextura poco apolínea pueblan *La carga de los mamelucos, Los fusilamientos del 3 de mayo,* pero también los cartones y grabados. Las propias caras y los tipos físicos de las *Pinturas negras* no son solo fruto de las pesadillas, esa corte de mendigos pobló la periferia de las ciudades hasta no hace mucho, aún la puebla; como tampoco son fruto del sarcasmo, sino retratos precisos, los rostros deformes que aparecen en los retratos de corte, reyes, príncipes, infantes, sus caras no son caricaturas, sino fieles retratos. Es casi seguro que los cortesanos se gustaban a sí mismos cuando se veían pintados por Goya; de no ser así, lo hubieran echado a patadas de sus palacios. Volviendo al paso del tiempo, y a cómo nos cambia la mirada, no conviene olvidar que no es solo la mirada la que cambia. Cambia el mundo que nos rodeaba cuando la mirada aprendía a mirar. Me encuentro con individuos de mi generación que hace tiempo que no veo, y me parecen una caricatura de lo que fueron, sus rasgos se han exagerado, más delgados, cruzados por arrugas; o difuminado: hinchados por capas de grasa. Pero de eso ya habló Proust en *Le temps retrouvé.* Viéndolos a ellos, me fuerzo a verme a mí mismo de otra manera; mi propia imagen se deforma. También yo parezco maquillado para una representación teatral, para un baile de carnaval. La mirada inquieta y huidiza de quien ha visto; las manchas y descamaciones de la piel, los cabellos arratonados, los hombros caídos y la espalda doblada; la boca, con esas deformidades que deja el haber cambiado de dentadura: los implantes dentales ocupan otro volumen que el que ocuparon los dientes que tuve. En fin, me miro y hallo algo que se parece a un viejo. El otro día me encontré con un conocido de juventud, y al que hacía un montón de tiempo que no había vuelto a ver. Se me apareció en la plaza de Cascorro de Madrid, maquillado por el carnaval del tiempo: extremadamente delgado, pálido como si se hubiera enharinado el rostro con polvos de arroz, caminaba torpemente. Estoy jubilado, me dijo. Y yo: Qué suerte. Él: No, no. Me han jubilado a la fuerza. Cáncer de próstata. Empezó a contarme su calvario por ambulatorios y hospitales. Me he convertido en un especialista, me muevo como una anguila en la burocracia hospitalaria, me conozco todos los trucos, dijo. Luego me describió su nueva sexualidad, una sexualidad sin falo. La ternura, me decía, aprecio más que nunca la ternura. Tocarse, acariciarse. He tenido veinte orgasmos seguidos. He disfrutado más que nunca con esta sexualidad que no necesita usar la polla. Te lo prometo. Casi me dio envidia.

De Koeppen: «la luz (según Newton, una materia imposible de pesar, que flota fría y arrogante sobre la materia sólida) sobre la pantalla como sobre una mesa de disección» (pág. 125).

«Era curioso, con cuánta facilidad en los momentos de la Historia, los más viejos estaban dispuestos a sacrificar a la juventud en el altar del poder» (pág. 172).

Leo un libro de Villoro, más brillante que sólido, y del flojísimo segundo volumen de las *Antimemorias* de Bryce Echenique extraigo esta cita de Kafka: «Pero el camino de la cabeza a la pluma es mucho más largo y difícil que de la cabeza a la lengua.» Es una idea que me ronda cada vez más. Mes tras mes, le cuento a J. cómo debería ser el artículo de *Sobremesa* que voy a escribir; le describo lo que he visto y quiero contar, cómo pienso ordenarlo, y él me dice: Ya lo tienes. Solo te falta sentarte a escribirlo. Pero resulta que no es así. Lo que, dicho de palabra, parece claro y lleno de lógica, en cuanto te sientas ante el ordenador se convierte en un chafarrinón confuso, o, lo que es peor, en un hueco complicado de ocupar. Como diría Kafka: el largo y difícil camino de la cabeza a la pluma.

En las últimas páginas de *Leyendo escribiendo,* Julien Gracq describe los paisajes de los que se han alimentado algunos escritores: Roche, el pueblo de Rimbaud; Ferney, lugar del falso retiro de Voltaire; Milly-Lamartine, donde está enterrado el romántico Alphonse de Lamartine; Roscoff, el triste paisaje bretón, con sus marineros jubilados, que rodeó al poeta Tristan Corbière. Es magnífico el último capítulo del libro, que titula «Siglos literarios», y en el que habla del *plus* de la poesía entre 1800 y 1880, de su veloz adquisición de recursos, «un muy rápido aumento del poder separador de la mirada y del oído del artista» (pág. 271).

Al hablar de la condesa de Noailles:
Enfance au bord d'un lac. Angélique tendresse
D'un azur dilaté, qui sourit, qui caresse...

Cuando describe a los jubilados que se sientan a orillas del lago Léman, dice que están «tan inmóviles que parecen tener ya su óbolo entre los dientes» (pág. 267). Se suceden las imágenes terminales en una bellísima tirada. Así, el alma se inclina sobre la tumba, «*comme un boeuf ayant soif penche son front vers l'eau* [...] la noria lenta de los viejos, pequeños vapores de álabe, sus colores de ambulancia, que sin descanso en cada embarcadero, silenciosamente pasan a cargar unas sombras [...] esas avenidas frescas donde se rastrillan cada mañana sus hojas muertas». El tema de la llegada de la muerte se enriquece con imágenes extraídas de la mitología clásica, del archivo literario, y Gracq consigue de ese modo que el libro se nos llene de sombras, de «fantasmas del otoño».

En el camino entre la cabeza y la pluma, se tropieza con el engolamiento, con el lenguaje amplificado; o, en la otra orilla, con vulgaridad y trivialidad.

Vuelvo a leer la breve carta que Natalie de Manerville le dirige a Félix de Vandenesse al final de *Le lys dans la vallée,* y vuelvo a reírme a carcajada limpia. Natalie es la actual amante de Félix, tras la muerte de su primera esposa (una *santa,* un *lirio)* y de la ruptura con su sucesora (una mujer de mundo). Elegida para ser la tercera mujer de Félix, y destinataria de trescientas largas páginas de su pretendiente, entre otras cosas le responde: «*Savez-vous pour qui je suis prise de pitié? Pour la quatrième femme que vous aimerez. Celle-là sera nécessairement forcée de lutter avec trois personnes*» (pág. 325). Y también: «*Vous me priez de vous aimer para charité chrétienne. Je puis faire, je vous l'avoue, une infinité de choses par charité, tout, excepté l'amour*» (pág. 326). No puedo librarme de la impresión de que Balzac, además de ridiculizar la retórica romántica de su clase y su tiempo, le hace una pedorreta a su propio libro, como si, después de haberlo escrito, hubiera pensado: ¿y qué hago yo escribiendo esto?, porque, si no es así, ¿para qué escribir un tratado de las pasiones, una especie de *Les liaisons dangereuses* de más de trescientas páginas para cargárselo en solo cinco? Toda esa seriedad, esa rigurosa analítica sentimental, desplegada ante nosotros para, de repente, liquidarla con una sonora carcajada. Bien mirado, podría utilizar la misma técnica en todas sus novelas. Decir: hasta aquí, el código; y, ahora, la vida, o, mejor dicho, la aplicación de otro código. ¡Me gusta tanto! Llevo quince días dándole vueltas al tema. Si Beethoven concluyera la novela sinfonía con un coro de borrachos cantando canciones de carnaval conseguiría un efecto parecido. Adiós Goethe, Schiller... y adiós al actual himno de Europa... Irrecuperables. De ese calibre es la explosión de vida balzaquiana. Con Balzac te ocurre como con Goya. Te dices: lo hizo todo y nunca dejó de ser él mismo. Sabes que es Balzac en todo momento (incluidas sus novelas fantásticas, o las menos conseguidas como *L'envers de l'histoire contemporaine),* como siempre sabes que es Goya en cuanto ves de lejos un cuadro suyo. Nunca sabes, además, dónde está el retratista, el analista, el caricaturista, el ideólogo: está todo entretejido, y por eso, su lectura te somete a un perspectivismo envolvente, mareante. El lector descifra, nunca acaba de confirmar formas de verdad, queda el dictamen siempre pendiente de otro punto de vista, de otra lectura. A muchos engaña el Balzac compositor de grandes frescos sociales, no se dan cuenta de la densidad de los repliegues que se esconden debajo.

Debería estar preparando la charla que el sábado doy en la Universidad de Barcelona, y, en vez de eso, tonteo con el cuaderno, con los libros. Pruebo la estilográfica que el otro día, cuando fui a comprarle una a E. como regalo de cumpleaños, no resistí la tentación de comprarme para mí. Me gusta mucho su diseño, severo art déco, años treinta. Para mi gusto, le falla el peso, pesa poco. Ahora las fabrican con materiales ligeros y eso les otorga un aire de fragilidad, casi podría decir de intrascendencia.

Pienso en la novela de Juan Villoro que acabo de leerme *(El disparo de argón).* Ya sé que es un libro juvenil, que Villoro publicó en el 91, y ahora edita aquí Anagrama, pero me lleva a pensar en cuántos valores tritura la necesidad de brillantez a toda costa que infecta la obra de muchos de los escritores contemporáneos: la pésima influencia de Borges, la frase como un cohete de fuegos artificiales, cargado con pólvora de raigambre literaria. El último gran representante de esa literatura de alta expresión (en vinos se ha puesto de moda esa definición; vinos de alta expresión se llama a los que exhiben sin pudor las cualidades que les gusta detectar a los catadores profesionales) es probablemente Vila-Matas. También hay caricaturas en esa escuela, como el insufrible Bellatin. Bolaño, en sus últimos cuentos *(Putas asesinas)* y en buena parte de los tramos de *2666,* soltó lastre, y fue librándose de esa dictadura de la literatura de alta expresión, que tanto aprecia un sector creciente de la crítica española, y no digamos ya de la francesa: afán por llenar los libros de encubiertas referencias y guiños literarios. No sé si es que no me interesa (que tampoco), o que, como tengo tan mala memoria, y devoro libros sin saber las circunstancias del autor, que, además, si las conozco se me olvidan enseguida, es una literatura que me resulta inalcanzable, no sería capaz de escribirla y me fatigo al leerla. Puesto a elegir, prefiero el historicismo o el sociologismo. No soy capaz ni de imaginarme practicando una escritura así. En realidad, cada uno escribe como vive, y yo rehuí los estudios de literatura y –a pesar de mi pésima memoria– elegí la historia. Sin duda, cuestión de carácter y sensibilidad.

19 de octubre

Preparo la charla sobre la memoria que tengo que dar en Barcelona el sábado 22 de octubre. En realidad, corrijo un texto que escribí en el 2003 y que se refiere al uso que se está dando a lo que llaman recuperación de la memoria por los socialdemócratas a raíz de que fueron desalojados del poder por el PP. Me irrita el tema. Sin embargo, como escribí novelas en las que hablaba de los años de posguerra y del franquismo (de qué otra cosa podía escribir alguien que nació en 1949), últimamente me convocan a charlas y mesas redondas sobre el tema. El artículo que escribí en 2003, frío y deshilvanado, tiene en cambio algo de profético leído ahora. De hecho, hace unos días el exministro derechista Piqué hablaba de la nueva legitimidad sobre la que intenta apoyarse Zapatero, como supuesto heredero de la memoria de la República, memoria de los vencidos, y no como continuador de la Constitución de 1978, que barrió los restos de aquella legitimidad derrotada. Sostiene ahora el exministro lo mismo que yo mantuve en aquella charla escrita hace un par de años. El mecanismo que el artículo anunciaba que iba a llegar, ha funcionado. Imagino que el público con el que voy a encontrarme en la Autónoma de Barcelona no escuchará con agrado lo que voy a decir. A ver qué pasa. En esas ocasiones, uno solo se siente seguro si lleva el texto bien trabajado: de ahí saca –por seguir con el lenguaje del artículo– su legitimidad. No es el caso. No me siento con fuerzas para reescribirlo. En vez de empeñarme en eso, dormito. Sí, me entra sueño. Últimamente lo dejo todo a medias. Como si quisiera castigarme, demostrar mi mediocridad, dejarla a la vista, desengañar de una vez por todas a quienes me toman por escritor. No sirvo para nada: es el mensaje que transmito en cuanto noto algún tipo de admiración en torno a mí. Gil de Biedma decía que solo tenía ideas como reacción a las de otro. A mí me ocurre igual: en cuanto me quedo solo descubro que estoy hueco. Dentro no hay nada.

Me aburre el anecdotario de Bryce en el segundo tomo de sus memorias, el ir y venir como algo que es interesante en sí: lo ha titulado, a la manera de Malraux, *Antimemorias,* sin que se entienda el motivo, porque son unas memorias de lo más convencionales. La verdad es que uno no sabe el porqué de casi nada en este libro que confunde lo público con lo privado: confunde lo que le divierte o conmueve a él con lo que puede servirnos de algo a los demás. Si las primeras páginas entretienen, a medida que avanza el libro revela más su futilidad. Lo leo saltándome las líneas de tres en tres, mientras me pregunto por qué tiene que contarme lo que le pasó a ese amigo suyo, o por qué ha decidido volver a Roma o marcharse a Barcelona. No es que no le preocupe lo que tú piensas de lo que escribe, es que parece que ni siquiera le preocupa el estilo en que lo escribe. La sensación mientras lees es de progresivo descontrol, charloteo de uno de aquellos pesados con los que iniciabas una distraída conversación en el tren y que acababan teniéndote despierto durante toda la noche, contándote anécdota tras anécdota sin preguntarte en ningún momento si a ti te interesaba para algo todo aquello, y si no te apetecería mejor echar una cabezadita antes de llegar a Madrid (hablo de los trenes de los cincuenta, cuando tardabas diez o doce horas en ir de Valencia a Madrid). Ahora tengo sobre la mesa el último Vila-Matas, cuya lectura decido aplazar tras las experiencias con Villoro y Bryce. Dejemos de lado la literatura durante unos días. Me vendría bien un libro de historia, de filosofía, o, por qué no, una de esas biografías en las que el autor, además de algún destello de su alma, procura capturar para ti el brillo de la historia. Dudo entre *Masa y poder,* de Canetti, y las memorias de Margarete Buber-Neumann, que estuvo prisionera con Hitler y luego con Stalin, aunque, tras hojear el libro, no acabo de tenerlas todas conmigo con la Buber-Neumann. Ni siquiera el sufrimiento de la tortura te hace mejor escritor.

Saco esta frase de *Elemental, Doctor Freud,* la película de Herbert Ross: «Una mujer tan hermosa como yo a los diecisiete años ha visto ya todas las cosas horribles.»

24 de octubre

Vuelta de Barcelona, tras la charla sobre la memoria, o, mejor, sobre el uso de la memoria (¿no es decir lo mismo? La memoria es siempre valor de uso, y manipulación). Para mi sorpresa, la mayoría de los asistentes se mostraron encantados al final de la intervención. Tiene usted que seguir diciendo estas cosas, me insistían, menos mal que aún queda un rojo que piensa, cosas así, halagadoras. Los profesores la vieron más bien como una provocación útil para abrir discusiones, etc. ¿Por qué no decirlo? A los asistentes del país real les gustó más que a los representantes del país legal, más bien desconfiados, reticentes. Sé que el texto peca de abstracto, pero no se trataba de meter veintitantos años en una veintena de folios: eso resulta imposible. Por lo demás, me he dejado llevar, en las pocas horas que he estado allí, por la seducción de Barcelona, como me ocurre cada vez que piso la ciudad. Tanto la charla como las habitaciones de la primera noche (calle Hospital) y de la segunda (Ronda de Sant Pau) se sitúan en el barrio del Raval, lo que antes llamaban el Chino. Paseo por calles en las que la mayoría de los peatones que las recorren son hindúes, marroquíes, chinos, o turistas llegados de cualquier lugar del mundo. El domingo por la tarde, sentado en una terraza del Paralelo, calculo que, durante una hora larga, excepto una docena de distraídos paseantes, el resto eran turistas, o emigrantes. Se les nota en el físico, en la vestimenta, y en lo que se les oye hablar, ni el catalán ni el castellano aparecen en las conversaciones. Sí que hablan catalán un par de mujeres muy maduras con aspecto de *botigueres* jubiladas; *barrejat* de catalán y castellano utilizan dos o tres parejas de jóvenes que, espaciadas, han cruzado junto a la terraza en los tres cuartos de hora que llevo aquí sentado: catalanes de segunda o tercera generación; y, aunque no dice ni pío, se le nota su arqueológica relación con la ciudad a una anciana que apenas puede caminar, muy emperifollada, el rostro moldeado en terracota, máscara pompeyana, y seguramente vieja puta del cercano Barrio Chino. Camina cogida del brazo de un fornido y barbudo marroquí que tiene un largo medio siglo menos que ella: da la impresión de que el hombretón ha sido contratado para trabajos más complicados de los habituales. La pareja transmite sensaciones libidinosas, de una turbadora suciedad. La que tuvo retuvo.

En algunas zonas del barrio, la práctica totalidad del comercio está compuesto por tiendas y restaurantes internacionales, que se anuncian con vistosos carteles, la mayoría de ellos en distintas variantes de caligrafía arábiga, pero también en hindú, o en ideogramas chinos. Ayer por la mañana, sábado, se mostraban muy animadas estas calles, como también se ofrecía deslumbrante la Boquería. Pese a las obras y reformas, el mercado no acaba de librarse de su cutrerío: el olor de las ciudades de costa, en las que el nivel del mar dificulta el drenaje de los imbornales; los cubos de basura en las traseras; las calles aún sin rehabilitar, con sus goteantes colgajos de ropa recién lavada en los tendederos como guirnaldas de una antigua fiesta; los solares. El interior del mercado estalla de vida, los puestos ofrecen frutas, verduras y especias traídas de medio mundo, y apetitosos pescados recién sacados del Mediterráneo, o que han efectuado un largo viaje en camión o por el aire desde los grandes puertos del norte. Los bares del mercado aparecen llenos de gente que toma zumos o refrescos en las minúsculas terrazas que a duras penas se instalan junto a algún puesto de frutas, o ante los apretados bares y cafeterías. Los tenderos han conseguido que los visitantes no se limiten a mirar. Les venden zumos, frutas cortadas, preparadas, cosas cocinadas.

No son solo el Raval, las Ramblas y la Boquería los que aparecen repletos de visitantes; por toda la ciudad se mueven rebaños de turistas. Barcelona entera, un parque temático. En cuanto uno de esos turistas saca la cámara para fotografiar algo, empieza a agitarse la marea humana a sus espaldas. Busca en bolsos y faltriqueras cámaras y teléfonos móviles. El contagio. Los fotógrafos se multiplican, todo el mundo quiere recoger la imagen de lo que al primero se le ocurrió retratar: en este caso un edificio sin gracia alguna, aunque no importaría que fuese directamente espantoso. Los unos copian a los otros, pensando que seguramente ellos no tienen la suficiente sensibilidad como para descubrirle la belleza, el encanto, o el mérito artístico a ese edificio que las cámaras solicitan. Barcelona, una vieja puta que vende hasta el último centímetro de su cuerpo. Los años que le pasan por encima no hacen sino enorgullecerla y, por tanto, subirle la tarifa.

Estoy acabando de leer el libro de la Buber-Neumann, que solo en contados momentos me conmueve y/o me aterra. ¡Se ha escrito tanto sobre los campos de concentración que solo una mirada transversal es capaz de agitar al lector, embutido en una coraza de quelonio! Pero ese es siempre el reto de la literatura, conseguir esa mirada transversal, el fogonazo que ilumina algo que millones de palabras no habían conseguido sacar a la superficie. La buena literatura, incluso la que nos parece más espontánea, es cuestión de rigor, de cálculo en la resistencia de los materiales para organizar su distribución; un asunto también de gradación: en qué proporción hay que ir administrando la dosis. Saber medir, pesar, calcular la frecuencia y el ritmo de los latidos del libro con un sutil metrónomo. Se ha repetido tantas veces, yo mismo lo he repetido, que una palabra de más acaba siendo siempre un montón de ideas de menos. Aunque, al mismo tiempo, hay libros que exigen el derroche, el exceso. Tienen otra respiración, otra distribución de músculos y grasas en el cuerpo. Pero eso ¿cómo y dónde se aprende?, ¿quién es capaz de detectarlo? Yo creo que en buena parte es una cuestión de olfato animal, tener instinto de policía de la palabra. El más listo, el más culto, el mejor preparado no es el mejor novelista. Bien es cierto que todas esas cualidades ayudan, pero el novelista pertenece a otra especie. Encuentra su novela como el perro encuentra la perdiz recién abatida y se la trae palpitante entre los dientes a su propietario. El cazador (el profesor, el crítico) puede adiestrar al perro para que desarrolle mejor sus cualidades, pero él no puede rastrear ni encontrar nada; y, sin embargo, suponemos que el dueño ha leído más libros y sabe más de caza que el perro.

Encuentros fugaces. Poco a poco, recupero cierta seguridad sexual. Pequeños éxitos que me ayudan a librarme de dependencias que me han costado muy caras (sufrimiento, desolación, desánimo, todo para nada) durante los últimos años. Ninguno de los últimos encuentros ha resultado especialmente excitante, pero los tres han sido terapéuticos. Admirarse ante la presencia de la carne en su plenitud, de que, en esos cuerpos que tanto te gustan, brille el chispazo del deseo cuando contemplan el tuyo. Parece un milagro. Debe de serlo: uno de los pocos milagros que se nos concede a los hombres sobre la tierra, por eso queremos volver a experimentarlo una y otra vez. La experiencia erótica me ayuda a recuperar esa paz que solicito para leer, para reflexionar, para viajar sin la compulsión de que tienes que precipitar cuanto antes tu vuelta porque te falta algo; disfrutar otra vez de la cercanía de las cosas que me han gustado y acompañado desde siempre: mis libros, mi música, mis películas, la pintura..., topografías de la felicidad que cualquiera enumera. Pero eso no les quita un ápice de verdad: ungüentos que lenifican un sufrimiento sin sentido que tiene que ver con la permanente puesta a prueba de la efectividad del propio cuerpo como celada para alguna presa, trampa pegajosa para moscas: algo que no soporta nadie con dos dedos de frente después de haber cumplido los treinta años, y que ni siquiera antes de esa edad debería soportar. El ambiente otoñal de estos días colabora a asentar esa sensación de calma, las mañanas dulces y soleadas, la luz que se dora a medida que decae el día, libre de las gasas de las calimas que la empañan durante el verano; las noches aún suaves, en las que puedes sentarte en un peldaño de la escalera para fumarte un cigarro oliendo a hierba húmeda y acabada de brotar.

No me resisto a reproducir este texto de Gracq sobre las diferencias entre Flaubert y Balzac: «Lo que se llama erróneamente composición, y que bastaría denominar el equilibrio interno de una novela, parece que Flaubert lo busca y lo organiza en el interior de un espacio previamente cerrado y no extensible, donde todo reequilibrio se opera a modo de sustracción, donde cualquier aportación suplementaria se paga con una descarga operada en algún otro sector. En Balzac, al contrario, existe siempre en el horizonte de su pluma la reserva de un continente virgen, de un inagotable Far West novelesco donde las discordancias, las rupturas de equilibrio que se esbozan en un texto conducido con un desorden del demonio son solo los estímulos para una huida hacia delante conquistadora, para una bulimia anexionista, hipotecas que se prestan sobre una fortuna aún por llegar. Todos sus problemas empujan hacia una dilatación de su materia, todas sus dificultades son exhortaciones a la amplitud» (pág. 86).

Qué bien visto y qué bien dicho. Creo que a la crítica canónica contemporánea le gusta la inmovilidad de buena parte de la narrativa; ese demorarse fuera del tiempo se considera de buen gusto, una virtud: la introspección, entendida como cerco, inmersión vertical en una charca, o digamos estanque, inmóvil, *esencial,* fuera del tiempo, y, mejor aún, incluso del espacio: eso se considera el lugar de la literatura en sí; en cambio, le irrita la movilidad de los personajes de Galdós y Balzac: en Balzac la movilidad tiene algo de frenética; en los dos, Galdós y Balzac, la carne de los personajes lleva adheridos los avatares de la historia, carne e historia son una misma cosa, no hay espacio para que el espíritu encuentre un lugar aislado, una habitación propia. Son las novelas de estos dos gigantes pura prosa de la historia: gustan poco de la filigrana sobre zapatillas de ballet, más bien caminan con los pesados zapatones de aquella fábrica española, Segarra, que en los años cincuenta había adquirido fama de hacer un calzado prácticamente indestructible. Leyéndolos, no ves la manera de que el alma se libere del ancla que la une al suelo. Bien mirado, no hay alma que flote libre de ataduras. Y sin embargo qué precisión en la escritura, qué delicadeza en el calculado tratamiento de la prosa.

A Gracq le repele de Goethe (excepto en el *Werther)* «la cualidad abstracta del tejido del relato, que trata casi siempre el mundo exterior como un esbozo» (pág. 225). Es algo que ha heredado una vertiente muy importante de la literatura alemana, me gustaría alguna vez hablar de eso.

26 de octubre

Un mes por delante para escribir. Hoy he trabajado durante todo el día, pero en cosas que no son la novela. He redactado fichas de cata de vinos para *Sobremesa,* he ordenado papeles, me he colocado una mesa para el ordenador. Lo que sea con tal de no acercarme a la novela. Aunque no quiero escribir ninguna mentira: un poco de novela sí que ha habido. El ordenador permanecía encendido mirándome de reojo, y de vez en cuando me acercaba a él, tecleaba algo, tachaba algunas palabras, nada de mucho provecho. No me atrevo a leer de un tirón lo que llevo escrito, y ocupa trescientas veinte páginas. ¿Cómo saber lo que hay metido ahí, si no me lo leo?

Empiezo *Loco por Donna,* tres narraciones de Ellroy recién publicadas. La primera me parece bastante pasada de rosca. Es muy tarantinesca. Ellroy, que tan buenas novelas ha escrito, ahora parece que tira del mismo chicle a ver lo que da de sí. *América* era una extraordinaria novela para adultos, mientras que estas narraciones podrían deleitar a jóvenes raperos, con quemazón en la bragueta y agresividad sin encauzar. Da rabia ver suicidarse a un novelista como Ellroy, atarse la cartuchera de dinamita en torno a la cabeza y prenderse fuego, como hacía Jean-Paul Belmondo en *Pierrot le fou.* Pero no sé por qué escribo así de un novelista, como si no supiera que vivimos enredados en mundos que controlamos muy relativamente y que con demasiada frecuencia se nos imponen a nuestro pesar. Ellroy ha escrito *América* y *La Dalia negra.* No es poca cosa.

La verdad es que me he puesto con el nuevo libro de Ellroy porque llevo ya cuatrocientas páginas del de la Buber-Neumann y no consigo conmoverme con toda la cantidad de sufrimiento que describe, y esa falta de emoción ante lo que se supone que es el sufrimiento ajeno me hace sentirme mal, incluso culpable. Me pregunto qué es lo que me distancia del libro. ¿Solo la sobrecarga de lecturas sobre el mismo tema?, ¿es eso lo que me ha convertido en un galápago? Intento ponerme en el lugar de esas mujeres para despertar mi compasión, pero no lo consigo. Buen tema para la reflexión: pensar en si le ocurre algo al libro o si me ocurre algo a mí.

Ellroy, en *América,* indagaba en la violencia del Estado, la turbiedad en la que siempre se enreda el poder. En estos cuentos, le resulta suficiente con ofrecernos imágenes de violencia, como en un videoclip, lo brutal, lo *heavy,* lo inhumano, único horizonte. Incluso los policías corruptos que aparecen no son plantas que arraigan en algún suelo, son más bien seres que se cierran en sí mismos, por lo que tienen un interés solo relativo. Un mundo enloquecido, minado por células enfermas, irregular en su funcionamiento, e incluso fascinante: vale por lo extraño, por tremendo. A mí me parece cacolalia, o cacosociología, muy del gusto de adolescentes de última generación.

27 de octubre

Me voy acercando con precaución a la novela que, en vez de venir a mi encuentro, se me escapa. Tarea de acecho. El cazador en su puesto sufre el frío del amanecer, se empapa con la humedad del rocío. Me llaman insistentemente a media tarde para tomar una copa. Resisto. Rechazo salir de casa. Es el único sitio en el que me siento protegido, la casa-útero. Siento como una agresión incluso el hecho de publicar. Que el libro aparezca en los escaparates te saca de ti para arrojarte a la plaza pública: te sientes mirado, investigado, aplaudido o rechazado, qué más da. ¿Y? Pero por qué tanto tiquismiquis, si yo mismo no paro de juzgar lo que llega a mis manos, y soy duro al emitir mis opiniones sobre la obra literaria de otros, y tampoco me corto ni un pelo con las declaraciones y actitudes de los políticos. ¿Por qué no voy a esperar reciprocidad? No, yo, cobarde, pido para mí una tregua. Que miren hacia el libro y se olviden de mí. Un paréntesis que aísle la obra de arte. U, otra forma de decirlo: cuando el sargento ve que le ha llegado el momento de entrar en combate, levanta la bandera blanca y dice: ahora nos tomamos unas tazas de café y nos fumamos un cigarrito. Vamos a descansar un rato y ya pelearemos luego. En mi defensa diré que no tengo la impresión de que mis juicios tengan alguna repercusión pública. Son soliloquios (mentiroso: la han tenido, de joven has escrito de libros en las revistas, has puesto a unos en las nubes y a otros los has despellejado). Pero, en literatura, por un misterioso determinismo, los soliloquios exigen salir a la luz. No se puede hacer literatura y esconderla: la palabra escrita delata no solo tus aficiones literarias, o tus convicciones políticas, sino incluso los aspectos más íntimos y secretos de tu personalidad. De vez en cuando, me llegan ecos de esa publicidad. Alguien que refiriéndose a mí, dice: yo que lo conozco, yo que lo traté, expresando a veces cosas que me parecen intolerables, anécdotas inventadas o cuyo sentido ha sido tergiversado. Pero ¿cómo puede ser que un novelista se asombre por eso? Comparto la irritación que sentía Carmen Martín Gaite hacia los biógrafos. Odiaba al biógrafo que cae como un ave de rapiña sobre la vida privada de alguien solo porque ha escrito unas cuantas novelas. Mis novelas no le dan a usted derecho a hurgar dentro de mí, a oler lo que corre por mis tripas. Vicarios: gente que se alimenta de la sangre de otros. En el fondo, uno quisiera encauzar su propia biografía, escribirla, encontrar justificación para sus actos o para su escritura, dibujar cuidadosamente los perfiles de las cosas y los sfumatos que completan su sentido. El dictador basa su poder en controlar a quienes trazan su biografía, exige bajo pena de muerte que la cuenten como a él le gusta, e incluso se cree el resultado. ¿Has visto lo bien que habla este de mí? Cuando lee los periódicos clandestinos o los que se publican en el extranjero, no se reconoce en lo que dicen de él. Nos ocurre a todos (pequeños dictadores empeñados en dictar nuestra propia biografía, nuestro papel en el mundo). La mayor parte de las veces a uno le cuesta reconocerse en las entrevistas que aparecen en el periódico: te ves más bien como caricatura, bufón de ti mismo en un espejo deformante (es lo que le pasa al dictador, pero ¿qué dicen esos perros? Si he montado asilos e inaugurado hospitales), porque nadie es de una pieza, y un titular de prensa lo que busca precisamente es definirte de una vez, derribar todos los bolos de una sola tirada. Pero aún es peor cuando el biógrafo te representa como hubieras podido ser si hubieras seguido tus peores pulsiones, y no has querido, saca al personaje que has vencido, la parte de ti mismo contra la que has luchado y creías haber vencido, y el periodista ha descubierto: eso que te has pasado la vida cubriendo, él lo ha pillado con un ratito de estar contigo. Entonces, la ira y la rabia y la tristeza acaban convirtiéndose en insoportables: te odias y odias al que ha escrito así. Y ese odio parece darle la razón al biógrafo. Te convierte en lo que él ha dicho que eres, y, en cuanto detecta ese rencor en ti, sonríe: ¿Veis como era exactamente el que yo os decía? Por fin lo hemos desenmascarado.

La lucha de la humanidad por construirse una certeza, una verdad, qué manera de tirar el tiempo. Si, en el día a día, vemos cómo se imponen las versiones peor intencionadas, las que más han tergiversado los hechos, ajustemos el catalejo para imaginar lo que ocurre en los lejanos territorios de la historia. Proust representó el ciclo de una generación: la impostora Madame Verdurin acaba dictando el gusto de la *clique.* Todo el mundo está convencido de que es una dama de la más alta sociedad que vela por los principios que la amamantaron. Thackeray escribió en *La feria de las vanidades* la gran epopeya de la impostura social. La memoria, un gran fraude en reconstrucción permanente.

La política es la escenificación de esa trituradora que todo lo mezcla y confunde: la sordidez de las peleas en la agrupación local entre correligionarios; las insinuaciones dejadas caer acá y allá para librarse del rival; los codazos y pisotones. Todo eso, dentro del mismo partido, para conseguir abrirse paso hasta un despacho. Cuando veo a alguno de esos dirigentes políticos sonriendo angelicalmente mientras mira a la cámara, siempre pienso en las largas sesiones de pruebas, de ensayos, al que lo han sometido sus equipos de imagen para que saque precisamente esa sonrisa y la acompañe de ese brillo en la mirada. Teatro, representación. Von Stroheim le arrancó unos cuantos dientes a Marlene Dietrich para resaltar sus pómulos. A Mitterrand los asesores de imagen le limaron los colmillos para que su sonrisa no resultara tan amenazante como la de un vampiro; a Felipe González le pintaron canas en las sienes para que los votantes confiaran en su madurez. El reino de los disfraces, de los cursos de expresión corporal, de los guiones trabados hasta en su último detalle y de la representación fruto de interminables horas de ensayo, el teatro de la política, y, en el espacio de la representación reservado para la orquesta, el coro que comenta, que incita, que resume: periodistas, artistas, covachuelistas, paniaguados: desde las pantallas de la televisión y las emisoras de radio, desde lo que ahora llaman prensa escrita, desde la barra del bar en el que tomas las copas, en la oficina en la que trabajas; todo organizado para que nada se desvíe de la interpretación deseada. El cervantino retablo de las maravillas, la sociedad de la que te excluyes si no ves lo que no existe. Solo los peores están capacitados para soportar tanta disciplina. Los débiles se quedan en el camino. Esa idea impregna el cuerpo social, que la acepta. En algunas regiones de China, el pueblo pagaba de buena gana sus impuestos con tal de que los señores de la guerra pelearan entre ellos, sin molestar a los demás. Pero aquí la contaminación de ese teatro llega hasta el último rincón. El mero hecho de publicar un libro te convierte en sospechoso, en participante de la gran carrera. Qué no habrá tenido que hacer Chirbes para publicar un libro; para conseguir que los periódicos hablen de él; para que lo traduzcan en el extranjero. Alguien me lo ha preguntado en alguna ocasión, durante una de esas charlas que doy de vez en cuando. Difícil explicar las cosas, cómo se han desarrollado, en qué circunstancias escribes y te publican. Y si hubiera tres justos en Sodoma, Señor, ¿la salvarías?, ¿y si hubiera solo uno?

Repaso las páginas escritas en este cuaderno que hoy cierro. Me doy cuenta de que escribí muy poco en el mes de agosto, y me pregunto qué hice en ese mes que tuve libre y me pasé sin apenas salir de casa. Lo sé, sé lo que hice y me lo guardo. Las relaciones que acaban mal, con decepciones por medio y reproches de falta de reciprocidad, dejan una desconfianza que el cuerpo convierte en propia: somatización, lo llaman los psiquiatras. A mí, al menos, me ocurre así, como si tuviera una glándula que segregara de improviso frialdad, antipatía hacia esas personas que tan importantes fueron, algo que tendría que ver con los perros de Pávlov, o, mejor aún, con la naranja mecánica: un exceso de saliva el palo lo convierte en sequedad de boca. Me digo, al notar en mí esas reacciones, que estoy en fase de cura, aunque hay que tener cuidado con las recaídas. Retomo la frase de Jusep Torres Campalans, que preside la página en la que cierro el cuaderno: «No vale la pena empeñarse en la felicidad de los demás.» Pues eso, fin de la agenda Max Aub. Son las 00.51 de la noche del 27 al 28 de octubre de 2005.

(Fin de la agenda Max Aub.)

Un cuadernito negro de tapa dura
(28 de octubre de 2005-26 de febrero de 2006)

2005

28 de octubre de 2005

Me acuesto muy tarde, y apenas una hora y pico después me despierta mi propia voz tras una pesadilla espantosa. Me oigo pidiendo auxilio, cuando en la pesadilla creía que el terror no me dejaba pronunciar sonido alguno. Miro el reloj. Son las cuatro y media de la mañana. Me encuentro mal. Como si fuera a sufrir un ataque: respiro con dificultad y noto las palpitaciones del corazón. Me tomo la tensión. Perfecta: 13,5-7,3. También las pulsaciones están en su sitio, quizá un poco bajas: 60. Me da miedo apagar la luz y me adormezco dejando encendido el foco que hay sobre la cama. Por lo general, no recuerdo los sueños, pero sé que el de hoy ha sido horrible. ¿Qué habré visto o sentido? Algo que he comido me ha sentado mal: tengo la cara cubierta de eccemas, y me noto que me han brotado granos en la cabeza.

Paso la mañana deprimido y, ahora, por la tarde, casi no encuentro ánimos para ponerme a leer. Trabajo en la novela. Tengo la impresión de que si consiguiera hilarla, estaría prácticamente terminada sin añadirle mucho más de lo que llevo escrito. Si lo que intento es que sea una especie de despiadada batidora, el tono está conseguido. Falta engarzar, atar a unos personajes con otros, reforzar la credibilidad de sus actos, empastar en el mismo tono el lenguaje. A Musil lo acusaban de que escribía así: primero las ideas, luego se las iba adjudicando a sus personajes (ahora no recuerdo si quien le echaba eso en cara era Döblin. Creo que sí, y que lo leí en el libro que escribió Reich-Ranicki sobre ¿siete? escritores alemanes).

Para Canetti, *La voluntad de poder* de Nietzsche surgió de «la visión de un escuadrón de caballería que ya nunca olvidó».

1 de noviembre

Apenas he dormido. Durante casi toda la noche leo *Masa y poder*. Al hacerse de día, me pongo al ordenador, añado y quito frases a la novela. Poca cosa. A ese ritmo, pueden discurrir dos años antes de que esté acabada. ¿Y qué? ¿Quién me obliga a imponerle otro ritmo? El mantenimiento del personaje (de mi propio personaje). Si no escribes novelas (y publicas), ¿qué eres? Un apacible lector. O un lector, a secas, lo de apacible vamos a dejarlo para otros. Sí, sí. Resulta admirable que Galdós escribiera un montón de novelas, y de ese nivel. Yo soy alguien que escribe cada tres o cuatro años unas novelas que intenta que se sostengan a duras penas. Soy novelista más por causa de lo que huyo, por todo lo que evado al escribir, y por aquello de lo que me escapo, que por lo que encuentro. No es poca cosa, ni mucho menos. Eso te garantiza cierta durabilidad, seguramente también no poca grisura, pero la brillantez, el fuego de artificio, duran poco. ¿Dónde se han quedado las brillantes novelas de los años setenta y ochenta? Tampoco se trata de que la gente lea más las que fueron menos brillantes, más sólidas, o conservadoras. Leen poco las unas y las otras. Pero es verdad que las que se ofrecieron como estupendas modernidades restallantes de brillantez han envejecido bastante peor. Ni aquí, a solas, tengo ganas de citar nombres.

Media hora después, lo que acabo de escribir consigue que me indigne conmigo mismo. Imbécil. Una pereza de corte melancólico, o el pesimismo interiorizado, consigue que no sea capaz de coger el toro de la novela por los cuernos. Añado media docena de palabras, alguna frase suelta, y soy incapaz de mirar ni siquiera la copia de papel en la que he anotado unas cuantas correcciones. Para escribir novelas, se necesita otra clase de energía, otro impulso. En ese estado de ánimo, no puedo terminar ni un artículo de *Sobremesa.* Cómo enfrentarme a un libro que, para ser lo que pienso, debería tener al menos trescientas cincuenta o cuatrocientas páginas. Languidezco, soñoliento, y me repito que Galdós escribió un montón de libros extraordinarios. No creo que los escribiera en este estado de languidez que el mayor esfuerzo que soporta es el de la lectura, cómoda, pero no felizmente, tumbado en la cama.

¿Cómo debe de ser eso de vivir rodeado de cariño, de atenciones? ¿Podría soportarlo? Qué difícil, qué hostil ha sido siempre cuanto me ha rodeado. La orfandad, el internado, el sexo confuso, la resbaladiza amistad. Pocos bálsamos. Exigencias, máscaras. Tener que representar siempre un personaje bajo el que bulle o languidece la sensación de abandono, la soledad, el vacío. Todo costoso. Dar siempre más que recibir. Interesarse más que interesar. Estos días que permanezco metido en casa, en cuanto dejo de leer, de ver una película en la tele, me invade la sensación de fracaso íntimo. Hasta no hace mucho, la dedicación a un supuesto bien común llenaba ese hueco, le ponía a la oscuridad un chispazo de optimismo en algún lugar del paisaje. Ahora, ni eso. Desde que me vine a vivir a Beniarbeig, eso se ha evaporado definitivamente, y mis apuestas no han ayudado en nada a transmitirme ganas de vivir. Todo lo contrario. Tiempo tirado. Afectos tirados. En cuatrocientos kilómetros a la redonda, no cuento con nadie a quien pueda llamar amigo. Lo malo es que, a más de cuatrocientos kilómetros, apenas si queda algún hilo que aún no se haya roto. No quiero lamentarme, pero creo que aquí los gestos de generosidad han sido especialmente maltratados, malinterpretados, despreciados. La resaca está siendo muy dura. Se ha quedado dentro eso que Canetti llama *el aguijón:* envenena mi manera de enfrentarme a las cosas en este momento. Me vienen a la cabeza las imágenes del muchacho apasionado por todo, y, muy especialmente, por el bien común. Eres el solar que ha quedado después de que la piqueta haya demolido esas cosas. A lo mejor, soy yo mismo quien convoca, sin quererlo, la desgracia. ¿Genética o biografía?

Hay un toque de *fatum* trágico en mi familia paterna, el destino de la gente aparte: mi padre, ferroviario llegado de Denia, un puerto de mar, a un pueblo de campesinos: Tavernes. Había pasado sus primeros años en Valencia, su juventud en Denia. No he conocido a ninguno de sus amigos. ¿Los tuvo? Una vez, en Denia, un peluquero me preguntó: ¿tú eres hijo de un hombre que se llamaba Rafael?, y cuando le respondí que sí, me dijo: te he reconocido porque te pareces a él, hace tiempo que no viene por aquí, yo lo quiero mucho porque es muy buena persona. No sabía que mi padre había muerto catorce o quince años antes. Algunas personas me decían en mi infancia que lo habían conocido, que era muy alegre y muy bueno, pero nadie me dijo: era mi amigo del alma. Me pregunto si tuvo esos amigos del alma que yo no tuve oportunidad de conocer; no creo: en algún momento se hubieran presentado ante el niño huérfano para decirle: yo fui amigo de tu padre, aunque el niño fuese tan pequeño que no supiera muy bien de lo que le hablaba. Con los hijos de un amigo muerto uno necesita hacer un gesto así, tener la sensación de que queda algo. Pero ¿acaso no se suicidó? No hay mayor expresión de soledad. ¿El que era tan alegre y bueno se suicidó? También mi abuelo tuvo que ser un desarraigado. En Denia eran forasteros todos ellos: la familia de cesteros había sido desalojada de alguno de los edificios que se derribaron para construir el edificio del Mercado Central de Valencia, un bajo que les servía de vivienda, taller y almacén. De ahí se trasladaron a Algemesí, ciudad de la que procedía la familia del abuelo, los Girbés, a una vivienda que abandonaron, porque se les inundaba periódicamente, para irse a Denia, donde se instaló en un lugar fuera del casco urbano, campo degradado, tan amenazado por el agua como el de Algemesí: se trata de la parte más baja de una partida que se llama (se sigue llamando) el Saladar, porque ha sido uno de esos espacios anfibios, frontera entre la tierra y el mar, resto de viejas marjales salobres, en cuyos límites recientes excavaciones han descubierto un arrabal de artesanos almohades –talleres, molinos, minúsculas viviendas– y algunos muros que parecen pertenecer a antiguas edificaciones portuarias, restos árabes, romanos e incluso ibéricos. La casita aún sigue en pie, y hasta hace pocos meses mi hermana ha seguido viviendo en ella. Ahora está a punto de ser derribada en cumplimiento de uno de esos planes urbanísticos que han arrasado zonas enteras de pequeñas viviendas, muchas de ellas centenarias, en torno a las ciudades.

Albert, el Cisteller, Alberto el Cestero, pregonaba su trabajo por las calles: Reparo cestas y capazos, y traigo cestas nuevas para las señoras y para las chicas guapas, cestitas para las niñas bonitas: un buhonero. ¿No tiene algo de sospechosa esa gente movediza en la España del primer tercio del siglo XX? Paragüeros, cesteros, soldadores, hojalateros y caldereros. Aún he escuchado no hace tanto tiempo el sonido de la armónica con la que se anunciaba por las calles el afilador *(l'esmolador,* en valenciano), forasteros de los que se sospecha cuando se produce un robo, hombres oscuros a los que niños y jovencitas deben evitar, los primeros a los que se culpa de cualquier anomalía, sospechosos si se ha producido la desaparición de alguien o un hecho violento: maníacos, hombres del saco, lobishomes, sacamantecas, gente en el filo, venida desde lejos. Al escribir así de mi abuelo, escribo de mí mismo: en mis primeros años fui a la vez de Tavernes (el pueblo en que nací, de donde era mi madre) y de Denia (el pueblo al que me llevaban los fines de semana y durante las vacaciones); con ocho años me llevaron desde Tavernes a Ávila, a León, a Salamanca... Antes, había pasado unos meses en Úbeda, habitante de todas partes y de ninguna. El primer viaje a Ávila, a los ocho años, aún lo recuerdo, salí de Tavernes una noche de Reyes. Había estado lloviendo, y los niños habíamos subido a la parte más alta del pueblo, la que limita con las rocas de la montaña en donde había (no sé si sigue habiéndolas) viviendas trogloditicas. Nos enteramos de que habían matado a uno de los gitanos que vivían en las cuevas y fuimos a curiosear. Vi el bulto cubierto por una sábana, y la sangre que corría calle abajo mezclada con el agua de la lluvia (la sangre corriendo que con tanta viveza recuerdo, ¿la vi o es una reconstrucción de la memoria?). Esa misma noche cogí el tren de Madrid en compañía de mi madre, y, a la mañana siguiente, en el trayecto desde Madrid a Ávila, vi otras sábanas blancas y descomunales que se tendían al sol en las laderas de las montañas: era la nieve. Había nevado días antes y aún quedaban numerosas manchas cubriendo el paisaje. No había visto nunca antes la nieve. ¿Eso son sábanas grandes tendidas?, le preguntaba yo a mi madre, solo para que ella dijese que no, y escuchar de sus labios la palabra «nieve». Y yo: pero aquello de allí sí que es una sábana grande. Y ella: no, aquello es también nieve. La nieve. Volvería a verla aquel invierno en unas cuantas ocasiones, vi el hielo cuajado entre las piedras durante semanas enteras. Se me llenaron las manos de sabañones (hizo mucho frío aquel invierno del 57 en Ávila), y por las noches me excitaba pensar que, cuando se hiciera de día, los niños íbamos a bajar a la explanada de enfrente del colegio para ver las pisadas de los lobos que aquel invierno llegaban todas las noches a las traseras del internado, aunque nunca se supo por dónde conseguían saltar la valla que cercaba el edificio. Metido en la cama, en la oscuridad del dormitorio, estoy seguro de haberlos oído aullar muchas noches. Se acercaban atraídos por el olor de las basuras que se acumulaban en las traseras del edificio; y por el que despedían las gallinas, las ovejas y cerdos que se criaban en los corrales del colegio. Tienen hambre, nos decían las monjas y el cura y el guarda que vivía en la caseta de las afueras. Los lobos tienen hambre, nos decían. Y los niños nos excitábamos pensando que también nos olían a nosotros: olor de trescientos niños dormidos, despidiendo calor y en los labios aún la gota de leche de la cena, que los lobos tenían que percibir.

Después de Ávila, León, Salamanca, diversos barrios de Madrid, París, Marruecos, Barcelona, Coruña, Valverde de Burguillos, Beniarbeig. Siempre el forastero que se ha instalado en la comarca, en el barrio, en el pueblo, al que se mira con tanta curiosidad como desconfianza, de cuya presencia se informa a la policía, a la guardia civil en un país que sigue manteniendo –ahora *gratis et amore*– las sólidas redes de la delación que tejió el franquismo y nadie se encargó de desmantelar. Mi trabajo durante veintitantos años como reportero de *Sobremesa* ha continuado manteniéndome en ese no ser de ninguna parte: el solitario de paso que se hospeda una noche en la fonda, en el hotelito rural, el que cena a solas en el bar del pueblo, o, lo que es aún más sospechoso, en un lujoso restaurante con estrellas Michelin. ¿Quién cena solo en esos restaurantes exclusivos?, ¿algún mercenario que celebra que acaba de liquidar felizmente a alguien?, ¿un estafador que ha robado una tarjeta de crédito y quiere concluir el precipitado ciclo de sus compras fraudulentas dándose un homenaje? El *maître* y los camareros no pierden de vista a ese personaje, único solitario en un lugar en el que las otras mesas están ocupadas por gente que ha cerrado un negocio y quiere obsequiar y seguir encandilando a su cliente, o celebra algo: unas bodas de plata, un cumpleaños, la recepción de una herencia. Nadie cena solo en un restaurante tres estrellas Michelin, además el traje que lleva denota que no está hecho a medida y ni siquiera el tejido parece gran cosa.

Cuando, unas semanas más tarde, en la pequeña población en la que te hospedaste se produzca el asalto a la sucursal de la caja de ahorros de la localidad –lo has leído en el periódico–, entre los sospechosos que el dueño del bar le describirá a la policía es muy probable que aparezcas tú, la chupa que llevabas, la marca de ginebra que elegiste, quizá en la conversación hasta aparezca esa verruga que hace años muestras bajo el ojo izquierdo: se tomó una copa cuando estábamos a punto de cerrar, o charló con alguien y, al parecer, hablaba como si hubiera recorrido medio mundo, no me hizo gracia, ¿fue contigo con quien estuvo hablando, no, Venancio? Un tipo poco de fiar. Esa desconfianza aún la noto también aquí, en el pueblo. Bajo al bar, cruzo bromas con los compañeros de barra que me han tocado en suerte ese día, y no aspiro a más. Más que abrir ciclos, procuro ir cerrándolos.

3 de noviembre

El libro de Canetti es tremendamente darwinista, cava en las zonas oscuras hasta descubrir que el animal que has enterrado sigue vivo ahí abajo. Al leerlo, uno escucha sus jadeos, su respiración, el ruido de sus zarpas. Cuando los hombres se juntan, se escuchan al fondo los aullidos de la jauría, la muta.

Michel Laval, *L'homme sans concessions.* Calmann-Lévy. Al parecer, muy documentado sobre la izquierda europea de los años cuarenta.

Al releer hoy las casi cuatrocientas páginas de novela que llevo escritas, me encuentro con una pasta informe, sin matices, en la que cuesta encontrar un párrafo legible, algo que tenga cierta coherencia. Papeles escritos por un enfermo y que son más bien vergonzoso síntoma de la enfermedad que lo aqueja, hojas que habría que ocultar, o disimular. Destilan una ira que roza lo risible. El repaso me sirve para darme cuenta de que pocas veces he estado peor de lo que estoy ahora. Si con los buenos sentimientos se suele hacer mala literatura, con los malos sentimientos puede hacerse una literatura mucho peor.

El autor se pone –sin que ni su inteligencia ni su sensibilidad lo justifiquen de ninguna manera– por encima de la humanidad. La trata como a un insecto. La buena literatura solo surge cuando el autor se pone a la altura de todo el mundo; o por debajo de todo el mundo, creando personajes que sepan más que él, que le pongan ante disyuntivas que saquen a la luz sus propias contradicciones en el juego de ping-pong de ir de uno a otro. Me gusta que lector y novelista se busquen entre las voces de sus personajes. Esa es la experiencia literaria. Pero ese efecto es fruto del cálculo, del trabajo cuidadoso con el libro, de usar el nivel y la plomada; es decir, la técnica, el artificio. Así que, ahora que esperaba contar con un mes y medio para dedicárselo íntegro a la novela, me veo con los brazos cruzados, sin saber qué hacer. Otra vez pegado al suelo.

4 de noviembre

Tras la lectura de *Masa y poder,* con qué claridad ve uno que la mayoría de esos cantos a la belleza de la vida, a la bondad y generosidad de los seres humanos, etc., no son más que mecanismos de defensa del yo frente a los otros a quienes se teme y a los que se intenta amansar, seducir, animándoles a que descubran (es decir, a que inventen) una mansedumbre de la que carecen: los buenos sentimientos. La democracia es jugar suponiendo esos buenos sentimientos, como los niños juegan a comprar trozos de tierra amasada como si fuera pan y lo pagan con papelitos de colores como si fuese dinero. Podría decirse que quienes más cantan las virtudes de la humanidad son quienes más desconfían de ella, quienes más la temen.

5 y 6 de noviembre

Resaca. Y vuelta a la ansiedad, a la confusión de los sentimientos; a no saber dónde empieza el deseo y dónde el desprecio. No saber si el deseo es solo la imposibilidad de que la persona a la que se desprecia se doblegue, verla mordida, penetrada, entregada, y que ella pida más ración de ese castigo. Amor y esclavitud. Te deseo porque no te dejas capturar para que yo te haga trizas. Los crímenes pasionales, esos que ahora llaman de violencia doméstica, son cumbres de amor (*Abismos de pasión* tituló Buñuel un folletín de amor y destrucción que rodó en México, inspirado en *Cumbres borrascosas*). Si ama de verdad, la víctima se deja matar; si intenta huir, es que su amor era de mentira, no amaba, por lo que el amante también la condena, con más motivo aún, a muerte. Te mato porque huyes de la muerte que deberías buscar en mí si me amaras. En realidad, la pregunta es ¿qué pasa?, ¿es que contigo no va a haber otra manera de que entiendas?, ¿es que no voy a tener más remedio que matarte para que entiendas? Pero, entonces, ¿cuál es el engaño que hace que, cuando inicias la aventura amorosa, se ofrezca como una búsqueda de la bondad que la persona amada oculta? La persona amada, en la fase uno, emite señales de que guarda la dosis de bondad/belleza que se supone que merecemos y que nos ha sido negada. Todo esto para decir que he vuelto a pasar una noche y una mañana infames. De desazón erótica. De confusión moral.

Por la tarde, cuando todo se oscurece en estos tristes días de otoño, se produce el milagro. Me llama A. Quedamos en Denia. Qué alivio. Esplendor de la carne, dos animalitos que retozan, carne en estado puro, rosada, mullida, inagotable. El relámpago del bien y la belleza en su primer impulso, antes de que los envenene el sombrío afán posesivo del amor, dos folladores inconsecuentes. Dar rienda suelta a tu deseo, y vivir como un homenaje estimulante la intensidad del deseo ajeno, que se muestra sin cálculo ni tapujos: los ojos reflejan asombro, el cuerpo se pone en posición de entrega, puro deseo capaz de regular el curso de fluidos corporales, de alterar el ritmo de las pulsaciones y cambiar el volumen de los órganos.

Hoy, 6 de noviembre por la mañana, el hastío, la fatiga, hartazgo que sucede al banquete que ha tenido como plato único el sexo. Pero, aun en ese momento de tristes animales poscoito, hay una relación excelente entre las partes. Los dos sabemos que, cuando se acaban los asaltos y nos mostramos saciados, queda poca cosa en común (quizá eso vuelve tan generoso lo demás), y nos aliviamos multiplicando los gestos de cortesía, cuidando que el otro no sienta que se le quiere llevar un paso más allá de lo que reclaman sus propios deseos. No es poca cosa, aunque –o, precisamente porque– no tenga nada que ver con lo que uno le pedía al amor hace algunos años. Desayunamos juntos, nos despedimos sin demasiadas ganas de fijar fechas para nuevos encuentros, ahora, tras la *grande bouffe* de la carne, no tenemos ganas de vernos otra vez, las ganas llegarán con el tiempo, dentro de unos días, cuando la imagen del otro se entrometa en las masturbaciones, en los pensamientos obscenos. Uno de esos días, cualquiera de los dos volverá a descolgar el teléfono.

8 de noviembre

Releo con mucho gusto el *Journal de voyage* de Montaigne: el personaje se mueve curioso de un lugar a otro, atento a cuanto ve a su alrededor, pero sin dejar de auscultarse él mismo, pendiente de sus tripas, de las molestias que le provocan los gases, la arenilla de sus riñones y las piedras que vierte al mear; atento al color (a veces amenazador, sanguinolento) de su orina. El libro despliega una Europa poblada, bulliciosa, en la que circulan rápidas y relativamente libres las ideas, y donde se transmite el prestigio de personajes importantes por una u otra razón, convirtiéndolos en referentes de las ciudades en las que viven, son parte del prestigio del patriciado urbano: pensadores, artistas, científicos engalanan las urbes y enorgullecen a sus vecinos, que participan casi por ósmosis de la expansión imparable de las ideas modernas. Conforta al lector la manera desprejuiciada con que el autor mira cuanto se encuentra, describe las distintas formas de nutrición, la culinaria, la calidad de los alojamientos, los precios, comparándolos con los de su patria, para ponerlos a veces por debajo en su escala de méritos (lo que parecería normal), pero también –con mayor frecuencia– por encima. Son muchas las cosas y costumbres que prefiere a las de su propia tierra, guiado por un afán de ecuanimidad que excluye el chauvinismo: estima las virtudes y saberes ajenos. Le sorprenden favorablemente las ropas de las pensiones italianas, que, excepto en Florencia y Venecia, encuentra por lo general excelentes, y aprecia la sólida cocina alemana y sus buenos panes, que consume con gusto.

9 de noviembre

Leo el capítulo 9 de los *Essais: De la vanité.* Cuánta sabiduría concentrada en unas pocas páginas. Cómo pensar en sentarse a escribir después de haberlas leído. En Montaigne sorprende siempre su absoluta libertad: yo soy yo y actúo desde el yo y, desde mi yo, escribo. En la medida en que *yo* es un territorio diferente de los otros, merece explorarse, es diverso, autónomo, y, sobre todo, enorme y libre: nunca acaba de dejarse atrapar ni por las normas religiosas ni por las leyes civiles. El ser humano más inocente y limpio, escrutado de cerca, podría ser condenado a muerte diez veces a lo largo de su vida, porque la vida es más poderosa y ambigua que cualquier ley. Solo a partir de una premisa así se entienden unas cuantas cosas que se prolongan hasta nuestros días en la tradición literaria francesa, y apenas han encontrado arraigo en España. En primer lugar, el interés por el autoanálisis, el convencimiento de que la escritura no es una trampa que capture solo el objeto, sino que también –y muy especialmente– atrapa al sujeto: de ahí surge una veta que nos lleva hasta Proust, por poner alguna de las cumbres, pero también a los desvaríos narcisistas de tantos escritores y críticos contemporáneos. Francia ha sido madrastra de la mayoría de ellos.

13 de noviembre

He releído *Le quai des brumes,* de Pierre Mac Orlan. Me cayó entre las manos, ordenando unos libros, así, físicamente, se cayó de un estante y lo recogí en el aire. Hacía quince o veinte años que no lo había vuelto a leer: me parece una novela caótica, desordenada, pero de la que emana una tremenda energía, un espíritu furioso. Mac Orlan quiere ser testimonio (o síntoma) de la generación que fue sacrificada en la Primera Guerra Mundial (el libro se publicó en el 29). El lector tropieza de repente con el indignante peso de esas ausencias en el inesperado último capítulo, que cae sobre él como un mazazo.

Sigo con Montaigne. *De l'expérience.* Alguna vez me gustaría escribir sobre él, sobre su obra, pero cómo hacerlo sin devaluarla. Sobre sí mismo ya ha escrito él, ya nos ha contado que le gusta dormir ocho o nueve horas cada día, y que no suele despertarse por la noche, o que la enseñanza que le transmiten los demás y no adquiere por sí mismo es como la sabiduría del pregonero que anuncia que se ha perdido un perro y describe cómo es, de qué color tiene la pelambrera o cómo son las orejas, pero que si a uno se lo pusieran delante no lo reconocería. También en ese poner la experiencia propia como fundamento del saber es Montaigne moderno, uno de esos autores hermanos que nos parece que dice lo que nosotros diríamos si supiéramos decirlo así de bien. Puedes leerlo cien veces. Sus ensayos forman parte de los pocos libros que te acompañan durante toda la vida. Sentido común y sentido del humor, qué socarronería, qué retranca: te hace respirar a pleno pulmón cuando lo lees. Continúa la línea que viene de Lucrecio y del Virgilio más analítico, aderezado con Séneca y Cicerón, autores todos ellos que formaron parte de mi educación sentimental de adolescencia y juventud: Virgilio, Séneca y Cicerón fueron tres modelos para un adolescente que quería ser, sobre todo, poeta, y buscaba formas de comportamiento al mismo tiempo que formas literarias. *De amicitia* y *De senectute* las estudiamos en el quinto curso de bachillerato, porque yo se lo pedí al profesor. Un par de años más tarde, leer la *Eneida* en voz alta y traducir sus versos e intentar imitarlos en castellano me producía una emoción que me llevaba al borde de las lágrimas. Lucrecio me llegó en la juventud, al mismo tiempo que Marx, en los primeros años de la facultad (aún recuerdo el tomito, creo que de la editorial Ciencia Nueva). En su descubrimiento, pesaba ya más la razón que la emoción, o, mejor, pesaba la emoción que nace de la razón.

En la literatura española es muy difícil encontrar la visión corpórea de Montaigne –y no digamos la gozosa escatología de Rabelais–. El cuerpo, en Quevedo, es más bien sumidero, muy lejos de la serenidad carnal montaignesca. Solo *La Celestina* procede de la veta materialista de Lucrecio, pero en el libro de Rojas no hay armonía, ni acuerdo, entre el hombre y el mundo; el hombre no está conforme consigo mismo ni con sus semejantes; incluso la naturaleza vive en perpetua guerra consigo misma. Con toda su desvergüenza, *La lozana andaluza* es un daguerrotipo (como los que hacía Daumier) o un esperpento, no un retrato. También fluye el mismo pesimismo corporal (pero hay que levantar varias capas para descubrirlo) en la obra de Galdós, que es tan prudente, tan discreto, que entrega su amargura sin decirlo. Me ha fastidiado mucho, en esta lectura, descubrir que he olvidado buena parte del latín que aprendí. Me apetece tanto volverme a leer los clásicos. Saco a Virgilio del estante donde lo dejé este pasado verano. Empecé hace unos meses a leer las completas en edición bilingüe y me desanimé. Ahora me digo que vale la pena el esfuerzo. ¿Qué prisa tengo? ¿Quién me empuja a nada? Queda poco tiempo y hay que aprovecharlo.

19 de noviembre

Desde hace unos días, leo la *Eneida* intentando recordar el latín que sabía. Qué libro. Se entiende la admiración que le han rendido los literatos durante siglos. Claridad y grandeza. Avanza con el poderío de un ejército, o, mejor, con la grandeza arrolladora de una mente. No creo que en toda la literatura haya descripciones tan deslumbrantes como las de las tempestades que, en el capítulo uno, arrastran a los troyanos, o las que dedica al banquete que Dido ofrece a Eneas, y en el que es engañada por Venus (le envía a Cupido disfrazado y ahí asoma el pesimista fondo lucreciano, un tristísimo sarcasmo sobre el amor. Qué tristeza produce ir dándose cuenta de cómo esa mujer va cayendo en el engaño que tanto la hará sufrir). En el segundo capítulo, de nuevo triunfa el engaño (ahora, en la guerra). Las palabras del perjuro Sinón consiguen lo que no han podido diez años de guerra ni mil naves. El perverso poder de la palabra. Deslumbra también Virgilio cuando, como si quisiera subrayar ese poder del perjuro, nos muestra cómo surgen desde el horizonte las serpientes que cruzan el aire por encima del mar, y se abalanzan sobre los dos hijos de Laocoonte. Uno las ve venir, hermosas y terribles mientras lee. Las palabras generan arrebatadoras imágenes. San Juan, en su Apocalipsis, es un discípulo del Virgilio más alucinado. Imagino que los críticos habrán estudiado esas cosas. Yo creo que en estas páginas de la *Eneida* está en germen el libro de San Juan, pero lo que en el eremita de Patmos tiene el tono confuso de una pesadilla, de una borrachera, en Virgilio muestra la claridad cegadora de una mente en orden.

Como de costumbre, los dioses engañan a los hombres y castigan la sabiduría: castigan a Laocoonte, el más lúcido. Amparan el engaño. Virgilio, como siglos después hará Montaigne, confía en la experiencia, en la investigación, en la razón, y no en los avisos de los engañosos dioses, que toman partido, apoyan a los suyos en beneficio propio y juguetean con los pobres mortales. Por si fuera poco, los dioses precristianos carecen de escrúpulos morales, ni siquiera se molestan en ser coherentes. La arbitrariedad es uno de los atributos de las divinidades paganas (aunque, bien pensado, también del dios bíblico, e incluso del cristo del Nuevo Testamento, el señor no paga a los vendimiadores según su trabajo, la gracia no la merece uno: es un don de Dios, su arbitrario regalo).

25 de noviembre

Cualquier amante abandonado podría firmar el lamento de Dido despreciada por Eneas. Toda la tirada de versos revela una especial finura psicológica, los matices de la tristeza del amor perdido. Eneas se siente triste, intuimos que con una falsa tristeza consoladora: la buena conciencia. Se dice que tiene que seguir adelante para poder cumplir la misión que el destino le ha encomendado. Se queda sordo. Los dioses no le dejan escuchar las razones de Dido, que lo recibió, lo cuidó, lo amó e hizo proyectos con él. En la vida ocurre así: quien rompe el código del amor se queda sordo, no oye, no entiende ya el lenguaje que, hasta hace poco, lo exaltaba, lo cautivaba. Desde esa sordera, le irritan los gestos y las palabras que antes le provocaban excitación.

Hoy nos resulta cruel el mundo clásico, privado del engañoso envoltorio del concepto de caridad que trajo el cristianismo. Aún más que en la guerra –que se nos presenta al fin y al cabo como un estallido, aunque esté siempre al fondo–, nos parece cruel en lo que se refiere a la resolución de los conflictos sentimentales. Aquí, el amor es arrollado por el hado: se acaba y no hay nada que hacer, nada puede prolongarlo, ni recomponerlo. Duele romper, pero es imposible no romper. Manda el destino. La precisión implacable de lo civil. Lo que fue ya no es. Eso, la abandonada no puede comprenderlo. Ella cree que el amor es como una caja o un cofre en el que se guardan cosas que seguirán ahí para siempre, a disposición, un pequeño tesoro. Pero no es así. El amor no deja nada. Dido se lamenta desconsolada: si al menos le hubiera dejado un pequeño Eneas que jugara en el patio, un aporte para la tribu, un valor en la caja de ahorros de la familia. El Eneas virgiliano tiene algo de chulo, es un *maque-*

reau que se busca la excusa de una misión importante para abandonar a la mujer que ha explotado y de la que ya está harto. Como tal se comporta, un voluble Don Juan. Su sordera es la del chulo que se ha buscado otra puta, Don Juan abandona a una amante por otra, y no acepta la idea de que, por el hecho de haber participado en el amor, ha tejido ciertos lazos, o ha adquirido ciertas obligaciones. Eneas, Don Juan, el proxeneta son irresponsables. El amor ha sido culpa tuya, no mía. Siempre la culpa es ajena. Todo este desastre lo has montado tú por quererme. Es fruto de tu desbocada fantasía. Yo no te pedí nada.

La situación que sigue al amor demuestra como pocas la inutilidad de todo esfuerzo por recuperar el tiempo perdido, es siembra en un pedregal. Peor aún, el amante abandonado irrita con sus estrategias al que se va. El amor, que ha sido metáfora de la vida mientras duraba, pone al descubierto, cuando concluye, el sinsentido existencial. Dido, amada, admirada, deseada, reina de la rica Cartago, poderosa, quiere suicidarse. Un *gueux de la mer,* un mendigo fugitivo le ha demostrado la vanidad de sus esfuerzos por seguir viviendo. Seguramente, lo que más le duele es la altivez, esa sordera que se apodera del des-enamorado. No oye, no puede oír, los dioses lo han dejado sordo. El amor es una amenaza terrible, siembra la destrucción a su paso: un mendigo hace tambalearse a la reina. Hay una falta de correspondencia entre la lógica del mundo, de la historia, y la convulsión amorosa. De nuevo en estos bellísimos versos detectamos la sombra de Lucrecio y su desconfianza hacia el amor y la labilidad del sexo, que se transmitirá a lo largo de los siglos a numerosos grupos de iluminados, incluidos los husitas, o los anarquistas españoles, que, a su vez, lo recibirán en buena parte de los rusos, de Tolstói, de Kropotkin, etc. La Iglesia católica es buena representante de las pésimas relaciones entre un proyecto con voluntad duradera (la familia como institución) y el arbitrario vendaval de la pasión amorosa. En la *Eneida,* Tánatos ocupa el lugar de Eros. Dido prepara cuidadosamente la pira funeraria para sí misma, como preparó en las noches de amor el tálamo de Eneas. Es la entrega inversa: frente al te doy la vida, te doy la muerte. Quiere abolir todos los recuerdos del nefasto hombre *(«abolere nefandi cuncta viri monumenta»).* Encima de la pira, las armas que abandonó sobre «el lecho conyugal en el que pereció ella», *«lectumque jugalem quo perii».*

29 de noviembre

Soporto cada día peor el doble lenguaje de la socialdemocracia. La biempensante progresía, apuntada inerme a todas las causas justas, el bobo adamismo (pegajosas escenas previas a un partido de fútbol por la paz en el estadio del Barça). Por debajo, los escualos mordiendo sin piedad todo lo que se escapa de su control: fuera de nosotros –es la consigna– no hay nada que no merezca ser aniquilado es el mensaje que emiten esas sonrisas, ese terrible ecumenismo de la bondad.

30 de noviembre

Acabo de ver *Sin remisión,* de John Cromwell, protagonizada por una guapísima Eleanor Parker, y con un nutrido reparto de actrices extraordinarias. La película es del año 50. Refleja, contada con enorme dureza, y con exquisita sobriedad, la corrupción en las cárceles de mujeres. Me ha parecido un prodigio; te remueve de arriba abajo. Consigue sacudirte como solo lo hace el arte: o sea, que un tema que te han contado cientos de veces te conmueve porque en realidad resulta que te lo están contando por primera vez, y por eso le devuelve la inocencia primitiva a tu mirada: admiración, sorpresa, etc. En *Sin remisión,* el director consigue que hasta los momentos más estilísticamente artificiosos, más teatrales, se llenen de verdad: ese en el que pasa –fuera de campo– el tren (se oye su jadeo) y todas las presas se paran a escucharlo. La película es, además, de una honestidad poco común. En ningún momento se salta el código pactado desde la primera imagen con el espectador, ni hace la menor concesión. Lo folletinesco, los posibles excesos en la interpretación o el subrayado de los personajes (la terrible celadora Harper) se integran en el conjunto lingüístico de la película, que resulta social y políticamente demoledora. Nada queda en pie. No hay redención. Solo se sostiene con dignidad el personaje de la directora de la prisión, en su lucha particular y estéril. El sistema –nos dice la película– está corrompido por completo. Desde dentro, no hay nada que hacer.

Qué cine tan extraordinario se hizo por aquellos años, a veces películas casi secretas, vistas en sesión continua como complementos de alguna de éxito, pero que nos marcaron. Lo pensaba hoy mientras veía *Sin remisión,* como lo pensaba ayer volviendo a ver, por séptima u octava vez, *Al rojo vivo (White Heat),* con mi querido James Cagney (fue el actor predilecto de mi padre, también ocupa un lugar privilegiado en mi olimpo), y ese director inagotable –no sé si muy apreciado ahora– que es Raoul Walsh. De nuevo, como en tantas películas de la época, lecciones de economía narrativa. Se cuenta una historia y ya está. No hay un plano que sobre, ni una frase de más. Y cuántas cosas por el medio de la historia de ese personaje bajito y gordo, de ambigua personalidad, peterpán sanguinario, inseguro, homosexual latente traicionado por su amigo, que, en vez de cómplice y heredero, resulta ser policía. La historia de un gánster enmarañado en el Edipo de una madre autoritaria; que odia a la mujer que necesita desear, aunque la maltrata; y que encuentra en la crueldad el único punto de apoyo de todo lo que en él vacila. También en esta película la justicia se nos ofrece con tintes ambiguos, antipática, porque se ejerce a través de la delación, de la ruptura del pacto de una camaradería que el policía ha fomentado sin sentir el menor escrúpulo: la ley (el fin) justifica al traidor (los medios). El espectador reacciona de forma ambivalente, porque, con la traición, toma consistencia el personaje del malvado Cagney, se nos descubre como un hombre fiel, más bien un pobre ingenuo, confiado en su poder de seducción y armado con un código moral propio, mientras que el policía se convierte en un tipo repulsivo, moralmente reprobable, falaz, carente de código; y todo ese aire de tragedia múltiple se subraya con la introducción del mito. El camión que esconde a los ladrones es doble caballo de Troya: en vez de combustible, transporta en la cuba a los malhechores que van a asaltar las instalaciones de la empresa; pero con ellos viaja también el transmisor que ha instalado el policía traidor, que informa del recorrido del vehículo: doble engaño. Con la armada del mal y la noche viaja la sombra de la justicia en el transmisor que el policía (heredero del mentiroso Sinón de la *Eneida)* ha colocado para delatarlos. Doble mentira.

Tras *Sin remisión* y *Al rojo vivo,* hoy, zapeando en la tele, tropiezo con una secuencia de *La alegre divorciada* que *vende* un optimismo muy alejado de las otras dos (del año 34, es una de esas aspirinas que fabricaba Hollywood contra las migrañas de la gran crisis). En cualquier caso, las tres películas ilustran muy adecuadamente cómo se tejieron las sucesivas modernidades en el cine del segundo tercio del siglo XX, búsqueda de lenguajes para forzar al público a que mirase desde lugares nuevos: me refiero ahora a la secuencia en que, poco antes del final de *La alegre divorciada,* se incluye el baile del *continental* (un ritmo que se puso muy de moda). En su composición, en los movimientos de cámara, en el uso del utillaje cinematográfico, la secuencia incluida en esta dulzona película trae a la mente las maneras de Eisenstein, el cineasta de la Revolución Soviética. Entre los años treinta y los cincuenta, el cine aún era un omnívoro dispuesto a zamparse cuanto se pusiera a su alcance. No tengo la sensación de que algo de eso esté ocurriendo ahora. Pero a lo mejor se trata solo de mi propia melancolía, de una deformación infantil de la mirada que se educó viendo aquel cine y ya no ha sido capaz de mirar desde otro lugar: carece de ese camaleonismo que, sin embargo, expongo como virtud del cine que me gustó en aquellos años. No sé si esa explicación sirve: también han pasado ante mis ojos infinitos kilómetros de basura cinematográfica rodada por entonces. Pero es cierto que, en los cincuenta y primeros sesenta, años en que mi generación formó su sensibilidad, era rara la semana en que no podías ver en el cine del pueblo una o dos películas excelentes (aunque estuvieran trufadas de burdos mensajes propagandísticos). Bastaría con repasar la cartelera: grandes westerns, comedias, policiacas, suntuosos folletines.

Intuyo que se trata más bien de que hay momentos en los que el lenguaje y la vida llegan a extraños acuerdos para entenderse. ¿Significa eso que nuestro tiempo aún no ha llegado a ajustar el lenguaje, y por tanto el ruido sigue siendo la forma dominante? A mucha gente también le pareció ruido casi todo lo que a mí me fascinaba, lo que de aquellos años ha seguido fascinándome después. Recuerdo a mi tío José, el marido de una de las hermanas de mi abuela al que solo consiguieron arrastrar una vez al cine, y que se salió de la sala dando voces al poco rato de comenzar la película. Decía que todo aquello era una tremenda mentira, un engañabobos para niños e ignorantes. Algo así como un barracón de feria en el que ofrecieran trucos de magia. Él, hombre materialista, amante del teatro, de los conciertos de música y de la zarzuela, artes que se hacían con habilidades corporales, con el manejo de un instrumento musical, o de la voz. No podía soportar aquellos ectoplasmas que se fijaban a la pantalla y eran solo la condensación de una pequeña columna de humo que se escapaba por la ventanilla de la cabina. Sí, engaño, humo; sesiones de espiritismo y de magia para estafar a los ignorantes, cosas que un materialista no podía tolerar. Para él, un obrero de fondo anarquista que había trabajado como electricista en Lyon durante los años veinte, el cine era uno de los engaños que el poder utilizaba contra la gente ignorante. Cuando los indios prendieron la hoguera que había de tostar a Cantinflas, el Picaporte de la versión cinematográfica de *La vuelta al mundo en ochenta días,* mi tío José se negó a soportar un segundo más aquel engaño. El fuego era de mentira (un truco para asustar a los espectadores de las primeras filas), los actores que gesticulaban, corrían y gritaban ni siquiera habían tenido la cortesía de venir a visitarnos a aquella sala, y era evidente que no se podía caminar por los cambiantes paisajes por los que correteaban caballos fantasmales. Todo era truco de magia, como las cintas de colores que salían entre las palmas de las manos del payaso en el circo, o las palomas y conejos blancos que se escapaban del sombrero de copa del mago; como los ectoplasmas que flotaban por encima de los asistentes a un entierro y aparecían en las revistas dedicadas al espiritismo que se pusieron de moda en los años treinta, y no eran más que trucos de laboratorio de revelado. Mi tío abuelo no podía tolerar la superchería. Nos la dejaba a su mujer, a mi abuela y a mí. Tonterías de mujeres crédulas y niños fantasiosos. Él se fue dando voces y manotazos y nos esperó en el café de la esquina hasta que salimos una hora y pico más tarde.

1 de diciembre

Adónde se me ha ido la capacidad de concentración. No aguanto más de diez minutos seguidos delante del ordenador. Enseguida pierdo el hilo de lo que quiero decir, no encuentro las palabras, repito las construcciones sintácticas, y me desaparecen los papeles en los que he ido anotando los datos que tengo que incorporar a lo que escribo. Me paso el día moviéndome de un sitio para otro, buscando un papel (ha desaparecido justo la hoja que necesito en este momento), o sin encontrar dónde demonios he metido el paquete de tabaco y el mechero. Es agobiante. No salgo de la habitación, y, cuando acaba el día, me pregunto qué es lo que he hecho: tachar tres o cuatro palabras de un texto que sé de antemano que tendría que rehacer de arriba abajo, pero cuya tarea dejo durante meses a la espera de que aparezcan las fuerzas necesarias.

Cada vez que repaso las páginas que llevo escritas, cargadas de retórica, de eso que llama Marsé prosa sonajero, pienso: ten en cuenta que es la última novela que vas a escribir. No tengas prisa. Mejor no acabarla que acabarla mal. Me repito eso de que el último acto es el más importante, que dice uno de los personajes de *Los viejos amigos,* y esto, todo esto que escribo ahora, no es más que otra forma de retórica. ¿Por qué cada vez que uno acaba una novela se encuentra que ha acabado su relación con la escritura?, ¿que se ha quedado sin palabras? Creo recordar que escribí un texto corto en el que hablaba de eso. La respuesta seguramente habría que dejarla en manos del psiquiatra. ¿Y a quién le importan los movimientos del alma? Cuando dejas atrás esos momentos de vacío, te das cuenta de que ni siquiera a ti te interesa (es más, te fastidia) tu propia alma, porque lo que nos cautiva de eso que llamamos alma es el artificio, la construcción literaria. O sea, que lo interesante es la literatura y no el alma, un vacío al fin y al cabo, que solo se llena con el orden de las palabras justas que le llegan de fuera. Si no hay escritura, palabra, no hay alma, solo una sombra confusa, el ectoplasma de los espiritistas que irritaba al materialista tío José.

Los sentimientos en cualquier narrativa necesitan del ajetreo de la construcción. No nos gustan ni la alegría, ni el sufrimiento, ni la desesperación descontrolados, porque tienen siempre un desagradable componente prehumano: nos gusta su representación controlada. Eso es lo que nos gusta. La representación convierte en humano lo que hay de animal en el hombre, da existencia a lo que solo es informe borrón, inaprensible niebla desprendida de la fisiología. Al enunciarse a sí mismo, el hombre se levanta sobre sus limitaciones, se nos convierte en soportable, en objeto de atención, incluso en motivo de estudio y de admiración. Uno admira esos artificios que son el libro, el cuadro, la película, porque tienen una realidad prensil. Fijan las emociones, las sistematizan, ordenan y componen. Alguien a quien le duele algo tiene que representar el dolor, porque el dolor no se ve, no se comunica, ni se comparte; hay que darle forma, mediante gestos, suspiros o gritos, que no son el dolor sino precisamente su forma, su artificiosa representación de cara a comunicar lo intransferible a los espectadores: amigos, parientes, médicos o enfermeros; es incluso la forma de comunicárselo uno a sí mismo. Una performance que tiene que resultar convincente.

Sábado, 10 de diciembre

He pasado varios días sin abrir este cuaderno. Escribí el artículo para el próximo número de *Sobremesa* (muy flojo), he cortado párrafos de la novela inexistente, he perdido el tiempo no sé muy bien cómo, y hete aquí que me veo ya en vísperas de volver a Madrid, como cada mes: obligaciones laborales. Se van los días volando. Vuelvo la vista atrás y no sé muy bien cómo se me ha escapado la semana. Sigo en el canto VI de la *Eneida,* en ese momento tremendo en que Eneas acude al encuentro con los muertos, páginas de una tristeza conmovedora, vacío del mundo de las sombras. Aún no había llegado el cristianismo para remozar esa mitología y ponerla en el disparadero de la finalidad (morir para llegar más lejos, a una vida superior), no había inventado el sentido de la muerte más allá del descanso, el morir para algo, para recibir la recompensa de las inversiones hechas en vida: infierno o paraíso. Ahí la Iglesia tiene algo de precursora del capitalismo: la virtud como inversión cuyos réditos se perciben en el más allá. Tampoco los racionalistas laicos –aunque algo se intuye en los filósofos– habían inventado conceptos sociales, el bien común, el servicio a los demás. A Virgilio, con su materialismo lucreciano, se le nota que no se cree lo que canta, la gloria de Augusto. No me sorprende que quisiera quemar el libro. Broch lo ha contado extraordinariamente en su novela. Las mejores páginas de Virgilio son aquellas en las que destella el sinsentido, un desolado materialismo de corte existencial que recorre la estructura del libro, y empapa el tono mismo de su escritura. El hombre es un ser a la deriva, víctima impotente de los embates de la naturaleza y de las peleas entre dioses que marcan su destino, agitado universo poblado por seres profundamente infelices, que apenas una frágil costra recubre, protege y sostiene: es el caramelo de la belleza, la sonoridad de los versos, el fulgor de las imágenes, aquello con lo que Lucrecio decía que había envuelto su propia meditación para que el lector la ingiriese sin hacerle ascos, lo mismo que al niño se le endulza la medicina que va a tomar para que no note su amargura. No intuimos ninguna salvación al fondo de ese ajetreo virgiliano, pero nos consuela la belleza del planto. Aún más, la grandeza del canto se convierte ella misma en redención para quien lo escribió y para quien dos mil años más tarde lo lee. Cosas del arte. Son hermosísimas las líneas que dedica al piloto Palinuro, que yace desnudo y muerto sobre la arena: en el instante de su muerte, ha pensado menos en la pérdida de su propia vida, que en el incierto destino de los compañeros que viajan en una barca que, tras su muerte, se queda a la deriva; quién se encargará de llevar a cabo el imprescindible trabajo que él efectuaba, quién será capaz de llevar la nave al puerto deseado para que el hijo de un dios pueda culminar la gran obra marcada por el hado. También en la *Eneida,* por debajo de los altos vuelos de los dioses y de las hazañas de los héroes, resulta imprescindible el callado y necesario trabajo de los artesanos: pilotos, carpinteros, calafates, remeros. Resuenan los ecos de Hesíodo, *Los trabajos y los días.* Además, esos profesionales –como muestra Palinuro– tienen sus principios.

15 de diciembre

Anoche, en la barra del Café Gijón, se enzarzó una dura discusión entre P. y J. M., caldeados por unas cuantas copas. Como me pareció que la conversación subía de tono, y lo iba a hacer aún más (asomaba la oreja el antipático lobo de los viejos agravios), aproveché un descuido para abandonarlos. Creo que es la primera vez que me escapo así de una discusión entre amigos, que me niego a actuar como conciliador sacerdote/Nazarín. ¿El motivo? Cansancio. Esa escena ya la he visto unas cuantas decenas de veces. Conozco el guión, y no me gusta el final. La vida se repite, pierde interés. Esta mañana, cuando me levanté, apenas me acordaba de lo que se había discutido allí, ni de quién, cómo, ni por qué se inició la discusión. Mientras –durante el desayuno– se la contaba a E., entendía las razones, descubría las heridas que se manifestaban bajo la aparente incoherencia de los borrachos. Solo soy capaz de relacionar las cosas cuando salgo de mí, cuando tengo que contarlas o discutirlas con otro. Solo tengo memoria cuando intento reconstruir para otro algo que he vivido. Gil de Biedma decía de sí mismo algo parecido. Que sus ideas surgían a medida que discutía con otro, que en reposo era incapaz de alumbrar nada. Como se ve, estoy pésimamente dotado para ser filósofo. Podría en cambio ser un buen *showman* de esos que dialogan con el público y rebaten sus argumentos con chistes brillantes. ¡Qué se le va a hacer! El payaso que quiso ser novelista.

Oído en la tele: «el techo de África, que hasta ahora había sido blanco, se ha despojado de su ropaje invernal». ¡Bien! Los barros del Kilimanjaro. Creo que esta cursilería acabará saliendo en la novela que escribo. Por eso la he anotado. Está en el espíritu de mi libro.

Leo un comentario sobre un libro cuyo título me hace gracia: *La légende du sexe surdimensionné des noirs.* Es de Serge Bilé, y está publicado en Le Serpent à plumes. No es mal tema para una investigación.

Andrea Lauterwein: *Paul Celan.*

Acaba aburriéndome el último libro de Houellebecq.

Somerset Maugham siempre te da: su corrección, su discreta capacidad para pasar desapercibido, un pudoroso autor. Vuelvo a leerme el sabio librito de Pierre Vilar sobre la Guerra Civil española. Me gustaría pensar más despacio sobre *Contra natura,* la última novela de Pombo, sin lugar a duda una de las mejores novelas españolas de los últimos años. Me molesta que el autor no haya tenido el valor de defenderla hasta el final, y se haya visto obligado a escribir un epílogo como pesebre de alfalfa para apaciguar a los elegantes asnos de lo políticamente correcto; el libro, que es una declaración de la fuerza de la vida (y su complejidad) contra todo el adamismo contemporáneo, no se merece que incluya esa petición de disculpas de Álvaro al socialdemócrata bobería gay.

Giuseppe Montesano: *Di questa vita menzognera.*

26 de diciembre

Lo que llevo escrito de novela: torrente de verborrea, no me atrevo ni a acercarme a esas páginas. El imbécil que no tiene nada que contar, empeñado en comunicarle a la posteridad su fracaso. Algo así. Ridículo. Odio esas palabras: talento, posteridad, las escribo para hacerme más daño. El acto de escribir en estos cuadernos o diarios, como si escribir fuera para demostrar talento y no para poder respirar. Pero ¿es que las nimiedades que anoto aquí me ayudan a respirar mejor?, ¿me calman el angustioso asma de cada noche?

En sus memorias, tituladas *Vueltas al tiempo,* Arthur Miller no tiene ningún pudor en decir que persigue América como tema. Entre nosotros, hoy, ¿quién se atrevería a decir que su tema es España? Quien lo hiciese se moriría de vergüenza, las carcajadas de los demás se escucharían en la Luna y aun más allá de los espacios siderales. Aquí las declaraciones se hacen con los morritos fruncidos, estilo culo de pollo: escribo porque me divierte, porque me entretiene, etc. De un pensamiento débil solo puede salir una literatura de corto recorrido, un tren de la bruja que se pasea por el túnel del yo (huyhuyhuy, qué miedo): poco más. Miller busca el tema, investiga al viejo estilo de los grandes escritores realistas de la primera mitad del pasado siglo, se sumerge en la materia. No busca la literatura, eso se supone que surgirá como añadidura, por sí misma, cuando la necesidad la exija. La necesidad de contar creará la forma literaria. Un tema y saber desenvolverlo es el modesto propósito de estos gigantones de la narrativa *Ancien Régime.* Por añadidura buscan el reconocimiento del público. Es el mismo criterio de ciertas viejas películas que comentaba el otro día: ni un plano de más, ni un diálogo de más, economía. Todo lo innecesario, fuera, se corta en la sala de montaje. No había contradicción entre la búsqueda de la gran obra y la del beneplácito del público.

Incluso me atrevo a decir que era la búsqueda del público lo que los convertía en esforzados estudiosos del alma humana, en sabios: Galdós, Clarín, Balzac, Dickens o Dumas también puesta la cabeza del público junto al tintero cada vez que cogían la pluma para ponerse a escribir un folio, como San Jerónimo y los eremitas tenían la calavera junto a la vela. Saber a quién sirves, a qué aspiras, en qué se resume todo. Hoy no sabemos quién es el público ni cómo llegar a él, a no ser que pensemos que público es esa multitud que aplaude en los programas del corazón de la tele o aúlla cuando su equipo marca un gol: a ese público de estadio hemos quedado que le dedica Pérez-Reverte su *Cabo Trafalgar.* Y también a él le llega, como a Miller, el éxito. Uf.

27 de diciembre

De la novela de Pombo vale la pena destacar la explícita voluntad moral, poco frecuente en los tiempos que corren: *Contra natura* es un tratado de casuística contemporánea acerca de los distintos modos en que se viste la pasión homosexual. Esa voluntad moralizante como pulsión de un alma en busca de un mundo mejor, es la que le imprime un turbión de energía al libro. Nos olvidamos del narrador, e incluso nos importa poco el cincelado de los personajes. La novela se sostiene sobre la irrefrenable voluntad de Pombo; en su esfuerzo por capturar cuanto está en el ámbito de su propósito al precio que sea, lo que le lleva a permitirle al narrador intrusiones del tipo: él no podría pensar eso, o no hubiera podido decirlo, porque no lo sabía, o porque no lo había leído, pero voy y lo digo yo, porque creo que tengo que decirlo. Un narrador armado con una fusta para meter en vereda la novela, como el domador de circo educa a los tigres. Cuando un escritor se permite esa libertad absoluta de que todo quepa en el libro y sirva como madera para calentar la caldera de su obra sin que se desperdicie ni un ápice de la energía, es que se ha convertido en un novelista excepcional.

31 de diciembre

Para que una historia sea creíble, primero tiene que creérsela quien la cuenta.

2006

1 de enero

De *Navidades en julio,* de Preston Sturges:

–Cruzarse con un gato negro, ¿da buena o mala suerte?

El negro que está limpiando la oficina responde:

–Depende de lo que le ocurra después.

Olivier Todd, *L'année du crabe* (Robert Laffont, 1972). Su colega en *Le Nouvel Observateur* le dijo un día: «*Les faits ne sont intéressants que si on en extrait un sens*», pero Todd no se convenció nunca. Defiende abordar la vida sin ideas preconcebidas.

Cartes d'identités. Souvenirs, Olivier Todd. Plon, 584 págs. (De *Le Monde.)*

«*Le plus grand service qui nous rendent les grands artistes ce n'est pas de nous donner leur vérité, mais la nôtre*», de Alexandre Vialatte, citado por Simon Leys, *Les idées des autres.* Plon.

San Agustín: «Los hombres aman tanto la verdad que, cuando aman alguna otra cosa, quieren que sea verdad; y como les repugna equivocarse, rechazan que se les muestre su error.»

3 de enero

Leo una novela extraordinaria sobre la ocupación nazi de Francia y la *drôle de guerre: Suite francesa,* de Irène Némirovsky. ¡Sorprenden y admiran tantas cosas en este libro! En primer lugar, el que la autora –judía y rusa blanca, exiliada de la URSS– encontrara las fuerzas necesarias para escribirlo mientras abandonaba París y emprendía una desesperada huida a través de Francia, sin ningún horizonte vital por delante, el mero huir, sin apenas esperanza de destino, una fugitiva escondiéndose a salto de mata, huyendo de la deportación, a la que, finalmente, acabó siendo condenada. Murió en un campo de concentración dejando una obra que se ha salvado milagrosamente y ha sido publicada recientemente en Francia con gran éxito. Resulta significativo que, para dar cuenta de sus terribles días de huida, eligiera la novela como forma de dejar testimonio, y no escribiera un diario, o unas memorias. La Némirovsky no hizo nada de eso. *Suite francesa* no es el dietario de sus sufrimientos, o el depósito de su rencor contra los individuos (con nombre apellido y dirección postal) que no la ayudaron, sino una generosa novela coral, en la que se ha permitido levantarse muy por encima de su propia historia para ofrecer la panorámica de los comportamientos de decenas de personajes, exponentes de una sociedad enloquecida por el terror y el egoísmo. La sociedad más refinada de París convertida en una horda capaz de cualquier cosa con tal de salvar el pellejo. Me parece tan sorprendente como admirable que Némirovsky encontrara valor para enfrentarse a esa debacle moral con una mirada demoledora contra su propia clase (ella la delicada rusa blanca, de buena cuna) y nos presente la gran escapada como una rebatiña miserable: tumba a todos esos personajes supuestamente refinados en una cama de autopsia y abre en canal a la alta sociedad parisina, los ricos, los mejor educados y preparados, convertidos en fieras, seres arrojados muy por debajo de la cota que limita lo humano. Y en esa denuncia se permite manejar un humor lacerante, que, sin embargo, no empaña su carga ética, ni impregna de asco su visión del género humano; Némirovsky se empeña, más bien, en rescatar los pequeños gestos que revelan lo que de hermoso es capaz de hacer la gente más sencilla. La *drôle de guerre* la lleva a renegar de su clase y a descubrir valores muy alejados de los que rigen –o rigieron, ya todo es debacle– en otras capas sociales. Libro esencial que cumple esa regla sagrada de las grandes obras consistente en hacernos ver por vez primera cuanto creíamos sabido, lo manido: Némirovsky nos brinda como revelación esos hechos que tantas veces hemos leído en libros de historia o novelas y hemos visto en películas. Y está ese magistral manejo narrativo que te incita a sonreír e incluso reír a carcajadas mientras te sumerge en el espanto. Dotada de un excepcional fuste ético, la autora restablece la grandeza del hombre por el simple hecho de haber escrito este libro y haberlo hecho con toda esa despiadada lucidez y esa carga de humor, en unas circunstancias en las que cualquier otra persona se hubiese dado por vencida. Un milagro adicional ha sido que el libro se salvara y fuese encontrado por casualidad, que podamos leerlo como si acabara de escribirse.

18 de enero

En la Toscana.

Me llama N. Se ha muerto un buen amigo suyo, con el que también yo he pasado unos cuantos buenos ratos. Le dolía la espalda. Estaba convencido de que era ciática. Fue al médico y unos días más tarde –el pasado lunes– le diagnosticaron un incurable cáncer óseo. Le confirmaron que la enfermedad iba a ser larga y dolorosa. Dos días más tarde, aparece muerto en su casa. Un infarto, han dicho. ¿Quizá decidió evitar lo que iba a ser una larga agonía? Otro cadáver más en el dietario, otra compañía menos. Tenía poco más de sesenta años. Lo repito de vez en cuando: empiezo a tener más amigos ya en el otro mundo que en este. De fulano o de mengano decimos que han muerto en un accidente, o de forma imprevista, cuando el accidente que debería sorprendernos es estar vivos hoy también. Es la vida lo que es un accidente fugaz en el imponente devenir del planeta, del universo y todos esos conceptos grandiosos, pero también en lo más cercano, en nuestro diminuto círculo, nuestra vida, la de los que nos rodean. *Lo raro es vivir,* tituló la Gaite una de sus novelas. Ella también cumplió demasiado deprisa su paso, se marchó de repente, sin dar tiempo a que la consideráramos como una enferma, llegó primero la defunción que el diagnóstico. De pequeño, desde la terraza del cine de verano, en los primeros días de agosto veía cruzar con emoción las lágrimas de San Lorenzo, estrellas que cruzaban el cielo a toda velocidad y duraban apenas unos pocos segundos antes de desvanecerse. Ese instante, arropado por el perfume del jazmín, del galán de noche, aún me acompaña en esta gélida madrugada de acidia toscana en la que los pensamientos de fugacidad me arrebatan el sueño.

Recorro con Juanma la Toscana, desolada en estos fríos días invernales, en los que los árboles levantan al cielo sus leños desnudos. Tiene otra forma de belleza, la niebla se extiende por los valles hasta que la van deshaciendo los rayos del sol, y entonces aparecen los relucientes olivos, las colinas coronadas por antiguos caserones de piedra, las torres medievales, las fortalezas, los caminos bordeados de cipreses, como manes de un hogar antiguo. Las laderas siguen ocupadas por la vieja *macchia* mediterránea: la seca vegetación rastrera, los desnudos robles, las encinas y alcornoques, los pinos. De vez en cuando, se extienden junto al camino las manchas de cereal de un verde tierno, recién nacido, o extensiones que aún muestran las rodadas que ha dejado la labranza. En unas parcelas los colores van desde el blanco de cal al siena, mientras que en otras apuntan ya los brotes del centeno, presagio de verde; o hay hierbas de un triste color gris de las que no acaba de desprenderse el abrasador caparazón invernal. Los colores del invierno se reparten el paisaje con los de una incipiente primavera. Las laderas se vuelven geometría precisa en las tensas filas de alambre de las espalderas que se levantan sobre las osamentas de las cepas desnudas, de las que se escapan –para prenderse en el alambre– algunos sarmientos secos. Por detrás, la vegetación vuelve a recuperar volumen, densidad vegetal, gracias a la presencia del olivar –relucientes plata, gris y verde– que se levanta a espaldas del viñedo: aquí todo es fruto de un acuerdo del hombre con el territorio, conjunción de naturaleza y trabajo. La vieja Toscana representa por excelencia esa hibridación que tanto me gusta. Me agradan poco y me asustan mucho los despoblados, los bosques inhabitados, la naturaleza salvaje. Creo que era Sócrates el que decía que la naturaleza salvaje le enseña poco al hombre, que, sin embargo, se vuelve sabio en la comunidad, en la villa, en la urbe clásica, aún no desarraigada del entorno. La megalópolis moderna merece sin duda otra consideración. Es selva que vino cuando pensábamos que habíamos erradicado la selva.

El hombre, sabio fruto de la historia. En la Toscana esa sensación resulta inevitable. No te la quitas de la cabeza, mientras ves esos bosques, los viñedos punteados por villas construidas hace cientos de años. Ni siquiera durante la pausa de la comida se difumina esa sensación de acumulación por estratos de saberes. Este mediodía nos han recibido a Juanma y a mí en la explotación en la que los herederos de Frescobaldi crían animales, y cultivan el viñedo y el olivar, lo que quiere decir que elaboran magníficas chacinas, grandes vinos y delicados aceites (recorremos la Toscana para preparar varios reportajes gastronómicos). Hemos comido degustando esos vinos, probando los aceites y comiéndonos un riquísimo pastel de berenjenas con queso y tomate crudo, y unos imponentes canelones con *funghi porcini,* preparados por una cocinera local. La textura de la pasta de los canelones, su recuerdo de harina limpia y el perfume de los boletus hablaban por sí solos de la refinada historia de un país entero. Las esencias se manifiestan en los actos más elementales, en cómo se resuelven y codifican las necesidades primarias. El aforismo materialista que nos dice que el hombre es lo que come habría que elevarlo al menos un escalón: el hombre es cómo come lo que come. Es su cocina, su vajilla, su servicio de mesa, el prontuario que marca el orden del banquete y esos rituales que distinguen un pueblo de otro, distintas psicologías colectivas, distintos modos de estar en la intimidad y en público, de expresar lo familiar y lo social. Lo han expresado los estudiosos: Lévi-Strauss hablaba de lo crudo y lo cocido. Nuestro Faustino Cordón tituló su estudio *Cocinar hizo al hombre.* El hombre ha aprendido primero a exponer los alimentos al fuego; después a crear recipientes para cocerlos en agua, a mezclar unos ingredientes con otros, a distinguir los tiempos de cocción de cada pieza de carne o de verdura y a introducirlas escalonadamente en el recipiente; a combinarlas para producir platos nutritivos y de sabores agradables. Cuando decimos que la cocina china, la francesa o la toscana están entre las mejores del mundo queremos decir que son cristalizaciones de algunas de las culturas más sabias del mundo.

25 de enero de 2006

Cuando Maquiavelo cuenta cómo han estrangulado a los que conspiraron contra César Borgia en diciembre de 1502 y enero de 1503; o cómo «el Valentino» siega por la mitad a Ramiro de Lorca, al que había nombrado gobernador de Cesena y ahora usa como chivo expiatorio, y a continuación lo expone en la plaza pública partido en dos y con un madero y un cuchillo ensangrentado puestos al lado, no está hablando de viejas historias que ha oído contar, de leyendas o mitos que alguien le ha transmitido, sino de su estricta contemporaneidad: nos está narrando el día a día de su tiempo, lo que ocurre cerca de su casa mientras escribe, son las noticias de la prensa contemporánea, lo que ha visto y de lo que se ha enterado cualquier mañana de paseo por Florencia. Por eso, da más miedo la frialdad con la que narra los hechos. Su libro huele a sangre fresca, a matadero, a carne destazada que aún no ha empezado a pudrirse.

30 de enero

Una tramposa entrevista con García Márquez, en la que cuenta que ahora ya no escribe, que se limita a leer en la cama, y se siente feliz así. Es lo que hago yo: leo tumbado en la cama, apoltronado en la butaca, sentado ante la mesa, leo en todas partes y a todas horas, con tal de no escribir, pero –a diferencia de lo que él asegura– yo no me siento en absoluto feliz. No tengo ganas, no me excita escribir, pero me irrita no hacerlo. Escribir como castigo por algo. Pues vaya tontería. Pero así es.

3 de febrero

París, como siempre, bellísimo; los árboles como esculturas a la orilla del río, junto a Notre Dame; los arbotantes de la iglesia como un bosque de piedra. Dos días de deslumbrante luz de invierno. La ciudad: acuarela fría. De repente, esta mañana, la niebla lo envuelve todo y el frío que antes cristalizaba sobre la piel, se mete en los huesos y resalta la hospitalidad de cafés y tiendas. Abrigos, bufandas, guantes, gorros: hay que despojarse de toda esa impedimenta cada vez que se toma asiento en un café, en un restaurante, y el rito adquiere la imprevista ternura de un prontuario que se cumple entre animales civilizados. El ser humano protege su indefensión original utilizando esa serie de prendas inventadas a lo largo de milenios de prácticas artesanas. Ninguna ciudad del mundo me transmite tan intensamente la sensación de que el hombre es un animal civilizado. Hasta el sexo, practicado en sus formas más oscuras y brutales (Charlus, con sus chulos, sus prácticas sadomasoquistas, ay esos cuartos oscuros y a media luz), adquiere carácter de representación. Para llegar a eso, se ha pasado por el refinamiento de los libros de Sade, como para llegar a apreciar en los más lujosos restaurantes esos quesos que huelen a cuadra, que dejan en la boca sabores vagamente excrementicios (saben a culo de vaca, a culo de oveja), ha habido que leer a Grimod de la Reynière. En la penumbra de un local de ambiente, un tipo posee de pie a otro: los dos se han desnudado, han dejado la ropa doblada sobre un poyete y se embisten mientras emiten una gama de bufidos *(reniflements)* propios de la escala animal. Así desnudos, sus pieles blanquecinas destacando entre las sombras, podrían ser –perdón por la imagen, pero sí, eso parecen– dos cerdos que se asaltan por la espalda. Pero de cuando en cuando interrumpen su pelea, se preguntan algo, se apartan para recoger alguno de los *capots* que se almacenan en unos recipientes adheridos a la pared, y vuelven a empezar. El diálogo que han mantenido durante algunos segundos ha revelado –por la selección de vocablos, por la entonación y por el acento– a dos tipos cultivados que, minutos más tarde, en la barra del bar, charlan. Puedo escuchar su conversación: «"Me has hecho disfrutar. ¿De dónde eres?" "Moldavo." "¿Se habla en Moldavia una lengua latina?"» Dos refinados caballeros que ya no resoplan ni gruñen, sino que dialogan. ¿Cómo no sorprenderse con ese bicho complejo al que llamamos ser humano?

Me albergan en un hotel estupendo. Pequeño, recogido, está en un callejón en forma de L –rue Maître Albert– que arranca del Quai Montebello, en la orilla izquierda del Sena, frente a la isla de la Cité, y conduce a un paso de place Maubert. Desde las ventanas de la habitación abuhardillada, puedo ver las humeantes chimeneas que sobrepueblan los tejados cercanos (me pregunto dónde almacenan la leña en los apartamentos cuyas chimeneas humean). Por detrás de chimeneas y columnas de humo, el perfil delicado y solemne de Notre Dame, iluminada cada noche con una luz suave que resalta su aspecto de joya fantasmal.

París. La gente camina deprisa empujada por el frío. Pero la ciudad no decae. Cada vez que uno vuelve, piensa que ya no será igual, y es verdad que hay cosas que cambian, que desaparecen o que irrumpen, pero estás en París. Hay más restaurantes chinos, tailandeses o libaneses en el barrio. Los cafés cambian sus menús (los han italianizado, con toques culinarios de una Italia que existe por todo el mundo menos en Italia; aunque la verdad es que ya empieza a aparecer también en Italia), abundan los platos de *métissage,* que incluyen ensaladas más o menos exóticas, y, en cambio, empieza a ser difícil comerse un buen *casse-croûte* de *rillettes,* pero aún quedan las suficientes huellas a ras de acera como para que la ciudad siga siendo la misma, y luego está su inmutable arquitectura, su vocación de ciudad escaparate. En place Maubert continúan el mercadillo callejero, y la charcutería, la quesería, la tienda de vinos, la panadería: te metes en esas tiendas y estás en el París que no quisieras que desapareciese nunca: el París que recoge lo mejor del campo francés. Uno puede vivir en un hotelito como en el que me hospedo y no tener necesidad de caminar más que unos pocos centenares de metros para encontrar lo mejor de cuanto apetece en una vida civilizada. La ciudad –al menos en el centro– es ella misma en cada rincón. Cada rincón del centro de París es París entero. Puedes pasar buena parte del día protegiéndote del frío en la habitación del hotel, pero luego sales, das un paseo por el barrio que te ha tocado en suerte en este viaje, y no es que te estés dando un paseo por París, es que tienes París entero para ti. Esta vez, place Maubert. En apenas unos metros, los cafés, el quiosco en el que compro el periódico español, el mercado callejero con sus bien surtidos puestos de verduras y las tiendas que abren sus puertas junto al mercado: la charcutería, con sus *gelées;* la quesería, su perfume fuerte y sus decenas de quesos llegados de todas partes del país; la panadería, cruje el olor de pan: puro perro de Pávlov, ay esas baguettes, los *croissants;* un poco más allá, las tiendas de chocolates, las librerías del boulevard Saint-Germain. Pasé unos cuantos meses en París a los diecinueve años, un estudiante paupérrimo. Odiaba la distancia que la ciudad me imponía, esa sensación de desamparo, de ensimismamiento, que ahora, sin embargo, vivo como libertad (seguramente, gracias a un poco más de dinero). Me coloco los auriculares para oír música y camino varios kilómetros cada día, mientras me como un *croissant* (hay que aprovechar, luego pasaré meses y meses en Beniarbeig sin volver a probar un crujiente y etéreo *croissant;* o una baguette trufada con algún embutido o paté de los que me gustan. *Flâneur.* Volver rendido al hotel y sacar los *oeufs en gelée* o la *tête de veau* que has guardado en la neverita de la habitación, casi clandestinamente; escuchar cómo cruje la baguette al partirla con las manos y descorcharte una botellita de borgoña: no creo que en este momento haya nadie tan feliz como yo en el mundo. Después, me tumbo en la cama y abro el libro que acabo de comprar y cuyo título hacía meses que había anotado en un papel. Sí, un palurdo en París. Qué se le va a hacer. Hace casi cuarenta años que me seduce esta ciudad, que ha sabido elevar lo rústico a refinamiento urbano: panes, salchichas que huelen a culo de cerdo y saben a mierda, vinos; un país en el que hay gente que se pasa el día glosando con páginas y páginas de retórica que el *rumsteak* o el *tournedós* que aparece sobre el plato del restaurante con más estrellas Michelin procede de una explotación agropecuaria, ha pasado por una carnicería y se aprecia si guarda un hilo de sangre que mancha el plato al hundir en la carne el cuchillo; en París gusta recordar que el mueble más elegante lo hace un ebanista; que los cuadros los enmarcan artesanos (están sus talleres en los patios de las casas elegantes y en las de las más pobres, siguen estando, asomas la cabeza en un portal y ves al ebanista trabajar); que el puerco o la oveja lo cría un granjero de Auvernia. Esa relación, el reconocimiento y hasta la veneración del hilo que une lo de arriba con lo de abajo me gusta mucho del carácter francés (en Castilla, país, *hélas,* sin apenas burguesía, no ha sido así: hasta hace poco, el producto ha ocultado su origen; el productor ha carecido de valor y respeto). En esas continuidades de lo francés habría que incluir la pasión que siente la alta cocina (la parisina, pero, muy especialmente, la lyonesa) por las vísceras, el gusto por los aromas fuertes, esos quesos cuyo olor y sabor nos recuerdan los olores de las cuadras, las pieles de los mamíferos, incluso sus excrementos. Esas *andouillettes,* salchichas que contienen tripa envuelta en tripa, y que se aprecian más cuanto más intensamente animal es su sabor... Las comes como si estuvieses invitado a una colonoscopia.

Siguiendo mis propios rituales, me he comprado unos pedacitos de quesos Münster, y unos *crottins* de cabra de aroma fragante (hasta el nombre de esos quesitos llevan el aroma animal incorporado. *Crottin:* boñiga, cagarruta). A pesar de que los he metido dentro del frigorífico en una bolsa de plástico bien anudada, el olor ocupa la habitación. Me siento tan culpable como aquel joven estudiante que llegó a París hace treinta y siete años, el primer día guardó un Pont-l'Évêque en el armario de la habitación y al volver del trabajo por la tarde descubrió que el olor del queso se había escapado del armario y llenaba, insolente, la habitación y se escapaba hasta el pasillo, alertando la indignada pituitaria de la patrona. Ahora, en el hotel, antes de salir por la mañana, abro la ventana de la buhardilla desde la que se ve Notre Dame para que la mujer que viene a hacer la limpieza no perciba el olor. Tarea inútil, ansiedad de glotón que no quiere que lo priven de esos quesos que guarda celoso.

A mediodía como en uno de esos restaurantitos minúsculos. El ejercicio de quitarse la impedimenta en un espacio tan ajustado resulta un civilizado ejercicio de convivencia: casi ballet, esos movimientos precisos, en los que la cebolla humana va desprendiéndose de sus capas, gorro, bufanda, abrigo, chaqueta, así como el tono de la conversación que permite la privacidad a pesar de que se comparte prácticamente mesa con los vecinos, disciplinas que forman parte de largos procesos educativos, al menos un largo siglo de educación en las escuelas republicanas, en hogares rigurosos en los que esa misma educación resonaba como un eco, incluso se amplificaba en la voz cavernosa de un padre exigente, en las pejigueras de una madre meticulosa. *La France.* De regreso al hotel, el frío vence a las prendas con las que me he vestido. Nada cierra su paso: me duelen los ojos, la nariz. El frío atraviesa zapatos y calcetines. Se mete por debajo de los guantes. Hacía años que no tenía una sensación de frío tan intensa en pleno día.

4 de febrero

En *Las espigadoras,* de Millet, se descubren colores y formas que reaparecerán en el Picasso más art déco. Courbet, con su *El hombre con el cinturón de cuero. Retrato del artista,* está más cerca de Ribera que de Velázquez. Buena parte de la expresividad hay que buscarla en las magníficas manos, puestas a prueba. Lánguida la derecha, junto al rostro; tensa la izquierda que sujeta la hebilla del cinturón. Sombría violencia en *La trucha,* un bodegón que Courbet pintó cuando estaba en la cárcel y que expresa de modo violento y sombrío la asfixia, la falta de libertad. El pez tiene una desesperación casi humana. Courbet muestra un animal herido, sobre el fondo pedregoso, todo el cuadro está pintado con colores sombríos: una agonía solitaria –y no la materia prima que espera la amable cocina– es el tema del bodegón. *El origen del mundo,* el sexo de mujer convertido en cuadro, está fechado en 1866, y aún escandaliza siglo y medio más tarde. Molesta al espectador su ir al grano, sin retórica, sin rodeos, esto es nada más que un coño. Aquí no hay arte que valga. Me fijo en que la gente lo mira de reojo, de refilón, sin detenerse delante a mirarlo de frente. Al encontrarme con *Les coquelicots* de Monet me viene de sopetón la emoción que sentí al ver por vez primera en el Jeu de Paume un cuadro que había visto tantas veces en los libros y del que guardaba una reproducción en la habitación de la casa de mi madre en Tavernes. Nunca antes había visto colores así. Claro que, minutos más tarde, llegué a la sala de los Van Gogh. Reconozco que era un jovencito sentimental y un tanto teatrero, pero me eché a llorar. 1969. ¡Cuánto tiempo ha pasado! Cuánto ha corrido todo, cómo han cambiado las modas, qué bucles se han formado dentro de nuestra cabeza. El impresionismo aún resultaba atrevido, rompedor, en la España franquista que conocí; luego, en unos pocos meses, se nos quedó pasado de moda e incluso nos resultaba cursi. Cuando llegué a París ya había leído a Gillo Dorfles: de los *coquelicots* ya solo me maravillaban los colores. Aquellas mujeres con aquellos vestidos: pasadas de moda. Hoy vuelve a fascinarme la inmensa sabiduría técnica de esa generación de grandes pintores. Recuerdo haber visto una primera reproducción en color de *Les coquelicots* cuando estaba en el internado de Salamanca, en quinto o sexto de bachillerato. Me atrajo aquel cuadro en el que aparecían tan pocos elementos, y que, además, estaban apenas esbozados: el cuadro era la ola roja de las amapolas corriendo de izquierda a derecha hasta ocupar el centro de la composición y ponerse en primer plano. Me parecía sorprendente, cuando lo comparaba con otros que nos mostraban en las diapositivas, llenos de personajes que gesticulaban, o con paisajes en los que se multiplicaban los elementos compositivos. Aquí todo era sencillo, y sin embargo deslumbrante. Tan libre, además, de las sobrecargas históricas o religiosas. Pero estaba, sobre todo, el color. Lo que entonces me parecía tan moderno, hoy podría aparecer entre las ilustraciones de un libro infantil, sin que, al decir eso, quiera decir que ha perdido para mí un ápice de su hermosura. El museo del Quai d'Orsay, que ya he recorrido en varias ocasiones, se ha convertido hoy en una especie de ejercicio mnemotécnico sobre los sentimientos del adolescente que fui, muchacho solitario en busca de libertad, que vivía en un extraño estado que mezclaba el gozo, la fascinación y la tristeza en su relación con la ciudad enorme, altiva y, sobre todo, ajena, fría y gris. Pienso en aquel muchacho, mientras contemplo dos extraordinarios retratos que me llevan a interrogarme sobre el eterno tema de la búsqueda de la verdad en el arte, qué demonios es eso que, sin embargo, no paramos de buscar: me refiero al *Autorretrato con Cristo amarillo,* de Gauguin, y al *Portrait de Paul Leclercq* de Toulouse-Lautrec. Ante esos dos cuadros, se ensombrece y difumina gran parte de los que cuelgan en las salas cercanas, pasan a formar parte del *bric-à-brac* de la historia convertida en quincalla. ¿Por qué tienes esa sensación?, ¿cómo te explicas eso?

Me reconforta ver una vez más *Le vase bleu* de Cézanne, quizá la primera reproducción de un cuadro impresionista que recuerdo haber contemplado en mi vida. Sigue igual de hermoso que entonces, con su apacible gama de azules.

Anoto los cuadros que más me gustan: Sisley: *L'inondation à Port Marly.*

¡Y Renoir! El estallido de la vida en *Le moulin de la Galette.* Los azules de *Bords de Seine à Champrosay.* Los siena y amarillos en *La Seine à Argenteuil.* Y sus retratos. *Madame Georges Charpentier,* en el que el trabajo pictórico con el vestido, los empastes en el escote, los negros, los plata y oro invadidos por pinceladas azules, tanto recuerdan la elegancia del vestuario de Goya. Me quedo un buen rato frente a él. No me canso de mirarlo.

Degas: *Madame Jeantaud au miroir.* Manet: *Sur la plage, L'asperge, Le Citron.* Mirarlos me hace daño. ¡Son tan hermosos!, ¡tan sencillos!

He venido a París para presentar un libro que habla de desesperación y, sin embargo, se me obsequia con un batido efectivo contra el pesimismo, la ciudad, toda esta belleza. Desde la ventana de la habitación del hotel, veo una noche más la silueta de Notre Dame iluminada, surgiendo por encima de tejados y chimeneas. Es más de medianoche. He venido caminando a través de una ciudad hormiguero que bulle en la noche de sábado. Por el camino, me he tomado tres *calvas.* Estoy en el único paraíso que existe de verdad: *Une très legère ivresse.*

He cenado con Dénise, la traductora, en un excelente restaurante camboyano, donde hemos tomado el menú celebración de la fiesta del *Tet,* que auguraba longevidad y abundancia para los comensales. (El *Tet,* más recuerdos de aquel tiempo en que llegué a París. La Guerra de Vietnam. Fue trascendental una ofensiva vietcong que se produjo durante las celebraciones del *Tet.* Una madrugada de aquel verano del 69, mientras limpiaba las oficinas del *Herald Tribune,* me llegó la noticia de la muerte de Ho Chi Minh. La noticia estaban escupiéndola los teletipos, y el jefe de internacional había depositado sobre el escritorio en que trabajaba la imprescindible biografía escrita por Jean Lacouture, una de nuestras biblias de entonces. Teníamos el convencimiento de que aquella guerra era también nuestra, y de que Ho Chi Minh era uno de los nuestros. Me dolía que el inteligente y astuto Ho hubiera muerto antes de que concluyera aquella guerra genocida, mientras Franco seguía echándonos discursos con su amariconada voz de flauta.)

Volviendo a la cena con Dénise: he intentado explicarle que no entiendo la veneración sin límites que sienten los grandes escritores –no solo franceses; no solo poetas, aunque, sobre todo, poetas– por Rimbaud, el jovencito aquejado de cacolalia. A mí –ya sé que no es lo normal– me seduce más la música de Verlaine, de Mallarmé. Y, desde luego, me inclino ante el inmenso Baudelaire (hace no muchos días volví a leerme el poema sobre las viejas, que quiero incluir en la novela), su capacidad para capturar los complejos matices del mundo moderno que estaba abriéndose ante él. Me gusta el Baudelaire poeta, pero también el cronista, ¡y aprendo tanto con el crítico! De Baudelaire me siento hijo poco dotado, en cambio poco tengo que ver con un Rimbaud que juega a ser sismógrafo de las pulsiones de un diablo que no conozco.

6 de febrero

Julio César, de Mankiewicz. La vi por primera vez cuando tenía seis o siete años, un Día de Difuntos. El miedo que me producía esa noche en que, para recordar a sus familiares muertos, la gente encendía junto a las ventanas palomillas de aceite (lenguas de fuego inestables como almas) se mezcló con el espanto de las imágenes en blanco y negro de la película: augures que presagian cosas terribles, y en los sacrificios a los dioses descubren pájaros de cuyas entrañas ha desaparecido el corazón, asesinatos, suicidios, todo eso en tonos sombríos (estábamos acostumbrados a los péplum a todo color, con gladiadores y leones. *Quo vadis?, La túnica sagrada:* con ella llegó el cinemascope, hicieron obras en los cines para preparar su estreno). Recuerdo la salida del cine cuando ya había anochecido, la vuelta a casa: las llamas de las mariposas de cera flotaban sobre platillos de aceite, ardían tras los cristales empañados, desvaídos y misteriosos reflejos; las aceras mojadas, la soledad de las calles apenas iluminadas en las que uno se cruzaba con alguna sombra huidiza. Llegué aterrorizado a casa. Hoy parece extraño, pero entonces era normal que los niños fuéramos solos al cine y volviéramos a las ocho o las nueve de una noche de invierno a casa. Creo que tuve pesadillas durante semanas: se me aparecían los rostros angulosos de aquellos hombres vestidos con túnicas que les pedían a sus compañeros de armas, o a sus esclavos, que los mataran. El viento y los truenos iluminando trágicamente una Roma desolada, con monumentos que parecen decoración de cementerio. Esa sensación sombría que tuve la primera vez se ha posado sobre la película como una capa de ceniza de la que ya nunca se ha desprendido. Más de cincuenta años después, no puedo verla sin sentir esa carga. Y sigo sintiendo miedo cada vez que la veo. Ya no es el miedo de atracción de feria que sintió el niño. Es el miedo al poder, al cumplimiento feroz de su mecánica y de sus ritos (¡si pudiéramos matar solo un espíritu y mantener su cuerpo!, somos verdugos, no carniceros. Lo inevitable: puedes reconocer que es un gran hombre Bruto –así lo hace Marco Antonio–, pero para eso primero tienes que matarlo). Brando está espléndido interpretando a un Antonio que calcula con frialdad la cantidad de sentimiento que necesita representar: es el calor que nace del frío. Magnífico el plano en el que sonríe apenas, bajo su casco, cuando se da cuenta de que ya tiene ganada la batalla contra Casio.

En los ratos libres, cuando descanso del excelente *Louis XIV* de François Bluche, leo algunas páginas de *Las aventuras de Nils Holgersson:* también el libro de Selma Lagerlöf me sumerge en recuerdos infantiles, pero en este caso el envoltorio es un amable celofán. En mi primera infancia me excitaron los viajes del muchacho que cabalgaba a lomos de una oca: ese libro y otro del que nunca he vuelto a tener noticias y que se titulaba *Cuentos de la jungla de Java* fueron tal vez los primeros que me pusieron en la cabeza pajarillas viajeras. Deseos de huir, de estar en otro sitio. Después llegaría Julio Verne *(Veinte mil leguas de viaje submarino, La vuelta al mundo en 80 días, Tres años de vacaciones*, y sobre todo mi querido *Miguel Strogoff, el correo del Zar,* un héroe que reunía las cualidades de un misterioso desconocido dispuesto a enseñarme cosas que en mi pueblo eran inimaginables, fiel amigo mayor dispuesto a defenderme, y padre, al que ya por entonces echaba de menos). Sí, vino después Verne, pero también Stevenson, que –a mí, tan torpe, tan sedentario que pasaba la mayor parte de las horas de ocio leyendo libros en cualquier rincón de casa– me enseñó a ser un niño ágil, capaz de engañar a los piratas. Felicidad de sentirme entre cosas que puedo llamar mías: Nils Holgersson, cuya lectura ahora me fatiga y no consigo acabar, pero que trae consigo un cajón lleno de viejas fotografías en las que aparecen tías, abuelos que ni siquiera conocí, vecinos, mi madre tan joven, una adolescente vestida con un trajecito claro moteado de pequeñas flores que imagino pintadas con colores vivos; los cañaverales que anuncian la presencia de las dunas de arena blanquísima, y la sábana del mar con su olor intenso y unos colores de índigo, el muchacho corre sobre la arena y se mete en el agua chapoteando. El olor de yodo, de sal, de algas en descomposición, lo envuelve y emborracha.

París es tan mío como las fotos –hoy desaparecidas– que mi madre guardaba en los cajones del aparador. Las fotos se las han llevado el descuido y las aguas de un par de inundaciones: la casa de mi madre estaba –sigue, aunque más o menos ruinosa, en pie– en la parte baja del pueblo, cerca del río, y en un espacio por el que discurrían varias acequias, en la actualidad no sé si desviadas o simplemente enterradas en el mismo lugar por el que corrían. Casa inundable, como todo el paisaje de entonces, inestable geografía palustre. Pero digo que París es mío. Reconozco mis lugares, los rasgos, los gestos, hasta los peinados de mi gente. No los conozco, no son los mismos que encontré en mi primer viaje, no son iguales ni los peinados, ni la ropa, sujetos unos y otra a modas, pero siguen marcando el tono de la ciudad, tararean su música. *«On connait la chanson»,* que diría el gran Resnais, Marienbad, Hiroshima, los comunistas españoles deprimidos de *La guerre est fini.* Esa gente que callejea devuelve algo conocido.

Hay aún más turistas, sobre todo más turistas que viajan en grupo y lo invaden todo, turistas ruidosos del Mediterráneo, del Este de Europa. Pero no importa. Incluso a ellos parece que París los ponga a caminar a su paso, los enseñe a moverse a su ritmo: les impone su estilo, o los anula y los vuelve insignificantes, invisibles, los echa fuera de sí. Ocupan plazas enteras y sin embargo no están. Y si me pongo sociológico y pretendo romper ese idealismo que produce la fascinación poco controlada, y pienso en todos los emigrantes que invaden las aceras, ocupan las tiendas en las que se ofrecen productos procedentes de África, de Asia o de Latinoamérica, los restaurantes que sirven menús marroquís, kebabs, dimsums o pato pekinés, me digo que cuándo no los hubo en París. Las colonias: la Cochinchina, Centroáfrica, el Magreb. Ho Chi Minh, Pol Pot y la cúpula de los jemeres rojos aprendieron aquí la revolución, además de estudiar literatura francesa o psicología. Boulevard Saint-Germain, boulevard Saint-Michel. En este centro del mundo todo se ha repetido varias veces. Los jóvenes musulmanes que hoy queman coches en la *banlieue* tienen sus antecedentes en los niños de buena familia que quemaron coches y levantaron adoquines en el 68; o en los obreros furiosos que levantaron barricadas durante la Comuna, o en los desharrapados que asaltaron el Palacio Real y tomaron la Bastilla un siglo antes. «La Marsellesa» es una rabiosa canción que llegó del sur. Pero hoy no quiero hablar de eso, sino de los mercados callejeros, de las charcuterías y queserías y panaderías y tiendas de vinos que guardan el sabor francés. Del aprecio que las clases altas francesas tienen por el campesino, por el artesano que les ofrece los mejores productos: vuelvo a hablar de esa tupida malla de talleres en los que se imprimen o encuadernan libros, se restauran muebles, cuadros o tejidos, se fabrican decorados. Incluso en los barrios más elegantes, en sótanos, en patios, están esos pequeños almacenes, los talleres que testimonian acerca del infinito aporte de esfuerzos que se necesita para crear y sostener cuanto entendemos como bello. *Vatel,* la película sobre el cocinero de Luis XIV que interpreta estupendamente Depardieu, habla de esto que yo quiero expresar ahora: los ejércitos de artesanos que construían aquellos grandes decorados de las óperas y representaciones barrocas, los músicos, los cantantes, los pirotécnicos;

los cocineros y pinches que creaban las suntuosas composiciones gastronómicas, destinadas a deslumbrar a los comensales de los banquetes reales. Qué admirable acumulación de técnicas, de saberes, de inteligencia y de trabajo, o de trabajo inteligente. Me emociono con el recuerdo de esa gente y, en la habitación del hotel, me tomo un vaso de buen borgoña para acompañar un quesito de Saint Maximin: es mi manera de despedirme de toda esa gente y de París.

15 de febrero

Madrid. Se detiene el taxi ante un semáforo en la Puerta de Toledo. Desde el asiento trasero, miro alrededor. Nada en el paisaje urbano encaja. Las construcciones contemporáneas no han conseguido borrarle a la plaza su esencia suburbial. Pero esto es ahora el centro de Madrid. Todo resulta feo, incluida la monumental puerta que Carlos III construyó con la intención de embellecer la ciudad; el espantoso hotel construido en los setenta; el edificio del viejo mercado del pescado desafortunadamente remodelado en los ochenta. Uno no halla cosa en que poner los ojos. Del agrio juicio no se salvan ni el par de modestas viviendas que se mantienen en pie desde hace cien años. Solo la graciosa torrecilla del parque de bomberos, construida en ladrillo a principios del siglo XX, muestra cierta gracia, un poco de delicadeza, aunque, como los coches que taponan la calzada y la gente que camina por las aceras, va a su aire, buscando una frágil salvación entre tanto despropósito arquitectónico. Parece expresar: estoy aquí por casualidad y no tengo nada que ver con todo esto. Es verdad que no me resulta nunca que Madrid posea capacidad centrípeta, que sus núcleos urbanísticos y humanos se agrupen empujados por una energía armónica. Hay edificios hermosos, algún conjunto –la plaza Mayor–, unas cuantas perspectivas logradas –la conjunción de Gran Vía y Alcalá vista desde la escalinata del Palacio de Comunicaciones–, pero dominan los efectos ópticos de dispersión. No sé por qué. A lo mejor es solo una percepción mía, ciudad de lonchas, de tajadas, descoyuntada. Lo noto más desde que vivo fuera de ella. Entro en la ciudad por la estación de Atocha, y en aquella desmesura –que, más que plaza, se muestra descampado rodeado de edificios– empieza a contagiárseme la sensación de desamparo. Hoy, después de comer cerca de la oficina, nos hemos sentado a tomar una copa en un jardincillo que, en esta época del año, podría parecer agradable, incluso bonito, en cualquier otra ciudad europea: un níspero sorprendentemente vestido con todas sus hojas, algunos árboles ornamentales como de jardín asiático, un par de palmeras, caminos de grava entre la vegetación: todo se diría bien plantado y diseñado; sin embargo, resultaba desabrido, teñido por el desamparo del que acabo de hablar: la turba negra a pie de plantación parecía sacada de los túneles del metro, una capa de polvo oscuro cubría objetos y plantas. El conjunto transmitía la penosa sensación de un artificio sostenido a duras penas; de que las plantas habían sido forzadas a abandonar su hábitat natural, desde luego, más bello y luminoso que esto. La presencia vegetal ponía en marcha sentimientos más de pesar que de confort: pesar por unos seres varados en un no lugar donde en cierto momento se instaló una penuria de la que ya no se han podido lavar.

Pero, en fin, ya está bien de hablar mal de Madrid, ciudad de la que soy hijastro. Dejémoslo así y aquí.

París estaba –hasta no hace mucho tiempo– trufada de barrios miserables, de malolientes e insalubres cementerios, de sucios *marchés aux puces* minados de ratas, y, sin embargo, ha sabido maquillarse, y no solo hacérnoslos olvidar, sino conseguir que los añoremos. Fotos viejas de toda aquella mugre en escaparates de libreros de viejo, en quioscos de buquinistas. Recuerdo las gigantescas ratas que, en los últimos días de Les Halles, invadían los alcorques de los árboles cercanos a la boca de metro Rue Montmartre, en la que yo entraba cada mañana para coger el primer transporte. Caminaba chapoteando como hace Gene Kelly en *Cantando bajo la lluvia* para ver si el ruido de mis pies en el agua conseguía asustarlas, pero aquellos lomos carnosos y peludos, llenos de calvas y llagas, permanecían impávidos, si acaso se levantaban hacia mí un par de ojitos rojos y malignos. También Barcelona ha sabido maquillarse con gusto, aunque a Barcelona siguen quedándole a la vista demasiados costurones tras sus *liftings:* flota aún un olor fétido –llegado desde el fondo de la miseria del Raval– en las traseras de la orgullosa Boquería; la vieja puta del Mediterráneo muestra sus verdugones en algunas de esas callejas, en el antiguo Barrio Chino, en La Ribera, en Poble Sec y Poble Nou. Pero las guías, los reportajes con que los barceloneses (la clase política, el *rovell de l'ou* claro está) nos bombardean en prensa y televisión, publicados o emitidos un día sí y otro también, consiguen que los turistas acepten esas pústulas, concediéndoles su papel en la representación de la modernidad (los franceses encuentran en ellas el excitante perfume marginal de las películas de Almodóvar). Barcelona lleva veinte años invirtiendo buena parte de sus energías en la defensa a gritos de su modernidad radical. Ha conseguido que nos lo creamos.

Algún día tendré que hacerme el ánimo, o atreverme, o castigarme: escribir, no sobre mis fantasmas, sino de lo que pasa en la calle; de los eventos consuetudinarios que acontecen en la rúa. Pero resulta que eso solo me interesa leído en los periódicos, o discutido en la barra del bar. Tengo no poco de esa personalidad que definimos como español bocazas, cuya sede parlamentaria es la barra de un bar, a ser posible de noche, y más bien tarde, pongamos que cuando ya es más madrugada que noche. Por hablar de la actualidad: Ayer vi de refilón una tertulia televisiva sobre las reacciones de los islamistas ante la publicación de unas caricaturas de Mahoma en un periódico danés, o sueco. Serafín Fanjul, con quien discutí en Fez agriamente sobre la vida cotidiana de los musulmanes hace casi treinta años (él como experto arabista, que lo es; yo como ignorante, que lo sigo siendo, nos separamos en plena noche, voceándonos de una acera a otra, no hemos vuelto a vernos jamás), es el más lúcido de los contertulios que aparecen en el programa; también el más pesimista (¡cómo cambian los tiempos a las personas! Por entonces, era el más promusulmán de todos los arabistas españoles). Ahora no soporta la monserga de la permisividad musulmana, una religión que aspira a controlar la vida civil y política; en la que aún no se ha producido el fenómeno del regalismo, que, desde el siglo XVIII, en la mayoría de los partidos de Europa envió el catolicismo al espacio de lo privado, y marcó las diferencias entre el derecho civil y las prácticas y creencias religiosas (escribo muy a la ligera, habría que mirar despacio lo que ocurre en España, en Italia, en Polonia). En ningún país musulmán se podría mantener una conversación como la que mantienen los contertulios en el canal 2 de TVE. Sin embargo, lo progresista parece decir que las caricaturas ofenden la sensibilidad de los musulmanes, y lo curioso es que quienes dicen eso son quienes aplauden un espectáculo en el que se pone al Papa a follarse a un monaguillo, a masturbarse o a cagar. No lo entiendo. O sí que lo entiendo: el sombrío regreso de los espíritus. El retorno de los viejos irracionalismos. Para salvarse, volver a los clásicos, a nuestros clásicos carnales, libres y desalmados: Lucrecio, Delicado, Rabelais, Voltaire, Diderot, Marx, Lenin: decir, cada vez que te pregunten sobre el tema, que las religiones son el opio del pueblo y que una de nuestras tareas consiste en defendernos como gato panza arriba de cualquier religión, de cualquiera que pretenda que apartemos la mirada de la naturaleza de las cosas. Me considero –por elección propia– heredero de una tradición de descreídos, porque solo siendo descreído se puede ser libre.

(P.S. Meses después de escribir estas páginas me encuentro en la contraportada de El País *las declaraciones de una muchacha musulmana residente en Almería que dice algo así como que si no hubiera tanta intransigencia en España, ella llevaría siempre el velo; y la entrevistadora –sí, creo que era mujer– se siente felizmente progresista sosteniendo esa falacia; intransigentes quienes pedimos que las mujeres no tengan que ocultar su cara. Se debe respetar a las personas, amar a las que se dejen ser amadas, al margen de su religión, pero respetar el islam ¿qué quiere decir? Seguramente, la reportera de* El País *respeta bastante poco a los cristianos que se oponen a la legalización del aborto, e incluso a los que se oponen a que se amplíe la ley de plazos. El aborto ofende a los cristianos, ofende a miles de millones de seres humanos. También ofendía en su día que la mujer fuera a la universidad, que fumara, condujera un coche o llevase pantalones; no digamos si lo que hacía era acostarse con su novio antes de pasar por el altar. ¿Era todo eso respetable?, ¿en qué quedamos? ¿Es más respetable la ablación del clítoris que la misa católica? De momento, tras cientos de años de esfuerzos y sacrificios (hogueras incluidas), hemos conseguido que los cristianos no digan te voy a matar si caricaturizas a Cristo. Lo soportan de mejor o peor humor, pero lo soportan, qué remedio. Y toleran –repito, qué remedio–, aunque les irrite hasta el infinito, que haya mujeres que se deciden a abortar. La polémica ha llegado hasta las fallas de este año. Entre las decenas de miles de ninots que se planten, no podrá haber ninguno con turbante. Pero sí que habrá ninots que representen a curas y monjas, al Papa, a la alcaldesa de Valencia, al rey y al presidente de gobierno. En caso de duda, me pongo de parte de lo más libre.*

P.S.: Consultar si las huríes del paraíso son rumanas, rusas o brasileñas. Consultarlo con un ulema, hablar del tema con un alfaquí.)

Nuevo post scriptum: *finales de julio de 2015. El diputado que sustituye a Rita Barberá, convertida en senadora, un tal Miguel Domínguez que ya estuvo con ella como concejal de seguridad en el Ayuntamiento de Valencia, jura su cargo ante el Parlamento europeo,* ante Jesucristo crucificado y los Santos Evangelios. *Y yo hablando de los siglos de regalismo en Europa, ingenuo.*

Cuentas un chiste, y tiene gracia. Escribes ese mismo chiste, y es un desastre. Cuentas en voz alta una conversación que han mantenido dos individuos, y resulta interesante, muy viva, picante. Los oyentes se carcajean, te palmean la espalda, qué gracia tiene este hombre. La escribes, y es un pesado borrón que te estropea una página. El arte de la representación, los actores, la mímica: importancia de la voz, de los tonos, del uso medido de las modulaciones, del control de los tiempos. La respuesta rápida o masticada lentamente, las pausas, significan y seducen. Son matices que un texto escrito no puede capturar. Lo esencial del teatro. Lo que se escribe no puede ser reproducción, *tranche de vie,* decimos, cuando se trata de un delicadísimo artificio. Lo más cercano a la oralidad es lo que exige mayor trabajo de depuración en literatura, un estilismo más calculado.

La amada se te aparece por las noches, es ella, pero no sabrías describir las manos, los labios, no los tiene, ¿qué ves de ella? Es un maniquí del que el autor de los sueños solo se ha preocupado por reproducir las partes que van a estar a la vista del público. Pongamos el ejemplo de las imágenes religiosas que hipnotizan a las beatas, a pesar de que acaban de vestirlas un instante antes y saben que, bajo las ropas, hay solo un pedazo de madera que el escultor ni siquiera se ha preocupado de tallar porque va oculto bajo los ropajes. Visten a un palo, al que luego veneran: de cuya dulzura y belleza hablan luego con una emoción que las lleva hasta las lágrimas. Reglas de la representación teatral, la vieja y gordísima soprano que representa a la delicada y frágil heroína en la ópera (lo de que el galán la lleva en brazos al tálamo, mejor lo suspendemos en esta versión), reglas de la narrativa, cada una con sus zonas de economías y sus despilfarros. En ambos casos, saber medir –aunque sea a ojo– es lo único de verdad importante. Es una forma de referirse a eso que conocemos como punto de vista. Riguroso control.

16 de febrero

Leo que Herbert von Karajan, además de un genio musical, fue un genio del marketing y de la intriga política. Es siempre así. No basta la música, ni la literatura, ni la pintura. Se necesita además el complicado andamiaje de estrategias que compone eso que se llama *hacer una carrera.* El arte se despega de su espacio vocacional –¿qué es eso? Digamos que formas de conocimiento, pero qué quieres conocer, por qué, para qué, para quién– para entrar a formar parte, como un elemento más, del turbulento ciclón en el que se enredan las luchas por el prestigio, la fama y el poder. Por el dinero. Incluso a los escépticos, ateos, marxistas, como se nos quiera llamar, la desacralización vocacional (Cristo o Marx) nos deja inermes. Poco puede el arte frente a un subsecretario del gobierno; los subsecretarios, los directores generales, los asesores, están acostumbrados a manejar artistas como los cómitres manejaban remeros. *Ça va de soi.* Les hablan de tú desde el momento mismo en que se los presentan. Son los que contratan y pagan. Tienen la llave del cofre del tesoro. Racine al servicio de Luis XIV, su teatro es una ruedecita más en el complicadísimo y desmesurado engranaje de la maquinaria barroca del Rey Sol. Fuera de ese papel de lacayo, ¿qué otro puede quedarle al artista? El ofrecimiento y la azarosa entrega al sujeto histórico, plural y virulento, que aún no ha llegado, al mesías al que se aguarda, un improbable feto que la barriga del mundo está gestando en alguna parte. Lucrecio y *La Celestina* aún aguardan el parto que ha de traerles su destinatario. Como decía Maimónides: el Mesías vendrá, pero es posible que se retrase. Lo peor es que llegue y no lo reconozcamos, que esté dando sus primeros vagidos, que ya camine a cuatro patas cerca de nuestra casa, o que frecuente el café en el que desayunamos, y no nos hayamos dado cuenta de que se trata de él. Cuando el príncipe llega a Bagdad, lo toman por un mendigo y le azuzan los perros. En la copla de los campanilleros, el rico avariento le echa los perros a Cristo, creyéndose que el andrajoso va a pedirle de cenar o alguna limosna. Conviene mantenerse vigilantes. Los más agudos lo saben, no vayan –por una nimiedad– a perderse esa estimulante energía que los enviados traen consigo. Los viejos compañeros sesentayochistas supieron oler al Enviado antes que nadie, lo descubrieron antes de que su aura se hubiese iluminado, olfatearon esa fragancia que siempre lo precede y rodea. Gracias a su sutileza olfativa, acabaron como subsecretarios, ministros, gerentes de empresas públicas e incluso como presidentes autonómicos y jefes del Gobierno de la nación. Lo tienen bien merecido. No es fácil saber distinguir al solitario príncipe vestido de harapos entre los inmensos ejércitos de mendigos que se agolpan en las plazas de Bagdad, o a la puerta de las mezquitas. (Tampoco resulta agradable que venga el Mesías y no te reconozca a ti, que tanto has hecho por él, por traérnoslo a él.)

17 de febrero

Pero el Mesías es solo la concreción de un gran esfuerzo, la pila voltaica que recoge la energía de la colmena, del inmenso hormiguero que lleva de acá para allá su desesperación.

Golpes de la vida: A. y M. –sobre todo ella, ella es la que ordena todo– llevan una vida medida, calculada en sus menores detalles. Haremos esto, haremos aquello, apartaremos esta parte del sueldo para el plan de pensiones, esta otra para ir pagando la casa de la costa en la que vamos a pasar los últimos años, vamos a hacer esto hoy, esto dentro de seis meses, esto otro dentro de diez años. Todo muy honorable, muy clase media, que es lo que se creen que son, aunque solo sean puta clase obrera. No se dan cuenta de que están provocando a esa arpía a la que llamamos vida, o destino, que la están haciendo babear de gusto pensando en cómo dar al traste con tanta tontería. El rumor de alas de los traviesos y malintencionados dioses griegos. Si se hubiesen parado un momento, si por un momento hubieran dejado de hacer planes sobre esto y aquello, y hubieran prestado atención, habrían escuchado ese asqueroso revoloteo. Anteayer, me telefonea él, le noto la voz rara. Tengo problemas, ya te contaré, ya lo hablamos. Quedamos para el día siguiente (por ayer), ven a media tarde, me dice. Le digo que procuraré escaparme del trabajo. No vuelve a telefonearme, y cuando le llamo yo para concertar la cita, no me contesta. El teléfono da fuera de cobertura. Gato escaldado (más sabe el diablo por viejo que por diablo), tengo la sensación de que ocurre algo raro. Me paso la tarde de ayer y la mañana de hoy insistiendo en las llamadas. El teléfono sigue desconectado. Apagado o fuera de cobertura. Esta tarde es él el que llama. Me cuenta que ha estado detenido veinticuatro horas: acaba de salir de la comisaría, pendiente de juicio y expulsado del trabajo de guardia de seguridad que tenía. Un asunto confuso y feo: pelea con otro de los guardias jurados que están destinados con él en la casa de los March, con exhibición –no sé si solo por parte de él, o por las dos partes– de pistolas. La escena –A. exhibiendo la pistola desenfundada– ha sido grabada por las cámaras de seguridad de la dependencia en la que hacen guardia. Dos gallos frente a frente, enseñándose los espolones. Quién tiene la polla más gorda. Él finge no arrepentirse de lo que ha hecho, ser fuerte, pero yo sé que es de cristal, y le descubro las grietas en la forma en que aparta la mirada, en el modo como engola la voz. Mientras él se está duchando para quitarse la suciedad de las veinticuatro horas en la celda, aparece M., que aprovecha para contarme cómo lloraba ayer A. en la comisaría. Él no me ha contado eso. Solo que se iba a duchar porque se sentía sucio. Sale de la habitación, nos sentamos los tres en el comedor. Se corta el aire. Qué hacer, ronda la posibilidad de unos meses de cárcel, y, además, la economía familiar está montada sobre el sueldo de los dos: los proyectos, siempre con un cemento que es dinero; y está el presente: los pagos diarios, los gastos corrientes de casa, que aún no han terminado de pagar, los plazos del apartamento en la costa que han comprado hace solo unos meses... En un aparte, M. me cuenta: tú me dirás, con cincuenta años y a la espera de juicio. Al parecer, los días antes de que viniesen a detenerlo, se los pasó borracho. S., la hija, le plantó cara ayer: vale, tú estás mal. Pero ¿y nosotras? A. teme que empiece a pasarse los días de bar en bar con esas compañías oscuras que lo atraen y que frecuentó durante un tiempo; la mafia del Rastro, lo peor del barrio, mangantes, confidentes, policías. Él la conoce bien, la frecuentó en sus noches tronadas de hace años. Todo un poco de lo que da la noche. Me molesta oírle repetir a él que tiene mucha suerte por estar protegido por M. y S. Eso es lo único importante, dice, como si fuera un personaje de teleserie. Todos lo somos, personajes de teleserie. Es el único sitio en el que nos enseñan comportamientos en situaciones extremas: nuestra escuela de vida (antes, se leían folletines, novelas largas). Él está asustado, y en las declaraciones de M. hay resentimiento. Le ha roto los juguetes con los que pensaba entretenerse durante los próximos años, a ser posible hasta el final. La ha sacado del entretenimiento en el que se ha pasado segura todos estos últimos años (libre de la dureza de su infancia y juventud en la miseria de Extremadura, y en los trabajos más arrastrados del Madrid de los emigrantes), y la ha puesto ante lo imprevisto; o sea, otra vez ante la vida real: dureza. Ella ha sido siempre la del trabajo estable, el mismo durante decenios; la que ha tomado las iniciativas para convertir esa familia en familia de teleserie. Por algo ha conocido antes la desgracia, el hambre, la emigración: él ha sido más bien el niño dócil que se deja meter en la bañera y cambiar los pañales, un niño de ciento y pico kilos bondadoso, pero un tanto inconsciente y bastante cabra loca, demasiado generoso con los amigos, demasiado manirroto, ese gesto de abrir el brazo abarcando la barra, cóbrate todo, mientras ella pelea por la peseta; demasiado curioso para no comerse todas las manzanas del árbol del bien y del mal que le caen a mano. Es lo que tiene haberse criado con chavales del barrio de Goya, de Argüelles, de Alonso Martínez, hijos de familias modestas, pero que veían a sus jefes, a los comerciantes del barrio, a los golfos de clase media, jugar al póquer, tomar whisky, dominar los sitios donde estaban las mejores putas, convivencia con gente en el filo, con niñatos pistoleros de la extrema derecha capaces de zurrarle a un mendigo y de ir a misa con mamá que tiene finca en Extremadura y una tienda de decoración en Jorge Juan. Se entretiene mientras papá juega a la bolsa y, los ratos libres, con alguna fulana con tienda que le puso alguien (quizá el mismo papá), pero que está más tiempo fuera que dentro del negocio (se encarga una chiquita) y tiene lo otro más rato dentro que fuera. El contacto con ese mundo te da un saber estar, el estilo, el faroleo que uno cree elegante pero que es canalla. Crees estar entre los de arriba, y estás entre sus desechos.

Todo eso aparece ahora descarnado, sin ningún recubrimiento, sin envoltorio de piel: ha aparecido la macabra marioneta de huesos que gesticula cuando las manos tiran del hilo, la calavera que abre y cierra la boca y mira sin ojos. Espectáculo barroco, *memento mori.* Quedo yo, dice ella. Estoy aquí. Os espero. Empezáis a ser lo que soy, acabaréis siendo lo que os anuncio. Miradme. Digamos que la escena me produce una pena enorme. Como si, en la conversación que mantenemos los tres, fuera testigo de una partida con los dados trucados y no pudiera denunciar al tramposo. Él, con su optimismo infantil, se niega a ver el fatalismo de ella, resabio de mujer endurecida que vuelve a asomarse al punto de partida del que jamás quiere acordarse ni hablar: también ella empeñada en su propio espejismo, como si fuera un fruto de clase media, una de las muchachas ricas que educaron en su juventud las monjas a las que cuida (trabaja como cocinera en un convento de monjas jubiladas). Como si la imitación, el aprendizaje de las formas, fuera suficiente para convertirte en una de ellas. Ahora vuelve a comprobar que el amor no borra las recriminaciones. Que se puede odiar al bobo que tiene al lado. No basta el amor en esos momentos. No tapa lo que hay. Muy bien, me quieres, ¿y qué?, ¿qué vamos a hacer con el amor? Llevamos treinta años juntos, dice ella, no se puede tirar eso por orgullo, por hacerte el gallito. Y me da la impresión de que la que está deseando mandarlo todo a la mierda es ella, y me doy cuenta de que, al mismo tiempo, está más asustada que él. Volver al principio, al huevo originario, aceptar que la despojen de las formas que aprendió. Se apoya sobre vaguedades: todo se arreglará, hay que esperar a ver cómo evolucionan las cosas, a lo mejor la denuncia no prospera, encontrarás otro trabajo... Se apoya sobre todo eso para retorcerlo y convertirlo en nuevas formas de recriminación y sufrimiento, mientras que él repite lo feliz que se siente, lo respaldado que se encuentra por su mujer y su hija: eso es lo único que le parece importante. Es lo que tengo, me dice, mientras me coge del hombro y me da un beso. Mis dos mujeres. Salgo del bar en dirección al hotel, con el corazón encogido. Ojalá sea yo el que deforma la escena, el que exagera, el que la ha convertido en parte de mi narración.

Aún no son las doce de la noche. Desde la ventana del hotel veo, vacías, la plaza y las anchas calles que en ella desembocan. Llevo siete u ocho años hospedándome en este mismo hotel cada vez que vuelvo a Madrid, y aún no sé cómo se llama la plaza. Es la que tiene un obelisco, en el paseo de las Delicias, digo cuando me preguntan dónde estoy hospedado. Me doy cuenta ahora, plaza tan sin nombre como sin personalidad, con edificios de viviendas que parecen caídos aquí desde otro mundo. Veo las luces cambiantes de los semáforos, las luces de posición de los escasos coches que circulan, o las de frenado, más intensas, cuando se detienen, y, envolviéndolo todo, el naranja de los focos que iluminan calles y plaza. Instalación de arte en naranjas, rojos y verdes. Hace un par de horas, estas mismas calzadas estaban atascadas por el tráfico. Coches y coches circulando con dificultad, lentamente, y, en las aceras, la multitud: los animados grupos que se forman a la salida del metro, en la parada del autobús, los viandantes que, en esta zona sin comercios, mero lugar de paso, caminan deprisa. Se ha diluido el ajetreo y el paisaje urbano resulta muy triste ahora: ciudad fantasmal en la que parece inútil buscar cualquier ayuda, un consuelo; ni siquiera esa callada compañía que se siente al compartir, aunque sea con desconocidos, la barra de un bar, o al caminar por una poblada acera. Madrid fría y oscura, batida por un viento desapacible, y apenas iluminada por la frágil luz anaranjada de las farolas. La ciudad se europeiza a toda marcha, se acuesta cada vez más temprano y trasnocha menos. Poco tiene que ver con el Madrid insomne al que llegué hace cuarenta años, y en el que podías encontrar bares y cafés abiertos día y noche. Ahora, en cambio, ni un solo peatón, ningún ser humano que le alegre la mirada a quien contempla desde la ventana del hotel. El *landscape* resulta hostil. Dónde se ha quedado aquella ciudad por la que paseaba alegremente de madrugada, aunque, seguramente, también tenga que preguntarme dónde está aquel joven noctámbulo que se perdía por los pasadizos más oscuros. En cualquier caso, esta ciudad cada día te exige más y te da menos. Antes de despedirnos, M. me ha dicho: «A ver si consigo dormir esta noche.» Y A.: «Yo me quedaré un rato viendo la tele.» Yo ni duermo ni veo la tele. Miro la calle como si mirara dentro de mí: oscuridad, pantalla en negro. Los imagino a ellos, en el saloncito él, lánguidamente tumbado en el sofá, como lo he visto otras veces; ella, del otro lado del tabique, acostada: casi adivino sus pensamientos, aunque no consigo ver lo que ella puede ver, las imágenes de su infancia en el pueblo de Extremadura, su adolescencia, las humillaciones, esa pobreza originaria que la trajo a Madrid, tampoco la casa que han comprado recientemente en la Costa del Sol pensando en la jubilación, eso yo no lo conozco. Pero sí que sé la angustia que produce que un zarpazo se te meta por medio y te rompa los proyectos que has hecho durante años, la angustia ante las situaciones no previstas por quien creía haberlo previsto todo. Los dos asustados, los dos solos. Yo estoy aquí sentado en la cama en la habitación del hotel, escribiendo en este cuaderno, imagen de cuadro de Hopper, variante caballero. Al escribir parece que le dejas la soledad al cuaderno. Si la escribes es más fácil cargar con la soledad de los demás que tragársela así, a palo seco. A S., la hija, la han mandado esta mañana a Londres. ¿Qué estará haciendo a estas horas? Ayer lloraban los tres en la comisaría, frágil clase obrera que se creyó clase media: somos más duros los que nos hemos movido a la deriva y hemos visto unas cuantas cosas indeseadas, los sin clase, o los que resbalamos entre tres o cuatro clases. Engaña nuestro exterior frágil, nuestra falsa psicología de sufrientes flores de té, pero somos duros. Ellos lloraban y seguramente han empezado a darse cuenta de que el llanto no alivia, no es el llanto de los personajes de las series de televisión, redentor, sino puro desahucio. Resulta curioso, miro hacia atrás, y no recuerdo haber llorado nunca en brazos de nadie. Malformación anímica de exinterno de un orfanato del franquismo. Me repugna ese gesto, llorar sobre el hombro de alguien, esa forma de pasividad, inicua entrega llena de trampas, súplica. Más bien, aprecio lo contrario: ante la tragedia, intentar cortar el grifo, blindar la fuga de agua. He llorado a solas, eso sí: he sentido la inmensidad del pesar, la pena por mí mismo que no conviene –ni se merece– que nadie descubra.

19 de febrero

Prosigo la lectura del prolijo pero interesantísimo libro de Bluche sobre Luis XIV. Fénelon y Saint-Simon, grandes calumniadores del Rey Sol. Bluche hace una apología del monarca: suponemos que los retratos de Saint-Simon son tan malintencionados como Bluche asegura, y esa suposición nos pone otra vez a devanar la madeja literaria, ¿se legitima la calumnia gracias a la pirueta estética, a la retórica, a eso que llamamos calidad literaria? La teoría de la literatura como verdad autosuficiente, que se sostiene a sí misma, sin mediaciones ni soportes externos; que camina sin muletas. Lo bien que escribe Saint-Simon y las mentiras que inventa, y las calumnias. Es el hueso duro con el que uno tropieza cada vez que se enfrenta al tema de la verdad literaria. Leo poemas, textos de la época de Luis XIV, repaso el teatro clásico francés, y, la mayor parte de las veces, no son más que enredaderas retóricas que envuelven y disimulan la media docena de temas políticos, religiosos, morales (vienen a ser lo mismo), candentes por entonces.

Leo por encima (no merece más atención) la última entrega de Pedro Juan Gutiérrez: más de lo mismo, que, por ser más, cada vez es menos. El primer libro que escribió estaba francamente bien. Tenía verdad *(Trilogía sucia de La Habana);* luego, todo ha sido repetición, cada vez más descarada: pollas duras y enormes (pingas paradas, que diría él), chochos que sorben, órganos sucios; cuidar el texto para que todo huela a mal lavado, a mierda, que chorree la lefa por todas partes: otro libro, otro garbanzo al cocido. Lo leo con pena. ¿Le funcionará al autor como negocio?, ¿será solo eso? Las cifras de las tiradas no dan para eso, todo lo más una ayudita en la escuálida Cuba. Ni siquiera así se entiende: que tenga que alimentar a una legión de habaneros. Pero así, al ritmo que va, yo creo que los frijoles se acabarán pronto. Este libro son frijoles para hoy y hambre para mañana. Pero por qué derrocha una inteligencia que yo envidio. Venga, hombre, Pedro Juan.

Últimas páginas del libro de Bluche sobre Luis XIV: *Accablant,* que diría un francés. Qué cantidad de trabajo metido en esas mil apretadas páginas. El autor no tiene ninguna intención de ocultarnos que toda esa erudición está al servicio de un panegírico, es –tiene voluntad de ello– un servicio público que el ciudadano historiador les brinda a sus paisanos, ya que Luis XIV, para Bluche, fue el creador de la Francia moderna, constructor de un Estado que no muere con él y, de alguna manera, se ha prolongado hasta nuestros días: a esa obra en marcha, a esta patriótica empresa, es a la que quiere servir el libro, con –paradójicamente– un espíritu

–viejo espíritu– republicano, hoy añorado: el pacto que los últimos años han enviado a hacer puñetas, dinamitado, porque es más fácil sostenerse en el poder a merced de olas y mareas, sin poner suelo, flotando sobre los mensajes contradictorios, ofreciendo menús a la carta a los votantes. Bluche, frente a eso, sirve en bandeja la vieja Francia. En España asistimos a parecido espectáculo de relatividad: un presidente de gobierno, que se llama progresista, cuyo horizonte se cierra con ganar la siguiente votación, y que ni siquiera es capaz de apostar por el Estado del que, al fin y al cabo, se supone que es máximo representante. Pero no sé de qué me extraño, siempre es así: y, claro, por debajo de las proclamas ideológicas está el ruido de la economía, que trabaja incansable, la maquinaria del poder: al final todo se reduce al eterno toma el dinero y corre: dinero y poder, el sexo es el caramelo que endulza el trajín, el gustazo que se da la bestia que no acaba de marcharse nunca. Cuando Benjamin habla de la socialdemocracia le recrimina que agite ante la clase obrera el señuelo del futuro (el enemigo de la socialdemocracia es siempre la historia: la disfraza, la oculta; el amigo, el futuro, lo bueno que va a llegarnos), pero en el modelo contemporáneo, el esquema ha sufrido variaciones sustanciales: basta con que el sistema siga funcionando, la socialdemocracia ya no ruega para que, al envejecer, pierda el león los dientes. Se limita a suplicarle que no los enseñe, que coma en privado, discretamente; solicita que todo se mueva en el ámbito de un pacto en el que cada individuo ha interiorizado el peligro (los dientes del león) pero actúa como si no existiese la fiera, con una intrascendente normalidad, de la que hay que expulsar la sospecha: esa escenografía del miedo invisible la manejan los socialdemócratas bien. Bush es el león feo que enseña los dientes, animal maleducado. Clinton, no. Con los dos, qué más da, todo está en ese aparente fuera de control que es lugar irracional donde se hacen de verdad los grandes negocios: la ocupación de territorios, minas o pozos de petróleo, la fabricación de armas de destrucción masiva. Estos días, en la prensa celebran que la General Motors o la Citroën seguirán haciendo coches en Zaragoza y Valladolid algún año más. Lo de si tienen derecho a amenazar con llevarse la empresa a otro lado, después de todas las ayudas recibidas del Estado y las autonomías, eso está prohibido preguntárselo.

22 de febrero

Sobre *La Celestina.* Rojas, un lukacsiano *avant la lettre.* Para dinamitar los valores de las clases altas y de los intelectuales elige un modelo cultural elevado. Solo desde el nivel superior se entra a saco, se obtienen los materiales de derribo de la cultura en su conjunto.

También hoy dejo la novela para otro día. Tener la suficiente paz como para pensar en ella, verla como un conjunto que debe armarse, tomar forma. Por la mañana, leo la introducción de Peter E. Russell a la edición de *La Celestina* en Castalia. Como en casa de mi hermana, voy a cortarme el pelo y, de vuelta, releo las páginas de este cuaderno, que oscilan entre la retórica y la inanidad. Le añado cinco o seis frases al libro (por supuesto, tacho otras tantas). A continuación, intento leer de corrido algo de lo que llevo escrito, y el castillejo se desmorona. Tener el valor de olvidarse de ese libro y empezar otro, escribir otra cosa, empezar de cero. La marquesa salió a las cinco, y seguir, prolongar la frase hasta que, doscientas o trescientas páginas después, puedas poner la palabra «fin». ¡Qué se le va a hacer! El libro no tiene problemas, los problemas los tiene el autor con el libro, está poco dotado para sintetizar, para hacerse una idea del conjunto de lo que él mismo escribe. Solo percibe retazos. Y eso se nota, incluso cuando me pongo a escribir un artículo para

Sobremesa (cada día más flojos), o si me paro a pensar en el artículo que quiero escribir sobre *La Celestina.* Sería estupendo escribir un buen artículo sobre *La Celestina,* otro sobre Lucrecio, homenajear a los maestros, hacer ejercicios de caligrafía en el cuadernito pautado que nos han regalado con sus libros. Escribir alguna vez sobre Montaigne. Sobre los sabios descreídos. El gozoso escepticismo que de tantos peligros salva (las guerras siempre se hacen con fe, banderas, gente en la calle aullando porque el vecino ofendió los valores de la patria: Brassens en versión española: no, la música militar a mí no me la levanta). En el epílogo, Broch, Galdós –buscar cómo se relaciona con ellos una escritura como la de Galdós, en apariencia tan alejada–. Intenté contar algo de eso en un artículo que preparé para leer en unas jornadas galdosianas en Las Palmas y que nunca acabé de escribir. Está por ahí, en un cajón. A lo mejor, ese podría ser un buen trabajo, un trabajo de artesano que se mueve entre certezas: acabar de redactarlo, corregirlo. El artículo tenía un punto de vista: me gustaba contar que Galdós no establece diferencia entre alma e historia. Por cierto, que en ese libro debería aparecer por alguna parte la sombra triste de Virgilio. Recientemente, en Italia me compre una edición de la *Eneida* con letra de tamaño mayor que la que tengo y en la que tan fatigoso me resulta leer. Mezclar la lectura de la *Eneida* con la de *La Celestina.* La última vez que me puse con la *Eneida* la dejé al final del canto VI. Me queda la mitad. Me digo lo que me dije cuando empecé a leerla: no tengo prisa. Ir traduciéndola poco a poco, despacito, sin prisas, sin que me importe arrastrarla durante unos meses. Quisiera meterme en la cabeza que seguramente no me queda mucho tiempo por delante (muchos años de hábitos insalubres tienen que decantar el desenlace de eso que llaman esperanza de vida) y que vale la pena aprovecharlo. Leer lo que me interesa, no perder el tiempo en compromisos.

¡Y escribir! Pues claro que me gustaría ver alguna luz en lo que escribo, ¡la novela! Ahora tengo tiempo, puedo permitírmelo: lo que me falla son la fuerza, la voluntad, la inteligencia, qué sé yo, me falta casi todo. Carezco de casi todas las virtudes cardinales y de las teologales solo salvo algún retazo de la caridad. Ir, poco a poco, dejando *Sobremesa,* cortar con los viajes que tanto me distraen, o dejarme solo unos pocos al año, para salir del nido, para *desemboirarme,* que dicen en valenciano *(desemboirarse: desnieblarse,* quitarse la niebla). Viajes que me saquen fuera para desde fuera mirar mejor. Aceptar solo esos. Por ejemplo, el reciente a París. No es que vaya a tener reflejo directo en lo que escriba, pero me ha ordenado la cabeza y yo diría que hasta el corazón. ¿Por qué te ordena el corazón media docena de paseos por una ciudad? Los fetiches, los fantasmas: nos encontramos en lugares ajenos, como nos descubrimos en caras y cuerpos de otros. La fijación de los deseos, topografía del alma, perchas en las que el espíritu se cuelga. París es una de esas perchas del espíritu, que miro con ironía, porque, al fin y al cabo, nos da vergüenza sentir lo que tanta gente siente y ha sentido, saberte colonizado por los tópicos (París aventura lúbrica, cancán, viaje de novios, refugio de exiliado), soporte de lugares comunes (pero ¿no quedamos en que el alma es una rebanada del espíritu del tiempo, un pedazo de lugar común?), sentir lo que siente la gente cuyo espíritu, por elitismo tuyo, crees que está amasado con otra arcilla. Venecia es otro de esos tópicos del alma (ah, *Venezia senza te).* Pero tú en Venecia no tienes un sustrato de vivencias, has paseado como un turista más entre los rebaños de turistas. Además, la Venecia contemporánea tiene demasiada poca vida para repartirla entre tanto admirador, poco corazón estético para tanto león famélico, apenas hay vitalidad en ella que no sea la que los propios turistas ponen en marcha; su densidad biológica es inversamente proporcional a la densidad de sus aguas pútridas, a la de los desconchados y manchas coloreadas de sus muros. París, en cambio, se prolonga, es la misma, pero se transforma, camaleónica, te hace creer que es la misma, mientras no para de cambiar: sigue siendo un irreductible coágulo de vida. No es poca diferencia. Creo que, con *la banlieue,* son algo así como once o doce millones de habitantes.

Dolores continuos en los brazos, en las articulaciones, en la nuca; hoy, inesperadamente, molestias en el culo. La vejez supongo que es, sobre todo, eso: acostumbrarse a convivir con las continuas molestias, como el faquir se acostumbra a dormir en su cama de clavos. A partir de los sesenta, el día que te despiertes y no te duela nada, es que te has muerto, dice el chiste. Molestias. El dolor, así, en singular, es otra cosa, imponente, irreconciliable con todo. El otro día –tras haber pasado de rodillas buena parte de la tarde; estaba viendo diapositivas en la pantalla y la había colocado sobre la butaca, el único espacio disponible–, cuando intenté levantarme, sentí un pinchazo en la rodilla izquierda que me paralizó. Era como si me estuvieran arrancando ahí una muela sin anestesia (debía de habérseme inflamado o pinzado algún nervio). Eso era dolor de verdad, poco que ver con el malestar, se trataba de un estadio superior, omnímodo. Ante un dolor así no puedes distraerte con nada. Gritaba a cada movimiento que intentaba, y la energía que me exigía soltar el grito me servía de consuelo. Era cuanto podía hacer. Acompañar cada movimiento con un grito.

25 de febrero

La falta de noticias sobre Fernando de Rojas, y el tema de la doble autoría de *La Celestina,* lo libra de la basura biográfica, pero nos obliga a reflexionar sobre cómo hay que leer un libro: lo que el autor puso de sí mismo en él, lo que quiso decirnos, o indagar; lo que sus contemporáneos leyeron, lo que nosotros estamos autorizados a leer. Russell, en un artículo que acabo de leer, acusa a Gilman de introducir en su lectura los prejuicios que él mismo ha levantado, al otorgarle a Rojas una sombría biografía –más intuida que documentada– como resentido judío converso. Maravall encuentra en el texto rasgos medievales (es una *moralidad),* aunque para la mayoría de los estudiosos se trata de un texto decididamente renacentista, que rompe con los viejos valores. Goytisolo sigue de cerca a Gilman, sin duda porque le viene bien ese Rojas para la galería de heterodoxos que construye desde hace medio siglo. No duda en tomar el lamento de Pleberio como correlato del pensamiento del autor, mientras que otros piensan que es solo la voz de un personaje que Rojas no comparte. No debió de ser exactamente un marginado quien acabó como alcalde de Talavera. Sea lo que haya sido, *La Celestina* es para el lector de hoy un libro furioso, demoledor, desesperanzado; y digo demoledor, refiriéndome no solo a que se afana por convertir en escombros el tiempo en que fue escrito, sino porque es también peón de derribo del nuestro, nos obliga a descubrirnos utilizando palabras inválidas, trampas que sirven más para ocultar que para enunciar. Nos muestra que las palabras no son monumentos, cajas que guardan, sino escombreras a las que acuden los forajidos a robar materiales. Esa furia iconoclasta con el lenguaje he intentado traspasarla a mis dos últimas novelas, muy especialmente a *Los viejos amigos;* y tendría que estar presente también en la que estoy escribiendo.

Si no es Shakespeare, no creo que haya existido un autor tan destructivo como Rojas (sea quien sea el sujeto) en la literatura europea; pero Shakespeare habla del gran poder, de reyes, cortesanos, batallas y asesinatos de alto standing, mientras que *La Celestina* introduce su violencia en el interior de un prostíbulo y en un apacible hogar burgués, la saca a la calle, la generaliza: se trata de lo que hoy en día llaman terrorismo indiscriminado. Juega en la literatura española un papel de clásico desde un lugar que a ningún otro le está permitido: no legitima a sus herederos, sino que destruye las convenciones literarias de hoy como destruyó las de su tiempo. Su sola presencia inutiliza la literatura que hay y anuncia otra; envía el hecho literario a la guardarropía, al desván en el que se almacenan los trastos inservibles.

Ayer, en Benigembla, la cristalina luz de invierno, los pinos que la lluvia acaba de lavar, los olivos con su destello de acero o de plata, y los almendros literalmente forrados de rosa, de blanco, formando con sus hileras sucesivos telones coloreados, caminar entre ellos, caminar por el interior de una delicada estampa japonesa, tener la sensación de que estás dentro de un sueño oriental. Qué hermosura. Al fondo, las grúas de las casas en construcción, en el ambiente el rumor de los planes urbanísticos que, si se consuman, acabarán con todo esto, llenando de edificaciones el fondo del valle como, en muchos lugares, han empezado a ocupar las laderas de las montañas. De vuelta en casa, en la radio: Beethoven: «Romanza para violín y orquesta n.º 2».

25 de febrero

Paso la tarde con la novela: le veo difícil solución. Se salvan algunos párrafos en los que parece que se organiza esa expedición en busca de la verdad: ruido de equipajes, rumor de animales de carga en las cuadras, ajetreo de arrieros y porteadores mientras los viajeros apuran la cena y se preparan para subir a sus habitaciones a descansar, antes de lo que será una larga jornada. El resto, un aburrido bla, bla, bla.

Une saga moscovite (así, en francés; quién supiese ruso). Es la primera novela que leo de Vasili Aksiónov. La publicó en 1994. Cuenta la historia de una familia de científicos e intelectuales rusos entre 1924 y 1953. Al parecer, no faltan los elementos autobiográficos. Pilniak, en «El cuento de la luna sin apagar», narró el asesinato de Frounze, el comisario de guerra que Aksiónov describe en el segundo capítulo de su libro. Lo hizo en 1926, disimulando apenas los nombres de los personajes que intervinieron en el crimen. «¿Se puede matar en nombre de la Revolución?», se preguntaba Pilniak.

Todo el día metido en casa, intentando escribir. Qué impotencia. Vacío. Ni una gota de nada dentro. El mal tiempo –o el mal humor– ha abortado la expedición, el rumor de cuyos preparativos escuchamos hace algunas noches. Ni un alma pisa los embarrados caminos. Los arrieros se calientan junto a la chimenea, fuman, beben, juegan a las cartas, dormitan...

26 de febrero

Paso buena parte de la jornada ordenando libros, la mayoría de ellos leídos, y de los que, sin embargo, ni siquiera recuerdo las ilustraciones de las portadas, los nombres de los autores ni los títulos. Qué suerte tener buena memoria (ya sé, ya sé que también es una forma de sufrimiento). La tuve de muy joven y –como suele ocurrir– no tengo la impresión de que entonces la apreciara gran cosa. Ahora que se me ha gastado, o volado, la echo de menos a cada momento. A veces intento acordarme del nombre de un actor, del título de un libro, y el intento se me convierte en obsesión y me desvela hasta altas horas de la noche, pero prefiero esa angustia a rendirme, a levantarme a mirar en internet o en alguna enciclopedia. Sin memoria, vivo una vida más pobre, con menos capas y estratos y recovecos. Qué se le va a hacer.

Busco en internet textos sobre *La Celestina.* Encuentro entre otros los de Maravall, Menéndez Pelayo y Russell, que leo con avidez, pero no los de Gilman ni los de Lida de Malkiel, que tendré que conseguir por otros métodos. A esos grandes libros, como el de Rojas, aun los mejores artículos, nos los muestran por aquí y por allá, nos ayudan a situarlos en su tiempo, nos facilitan su lectura, pero no rozan su secreto, los dejan incólumes, ahí arriba, lejanos, siempre más poderosos que cuanto se dice de ellos. No podemos saber qué agitación interna provocaba *La Celestina* en sus lectores contemporáneos: pero la sabemos demoledora para nosotros.

Colocando los libros, aparece un tomito minúsculo cuya existencia no recordaba: *Textos sobre el poder negro.* Me pongo a leer algunos de Malcolm X, duros, violentos, con una claridad de ideas cegadora, textos que solo puede escribir alguien que está muy seguro de quién es su sujeto histórico y social, el que él define como el negro campesino (el que quiere la tierra), el negro nacionalista (el que aspira a la nación negra) y el negro que desea hacer su revolución, la revolución negra, y sabe que tendrá que hacerla con sangre (la revolución es la tierra, el poder; y nadie cede la tierra y el poder sin sangre). Malcolm X no quiere *una revolución de negros,* sino la revolución negra. En estos tiempos en los que la violencia del islamismo ha pasado a primer plano, sorprende encontrar un texto de Malcolm X escrito en el 63 en el que reclama el Corán como religión de venganza. Imagino que este texto que yo no he vuelto a leer desde hace treinta y cinco años actualmente debe de ser de enseñanza obligatoria de jóvenes islamistas en las madrasas de los suburbios estadounidenses. Admira su potencia verbal, su lógica, su definición implacable del mecanismo social. Al leerlo, qué blandos y falaces parecen tantos y tantos textos de política y sociología difundidos en los últimos decenios. Pienso en lo que, desde el poder occidental, han tenido que hacer para liquidar cabezas como esa, con un mensaje tan claro y poderoso, tan bien armado (en todos los sentidos): corrompieron, asesinaron, infiltraron, hundieron a tres generaciones en un basurero de drogas adulteradas, delación y miseria. Aún están ahí en ese oscuro batiburrillo de sangre de Oriente Medio.

El texto (con la historia de la niña china matando a su padre, *un chino-Tom)* resulta escalofriante, insoportable para nuestra moral, pero nadie puede negarle la lucidez. El poder no se toma por las buenas. Leo a Malcolm X y en su cortante prosa resuena Maquiavelo, a quien leí días atrás (por cierto, en uno de los textos Malcolm se refiere a los bombardeos a las iglesias de los negros; treinta o cuarenta años después, los periódicos de estos días informan de numerosos incendios en iglesias baptistas del sur de los Estados Unidos: nuevos capítulos para añadir a los discursos del activista de los Black Panters).

Algunos ejemplos de la potencia verbal de Malcolm X: «Si fueras norteamericano no vivirías en un infierno. Vives en un infierno porque eres negro. Tú vives en un infierno y todos nosotros vivimos en un infierno por la misma razón.

»Así que todos somos gente negra, eso que llaman "los negros", ciudadanos de segunda, exesclavos. Ustedes no son más que exesclavos. A ustedes no les gusta que se lo digan. Pero ¿qué otra cosa son? Son esclavos. No vinieron en el *Mayflower.* Vinieron en un barco de esclavos. Encadenados como un caballo, o una vaca, o una gallina. Y los trajeron los que vinieron en el *Mayflower*, a ustedes los trajeron los llamados Peregrinos o Padres Fundadores de la Patria. Ellos fueron quienes los trajeron aquí.»

En otro discurso (este del 64), dice: «¿Quién es el que se opone a la aplicación de la ley? El propio departamento de policía. Con perros policías y con garrotes. Siempre que ustedes se estén manifestando contra la segregación, ya se trate de la enseñanza segregada, de la vivienda segregada o de cualquier otra cosa, la ley estará de su parte y el que se les ponga en el camino deja de ser la ley. Está violando la ley, no es representativo de la ley. Siempre que ustedes se estén manifestando contra la segregación y un hombre tenga la osadía de echarles encima un perro policía, maten a ese perro, mátenlo, les digo que maten a ese perro. Se lo digo aunque mañana me cueste la cárcel: maten a ese perro.» Poco tiene que ver esa violencia que sacudió nuestra juventud con lo que estos días muestran las televisiones, las radios, aprovechando el treinta aniversario de la muerte de Franco: Beatles, hippies, Mary Quant, canciones de Joan Baez y Dylan, florecitas trenzadas en los cabellos, velas. Eso estaba más bien como contrapunto de la verdadera discusión acerca de cómo desalojar del poder al dictador, una discusión violenta, terrible, que era ponzoña, porque nadie está fuera de su tiempo, y ese fue nuestro tiempo. La gran discusión: *Ballots* o *bullets.* Todo nuestro idealismo adolescente no conseguía convertir ese malestar en cosa de broma. Pero no solo era –Malcolm X como prueba– un tema español. Era la vigilia de la revolución mundial. No parecía tan lejos. Al capitalismo se le había ido de las manos el poder en medio mundo, y en la otra mitad lo defendía sin parar en mientes. Napalm, guerra química y degollina. Luego ha restablecido más o menos sus modales corteses, pero, al menos desde la Revolución Rusa, no había sido así (¿y antes?, ¿y esa criminal acumulación de capital en las fábricas de Manchester, en los campos de algodón de las colonias?, ¿en los de caña, en los de café?, ¿en los latifundios andaluces y extremeños?: A Delibes aún le dio tiempo de escribir *Los santos inocentes).* A mediados de los sesenta y principios de los setenta, se mataba en Vietnam, en Camboya, en Indonesia. El Sudeste Asiático se bañaba en sangre. Y también buena parte de

África; y América Latina: Bolivia, Perú, Colombia; aún estaba por llegar lo peor en América Latina: las dictaduras de Chile, de Argentina, de Uruguay, las matanzas en Nicaragua, en El Salvador... Era la sangrienta lucha final. A vida o muerte. Veíamos estallar los conflictos cada vez más cerca: la tentación de la muerte se había instalado en Europa: los Baader-Meinhof en Alemania; las Brigate Rosse en Italia; ETA, FRAP y GRAPO entre nosotros. En aquellos años violentos, se permitió todo. Se fomentaron los golpes de Estado, las guerras sucias, los grupos armados fascistas; se emponzoñó el movimiento izquierdista europeo –infiltrado por los servicios de información, encanallado, encauzado hacia la violencia ciega– y se persiguió de todas las maneras posibles a los Panteras Negras hasta eliminarlos: los reventaron a balazos y a chutes de heroína. Malcolm X cuenta las maniobras de los Kennedy para inventarse la figura de Martin Luther King como forma de encauzar el por entonces incontrolable movimiento negro. Malcolm X odia a Luther King, al que considera un miserable Tío Tom. Lo de *«I had a dream»* le parece un eslogan propagandístico inventado y puesto en circulación por los servicios secretos para dividir un movimiento negro activo, virulento, que no toleraba componendas. Así –y no como hoy nos cuenta la tele– fueron los últimos sesenta, los primeros setenta. Hoy, los vencedores –el pegajoso conglomerado– han restablecido la historia única y algodonosa, lectura unidireccional. No triunfaron los demócratas, ni los republicanos: triunfó la máquina. Los socialdemócratas presumen todavía de que, con ellos, los bancos pueden exhibir paz social y, al mismo tiempo, presentarles a sus accionistas mejores resultados económicos (nos lo repiten estos días aquí en España). Nuestro socialdemócrata Zapatero se muestra orgulloso de que las multinacionales y la banca repartan mejores dividendos que cuando gobernaba el PP. Además, se supone que nuestro Bambi es más simpático que aquel ceñudo Aznar.

Malcolm X señala la conferencia de Bandung como el lugar en que se escenificó la aparición de contrapoderes. El grupo de países allí representado se convirtió en el gran objetivo que había que abatir. Basta leer en los libros de historia la evolución posterior de cada uno de ellos para calibrar la cantidad de sufrimiento que supuso esa guerra del capitalismo para recuperar su estatus de modelo único, perdido desde la Revolución Rusa, reconquistar parcela a parcela los países perdidos en Asia y en África. Hay que leer lo que cuenta Malcolm de la Marcha sobre Washington y comparar su versión con lo que los reportajes de la televisión y las películas que hemos visto nos cuentan: comparar las versiones es una lección de historia que debería proponérseles a los escolares. Martin Luther King no sale nada bien parado. Y ni siquiera a él fueron capaces de tragárselo, ni a los que Malcolm X supone que se lo inventaron: Luther King, los Kennedy, Malcolm X, todos asesinados.

1 de marzo

Cambiar de sitio los libros resulta un buen ejercicio para la memoria. De vez en cuando, me paro, ojeo algún poema carcelario de Hikmet, o un soneto de corte gongorino de Miguel Hernández y me acaricia el aire lejano de la juventud: recuerdos de unos estratos del gusto que están ahí debajo, formando parte de los cimientos de una educación: más bien autodisciplina (pocos maestros a espaldas), en la que parecían inseparables ética y estética. Se descubre, sobre todo, que uno entierra demasiado deprisa determinados libros, a ciertos autores. Al releerlos, hojeando esos libros, te das cuenta de que lo que tienes prisa por enterrar son tus propias visiones de aquel tiempo, un tú que das por liquidado: te vas enterrando poco a poco tú mismo. Los autores siguen en pie, aguantan el paso del tiempo. Son bastante más que lo que un adolescente devoró torpemente en la avidez de los días convulsos.

Me encuentro una vieja Sheaffer que me regaló mi querido amigo Manolo Martínez Llopis (lo echo de menos: a sus noventa y tantos años, agonizante en el hospital, aún cumplía los plazos de entrega de sus artículos de historia de la gastronomía. Daba instrucciones a los médicos de lo que debían hacerle, los tratamientos, los calmantes que tenían que aplicarle. Disponía con una serenidad admirable su propia agonía). Limpio la Sheaffer, la cargo. Mientras llevo a cabo las operaciones, me veo en la escuela de Tavernes; yo tendría seis o siete años, los dedos manchados de tinta, el plumín metálico, insertado en el largo palillero de madera. Veo y huelo el aula, cada armario está en su sitio en mi cabeza medio siglo después, los pupitres están ahí dentro, la pequeña máquina de vapor que el maestro ponía en marcha un par de veces al año, para gran regocijo de los niños, como ejercicio de física; los paneles en los que colocábamos los vasos y cucharillas –cada uno los suyos, marcados con un número– que utilizábamos para tomar la leche en polvo que los americanos habían decidido incluir en su plan Marshall para combatir la desnutrición de una infancia tocada por la miseria de la posguerra: leche en polvo y un queso amarillo que llegaba en el interior de relucientes botes dorados. En la pizarra, alguien ha dibujado con tizas multicolores una escena del Evangelio. Huelo a serrín, a tiza, al pan tierno del bocadillo que cruje entre las manos del maestro, don José Vercher; hasta el lugar en el que estoy llega el olor excrementicio de los váteres situados en la trasera del aula, retretes de taza turca que tenemos prohibido utilizar para necesidades que llamamos mayores, pero que siempre están misteriosamente sucios. Todo eso me ha llegado con el gesto de rellenar la pluma en el tintero. Mi gesto me ha devuelto el de don José

Vercher rellenando la primera pluma estilográfica que vi en mi vida y que me llevaba a pensar que, un día, yo podría tener una igual (solían regalarte la primera estilográfica para la primera comunión, a mí no me llegó tan pronto). Ser mayor como aquel maestro, saber lo que él sabía, tener una pluma como aquella. Modelos de infancia. Se parecía don José a Gregory Peck (pienso en el protagonista de *Matar un ruiseñor),* y transmitía una apacible seguridad y sensaciones de bondad, no gritaba, no golpeaba a nadie (yo, al menos, no lo recuerdo), a pesar de que, según supe más tarde, había sido un falangista dogmático. Hoy ya sé que el carácter se sobrepone al destino. También el bondadoso Martínez Llopis era un fundamentalista de la falange. Don José Vercher no sé qué haría durante la guerra. Martínez Llopis pasó tres años como médico en el ejército de la República, y, de aquellos días, guardaba recuerdos de quien acabó siendo su mejor amigo: un anarquista, un minero asturiano. Como la madeja de la vida gusta de enredar las cosas, la familia de Martínez Llopis era de Xàtiva, y él había pasado allí muchas temporadas durante su juventud. Don José Vercher era de Carlet, a un paso de Xàtiva. ¿Por qué no pensar que coincidieron en alguna reunión de jóvenes falangistas? Que conspiraron juntos contra la República. Conocí a uno en los primeros años cincuenta, en Tavernes; al otro, en los ochenta, en Madrid. Qué más da que se conocieran o no. Qué cambiaría eso. Ahora escribo, con la letra que me enseñó uno (nunca consiguió que tuviese buena caligrafía, por una forma mía viciosa de coger el lápiz, que aún hoy mantengo: sigo teniendo mala letra), y con la pluma que me regaló el otro. Los reúno a los dos en este texto. La pluma escribe estupendamente, es dócil, suave. Da mucho gusto manejarla. Me siento bien viendo cómo salen de su interior las letras. Ellos dos han muerto y yo no creo que tarde mucho en acompañarlos. La pluma también me va a sobrevivir a mí. Espero que la recoja alguien que sepa valorarla. Quizá debería ir preparando la sucesión.

Febrero de 2006

Rebuscando en cajones poco frecuentados, me encuentro un cuadernito con notas sobre *Le temps retrouvé,* de Proust, y otro con anotaciones sobre Baudelaire. Un artículo que quise escribir hace algún tiempo, uniéndolos los dos, y que nunca escribí. Los guardo con la sensación del que vuelve a ponerse la ropa interior, la camisa, los pantalones, se anuda los zapatos después de un coito fallido, de un gatillazo. Esa frustración.

Llevo más de quinientas páginas de *Une saga moscovite,* la novela de Aksiónov. Me faltan más de mil, y las cuento porque no me parece una buena novela y empieza a hacérseme cuesta arriba la lectura. La estropea el exceso de odio al estalinismo: el odio –como todo– conviene dosificarlo, porque, si no, se suceden las situaciones previsibles y otras literariamente poco creíbles, por exageradas. No digo que exagere las torturas estalinistas, sino que pesan demasiado en la trama del libro (casi siempre, vale más una buena página). Los personajes son caricaturas: malos malísimos (Beria) y buenos angelicales. No hay repliegues, contradicciones, y eso, la contradicción, es precisamente la esencia de la novela. Lo otro son las hagiografías, las vidas de santos. Gorki, en *La madre,* las invirtió para uso proletario. Aksiónov las vuelve del derecho: estamos donde estábamos. Donde estaba yo cuando en los años cincuenta leía aquellos libros sobre la Guerra Civil que nos dejaban los curas del internado. Odio esa estrategia folletinesca que caracteriza a los malos como feos, sucios, malolientes. La vida nos enseña que suele ser al revés. De joven, a los alumnos del colegio en que di clase –que vivían la euforia progresista de la reciente muerte de Franco–

les puse *La madre* de Gorki y el *Réquiem por un campesino español* de Sender, para que descubrieran por ellos mismos la banalidad de esa retórica en blanco y negro. Aksiónov hubiera sido un ejemplo perfecto para nuestros ejercicios (él, que ironiza sobre el realismo socialista). Los diálogos que se pretenden inteligentes no lo son, ni me hacen gracia los que se reclaman humorísticos. Solo en algunos momentos el libro crece, transmite sensación de vida, pero esos instantes se recubren enseguida con la ganga demagógica. En estos momentos (págs. 486 y ss...) aparece la religión como *camino secreto* que puede salvar de ese fracaso de la razón que expresa el estalinismo. Boris Nikítovich, el viejo protagonista, el científico, hijo y nieto de educadores positivistas, se santigua a escondidas mientras se dirige a una asamblea del Sóviet Supremo. Dice el escritor: «Aparentemente, el sentido de esa educación llegaba a su fin. El aquelarre rojo que se plantaba tras esos muros acanalados minaba toda fe en la razón, en el triunfo de la inteligencia humana, e incluso en la teoría de la evolución que, sin embargo, no había sido en vano. La filosofía se tambaleaba, uno sentía unas ganas locas de abrirse otros caminos, secretas orillas» (pág. 487).

Un par de páginas más adelante, aparece Stalin por primera vez en la novela. Lo encontramos con un tremendo parón de estómago, que, por vergüenza, no quiere confesarles a sus médicos. No parece decente que el gran jefe del socialismo mundial tenga que cagar para curarse, así que llama a un médico de fuera de casa, Grádov (Boris Nikítovich), cuyos dos hijos han sido encarcelados por la NKVD y están siendo torturados en el mismo instante en que el padre entra en la habitación de Stalin: «Encontró a su paciente, Stalin, acostado en un diván. Reinaba un hedor pestilente» (pág. 493). A ese punto de vista me refería cuando hace un rato –aún no había leído este párrafo– escribí las anteriores líneas. Uno puede hacer una farsa, una pintura expresionista, un esperpento: se puede hacer lo que se quiera, pero todo tiene sus reglas. No puedes maltratar así lo que pretendes que sea una novela realista, porque se te derrumba, se te viene abajo el discurso. Ni se te sostiene como texto literario, ni –si es eso lo que pretendes– como documento de denuncia: Stalin desnudo, cagándose encima, mostrando los seis dedos de su pie derecho, suplica: «Alíviame, amigo, y pídeme lo que quieras.» No es manera de presentar a un personaje por más Stalin que sea. La gran cagada del dictador se convierte en una traca de gases, pedos, hedor y abundancia de mierda. Las enfermeras no dan abasto en aportarle bacinillas que él colma.

Un cuadernito negro de tapa blanda
(1 de marzo-6 de mayo de 2006)

2006

1 de marzo, 2006

En el combate que enfrenta a don Carnal con doña Cuaresma, el Arcipreste se preocupa de servirnos un completísimo banquete, cuyos ingredientes enumera con sensualidad de glotón. Se nota que siente el mismo placer ante las carnes que ante los pescados. Con solo nombrarlos, citar sus procedencias y añadir alguna pincelada acerca de las características o cualidades de las piezas que compondrán el banquete, llena de gozo al lector quinientos años después. Qué excitación no conseguiría despertar en los lectores medievales, si no siempre famélicos, sí sometidos a rigurosas abstinencias con cierta periodicidad, y no solo por motivos religiosos. Con la condena de don Carnal y doña Cecina, el Arcipreste consigue hacer que nuestra excitación remonte aún unos cuantos escalones. Salivamos cuanto teníamos que salivar. Cuestión de escritura, que inexorablemente quiere decir cuestión de carácter. Del mismo modo que Rojas, en su *Celestina,* nos prepara para una sombría lucha de todos contra todos, una ordalía de lobos hambrientos, el Arcipreste nos obsequia con una gran fiesta colectiva, no importa lo que cuente, ni lo que cante. Un banquete insólito en la literatura española, cercano al que, unos años más tarde, les ofrecerá Rabelais a los franceses. Leo a Rojas y me veo como soy, y me ayuda a ver el mundo desde el sombrío lugar desde el que lo veo. Leo al Arcipreste y me muestra al hombre feliz que he querido ser. Me invita a su fiesta. Es, robándole el título a un libro de Queneau, *Le dimanche de la vie*. Ni siquiera se trata de un carnaval. El carnaval tiene algo de forzado desgarro: la tensión que transmite disfrazarse, representar el papel que no te corresponde y que, por lo que sea, deseas. El Arcipreste ve bien humoradamente al hombre como es, emanación o coágulo de un proceso complicado e inagotable pero gozoso: la vida; cada uno en su papel, con su vestido, participando de la feliz representación de una obra que seguirá desplegándose después de que nos hayamos ido. Simposio un tanto rústico. Banquete entre amigos. Aquí, nadie es otra cosa que lo que es, y el Arcipreste, como lo sabe, mira a cada uno, y lo acepta tal cual, sin exigirle nada. Solo hay un invitado cuya aparición irrita al Arcipreste: la muerte. Su presencia saca de quicio a nuestro alegre cantor (conviene releer el planto que le dedica a la predecesora de Celestina, Trotaconventos, «denostando y condenando a la muerte»). De Hita se llega a Sancho, al soldado Švejk; de Celestina al Bardamu de Céline, pero un Bardamu sin el egotismo a la francesa, y sin la carga exhibicionista del malditismo.

La penitencia que se le impone a don Carnal, derrotado por doña Cuaresma (secas legumbres, algunas verduras malfamadas), activa una tierna compasión en el lector. Pobre don Carnal, qué tristeza que tenga que privarse de los suculentos platos que le gustan. Es el precedente bien humorado del frustrado banquete de Sancho en casa de los duques. Pero por muy duro que sea verse condenado a consumir esta dieta cuaresmal, nos resulta una delicia leerla. Y qué efecto estimulante no consigue en la batalla que nos brinda entre las carnes de tierra y las marinas. Mientras leemos, tenemos ganas de aplaudir, de saltar, como cuando, de pequeños, veíamos aparecer en la pantalla del cine el ejército de los buenos que venía a salvar al protagonista que se encontraba en apuros, seguramente cercado por alguna despiadada tribu de indios; con la descripción de la sombría dieta abstinencial que impone la Cuaresma, se nos humedecen los ojos pensando en el sufrimiento del goloso don Carnal: garbanzos el domingo («con azeyte e non con ál»), el lunes arvejas («e non salmón ni trucha»), el martes espárragos («e mucho non te fartes»), espinacas el miércoles, el jueves lentejas, el viernes pan y agua, y el sábado «las havas e no más». Pobre don Carnal, y pobre Sancho, gobernador de Barataria, y pobres todos los famélicos que en el mundo han sido.

2 de marzo, 2006

Me llama Agnès, la mujer que lleva las relaciones con la prensa en Payot & Rivages, para decirme que en *Le Monde des Livres* de hoy aparece la reseña de *Les vieux amis.* Quizá puedas encontrarlo en Valencia, me dice. A los cinco minutos ya he encontrado en internet lo que buscaba: maravillas de la técnica.

Anoche seguí leyendo el Arcipreste de Hita hasta muy tarde. Sentía deseos de reír, de llorar de alegría, emoción. Quién fuera capaz de escribir así. Te dice: vive, no desperdicies ni un segundo. No creo que haya en toda la literatura española una escritura tan gozosa. No la hay. Yo, al menos, no la recuerdo. Repaso títulos, nombres de autores, y no encuentro nada ni a nadie que se le pueda comparar en ese registro gozoso y gamberro. Rojas es un moralista sombrío, ya lo escribí ayer de madrugada en este cuaderno, también Cervantes es un moralista severo (a pesar de que Sancho tenga rasgos *arciprestales,* lo son don Pablos y Marcos de Obregón: moralistas, cada cual a su manera), el conjunto del *Quijote* respira una melancólica seriedad de corte civil, que trastabillando por la Revolución Francesa, regresa con el azañismo, con Machado y la generación del 36, la moral de los viejos maestros republicanos (creo que era una maestra republicana represaliada la mujer que me regaló el primer *Quijote* que tuve en mi vida, con su dedicatoria: yo tenía ocho años y asistía a unas clases particulares que, en su pisito, impartía a algunas muchachas ricas, ella defendía mi derecho de pobre a saber, no solo no le cobraba por las clases ni un céntimo a mi madre, sino que, además, la animaba para que yo siguiera estudiando). Aunque no sé si con esa tradición de la que hablo regresa Cervantes, o más bien una forma de leerlo. *La lozana andaluza* nos resulta sucia, pegajosa, y aunque sea verdad que a mí me excita mucho en bastantes momentos, no siento que ese desvergonzado y sucio mundo de putas sifilíticas sea el mío. Lo del Arcipreste resulta misterioso, porque es una mezcla rarísima de inocencia y perversidad, de ingenuidad y resabio. Todo en él rezuma desde un fondo benevolente, pero que no tiene nada que ver con la cortedad ni, por supuesto, con la beatería, en ningún sentido en que se tomen las dos palabras. Te entran ganas de ver un retrato del tipo, ¿cómo sería físicamente? Él mismo se pinta: «el cuerpo a muy grant, mienbros largos, trefudo, la cabeça non chica, velloso, pescuçudo. El cuello non muy luengo. Encías bermejas, boca no pequeña y labios más gordos que delgados». Dan ganas de conocerlo, de tratar con él, de ir a almorzar alguna mañana con él, a tomar copas en un bar de putas. Pocos autores transmiten la sensación de que un escritor es un amigo y un cómplice en tus travesuras de buscón de cuerpos. Quizá Galdós (quien, por cierto, homenajea al Arcipreste con su cura montaraz, vividor, sanguíneo y lúcido, Juan Ruiz, en el episodio nacional que lleva por título *Carlos VI en La Rápita),* Montaigne...; Rabelais, no. Rabelais es demasiado. Te agotaría a las dos horas de paseo con él, te dejaría tirado en el putrefacto suelo de París con una borrachera espantosa y a la mañana siguiente, desde tu terrible resaca, te lo encontrarías pimpante como una rosa recién nacida después de haber continuado él la juerga con otra gente y por otros medios. En el Arcipreste, a pesar de la sobrecarga, uno tiene sensación de levedad; de que la carne y el tocino están ahí pero no engordan más de la cuenta, no le producen colesterol al lector; y de que el vino no emborracha más de lo que tiene que emborrachar. Todo anima, chispea, da ganas de seguir avanzando en la lectura. Está en una fase previa a la saturación, en ese momento sublime de la *hybris,* que los adictos a algo (alcohol, cocaína) conocen tan bien, ese estado que tan poco dura; el luminoso instante en el que el mundo se revela perfecto y estás con gente que no parece de verdad por lo bien que se ajusta a lo que tú le pides a la gente. Luego, te empeñas en tomar otra copa, y descubres que el espejismo se ha desvanecido. Ese instante perfecto de la *hybris* es el que captura el Arcipreste: la aceptación sin ambages de tu humanidad con todas las limitaciones, que entre sus manos ni siquiera son tales: solo formas del ser. También lo transmiten Rabelais, ciertos pasajes de Cervantes, Sterne y Dickens *(Los papeles póstumos del Club Pickwick),* la novela de Hašek *(El buen soldado Švejk),* ciertos humoristas rusos (Ilf y Petrov: *Las doce sillas),* las comedias de Molière; por otras razones, Montaigne, tan razonable, tan acorde con lo que la naturaleza da y quita al hombre. ¿Me permito añadir a Voltaire, a Diderot? ¿O a esos se les acaba viendo demasiado la sesera? En cualquier caso, me atrevo a decir que el Arcipreste tiene otra textura, otra encarnadura más bienhumorada, es carne más cercana (ya lo he dicho: Rabelais no te deja estarte quieto ni un momento, es la agotadora orgía perpetua; Montaigne ama la vida razonable, pero se palpa demasiado los riñones. A lo lejos, Villon ya ha cruzado la raya que, por exceso en lo vivido, te lleva a la desesperación, al cinismo, o, como es el caso, a pasear *entre* ahorcados hasta que cuelgues tú mismo de una cuerda, sí, lo más probable es que si te paseas con Villon, aparezca alguien decidido a colgarte).

5 de marzo, 2006

Al parecer son interesantes los libros de Jared Diamond sobre la colonización del mundo por los euroasiáticos *(Armas, gérmenes y acero)* y sobre las sociedades que desaparecieron *(Colapso. Por qué unas sociedades perduran y otras desaparecen),* ambos publicados por Debate.

(P.S. Algún tiempo después me compré Armas... *y lo dejé a medio leer; sensación de* déjà vu, *colección de tópicos.)*

En estos días, ando metido en la larga saga de Aksiónov. Ahora resulta que la bella Veronika, la mujer del protagonista-héroe positivo Nikita, hijo mayor de la familia Borísovich, ha sido obligada a convertirse en amante del mayor Koltsov en el campo de concentración en el que la han internado. Él, el general Koltsov, es un *«grand escogriffe»,* algo así como un atrevido sinvergüenza, «débil e histérico» y –completa Aksiónov el retrato– que «padecía incontinencia urinaria, se llevaba cada cinco minutos la mano a su entrepierna y se dirigía por el pasillo a los servicios, con gran ruido de botas» (pág. 681). Aksiónov ha optado por el panfleto más cargante. No siente el menor pudor en convertir a todos los personajes en meras carcasas ideológicas (distinguiendo la diferencia de altura y densidad) en la línea de lo que hacía Calderón en los autos sacramentales. Sus personajes son figuras de fe, planas, capturadas por el rasgo más burdo, fantoches que se mueven como torpes criaturas de Frankenstein en un decorado realista. *El Don apacible,* además de una excelente novela, es un libro de ideología blanda (leninismo angelical) si lo comparamos con este panfleto de la reacción (ideología dura en el sentido marxista). ¿Tendrá valor Aksiónov de hablar contra

Lukács?, ¿de acusarlo de esquemático?, ¿qué dirá del realismo social? Cuando el mayor Koltsov se folla a la bella Veronika, no se la folla, sino que «se abalanza sobre ella eructando algunos rugidos» (pág. 682): una frase ejemplar el día que uno quiera explicarle a un aspirante a novelista lo que jamás debe escribir. Desgraciadamente, haber sufrido mucho no es garantía de que vas a escribir una buena novela. Ese es uno de los grandes dilemas morales que nos plantea la literatura.

La vieja Sheaffer que reencontré el otro día me ha ayudado a llenar estos cuadernos. Hoy me encuentro con su compañera, de la que ya no me acordaba, y que es de la que me sirvo en estos momentos. Otra vieja joya: corre con suavidad, sin apenas rozar el papel, aunque aún tengo que rehacerla a mi mano. ¡Hace tantos años que no la uso!

Prosigo la lectura de *La Celestina.* Tomo notas para el artículo que me gustaría escribir. No sé si lo conseguiré. Últimamente, se me va todo en preámbulos, en preparativos. No soy capaz de fijar nada. Me siento en un mundo flotante. Como si las cosas se quedaran fuera, las palabras una masa evanescente que las sobrevuela, sin correspondencia con ellas, y eso me provoca un enorme desconcierto, me priva de la capacidad de capturarlas, de trabajar con ellas. Nada se fija. Ningún conocimiento surge de tanto esfuerzo, ni siquiera alcanzo a rozar los datos previos a ese conocimiento. Se me va cada uno por un lado. No consigo recogerlos, organizarlos (el pastor recoge las ovejas dispersas, las convierte en rebaño y luego las mete en el corral, en el aprisco: es su cometido). Tengo con frecuencia la impresión de que he quemado en fuegos fatuos este oficio de escritor en el que tanto empeño he puesto, y del que tan escasos resultados he obtenido. Me pregunto si no habrá llegado la hora de cambiar de profesión, pero ¿no es un poco tarde para eso?, ¿y qué otra cosa podría hacer?, ¿a qué podría dedicarme? De momento, para salir del paso, pienso en vender el local que me correspondió del terreno de mi abuelo; dejar el trabajo en *Sobremesa,* en eso parece que hay un acuerdo mutuo, yo quiero dejarla y ella quiere que la deje. La vida que llevo aquí debe de notarse allí. Días entero solo y, cuando salgo, charlas casi siempre insustanciales, subidas de tono, de humor grueso, obscenas: las que ocupan a los que frecuentan los bares del pueblo, la mayoría de ellos albañiles, fontaneros, mujeres de la limpieza (amas de casa que completan su sueldo como mujeres de la limpieza). Es verdad que el contraste con el mundo de los gastrónomos, los enólogos y los especialistas de la cocina (digámoslo así) resulta muy fuerte: a mí mismo me aburren las conversaciones de bar cada vez más, soporto mal su mala baba, y me molesta la obscenidad, la grosería, la invasión permanente en la intimidad ajena (¡ah!, aquellos tiempos en los que adorábamos el lenguaje del pueblo, la verdad es que tampoco era exactamente el pueblo de hoy, mimado del enorme basurero televisivo). Con todo, soporto aún menos otro tipo de relaciones.

Además de la semana en Madrid, para que el mes no sea ruinoso, hago otro viaje suplementario cada mes, para escribir algún reportaje; y a eso se le añaden los compromisos a los que no debo renunciar y que tienen que ver con la promoción de los libros en el extranjero, porque estoy convencido de que, sin excederme, me viene bien saber que, en Francia, o en Alemania, tienen buena acogida; me ayuda a mantener mi independencia de puertas adentro: puertas adentro del país, pero también de mí mismo: es duro vivir así, aislado, solo y desconfiando permanentemente de tus novelas, dudando de ellas, sin darles valor. Quizá por mi formación en colegios en los que se enseñaba a los alumnos valores que tenían más que ver con la mecánica, la técnica, las habilidades artesanas, los trabajos manuales, nunca he acabado de creerme que el mundo de la palabra, e incluso del pensamiento (en menor medida esto último), tenga un gran valor. Sigo extrañándome cuando la gente me dice que quiere que escriba; que no deje de escribir novelas, que ellos las esperan con avidez, o con ilusión, y a lo mejor, si me extraño, es porque ninguna de mis relaciones habituales pertenece a ese ámbito de lectores. Vivo y trato con gente que ni me lee ni piensa que tenga mayor mérito el hecho de escribir una novela, eso subraya la inseguridad: ellos hablan de sus trabajos manuales, de las dificultades con que se han encontrado, de las que han resuelto (hacerle una curva a una escalera, por ejemplo: es una discusión que ya les he oído a los albañiles unas cuantas veces), y si te pasas por donde están trabajando, puedes ver los resultados. En fin, que vivo momentos de cambio, que estoy a punto de dejar *Sobremesa,* donde he trabajado más de veinte años. Ha llegado el momento de dar un salto, lo que no sé es hacia dónde. No me veo escribiendo columnas en algún periódico. Ya no tengo esa capacidad para ofrecerme como personaje cargado de certezas cuyo punto de vista aguarda cada día el lector precisamente porque quiere que lo confirme en el suyo. Además, si se me deja solo, soy lento, lo mismo que puedo ser velocísimo si se me encarga algo dentro de un trabajo en grupo: haz esto, esto otro, entonces lo hago en pocos minutos, escribo un editorial, una entradilla, un artículo de encargo que, por supuesto, no tenga que firmar. Irresponsable.

Si me paro a pensar en un tipo que no sabe cómo acabar cada mes ni a qué dedicarse, y, sin embargo, está dispuesto a dejar a los cincuenta y siete años su único trabajo, me digo que ha extraviado cualquier principio de realidad. Me pregunto, además, para qué quiero ese tiempo libre, si, ahora, el que tengo lo pierdo. Soy incapaz de pensar en la novela como un conjunto, como un todo, lo más que hago el día que hago algo es añadirle media docena de frases, y –por supuesto– quitarle otras tantas, como si estuviera esperando que madurase la novela por sí sola, huyendo de las preguntas decisivas, incapaz de fijar nada: escribo como quien hace ejercicios de dedos al piano, mecánica, poco más que mecánica. Ahora mismo, en este cuaderno, escritura mecánica: probar esta pluma, escribir porque necesito probar la pluma. No es exactamente así. Escribo porque necesito librarme de una pulsión de la que esa novela empantanada no me salva. Un tipo de escritura automática –el diario psiquiátrico– que en sí misma se quema, exhibe su inutilidad, su fracaso, porque el arte de escribir es arte de organizar, convertir en una forma de orden (ah, el arteeee) lo que vives como caos, gracias a la disciplina, lograr formas reveladoras, que no otra cosa es esa representación para uso ajeno del texto literario. Dejar de ser uno mismo para ser representación de uso (en los tiempos que corren da vergüenza decirlo, pero es eso: servicio público) es el único valor que puede exhibir la literatura para reclamar atención; el que permite contemplarla como trabajo y (dudas del escritor aparte) hasta convertirla en mercancía, como se convierte en mercancía la casa que construye el albañil o el pollo que ha matado, despiezado y envasado el obrero de una explotación. Sin embargo, un obrero mínimamente cualificado sabe que puede hacer a diario su trabajo, lo domina, lo automatiza. El escritor que busca su lugar y su voz carece de garantías sobre su propia habilidad, es un ser inerme, a la deriva.

Anteayer me enteré de que se ha ahorcado un hombre con el que charlaba de vez en cuando en el bar. Tendría una cincuentena de años. Anarquista en su juventud, con un pasado urbanita a la espalda, viejo militante en grupos radicales, con experiencia de vida en comunas en la ciudad de Valencia, ahora trabajaba en la comarca como albañil y vivía solo. De un humor amargo, cuando se emborrachaba no era fácil mantener un diálogo con él, pero era una buena persona, generoso, solidario, se le perdonaban los momentos de vino agrio. Te apartabas un paso de él, y se acababa el problema. Se quedaba cabizbajo delante de su copa. Lo siento como una víctima más de la revolución que no llegó. En el país abundan las biografías paralelas a las de ese hombre. Decimos que la Transición se hizo felizmente sin violencia, pero lo cierto es que se llevó por delante a muchos de los más generosos, de los más inteligentes de mi generación, y de las inmediatamente anterior y posterior: alcohol, heroína. Gente que dejó caer los brazos. Se rindió. No fue capaz de aceptar lo que llegaba, las carreras de los oportunistas en busca de acomodo, las traiciones, los abandonos. Esos fuertes frágiles.

Pregunté para saber cuándo iba a ser el entierro y me dijeron que lo habían incinerado ayer en Denia: «Lo más barato», me dijeron, «no tenía a nadie». No sé quién se habrá hecho cargo de los gastos. Descanse en paz. A tipos así han ido dedicados mis libros, sin embargo me he alejado de ellos, aunque no solo de ellos, me he alejado de casi todo.

Hoy, día invernal, ventoso y desapacible. Ha amanecido muy nublado, pero después, a media mañana, el sol ha empezado a abrirse paso y lo ha llenado todo con esas luces inciertas, cambiantes y esquinadas, que tanto gustan a los fotógrafos, porque resaltan bien los perfiles de las cosas y conceden inusitadas profundidades de campo. A primera hora de la tarde, aunque seguía soplando un viento muy frío, el cielo estaba azul y las montañas se recortaban nítidas. Todo aparecía limpio, purísimo, el aire delgado envolvía el conjunto en una purísima campana de cristal, la visibilidad y la luminosidad resultaban extremas. Un buen día para subir al cabo de San Antonio a ver el perfil de Ibiza, para contemplar desde el Montgó el golfo de Valencia y las puntiagudas formas de los macizos montañosos de Castellón, y el Peñagolosa. Durante todo el día, he oído a Paco trabajando en el huerto (el ruido de la azada, el de la mula mecánica). Pensaba en que a lo mejor dentro de unos días ingresa en la cárcel. He sentido pena.

6 de marzo

Subo con Molines y Fernando a Castellón para comprar aceite. Lo pruebo al llegar a casa y los aceites que el año pasado eran vivos, vegetales, aromáticos, y estaban llenos de grata fruta y verdor, esta temporada me parecen espesos, sospechosos de algún tipo de manipulación; en el mejor de los casos, carentes de gracia. Mi gozo en un pozo. ¿Por qué resulta tan difícil en esta maldita Comunidad Valenciana mantener las cosas que se hacen bien? Uno recibe continuas lecciones de inestabilidad: si la vida es mutable, son siempre y en todo lugar relativos los valores y cualquier accidente los degrada, en esta Valencia (ni siquiera el nombre es estable, Valencia, País Valencià, Regne de València, Comunidad Valenciana, no sabemos ni cómo se llama nuestra tierra), es inevitable no sufrir lo inestable como cotidianidad: ser testigo de una cambiante sucesión de desastres. Acostumbrarse a ellos. Campos abandonados, montañas en las que las máquinas arrancan almendros y olivos y a los pocos meses están cubiertas de hormigón, canteras que se muestran por todas partes como heridas del paisaje, vertederos de escombros, paisajes portátiles y en permanente degradación, lo que se dice ir a peor te salta a la vista allá donde posas la mirada. Qué seguridad puede transmitir un mundo así. Un modo de vida que te lleva al cinismo, un *carpe diem* de corte oportunista y de efectos desastrosos, incluso para la prosa. A qué viene tanto dar vueltas a las cosas, tanto pulir y retocar, ¿por qué te crees que va a durar más un libro que una montaña? El relativismo se le contagia a uno y lo inutiliza para crear algo que vaya un paso más allá del aquí y ahora. Y yo, que he vivido casi toda mi vida fuera, los últimos años en la estática Extremadura, al volver y convertirme en ciudadano de aquí, me pregunto continuamente por qué es tan escandalosamente así en la Comunidad Valenciana. No me basta la corrupción como excusa: la hay en todas partes; además, eso supondría, como contrapeso, la existencia de fuertes núcleos de resistencia, incluso si se me apura desde los valores más reaccionarios: la patria, la casa de los abuelos, el territorio de la infancia, el peso de una historia compartida, fantasmas que en otros territorios –Cataluña, Galicia, País Vasco, incluso Andalucía o Extremadura– actúan y aquí no se le aparecen a nadie. Ni casa del abuelo ni hostias. La pasta. Ya no quiero ni pensar en valores contemporáneos, la ecología y todo eso. No, aquí no se defiende nada ni con valores de antes ni con los de ahora. A lo mejor, habría que remontarse al modo en que esta sociedad se formó, por sucesivas oleadas de población aluvial tras la reconquista, tras la expulsión de los moriscos, en la posguerra, con la llegada del turismo y de la emigración masiva de los sesenta, la de estos últimos años..., quizá le haya faltado un núcleo fuerte y estable capaz de incorporar esas oleadas de población, de integrarlas, falta de energía centrípeta en ese núcleo. En ningún otro lugar observo esta especie de frenesí: prisa por usarlo todo al mismo tiempo, por degradarlo todo. De algo de eso quiero que trate mi novela. Lo he apuntado en algún artículo: solo China, los países a los que ahora llaman los dragones de Oriente, transmiten tal sensación de activo desprecio por su pasado y por sus tradiciones, y no será que no las tienen. Cuando me llevaron a ver Suzhou, la que llaman la Venecia china, con sus jardines y canales, me encontré con un laberinto de tapias de cemento, de acequias pestilentes que recogían las aguas contaminadas de las empresas químicas: a lo que más se me pareció aquello fue a los alrededores de la Albufera de Valencia, con su suciedad, sus aguas cubiertas de plásticos, de botes y garrafas de plaguicidas usados, montones de escombros y residuos de todo tipo. Los famosos jardines –obra cumbre del paisajismo chino– se levantaban entre basuras, construcciones de cemento, al borde de feos polígonos industriales. Casi nada te indica que aquello fue hermoso en algún momento de su historia. Pero los chinos viajan desde lugares lejanos para contemplar los jardines de Suzhou. Consiguen abstraerse del desorden y fealdad que los rodean y gozar de ese concepto total del jardín chino que –como un banquete– ha de ser representación ideal del mundo. Un parecido grado de concentración intelectual consiguen los valencianos ante sus paisajes: te muestran el mar, las puestas de sol en la Albufera y abstraen la porquería que se extiende entre sus ojos y el objeto de su contemplación. Sobre el paisaje de residuos y basuras, se levanta la verborrea de una escuela lírica. Las palabras captan lo que, al parecer, es permanente; lo otro, el espanto que ocupa el territorio, es algo circunstancial: el accidente, que dirían los escolásticos. Las palabras vagan como fantasmas en el jardín cerrado de los tópicos: la lírica de los árabes (Al Balansí); las descripciones de Mariana, reproducidas por Covarrubias; las palabras de Cervantes en el *Persiles* (bastante menos conocidas), los versos de Teodoro Llorente y de los mantenedores de juegos florales, y la batería de pegajosas ofrendas verbales a reinas de las fiestas y falleras que tanto gustan por aquí y tanta importancia adquieren en la vida social de las poblaciones.

A veces pienso que el país ha estallado por efecto de una selectiva bomba de neutrones que ha dejado a los ciudadanos con vida, pero impávidos, no se han enterado de la gran explosión y se comportan como si nada hubiera ocurrido ni estuviese ocurriendo. Todo esto viene a cuento de unas cuantas garrafas de aceites que el año pasado y los anteriores resultaron excelentes y que este año me parecen vulgares. ¿Se han contagiado del espíritu del país, en permanente emulación a la baja? ¿Para qué empeñarse en mantener la calidad, si, al fin y al cabo, solo se trata de aceite?

Enterarme de si está publicado en España el teatro de Heiner Müller. (Parece que sí, con traducción de Miguel Sáenz.)

Algunos gramos más de pimienta gruesa extraídos de la novela de Aksiónov: los soldados rusos que se pasan a Hitler se la menean viendo imágenes de Leni Riefenstahl y de Zarah Leander. Mitia y Gochka incluso se la menean el uno al otro. Mantienen lo que Peyrefitte llamaría una amistad particular. Son soldados malos. De los otros, de los buenos, no sabemos gran cosa. Solo que los oficiales se follan a mujeres hermosas. Los oficiales malos, claro está. En ese ejército uno va de Guatemala a Guatepeor.

7 de marzo

De repente me encuentro con que, sin darme cuenta, tengo una agenda repletísima: charlas en Estrasburgo (la entrega de un premio), en Italia (unas jornadas de literatura española), en Alemania (lecturas de *El viajero sedentario),* en A Coruña (no sé aún muy bien qué debo hacer) y en Barcelona (algo así como voces silenciadas de la Transición); y todo eso en los momentos en que el artista se columpia sobre su mundo flotante, incapaz de pensar en nada, un escritor que no escribe, un novelista que no novela, y que se da cuenta de sus múltiples compromisos precisamente hoy, un día en el que ha vuelto a beber y ha perdido estúpidamente la tarde, y en el que todo le pesa y lo agobia. Qué difícil se me hace cada paso que doy. Cómo podría poner una pizca de orden en este caos. Sí, lo sé. Es un problema mío. Tengo que ser yo quien se siente, quien se imponga horarios, deberes, obligaciones. O quien se desentienda de todo y decida de una vez que lo de escribir no es lo suyo y se busque otro principio de orden. De momento, las contradicciones se agudizan, se le clavan dentro y le hacen daño.

De un poeta japonés: «redacto notas de viaje en el camino de la muerte». Así es.

8 de marzo

La Celestina: tomo notas. El hecho de que no se sepa si es obra de un autor, o de varios (al menos, de dos), exonera al libro de una lectura psicologista, o psicosociologista, y convierte en aún más misteriosa su capacidad destructiva, su rabia: la objetiva. De dónde procede ese insalvable pesimismo, su materialismo arrollador, la desconfianza radical hacia el ser humano que nos transmite. Leyendo, tiene uno a veces la impresión de reencontrarse con la desesperanzada filosofía que ha percibido en los más desfavorecidos, en los que Buñuel, en su película mexicana, calificó de olvidados (hablo de clases no solo españolas, no solo en la actualidad). El pesimismo de la experiencia de los de abajo. Sí, mientras leo, me parece estar escuchando a mi abuela, una mujer a la que los vecinos consideraban, en su extrema pobreza, generosa, y que se mostraba incapaz de soportar que nadie sufriera lo que sin duda ella misma había sufrido, pero que –paradójicamente– te enseñaba al mismo tiempo que no tenías que esperar nada de la generosidad ajena. Cuando busco la razón de esa paradoja, pienso en la ingente cantidad de mal a la que había sido expuesta aquella mujer de apariencia frágil y carácter fuerte: analfabeta, hija de un pastor pobre que se quedó ciego y a cargo de media docena de hijos que se vieron obligados a emigrar (a la ciudad de Valencia, a Cataluña, a Argentina, a Venezuela), huérfana desde muy temprano. Vivió en propia carne los sucesivos desastres de finales del siglo XIX y la primera mitad del XX en España. De muy niña se trasladó a Valencia con sus hermanas para trabajar como criada. Pequeña pero muy guapa. Con casi cien años aún tenía un pelo precioso. A los quince o dieciséis se casó con un viudo cuarentón, juerguista, borrachín y putero, que la superaba en más de medio metro de altura y en sesenta o setenta kilos de peso. Puro nervio, sobrevivió hasta principios de los setenta, cuando ya tenía casi un siglo: se cayó de una silla a la que había subido para limpiar un cristal, y solo sobrevivió un par de días en la cama; nunca había estado enferma, ni había visitado un médico, ni recibido a un cura. La recuerdo siempre activa, y recuerdo su complicidad con los de abajo: mujeres aún más pobres que ella que aparecían por casa, viudas que no alcanzaban a alimentar a sus hijos, niños vestidos con harapos. Existía una red de apoyos y servicios mutuos, sociedad secreta de la desolación. Un peculiar patio de Monipodio para gente honesta a punto de reventar, o reventada. Ayudar al más pobre era un deber irrenunciable, y al mismo tiempo la experiencia de generaciones les había inyectado la certeza de que no había que esperar nada del ser humano, dos conceptos que no eran incompatibles. Para entender su complementariedad seguramente haya que haber pertenecido a esa clase.

El misántropo generoso, personaje en apariencia contradictorio, casi una aporía psicológica, era frecuente en la España de posguerra en la que la caridad había caído en manos de cursis y despiadadas esposas y novias de vanidosos vencedores, de viudas de guerra, de masculinas solteronas de la sección femenina, y era una forma de boato social que rozaba la venganza de clase. ¿Cómo confiar en el ser humano después de haber visto desaparecer a familiares y vecinos en las guerras de Cuba, de Filipinas, de Marruecos, o en los tortuosos caminos de la emigración? Sobre todo, después de haber vivido la Guerra Civil, y el espanto de la posguerra. Los jóvenes sacados de casa o de las cárceles para ser fusilados a media noche, junto a las tapias de los cementerios, barrancos y simas; los cadáveres malolientes a los que nadie se atrevía a acercarse, el saqueo del patrimonio de viudas y niños, las delaciones, las palizas y torturas. Demasiada sangre, demasiados intereses turbios alimentando la caldera de las ideas, celos, envidias, robos detrás de muchas de aquellas muertes, pero también una ración insoportable de miseria y suciedad. No era fácil restablecer la confianza en el ser humano después de todo aquello. La dignidad se mantenía en el delgado filo de la higiene, que había que pelear duramente por mantener (pobres pero limpios; si falla la higiene, se desmorona la frágil posición mantenida en el espectro social, caes en ese otro estadio, el de más abajo, es lo irreparable, lo que da pena). Despiojan a sus maridos e hijos, que vuelven del frente o de la cárcel (mi abuela, mi madre, cociendo en la olla grande las ropas de los que acaban de llegar, mi padre, mis tíos, sus amigos: vienen del frente de Teruel), porque traen con ellos las pulgas que se incrustan en la cabeza; los piojos, escondidos en los pliegues de la ropa; las chinches que se instalan en las casas (¿de dónde procederán esos bichos repugnantes, qué carnes habrán mordido, en qué tugurios habrán incubado?), en los colchones, al fondo de las camas de madera; cada domingo, sacan ropas y muebles al aire y al sol para librarse de la suciedad que, con la guerra, ha regresado y lo ocupa todo. Hervir las ropas, fregar con lejía, con sosa cáustica, los suelos, lo que sea con tal de que la suciedad –es el sinónimo más preciso de la miseria– no se te coma, no se apodere de tu casa. Y en esas condiciones seguían funcionando las sociedades secretas de la piedad, las misteriosas redes de ayuda mutua. Mientras he ido escribiendo estas líneas, vuelvo a sentir la desconfianza que mi abuela se empeñó en transmitirme, no solo hacia la política, el gran saco de odios, sino también a la higiene ajena; se convertía en necesario poner en cuestión todo aquello cuyos orígenes y trayectoria no se conociese exhaustivamente: no ponerse ropa de otros, no consumir alimentos –verduras, carnes, huevos– cuya biografía (ahora lo llamarían trazabilidad) no se conociera, rechazar los platos que otros habían cocinado. Se desconfiaba de la comida en fondas, bares y restaurantes, qué habrían metido a cocer en aquellas ollas, cada uno sabía lo que había tenido que hacer en su propia casa, y no siempre era confesable, qué no harían en esos sitios anónimos: si se viajaba, había que llevar la merienda preparada de casa, por razones económicas, claro, pero también por una cuestión de higiene. Ahora lo pienso: en todos sus años de miseria, y sobre todo durante la guerra, qué no habrían tenido que ver aquellos ojos. Yo me reía de todas esas prevenciones y procuraba incumplir la norma, ahora sé que de un modo bastante estúpido. Volvía de Madrid, trataba en la facultad con muchachos de otra clase social, seres inocentes, hijos de vencedores que no conocían nada de ese mundo sucio y miserable que nos amenazaba a los de abajo.

Leo algunos artículos de Seamus Heaney reunidos en un libro que se titula *De la emoción a las palabras*. Están subrayados por mí. Los leí hace ocho o nueve años, pero no los recuerdo: es como si los leyera por primera vez. Me parece extraordinario (me enseña y me emociona) el que titula «El ruido infatigable de los cascos: Silvia Plath», dedicado a la gran poetisa americana.

Del *Ars Poetica* de Archibald MacLeish (citado por Seamus, pág. 256): «*A poem should not mean, / But be.*»

Una cita del Prólogo a *Obra poética, 1923-1964,* de Jorge Luis Borges, que creo que es muy oportuna para mi trabajo celestinesco (en Seamus Heaney, «Enderezar la poesía», pág. 274 de *De la emoción...):* «El sabor de la manzana (declara Berkeley) está en el contacto de la fruta con el paladar, no en la fruta misma; análogamente (diría yo) la poesía está en el comercio con el lector, no en la serie de símbolos que registran las páginas de un libro. Lo esencial es el hecho estético, el *thrill,* la modificación física que suscita cada lectura.

»Borges insiste en la naturaleza de ese *thrill* o "modificación física" y sugiere que viene a llenar la continua necesidad que tenemos de recuperar un pasado o de refigurar un futuro –una formulación, dicho sea de paso, que constituye una sugerente verdad tanto a nivel comunitario como a nivel personal.»

Marguerite Yourcenar, en *Mémoires d'Hadrien:*

«Manger un fruit, c'est faire entrer en soi un bel objet vivant, étranger, nourri et favorisé comme nous par la terre; c'est consommer un sacrifice où nous nous préférons aux choses. Je n'ai jamais mordu dans la miche de pain des casernes sans m'émerveiller que cette concoction lourde et grossière sût se changer en sang, en chaleur, peut-être en courage» (Pléiade, págs. 291-292), «Comer un fruto significa hacer entrar en nuestro ser un hermoso objeto viviente, extraño, nutrido y favorecido como nosotros por la tierra: significa consumir un sacrificio en el cual optamos por nosotros frente a las cosas. Jamás mordí la miga de pan de los cuarteles sin maravillarme de que ese amasijo pesado y grosero pudiera transformarse en sangre, en calor, acaso en valentía». Una lección de materialismo que haría las delicias de nuestro biólogo republicano Faustino Cordón (conocí a su hija María en la facultad, no tenía ni idea de quién había sido su padre. Los perdedores, pensadores, filósofos, científicos, literatos, eran invisibles. ¿Cómo

no van a irritarme los libros de Jordi Gracia con su gran mentira de que la resistencia contra Franco nació entre los vencedores reconvertidos?).

13 de marzo

Viajo a Madrid. Apenas tomo la autopista, desde la carretera veo las humaredas que cubren las faldas del Montdúver en este día luminoso. El viento, que ayer azotó la comarca, se ha calmado. Las columnas de humo surgen desde el suelo y ascienden verticales en numerosos lugares separados unos de otros a veces por distancias de varios kilómetros. La calma de la mañana y la belleza del día vuelven más triste el espectáculo de la destrucción. Ayer, los fuertes vientos hacían que el humo se esparciera cubriendo los perfiles de las montañas y que una masa oscura cruzara la bóveda del cielo y se extendiera hacia el sur y el oeste. El paisaje cobraba un aire trágico. Hoy, sin embargo, esas columnas verticales, apacibles, nos hablan de indiferencia, de falta de sentido en la concatenación de los acontecimientos. Silencio de la naturaleza. El fuego es ahora ese animal que devora la presa ya cazada, y lo hace tranquilamente, relamiéndose. *Alea jacta est.* Estos montes tardarán decenios en recuperar su manto vegetal, si es que lo recuperan. Qué más da.

Vuelve el utillaje de la tragedia a medida que el coche se acerca a las laderas calcinadas por el incendio. El fuego ha saltado por encima del túnel de la autopista, y los pinos carbonizados se extienden ahora a ambos lados de la calzada. Más adelante, donde las laderas de los montes se suavizan y se convierten en bancales cubiertos de naranjos, que entran en contacto con los pequeños valles, aún arden grandes hogueras, acá y allá, esparcidas entre las masas de vegetación. Arden con una serenidad que parece mansedumbre: alguien que tiene todo el tiempo del mundo para hacer su trabajo.

No veo brigadas de bomberos, ni camiones cisterna. Seguramente los bomberos han dado esta zona por perdida y dejan que sea el fuego quien acabe agotando sus fuerzas cuando concluya con la vegetación que queda. Pero ¿y todo este bosque? Huele a resina, a madera tostada, aún queda una importante masa vegetal en apariencia sin tocar. Alguien debería hacer algo por salvarla. Tres o cuatro kilómetros más adelante, vuelvo a encontrar hogueras junto a la carretera: lenguas de fuego que lamen el aire por encima de las copas de los pinos. Apenas hay humo. La escena transmite más bien calma: los pinos y las hogueras que arden como en un ceremonial; y tampoco aquí se ve ninguna actividad humana para detener el fuego. Imagino que las brigadas estarán en alguna otra parte de las montañas. Sin duda, han dado por perdido el bosque que queda a este lado y yo lo miro por última vez, arde apaciblemente bajo el cielo azul, el paisaje entero envuelto en un aire templado, primaveral.

Desaparece uno de los pocos paisajes que permanecían intactos junto a la carretera. Hace cincuenta años, la visión que ofrecía la comarca era lo más cercano al paraíso que uno puede imaginar: las laderas azules cubiertas a trechos por pinadas, por algarrobos; los huertos de naranjas con sus casas rodeadas por arboledas y señaladas por la silueta de las palmeras, la geometría de los cultivos de verduras, las láminas verdes del arrozal. Hoy poco queda de aquello entre los bloques de edificios, los vertederos, las canteras, las urbanizaciones de chalets que se extienden inarmónicas y sin aparente control. Pienso: es la obra de mi generación, la de los que íbamos a transformar el mundo, los que levantaban los adoquines de los bulevares de París, los ideólogos del 68. Nunca en la historia del país se ha destruido tanto (y de modo tan irreparable) en tan poco tiempo (el ministro Solchaga decía que España era el país de Europa donde más dinero se podía ganar en menos tiempo: fue una manera de decirlo). La democratización y perfeccionamiento de la técnica lo han permitido. Rafael Blasco, el actual conseller de Territorio de la Generalitat Valenciana, perteneció al FRAP, un maoísta que quería –como yo mismo– poner patas arriba el mundo. ¿A quién se encontrará en el espejo cuando se mire por las noches? Mientras me rodea este caos, lo escucho predicar por la televisión conceptos como el de sostenibilidad. En este mismo momento, mientras el coche se aleja de la zona incendiada, oigo hablar a un concejal de Alzira, el pueblo de Blasco, al que entrevistan antes de que empiece en Valencia la *mascletà*, que se dispone a contemplar como invitado en uno de los pisos que tiene en la plaza del Ayuntamiento un gran constructor, Juan Albiñana. Le oigo repetir tres o cuatro veces la palabra «amigo»: mi gran amigo, mi amigo Juan Albiñana, que me ha invitado a ver la *mascletà*. Desvergüenza. Juan Albiñana planta las fallas más caras de la historia desde hace un par de años para promocionar el nuevo barrio que está levantando, y el concejal le cuenta a la locutora que, cuando termine el vermut que va a tomarse en ese piso desde el que verá la *mascletà* (aperitivo pagado también sin duda por Albiñana), se acercará a ver la espectacular falla de (una vez más) mi gran amigo Juan. Los tiempos son así. O hipocresía socialdemócrata (montar un escándalo por una nimiedad, mientras a escondidas palean carbón a la máquina de los negocios turbios), o desvergüenza democristiana. En ambos casos, lo que conviene hacer se impone a lo que se debe hacer. También yo voy dejando de preguntarme lo que debo hacer. Da la impresión de que, en esta maraña moral, ni siquiera los gestos se sostienen: carecen de repercusión, y ni tan solo escandalizan. Aunque, si lo piensas un poco, descubres que los gestos te aíslan, te dejan solo, lo que desmiente lo que acabo de escribir, eso de que no importan. Importan tanto que te quedas solo, aunque el gesto no sea más que estarse callado, hacerse el

Bartleby si te llaman para algo. Ni siquiera exhibirte como militante de algo. Decir solo lo de preferiría no hacerlo. Decir eso y negarte a ti mismo algo que en apariencia te conviene en este tiovivo. No decir lo que ellos quieren oír. Digo: ellos. Pienso: ¿y quiénes son ellos? En esta soledad que puede volverte loco, cómo distinguir a los presos de los guardias, a los verdugos de las víctimas, todos nos cocemos en el mismo caldo, ¿quiénes son ellos?, ¿quiénes somos nosotros?, tú, ¿a qué nosotros perteneces o quieres pertenecer? ¿Tú por un lado y el mundo por otro? No parece una división muy armónica, o bien equilibrada. No da la impresión de que pesen por el estilo las partes. ¿Y quién te ha colocado en el otro platillo de la balanza? Vuelta a la noria. El sujeto histórico. ¿Cómo vendrá?, ¿lo hará de día?, ¿a plena luz?, ¿o elegirá la suavidad de la penumbra?, ¿nos sorprenderá al amanecer?, ¿lo reconoceremos?, ¿o –como el rico avariento hizo con el Jesucristo en el villancico– le echaremos los perros para alejarlo de nuestra puerta?, ¿y si viene, y nosotros lo reconocemos a él, pero él no nos reconoce a nosotros? Nos niega, nos repudia. De momento, no tienes más voz que tu voz, tú eres tu sujeto, paralizado, incapaz de hilvanar cuatro frases seguidas. Pero tu sujeto. ¿En nombre de quién pretendes impartir tu justicia literaria? La razón. Ahí va. Ser solo un filtro que deja gotear en el vaso las escasas dosis de razón, un perezoso erizo de mar, una ostra, que separa toda la basura que le llega mezclada con el agua del mar. Pero dices basura, y es plancton, alimento, millones y millones de seres vivos y microscópicos que se ofrecen como benéficos nutrientes. Cuando dices basura, te colocas estúpidamente por encima, no eres de los que comen. Además, la razón es tiempo y es clase social. Que no se te olvide nunca.

Me entero de que el hombre que se ahorcó el otro día había sufrido un accidente hace pocos meses. Se derrumbó un tejado y lo pilló debajo (algo así). Al parecer, el accidente le afectó la columna vertebral y lo dejó impedido para hacer la mayoría de los trabajos que se le exigían como albañil, pero como no tenía contrato, ni estaba dado de alta en la Seguridad Social, ni gozaba de ninguna protección, se vio abandonado, incapaz de sobrevivir y condenado a humillarse, pidiendo a unos y otros. Los problemas de economía condicionados por las limitaciones físicas: decidió acabar de una vez. Has visto pasar a tu lado a tanta gente de esa generación que quería cambiar el mundo, estrellas fugaces cargadas de sueños, ideas forjadas tras horas de trabajo y estudios, actividad frenética derrochada sin pensar en sí mismos. Algunos fueron esnobs, o tontilocos, pero la mayor parte eran generosos, inteligentes, las mejores cabezas que dio aquella España de Franco a su pesar. Una oscura pena te invade cuando piensas en ellos. ¿Toda esa energía se ha desvanecido?, ¿se ha derrochado para nada? Tristes muertos inútiles, desesperados, cocidos de uno en uno.

15 de marzo

Hojeo una preciosa edición del *Teatro venatorio y coquinario gallego,* de Castroviejo y Cunqueiro. Me hechiza la primera página: las dos xilografías coloreadas con delicadeza por un tal E. C. Ricart. La primera, un friso en la cabecera de la página, representa a un perro que muerde a una liebre sobre un lecho de hojas y flores. En la capitular, un perro tumbado sobre sus patas levanta la cabeza como si contemplara a su amo, bajo un arco del que cuelgan los atributos del cazador: sombrero, morral, fusil y canana. Luego, claro está, la prosa de Castroviejo que, en apenas doce líneas, despliega una auténtica palmera de fuegos artificiales: «las mañanas brumosas del Tambre [...], entre hilos de niebla, bajo el oro viejo de los robles de diciembre». Más aún: «Adoro asimismo las tardes frías y las mañanas en hielo sobre cuyo blancor se alzan, sonoros y líquidos, los patos reales y las cercetas del Legüele.» ¿Quién da más? O, como dice él, quién da *más aún.* Uno piensa: eso es escribir. Vale, vale, artificio de plumífero. Ya lo sé. Y se pregunta uno cómo alguien consigue que parezca fácil lo que resulta, cuando se intenta, tan difícil. De qué pozo sale la energía de la escritura. Cómo se hace uno partícipe de esa arbitrariedad a la que los cristianos llaman *gracia:* don gratuito de Dios. Te la da, o no te la da. ¿Es eso? Ayer, hablando con E., le decía: «Escribir ya no me dice nada. Me gustaría cambiar de profesión, dedicarme a otra cosa que de verdad me guste, a conseguir un buen aceite, a rehabilitar casas, qué sé yo.» «Desde que te conozco te has dedicado a escribir», me respondió. Hace cuarenta años que nos conocemos. Produce un poco de vértigo ver cómo pasa el tiempo. Tantos años metido en trabajos a veces absurdos, recorriendo ciudades, enzarzado en discusiones ideológicas, en militancias; y es verdad, siempre, por debajo de todas las actividades, tozuda, la voluntad de escritor. Y todo eso para llegar a esta miseria expresiva que roza lo patético. Porque la escritura no es un arte acumulativo que premie el esfuerzo: si escribes más, durante más tiempo, si lees más, y con más atención, el resultado no es que escribes mejor. La escritura es como el juego para el personaje de Dostoievski: en cada partida se empieza de cero. La escritura como azar, al alcance de cualquier golfo que la toquetea. Quizá por eso tantos escritores son tahúres, inmorales. Para la escritura resultan secundarios valores como los del esfuerzo continuo, o el trabajo honesto, que, sin embargo, yo cada día admiro más como punto de partida para la reconstrucción del código que necesitamos, restablecimiento del contrato social en estos tiempos de anomia que corren (pero ¿ha habido alguna vez un tiempo regido por el *nomos?).* El tahúr da un impertinente golpe en la mesa para soltar el as y sonríe vengativo. En esto no vale ser más trabajador, más honesto, tener razón, incluso tener buen corazón, o afán de justicia. Al revés, son virtudes que se vuelven contra el escritor profesional. Posees todos esos dones y la escritura te da la espalda. Y lloriqueas.

19 de marzo

El otro día escribí que el don de la escritura es gratuito, como la gracia de Dios para los creyentes. Eso es verdad solo en parte. La escritura es –y mucho– trabajo. Te sientas y trabajas: piensas, ordenas, cortas, repasas cuadernos, tomas notas, añades una frase, y así un día tras otro. Lo que no puede ser es que te pases los días yendo de acá para allá y, además, quieras que la novela brote fácilmente cuando tú decides que tienes tiempo para dedicárselo. Eso no es así, al menos, no con mi carácter, o con mis ajustadas dotes. Yo no puedo escribir en los bares, en los cafés, en las salas de espera de los aeropuertos. Necesito tiempo –sensación de tiempo– por delante, que el día no se acabe hasta muy tarde y, sobre todo, que no se interrumpa la jornada. Y eso es lo que últimamente no tengo, ni siquiera tiempo para ver (la clave de la novela: fijar la vista), para poner cierto orden en la cabeza. Anteayer por la tarde, llegué de Madrid, me emborraché, y ayer pasé un día espantoso. Echo de menos haberme dado un paseo por Valencia en fallas. Me gusta ver el ambiente de esos días, asistir a una *mascletà,* pero me ha parecido excesivo ir hoy (el peor día, estará la ciudad abarrotada); y mañana, de nuevo de viaje, a Estrasburgo. Volveré el miércoles. De acá para allá. Sobre la mesa, los folios de la novela. Pienso dedicarle el verano. A ver si fuera verdad. De momento, leo la biografía que Sánchez-Ostiz le dedica a Baroja, que me habla del biógrafo casi tanto como del biografiado. Su agónica relación con lo vasco, la escritura como representación, baile de disfraces del escritor metido entre sus personajes, la violencia precristiana en el corazón de la cultura vasca, el paisaje de un pueblo pequeño en el que todo el mundo es medio pariente, y vive marcado por los asuntos de familia, son temas de Baroja, que se prolongan y forman el tortuoso meollo de la novelística de Sánchez-Ostiz.

Le doy vueltas a la charla que me he comprometido a dar en Barcelona sobre voces calladas de la Transición. Pienso que podría tratar sobre la disolución de ese sujeto histórico (o la usurpación por parte del grupo de poder que hizo la Transición y ha reconstruido lenguaje –y valores– a su medida), y, por tanto, la disolución de los valores que pudieran corresponderse con ese sujeto inexistente (sin sujeto, ¿qué narrador? Tras *La buena letra* y *Los disparos del cazador,* se me ha ido imponiendo progresivamente el perspectivismo como salida).

A Ostiz le fascina la capacidad de Baroja para dejar su biografía en el aire, sin concretar las situaciones, los hechos, ni siquiera los sentimientos: envolvió su vida en una especie de niebla. Baroja escamotea en sus diarios, en sus memorias, las relaciones que no le convienen. Cuenta, parece que con un detallismo minucioso, pero –por ejemplo– resulta que falta en la narración el que por entonces era su mejor amigo. Va aquí y allá, como si fuera solo, y evita nombrar a quien lo acompañó. Los personajes desaparecen de su biografía a conveniencia, se cuenta un detalle intrascendente, se escamotean los lazos que de verdad los unían, lo que Baroja pudo compartir con ellos, o lo que les debe. Hay una zorrería en el narrador, nunca se sabe si por cálculo o por despiste, más bien por una mezcla de ambos, lo que inquieta al biógrafo Ostiz, lo indigna, incapaz de fijar a su protagonista, que se le escapa, anguila. El zorro Baroja. Se entiende que, en sus relatos, en sus novelas, aspira a ser un personaje misterioso, aventurero, mientras que, en la vida real, es un sedentario comodón. Quizá para ocultar esa vida apoltronada que tan lejos está de la imagen que el lector extrae de sus libros, se preocupe tanto de escamotear a quienes lo acompañan en la cotidianidad: nombrarlos, subirlos al escenario, es revelar el provincianismo de su propia vida de escritor en bata y zapatillas (de zapatillas, con zapatillas, en zapatillas), ponerse él mismo en el centro de una comedia burguesa (su vida), alejada de cualquier borrascoso folletín (sus obras).

Desde las ventanas del piso de mi sobrina contemplo el paisaje que separa la ciudad de Denia del alto muro de piedra del Montgó. Donde digo separa, debería decir une, porque ya no queda ni un solo huerto; todo lo más, algún solar yermo que espera ser edificado: el resto del territorio ha sido convertido en adosados, chalets, edificios de varias plantas o jardín doméstico. Abundan las grúas y los bloques en construcción. En el solar que queda en primer plano, junto a las vías del tren, viejos muros surgidos de las excavaciones arqueológicas forman curiosos dibujos: líneas paralelas, cuadrados, un círculo inscrito en un cuadrado: de la circunferencia parte un muro que se une formando un ángulo recto en la mitad del lado norte del cuadrilátero. Hacia el oeste, corren en paralelo dos o tres muros construidos con piedras más voluminosas: antiguas escolleras, restos de la torre de alguna vieja fortificación, elementos constructivos de un puerto árabe que se construyó sobre elementos romanos... Los arqueólogos dibujan ese patrimonio, documentan la antigua ciudad –que por los elementos que aparecen fuera del casco urbano debió de ser bastante más grande que la del siglo XX– y luego los albañiles los cubren con hormigón. Unas decenas de metros al este de estos hallazgos se encontró un gran poblado, creo que almohade: casas, almazaras, talleres, pozos, todo fue cubierto. Al sur, una explanada de tierra señala el lugar en el que acaban de cubrir otro conjunto de ruinas. El subsuelo de la ciudad está ocupado por varios estratos de vestigios: calzadas romanas, restos visigóticos (no se salvaron a pesar de haber sido hallados en el centro de una plaza hoy peatonal), alfares, baños, fondas y zocos árabes, hornos de cerámica, necrópolis, murallas de diferentes épocas. Todo sumergido en hormigón y asfalto. Se dibuja y documenta antes de enterrarlo de nuevo, justifica un arqueólogo amigo mío. Lo convierten en concepto, en poco más que nada: líneas y palabras con las que luego se redactan esas pomposas historias localistas, regionalistas o nacionalistas en las que se cantan las glorias del pasado y se destaca la importancia que tuvo la ciudad en las guerras de César con Sertorio, en la fabricación de cerámica vidriada o en el comercio mediterráneo del aceite y el vino. Valencia, la Comunidad Valenciana –como se dice ahora– es así: aquí estuvo, aquí hubo, aquí se levantó. Hace unos años, el Ayuntamiento de la cercana ciudad de Gandía celebró un año dedicado a Ausiàs March, nuestro gran poeta. Se organizaban excursiones para visitar los lugares en los que vivió quien fuese señor de Beniarjò, una pedanía cercana, hoy ocupada por fábricas, polígonos industriales, almacenes de naranjas o urbanizaciones. También en eso se parecen los valencianos a los chinos, que te enseñan un hangar y te dicen que ahí se levantó tiempo atrás la lamasería dedicada a un importante pensador, porque para ellos lo que vale es el concepto, la idea de las cosas y no su materialidad. Los chinos sustituyen las viejas vigas de las construcciones imperiales por otras nuevas labradas exactamente igual que las anteriores. Lo viejo como valor en sí es un concepto que se inventaron los románticos europeos. Existe un libro dedicado a los monumentos desaparecidos de la Comunidad Valenciana que ocupa bastantes más páginas de las que ocuparía un catálogo de lo existente.

Volviendo a la arqueología de Denia: yo creo que en nuestra Europa del siglo XXI, en la que las ciudades pelean por ser patrimonio de la humanidad y los rebaños de turistas se empujan a las puertas de iglesias y museos para consumir arte, la conservación de los restos arqueológicos pertenecen a las plusvalías de un territorio. Dejarlos a la vista, en los sótanos de las edificaciones, como adornos de los jardines públicos o de los apartamentos, debería aumentar el valor de fincas y lugares, pero aquí ni se les ocurre pensar en eso. Manda una burguesía salvaje, voraz e impaciente, que ha renunciado a imponer cualquier modelo que se defina por elevación. Especuladores que llegan de fuera con la idea de llevarse cuanto antes su ración de tarta; y una burguesía local (y lodal) que aún no se ha librado del poso de explotador rústico, despiadado, que trata a la tierra como esclavo a su servicio, la España de Lorca y Benavente mal enterrada, que ahora viaja a bordo de fulgurantes todoterrenos: codiciosos hijos de campesinos reconvertidos en tres o cuatro decenios, incapaces de devolverle nada a la tierra que aún embarra sus pies. Su altura estética la encuentran en los programas televisivos, en la prensa rosa, en los gritos en el bar o en el campo de fútbol, el estruendo de las tracas y la música empalagosa de los puticlubs de carretera es el que empasta su espíritu. Hablan de grandes vinos, de comidas en restaurantes de alta cocina, y se lo echan todo al gañote. Proceden también ellos de un sombrío mundo precristiano, de un universo de dioses terrenales a los que el futuro les parece tan improbable como el más allá. Ni siquiera han capturado de la bolsa del cristianismo conceptos como los de la caridad, la compasión o –hasta si me apuras– la mentira piadosa. Un laicismo despiadado que no cree en Dios, ni en Marx, y se caga en la historia y en el porvenir (yo ya no lo veré, no me lo comeré ni me lo follaré, ese futuro del que me hablas): saben que, tras la carrera precipitada, llega el silencio por el que pasean tristes las sombras. Se ríen –con razón– de ese *«post tenebras spero lucem»*, que sirve de lema a Cervantes en su *Quijote.* No esperan nada que no les sea entregado cuanto antes. Ni siquiera tienen en la cabeza un proyecto calvinista que se prolongue en los herederos. El esfuerzo, el ahorro. Son Saturnos. Se están comiendo a sus hijos entre dos rebanadas de cemento. Proceden de las selvas oscuras en las que aún no existe el fulgor del mito (o son cínicos sesentayochistas que se han librado de él); ya digo que, de los dioses, mejor no hablar. No deja de tener gracia que su enemigo haya acabado siendo un monstruo salido del silencio de los desiertos, el islam, con su difuso monoteísmo de honda raíz precristiana, prepaulina, preagustiniana (esas formas civilizadas del desierto) con el ojo por ojo como divisa: la noche previa a la luz que dormita en el fondo de los arenales, las sombras que el cristianismo no logró penetrar. En la elaboración de esa teología, faltan San Juan, San Pablo, San Agustín, el helenismo. Falta, por supuesto, la palabra de Cristo que salva a la adúltera de las pedradas y pide que se ponga la otra mejilla. ¿Quién va a tragarse a estas alturas esa mierda mesiánica? Esta gente está o antes o después de todo eso, y uno no sabe si son peor los del antes o los del después.

Irrita la indiferencia barojiana hacia tantos conocidos, colaboradores e incluso amigos. Las páginas en las que Sánchez-Ostiz describe el final de la guerra y el regreso del escritor a Bera encogen el alma no por terribles sino porque transmiten una extraña grisura, entre culpable y cobarde.

Cuenta Ostiz cómo Baroja insulta a los Solana cuando ya han muerto y no pueden defenderse. ¿Da el *sagrado ministerio* de la literatura derecho a insultar, a mentir, a calumniar?, ¿quién le concede ese estatus fuera de toda ley, de toda moral?, ¿se lo concede la gracia, la inteligencia para combinar palabras? No parece soporte suficiente para justificar a los instigadores de cataclismos íntimos o públicos.

Decimos de Céline: quería exterminar a los judíos (sus *Bagatelles),* ¡pero escribía tan bien! Además, como el texto literario se sostiene en sí mismo, sin soporte exterior (eso suponen), solo tiene sentido en su propio orden, la historia de la literatura, una cuerda que pasa sin rozar la historia de la humanidad. La historia de la literatura, la de la pintura, la de la arquitectura, la de la música están llenas de hijos de puta, aunque la música nos parece otra cosa. Colabora con quien haga falta, pero no pronuncia sentencias. Puede acompañar la coronación de un rey, el entierro de un Papa, o la entrada triunfal de los vencedores de una batalla; pero qué digo, la música militar agrede, suele ser performativa, un toque de trompeta y el pelotón dispara sobre la víctima, incluso existe un toque que se llama de degüello, aunque, como diría el otro, o es música o es militar. Dejémoslo así. Lo que ahora quiero decir es que hay que tragar mucha saliva a la hora de separar literatura y moral (los textos de Quevedo explicándole al conde-duque que es mejor quemar a los herejes en la oscuridad de las celdas y hacer desaparecer sus huellas, sus cenizas, para que los adeptos no vean el heroísmo tozudo de esos hombres que no reniegan ni metidos entre las llamas de la hoguera; para que sus seguidores no recojan sus cenizas y las veneren como reliquias). La eterna discusión acerca de qué es la buena literatura. Con buena moral no se hace buena literatura. Aunque yo me atrevería a decir que si no se hace buena literatura es porque no se cuenta con buena moral. Pero sé que eso no es verdad, ¿y Quevedo? No, no se puede decir que Quevedo no tenga moral; al revés, la tiene solidísima, una moral cívica doliente, «Miré los muros de la patria mía». Mirar la literatura como un doble hilo, el del tiempo en que vive; el de los modelos a los que se acoge y desarrolla. En fin, dejémoslo en que la música por lo general no se plantea impartir justicia ni atizarle a nadie en la cabeza. En principio. Hemos quedado en que lo de los militares no es exactamente música. Ese toque de degüello.

La fachada de la catedral de Estrasburgo parece haberse encogido sobre sí misma, apretado, aumentando la densidad de las decoraciones y estilizando esa alta torre. No cabe nada más en esa fachada que sorprende al visitante al fondo de la rue Mercière. La vista se contamina del atrevimiento de la arquitectura y envía mensajes al corazón, que también se aprieta, se encoge, ante toda esa cantidad de esfuerzo humano, solo en busca de Dios, o de la belleza y la vanidad: formas de decir casi lo mismo. La rotundidad de la obra acabada difumina las razones, las circunstancias, adquiere un valor en sí que provoca admiración: es un coágulo de sensibilidad, de sabiduría y de trabajo.

Radio Clásica de Estrasburgo emite un programa en el que se incluye una preciosa sonata para piano de Schubert antes de dar paso a un especial con una decena de canciones de Luis Mariano, un perfecto olvidado en España. Seguramente hace diez o doce años que yo no he oído una canción suya en una emisora de radio española. Da que pensar. La voz de Luis Mariano, a pesar de su acento *terrible,* que dirían los franceses, y de su afectación, me suena espléndida esta noche alsaciana. Perfecto en su sobriedad el acompañamiento de la orquesta. Luis Mariano era de Irún, medio paisano de ese Baroja complejo, tozudo, y en tantas cosas despreciable, del que nos habla Sánchez-Ostiz. Fue otra víctima. La precristiana (y prerromana) sociedad de montañeses vascos no toleraba a un delicado homosexual. Tampoco –por supuesto– la España franquista, que se había deshecho de Miguel de Molina –o del tan viril en las formas Jorge Mistral: se suicidó en México–. Además, no había en el país una franja suficiente de clase media, de menestrales ilustrados y cursis como la había en Francia: fontaneros o carniceros, a los que se les empañaban los ojos al escuchar «Violetas imperiales» o «Rossignol», componían la franja social destinataria de las operetas de Mariano. En España era desgarro de copla y soleá. Imposible abrirse paso en un país bronco, malhumorado, gritón, que olía a vino malo, humo frío de taberna y matadero trinando dulces operetas. Luis Mariano, un tipo extraordinario, bondadoso (según testimonio de cuantos lo conocieron), armado con voluntad férrea aunque de orden inverso a la barojiana: cálido, afectuoso, educado, servicial, un cúmulo de valores españoles y vascos invertidos. Poco que ver la voluntad del delicado cantante de operetas, higiénico y elegante, con el hosco y mal lavado escritor (sus fotos con batín en batín de batín y zapatillas huelen a orín recalentado); sin embargo, uno intuye que comparten su destino de víctimas de las violentas pulsiones vascas, las que Ostiz define como precristianas, también víctimas de la violencia estructural de España, con sus guapos con navaja, desgraciados con ínfulas y borrachos con mal vino.

21 de marzo

Día de esos en los que vas de acá para allá. Cené con la editora de Rivages, Catherine Argand. Amable, incluso en exceso. Me mira con sus ojos gatunos (sí, tiene ojos de gata, inquietantes) y solicita que la mires tú también a los ojos con la misma fijeza; solo que, en mi caso, me resulta físicamente imposible mirar a los ojos de alguien que esté demasiado cerca, no por astucia o timidez, o por algún problema psicológico, ni por doblez (ya sabemos, lo hemos leído, los ruines no soportan una mirada inquisitiva y apartan culpables la vista). Aquí el caso es más sencillo: tengo un problema de vértigo, y si fijo la mirada en algo cercano –persona, pero también animal o cosa–, empieza a apoderarse de mí la sensación de que voy a caerme de un momento a otro. Así que dejo que la gatuna Catherine me mire y analice impunemente, sin encontrar respuesta. La sensación que obtengo es, en cualquier caso, excelente. Si analizara menos, seguramente aún la querría más. Me ponen nervioso los exámenes.

Esta mañana, tras el desayuno –de nuevo con la simpática Catherine–, encuentro con Denise Laroutis, traductora de mis novelas al francés; acudimos a la estación para recibir a Dagmar Ploetz, que las traduce al alemán. En realidad estamos aquí para un encuentro con jóvenes europeos que han elegido sus libros preferidos: seis novelas entre las que se encuentra *La buena letra.* Seleccionarán una, que se convertirá en algo así como el libro de la juventud europea para este año. Las charlas se desarrollan en el edificio del Parlamento –desolado, enorme–, del que estos días están ausentes los eurodiputados. Lo recorren los cientos de estudiantes que se apiñan finalmente en un salón de actos en el que escuchan a los escritores. En los largos corredores, en los grandes vestíbulos, solo circulan las brigadas de limpieza y los guardias de seguridad. Por lo que me cuentan, los europarlamentarios vienen solo un par de días al mes. Dan que pensar en lo absurdo de la burocracia los largos y solitarios pasillos, los salones vacíos, todas esas superficies infrautilizadas. He cubierto ya mi turno de encuentro con los estudiantes, y ahora, sentado en un escalón cerca del escenario (el auditorio está abarrotado), apenas consigo oír lo que dice Jean-Philippe Toussaint. Los jóvenes (también los mayores) quieren saber cómo es el escritor, cuánto hay de autobiográfico en sus libros. He intentado convencerles de que lo mejor que tiene un escritor son sus libros, lo único que merece ser conocido, pero ellos no se sienten satisfechos con la respuesta. Creen que el escritor participa de cierta gracia, es médium, sacerdote que oficia en nombre de alguna divinidad. Me emociona el bullicio de esos jóvenes, su gracia y su torpeza me conmueven por igual, seguramente porque no tengo contacto con la juventud, no soy maestro, ni convivo con hijos o sobrinos o vecinos adolescentes, ni tengo que responder a sus preguntas a cada momento o soportar sus impertinencias. Desde mi exterioridad, los veo y no puedo evitar pensar en mí mismo cuando tenía su edad: pequeños pozos de narcisismo, es verdad, pero también depósitos que hierven de ideas, de ilusiones. Aunque no sean conscientes, ni lo valoren, tienen la vida por delante. De entre todos ellos, unos llegarán a vivirla en plenitud, sus caras se llenarán de arrugas, después de haber vivido infinidad de cosas de las que yo ya no podré ser testigo. Muchos se quedarán en el camino. Algo los pillará por sorpresa y los desarbolará, se llevará inteligencia, alegría y belleza. A mí ya se me habrá llevado antes.

A las ocho de la tarde, ofrecen unos canapés en la alcaldía y, a continuación, se nos envía a otro debate (todo esto, la verdad, además de forzoso, me parece forzado). El organizador intenta estimular a un desganado público. Obliga a uno de los muchachos a leer una de las preguntas que traía preparadas. Quiera Dios que no le dé a ninguno de los miembros de la mesa por estimularse y comenzar a hablar. Que se acabe esto cuanto antes. Michael Frayn es el primero que cae en la tentación: se embarca en largas explicaciones acerca de las diferencias que hay entre una obra de teatro y una novela. Dice: «En una obra de teatro, nadie puede decir *ella pensó, él creyó, él quería.*» Por ese camino se embala, coge velocidad, mientras que yo rezo para que se acabe este tormento. Hay que tener en cuenta que la mesa la ocupamos una docena de escritores. Imagino que cada uno de los doce encuentra su tema, su *él pensó* y su *ella dijo.* El horror. Sigo escuchando a Michael Frayn, que concluye su intervención asegurando que la novela expresa la vida privada de las personas mientras que el teatro tiene que ver con lo público. No lo tendría yo tan claro.

El ganador del premio de los jóvenes ha sido Erlend Loe, un escritor noruego cuya obra desconozco. Parece un tipo simpático, de buen trato. Me comentan que el libro tiene una voluntad de «novela generacional» y que ha obtenido la victoria en dura competición con *La buena letra.* Como de costumbre. Debo de ser el autor que más veces ha quedado finalista en premios a los que no se presenta. Vocación Salieri. Si me hubieran concedido este premio (estupendo, las votaciones han sido limpias), ¿me parecería más soportable la mesa redonda? No lo creo. Entiendo poco la maquinaria que se pone en marcha en torno a un oficio tan solitario y reconcentrado como el de escritor. Acudo a pocos actos de este tipo, y, en cualquier caso, prefiero los que se celebran en el extranjero: mantener cierto prestigio en el extranjero te facilita mantener la independencia dentro. Son las habas del huerto de Epicuro cuando los enemigos tienen cercada Atenas para rendirla por hambre.

Intervengo en el diálogo acerca de las relaciones entre cine y literatura *(c'est mon tour).* Mantengo que, aparte de que el cine se sustente sobre un texto escrito, tienen poco que ver: son como el barco y el avión, dos medios artificiales para viajar, pero que lo hacen moviéndose en espacios distintos y con un instrumental que nada tiene que ver. Podría decirse que hasta son lo contrario uno del otro: se escribe a solas, encerrado, buscando en ti mismo, de cara a la pared. En cuanto te pones delante de una pantalla (una ventana), te distraen los pajaritos que se mueven, trinan, aletean junto a la ventana, las hojas de la parra y de la platanera, las nubes que pasan. En el rodaje de una película, todo es barullo, agitada tarea de equipo: decoradores, maquilladoras, foquistas, cámaras, peluqueros, modistos. Como marxista, debería ser partidario de los talleres literarios, de escribir novelas en equipo, pero en ese sentido, si ser marxista es eso, yo soy tan poco marxista como el propio Marx, que no montó ningún taller para escribir *El capital,* sino que buscaba la soledad de las salas de la biblioteca británica, y eso que hablaba de cosas muy públicas, y sólidas, como la mercancía, la fuerza del trabajo, los valores de uso y de cambio, la explotación de una clase por otra, o de eso tan etéreo y rotundo que es el dinero.

Camino de Colmar, para ver el *Retablo de Isenheim,* que pintó Grünewald. Día lluvioso, gris. La llanura de Alsacia, con sus tierras oscuras, vista desde el tren en un día así parece como si guardara una tristeza de entreguerras (miras un paisaje y te asaltan los prejuicios de lo que sabes, de lo que has leído o te han contado. El paisaje está sobrecargado de significantes). A la puerta de la estación de Estrasburgo, Denise, Dagmar y yo comentamos la alemanidad de la capital alsaciana. No solo es alemán el edificio de la estación, cuyas formas pesadas proceden de relecturas célticas y precristianas del arte románico; alemanes parecen, sobre todo, el espacio, la plaza que se abre frente al edificio, superficie y volúmenes fructifican en un indefinible aire germánico, y digo bien, aire, porque los edificios son de épocas más recientes (la estación es de 1906, según reza la inscripción en una metopa en el período de tiempo en que la ciudad perteneció al Imperio) y debieron construirse cuando en la ciudad volvía a ondear la bandera francesa después de la Gran Guerra. Es el dibujo, la distribución del espacio, lo que hace pensar en el carácter germánico de la plaza abierta en esta ciudad tan guillermina en muchos de sus edificios. Por lo que se refiere a la estación, se trata de un edificio sólido, magnífico, en un estilo que, para los habitantes del sur, y muy especialmente para los españoles que vivieron la posguerra, además de sensaciones de pesadez transmite un aire macabro: de nuevo la historia –las lecturas de historia– metiéndose por medio, no siempre para esclarecer las cosas; impidiendo que se lean bien, en sus justos términos. Digamos que la historia reciente se cuela y emborrona la historia del pasado. Qué tendrá que ver el triste paisaje invernal de Alsacia con los avatares de la política del siglo XX. En las cercanas colinas, se alinean los viñedos herederos de los que plantaron los romanos (pero también los cementerios de los soldados caídos).

El *Retablo de Isenheim.* El Cristo crucificado, descomunal y deforme, parece haber sufrido algún tipo de mutación regresiva que pusiera en relación el reino de los hombres con el de los saurios: los pies, hendidos y tumefactos. Costaría reconocer que son pies si se vieran aislados del resto de la figura; las palmas de las manos clavadas al leño, de las que surgen unos dedos que parecen más bien patas de ave; el convulso movimiento de los cuerpos de las mujeres (también los dedos de la Magdalena se levantan y tuercen como garras). Pero, sobre todo, la piel. Repugna a la vista la piel del Cristo agonizante (en la tabla inferior, ya un cadáver), tumefacta, cubierta de llagas que parecen más fruto de una enfermedad que de los tormentos que le hayan infligido los sayones. Llagas y bubas atroces también en el individuo que –en otra de las tablas– contempla cómo los repugnantes diablos arrastran a San Antonio.

La representación del dolor en los personajes que velan al pie de la cruz muestra tal violencia que solo consigo asociarla con un grupo escultórico en terracota que vi en Bolonia, en Santa Maria della Vita, y que representa a las santas mujeres exhibiendo un dolor que conecta más con lo prehumano, con lo animal, que con cualquier concepto cristiano: dolor que no admite consuelo y suspende la razón. Sombrío, inconsolable e inexpresable: aullido. Pasaron casi quinientos años hasta que Munch pintó *El grito*. Pero he empezado diciendo que todo en el retablo resulta monstruoso: es monstruosa la colección de demonios, que, sin embargo, nos resulta próxima, contemporánea, como sacada de alguna de las pesadillas de nuestro tiempo, de un cómic; o como si Dalí y Max Ernst hubieran decidido vender alguna de sus pesadillas haciéndola pasar por un retablo del siglo XV. La propia imagen del Cristo transfigurado parece de un tiempo que no es el suyo. Más que un trabajo renacentista es el cuadro pintado por un hippie de los sesenta del siglo XX iluminado por una dosis de LSD: el color sutil, de una blancura casi transparente, del cuerpo del Cristo, la luz fosforescente del aura, todo me hace pensar en alguno de los pósters psicodélicos que estuvieron de moda en mi juventud, y también me parece sorprendentemente contemporánea la composición de los guerreros que yacen a sus pies. Por cierto, que el que yace tendido boca abajo y vestido con una armadura es, sin duda, una de las más bellas imágenes de la historia del arte.

Parte de guerra: me llama G. para contarme que E. está ingresada en el hospital. Van a implantarle un marcapasos. A mi amigo M. le han hecho tres bypass hace un par de meses. I. murió el año pasado (pronto se cumplirá el aniversario, me lo recordó el otro día Miguel, su novio). A ella no dio tiempo a implantarle nada: un repentino derrame cerebral, sin ningún aviso previo. Subía a preparar la comida y se quedó en la escalera de casa. F. murió hace seis o siete años, después de que le hicieran todo tipo de perrerías: quimio, radio, etc. También murió mi amiga T., y murió J.; y Jesús Toledo y José Grau murieron. Empieza uno a tener más amigos en el tendido de sombra que en el de sol. Hay que ir preparándose para el viaje, ordenar la ropa en la maleta. Mi madre tenía una maletita en el armario con los camisones, la ropa interior y las toallas que podían hacerle falta para los últimos días de hospital. No la llevamos nunca, murió en casa. Descubrí a su muerte que tenía pagados los gastos del entierro, e incluso pagaba un seguro para que repatriasen mi cadáver si moría en el extranjero. Todo previsto. No molestar a nadie, no depender de nadie: todo eso formaba parte de la panoplia de viejos valores de las clases bajas, formas en las que se mezclaba a partes iguales la modestia (la sensación de no merecer el sacrificio de nadie) y el orgullo (guardar la libertad de ser tú mismo, no quedar en las improbables manos de otros; ah, y no dar pena).

A Paco lo juzgan el día 30. Desconfío. Me desvelo por las noches pensando en que puede volver a entrar en la cárcel. En la casa, más ordenada que nunca, reina una paz que, de tan visible, resulta sospechosa, aunque, como se dice en *La Celestina,* no hay nadie tan joven que no pueda morir mañana, ni tan viejo que no pueda vivir un día más.

Volviendo al *Retablo de Isenheim:* leo en la guía del museo (el museo se llama Unterlinden) que el conjunto de tablas fue pintado para la Commanderie des Antonins, una fundación hospitalaria que atendía, entre otros, a los enfermos de una plaga que arrasaba la comarca, provocada por el tizón del centeno *(l'érgot de seigle),* cuyos afectados sufrían hinchazón monstruosa del vientre, y aparición, en todo el cuerpo, de pústulas y llagas que acababan gangrenándose y causando la muerte de los afectados. Leído eso, se entiende mejor la precisión con la que han sido pintados los estigmas en los personajes del retablo. Sin duda, el individuo cubierto de eccemas que en la tabla de las tentaciones de San Antonio contempla la escena desde uno de los ángulos del cuadro, y parece formar parte del ejército de los diablos, es un enfermo de la plaga, que –según explica la guía– tomó la envergadura de pandemia en la región. De igual modo, las llagas del Cristo se corresponden con las que provocaba la enfermedad. Imagino que los enfermos obtendrían alguna forma de consuelo al identificar sus cuerpos con el de ese Cristo que repugna a la vista. Dios –como ellos mismos– podía provocar asco, y era Dios. El retablo, que, sin conocer esos datos, nos parece complaciente con el horror, cuando se entiende así se levanta sobre sí mismo y se convierte en conmovedor monumento a la piedad.

25 de marzo

Hermoso día de primavera, solo empañado por el molesto viento de poniente que, sin embargo, caldea el ambiente volviéndolo sensual, y hace que sea más intenso el olor de la glicinia, por completo cubierta de racimos de flores lila; el de los frutales, que ya están todos en flor. La mañana sería perfecta si no fuese por los puñeteros dolores de piernas y brazos que no me dejan en paz; y, sobre todo, si no fuera por la cercanía del juicio de Paco, que me mantiene sobre ascuas: una historia tan estúpida y ya lejana lo amenaza todo, lo cambia de sentido. Así es la vida. Los momentos de calma son islotes que se yerguen en este mar en el que uno nunca acaba de hacer pie y se agota braceando estúpidamente, como si al final la corriente no fuera a engullirlo. Entre tanto, el dolor, no sé si de huesos, de músculos o de articulaciones, no me deja estarme quieto en ninguna posición.

El gato se mete en el huerto y se acurruca en la tierra para hacer sus necesidades. Se queda quieto, erguido sobre las patas traseras en una posición de la que los humanos aún no nos hemos librado. Pero es, sobre todo, cuando termina y empieza a cubrir las deyecciones con las patas –huele, sigue cubriendo; huele, cubre aún más–, cuando me recuerda a cualquier obrero cumpliendo con su trabajo. Las tareas, los juegos que ejecutan los gatos entre ellos, agazapándose, espiándose, saltando unos sobre otros. Veo cómo disimulan, fingen no ver cómo se acerca el otro, mientras se ponen en alerta: se hacen los distraídos para tener una excusa para jugar, el ritual revela una complejidad de conducta que podría pasarme páginas y páginas describiendo, y eso yo, que soy distraído y no amo gran cosa a los animales. Hablo de los gatos, pero podría escribir sobre el perro Manolo. Imagino lo que hubiera podido hacer este sabio Berganza si, en vez de caer en manos de un tipo como yo (me lo dieron cuando tenía unos pocos días), se hubiera topado con un buen educador. Con el perro Manolo dan ganas de hablar de alma, en el sentido de Epicuro (que ahora estoy leyendo), y desde luego de inteligencia. Sabe si estoy de buen o mal humor, o triste; es tremendamente celoso y se enfada si le hago una carantoña a un gato. No necesito decirle de palabra las cosas, las entiende con ver moverse los ojos, le basta un levantamiento de cejas.

Leer un libro tras otro. Como una urraca, guardar saber ajeno en un nido en el que nada se incuba.

«Todo el que se estudia a sí mismo –suele decir, convencido– concluye despreciándose y despreciando a los demás» (Baroja, *El Hotel del Cisne, Obras completas XI,* pág. 988, en Sánchez-Ostiz, pág. 446).

28 de marzo

Excelente el *Epicuro* de Carlos García Gual. Termino de leerlo de madrugada, entre toses, espasmos de frío, sudores y todos los demás jinetes apocalípticos que acompañan a la gripe en su cabalgada. El libro de Gual me estimula, me emociona. A continuación, retorno a *De rerum natura,* esa obra que cada día me parece más grande y hermosa. A las cuatro y media de la mañana apago la luz. Me lagrimean los ojos, y ya no sé si es por el resfriado o por la emoción. Pocos libros me transmiten como el de Lucrecio la sensación de inagotables.

Hoy he arrastrado la gripe por media comarca: Benigembla-Xalò-Denia-Beniarbeig-vuelta a Denia. El abogado está convencido de que Paco no ingresará en prisión. Lo malo es que, al parecer, hasta el último momento no sabrá qué fiscal va a llevar el caso. Siempre está esa desviación (el clinamen de Epicuro) que puede alterar las previsiones; si en cualquier aspecto de la vida las cosas son así, qué no puede ocurrir cuando se trata con esa puta imprevisible a la que llamamos Justicia, la máquina del Estado. Rezar a los dioses para que se cumplan los mejores augurios. Es preciso pagar generosamente al arúspice para que desvíe favorablemente el vuelo de las aves.

29 de marzo

Sigue la gripe. Dos días sin probar bocado y, hoy, me fumo dos paquetes de tabaco, caigo en la tentación de las copas: un largo y deslizante tobogán alcohólico. Odio a los llorones, a los que no les importa exhibir públicamente su llanto. Desprecio su falta de pudor: el dolor, el fracaso, hay que llevarlos en la intimidad. Por Dios, un poco de discreción. Sobre todo, cuando al día siguiente te engolas en la barra del bar y presumes de esto y aquello. No sé si he heredado ese concepto de mi abuela, pero es así. Las plañideras, los plorones, me parecen farsantes. Además, no hay cosa que más rápido se seque que una lágrima. No son gente de fiar.

2 de abril

Me pierdo en Barajas. Convencido de que el vuelo sale de la puerta A, porque así lo indica una A muy grande que aparece en el billete, resulta que lo hace de la C, que, en ese billete, aparece marcada en pequeño. Cuando me doy cuenta, regreso precipitadamente a la C, pero no hay posibilidad de retorno, no hay acceso que permita salir, un guardia me abre las puertas de una especie de ruta paralela a lo largo de los sótanos, un pasillo sombrío, solitario, por el que solo camino yo, y que me lleva a nuevos controles policiales. Desde la nueva posición, se inicia un loco viaje en autobús (el chófer parece tan perdido como yo mismo: se para tres veces en el mismo sitio después de dar algunas vueltas de acá para allá). Al final del recorrido en autobús, superado un nuevo control policial (es el tercero o cuarto que paso), desemboco en la letra D; es decir, en la esquina opuesta de la sección que yo debo alcanzar, tras casi una hora de peregrinaje y al borde de un ataque de nervios. Como es de suponer, el paseo no me ha ayudado a elevar el ánimo con el que me he levantado tras una noche de fiebre e insomnio. El viaje en coche de Valencia a Madrid, que efectué ayer, se me hizo interminable. Sentía pena por mí y, de paso, por los seres humanos con los que me encontraba en bares y estaciones de servicio. Triste humanidad en tierra de nadie.

Hace un rato, el avión ha sobrevolado Barcelona, el dibujo razonable del Eixample, cruzado por las líneas de la Diagonal y la Gran Vía. Ahora, la luz de la tarde dora las cumbres de los Alpes, buena parte de las cuales están cubiertas de nieve.

3 de abril

Paseo por Milán. Día fresco y soleado, en el que no puedo visitar ningún museo porque resulta que es lunes y ya se sabe que los lunes la Europa cultural permanece cerrada al público. Al parecer, el único monumento abierto los lunes en toda la ciudad es el Castello Sforzesco, pero no me apetece meterme allí dentro. Lo he visitado en otras ocasiones, he admirado la *Pietà Rondanini.* Prefiero caminar, entretenerme espiando a estos milaneses, capaces de sorprenderte con un vestuario, a veces elegantísimo, y otras, que de tan atrevido parece disfraz de carnaval. Vestida así, como para un baile de disfraces, me ha parecido la pareja de sesentones con que me he encontrado en la farmacia: ella, delgadísima, abrigo de piel negra, bajo el que se descubría una cortísima minifalda, también en negro, de la que emergían las medias de color marfil envolviendo unas piernas que no se sabía si eran de vieja o de niña malnutrida. Peinado, gafas y maquillaje, incluidos el de manos y uñas, espectaculares. Él, como recién mordido por un vampiro, quebradizo y pálido, embozado tras unas gafas de desmesurada montura de pasta negra, peinado con un tupé de personaje de cómic de los sesenta, gabardina corta azul, fajada en la cintura con un cinturón, formando una faldilla (Eddie Constantine en *Alphaville),* pantalón estrecho, con vuelta, y que termina un palmo por encima de los relucientes zapatos de charol. Desconcierto a la hora de calificar a esos dos tipos humanos: uno no sabe si están embalsamados y no se han desnudado desde –pongamos– 1962; si han revuelto en el fondo de armario, hasta encontrar las prendas de hace cuarenta años con las que han decidido disfrazarse hoy; o si han adquirido el vestuario en algún comercio *vintage* porque se ha puesto de moda volver a vestir como entonces. Poco importa. En España no resulta fácil encontrarse con personajes de esa edad disfrazados así. Parece que a los treinta todo el mundo sienta la cabeza. Falta ese retorcimiento, esa perversión marcadamente urbana que caracteriza a Italia, país al fin y al cabo de poderosas ciudades-Estado. En Milán, en Florencia, en Bolonia, en cualquiera de las grandes ciudades italianas y en las de tamaño medio, el visitante se cruza con personajes que imagina rentistas recién levantados de la cama, frutos endémicos de la urbanidad, que es probable que no hayan pisado el campo en su vida; que ni siquiera se hayan alejado más allá de unos cientos de metros del hogar familiar, amueblado con viejas piezas cubiertas por una fina capa de polvo y protegidas de la luz por mallorquinas cuyo papel de filtros refuerzan finos visillos y pesadas cortinas. Hemos visto esos personajes en las películas de los años cuarenta y cincuenta, carne de fascismo, mojama embalsamada que ejerce profesiones indefinidas, de garantizado sedentarismo (funcionarios públicos, abogados, tramposos, rentistas de fincas en el lejano sur) e invariablemente poco productivas. Fuman asomados a la ventana con una redecilla protectora del cabello. Se dice con frecuencia que italianos y españoles nos parecemos. No es verdad. En las ciudades españolas aún no se ha disipado del todo el olor del campo, el de tierra mojada las anega los días de lluvia; el de los vegetales polvorientos las invade cuando, en verano, sopla el poniente. Olor de siega. En España, hasta hace muy pocos años la urbanización ha sido localizada y controlable: Toledo y Valladolid no acabaron de cuajar como grandes ciudades aunque fueron corte; solo Madrid ha pasado de corte a ciudad; Sevilla fue ciudad canalla en el siglo XVI, nido de ladrones, especuladores y desahuciados que buscaban la puerta de América; la Barcelona de finales del XIX y principios del XX, con su burguesía wagneriana y sus anarquistas que llevaban en la cesta del *recapte* una dañina rosa de fuego, ha sido la única gran ciudad (lo rústico se lo introducían los emigrantes andaluces y murcianos). Pero las ciudades italianas –en una geografía de ciudades-Estado que no empezó a ser país hasta la segunda mitad del XIX– tienen otra densidad: pobladas por lívidos pájaros del jaulón urbano, vieja carne del fascismo envuelta en pieles cerúleas, protegida por batines de seda y albornoces, tras las mallorquinas de las ventanas que ciernen la luz del sol, y arropadas en su deambular por el protector halo de sombras que nunca se despide de los callejones de estas viejas ciudades. Hay un ritual en el vestir, pero también en el tono de voz, en el moverse, sabes que son ellos por el modo como toman la taza de café y la dejan caer en el platillo sobre el velador de mármol, por la manera en que abren los dedos para abrazar el cigarrillo y por cómo dejan que roce la punta de la boquilla con sus labios. Personajes de De Sica, Fellini, Monicelli. Los define la manera de comer y lo que comen (infinitas variaciones sobre el tema de la pasta), sus hábitos alimentarios, que adivinamos con el auxilio de los olores que ascienden por las escaleras de los caserones que habitan, o por los que empastan el aire escapándose de las ventanas. Me encuentro con estos personajes cada vez que viajo a Italia. Aquí mismo, al salir de la farmacia, hay uno asomado al balcón. Conduce delicadamente un cigarrillo desde la balaustrada en que apoya la mano hasta los labios. Lleva el pelo recogido en una redecilla. Detrás de él, en el interior de la casa, puedo ver las líneas que trazan las molduras del techo, las de los pomposos marcos de los cuadros que cuelgan de la pared, y los dorados de una vieja lámpara, un hábitat característico del animal endémico, supuesta aristocracia en decadencia. Desarrollan un código de costumbres, pero también un carácter físico: el lívido color de la piel, la curva de la nariz, el lento movimiento de unos hipotiroideos ojos saltones que se animan de improviso, recuperando una precisión que se remonta a la de sus antepasados, las pesadas ojeras tintadas de gris y azul, confalones, cetreros, astutos comerciantes. Se los encuentra uno –además de en la calle, en los balcones, tras los veladores de los viejos cafés– en los grandes frescos renacentistas, vestidos de cortesano, de príncipe, de poco creíble guerrero, u ostentando algún cargo eclesiástico; y en las películas del neorrealismo, en habitaciones cargadas de muebles oscuros, y aplicando el ingenio para llevarse una gavilla de pasta a la boca. Ahora que lo pienso, el propio De Sica tenía no poco de esa genética. Y Fellini, con su flacidez y las pesadas bolsas bajo los ojos.

Repetirlo: de acá para allá. Ayer, todo el día de viaje: coche, taxis, avión: imposible quedarse media hora pensando en algo. Hoy, más o menos lo mismo. Respondo en la Universidad Católica a unas cuantas preguntas (¡venir aquí para eso!), como con el profesor D. L. y con C. N., del Instituto. Después matamos el tiempo caminando por Milán a la espera del taxi que me llevará al aeropuerto. Una vez en Linate, informan de que el vuelo se ha retrasado. Otra vez esperas, pérdida de tiempo, imposibilidad de leer algo que no sea el periódico. Cargar las pilas con un poco más de relativismo, de intrascendencia, añadir algunas dudas acerca de la rentabilidad de los esfuerzos (habría que aplicar fórmulas dinámicas para ver que la acumulación de fuerza no corresponde con el objeto que mueve). Gente fea, gente guapa, tipos humanos con los que, en otras circunstancias, podrías hablar de algo, incluso llegar a algo, pero que aquí están como tú mismo estás, a sus cosas, a sus quehaceres, leyendo el periódico, hojeando revistas, se desperezan, se rascan, se levantan a dar unos pasos para matar el aburrimiento de la espera, fisgan en alguna de las tiendas, y, de pronto, apresuran sus movimientos, se dirigen hacia los equipajes, y emprenden un paso rápido en dirección a alguna de las puertas de embarque, tras la que desaparecen para siempre jamás. Estos viajes solitarios transmiten sensaciones fantasmales, caminar entre la gente que espera para irse a cualquier lugar del mundo tiene algo de dantesco paseo por el reino de las sombras. Colabora en crear esa irrealidad la confusión de lenguas: en el murmullo distingues alguna palabra en inglés, en italiano, en alemán, en francés, en ruso o en una lengua eslava; y otras que no sabes a qué lengua pertenecen: alguno de los dialectos árabes, de los cientos de lenguas africanas o del subcontinente indio, chino o coreano o japonés. Babel, no como una torre abandonada que se derrumba poco a poco, sino como un túnel formado por sonidos extraños por el que circulan multitudes, y tú perdido entre ellas, como si pertenecieras a otra especie distinta, formaras parte de otro orden animal, no exactamente humano. En conjunto, sentimientos tristes, descorazonadores: la gente en los aeropuertos adquiere un aire enfermizo. Esas personas que esperan mansamente bajo los neones parecen aquejadas por enfermedades distintas, que exigen diferentes tratamientos, con desenlaces previsibles, aunque cada cual esté enfermo a su manera, comparten la misma habitación del hospital de Linate: un conjunto de inconsolables tristezas. Tras la cristalera que guarda este catálogo de animales humanos, melancólicos en el encierro provisional que los ha puesto a unos junto a otros, la tarde soleada se adelgaza agitada aún por el desapacible vientecillo alpino que ha marcado la jornada (lo delata el batir de algunas lonas, de las mangas indicadoras de viento que hay colgadas al extremo de algunos postes), poco a poco el paisaje aeroportuario se va apagando, sumiéndose en una penumbra de cósmica tristeza vallejiana. Contemplo el conjunto que se extiende –pabellones, aeronaves, furgonetas, carretillas, pequeñas figuras humanas vestidas con colores chillones y siempre en movimiento– tras las cristaleras de la sala de embarque. Fuera ha empezado a anochecer, pero aquí dentro no cambia la lívida luz verdosa del neón que resalta las arrugas de rostros fatigados, algunos desencajados; la textura del suelo, de un color oscuro, entre pardo y negro, y el aspecto de los que aguardan con su carga de cansancio ayudan a expandir una melancolía predesarrollista, de antes de que el consumo se convirtiera en la gran máquina expendedora de consuelo: la vida como lanzadera que te impulsa hacia delante y luego te recoge para expulsarte atrás, a estados de ánimo y situaciones que creías definitivamente superados. No, no hay sentimiento, por arqueológico que te parezca, que no pueda regresar. El fondo siempre está más abajo. Nadie sabe cuál es el límite de la caída.

Cavar en la retórica, en la masa informe o deforme de las frases hechas, para encontrar palabras verdaderas, que nombren y no envuelvan. Ese es el trabajo del escritor, limpiar la roña que se le pega al lenguaje. Quitar toda la porquería, mezcla de niebla y contaminación que encubre los historiados edificios milaneses y los convierte en oscuras masas sobre las que apenas lanza una mirada el viandante, que se asombra si es capaz de imaginarlos en su esplendor. No todo el mundo es capaz de ver las cosas liberadas de su sobrepeso, verlas como deberían ser, o, mejor, como son por debajo de lo ajeno que ha caído sobre ellas.

4 de abril

Llegada nocturna a Nápoles. El taxi no lleva amortiguadores (esa impresión me da, no entiendo nada de coches). Traquetea sobre las losas de piedra volcánica, cubiertas de papeles, y noto hierros clavándose en mis nalgas. En las aceras, mendigos, obreros que excavan mirando de reojo las herramientas de trabajo no se las vaya a robar en un descuido, porque, en esta ciudad, nada está a salvo de la rapiña ajena (¿en cuál sí?). La sensación primera cuando entro por Via Toledo es de suciedad (vuelve a haber huelga de basuras), de inseguridad, de lejanía (de estar muy lejos de Europa, de Italia, en una ciudad aparte, un lugar africano o asiático, un puerto franco de varios continentes pobres). La sensación se acentúa la mañana siguiente. Suciedad y vida, agitación y vida por todas partes. De día se valoran los trabajos de limpieza de los hombres que cargan bolsas, cajas, plásticos, trabajo más de Sísifo que productivo esfuerzo: San Agustín y el niño que quiere meter el mar en un agujero con la ayuda de una concha. Gigantescos patios en los que se amontonan escombros, cajas, maderas, la vieja y orgullosa riqueza convive con la miseria que se le pega como un hongo a la ciudad. Los personajes: el tipo elegante que se acerca para ofrecerte una calculadora por un euro; el forzudo que te enseña una tarjeta postal; el viejo sentado junto al puesto de chucherías; la sensación de que cada uno sale a la calle para efectuar su representación en solitario y que, sin embargo, forma parte de una obra colectiva, con un guión escrito en alguna parte, papeles que un director ha repartido en el inmenso patio de Monipodio: sociedades de almacenistas, distribuidores al por mayor, miles de recaudadores que, al llegar la noche, se reencuentran en los patios superpoblados, en los *vícoli,* en los pisos de los palacios mil veces horadados, y que se comunican entre sí por enrevesados laberintos de galerías semejantes a los de una colonia de hormigas.

Tras la visita al sombrío Maschio Angioino, cargado de recuerdos de un rey que fue también valenciano, subo hasta San'Antonio a Posillipo para contemplar la bahía, la ciudad cayendo en escalera sobre el mar; los ocres, matizados de rosa, de azules, son el color dominante. Quedan ya pocos jardines en la ladera, pocas de esas manchas vegetales que se ven en las viejas postales y en los grabados antiguos. Frente a mí, un par de esas manchas residuales: en la cumbre del Vomero, junto al castillo; y bajo la cartuja. También hay vegetación en la curva de la Riviera di Chiaia, con su cosmopolita perfil decimonónico. Al pie del Vesubio, las manchas más oscuras señalan Pompeya y Herculano. Queda intacto el mar, en el que penetra la mole color de barro del Castel dell'Ovo. Vista desde aquí, la fortaleza recuerda las casbas que, en el sur de Marruecos, emergen de las arenas del desierto: pienso en Uarzazate. La casba de Tinerhir surge del mar verde de los cultivos, por encima de las palmas de las palmeras del oasis. Las formas de este Castel dell'Ovo también recuerdan vagamente las de los palacios del lama en Lhasa. La niebla suaviza los colores y filtra suavemente la luz del sol. El aire, húmedo, arrastra hasta aquí arriba el olor salitroso del mar que se empasta con la fragancia que despiden los pinos y con el olor de gasolina mal quemada que emana de la ciudad. El rumor de la colmena se percibe como un zumbido constante bajo el contrapunto de los acelerones de las motos, los cláxones de los coches, el ruido de un martillo mecánico que suena un poco más abajo, y también los monótonos sonidos que llegan desde una obra cercana en la que los albañiles parten ladrillos. Los trinos de los pájaros llegan desde todas partes, perforan el telón opaco de los rumores. Una pareja se mete mano a pocos pasos de donde estoy, se comen uno al otro como si tuvieran prisa por no dejar nada tras el banquete. Pienso en lo que Lucrecio dice del amor: se chupan, se sorben, se muerden, quieren comerse, como si eso fuera posible. Necesidad de introducirse en otra persona como en un traje, la herida del deseo, que quizá naciera como necesidad de supervivencia de la especie, pero que la razón ha puesto fuera de control; los seres demediados de Platón, que gimen por la grieta de esa herida que les ha dejado la mitad perdida que vive en otra parte, vive otra vida, con otra gente. Hay antropólogos que encuentran en esa búsqueda la pulsión originaria que ha empujado al hombre a emprender sus viajes: el hombre ha comerciado con productos, ha guerreado, ha cambiado de patria, fundado ciudades, siempre acuciado por el dolor insoportable de la herida que lo demedió. Yo mismo estoy aquí, sentado en un lugar desde el que se domina la ciudad febril, contemplo de reojo a esa gente que va y viene, que trabaja y se afana. Cuido mi herida. En muchos de esos individuos con los que me cruzo creo detectar rastros de la mitad mía que perdí irreparablemente, la que estaba destinada a hacerme feliz y sin la cual no soy apenas nada, y cuya carencia –según algunas de esas teorías– me ha llevado seguramente a recorrer medio mundo, a escribir las páginas que he escrito, incluidas estas líneas: ese no tener es lo que te hace humano, el dolor de no tener puede llegar a hacer grandes a algunos privilegiados que sufren más de lo debido.

Han acristalado el suelo de la que llaman Sala de Armas del Maschio Angioino para que puedan contemplarse unas ruinas (que mezclan restos romanos con otros que llegan hasta los siglos VI y VII). Impresiona el enorme vacío sobre el que caminas apoyado en un cristal: los restos parecen corresponder a edificaciones civiles –viviendas, talleres, almacenes– y también a fortificaciones militares, e incluyen un cementerio en el que da la impresión de que fueron enterrados los caídos de una batalla. En algunos momentos (cuando el vacío es más hondo, y las ruinas caen en picado hasta dejar entre ellas huecos de varios metros de profundidad), me cuesta vencer el vértigo. Me quedo quieto, atemorizado allá arriba, me parece que las placas de vidrio pueden quebrarse en cualquier momento. El vértigo, como tantos sentimientos que proceden de oscuras e indefinidas zonas del alma, no atiende a razones. No sirve que sepas que los cristales son irrompibles, ni que te des cuenta de que tanto o más dolorosa sería la caída sobre la zona en que las piedras están más cerca de la superficie y no dejan esos huecos que te inquietan. En el amor ocurre lo mismo. Nadie puede convencerte de que te estás equivocando, ni tú mismo porque, aunque lo sepas, vas a seguir cavándote tu agujero.

Bruno Arpaia muestra un desconsolado pesimismo al hablar de Nápoles. Según él solo una pequeña parte de los habitantes de la ciudad trabajan en algo confesable, y a esos, el resto los tolera con desagrado. Los trabajadores legales son el elemento extraño. Los demás aportan una masa de labores oscuras, esfuerzos sin forma definida, pero organizada minuciosamente. Son los dueños de la ciudad, generadores de anticuerpos que los libran de los extraños. Nápoles, según él, está condenada a muerte. Asegura que, cada vez que vuelve, se refuerza en esa idea. Es verdad que, desde la última vez que la visité, han rehabilitado bastantes edificios, incluidos unos cuantos interiores de palacios e iglesias. Pero, mientras charlamos, caminamos entre montañas de basuras, cajas, papeles, suciedad. Lo turbio encuentra en Nápoles un humus favorable que lo hace crecer sin control. La violencia es cada vez más ecuménica y afecta a los propios napolitanos más atrevidos. Los noctámbulos dejan sus monederos antes de salir de casa, se despojan de sus joyas, relojes y teléfonos móviles. Las nuevas generaciones de delincuentes ya no se conforman con robarte. Quieren hacerte daño, me explica Bruno. Y añade: la marea de la violencia ha crecido imparable durante los últimos años, sin que lo impida ninguna medida de prevención, ocupa descarada los espacios públicos. En ese sentido, Nápoles ha empeorado. Pero tampoco puede decirse que ha mejorado la higiene de la ciudad, que, por lo demás, siempre ha sido ínfima. Me cuenta que su padre era geómetra y que él, con catorce o quince años, lo acompañaba a medir los patios del Barrio de los Españoles, o de Spaccanapoli, y que fue así como empezó a descubrir ese Nápoles de habitaciones en las que vivían catorce o quince personas, microviviendas que, en el mejor de los casos, contaban con un retrete que era solo un agujero metido en alguno de los armarios de la cocina. La ducha, por supuesto, ni se conocía. Mientras habla Bruno, yo recuerdo la manía de mi abuela por la limpieza, ya el otro día hablé de ella, de su odio hacia mis cabellos largos, hacia mis vaqueros sucios. Podría decirse que los únicos dioses que aliviaban la miseria de aquellos pobres en los años cincuenta eran el jabón y el estropajo, una creencia que no estaban dispuestos a que nadie les arrebatase. El jabón en la vida privada; y, en la colectiva, la piqueta:

el derribo de fincas miserables minadas por los parásitos y sobrepobladas de ratas. Nápoles me recuerda ese mundo, la Valencia de mi infancia, aunque hoy la sociedad puede permitirse rascar la mugre, sanear, conservar las arquitecturas. Entonces esa idea ni siquiera se les pasaba por la cabeza.

6 de abril

Últimas horas en Nápoles, la ciudad de los grandes decorados, telones espléndidos que esconden miseria. Hasta las grandes obras –el Palazzo Reale y la piazza Plebiscito, recién rehabilitados– parecen haber nacido ya comidas por la lepra de la desgana. No es fácil entender las razones por las que Nápoles es como es. No creo que haya ninguna ciudad en el mundo que se le parezca. Desde luego, no en el Mediterráneo. Ni siquiera Marsella, que es su equivalente francés; ni Tánger, o Estambul, y desde luego que no Alejandría de África. Me falta conocer Palermo. Quizá sea su hermana gemela. Valencia y Barcelona apenas muestran en público lo que han podido tener en común con Nápoles hasta hace pocos años, si exceptuamos los óxidos y la mugre en las viviendas de los viejos barrios (en eso también Marsella y Alejandría tienen mucho que enseñar, o que ocultar). Yo me refiero al enigma de la composición social partenopea, de sus secretos mecanismos, de la supervivencia en el caos del juego de pesos y contrapesos de las capas sociales. Que la ciudad es otra cosa se descubre con solo echar una mirada a la calle: demasiada gente arrojada al exterior, buscándose la vida, llevando mercancías de acá para allá, bisbiseando en los corros, pasándose objetos con disimulo; ya sé que, cuando uno entra en cualquier realidad y deja de verla como representación (es decir, cuando pierde su estatus de turista), suelen volverse las cosas más sencillas y explicables: en todas partes, y de la manera que sea, las familias se reúnen a la hora de la cena, la gente tiene padres, madres, cuñados, tíos y sobrinos, pero Nápoles parece aportar un suplemento propio, original. Acabo de leerme *L'occhio di Napoli,* de Raffaele La Capria, y *Napoli siamo noi,* de Giorgio Bocca, dos textos especulares, que miran la ciudad desde perspectivas muy distintas y parecen completarse. Nápoles surge de los dos libros: para contemplar sus caras hay que hacer girar el poliedro. La Capria, viejo napolitano, busca abrirse camino entre los tópicos que, con una venda que resulta muy difícil separar de la carne, cubren la ciudad. Elige una perspectiva que pretende ser duradera –la literatura, el pensamiento–, impasible a la noticia impactante de cada día; busca la esencia, aunque, de vez en cuando, un comentario, una alusión, tengan sobre el lector el efecto del puñetazo de un boxeador, o le transmitan la sensación que producen los viejos saurios –esos camaleones, esos cocodrilos– que parecen dormidos, o embalsamados, y que, al paso de la presa, sueltan una dentellada, o un lengüetazo, para apoderarse de ella. Enseguida regresan a su posición de inmovilidad, casi de mineral o vegetal, otra vez esos ojos inmóviles, perezosos, distraídos. Así ocurre con la prosa de La Capria; cuando menos te lo esperas, te sorprende con un vivo fotograma de esa ciudad que te está ofreciendo como reflexión. La Capria es un napolitano al que buena parte de sus paisanos le echan en cara que vive fuera, porque vivir en Nápoles forma parte de un modo de resistencia, y cualquier abandono tiene algo de traición. En cambio, a Bocca, que procede del norte (Cuneo), no se le perdona vivir aquí: haber metido las narices en el corazón de esta ciudad de misterios, o cuyo único misterio, a lo mejor, es que, como la esfinge, no lo tiene: solo un vulgar buscarse la vida colectivo, resolver el día a día de un modo que parece más fácil y acaba siendo más complicado (en vez de utilizar el camino más corto, meterse en un laberinto dificilísimo que lleva al mismo sitio pero que deja en el trayecto un reguero de sangre). El libro de Bocca, periodístico, desnuda a Nápoles de cualquier vestido romántico, le arrebata el aura: habla llanamente de una corrupción que afecta al conjunto del cuerpo social. Ciudad de plebeyos agradecidos a alguien situado por encima, y no de ciudadanos, que diría La Capria: pueblo sometido a cada uno de los sucesivos invasores, normandos, germanos, angiovinos, aragoneses, españoles o norteamericanos... En el libro de Bocca se habla del actual gobernador de la provincia y exalcalde, un joven comunista, y de la alcaldesa actual, también voluntariosa excomunista. Los dos quisieron cambiar Nápoles y a los dos parece habérselos comido la ciudad, les ha disuelto la energía hasta paralizarlos. Pasan por las páginas del libro el comisario derrotado, los adolescentes asesinados, el ajetreo de los negocios sucios, la monstruosa corrupción que mina las empresas privadas y públicas. A Bocca no lo engaña la retórica del misterio napolitano. Escribe tajante: *«Ma non ci sono segreti, ci sono solo organizzazioni di persone che vogliono guadagnare facilmente violando la legge.»* Ya, pero, en el fondo, ese es el misterio: cómo esa forma de vida ha dominado la ciudad. Hay que conocer cuáles son las redes que se han establecido y cómo se han establecido, del mismo modo que la concejala de Urbanismo conoce cómo se ha trazado el sistema de cloacas, o el médico conoce la red de vasos circulatorios del enfermo coronario: esa radiografía es la que uno no acaba de ver en ningún libro. Se nos cuenta el fogonazo del disparo, o se nos brinda la cifra escalofriante, pero quisiéramos saber cómo se ha ido llegando a eso. Un dato: los propios servicios de la grúa municipal roban los coches de lujo para revenderlos en los países del Este, con la complicidad de las compañías de seguros; otra anécdota: ha habido que tapar un escándalo por la falsificación de recetas porque miles de jubilados y cientos de médicos estaban implicados, formaban parte de la red. Nápoles: sabemos que el enfermo tose y arroja esputos, pero no conseguimos pasearnos por el paisaje desolado de sus pulmones.

La otra tarde, en una importante librería, la jovencísima y guapa muchacha que cobraba junto a la caja me felicita al ver que me llevo unos cuantos libros y discos compactos que hablan de la ciudad y la cantan. Pero la sonrisa se le convierte en un gesto de desagrado, casi de odio, cuando advierte que he incluido el libro de Bocca: «Bueno, este...», dice. ¿Es una ingenua enamorada de su Nápoles que no tolera que se hable mal de ella?, ¿o su padre, o su novio tienen un pequeño negocio, un taxi, un comercio, y colaboran con la camorra?, ¿o trabajan como guardaespaldas de algún camorrista?, ¿o incluso ella ha conseguido su puesto gracias a ciertas influencias? Descubro que ya me he contagiado de la paranoia. Empieza a trabajar el secreto de Nápoles, ellos y tú. Esos tipos jóvenes, obesos de caderas altas y pesadas nalgas de comedores de pasta que caminan con desgana por la ciudad, miran con ojos somnolientos, y, en esa mirada, comunican la paradoja de una perezosa dureza, una ataraxia tremendamente activa, falsos eunucos: se te revelan de pronto –el vestuario, el corte de pelo, pero también la forma de caminar y mirar, esa desgana solo aparente– como posibles empleados en trabajos duros que las organizaciones de la ciudad necesitan efectuar, matones que llevan un sueldo a casa, tipos simples, sin demasiadas luces, que cargan, arrastran y golpean, cuya madre atiborra de platos de pasta *alle vongole* o *ai frutti di mare.* Tienen la somnolencia del Vesubio, la desvergüenza de sus dos carnosas jorobas, el infierno recubierto por unos cuantos kilos de grasa, ¿es eso Nápoles? ¿O eso es una ficción moderna que nos cuentan unos cuantos novelistas y periodistas, y Nápoles es como cualquier otra ciudad de Europa, Copenhague, Hamburgo, Amberes? Las ciudades más ricas del continente limitan con una periferia invadida por bandas de traficantes y gánsteres peligrosos de los que casi nadie nos habla. Rotterdam, Hamburgo, Le Havre, Amberes, Valencia, Barcelona: grandes puertos centros del tráfico internacional. Se nos habla solo de Nápoles, o Palermo. ¿Quizá porque en el sur de Italia esas mismas bandas se exhiben sin pudor en la calle?; ¿solo por cuestión de estilo? ¿O porque a la Europa limpia le gusta mantener el imaginario del «otro» y le endosa a la ciudad partenopea los fantasmas de su propio subconsciente? Bocca ironiza. Dice que en Nápoles nadie conoce a nadie de la camorra, nadie la ha tenido nunca cerca, ni sabe nada, ni ha pagado. *«La camorra»*, dice Bocca, *«come la mafia, è "aria che cammina", aria della grande città»* (pág. 64). Magnífica la descripción de la belleza y somnolencia de los grandes espacios napolitanos, y de lo que a uno puede ocurrirle si, de pronto, se confunde de carretera. Puedes encontrarte rodeado de vertederos, o de mafiosos que están cumpliendo con un trabajo, que puede ser descargar una partida de contrabando, o consumar una ejecución. Pero algo así he descubierto yo mismo en los suburbios de Valencia cierta noche en que me perdí en las traseras de Nazaret. Tuve que acelerar el coche para librarme de un grupo de gente que empezaba a rodearme, era un descampado, las sombras oscuras se movían deprisa en la noche. ¿Querían asaltarme o me habían confundido con el *dealer* que estaban aguardando? ¿Y los alrededores de Madrid de madrugada? Dan pánico.

9 de abril

Mañana madrileña con N. D. e I., amistades juveniles que perduran. Visitamos en la Von Thyssen una exposición titulada *Vanguardias rusas:* Lariónov, Goncharova, Kandinski, Chagall. No es lo que me esperaba, lo que a mí me gusta de verdad de esa época. Los carteles, las fotografías, la parafernalia soviética con la que creíamos que íbamos a encontrarnos se expone en otro espacio, cerca de la Puerta del Sol, así que lo que vemos no se corresponde con lo que esperábamos ver. En cualquier caso, mañana feliz, cuarenta años de complicidad facilitan las relaciones: sabes la tontería que tienes que decir para que se rían. Procedemos de medios distintos, pero, en la incubadora, nos incubaron al mismo tiempo. Poco importa que tengamos visiones bastante diferentes sobre casi todas las cosas, el espíritu, el abordaje de los temas, es común. Bromeo sobre la vejez, sobre el estado de las próstatas, sobre los cuerpos bellos que –*¡hélas!*– con un poco de suerte ya solo veré de refilón en alguna de las saunas que cada vez visito menos. Estamos en la pista de despegue, por no decirlo de otra manera. I., cargado con su pastillero, se pasa más horas en el médico que en cualquier otra parte. D. acaba de salir del hospital en el que le han implantado un marcapasos. N. busca una baja laboral por incapacidad permanente después de llevar tres o cuatro años de baja por depresión. Y yo, que no voy al médico, pero que sufro todo tipo de desarreglos, y me paso la vida lidiando con un vértigo de procedencia desconocida, pero que relaciono con sobrecargas hepáticas o con falta de ventilación, porque respiro con mucha dificultad, a pesar de que he bajado la dosis de tabaco a la cuarta parte de lo que acostumbraba. Sí, precipitados últimos movimientos de piezas antes del fin de partida, con el tablero ya casi desierto. Pecios de una generación demasiado celosa de sí misma como para luchar por el poder (D. e I. eran dos de las mejores cabezas de la facultad, de los políticos más lúcidos; N. fue más carnal, más adicta a la vida privada, peleaba con más ahínco las luchas sentimentales que las políticas). ¿Gente que no quiso, no pudo o no supo?

Madrid. Entre la multitud, crezco, me esponjo. ¿Por qué me empeño en vivir en el campo, en pueblos pequeños, si me fascina, si me excitan tanto la respiración, el ritmo tenso, el anonimato que proporcionan las ciudades?, ¿por la escritura? Pero si el tema de mi escritura es precisamente toda esta gente que me obliga a caminar con dificultad porque forma grupos a la salida de la estación de metro. Diez o doce años en Valverde de Burguillos, entre encinares (desde mi casa, podía recorrer en el Vespino una veintena de kilómetros sin encontrar más edificaciones que las viejas casonas de dos o tres cortijos); ahora, en esta microatalaya de Beniarbeig, desde donde veo el ajetreo de la costa martirizada sin piedad. Antes, dos años en Sefrú, en una casa apartada, interminables y solitarias noches en las que solo oía los cantos de los almuédanos distorsionados por los altavoces de los alminares. Una voluntad artificial de monje, impuesta más bien por una especie de autopunición. Huyes de la ciudad que te lo da todo y te encierras en el campo donde no aprendes nada, porque, como decía Sócrates, el campo no enseña nada. Que venga el psiquiatra y lo analice. A lo mejor es nada más que una mezcla de cobardía y orgullo: que la soledad urbana te parece impuesta, irreparable, y en cambio esta otra te permite el engaño de que eres tú quien elige. El hecho es que has elegido otra cosa: los libros, la música y las películas que entran y salen de tu vida a voluntad, mejor eso que las entradas y salidas de la gente, tan libre, tan dueña de sí misma, tan imprevisible, siempre tan rodeados esos ajetreos humanos de pasiones, de dolor: cierto aislamiento que me permite leer y escribir, y, al cabo del año, unos cuantos viajes que me llevan a moverme por escenarios que no son –ni van a ser– mi casa. Es un poco tarde para encontrarle explicación. Ha sido así.

Aunque quisiese ahora volver a Madrid, no podría permitírmelo, ni podría comprar un piso, ni, con el dinero de que dispongo, alquilarlo. Pero es que, además, no quiero volver a Madrid. Me gusta caminar por la ciudad y cruzarme con toda esa gente: mitades perdidas del ser demediado que soy. La *flânerie* como condena, pero también como vocación, continuador del estigma del artesano errante, el nieto del cestero Alberto, uno de esos personajes que atravesaban los pueblos voceando la mercancía, y sobre los que recaían las sospechas de cualquier desgracia: el hojalatero, el afilador, habitantes de los márgenes, de los caminos, gentes de ninguna parte. Los demás los miran con suspicacia, los responsabilizan de los hurtos de la comarca, son chivos expiatorios, arrastran con ellos la suciedad, no sienten vergüenza de mal lavarse en los ríos y en las charcas de las afueras del pueblo, se los encuentran semidesnudos las mujeres que acuden a lavar la ropa; también suciedad moral, porque se mueven entre los códigos de los distintos lugares que frecuentan, carecen de verdades, son resbaladizos, fluctuantes. Relativistas. Celebran la fiesta del pueblo en el que están (aprovechan el calendario festivo para vender sus productos), pero no son de ningún pueblo, no veneran a ese patrono ni a ningún otro. Relativistas esenciales, solo la mímesis los hace guardar las normas, son camaleones; o simplemente se mantienen aparte en cada lugar que pisan, porque saben que es mejor guardar las distancias, porque el intento de integración trae consigo daño. No levantar la voz en el bar como hacen los vecinos, no bromear demasiado, no sacar a una chica para que baile. Los persigue el delito y eso que ahora llaman xenofobia. A veces los alcanza. Los acecha la culpa. Pero, al mismo tiempo, despiertan deseos, abren en los demás puertas que comunican con desvanes que nadie frecuenta. Con ellos se puede intentar compartir lo que uno lleva dentro y escapa del código, porque de ellos se puede esperar cualquier cosa.

Leo la novela de Melania Mazzucco, *Un giorno perfetto.* Me digo: este libro no debería gustarme. Es un saco de trampas. Pero la verdad es que me arrastra, me mete dentro. Y la razón es que la Mazzucco es una escritora como la copa de un pino. Posee una estupenda capacidad de introspección, y construye sus personajes con materiales que reconoces tuyos. Posee, sobre todo, una capacidad casi animal para medir los tiempos, la respiración del libro. Te hace correr detrás de ella con la lengua fuera, y eso, se quiera o no, nos guste o no, solo se puede conseguir atando con fuerza y destreza el punto de vista, siendo una magnífica novelista. Ya veremos cómo la acaba, porque *Vita,* su anterior novela, que funcionaba estupendamente a lo largo de más de trescientas páginas, acababa yéndosele de las manos, por exceso de empeño. Las cualidades, incluso las mejores, tienen que mostrarse en su justo término. Lo que ponía de más lastraba el resto de la novela, porque le transmitía confusión al lector.

10 de abril

Una experiencia estimulante. Camino por la Gran Vía madrileña, el resfriado que arrastraba desde hace días se desvanece, lo que parecía crepuscular resulta que era más bien luz de madrugada (en estos momentos, cincuenta y siete años no pesan nada; ya veremos cómo pesan mañana, con otro estado de ánimo). En realidad, no conviene tomarse demasiado en serio estos sentimientos, frutos de una euforia *post coitum.* Unos minutos antes, abrazo un cuerpo sólido, hermoso, su espalda reflejada en el espejo. En la Gran Vía, ahora, sopla un vientecillo amable, las aceras están sobrepobladas a esta hora de la tarde. Es la vida, que se reproduce al margen de los estados de ánimo que atraviese uno; pero cuya energía, a la vez, te ayuda a modificar los estados de ánimo. Te consuela. Te revela como parte del hormiguero humano, te hace sentirte armónicamente conectado con él, con el mundo, con el sol declinante y la tenue brisa de la meseta madrileña. A la salida del metro, contemplo a unos jóvenes que patalean la cabina telefónica cercana, y la golpean con un furor salvaje, mientras bromean y emiten gritos como de guerra. Nadie de los que contemplamos la escena nos atrevemos a llamarles la atención. Me siento como un cobarde. ¿Tú eras el que querías transformar el mundo, y ni siquiera te atreves a plantarles cara a unos imbéciles? Ya me ocurrió noches atrás, al volver de casa de A. y M.: en el vagón del metro, unos descerebrados destrozaban los asientos, utilizando un encendedor y una navaja, cortaban pedacitos de escay y los quemaban, envueltos por el sonido desagradable de un magnetofón que uno de ellos llevaba al hombro. Era medianoche. Los escasos pasajeros del vagón fingían dormitar por no enfrentarse a aquellos imbéciles, que no eran unos niños. Debían de tener unos veinticinco o veintiséis años. También yo tuve miedo de ellos, y me desprecié. Consiguieron sumirme en un estado viscoso, el caos moral. No haces lo que crees que tienes que hacer, y lo que te impide hacerlo es el miedo. Nada más que el miedo. Te sientes como un trapo, porque eso hace que se te escape el horizonte. Te lleva a preguntarte quién eres, qué solidez tienen tus principios. Estoy convencido de que hace unos años hubiera hecho lo que creía que tenía que hacer, sin pararme a pensar en las consecuencias. Pero ese tiempo se ha evaporado, se ha desvanecido como ese sujeto histórico cuya presencia en estos cuadernos tanto reclamo últimamente. Anoche pensaba: llegue lo que llegue, me encontrará asustado, metido en un rincón. Y eso me producía ganas de llorar. Lo que llegue me pillará pensando que alguien puede romperme la cara y yo tengo miedo. Tanto esfuerzo por mantenerse a la altura, y al final esta cobardía, esta indignidad.

12 de abril

Me lo temía. La Mazzucco termina el libro con una trampa: la niña tiroteada por el padre aún está viva cuando la descubre la policía. Al principio, lector y policía la creen muerta, pero luego, de repente, oyen su respiración. El hermanito ha muerto en el acto, pero la niña ha sido capaz de mirar al padre de frente, a la cara (digamos, que lo ha mirado a los ojos), mientras él le dispara por tercera vez. Y ahora parece que vive. Aún vive. La novela termina en ese momento de indecisión. La ambulancia corre a toda velocidad hacia el hospital (en *Plenilunio,* nos dejaba Muñoz Molina con una incertidumbre parecida, no sabíamos si el policía había muerto o no a manos del etarra). Seguramente, la Mazzucco ha querido dejarle un rayo de esperanza al lector; además, como no podía ser de otro modo en el discurso progresista contemporáneo, la esperanza va ligada a lo femenino. La violencia del macho sirve contra el otro macho, pero no acaba de vencer la resistencia femenina. Estamos de enhorabuena ideológica, pero recibimos una pésima noticia literaria que pone en evidencia cuanto sospechábamos de artificial en el resto del libro. Y eso que no creo que haya ahora mismo muchos novelistas capaces de manejar la carpintería de la novela como ella. Y, además, está su aguda percepción psicológica, su buena vista para captar el aire de su tiempo, lo social. Unos cuantos rasgos del final en la misma dirección previsible dejan en el estante de las novelas correctas lo que podría haber sido un libro muy bueno.

Tras la romanidad de la Mazzucco, regreso a los napolitanos: las melancólicas canciones de Roberto Murolo, y la novela de Enzo Striano, *Nada de nada,* que publica José Vicente Quirante, el director del Cervantes de Nápoles, en una editorial que se llama precisamente Parténope, especializada en autores de la ciudad de la que nuestro hombre vive enamorado. Además de Striano, José Vicente ha publicado autores tan extraordinarios como La Capria o Montesano; y un libro espléndido, titulado *La Galería,* testimonio de los americanos que ocuparon Nápoles durante la Segunda Guerra Mundial (su autor se llama Horne). Personaje curioso Quirante: tiene su editorial partenopea en Orihuela. Me cuenta que fue alumno de Albiac, del que guarda recuerdos contradictorios: al parecer, el primer año lo dedicó a los descreídos (Epicuro, Espinosa...) y fue un curso espléndido, mientras que el segundo le pareció un desastre, vacío y pedante, una orgía de esos franceses contemporáneos sobre los que a Gabriel le gusta desde que lo conozco levantar especulaciones de puro lucimiento, ponerse de puntillas y derrochar pedantería poco inteligible y juguetería verbal (Barthes, Foucault, Lacan...). Nos atrae lo que nos pierde.

Y ya digo: de la Roma de la Mazzucco paso al Nápoles de Striano en *Nada de nada,* que, por cierto, es un libro que empieza a orillas del Tíber, donde vive la que será protagonista de la historia: la niña Elena Pimentel Fonseca, a la que trasladan a Nápoles, tras un viaje que Striano describe tan minuciosa como bellamente. De la sucia Roma que arroja en el Tíber basuras y cadáveres de hombres y animales, y a cuyas orillas van los carniceros a lavar la carne de las bestias recién sacrificadas, Isabel viaja a la purulenta y luminosa Nápoles. El libro narra la vida de una mujer ilustrada cuya frustración, por lo que voy intuyendo, se convierte en símbolo del fracaso de Nápoles como ciudad moderna.

«Intermezzo», de Mendelssohn.

Repaso en el ordenador las tareas pendientes: quinientas y pico páginas de una novela sin pies ni cabeza; doscientas de artículos sobre literatura y política, apuntes, pedazos de cuadernillos que he ido pasando a limpio. Todo desordenado, a medio escribir. Como me decía Vázquez Montalbán: esperemos que Dios o el azar me concedan vida y ánimos suficientes para darle forma al magma.

14 de abril

Concluyo la novela de Striano, que deja un poso de tristeza. Striano cuenta la trágica suerte de Eleonora Pimentel y la de los ilustrados de la ciudad tras el fracaso de la revolucionaria República de Nápoles instaurada en 1799. En ese fracaso se mezclan las mezquindades que enfrentaron a los propios ilustrados, la traición de Francia, y, sobre todo, la alianza contra natura que unirá a los brutales *lazzari* (el pueblo bajo) con la aristocracia más reaccionaria en defensa del rey y de la casta borbónica, una alianza en la que hay que indagar para descubrir los orígenes de la camorra como sociedad de protección piramidal. Eso de la camorra lo añado yo, no lo cuenta Striano, aunque se adivina. Él se queda en la ciudad a caballo entre dos siglos, convulsa, hermosa, sórdida, cruel, sucia, embriagadora. Pero Striano, entre líneas, nos ofrece más: se nos ofrece él mismo. Detrás del fracaso de los ilustrados se adivina el del PC italiano, la amargura del militante Striano, su abandono de la militancia comunista tras la invasión de Hungría por las tropas soviéticas, su desengaño, y también una valiente autocrítica, que intuimos paralela a la crítica que, en la novela, efectúa contra los ilustrados: inocencia, voluntarismo, idealismo, estrechez de miras y fascinación ilusoria... La crítica al oportunismo de la Unión Soviética se corresponde en la novela con la actuación del supuestamente revolucionario ejército francés, portador de los valores modernos pero que no duda en abandonar a los ilustrados a su suerte. El libro se publicó en 1986, un año antes de que la muerte le sobreviniera al autor, cuando tenía sesenta años.

Sigo sin salir de Nápoles. Ahora, los artículos de Croce, con un título bien explícito. *Un paradiso abitato da diavoli.* Mientras leía *Il resto di niente,* que es el título original de *Nada de nada,* hojeaba las guías, miraba las ilustraciones de los libros que me he traído. La inmersión partenopea tiene visos de durar, porque quiero leerme también algunas de las novelas de La Capria, la reciente de Bruno Arpaia, *Il passato davanti a noi,* y otra de Montesano. José Vicente me dijo que la de Montesano es *su* novela napolitana. En fin, que seguiré unos cuantos días sin apartarme de la sombra del Vesubio (que, en *Il resto di niente,* humea; su cumbre se cubre de rojo). Al margen de todos esos valores de reflexión histórica a los que me he referido al hablar de ella, *Il resto di niente* es un retrato deslumbrante de la ciudad; más allá de Eleonora Pimental, la ciudad es la protagonista arrolladora de la creación de Striano.

15 de abril

Me paso el día en la cama, incapaz de escribir una sola línea sobre *La Celestina,* incapaz de escribir una línea sobre nada que exija cierto orden de la mente. Desánimo. Si no escribo, ¿qué hago? Cualquier otra actividad es solo una pausa, preparación. Pero ese momento en el que las cosas cobran sentido cada vez llega más cicateramente. Leo, me informo, cargo las pilas, cumplo con los rituales que preceden o rodean la escritura, que se queda como un gran hueco en el centro de todo.

17 de abril

Leo en *El País* un artículo de Juan Goytisolo –«Vocaciones terrenas»– en el que critica la utilización de eufemismos y disfraces en las palabras, «tanto en el campo semántico de los conflictos armados ("pacificación", "cruzada moral" [...]), como en el de los negocios del capital sin fronteras», pero, también, «en campos más inocuos en apariencia, como lo son la industria turística y la especulación inmobiliaria en torno a ella». Se burla de un anuncio del *Queen Mary II,* que ofrece «Peregrinaciones e itinerarios espirituales a bordo del transatlántico». Dice Goytisolo: «¿De qué espiritualidad se trataba?: ¿de una lectura colectiva de *Camino* durante la travesía?, ¿de sesiones de espiritismo?, ¿de prácticas esotéricas?, ¿de recitado en coro de mantras?»

Curiosamente, en su enumeración de las posibles experiencias religiosas contemporáneas y sus *mantras,* se olvida del único recitado que, en estos momentos, pronuncian en voz alta (y podemos fácilmente escuchar) millones de niños, el de las escuelas coránicas (aprenden a leer recitando suras del Corán): ahí, el texto se denuncia por omisión. Goytisolo es siempre maestro en guardarse datos en la manga. Bien es verdad que a La Meca no se llega en paquebote, quizá esa es la carencia culpable del *Queen Mary,* pero el escritor vuelve a jugar *pro domo sua* con los datos unos párrafos más adelante, cuando, al hablar de la especulación en la costa mediterránea, se refiere a Andalucía, Murcia y Valencia (¿Cataluña no es el Mediterráneo?, ¿en Cataluña no se especula?). Pero, en su avance, aún afina más el tiro, ya que enseguida se ciñe al «muy desinteresado Zaplana y [...] sus correligionarios de Gandía o La Manga del Mar Menor». Empezó con Cataluña desaparecida (no está en el Mediterráneo especulador), ahora se esfuma Andalucía (comunidad socialista), y al cabo se llega a donde el escritor pretendía: Gandía y el Mar Menor, o sea, el PP, las zonas que el PP domina, Valencia y Murcia: una pena que no se haya informado Goytisolo de que precisamente Gandía es uno de los escasos reductos socialdemócratas en la Comunidad Valenciana. Religiones, todas menos el islam. Regiones especuladoras, solo las del PP. No parece muy sutil. No suele serlo Goytisolo. Hay que suponer que él anticipa como respetable su magnánima arbitrariedad por venir de quien viene, es decir, de él mismo. Ya en la *Reivindicación del conde don Julián* se escamoteaban todos los referentes al integrismo en Cataluña, tan decisivo en la formación del pensamiento reaccionario español: todos sabemos el papel de personajes como Balmes o el padre Claret, la importancia del seminario de Vic en la gestación de doctrina ultramontana, la implantación del carlismo en Tarragona... En cambio, no le temblaba el pulso al incluir entre los fabricantes de los mitos de la España eterna al buen Antonio Machado –sus campos de Castilla, sus alcores–. ¿Cómo no hablar de arbitrariedad, de calculada arbitrariedad? Los jóvenes de entonces no percibimos en su momento esos deslices, a los viejos resabiados de hoy nos saltan a la vista.

18 de abril

Me sumerjo en la hermosísima novela de La Capria *Ferito a morte* (sí, el libro te sumerge: comienza bajo el mar de Nápoles, siguiendo las evoluciones de una *«spigola, ombra grigia profilata nell'azurro»).* Un libro proustiano que habla de paraísos perdidos; de cómo una generación brilla un instante, para desvanecerse enseguida, en un aleteo del tiempo. Las ilusiones perdidas y la ciudad de Nápoles, asfixiante, que devora a sus hijos. Esa es la espina dorsal del libro. Las páginas que dedica a la decadencia del seductor Sasà tienen la altura de las que Proust pudo dedicarle a Charlus; y deslumbra la narración de los momentos felices, bajo el cielo azul, en el mar de Nápoles: sobre, junto y bajo el mar de Nápoles: son formidables las descripciones submarinas, las escenas de pesca –doradas, pulpos–. Ante la dorada que tienta a Massimo bajo el agua, uno siente una emoción de altura, próxima a la que nos procura Melville cuando nos describe a Moby Dick, y las páginas que La Capria dedica a narrarnos el Nápoles sumergido te hacen pensar en las que Carpentier dedicó al Caribe. Pero un libro no son unas cuantas páginas bellas, ni siquiera es una galería extraordinaria de personajes: un gran libro –como el de La Capria– te entrega el mundo entero. Personajes: Glauco, que vuelve defraudado del Caribe (¡ay, el mar de Nápoles!), donde ha encontrado playas sucias cubiertas de excrementos de pájaros, mujeres gordas, malolientes y desdentadas; Sasà, al que todos consideraban *especial,* y que enfrenta su otoño enfundado en trajes cargados de dignidad, pero que fueron cortados hace veinte años en Londres, y en sus paseos va marcando en el plano de la ciudad las tiendas y bares en los que tiene cuentas pendientes para no pasar delante de ellos. Para él, la ciudad es un laberinto cada vez más apretado entre tantos lugares prohibidos y lo va encerrando, porque apenas encuentra ya un pasadizo por el que escaparse de sus acreedores. Dice Sasà: «*Tutto questo mi fa pensare a me stesso. Tante notti, tante matine sulla spiaggia, tante risate, tante parole... ho riempito le vacanze di tanta gente, e ora?*» (pág. 294). Novela de la generosidad desvanecida, del esfuerzo inútil, de la degradación de un mundo (palacios convertidos en feos apartamentos, playas que el cemento cubre), emocionante búsqueda de sentido a través de la literatura. Concluyes la lectura con ganas de darle las gracias al autor. De hecho no he podido resistir la tentación: he llamado al editor, a José Vicente Quirante, para agradecerle su insistencia para que leyera esta novela (no he leído la versión que José Vicente publicó y me regaló, sino la original que aparece en las *Obras completas* que compré en Nápoles).

20 de abril 2006

Sigo con La Capria: *L'armonia perduta.* Esa armonía que Nápoles ha perdido sigue guardada en los libros de La Capria. En realidad es un invento suyo. Es un lujo para la ciudad tener un escritor como él, alguien que la escriba y nos la guarde así. Aquel Nápoles y el de hoy.

26 de abril

En la búsqueda de los engranajes de la napolitanidad, resulta iluminadora la reflexión que efectúa La Capria sobre el uso del dialecto, que ha formado una cultura que pasa por la literatura, el teatro y la canción, dotándolos de un humor y un sentimentalismo especiales. Según el escritor, el dialecto fue el instrumento del que se sirvió para integrarse en el cuerpo de la ciudad una pequeña burguesía aterrorizada tras las matanzas de Jacobinos a manos de la plebe reaccionaria, en 1799. El napolitanismo –expresado en el uso del dialecto– es el instrumento de domesticación del submundo cruel y convulso de los *lazzari,* representantes de la miseria y la desesperación social. A través de él se incorpora al populacho al espacio del arte, de lo divertido, de lo amable y lo sentimental (todos napolitanos, al fin y al cabo) y se le neutraliza. No está muy lejos el fenómeno de lo que aquí en Valencia ocurrió con los sainetes de Escalante, cargados a la vez de un humor blando disfrazado de provocación y de una digestiva obscenidad. En cualquier caso, aquí la educación se dejó para el castellano. Cuando aprendías a pasar del *bon dia* al buenos días, se supone que habías evolucionado desde el estado salvaje (cerca del animal) al código social: estabas rozando el meollo de los de arriba. De ahí todo ese repertorio irónico de quienes pretenden llegar al pacto sin estar aún dotados. *L'espardenya* (la palabra castellana deformada, o mal utilizada) descubre a quien quiere cambiar de medio sin que le haya llegado su turno. La domesticación de la clase baja se consuma cuando son sus mismos miembros quienes se ríen de la propia lengua (que se mantiene como lengua de criadas y campesinos incultos), y, por tanto, ridiculizan los esfuerzos de quienes quieren escapar del *fatum,* del determinismo social, y ascender. Se supone que hay algo genético en la lengua, hecha para expresar bajos sentimientos y obscenidades, una especie de visión medieval: se pertenece fatídicamente a la lengua y a la clase. La lengua delata, como delatan los modales y hasta los rasgos físicos. El tópico de que un caballero es siempre un caballero y a un gañán se le notará siempre que es un gañán. En el fondo del sainete hay aquello que expresaba el Arcipreste casi medio milenio antes: aunque un señor se eduque desde la más tierna infancia en un medio de pobres campesinos, se descubrirá que naturalmente tiende a aficionarse a la caza y a las actividades bélicas. La inclinación hacia esas actividades está inscrita en su tendencia natural, como lo está que el campesino, aunque sea educado como un noble, tienda por afición a las actividades rústicas.

Riéndose de sí misma, la clase baja se neutraliza en esa cultura de valencianidad, se refugia en el pesimismo del hado, renuncia a ascender y, lo que es aún peor, renuncia a sustituir a la clase dominante. Se cierra la puerta a la subversión. Ni siquiera puede pensar como la Areusa de *La Celestina,* que está convencida de que lo único que tiene Melibea mejor que ella es el traje. El patán del sainete sabe que lleva el traje que le corresponde. En realidad, el pensamiento salta hacia atrás, más allá de la revolución industrial del XIX, de la Ilustración, e incluso de esa tendencia renacentista que afirma que un hombre son sus obras y no su cuna. La diferencia de la burguesía napolitana con la valenciana es que la napolitana está asustada y busca rebajarse, mostrarles a los *lazzari* que –a pesar de las diferencias de posición– los de arriba y los de abajo son lo mismo, hablan ese lenguaje común y solo de ellos, de los napolitanos, en el que se pronuncian palabras como *cuore* y *mamma.* Aquí, en Valencia, la pequeña burguesía urbana ha huido del pueblo como si transmitiera una enfermedad (la de los de abajo) y ha utilizado el castellano como un látigo con el que ha defendido su posición ante las arremetidas de los de abajo. Su estrategia no es la de simularse igual, sino la de convencerlos de la ineluctabilidad de genética, lengua y clase. Temió contaminarse con la lengua y la contaminó con sus prejuicios. Resulta revelador que, aún hoy, cuando telefoneo a alguna empresa para establecer una cita para *Sobremesa,* si hablo en valenciano noto inmediatamente cómo nace una complicidad a la baja, cae la cota de respeto que se mantenía mientras había hablado en castellano. Si hablas en castellano y dices que llamas desde Madrid, desde una revista de Madrid, se impone automáticamente una seriedad respetuosa; en cuanto hablas en valenciano, aparece la sospecha de que uno de los nuestros no puede ser gran cosa; la idea de que esto es pequeño y nos conocemos todos y no hay nadie que destaque demasiado. La Capria habla de la inseguridad con la que el napolitano maneja el italiano, y la pone como imagen de la inseguridad que la ciudad siente frente a Italia. Como valenciano, eso lo conozco. Si fuera catalán, tendría seguramente una imagen inversa de cuanto acabo de escribir. El catalán ha sido en el último siglo la lengua de los propietarios, el emigrante sabe que aprender catalán es una forma de integración y ascenso social. El murciano, el andaluz, el extremeño, cualquier charnego, cuando habla catalán se siente capacitado para convertirse en lo que los extremeños llaman manijero, el representante del patrón en la empresa.

30 de abril

Llevo no sé cuántos días –meses– intentando escribir un artículo sobre *La Celestina* que se niega a cuajar. No consigo ordenar las ideas, coordinar los razonamientos, combinarlos; hilvanar las frases. Todos los días me siento un rato ante el ordenador. Descubro que lo que aparece escrito en la pantalla sigue siendo inútil, y me retiro. Leo. Es la única actividad que aún no se me niega. Leo, leo, leo, con tal de no pensar, de no escribir. La escritura me remite a un yo incapaz y asustado.

Desde las alturas, de Chang-Rae Lee. La contraportada la anuncia como una novela heredera de Updike (aparece, incluso, un personaje llamado *Conejo).* La leo, movido por la curiosidad, y descubro que es una excelente novela que carece de interés. Está estupendamente construida, y lo tiene todo: un ejemplo de lo que La Capria llama «escritura tipo cassata a la siciliana donde te encuentras una nuez por aquí, una garrapiña, una peladilla y, por allá, un piñón» *(Obras completas,* pág. 1187).

Brillantísimo *Cuerpos del rey,* de Pierre Michon, texto sobre textos, es verdad, bestiario literario: Beckett, Faulkner, Balzac. No sé si es necesario un libro así, pero bienvenido sea. A lo mejor, la angustia que me provoca no tiene que ver con que sea un libro inútil, sino un libro imposible de alcanzar. Me imagino a Vila-Matas leyéndolo como le gustaría leerse a sí mismo, esas historias de escritores que se relacionan con sus libros y entre sí. Los libros de Michon suenan como un eco del tañido de la campana que anuncia el final de la literatura, pero qué hermosura de sonido, qué envidiable escritura. Escribo lo que acabo de escribir, y me pregunto qué es lo que digo, qué quiero decir con esas palabras. Quiero decir que Michon me gusta y me disgusta. O que lo admiro y, sin embargo, me disgustan las razones por las que merece ser querido. Todo suena tan bien, está tan limpiamente expuesto, tan bien armado el artilugio y afinado el instrumento. Pero, al fondo, el sonido de la campana. No basta con nombrar a Faulkner y al gordo Balzac para convertirlos en personaje de la narración, ni a ellos, ni los retazos cogidos de sus personajes. Ni basta con que tú mismo te pongas como personaje que envidia la *Comedia humana,* que enmudece ante ella y solo puede emborracharse como un perro. Está la *Comedia humana* de Balzac y está Victor Hugo. Está su obra, esa obra a la que Michon a la vez homenajea y niega. Reconóceme que aquello fue otra cosa, y que tampoco aquellos tiempos carecían de tentaciones para acabar escribiendo de refilón. Pero ellos miraron de frente el toro de la literatura. Se atrevieron con él, sin tener que utilizar intermediarios, sin protegerse a la sombra de otros. Porque detrás de la admiración hay cierta pedantería, por ejemplo en el trato a Balzac. Como si tú, Michon, supieras más que él.

Como si fueras David, capaz de tumbar a Goliat de una pedrada: convertir el murallón de libros de Balzac en escombros, de los que se recogen algunos *débris* para uso doméstico. A Balzac no se le puede mirar a ratos desde abajo, a ratos desde arriba. Está ahí, ciclópeo, imbatible. Soporta tu mirada desde la imponente altura de sus obras. ¿Qué haces tú jugando con el muñeco gordinflón que te fabricas? Ese no es Balzac. Escribo esto, y entre tanto me dejo emborrachar por ese Michon que baila sobre la tumba de Faulkner, participo de su borrachera, escucho la voz, la voz de la literatura «que habla a través de su cuerpo, médium esta noche entre un desolado autor que, a sus cincuenta y siete años, aún no ha llegado al íncipit y la oscura voz que se escucha debajo de la lápida. Habla de una parra de la que penden dulces racimos de uva». ¡Salud, Michon! Dale mis recuerdos a Faulkner cuando vuelvas a verlo. Y gracias por tu libro extraordinario, con el que no puedo estar de acuerdo.

Día agitado. Prisas. La sensación de que queda poco tiempo; de que no dejo nada que merezca la pena. Repaso cuadernos, textos metidos en el ordenador. No tengo nada. Borradores mediocres, anotaciones como las que estoy haciendo ahora. Toda una vida dedicada a pelearme con las palabras para, al final, tener la impresión de que esto no es lo mío, de que me he equivocado de oficio, o he calibrado mal las pretensiones: que lo mío no era este ajetreo, este desorden, meterte en el cuarto –y en la cama– con el afán de la literatura. La ambición de la escritura. Por qué no aceptar que está bien, que es suficiente con escribir una reseña, un artículo para la revista, la crónica bien redactada de algo. Falta de modestia. ¿Por qué se me metió en la cabeza ponerme a escribir novelas y decidí que ese era el camino que tenía que seguir? Me digo: párate, baja. Has hecho lo que has podido. Ya está. ¡Pero es tan poca cosa! Tres novelitas que son nada más que una, unos cuantos borradores previos. ¿Y todo eso en medio siglo? Qué imponente suena eso de *medio siglo.* ¿Y eso es lo que me ha impedido pensar en otras cosas como no fuera de refilón?, ¿no es una pena?

Escribir aquí, anotar aquí: formas de impotencia. En vez de lamentarme de que no he escrito *la novela,* ponerme a ello, esforzarme. Si yo no aguanto a los llorones, por qué me tolero este baboserío a mí mismo. Me curo la grafomanía escribiendo en estos cuadernos con una letra que ni me entiendo, porque, al final, parece que da igual, la cosa es escribir. Asuntos para una discusión psiquiátrica más que literaria. Personajes, paisajes. Los tengo en mi cabeza, los tengo por poco tiempo, luego ya no estarán ni ellos ni la cabeza que los guarda (si es que es en la cabeza donde guardamos las imágenes, los recuerdos), y no quedará nada. Ni siquiera las *tarjetas postales* que le envía uno de los personajes de *Mimoun* a otro, para recriminarle su incapacidad para escribir nada de provecho. Cuando repaso estos cuadernos, veo que componen una buena antología de textos para que quien venga luego encuentre maestros para su escritura: hay citas de Aub, de Proust, de Musil, Chéjov, Walser, Balzac, Tolstói. Ejemplos de todos ellos, de lo que escribieron ellos, de cómo lo hicieron y de lo que pensaban de su trabajo. Yo he sido un mal alumno, qué se le va a hacer.

1 de mayo

Toda la tarde leyendo los artículos literarios de La Capria: un par de ellos dedicados al teatro me parecen de una agudeza envidiable. Está muy bien cómo se burla de la trama de *Huis clos,* cómo caricaturiza uno a uno a los personajes. Todo es ridículo; lo que nos cuenta Sartre de ellos, increíble. Cita a Oscar Wilde: «Hay que tener un corazón de piedra para no reírse de sus desgracias.» Y da todas esas vueltas para acabar explicándonos que, sin embargo, *Huis clos* es una magnífica pieza de teatro, porque el teatro es otra cosa, sujeto a una lógica distinta: se sostiene con códigos extraños, intransferibles: «*Porte chiuse è una bella commedia, tesa e lucida*», concluye La Capria (*Obras completas,* pág. 1235).

Por la noche me pongo *Berlín: Sinfonía de una ciudad,* la película de Walter Ruttmann. Debe de ser la cuarta o quinta vez que la veo y me imanta siempre con la misma fuerza, me aprieta el corazón en un puño: la belleza de las imágenes, el pudor con el que va contándonos el esfuerzo, la ternura, la crueldad de una colmena humana, síntesis de todo lo que es capaz de crear y organizar. Miro la fecha en la carátula del DVD: 1927. La visión del mundo de entreguerras me produce siempre una emoción particular, que no sé si tiene que ver con mi *educación política.* Las imágenes de ese tiempo forman parte del guardarropa de mi utopía: los camaradas soviéticos, Liebknecht y la Luxemburgo, Fučík, retratos de entreguerras, imágenes de películas de Eisenstein y de Pudovkin, de las óperas de Brecht, iconos de la clase obrera, pero también de aquella burguesía de comportamientos febriles, la música sincopada, el humo del tabaco y la cocaína, los Döblin, Mann, Kraus, Musil, Schnitzler, Roth, lo que la Segunda Guerra Mundial se llevó. Es más bien una estética, en el peor sentido de la palabra. Pero a lo mejor la fascinación es incluso previa en mi biografía y se debe a que es el mundo que precedió al que conocí y del que me llegaron comportamientos, maneras de vestir e incluso rasgos físicos: aún siento una emoción especial cuando veo imágenes de las revueltas callejeras de Berlín o Viena, estampas de la Revolución Rusa o de la guerra de España. Mi generación creció sobre las ruinas de ese mundo que se había venido abajo y conoció su prolongación: mi Valencia: las humeantes máquinas de tren entrando majestuosas en la estación del Norte, los viajes con las ventanillas cerradas para impedir que la carbonilla se meta en el departamento, los ruidosos tranvías, los caballos que tiran de las carretas de reparto y recorren el centro de la ciudad, los edificios cubiertos con esa costra ocre que ha caracterizado hasta hace poco las ciudades del Mediterráneo, los cartelones de cine pintados a mano colgados de las fachadas, sobre las marquesinas que resguardan los remolinos de gente a la espera de que la sala abra sus puertas. Dentro de la película de Ruttmann sobre la gran ciudad descubro insertas las de la ciudad provinciana que para mí representó lo cosmopolita. Curiosamente, en esas imágenes de Berlín reconozco más Valencia que Madrid. A pesar de que en mi infancia y, sobre todo, en mi juventud, a fines de los sesenta, conocí de cerca el Madrid obrero (las barriadas de chabolas, los barrios recién construidos y los que habían permanecido intactos desde su construcción en los años veinte y treinta: Cuatro Caminos, Vallecas...), los recuerdos que guardo de mis paseos por Madrid son más bien los de una ciudad más oficial, antipática: con los tipos trajeados, encorbatados, grises, enmascarados tras el bigote-fila-de-hormigas y las gafas de sol. En las estaciones del metro, ante las paradas de autobuses, y en la periferia de ese mundo de gomina, la gente mal vestida (hasta los obreros llevan chaqueta, chaquetas sucias, gastadas, pero no van descamisados o vestidos con el mono de trabajo como en Valencia), las sucias ratoneras de los suburbios, las chabolas construidas en una noche, las montañas de desechos y harapos, el mundo de *La horda* y *La busca,* las corralas de Embajadores, el Rastro, la Ribera de Curtidores y la plazuela de las Américas (más descampado que plaza), los talleres de todo y nada, los almacenes de cualquier cosa, a la sombra de las instalaciones del Campo del Gas. En cualquier caso, un mundo más de pobres de pedir que laborable, y precisamente es ese –el mundo laborable– el que me devuelven las viejas imágenes que guardo de Valencia, a pesar de que, en las estadísticas económicas, pudiera aparecer menos integrada en el modelo europeo, más en contacto con la huerta, con los hombres de las huertas, pero también con los productos, que invadían y llenaban de color calles y mercados, con una promiscuidad social muy distinta al clasismo de ese mundo madrileño donde pobres y ricos están separados por abismos insalvables.

Me telefonea mi amigo A., que aprovecha para bromear sobre las celebraciones del Primero de Mayo. Nos reímos. Los viejos tiempos, cargados de miedo, pero también de una esperanza casi mística. *Ubi sunt?* Un socialdemócrata no desperdiciaría la ocasión de recriminarme que los comunistas contra Franco vivíamos mejor. Más bien lo que ocurre es que nos hemos resabiado, celestineado: en el artículo que escribo sobre *La Celestina* defiendo que el libro dinamita todos los lugares comunes de su tiempo, rompe los acuerdos. Pues eso. Nos hemos quedado fuera de sus pactos, vemos la mampostería del asunto, los hilos del teatro de marionetas, y no podemos creérnoslo. Estamos fuera de la convención de la credibilidad. Como en *El retablo de las maravillas,* los encantadores nos dicen que si no vemos el toro y a la princesa es que no somos cristianos viejos, pero es que no vemos ni princesa ni toro, los vemos a ellos, vemos las manos que mueven las marionetas a su antojo. Y los hemos soportado tanto que no dejamos de verlos por todas partes, se disfracen de lo que se disfracen. Me dice A. que cada vez le resulta más difícil comunicarse con nadie. Solo cuando escuchan algo que toca sus intereses parece que se despiertan de la modorra, me dice. La razón, el bien común, la justicia, todo eso les importa un bledo. Resulta desesperante. Terminas la discusión y vuelves a casa con una mala hostia que te dura el resto del día. Le tomo el pelo: así estamos los que decidimos ponernos al servicio del pueblo (lo decíamos así, sin pudor:

Servir al pueblo). Ahora, vagamos entre los descampados, nos escondemos tras los muros que han quedado en pie, en las casamatas abandonadas: vivimos a salto de mata, formamos parte del ejército de los desertores y de los vencidos.

Me parecen iluminadores algunos de los textos que La Capria incluye en su *Letteratura e salti mortali.* Espléndidos los trabajos sobre el papel de las vanguardias literarias en el siglo XX, con atención a las italianas. Ajustadas y lúcidas sus críticas a los *textualistas.* Valga esta cita: *«Soprattutto se c'è ancora qualcuno che crede che il linguaggio di un scrittore nasce non solo dalla letteratura, ma dal rapporto morale che egli stabilisce con la propria epoca o con la società di cui fa parte.»*

2 de mayo

A quien corresponda

Lo que digáis defender me da igual, es flexible, y variable, resbaladizo como un animal de charca: lo único estable en vosotros es vuestro comportamiento: sois un grupo mafioso.

En el texto que estoy escribiendo sobre *La Celestina:* desacuerdo entre lo que se quiere decir y lo que, por torpeza, se acaba diciendo. Pero es aún peor la sequedad. Descubro torpeza en la construcción de la frase, el vuelo gallináceo del conjunto. Me desespera mi propia escritura, ese no decir nada que no haya sido previamente –y mejor– dicho. ¿Por qué escribir ese texto?, o, mejor, ¿para qué? Pues para cumplir un compromiso que siento como una apuesta. Los amiguitos te proponen cruzar el río, tú no te atreves, pero qué vas a hacer, no vas a permitir que te llamen cobarde, así que ahí estás, en mitad de la corriente, braceando sin fuerzas, pero sin que se te pase por la cabeza pedir auxilio. No quieres que te tomen por lo que eres, un tipo asustado; si me apuras: un cobarde.

2 de mayo. Noche

Enredado en los borradores del texto sobre *La Celestina:* el autor del artículo constata que pierde sus últimos atributos. Pienso: lo de escribir se ha acabado. Me acompañó durante un tiempo y ahora se ha ido a otra parte. Tampoco es grave. Hay mucha gente que no escribe. Sí, pero y ahora ¿qué?

4 de mayo

Heitor Villa-Lobos: «Modinha para flauta y guitarra».

5 de mayo

Doy por concluido el texto sobre *La Celestina.* Se lo envío a J., que me llama al poco rato, diciéndome que le parece el mejor texto que he escrito. Crece una cálida oleada de autoconmiseración: me quiero, me doy pena. El pobre, hay que ver lo que sufre. Mientras hablo con él, se me humedecen los ojos. De repente, formo parte del libro de Rojas, estoy dentro de él, participo de toda su desolación, de la amargura que destila, he comulgado con él. No tuve esa sensación mientras escribía, tomándolo como modelo, *La caída de Madrid* y *Los viejos amigos.* No sé si queda clara al final del artículo esa idea de que, roto el pacto social, el mundo vuelve al estado de naturaleza, y ese proceso exige siempre el olvido, la suspensión del razonamiento histórico. Es el triunfo de la rata del tiempo, que se lo come todo. En cualquier caso, es el primer día después de mucho tiempo en que siento la emoción de la escritura. Has alcanzado el tuétano de algo, y eso te reconforta, esa llegada a lo esencial, al mismo tiempo que te desazona (sentimientos de maníaco-depresivo). Pisas las baldosas de un templo al que tú no deberías tener acceso y en el que has conseguido colarte utilizando argucias. Me fumo un montón de cigarros, tarareo tangos y boleros que me gustan, me acurruco en la cama como si me mimara a mí mismo, me lavo y enjabono cuidadosamente, como desprendiéndome de un yo del que aún llevo adheridos restos, pero del que ya me he librado. Me cambio de ropa (llevaba varios días en pijama) y me bajo al pueblo a tomar copas. De vuelta en casa, releo el texto, ya sin la excitación del deber cumplido. En realidad –y como no puede ser de otra manera–, he hablado sobre *La Celestina,* pero también de mí, de mis libros, de mi desesperación, lo de dentro y lo de fuera avanzando al unísono, como pide La Capria (al que homenajeo en el texto). Le falta soltura, elegancia, pero lo que Dios no da, Salamanca no lo presta. Hablo de las cosas a mazazos. Me gustaría tanto moverme en los colores intermedios, ser capaz de expresar al mismo tiempo los conocimientos (los pocos que tengo) y las dudas (que no me faltan). Siempre, a la hora de escribir, lo más difícil es ajustar el tono, el registro. Y, sobre todo, salir del que eras cuando escribiste antes. Cambias por fuera, pero sigues arrastrando durante mucho tiempo ese yo previo. Para la gran historia, lo cuenta Braudel: hay una agitada historia de los sucesos, de los acontecimientos, y otra que se mueve con pereza geológica, y que pesa más que todo ese ir y venir superficial. Un galápago que se levanta llevando sobre su concha el ajetreo de los nerviosos insectos que se le han instalado allí arriba, en la cúpula del carey. Así ocurre en la escritura: te da la impresión de que tus libros los escribe alguien que tú ya no eres, y esperas la escritura del que eres.

A pesar de las copas, me huelo que tampoco esta noche conseguiré dormir. Son casi las cuatro de la mañana, me duele la cabeza, y yo estoy aquí, pasmado, con esa sensación que te dejan los textos recién acabados. Entre lo que fue y lo que se anuncia, a lo que tú aún no llegas, así estás siempre cuando acabas de escribir algo. Pero ya está bien de este galimatías de borracho que no consigue tocar otra partitura. A todo eso, el texto que tanto me ha costado escribir era un compromiso, pero no un encargo. Se me metió en la cabeza que necesitaba ajustar cuentas con *La Celestina,* que, puesto que me había dado tanto, le debía un homenaje. Tenía una deuda pendiente con ese libro que siempre te derrota, esa fortaleza que no tienes manera de asaltar. Daños colaterales de la empresa: más de tres meses de insomnio, anorexia, dolores de estómago, eccemas en cara y manos, sensaciones terminales. Síntomas más de un histérico que de alguien que quiere ser escritor, y menos un escritor de estos tiempos de posmodernidad en los que la literatura ya ha perdido su carácter de altar de los sacrificios (aunque sea un altar laico) y es más bien carpa para la diversión. Me asombro cada vez que leo en el periódico u oigo por la radio que mengano empezará su próxima novela en agosto, porque quiere que salga en abril, para la feria del libro, y que en ella planteará tal o tal otro tema, o conflicto. Felices los escritores inocentes, dulces vástagos de la enésima oleada de la marabunta, capaz de devorarlo todo: inversos trabajadores del verso (anti-Celayas), siempre manos a la obra. Yo, que odio el concepto de artista, me comporto como si lo fuera, finisecular (del siglo XIX) señorita clorótica, con las terminales nerviosas siempre alerta, siempre inflamadas, dolientes. Yo, que me niego a pronunciar la palabra «sensibilidad», y que, cuando la oigo, saco la pistola. Pues nada: sensible flor de té.

6 de mayo

Pago las copas de la noche anterior. No recuerdo si fueron muchas, pero me han sentado muy mal. Hoy, me asomo a eso que se parece tanto al abismo. Pena. Siento pena por mí, por la humanidad, por los gatitos que me regalaron y siguen metidos en una caja, sin atreverse a pisar por vez primera el mundo; por tanto esfuerzo, por tanto sufrimiento, por la continuidad de esta lucha perpetua a la que llamamos vida, etc. Por la noche, me llama F.: su guerra se libra en el campo de Agramante de la psiquiatría. Su especialidad, las involuciones, los recovecos del mal, el inmenso ropero en el que guarda el mal sus disfraces. Leer y descubrir los nuevos trajes con que se disfraza la Gran Mentira. También él se siente como un fracasado, la psiquiatría un fracaso. Como en los otros campos de la sociedad, sufre los efectos de la quiebra del pacto social, se ha agrietado el cemento que empastaba las acciones de cualquier individuo. Desaparecido ese cohesionador (pero ¿cuándo existió? Cada época descubre su perdida, su *écroulement*, ¿no será que nunca existió?), las acciones se dispersan y multiplican su sentido hasta el infinito, y la psiquiatría inventa palabras para convertirlas en casos clínicos. El laboratorio pone en circulación palabras que, por el mero hecho de existir, crean enfermedades, al mismo tiempo que inventa y pone en circulación los medicamentos que las curan, cuando en la mayoría de los casos no hay más enfermedad que la falta de sentido, la falta de una narración que sea capaz de recoger las dispersas acciones individuales (dar sentido a las palabras individuales), que las codifique, y busque el modo de cristalización de esos códigos. La historia se ha vuelto invisible, y se expresa de una manera esquinada, que no parece dejar huellas colectivas: las grandes empresas convierten en casos clínicos lo que ayer mismo aún eran problemas sociales: a la explotación laboral, y al descontento que genera en las víctimas, se los filetea en lonchas cada vez más abundantes y finas, que se llaman *inadaptación, mobbing, desmotivación, síndrome posvacacional, depresión del lunes...* Cada uno cree sufrir las consecuencias de una enfermedad propia, su catastrófica experiencia única. No se siente pieza de un asunto colectivo. Para dejar constancia de su excepcionalidad, la gente graba en vídeo todo lo que hace: excursiones, bodas, comuniones, polvos, reuniones. Necesitarían media docena de vidas para volver a ver los vídeos que han grabado porque, en realidad, han grabado su vida entera. Todo el mundo quiere documentar su paso por el mundo (¿qué otra cosa estoy haciendo en este momento?), pero documentarlo como excepción (ningún niño tan guapo como el suyo, ninguna mujer tan simpática como la que se casó con él, ninguna boda tan bien servida), cuando sabemos (o hemos sabido hasta no hace tanto) que no hay más historia que la que encuentra su eco en la colectividad; todos los niños se parecen, y las esposas, y los banquetes de boda son idénticos según la tarifa que escojas. Solo entiendes tu boda cuando descubres lo que tiene en común con todas las bodas que se celebraron aquel año en la comarca, en el país. Y así sucesivamente. Yo mismo, capturando en este cuaderno algo de mi vida, qué tarea inútil, me gusta la expresión *basura biográfica.* Basura destinada a llenar los contenedores, a ser triturada en las plantas de tratamiento de residuos (que es como ahora llaman a los basureros), a arder en incineradoras: ceniza y humo que librarán a estas páginas de su lastre de amargura, de soledad, para reducirlas a contaminación atmosférica. ¿Cómo convertir en energía los depósitos de dolor, el esfuerzo? Creer que estos cuadernos pueden formar parte de esos yacimientos energéticos. A esa energía deseable fue a la que en mi juventud denominamos sujeto histórico, la habíamos encarnado en el proletariado como fuerza destructiva y creadora, una especie de mil patas monstruoso formado por millones de microcuerpos, el golem que acabó convirtiéndose en un caníbal que –como hacen algunos animales– devoraba insaciable sus propios miembros. Quedó un lago de sangre bordeado por una playa de ceniza. Este cuaderno es polvo de la ceniza que quedó, y el estremecimiento de un dolor que no tiene que ver con otra cosa que no sea el hecho de vivir, doloroso esfuerzo de seguir adelante después de saber eso.

Pienso: ¿y si encontrara voluntad para, fuera donde fuera, dedicar un par de horas cada día a estos cuadernos? Y me respondo yo mismo: tiempo para escribir ¿qué? Luego me digo que para escribir con calma, para tener unos *cuadernos de limpio,* que diría la Gaite, que me permitiesen poner un poco de orden en la cabeza. En vez de practicar esta odiosa escritura automática, pararte a pensar, redactar en un papel aparte, y poner aquí solo lo que la reflexión ha madurado. Serían muy distintos estos cuadernos, sin duda; pero, sobre todo, sería muy diferente yo.

(Fin del cuaderno negro de tapas flexibles.)

A ratos perdidos 4
(mayo de 2006-enero de 2007)
TEMPUS FUGIT

> ... tenía plena conciencia de llevar un escritor tartamudo y angustiado bajo una piel engañosa de escritor fluyente y convencido. El escenario limpio de la página en blanco, por el que otros paseaban arrogantes su facilidad de inspiración, significaba para mí un campo estéril y duro que tenía que desbravar y sembrar con grandes penalidades.
>
> MIGUEL TORGA, *La creación del mundo*

Sigue mayo de 2006

Día tranquilo. Pienso en el artículo sobre cocina del mar para *Sobremesa,* y en los folios que tengo que escribir para presentar el cuento ganador del premio Max Aub; reservo hotel, organizo los viajes de Múnich y A Coruña, todo en un estado de tolerable melancolía. S. me llama para que baje al bar a tomar una copa y le digo que no. Se está bien así, con uno mismo; con la creciente sensación de que fuera no hay nada que merezca la pena. Cuando llegué aquí, a Beniarbeig, estaba convencido de que iba a adaptarme; no digo que no haya sido así, entro en el bar y bromeo con unos y con otros, saludo a la gente cuando me cruzo con ella por la calle, pero no tengo la impresión de que quiera llevar la convivencia con la gente más allá de ese momento. El bivalvo se blinda.

7 de mayo de 2006

Interrumpo la lectura y me da por hacer zapping. Ponen *El tercer hombre.* Dejo el libro sobre la mesa y me engancho con la película. Debo de haberla visto veinte veces, pero vuelve a atraparme: Viena en ruinas, la nieve, el opresivo ambiente de posguerra, la miseria, la tristeza trivial de la música de Anton Karas. Dejo para otro momento los epílogos de *La lozana andaluza,* que es en lo que andaba. Un libro del que me gustaría hablar. No estoy de acuerdo ni con Menéndez Pelayo ni con Goytisolo: ni libro despreciable ni obra sublime. A mí me excita mucho su vertiente cochina: fantasía de niños y adolescentes: darle vueltas a cada palabra que se refiere al sexo, hurgar en los misterios de unos cuerpos que penetran o son penetrados por otros. Y lo que a mí me ocurre con *La lozana* es que me devuelve al mundo de excitaciones infantiles, que, en algún estrato de mi composición, aún guardo: curiosidad, intriga por mirar más adentro en un cuerpo, idea de que suciedad y sexualidad son inseparables (en la confesión: padre, me acuso de hacer cochinadas. ¿Solo o con otro?, ¿del mismo sexo o del otro?), y esa faceta sucia y primaria del libro me gusta mucho. Sin embargo, como logro literario está muy lejos de *La Celestina,* no tiene su estructura compleja y bien armada, el caminar firme hacia sus (demoledores) objetivos, ni su capacidad para remover, no tu archivo de deseos, sino tus ideas sobre el mundo. A *La lozana* le falta una correa, un corsé, tirantes, algo que la sujete a una idea central y limite su carrera en cualquier dirección. Ya sé que a los literaturistas les gusta precisamente esa falta de estructura firme, les parece moderna, y les fascina también su riqueza de formas literarias, y su inagotable vocabulario, méritos indudables del libro, que tiene pasajes sublimes. A mí me gustan especialmente las tiradas verbales que lamentan el tiempo ido y la fragilidad de la belleza (podríamos decir las limitaciones de la profesión: como la de los deportistas y modelos actuales, la carrera de las putas renacentistas es de corto recorrido, se acaba en un pispás). Adquieren un tono poco menos que proustiano, o manriqueño, o ronsardiano. Qué fue de las putas de entonces: «unas, rotos brazos, otras, gastadas sus personas y bienes, otras, señaladas y con dolores. Otras, paridas y desmamparadas, otras que siendo señoras son agora siervas». Manrique, Ronsard, Villon y

Proust están ahí; y está la vida cotidiana de una Roma en caída libre que pronto tomarán los españoles al asalto (lo anuncia varias veces el texto). Está el tiempo, el instante, aunque la mirada del narrador vaga como una pieza más de ese desorden del que habla Pleberio en su lamento de *La Celestina,* colocando las piezas y formando –en ese caso, sí– el sombrío dibujo del rompecabezas.

8 de mayo

Il piacere (nada menos), así se titula la novela de D'Annunzio que empecé a leerme la pasada madrugada (hay una extraordinaria película de Ophüls que se titula igual, aunque en francés, *Le plaisir,* nada que ver. Ophüls se inspira en Maupassant, en los cuentos de *La maison Tellier).* Es la primera novela que escribió (1889). En las páginas que llevo leídas ya se advierte que concentra todos los estilemas modernistas, y los subraya y amplifica o magnifica. Los vocea: el decadentismo con su guardarropía de fetiches que se supone que pertenecen a cierta gente superior, dotada de especial sensibilidad para el arte. Algunos elementos de la guardarropía: los abrigos de pieles, que envuelven, acarician y transmiten una imagen de elegancia; las habitaciones amuebladas con gusto delirante; los jarrones de los que emergen aromáticas flores (ella gusta deshojar las flores antes de marcharse de la casa que han convertido en templo de sus encuentros; y, después de hacer el amor, cubre el suelo con los pétalos de las rosas que él ha puesto para disfrute de la mujer en cada rincón); las alfombras persas, las sedas, las pinturas renacentistas y... el adulterio. El adulterio es un mueble esencial en la decoración decadentista. Marca distancias con lo vulgar, porque ellas siempre están casadas con hombres que no pertenecen al grupo privilegiado que se estremece con el chasquido del látigo del arte (burgueses adinerados, políticos, comerciantes ricos).

Mientras leo la novela de D'Annunzio me acuerdo de las palabras de Eça de Queirós en la introducción que puso a sus divertidísimas *Farpas* (banderillas) recopiladas bajo el título *Una campaña alegre.* Caricaturiza así la novela portuguesa de su época empeñada en mostrar perversos adulterios: «Julia, pálida, casada con Antonio, gordo, tira las cadenas conyugales a la cabeza del marido y se desmaya líricamente en brazos de Arturo, desgreñado y macilento. Para mayor emoción del lector sensible y para disculpa de la esposa infiel, Antonio trabaja, lo cual es una vergüenza burguesa, y Arturo es un vago, lo cual representa una gloria romántica» (E. de Q., Aguilar II, pág. 27). Es el modelo al que se acoge D'Annunzio –mujer delicada, casada con robusto e insensible burgués–, una plaga que minará la narrativa europea de fines del XIX (las *Farpas* son de los noventa, las escribe a partir de 1870; la novela de D'Annunzio aparece en el 89). En la narrativa española abundan los ejemplos. A Galdós, en cambio, le gustan esos burgueses sanguíneos y los pone a luchar contra la palidez cerúlea del viejo régimen y su ñoñería de culo apretado. Agustín Caballero, el personaje de *Tormento,* es buena muestra de esos personajes positivos. Tienen la energía del progreso, el ímpetu de la turbina, de la máquina de vapor. Son sangre en movimiento.

De eso, del adulterio entre dos seres sensibles que huyen del pesado mundo burgués, parece que va a tratar el libro de D'Annunzio, por lo demás escrito con una prosa rutilante, envidiable, que me lleva a leer en voz alta muchos párrafos. Nadie escribe así hoy, con ese tono, tan pasado de rosca, disparado hacia arriba, en ese tenor que definimos a veces como operístico. Resulta evidente que ya no se puede escribir así, es otra mirada la de nuestro tiempo, otra la selección, y el catafalco de los imaginarios que se construyen nada tiene que ver a primera vista con aquello; pero también –y sobre todo– es otra la formación de las nuevas generaciones: la nuestra *bien sûr,* pero sobre todo la de quienes han llegado luego. En la forma de escritura d'annunziana se transparentan las enseñanzas de una escuela perdida para siempre. ¿Que no hace falta que se escriba así hoy? Por supuesto. Pero en el almacén de la retórica nos convendría guardar muestras de ese uso, conocer y dominar ciertas técnicas, el sonido de esa música, antes de desecharlas, o para poder utilizarlas a nuestro antojo, como hilos para otro tejido o como proyectiles dispuestos para otra batalla (a elegir el destino de uso). Saber cómo se cocinan esos platos: los mejores chefs contemporáneos, aunque practican la cocina que llaman tecnoemocional, con la colaboración de aparatos y técnicas avanzadísimos –horno de convección, termomix, sifón de nitrógeno, cocción al vacío– y conocimiento de las reacciones fisicoquímicas, siguen leyendo con interés los recetarios de las grandes preparaciones y salsas clásicas de (pongamos por caso) Escoffier. Cómo despreciar el *canard à l'orange,* o *à la rouennaise,* y *l'homard à l'armoricaine.*

Esa misma sensación de que escucho los últimos ecos de una escuela perdida tengo al leer a La Capria, o a Gracq. Qué más da que *Il piacere* tenga la exagerada vibración neurótica de un folletín, que los diálogos y las descripciones de los personajes muestren ese engolamiento que he convenido en llamar operístico. Solo sé que el primer capítulo –el que me dio tiempo a leer anoche– es espléndido y las palabras con que abre el segundo no pueden expresar mejor la idea de los seres superiores d'annunzianos, y la exposición del equipaje ideológico con que ha cargado el artefacto (pág. 38): *«Sotto il grigio diluvio democratico odierno, che molte belle cose e rare sommerge miseramente, va anche a poco a poco scomparendo quella special classe di antica nobiltà italica, in cui era tenuta viva di generazione in generazione una certa tradizion familiare d'eletta cultura, d'eleganza e di arte.*» Para D'Annunzio, las masas están arrasando con los valores arqueológicos que muestran la procedencia del grupo privilegiado nacional y, sobre todo, de quienes pueden ser sus mentores espirituales, esos que, además de por lo arqueológico, también sienten predilección por lo que definirá un poco más adelante como *gli studi insoliti:* lo raro, lo extravagante que se convierte en signo que distingue a las élites del pensamiento y de la sensibilidad, frente a lo adocenado y lo vulgar. Según el narrador, se trata de una clase *arcadica,* que alcanzó en el XVIII su aticismo. Su lema: *«bisogna fare la propria vita, come si fa un'opera d'arte»* (pág. 40). El sentido estético sustituye al sentido moral (se identifica con el sentido moral). Nietzsche vigila al fondo de la escena.

9 de mayo

La levedad, la intrascendencia de los días escapándose. Como si quedara todo el tiempo del mundo por delante. Irse sin dejar nada sólido. Qué suerte tiene el que hace trabajos que se ven, que se sostienen y tocan: sillas, casas, puentes, edificios. Toda la vida tirada detrás de algo que se me ha ido. Tampoco es tan grave. He encontrado un sentido. A lo mejor no está tan mal no dar importancia a lo que se dejó en el camino, no tomarse uno mismo demasiado en serio: he vivido libre, he conocido una cantidad más que razonable de gente, de ciudades y paisajes, he leído muchos libros y visto muchos cuadros. *Ça suffit.* El mundo se nublaría con un nubarrón demasiado espeso si los cinco mil millones de personas nos empeñáramos en hacer obras duraderas, los cinco mil y pico millones de hoy, los siete mil de dentro de unos años, los quinientos de hace dos mil. Pero es así, y aquí estamos, los cinco mil millones pensando en nuestro dolor de vientre, en nuestro horario de trabajo, en si la novia/o nos quiere o no nos quiere, en si conseguiremos tirarnos a la vecina/o esta noche. Difícil que no desafine esta descomunal orquesta atribulada por los asuntos de cada quien. ¿Cómo no va a cubrir el cielo una inmensa nube negra? Cuánta emisión de energía: el hormiguero humano en eterna aspiración a individualizar a cada miembro, el absoluto como objetivo de cada hormiga. Mientras yo escribo lánguidamente en estos cuadernos con una pluma que se desliza con suavidad, millones de niños aprenden a vencer las dificultades que supone coger un lápiz entre los dedos y dominarlo hasta que, siguiendo el movimiento que le impone la mano, dibuje letras, decenas, centenares, miles de letras: qué excitación. Ya sé escribir. Ya sabes escribir. Pero esa de parece una a, esa a parece una e, esa e parece una i. ¿Entonces no está bien? Qué desánimo. Repite, escríbelo otra vez. Copia veinte, treinta veces la palabra, repite la frase pero esta vez sin salirte de la raya. La aventura, el calvario de aprender a escribir, yo creo que ni siquiera quienes trabajamos en esto tenemos una idea clara de lo trascendente que es saber escribir. Imposible imaginar un mundo sin escritura. No nos lo podemos imaginar. Dentro de algún tiempo los niños que hoy aprenden en sus escuelas, escribirán cartas, redactarán documentos por los que las propiedades cambiarán de manos, legislarán acerca del uso del automóvil, o decidirán si un hombre debe pasar el resto de su vida en una cárcel, apartado de sus amigos, de su mujer y sus hijos, plantearán sobre un encerado o en la pantalla de un ordenador fórmulas matemáticas, darán cuenta de lo que les ha ocurrido en sus memorias, redactarán noticias para un periódico, escribirán novelas. Dejarán por escrito sus últimas voluntades antes de morir: la casa para, el piso para, las acciones para. Se parecerán a lo que yo soy ahora, como ahora se parecen a lo que fui hace medio siglo y como yo me parezco a todos esos que escribieron libros hace cien, quinientos, dos mil años y con quienes hablo más que con mis contemporáneos. El incesante flujo de la vida. Y todas estas reflexiones porque esta tarde había grupos de niños de entre cinco y siete u ocho años que dibujaban en la plaza Mayor de Madrid. Me he emocionado al verlos tan atentos a lo que iba saliendo de sus lápices de colores, concentrados en sí mismos.

La gente que caminaba calle Toledo abajo expresaba con su animada presencia el desenfadado de la ciudad cuando la primavera parece que ha puesto un pie en el verano, caminar despacio, ocupar una silla en alguna terraza, pedir una cerveza, un vermut, unas aceitunas y unas patatas fritas. Qué belleza ver a toda esa gente. Los ritos: beber (los hielos tintinean en el vaso cuando la mano lo inclina sobre los labios, la rodaja de limón se balancea), fumar, reírse, hojear una revista o llamar por el teléfono móvil. Los dos tercios de la gente con la que me cruzo son más jóvenes que yo. Ya hace algún tiempo que me doy cuenta de que en los bares no me encuentro con personas de mi edad a partir de ciertas horas de la noche. Los dos obituarios que aparecían ayer en *El País* estaban dedicados a gente de mi edad. A uno lo conocía, otro era amigo de M. V. La vieja dama visita el barrio. Hoy me he cruzado por la calle con J. M., casi irreconocible. Le han dado unos cuantos ataques, le han hecho no sé cuántas operaciones (entre tanto, se suicidó su hermano); por la tarde, me he encontrado con mi amigo A., él, tan fuerte siempre, tan vital, tan chuleta y gritón, hablaba con voz apagada, ha dejado de beber y fumar, está a régimen y ha perdido un montón de kilos (adiós a esas formas rotundas, a la visión del peso de la carne, su precioso tacto). Dice que se cuida más, pero no me ha transmitido ninguna sensación de salud ni de felicidad. Acierto. Me cuenta que está deprimido. Habla poco a poco, desgrana las palabras como si se fuera conmoviendo con su propia voz, con lo que cuenta; parece a punto de echarse a llorar. Se le humedecen los ojos y le tiemblan los sonidos en la boca. Deprimido. Un rato antes me he enterado de que se ha muerto el propietario del bar que A. y yo frecuentábamos. Canas, cabezas mondas, dientes que denuncian falsedad porque desentona su blanco color entre los otros, que son de un amarillo mustio, y por eso, por la llamativa blancura de estos, no pueden disimular que son de quita y pon: apaños de clase baja que no puede permitirse los implantes. Prótesis dentales que no se ajustan al volumen de la boca: a partir de cierta edad, a la gente le cambia la sonrisa, se le llena de dientes, hinchándole los labios; o se le hunde, se fruncen los labios en esa configuración rugosa que se define como de culo de pollo, y los dientes están al fondo, los dientes de un muchacho que se fue puestos en la boca de un cadáver que está por llegar, los labios han perdido la esponjosa carnosidad que te excitaba, ya no quieres rozarlos con los tuyos, ni besarlos, ni morderlos con delectación, como muerdes una cereza, una fresa: como los mordías entonces. ¿Te acuerdas? Un banquete. Adiós al deseo; ni se te pasa por la cabeza sorber esa saliva que adivinas al fondo, la que envuelve la prótesis, la que hace unos años te perdías por beber. Hubieras dado lo que fuera por alcanzar esa boca con la tuya. Sorber esa saliva, que se mezclara con la tuya, lengua con lengua. Ahora los labios ya no tienen ese color de cereza, son grisáceos, como si los hubieran espolvoreado con ceniza, están además secos, cuero curtido de algún animal: el cuerpo entero ha perdido contundencia, han ido apareciendo a la vista debilitados músculos, huesos, venas: se manifiesta poco a poco lo oculto, el engranaje, heraldos de la calavera; y también han aparecido bultos y deformidades, manchas oscuras, azuladas, negruzcas, venas que estallan, sangre que no circula, varices, eccemas, tumores; la carne del estómago, la de las nalgas, ya no es rosada, ni exactamente blanca, tiene una textura de yogur, de leche cuajada, y hasta el olor es más bien vacuno. Solo con ver las carnes uno pierde el apetito de ellas,

las ganas de palpar, aquel deseo que, de tan intenso, resultaba a veces doloroso; imaginas que van a oler con un olor de queso, de leche a medio agriar: olores de viejo. Sudor agrio, orines, un vago halo excrementicio (peligro de descubrir que bajo la cáscara textil se esconden secretos que es mejor no descubrir, bragueros, tubos que salen del interior del cuerpo, bolsas de plástico que guardan deyecciones). Pero la vida sigue. Madrid está esta tarde restallante, la carne nueva sustituye en el catálogo de deseos a la que se está yendo: esos que pasan a mi lado son los de entonces, aunque son otros: los vaqueros se tensan por la presión de los cuerpos, las camisas se curvan, se moldean las faldas; ahí están los labios de entonces, los ojos vivos, pero aún candorosos, los que te desazonaban, los que te perdieron, y esta ciudad espléndida a la que todavía no castigan los ardores del verano y ya se ha desprendido del delgado y cruel frío de sus largos inviernos, que en cuanto te descuidas se te mete en los huesos, el frío que puede durar hasta bien entrada la primavera. Hoy se ha ido. Hoy es el Madrid de San Isidro, el que conozco desde hace cuarenta años: los ritos de la noche vuelven a tomar la calle y huele a rosáceas, y a ese otro olor dulzón como de animal en celo, el húmedo aroma seminal que desprende el polen de las acacias y envuelve la ciudad entera. Dentro de unos días, en cuanto rompa el verano, se evaporará esa gasa aromática y la ciudad olerá a asfalto ardiente, a goma quemada, a gasolina y a basuras recocidas en bolsas de plástico y contenedores, a cuerpos mortificados por la dureza de la cotidianidad, los viajes en metro, el trabajo en oficinas, barras, cocinas. En verano, Madrid adquiere un aire de infierno de pacotilla, de triste potro gimnástico (o de torturas) almacenado en un sótano desamueblado. Le sale la fealdad a Madrid cuando llega el verano, emerge una pobreza antigua, viejo tufo del gas *lebon* mal quemado, olor de tabuco de portera fisgona, zotal, lejía, berza y hollín; hedor de corrala y casas de vecinos en las que se consume el agua imprescindible y se pone a cocer un guisote más para llenar la tripa que para comer. Gastronomía de restos: callos, mondongos, orejas, morros, patas, bofes, criadillas, gallinejas. Las patatas y huevos fritos en grasas de dudosa procedencia son regalo infrecuente, pórticos de una gloria difícil. Se hace visible el gris del granito sin nobleza, como de asilo (portada churrigueresca de la calle Fuencarral, cargada de ringorrangos: aparatosa manta de piedra que tapa el pobreterío y disimula con los adornos de la grisura de fuera, la suciedad y miseria que hay dentro), granito de portalada de hospital de la caridad: portones, pasillos y salas oscuras, insalubres y feas, del hospital de San Carlos cuando acudíamos a que nos pusieran la vacuna antes de acceder a la universidad; la escalera mugrienta en una de esas calles cerca de la Puerta del Sol (creo que era Espartero), donde por unos pocos duros te entregaban un certificado de salud. Aquella consulta o negociado (nunca se auscultó a nadie allí, pagabas y salías con tu papel sellado) parecía una sucursal de la siniestra Dirección General de Seguridad, que estaba ahí al lado, y desgraciadamente también visité en algunas ocasiones; en la tercera de ellas me albergó –cochambroso hotel– durante veinte días: las celdas en los pasadizos subterráneos, las camadas de ratas a las que se oía chillar en el interior de los desagües (furia y placer de roedores, peleas y coitos). Los borrachos, mendigos, putas y maricones, detenidos en cumplimiento de la ley de Vagos y Maleantes, se meaban y cagaban en las celdas porque el guardia no les abría las puertas para ir al retrete. A los guardias les gustaba verlos mearse y cagarse, porque así luego tenían ocasión de divertirse un poco más viéndoles limpiar la celda. Friega bien, guarro.

Unas cuantas manzanas más arriba, el gris del Ministerio de Justicia, en la calle de San Bernardo, adonde acudí durante varios años una vez cada dos o tres meses para solicitar el certificado de antecedentes penales que necesitaba para obtener el pasaporte y nunca acababa de llegar. Recuerdo, como si lo estuviese viendo ahora, el rubio teñido de la funcionaria, el gesto hosco y despectivo que arrugaba sus labios pintados. Llevaba un pequeño fular rojo atado al cuello, que destacaba como una gota de sangre entre tanto gris: tenía el aspecto de vieja puta retirada por algún falangista, por algún policía, militar o lo que fuese, pero, sin duda, arriba España (seguramente lo era, exputa, quiero decir). Esa grisura es la que le ausculto a Madrid en verano, no lo puedo remediar, cuando se le derrite el maquillaje con que la han camuflado los decoradores modernos. Me parece que le sale la tristeza aún guardada de aquello, sobre todo después del mediodía, a esas horas de la canícula en que la ciudad se queda desierta, y parece que se filtra desde sotanillos y albañales la memoria de siglos: viejo y desvaído color, densidad de olores. Y esas presencias te llevan a pensar que tampoco tú has cambiado tanto: lo que eres se sostiene empastado en esos cimientos ocultos. Como el monstruo de la película que nace en la espesura del pantano, y su piel está hecha de escamas de verdín y reluce oscura y resbaladiza como el limo. Tristes frutos del medio y de la historia.

10 de mayo

Ayer hablaba de la grisura de Madrid que el verano devuelve y hoy me digo que esa es ya una ciudad inexistente, que solo pervive en el recuerdo, en el interior de algunas cabezas como la mía, en los libros. En realidad, el Madrid del verano es el de los turistas rojos como gambas a la plancha merodeando en torno al Prado, sesteando tumbados en los bancos del paseo, chapoteando en las fuentes; el de las terrazas nocturnas que se abren al asfalto como a una playa, etc., un Madrid trivial, del que han robado el atrezo del drama y escondido a los personajes de la función galdosiana, valleinclanesca o barojiana que se representó en sus calles. Y, sin embargo, yo me empeño en creer que algo de eso permanece, y rezuma en la sordidez que exudan ciertos barrios, en la desolación que se apodera de la ciudad algunos días. Pero eso le pasa también a París: si uno se da una vuelta por el Sentier, por las calles que van entre la Porte de Saint-Martin y République, por Barbès, aún quedan a la vista estratos de la miseria geológica del París que tan bien conocí en mi primera juventud, hoy reconvertidos en formas posmodernas de abandono. Aunque el maquillaje de París ha sido de mejor calidad, la ciudad se ha afeitado mejor, ha reconvertido con mejores materiales los que ya eran superiores: desde luego, por el poder del dinero, por supuesto, pero quizá también por una tendencia natural a lo promiscuo, que a Madrid –aunque ahora presuma de mestizaje– le llegó con cuentagotas y tarde. No fue promiscuidad el hacinamiento en los barrios extremos de pobres llegados desde cualquier poblachón de la península a lomos de un viento de miseria, esos extrarradios no acababan de ser ciudad. Aún hoy, a los vehículos colectivos que llevan a esas barriadas la gente no los llama autobuses, como a los que circulan por el centro de la ciudad, sino camionetas, que es una palabra que parece referirse al transporte de mercancías de una población a otra, aquellos tipos a los que se conocía con el nombre de *ordinarios,* y eran los que se encargaban del transporte regular de mercancías en las poblaciones carentes de ferrocarril. Los concejales de transportes lo entendieron muy bien y llamaron suburbano al primer metropolitano que llegó a esos barrios: aunque se trataba de suburbios más nobles, estaban uno o dos escalones por debajo de la ciudad.

Sigo con *Il piacere.* Ya en esta novela temprana, D'Annunzio exhibe antisemitismo. Sin venir a cuento en el desarrollo de la novela, los protagonistas se encuentran con un entierro que se dirige al «*cimitero degli Israeliti. Era un funerale muto e fredo. Tutti quegli uomini, dal naso adunco e dagli occhi rapaci, si somigliavano tra loro come consanguinei*» (pág. 98). El libro aspira a ser un manifiesto estético del egotismo. En la descripción que hace del cielo (pág. 132), uno tiene la impresión de que el artista –D'Annunzio, o su protagonista, qué más da– no respeta nada, se cree con derecho a todo, las estrellas son soportes de sus sentimientos, casi pedazos esparcidos de su alma. En la página siguiente afirma: «*Il paesaggio divenne per lui un simbolo, un emblema, un segno, una scorta che lo guidava a traverso il labeirinto interiore. Segrete affinità egli scopriva tra la vita apparente delle cose e l'intima vita de'suoi desiderii e de'suoi ricordi. "To me – High mountains are a feeling." Come nel verso di Giorgio Byron le montagne, per lui erano un sentimento le marine* (pág. 133). El párrafo recoge solo un momento de la *conversión* del protagonista que pasa de seductor a poeta.

En cada página que leo de *Il piacere,* me sorprende el desparpajo declamatorio de D'Annunzio, su capacidad para encadenar largas tiradas líricas en las que acompañan a la naturaleza los grandes poetas, pintores cuatrocentistas o flamencos, personajes de la tradición clásica, dioses, héroes: es una especie de gran batido en velocísima túrmix de la alta cultura: puré cultural, empeño por marcarles un mundo aparte a las almas privilegiadas. Ahora, acaba de hacer aparecer a los *Vedas:* no falta de nada; de los *Upanishad* al *Don Juan* de Lord Byron, todo le sirve al autor para construir el proceso de *muerte del deseo* del protagonista, su ascenso a un mundo superior, un aparato que se acaba revelando embeleco con fines más bien espurios. Parece que se utiliza para domesticar a la mujer (y no solo a la mujer), para ajustarla (y ajustar los comportamientos sociales) al capricho del nuevo héroe, cosa que le da una seguridad enorme, y le permite decir cosas tan desvergonzadas como esta: «*Un amante oscuro, avesse anche la forza di Ercole e la bellezza d'Ippolito e la grazia d'Ila, non mai potrà dare all'amata le delizie che l'artista, forse inconsapevolmente, versa in abondanza negli ambiziosi spiriti feminili*» (pág. 102). No está mal como ejercicio de afirmación. Lo sorprendente es que mucha gente (no sé si incluso el autor) acabara creyéndose paparruchas como esta. El artista doblemente armado.

11 de mayo

Mayo en Madrid. Los ritos de primavera. La televisión del bar transmite la corrida de toros en Las Ventas; en la calle, huele a flor de acacia, el cielo se ha llenado de nubes plomizas, y un viento desapacible se lleva las esporas de los árboles. Todo está envuelto en una especie de perfume corpóreo. En la barra, un obrero, cuerpo sólido, rostro bronceado, aspecto de gladiador, seguramente descargador en alguna empresa, pide un tercio y se lo bebe con delectación sin apartar la vista del aparato de televisión. El triunfo de la vida. En estos días, los espíritus cloróticos hacen bien en agazaparse en sus madrigueras. El mundo es de otros. No, no, el mundo es de los mismos, de los de siempre, esos a los que uno no se encuentra nunca por la calle, pero en la calle parece que reinan esos otros, rotundos, hermosos, como en cumplimiento de una falaz justicia poética. Tú tienes el dinero, yo el vigor.

Han empezado a caer unas cuantas gotas gruesas, pesadas, que dejan relucientes ronchas sobre la acera; ni el viento ni los goterones de lluvia amenazan de verdad. Amagan sin dar, son efectos de teatro: escenografía de un espectáculo repetido cada año: la primavera madrileña. Miro beber al forzudo, lanzando miradas de reojo hacia la tele, y enseguida me tienta la idea de averiguar de qué forma se desenvuelve el espíritu en esa sólida encarnadura que parece no dejar ni un espacio libre para que se acomode el alma. He salido del bar, he cruzado la calle a la carrera bajo las gotas de lluvia, he subido a la habitación del hotel, y me invade la melancolía. Ya no llueve. Han sido solo unos cuantos goterones pesados, ni siquiera un chaparrón: un golpe de viento, un remolino de vegetales, lo que se necesita para reproducir cada mayo los ritos de paso que esta ciudad se permite, la advertencia (no admonición, solo denotación) de que la vida sigue su curso y lo hace de una manera más conservadora de lo que todo alrededor se empeña en decirnos. Hace solo un par de horas, he estado en la Autónoma para dar una charla y, de camino, he visto esas nuevas barriadas que no conozco, los grandes edificios en construcción en el solar que ocupaba la Ciudad Deportiva del Real Madrid. Bien, me digo, es el Madrid moderno, una ciudad que se parece poco a la que conocí en mi juventud, paisaje que ni me conmueve ni me admira. Pero luego sopla el aire de la tormenta de mayo, que obstaculiza la faena del torero con el capote y desata los comentarios de quienes ven la corrida en la tele desde la barra del bar, y cruza el cielo el polen de los árboles empujado por ese viento que no es agrio, ni amenazador, más bien polichinela que patalea en escena cuando la obra lo exige, y Madrid vuelve a ser el de mi adolescencia y juventud. El bebedor de cerveza de la barra es también el Madrid de mi adolescencia. Pero yo tengo cincuenta y siete años y ya no le dirijo la palabra a ningún desconocido, a esta edad los contactos se vuelven impúdicos; a sus treinta y tantos años él está todavía entrando en el segundo acto de la obra, mientras que mi papel exige que vaya acercándome al foro para preparar el mutis. Como recuerdan los clásicos, ya no podrás llevar cuenta de su vida, de su trabajo; no podrías aunque lo conocieras, aunque lo trataras: ocurra lo que ocurra, su futuro está fuera de tu alcance. Al desenlace de esa obra no estás invitado. No podrás confirmar lo mucho que sus hijos se le van pareciendo a medida que maduran.

A los jóvenes les fascina el otoño, las hojas que caen al suelo, lo que otros han vivido, lo que han ocultado, lo que saben. A los viejos, nos conmueve el presentimiento de la primavera: qué verán esos ojos, cómo se verán ellos mismos, qué papel les tocará representar y de qué modo resolverán sus dilemas en un mundo en el que tú ya no estarás. No me atrevo a releer lo que acabo de escribir: cursi a rabiar. Pensar que te hundes con todo el cargamento, con la bodega repleta. Pero repleta ¿de qué? Cernuda –que tampoco se libró de la cursilería, aunque no nos importa detectársela cuando lo leemos– habló del poeta futuro. Eso es. Miro por la ventana del hotel. Ya no sopla el viento ni llueve. Ahora, detrás de los edificios hay una grisalla callada, estática (se ha nublado), formando una masa uniforme que cubre casi por completo el cielo: se han desvanecido los efectos dramáticos que le otorgaban al paisaje urbano esas nubes bien perfiladas, llenas de volumen, las que cruzaban el cielo hace un rato y he visto desde abajo, a ras de calle. La tormenta de verano ha durado más en mi cabeza que sobre Madrid, pero eso no quiere decir que esté inventándome Madrid: hablo de él como se habla de una persona cuyas reacciones conoces porque la has tratado durante años. En mayo del año que viene, del otro, en el mayo de los improbables poetas futuros, el anuncio del remolino en la calle, mientras en la televisión el torero intenta controlar el capote que se lo lleva el aire (¿acabarán pasando de moda los toros?, ¿los prohibirán? Seguramente. Nada es eterno), y el forzudo, de vuelta del trabajo, se ha pedido un tercio y se pasa la mano por el pelo después de tomarse el primer trago. De improviso, el estallido de un imponente trueno hace vibrar los vidrios de la ventana de la habitación. Siguen los ritos de primavera en la ciudad: colores, olores, sonidos de mi adolescencia en Madrid me llegan traídos por una especie de cámara loca que devora película a toda velocidad. La radio dice que en estos momentos llueve a mares en las barriadas del norte, que se están produciendo atascos e inundaciones. Es la *grande bouffe,* el punto de locura que se permite el guionista.

Esta mañana, mientras me duchaba, he escuchado por la radio que el actual *conseller* de Interior de la Generalitat catalana estuvo acusado de poner dos bombas (imagino que dos petardos), hace unos años. La vida se empeña en repetir los esquemas que le regala la literatura: el exagitador de *La educación sentimental* convertido en ministro del Interior; el ministro del Interior que fue poeta frecuentador de la vida tronada en *Luces de bohemia;* Vautrin, el gran criminal de las novelas de Balzac, convertido en jefe de la policía. En la charla de hoy, les hablaba a los alumnos de la Autónoma de la permanente disyuntiva de la literatura: ayudar a levantar el retablo de las maravillas, que encandila; o intentar echarlo abajo: la disyuntiva de toda la cultura. Nos bastaría *De rerum natura* como instrumento para trabajar en la tarea de demolición, claro que también nos basta un taparrabos para cubrirnos. Hay que ponerse al día, estar al quite de las modas. El retablo renueva sus muñecos. Ahora es otra cosa, nos dice el titiritero. Voy a contaros otra historia, pero seguid atentos. La literatura, tela de Penélope, *fer i desfer treball de dimonis:* hacer y deshacer trabajo de diablos, dicen en valenciano. Hace algunos años, en un encuentro con un anarquista con quien mucho tiempo antes había compartido celda en la cárcel de Carabanchel, se me ocurrió hacer un chiste sobre el vicepresidente del gobierno. En vez de reírse como yo esperaba, se levantó de un salto (charlábamos en un café) y se alejó precipitadamente. Movía los brazos, hacía aspavientos, daba voces. Un tercero que nos acompañaba a la mesa me explicó que aquel rebelde que yo había conocido ahora era un alto cargo de prisiones y admirador entregado del vicepresidente a costa de quien yo me había permitido hacer un chiste; años más tarde, volví a encontrármelo y durante todo el tiempo estuvo explicándome su segura posición, su blindaje hasta la hora final, gracias a que se había convertido en funcionario de grado superior en el Ministerio de Agricultura, una plaza conseguida por influencias políticas y no por oposición o por méritos profesionales. Me hablaba con orgullo, marcando la distancia que nos separaba. Oyéndolo, yo pensaba que la vida sigue sin apartarse ni un ápice del guión marcado hace muchos siglos. La literatura nos lo ha ido contando en cada época. Cada hornada de jóvenes que llega a escena cree representar una nueva obra cuando resulta que repite viejísimos papeles.

Como la ministra de Cultura es sevillana, La 1 dedica un programa especial de larga duración sobre la llegada de los futbolistas del Sevilla que han ganado la Copa de la UEFA. Han distribuido cámaras y locutores por todas partes. Un despilfarro, vaya. Los locutores hablan de *acontecimiento histórico.* Oyes las noticias por la radio, pones la tele, y sientes vértigo, ¿adónde va todo esto?, ¿qué más quiere de nosotros esta gente?, ¿a qué nuevo vertedero pretenden llevarnos?

D'Annunzio: uno de esos párrafos que parece mentira que alguien se haya atrevido jamás a escribir. Ahí va: *«Riviveva meravigliosamente sotto le sue dita la musica del XVIII secolo, così malenconica nelle arie di danza; che paion composte per esser danzate in un pomeriggio languido d'una estate di San Martino, entro un parco abbandonato, tra fontane ammutolite, tra piedestalli senza statue, sopra un tappeto di rose morte, da coppie di amante prossimi a non amar più»* (pág. 162). Inigualable. Claro que he dicho que nadie se atrevería a escribir algo así, y recuerdo *Sepulcro en Tarquinia,* de Antonio Colinas, con aquellas estatuas y mármoles truncados y aquellos personajes (creo recordar que eran pastores de ovejas) que «llevaban libros en las manos que nunca terminaban de leer» (no sé si la cita es exacta, la escribo de memoria). Imagino que el texto que he reproducido resultaría demoledor en manos de un psiquiatra: el espejo inverso del D'Annunzio viril, seductor; en el texto, más bien el autor nos transmite un miedo crepuscular, metáfora de un impotente, el baile de un castrado. D'Annunzio tenía solo veintiséis años cuando se publicó el libro.

Un crepúsculo d'annunziano: *«un cielo tutto rosato come un cielo dell'Estremo Oriente. Rose rose rose pioverano da per tutto, lente, spesse, molli, a simiglianza d'una nevata in un'aurora»* (pág. 206).

12 de mayo

De vuelta en casa. Manda la primavera. Hay luna llena. Ambiente denso de respiración vegetal. Se me contagia una molicie muy d'annunziana. El silencio de la noche, mi mesa, mi silla (no muy cómoda, pero a esta hora da igual), el cuaderno sobre el que corre la pluma. Deseos de ponerme a trabajar. Pena por el tiempo perdido, por todo el tiempo que paso fuera de aquí. Un poco tarde para hacer propósito de enmienda, para emprender algo de provecho: la novela que sea coágulo de lo que eres, del tiempo que has vivido. Reniego de todas las horas perdidas en barras de bar, de todas esas conversaciones absurdas que siempre parecen el prólogo de algo que no llega. Cuando te das cuenta, ya está ahí en el horizonte la franja anaranjada que anuncia el día: lo que esperabas ha pasado de largo. Es la vida del bebedor social. Ahora mismo no cambiaría por nada del mundo la sensación de la pluma acariciando el papel, deslizándose, y esta calma, y todos estos libros que ya no tengo tiempo de leer o de volver a leer. Echo más en falta los libros que ya he leído que los que me quedan por leer. A veces me ocurre que estoy en una librería, veo una edición nueva de una novela leída y me digo que estaría bien perderte entre sus páginas por primera vez: no haber leído *Moby Dick,* no haber leído *El idiota,* ni *El tiempo recobrado.* Leer por primera vez la *Odisea* y *Guerra y paz* y *El siglo de las luces:* sentir el fogonazo de la primera frase de esos libros, la sacudida que me produjeron cuando los abrí por primera vez, pero amplificada, o adensada, por lo que la vida te ha ido enseñando (se lee menos, se folla menos, pero se lee y folla más despacio y el placer dura más: ese es el tópico, que tampoco es verdad). Volver a ellos con la emoción de la primera vez, pero con el conocimiento que te ha dado haberlos leído antes. Y no se trata de querer volver atrás, aquello de lo que se burlaba Cicerón: a mí tampoco me haría ninguna gracia que volvieran a meterme en una cuna y me cantaran nanas, sería espantoso recorrer de nuevo lo que ya estoy cansado de haber recorrido.

Hoy, cuando salía de Madrid conduciendo el coche, tenía la impresión de que me dirigía hacia algún lugar vacacional, sensación de viaje juvenil a lugares que deseaba intensamente conocer, el primer viaje que realicé a Marruecos, la emoción intensa al cruzar el Estrecho: me puse a proa para ver el baile de los delfines abriéndole paso al buque; la costa de Marruecos al frente, promesa de algo. Se distinguían en la ladera de una colina los cubos blancos de las casas. Recuerdo el momento en que pisé el puerto y me llegó el batiburrillo de colores, la mezcla de olores: pescado podrido, sudor animal, estiércol, alquitrán, suciedad, especias (sobre todo, comino, pero también las hierbas con las que cocinan y le añaden al té: menta, hierbabuena, cilantro, ajenjo), humo, madera de cedro. Un fogonazo que invadió todos los sentidos, se metió dentro de mí y estalló, me emborrachó, me aturdió: los mercados callejeros, los carros cargados con montones de naranjas, los ojos de los niños, la indolente presencia de los adultos. Un juvenil éxtasis pagano. Volví en diversas ocasiones y, luego, viví allí. Marruecos me ofrecía una mezcla de cosas que había conocido en mi infancia mezcladas con otras que me atrajeron por desconocidas, eso fue el núcleo de la seducción: la familiaridad enredada en algo ajeno, en eso que los ignorantes llaman exótico, lo desconocido, las cosas que no entiendes y que se te escapan y, precisamente por eso, tiran de ti: quieres entender las razones sobre las que se fundan, averiguar los códigos que las rigen, el fundamento que las sostiene, y es esa mezcla la que está en la raíz de cualquier enamoramiento, nos enamoramos de alguien que nos parece distinto de nosotros, que tiene todo eso de lo que carecemos y deseamos, pero que intuimos que, en el fondo, se nos parece. Es la trampa de la seducción. Tener paciencia, cavar, poner empeño para encontrar la mitad desgajada, la parte que se nos fue pero que suponemos que está hecha de la misma sustancia, y hendida por la misma herida. Curiosidad por lo ajeno que, por algún pasadizo que aún no hemos descubierto, acabará devolviéndonos a lo propio. El desamor surge cuando descubrimos que ese individuo se parece demasiado a nosotros, que carece del misterio de lo que no somos; o que no se nos parece en absoluto: que carece de esa carga de piedad hacia lo que hemos sido y le habíamos regalado. Entonces sentimos que fue representación y no verdad lo que tejíamos, una tramoya a la vista, cuya credibilidad resulta imposible de restablecer, y ese vacío recién descubierto no nos deja más que pena por nosotros y rabia contra él. A todo eso, el objeto de nuestro amor (la víctima) suele vivir ajeno a toda la carga que hemos echado sobre sus espaldas; o, peor aún, la descubre, se aterroriza, y se la quita precipitadamente de encima con un gesto brusco. Se me dirá que esos son los amores desgraciados, pero, ¿hay otros? Los he pensado, los he deseado, he imaginado qué refugio tan seguro deben suponer, mezcla de cuerpo del que no te cansas y de alma que sigue subiendo como un globo y te lleva consigo en la cestilla: Phileas Fogg (David Niven) y Picaporte (Cantinflas) abriendo una botella de champán allá arriba en la versión cinematográfica de *La vuelta al mundo en 80 días.* Sin duda hermosísimo. Santo Dios, si es que hasta da miedo ese puro baño de ozono. Pero yo de eso no puedo hablar, y al escribir esto no quiero decir que haya sido siempre la víctima. Por desgracia, he ejercido como verdugo en unas cuantas ocasiones. Nunca piensas que te has cansado, sino que te has equivocado, o, ni siquiera, que te han engañado. Inviertes la prueba de carga.

La primera vez que visité Marruecos había, como esta noche, luna llena. Fue durante una Semana Santa, y hacía un calor que, como el de esta noche, aún no abate el ánimo pero ya anuncia el que acabará aplastándonos dentro de unas pocas semanas; por el momento, solo anuncio de que la vida corre hacia su plenitud. Los bordes de la carretera estaban llenos de flores, de hierba jugosa, recién nacida, pero ya en el extremo de su vigor, mullida, aunque preparada para agostarse: en la meseta dura poco la primavera. Clima extremo, decían los libros de geografía.

Cada vez que me pongo a escribir en estos cuadernos, pienso que, en vez de ejercitarme en esta escritura automática, en este ametrallamiento de tópicos, debería pensar antes, construir las frases, ajustar los pensamientos, y solo una vez que todo estuviese en orden, anotarlo aquí. En estos cuadernos hago exactamente lo contrario que en las novelas, o que en los artículos que escribo. Allí, monto, desmonto, busco la frase que se ajusta a lo que intuyo que quiero decir, la que se abre paso entre las frases hechas, entre los tópicos, una y otra vez. Aquí es pura grafomanía, el placer de seguir notando ese contacto entre la pluma y el papel, ver los ondulantes movimientos del plumín: cómo el grosor de la línea de tinta se dilata o se afila, un ejercicio que casi se limita a lo físico y me produce sensaciones apacibles, de encuentro conmigo mismo: con zonas de mí mismo que, por su composición, se corresponden a épocas geológicas enterradas. Seguramente, por esa extraña relación de corte infantil que mantengo con las estilográficas, he sido incapaz de escribir a mano ningún texto que tuviese pretensiones literarias, o, sencillamente, que estuviera destinado a ser leído por otros. Si escribo a mano, no salgo del yo pueril, la pluma (también el bolígrafo, o el lápiz) se me vuelve instrumento psiquiátrico, freudiano. En cambio, la máquina de escribir (ahora, el ordenador) sacan fuera algo que tiene que ver con la ajenidad, toda vez que no es mi letra, es la letra de otro, la que una máquina escribe por mí: su regularidad, su autarquía, provocan que tenga la impresión de que no soy yo quien escribe, que hay alguien que sabe y piensa mejor que yo y es capaz de escribir por mí historias que están fuera. Escribir: la marquesa salió a las cinco. A esa ajenidad de raíz psicológica se le suma otra que tiene que ver con la estricta mecánica: en esas letras de molde, o virtuales (?), soy capaz de ver enseguida dónde hay una coma fuera de lugar, o una palabra que se repite, me salta a la vista la frase ridícula, el verbo pueril o cursi o pedante que mi propia letra encubre; con mi letra no consigo aislar las piezas constructivas, me pierdo en el envoltorio, en los ringorrangos de la grafía, me cuesta leerme palabra por palabra, frase por frase, cuánto más tener una idea de los períodos sintácticos. Una pena, porque estoy convencido de que me resultaría menos arduo escribir a mano: satisfaría mi grafomanía, al mismo tiempo que haría algo de provecho, porque, si escribo a mano, puedo pasarme horas sin notar la fatiga, y cuando me paro es porque no tengo nada que decir y no porque esté cansado. En cambio, sudo sangre cada vez que pongo en marcha el ordenador y veo la pantalla parpadeante y en blanco, y todo el rato que estoy ante ella me siento como en cama de faquir, en banco de galeote, y busco la excusa, la que sea, para levantarme y cambiar de tarea. Solo cuando tengo ya muy avanzado lo que estoy escribiendo –artículo o novela– y se trata más bien de corregir, de ajustar, de mejorar u ordenar lo escrito, empiezo a disfrutar de la escritura impersonal con la máquina; entonces, descubro las virtudes del texto, ya a la vista, o que aún están ocultas en la maraña de frases confusas o retóricas, pero que pueden acabar saliendo a la luz, y ese pensamiento me excita, y soy capaz de pasarme días y noches enteros sin levantarme de la silla. Tengo la impresión de que alguien que no soy yo ha escrito cosas que están fuera de mi alcance y que yo sería incapaz de escribir; se trata de alguien más listo que yo y que escribe como yo jamás podré llegar a hacerlo, textos que parecen estar colgados ahí, en la cadena literaria, se me aparecen lejanos, inaprensibles: no son míos y por eso me interesan.

Pero, burla, burlando, son casi las dos de la madrugada. Muchas noches llega hasta mi mesa el lejano rumor de los coches que circulan por la autopista, pero hoy no se oye absolutamente nada, solo ese zumbido que emiten los oídos cuando el silencio es absoluto.

13 de mayo

La novela de D'Annunzio vira hacia un malestar muy *fin de siècle.* El protagonista se convierte en un personaje sin ancla, que ha roto con la vieja moral y al que el ancho mar de las pasiones deja a la deriva: «*Perché, in un soffio, tutto s'era dileguato, tutto era svanito?* [...] *Perché non aveva saputo custodire quella memoria e tenere quella fede? La sua legge era dun-*

que la mutabilità; il suo spirito aveva l'inconsistenza d'un fluido; tutto in lui si trasformava e si difformava, senza tregua» (pág. 243). El personaje resulta poliédrico, «*interamente sfornito di forza sintetica, la sua analisi diveniva un crudele giuoco distruttore*» (pág. 244).

Leyéndolo, me parece que leo páginas de *Camino de perfección,* de Baroja; pero también hay rasgos de *El hombre sin atributos,* o de *El extranjero* de Camus: la desazón de una juventud expulsada de los grandes procesos sociales: que ve esos procesos y los centros de decisión como cubos herméticos, inaccesibles (Kafka y su castillo): no les dejan ninguna grieta por la que poder penetrar.

Deciden comerse el alma, ya que no pueden comerse el mundo, cuyo reflejo inverso aparece en los personajes dostoievskianos: para no reventarme el alma, voy a reventar el mundo a bombazo limpio. En D'Annunzio es más evidente el narcisismo que en Dostoievski, en quien el malestar del espíritu se enreda en la telaraña del malestar social. La perezosa Roma está muy lejos del vértigo de la brutal injusticia de la vieja Rusia. En Italia, la clase media, la nobleza que se echa de menos a sí misma, puede juguetear en los espacios forrados de seda de sus bomboneras sin sentirse excesivamente herida por la culpa (bueno, sí, está el lejano sur: Calabria, Sicilia. Tendrá que venir Mussolini a recordárselo). En Rusia, la miseria resulta lacerante, y el poder de la autocracia permite pocos resquicios para un regodeo que no sea hiriente. El joven Baroja y el joven D'Annunzio participan del mismo mal. D'Annunzio habla de *la lebbra,* la lepra de una clase encerrada con sus obsoletos juguetes y cuyos hijos pasan de sentirse colmados con el peso de un alma rica, densa, a creerse una nada flotante. Pero también furiosos en su narcisismo. Ciclotímicos. Se sienten herederos de todas las culturas lejanas (lo oriental, o el Quattrocento, lo que no está al alcance del común y ellos conocen les sirve como distinción:

son flores exóticas que llaman la atención en un paisaje uniforme), se consideran ajenos, extraños a la cultura cercana, que entienden como una forma de vulgaridad, estrecha barbarie contemporánea. Ellos se ven continuadores de una élite de la sensibilidad (el abuelo fue Byron), frente a los hijos de la vulgaridad, en sus diversas vertientes: la política, el comercio, el dinero. El malestar barojiano mira hacia atrás y hacia lo hondo más que hacia lo lejano (César Borgia; lo vasco: Zalacaín, Aviraneta, el carlismo: contenedores de viejas esencias), y hay en él un vector que lo inclina hacia abajo, lo popular, lo obrero, el subproletariado, y que, en su primera etapa, cargará la obra de un peso social inverso al d'annunziano, prendido siempre de lo de arriba: las élites del espíritu que están por encima del poder y el dinero. No estaría de más comparar las vibrantes páginas que D'Annunzio dedica a Roma (y a Florencia), con la imagen de aburrimiento y desprecio que se trae de la ciudad de los papas el protagonista de *César o nada.* El personaje de Baroja (e intuimos que él mismo) se aburre con tanto arte. Sin embargo, las turbulencias del alma son las mismas, las dos escrituras surgen de un impulso similar. Se podría confeccionar también una larga lista de autores franceses de ese fin de siglo cuyas almas se desazonan de la misma manera (Huysmans, como paradigma del decadentismo). Yo creo que vienen más del infierno interior de Rimbaud que de la pasión revolucionaria (las barricadas callejeras) de Baudelaire, aunque Baudelaire les brinde un maletín de temas y la premonición de un tono sombrío que impregnará la posteridad. Verlaine y el simbolismo les regalan la gasa de la música que les permite envolver la mercancía. En las primeras palabras que escribí sobre el libro de D'Annunzio lo llamé modernista; lo es, y sorbe del prerrafaelismo la idea de la belleza como fin, la belleza antigua, cuatrocentista: estética correspondiente con el estilo de los edificios que, por entonces, y para su disgusto, se estaban construyendo en Roma (uno no elige lo que acaba siendo, ni quién será su compañero de departamento en el viaje en tren). Al fin y al cabo, se trata de un eclecticismo bueno para todo, que le sirve para hacer lo que de verdad le interesa, la exaltación de sí mismo. El yo es lo primero, y hay que vestirlo antes de mostrarlo: D'Annunzio busca en el guardarropa de las formas los distintos disfraces que le pondrá al personaje para distinguirlo de la masa que no tiene ese preciado don que es un yo propio; es decir, la masa que participa en lo que hay por todas partes, y de lo que él (personaje y autor) pretende huir. Se entra en la modernidad por la senda de lo antiguo. A ratos, prerrafaelita (y de Shelley, Byron y Wilde), a ratos caravaggiano: se trata de establecer un catálogo de formas que componen un mensaje en sí mismas: la única verdad es caminar entre ellas como el coleccionista camina entre los montones de piezas guardadas en su almacén. La cita culta, el referente artístico, el guiño hacia formas que se suponen superiores, no es que ayuden a construir el mensaje, sino que son el mensaje mismo de esa modernidad. Como es mensaje la sumisa incorporación de las estéticas de fuera, lo exterior: en un país del sur, mediterráneo, que alarga la mano hacia África, es de buen gusto lo oriental, lo anglosajón (atrae con su supuesta libertad de costumbres, su buen gusto, su elegancia), lo francés (París, libertino refugio de artistas). Como no sé quién soy y voy a la deriva, me ofrezco un refugio secreto en el que almaceno toda esa imaginería (lo oriental, lo sajón, lo francés: mi cacharrería, mi *bric-à-brac).* Poseerlo me convierte en deseable; claro que no estoy al alcance de los tipos vulgares, que ni siquiera aspiran a penetrar en ese cuarto secreto que se oculta tras el velo de la belleza, pero, aun en caso de que lo intentaran, se encontrarían con que están privados del derecho de admisión.

Cuando la economía revela más que nunca su papel de motor del mundo es la época del Imperialismo, fase superior del capitalismo, de la que habla Lenin), los hijos de las clases acomodadas europeas hacen una finta, se niegan a ocupar el lugar que les corresponde en la cadena productiva. Proclaman el refugio en un templo secreto del que ellos son a la vez inquilinos y guardianes. Se convencen de que han encontrado anclaje en ese mundo deslizante, en vertiginosa transformación, y también una función social: son los médiums que recogen la energía de esos mundos espirituales, el misterio telúrico del alma, y la proyectan sobre los demás, son zahoríes del espíritu: han conseguido un puesto de trabajo que rentabilizarán bien pronto como ideólogos de las nuevas mareas políticas.

Por cierto, el adulterio d'annunziano es la comunicación secreta entre dos seres privilegiados que participan de esa energía del espíritu (dos cacharrerías sentimentales unidas). El marido es, la mayor parte de las veces, solo cuerpo, cuerpo y dinero (lo indeseable), y el dinero es una pesada emanación corporal (una especie de sudor) que (en la dicotomía que propone esa estética) aleja del espíritu y condena al disfrute de placeres groseros. El marido grosero, monetario, del que hay que liberar a la mujer sensible es un tópico que recorre la literatura fin de siglo, la italiana, pero también la francesa y la española, el adulterio como forma de refinamiento lo encontramos mucho en nuestro Blasco Ibáñez (ya, pero el refinado en el fondo pide carne: muchos velos, malvas y rosas, pero, al final, su ración de carne). Andrea, el protagonista de la novela de D'Anunnzio, tras su primer encuentro con la deseada Elena, siente que se esfuma el velo del misterio, y, por lo tanto, que lo suyo *«non aveva più nulla di comune con l'Amore»* (pág. 245). El motivo de ese desengaño es que ha descubierto que, si ella lo abandonó tras el primer encuentro, fue porque sufría apuros económicos, y se vio obligada –o eligió– a casarse con un hombre rico. Andrea no puede soportar eso, lo más degradante, *«un matrimonio utile».* El súmmum de la vulgaridad. Él, que –como dice el narrador– tanto ha engañado, no soporta el engaño de ella porque lo hace por mezquindad, por cálculo. Maldito dinero. Elena ya no forma parte del modelo, puede ser tratada de cualquier forma, es decir, como una cualquiera: a él ya no le importa que ella sea *impura,* solo carnalidad, *«una lascivia interamente carnale, come una libidine bassa».*

15 de mayo

Se me ha escapado el día entre los dedos, haciendo no se sabe muy bien qué; buscando unos papeles que no encuentro, hojeando viejas revistas para coger datos que utilizaré en el artículo que preparo para *Sobremesa,* tomando algunas notas. Como de costumbre he hojeado los periódicos, he buscado por toda la casa el transistor (que tampoco encuentro); y me he leído algunas páginas del Arcipreste de Talavera y también el prólogo que ha hecho Caudet para *Miau,* de Galdós: por cierto, compruebo que apenas recuerdo nada de esa novela que tanto me gusta y que volví a leer apenas hace un año. Lo mío con la memoria empieza a ser un problema grave. Si lo comento con alguien, se burla de mí y me dice que tengo memoria de elefante. No sé de dónde me viene esa fama; quizá porque en lo que escribo cito a unos y a otros. Generalmente, las citas que aparecen en mis textos salen de lo que tengo entre manos, de lo último que estoy leyendo y acabo de anotar en algún cuaderno que aún manejo, cosas que, en cuanto se llene ese cuaderno, pasarán a dormir en un cajón. Si alguna vez vuelvo a acercarme a esas citas, me suenan desconocidas. Así me ocurrió anoche cuando me puse a hojear viejas cosas escritas hace apenas un par de años: buena parte de los libros de los que hablo en esos textos ni siquiera recuerdo haberlos leído, y, sí, las citas están ahí, y son la prueba de que los he leído con atención, tomando notas, recogiendo pensamientos que me han interesado o conmovido. El tiempo –poco tiempo– lo ha borrado de mi cabeza, y necesito reencontrarme con los apuntes para empezar a reconstruir. Le echo la culpa del deterioro al alcohol, al tabaco, pero no sé si hay algo más, la incapacidad cada vez mayor para anudar ideas, para hilvanar un texto, este dejarlo todo a medio construir, provisional, me parece que tiene fundamentos físicos. Me inquieta y, por eso, me ha producido tanto alivio terminar el texto sobre *La Celestina* que leeré en Cuenca. Hoy he hablado con el profesor al que se lo envié y me dice que lo ha leído y está muy emocionado, que anoche no pudo acostarse hasta que se lo leyó entero. Bien. Poco a poco, ir corrigiendo ese miedo que se muestra como desgana, cuando es ansiedad. A ver si entre mañana y pasado consigo dejar a punto el texto para *Sobremesa.* Ya sé que ese no es tan difícil como el de *La Celestina,* pero me provoca la misma ansiedad. Para recobrar la confianza, es importante que consiga escribir con calma, ordenando lo que quiero decir, incluso disfrutando al ver que va tomando cuerpo, forma.

Me parece imperdonable la abulia de hoy, porque ha sido un día excelente (incluso la temperatura suave) para mostrarme como en un laboratorio lo que tendría que ser este verano que pienso dedicar por completo a la novela: orden, trabajo, no mucho tabaco ni alcohol. Desde el viernes (es lunes por la noche), en que me tomé dos gin-tonics no he bebido ni un sorbo de alcohol. Eso no me resulta difícil. Últimamente, cuando he estado aquí, en Beniarbeig, me he pasado cinco o seis días sin salir de la habitación, sin bajar para nada al pueblo. En realidad, dejar de buscar compañía podría parecer más difícil que dejar de beber, pero como eso –lo de la compañía– no me tienta demasiado, permanecer en casa me resulta facilísimo. A todo esto me gustaría saber dónde demonios se ha metido el transistor que llevo dos días buscando. Esta casa –en realidad, mi cuarto– es tan pequeña como caótica. La biblioteca está poco menos que fuera de servicio, porque encontrar un libro supone poner en marcha un complicado operativo. Cada verano me digo que es el momento de ordenarla, de regalar los libros que no voy a volver a leer en la vida, pero cuando se acerca el momento, voy aplazando la cosa, y ese momento no llega nunca. Siempre mañana y nunca mañaneamos.

En el prólogo que Álvarez del Vayo le pone a *El cemento,* de Fedor Gladkov, escrito en 1928, asegura que los novelistas rusos piensan que el mejor escritor –a pesar de ir contra la revolución y haberse exiliado en París, desde donde ataca al gobierno soviético– es Iván Bunin. Elogian, sobre todo, *Vida de Arseniev.* Tomo nota. Yo creo que no he leído nada suyo. Habla Vayo de la *lucha* (de los escritores revolucionarios) *por encontrar la nueva forma.* En eso seguimos. La historia de la literatura, Cervantes incluido, no es más que la busca de las formas que piden los nuevos tiempos. Cuando (pág. 58) el protagonista de *El cemento* piensa: «Es la Rusia obrera, somos nosotros, es el nuevo planeta en el que la Humanidad soñó durante siglos», no puedo evitar sentirme triste. Lo más fácil sería sonreír, o carcajearse, pero eso sería cinismo, sería tirar por la borda la juventud y hasta las pocas briznas de sabiduría adquiridas. Además, hay demasiadas vidas quemadas en esa guerra, y mucho sufrimiento. La revolución no fue una idea loca, absurda o malvada: igualdad y justicia. Son palabras que están bien. Hoy sabemos que pueden convertirse en algo terrible, pero para saberlo hace falta haber vivido buena parte de la historia del siglo XX. Lo que había enfrente, aunque haya triunfado, agitaba algo infinitamente peor: furioso egoísmo del yo y de lo mío por encima de todo, el yo (la propiedad) defendido a sangre y fuego, filosofía de ladrones, explotadores y traficantes de armas. Eso que llamamos Occidente, o sea, el Capitalismo, ha lavado su cara con más esmero, pero que no se olvide que necesitó de montañas de cadáveres (sigue produciéndolos: África y el coltán, Oriente Medio y el petróleo...). Hay que hacer recuento, recorrer con un dedo las manchas de sangre que empapan cada continente, sin excluir la que vertieron dos guerras mundiales. La civilizadísima Europa se regaló en el siglo XX dos tandas de veinte millones de cadáveres cada una. Asia, América Latina, África... ¿Quién se acuerda ya de que en Indonesia hubo un millón de asesinados en una sola noche? Muertes de ayer y muertes de hoy.

Leo en la página 67 de *El cemento* la palabra «bahía» y recuerdo que, al principio del libro, Gladkov nos ha situado junto al mar: la decrépita fábrica está ahí cerca, al borde del agua. Sin embargo, por el momento, esa presencia no se nota en el libro, falta, y creo que se echa de menos: falta el aire húmedo que viene del mar, o el que pudiera servir de contrapunto a toda la sequedad del paisaje en el que se levantan la fábrica y el pueblo. Es una novela de secano y no nos la humedece la descripción que sigue del paisaje marino, un mar más metálico que acuático.

Ayer, releyendo el prólogo que escribí para los *Cuadernos de todo* de la Gaite, me encuentro con una frase en la que vengo a decir que ella siente tanto respeto por la palabra escrita, que es incapaz de anotar nada en una libreta sin antes tener una idea de lo que va a decir, y tener un orden previo. Justo lo contrario de lo que vengo haciendo yo aquí. Lo tomo como una reprimenda, o como una lección. Me dio otra lección que me acompaña: llevar siempre por escrito lo que uno va a decir cuando da una charla. Eso vengo cumpliéndolo a rajatabla. No fiar nunca las intervenciones a la improvisación: leer siempre un texto. Otra cosa es acudir a algún lugar en el que no tienes que dar ningún discurso previo, solo responder a lo que te pregunten, pero incluso esas improvisaciones las llevo mal. Siento cierto malestar en las escasas ocasiones en las que –como el otro día en la Autónoma– me limito a responder a lo que me preguntan. Se trata de gente que ha leído mis libros y va a preguntarme sobre ellos: está claro que, por pudor, no puedo llevarme un texto en el que comente mi propia obra (qué pedante suena eso de obra, eso no está bien que lo diga yo: quedémonos con los libros, mis novelas), pero así y todo, tengo la impresión de que digo cualquier cosa, de que no preciso, ni afino, y las palabras son como globos llenos de algún fluido de escaso peso y que se mueven a capricho del viento. Cuando termino esas intervenciones, no tengo la sensación de acuerdo conmigo mismo que noto cuando leo un texto que he rumiado durante meses, que he organizado, en el que hay desarrollo de una idea. Eso es escribir; y eso, escribir y no hablar, es lo que tiene que hacer un escritor. No suelen ser los libros de los que mejor hablan por la radio y la televisión los que más nos gustan. A los escritores se nos va la fuerza por la boca; si cuentas tu novela, casi seguro que ya no la escribes.

16 de mayo

Otra jornada laboral que se evapora. Le doy vueltas al artículo de *Sobremesa* y me distraigo con las musarañas. Han llegado los primeros días de calor que siempre acaban afectándome, quitándome la capacidad de concentración. Miro la agenda. Hasta mediados de julio me va a resultar difícil acercarme a la novela. Tiempo detenido para ella, no desde luego para mí, que tengo la impresión de ser un galgo al que se le escapa la cada vez más ligera liebre del tiempo. Lo que llevo de año, entre viaje y viaje, se me ha ido sin darme cuenta.

Comprar: Michael Frayn: *Juego de espías* y *La trampa maestra* (Salamandra).

Tantos años después, sigue molestándome la insistencia en caracterizar a los personajes positivos con cosas como «descubriendo sus dientes relucientes en una amplia sonrisa» (pág. 189) que Gladkov no duda en administrar en *El cemento.* Leo eso y veo –no puedo remediarlo– los carteles y fotografías de los gays californianos, anuncios relamidos, publicidad innecesaria de un producto que a lo mejor estoy dispuesto a adquirir, si no me lo presentan así de pegajoso. Una frase aún más escalofriante: «Cada vez que sus miradas se encontraban, ella se acordaba de las florecillas doradas del borde del camino» (pág. 194). Cuando lees una frase como esa, maldices la idea misma del amor y te vuelves peor persona. A estas horas de la madrugada, mientras suena un concierto para piano de Mozart y, luego, el adagio de un concierto para trompeta de un tal Alessandro Marcello (no lo había oído nunca), me digo que la literatura es infinitamente más torpe que la música a la hora de tocar las puntas de los nervios; toca otras cosas, más secas, más correosas.

Más amor soviético: «Arroyuelos claros jugaban en los ojos de Miekova» (pág. 199). Escribo estas coñas, pero no dejo de admirar todo el trabajo de construcción del libro, su carácter de herramienta bien hecha y, en algunos momentos, conmovedora. Una frase muy gopeguiana: «Pero Dacha, tan próxima, era distinta; y Polia, extraña, era distinta también» (pág. 219). Para concluir con Gladkov, con un gesto de reconciliación, valga esta estupenda frase: «La lengua no levanta las montañas pero puede hundirlas» (pág. 234).

Humor *british* de Cicerón: «Cuentan que a un tal Serifio que le decía que se había hecho famoso no por sus méritos sino por ser de Atenas, Temístocles le contestó: “Pues es verdad, por Hércules. Aunque yo fuera Serifio y tú Temístoles, tú jamás habrías llegado a ser famosos”» (págs. 12-13, *De senectute).*

Mañana, Valencia; pasado, Múnich; el sábado, A Coruña. Se van los días. Sigo rompiendo amarras con la gente que me rodea. Cada vez más tentación de romper. No queda nada de los viejos códigos, y ¿cómo entenderme con nadie? Esa falta de acuerdo con el exterior no importaría demasiado, mejor, más tiempo libre para mí, si no fuera porque me pone ante un espejo en el que hasta ahora no me miraba: la edad. Un viejo gruñón que no aguanta a nadie, ni se soporta a sí mismo. Me lleva a darme cuenta de las limitaciones que tengo, algo en lo que no me daba por pensar; me pongo en la tesitura de aceptar que he entrado en el momento de la resaca, ese ronco chupeteo marino que sigue a la ola. Acabados, agotados los pijamas ideológicos que me había puesto para dormirme en mi propia tolerancia, esto me deja más bien desnudo, incapaz de hacerme a la idea de que voy a volver a sentir algo, temeroso. Dormir a la intemperie. Yo creo que se resiente incluso el metabolismo: no sé si es que el desengaño toca el metabolismo o viceversa. Deseo tan poco que apenas me queda imaginación suficiente para representar las fantasías que me permiten masturbarme. Pienso así, y siento también una especie de alivio, sensación de liberación, como quien se quita un peso que parecía que iba a arrastrar toda la vida. Respirar. Mirar fuera, hacia otras cosas; mirar más lejos, más allá. Ver que la vida se reproduce y tú y tus temblores le importáis un bledo.

Anota que hoy has tenido un día perfecto, la *giornata perfetta* de la que habla en sus libros napolitanos La Capria: calor amortiguado por una brisa que traía el perfume del mar hasta aquí, una brisa activa y salobre. «Huele a mar», ha dicho Paco. Por la mañana, al abrir una de las ventanas de la terraza, me había dado cuenta de que llegaba una brisa fresca y cargada de humedad, el viento de levante –el yodo y la sal: perfume de algas– llegaba hasta este pie de monte situado a una decena de kilómetros tierra adentro. Me ha dolido pensar que mañana tengo que irme. Quiero quedarme aquí, notando la presencia de la brisa, la fragancia salobre, y cómo se acelera el proceso de floración: los rosales, las adelfas, el jazmín, todo brota, cambia de aspecto de un día para otro. El aire huele a hierba mojada, pero también a rosáceas, a jazmín. Incluso el magnolio deja ver ya unos pequeños bulbos entre blancos y grisáceos que en unos pocos días se convertirán en flores.

Se va la luz de casa. En un primer momento, pienso que se trata de una avería doméstica, pero me asomo a la ventana y descubro que, excepto una veintena de luces en la ladera de la montaña que tengo enfrente, el paisaje está sumido en la oscuridad. De pronto, esto parece mi casa de Extremadura, desde cuya terraza solo veía la noche: han desaparecido Beniarbeig, Denia, Pedreguer, Ondara, El Verger, Els Poblets. El hervidero de luces que acompaña mis visiones nocturnas desde que me vine a vivir aquí hace media docena de años no existe. El paisaje en tinieblas se dota de una inesperada seriedad. En vez de transmitirme la habitual sensación de acoso, me proporciona ideas de entrega. Me quedo asomado a la ventana, y siento que formo parte de la gran balsa de la noche. Misticismo. Viejas lecturas de Teresa de Ávila y Juan de la Cruz. La oscuridad es mía y yo soy parte de ella. Me fumo un cigarro disfrutando de la posesión. Regreso al estado de naturaleza de un paisaje que a diario es nada más que artificio: la noche vuelve a ser noche, y no un nervioso duermevela, el sueño se ofrece como sueño y no como pesadilla. Me resisto a dejar de mirar. Enciendo otro cigarro y vuelvo a quedarme extasiado con los codos apoyados en la ventana.

18 de mayo

Recorro Valencia: los alrededores de la estación del Norte, la plaza del Ayuntamiento, el Ensanche, el puerto, recién rehabilitado. En estos días, la ciudad transmite vitalidad. Obras por todas partes: el puerto ha pasado de ser una escombrera a convertirse en un espacio de diseño; gente vestida a la última y cargada con bolsas señaladas con logotipos de marcas de lujo, escaparates de tiendas caras que acaba de inaugurar; restaurantes amueblados con el gusto minimalista que tanto se lleva ahora. La ciudad vive sin complejos su vertiente burguesa; es más, la exhibe orgullosa. Caminando por Colón, la calle comercial, y por las adyacentes, tengo la impresión de que soy el peor y más pobremente vestido: en esa zona, no solo se es burgués, sino que se sobreactúa el papel: se expresa la satisfacción que produce serlo. Se comparte con los semejantes un código común, signos en el vestir, pero también temas de conversación, maneras de hablar, de moverse, de pararse ante los escaparates; uno procura levantarse por encima de los semejantes, aunque no demasiado, solo lo justo, satisfecho de formar parte de la espuma de esa sociedad de corto vuelo, sin separarse por abajo, pero tampoco por arriba. Es la vez en que Valencia me ha parecido más nerviosa, más preocupada por parecer rica y vanguardista. Se ha creído la publicidad que llevan vendiéndole desde hace unos años con el tema de la Copa de América, que estos días celebra. En Barcelona, la burguesía mantiene otra disciplina, muestra otra severidad, y los turistas avanzan en multitud por las Ramblas vestidos de cualquier manera. Madrid es ciudad desigual: salta del terno ministerial, gris oscuro, o azul casi negro, al chándal y a la camiseta de cuello cerrado comprada en el mercadillo callejero, lo cheli, lo colega como estética de destrucción masiva. Ahora que lo pienso, no he visto un solo chándal en mi recorrido de esta tarde, los turistas con los que me he cruzado iban bien vestidos, con ropa de marca; los jóvenes, bronceados y con aspecto de hacer deporte (un poco modelo *aussie,* oceánico, el bronce, la vela, el surf). En los últimos años, Valencia ha cambiado; no solo ha crecido y se ha ensanchado, también ha cambiado de carácter. Sigue teniendo corazón y tripas campesinos –basta acercarse a los alrededores de la estación, ver a los devoradores de pataquetas y cerveza despatarrados ante las mesas de los bares o acodados a sus barras, carne de huerta en su esplendor–, pero se esfuerza en enterrarlos bajo cosméticos de lujo, joyas caras y ropa de marca. Ha ocurrido en poco tiempo. No valen los modelos hippies, ecolo, progre que se ven en otras ciudades, aquí todo tiene que tener etiqueta cosida; y me llaman la atención sobre todo las cabezas, trabajadas según complicados tratados de peluquería, las de ellas y las de ellos. Se diría una ciudad distinta a la que he conocido. De hecho, es otra. Ha estallado el pequeño cogollo donde todo ocurría. La ciudad de ahora tiene al menos media docena de centros, algunos de los cuales ni conozco ni frecuento. Al de siempre –el eje que va desde la estación al Ayuntamiento y a la plaza de la Virgen o el Mercado Central– se le han añadido núcleos centrípetos: en el ensanche cada vez más extenso, que ahora incluye Ruzafa; en el barrio del Carmen, la avenida de Aragón, los aledaños de Fernando el Católico, el Palacio de Congresos y, ahora, el puerto. Me dejo unos cuantos: los alrededores de la Finca Roja (creo que los jóvenes conocen la zona como Juan Llorens y es vivero de bares de copas), las cercanías de Blasco Ibáñez, Benimaclet... La ciudad enciende focos de atención un poco por todas partes. Ya no es una aglomeración concéntrica y manejable, sino un vibrante panal. He seguido de cerca las transformaciones que se han producido durante los últimos seis o siete años. A medida que pasa el tiempo, las piezas sueltas se ajustan formando un orden urbano muy particular: sería mejor escribir la palabra «lenguaje», decir un lenguaje particular, y no decir orden, porque no es orden lo que la ciudad exhibe. La nueva Valencia ha empezado a hablar, ha vencido la etapa de balbuceos de todos estos años pasados y se expresa con una sintaxis propia y bastante original en su mezcla confusa de elementos: la armoniosa proporción de las calles del Ensanche, la personalidad de la mayoría de los edificios construidos hasta la Guerra Civil; sus espantos arquitectónicos de posguerra y los años del desarrollismo, que muchas veces acaban encontrando acomodo en el conjunto, convirtiéndose en piezas del mar urbano, o en los momentos fríos de una gran ducha escocesa. Los recientes ensanches cuya filosofía consiste en que el Ayuntamiento construye lo que ahora se llaman iconos (Palacio de Congresos, Ciudad de las Artes) y los pone a disposición del constructor para que, en su entorno, levante una urbanización que multiplique sus plusvalías. Cuando hablo así de la ciudad, la comparo con otras de su tamaño, de características económicas y sociales semejantes; por supuesto que no con París, Londres, Nueva York o Shanghái, ni con grandes ciudades de arte, como Roma o Nápoles o San Petersburgo: con el arte que contiene cualquier sala de museo de una de estas ciudades podrían colmarse todos los modestísimos museos de la Comunidad Valenciana entera.

19 de mayo

La ventanilla del avión me permite contemplar la creciente sucesión de olas geológicas que ascienden desde las orillas del mar hasta los picos nevados de los Alpes. El macizo alpino se separa precipitadamente del Mediterráneo y emprende una brusca serie de ascensiones, formando un irregular zigurat. Cada picacho esconde tras él un valle, al que sucede un pico de altura superior, que a su vez oculta otro valle. El mar de la Costa Azul es de un limpio verde esmeralda en los óvalos que van formando las sucesivas playas y, vista desde arriba, esa costa parece casi tan poblada como la valenciana, pero aquí quedan tramos en los que no se ve ninguna mancha urbana, huecos en los que se preserva más o menos la naturaleza, bosques. Además, en cuanto se separa de la costa, el paisaje se despuebla. Enseguida tienes la impresión de que se entra en tierra de nadie, aunque esa impresión resulta engañosa, porque, en las terrazas superiores, pasados los primeros picos, reaparecen las poblaciones en laderas, o en el fondo de los valles que se tienden sobre altas bandejas entre cada alineamiento de picos. Me pregunto si los habitantes de esas poblaciones tienen conciencia de la cantidad de escalones montañosos que los separan del mar. Te asombras porque te parece imposible que haya carreteras que suban hasta allá arriba, que colonias humanas se hayan desarrollado en esos lugares remotos, al pie de picos escarpados, cuando desde tu mirador (ventanilla de avión) descubres que, por encima de esos picos, siguen abriéndose valles y se ven otras carreteras y se extienden poblaciones situadas aún más arriba.

Ayer hablaba de Valencia y la definía como una ciudad seguramente más ostentosa que rica. ¿Qué decir de la opulenta Múnich? Hoy, paseo por esta bella ciudad que, como tantas otras centroeuropeas, ha tenido el concepto escenográfico metido al menos desde el Renacimiento, tan importante en esta ruta de comercio con Italia. Múnich ofrece monumentales edificios, no solo de carácter religioso, sino de uso civil, exhibiciones orgullosas del patriciado urbano. Aunque a mí lo que me atrae de estas ciudades centroeuropeas es su razonable aspecto, el triunfo de la razón en su ordenamiento y trazado. No son producto de iniciativas incontroladas: tienen vocación de conjunto: casas de la misma altura que guardan relación con el ancho de calles y plazas; jardines y parques interiores (la ciudad mediterránea ha carecido hasta el siglo XIX de jardines públicos intramuros). En estas ciudades es la serena uniformidad la que transmite el concepto de riqueza más que el aspaviento monumental, que generalmente nos habla de desequilibrios, de contrastes y de enfrentamientos sociales, del poder de una nobleza y de una Iglesia despóticas levantándose sobre las enormes capas de miserables (Nápoles, Palermo, Sevilla). Múnich exhibe sus grandes monumentos dieciochescos y sus filigranas barrocas, pero esos hitos se levantan sobre una sólida continuidad arquitectónica: burguesía fuerte. El viejo Cádiz, la dieciochesca ciudad comercial española, es un modelo de razonable continuidad, se suceden ordenadamente las casas sin que haya grandes sobresaltos monumentales, es justo lo contrario de lo que ocurre en Sevilla.

Aquí sí que se puede decir que la primavera estalla, en todos estos bosques de hojas recién nacidas, jugosas, en los arbustos llenos de flores, en el aire repleto de polen y de exudaciones vegetales. Acabo de cruzar Múnich en taxi, bajo el túnel verde y blanco de los castaños en flor. Imagino el efecto psicológico que debe producirle el esplendor de un día así, perfumado, florido, soleado, a la gente que durante meses ha contemplado los bosques que hoy me parecen opulentos como tristes cadáveres descarnados, ramas secas, yerbas renegridas, una gama de colores cenicientos como presencia única en la paleta, suelos negros y encharcados, omnipresente humedad. Yo creo que en la tradición naturista del pueblo alemán influye el descubrimiento anual de la naturaleza que aquí cumple de modo extremo sus ceremonias de muerte y resurrección. Cuestión de escala: en Beniarbeig cambia apenas el paisaje cuando llega la primavera, florecen los rosales, las adelfas, huelen a azahar los naranjos, pero en el invierno todo sigue estando verde y hay adelfas y rosales en flor, y jazmines que huelen y naranjos florecidos que perfuman tempranamente; permanece la vegetación idéntica a sí misma, si cabe aún más frondosa en los meses de invierno, todos esos árboles de hoja perenne que componen mayoritariamente la vegetación (apenas hay caducifolios) se ofrecen más relucientes, más hermosos después de que, con un poco de suerte, el otoño los haya regado: pinos, olivos, algarrobos, naranjos. La mayor parte de las variedades de naranjos es en invierno cuando pone su factoría a producir y también entonces exhibe los globos rojizos colgando entre el verde. Aún hoy me sorprendo cuando, tras un viaje a la meseta, regreso a casa alguno de esos días soleados de invierno, y me encuentro con el verdor de los naranjos decorados con los globos luminosos de sus frutos. Viajes desde Madrid hace cincuenta, cuarenta años: el tren dejaba atrás Almansa y las pardas llanuras manchegas, costra de tierra seca rota por los negros tocones del viñedo invernal, y entraba de pronto en la huerta de Xàtiva, entre naranjos verdes, bosques de pinos, araucarias y altos penachos de palmeras: era como abrir una página de *Las mil y una noches,* acceder a un sueño emocionante. Pero hablaba de la primavera centroeuropea. Recuerdo un recorrido en tren por toda Alemania un mes de mayo de hace algunos años: desde Kiel, en el Báltico, a Múnich, al pie de los Alpes. Aquel viaje supuso la sorpresa de un país que siempre había visto teñido con colores grises, pardos, negruzcos, y, de repente, se me ofreció restallante de verdes por todas partes; todo, además, florecía. El tren avanzaba kilómetro tras kilómetro por un pasadizo florido, las llanuras y las laderas de las colinas mostraban un verde cegador, y había flores donde uno mirara. Cada vez que el tren se detenía en una estación y se abrían las puertas del vagón, se colaba en el interior un complejo perfume que mezclaba aromas de hierba fresca, de rosa, de acacia, de flor de tilo, de castaño, sobre los que se imponía el perfume embriagador de las lilas (recuerdos de París, olor de lilas, de pastís y gasolina: ganas de llorar por lo que perdí, por lo que no supe guardar, pero qué digo, qué lloriqueo, en el viaje de la vida todo se va perdiendo, todo se pierde, tú mismo). Fue en ese viaje primaveral en el que me dio por pensar en el juego de radicales dualidades del alma alemana. Es un tópico que los mediterráneos, deslumbrados por el exceso de sol, tendemos a las expresiones extremas, a lo estentóreo y chillón: me vienen a la cabeza los adjetivos que usa Goethe al referirse a Nápoles, escenografía en la que todo se muestra subrayado, decoraciones, sentimientos, todo coloreado en exceso, de forma violenta, gritado, pintarrajeado. En Alemania –no sé si de forma más sutil– tampoco faltan las formas de exacerbación, bien es verdad que sometidas a una ciclotimia, incluso climática; su aspiración al clasicismo (acabo de cruzar ante las columnatas dóricas y los arcos de triunfo muniqueses, tan Atenas o Roma) se ve siempre amenazada y vencida por una tendencia al desvarío, el triunfo de Mefistófeles, expresionismo en arte, nazismo en política, belicismo imperialista. Los catalanes refiriéndose a sí mismos hablan de la *rauxa,* una repentina locura que tira por los aires lo que años de *seny* han construido; Speer reconvierte en un falso clasicismo la exasperación hitleriana. Pero Roma reconvertía de manera parecida sus excesos. El clasicismo como forma de orden, pero qué clase de orden: pocas cosas pueden producir más sensación de orden que un ejército que desfila: es tan ordenado que ni siquiera parece humano, más bien se diría dibujo geométrico en movimiento, mecánica en estado puro. El clasicismo ha servido como un silenciador poderoso para tapar el ruido, porque la vida es desorden: el orden, como un ejército de la mente que recoge el ruido de la vida y lo hace sonar con un fin, en una dirección: el ruido convertido en música, la orquesta. Incluso en lo que tiene de orden, en la escritura no deja de haber un empeño por domar lo real, y eso solo se puede hacer dejando fuera lo que estorba para el funcionamiento del artefacto. El ejército solo puede desfilar dejando fuera lo que hace humano al hombre. Su personalidad, lo que lo diferencia de los demás y lo convierte en único entre los miles de millones de ejemplares de la especie. Mientras dura el desfile, el hombre, animal que come, defeca, habla, trabaja, ríe y piensa, suspende sus actividades, tiene rigurosamente prohibido hacer ninguna de esas cosas, pasa a convertirse en figurita mecánica, máquina que ha cedido su porción de humanidad a otro: el que imparte órdenes, no el que avanza junto a los soldados impartiendo órdenes, que es solo pieza de la maquinaria, amplificador, mecánica figurita él mismo, sino el que impone orden a un conjunto del que el ejército es solo parte y muestra.

Me como una ensalada que incluye espárragos (los anuncian en lugares destacados los carteles de las verdulerías, las cartas de los restaurantes: es la temporada), melón y un montón de variadas hierbas, estoy en el patio de una cervecería bajo los castaños en flor, y bajo un cielo cambiante y primaveral. El viento deshace las candelas de los castaños, que, al caer, se mezclan con las hierbas de la ensalada. Me baña un sol tibio. El mundo roza la perfección mientras leo *De senectute.* La taza de café humea y tiñe con su aliento desvaído la luz. La gente charla animadamente, algunos comensales leen el periódico. En un extremo del jardín llora un niño, y no es el sufrimiento que pueda expresar lo que me conmueve de su llanto, sino ese sentimiento de que, en su inconsciencia, sigue ciceronianamente el curso de la vida. De nuevo, cuestión de perspectiva. Él, cuyo espacio es solo su propio yo y lo que se relaciona con él. Eso que yo interpreto como alegría de la vida que sigue su curso, el niño lo vive como tristeza por lo que sea que desea o echa de menos; porque no quiere comer lo que le ofrecen, porque quiere algo que no le dan, porque se aburre o tiene sueño. Para mí, que acabo de bajar del avión, que he recibido por el camino una lección de geografía o de botánica; que retrocedo hasta Cicerón y avanzo hasta Gladkov y los días de la NEP soviética; que esta mañana he leído los periódicos y, mientras doy pequeños sorbos al café, pienso en la fiesta a la que asistiré dentro de un rato, y que es la que me ha traído aquí (aniversario de la editorial Kunstmann), el llanto del niño es un icono, un signo que descifro como homenaje a la continuidad de la vida (coda optimista a aquel villancico tan triste, «la Nochebuena se viene, la Nochebuena se va, y nosotros nos iremos y no volveremos más»). Ayer por la tarde, con mi amigo D., experimentaba sensaciones del mismo tipo: le va bien con A., le va mal con su madre y con casi todos sus hermanos, prepara –aunque no tiene un duro– la comunión del hijo pequeño, me habla del nieto. Pienso en todo lo que ha ganado apartándose de mí. Nos tratamos con cariño. Le tomo el pelo. Imagino que, por bien que te vaya, llorarás de cuando en cuando, le digo. Lo niega, pero al cabo de un rato, comentándome algo que le ha hecho su madre, y que él interpreta como desprecio, me dice que se estuvo llorando una tarde entera. Me río: ¿ves como sí que lloras? D. es de los que saltan de la risa a los pucheros en un segundo. Se alegra y se entristece sin transición. Conozco a bastante gente así. A él basta verlo: un animalito sólido, desbordante de energía, mamífero sentimental. Un niño de cien kilos. Pura vida. La gente como yo tiene que admirar de lejos esas encarnaciones de la vida, o, bueno, por no negarse ningún placer, acercarse a ellas con admiración, venerarlas durante algún tiempo, pero saber apartarse pronto, dejarlas seguir su curso para que no se maleen. En los tiempos que corren resulta muy estimulante encontrarse con una buena persona. No es fácil, no abundan.

Escribir en estos cuadernos, arrojar el cubo al pozo y tirar de la cuerda, hasta que saca un poco del agua que uno lleva dentro, algo de eso hay. No deja de ser cómodo, al menos en apariencia: miras hacia dentro, hacia todo lo que dentro se ha ido cociendo. Son los mismos ingredientes con los que cocinas las novelas, y no es que aquí surjan en crudo, sino que salen aderezados de otra manera, con otra receta, siguiendo su propio camino, y no esa lógica dictatorial que impone la economía de la novela, que suele ser cicatera y no admite sin resentirse ni una pincelada de más, ni un pensamiento de menos. La novela es el arte de callar.

Asisto a la fiesta para la que he venido. Tomo un par de copas de champán, escucho los discursos en alemán (que no entiendo). Antje se ha mostrado feliz y cariñosa. Cómplice, dedica una referencia a *Los viejos amigos* en su discurso, pero yo empiezo a sentirme agobiado entre tanta gente. Vuelve el fantasma del vértigo. Me parece que voy a caerme de un momento a otro. Imagino la bochornosa situación (me acuerdo de la otra vez, el tren, la inyección en el pecho, la ambulancia), así que procuro escaparme discretamente. A las diez y media de la noche estoy sentado en una cervecería comiéndome unas salchichas con chucrut. Frente a mí, una chica de cabellos rubios y rizados que le caen formando delicadas olas en torno a la cara. Es idéntica, los rizos rubios, el color de la piel, el óvalo de la cara, la mirada entre triste y pícara, a la chica del cuadro que dicen que representa a Lucrecia Borgia, y que creo recordar que es del Pinturicchio. Mientras ceno, pienso que lo que tengo que hacer es dedicarme a mí mismo; es decir, escribir sin pensar en nada que no sea la lógica del texto. Lo demás aparece aunque uno no quiera. Yo, y lo que escribo. No es una forma de egotismo (no hablo de escribir de lo que llevo dentro), sino una forma de libertad;

si se quiere, de atrevimiento; no aceptar más código que el de la propia escritura, que encontrará su moralidad en la medida en que yo mantenga rigurosamente la mía, una novela exenta, que no quiere decir una novela apartada: rige el código moral del que me he ido dotando en cincuenta y siete años de vida, código de vivencias, de lecturas, de aspiraciones. No hablo de literatura del yo. Eso no lo aguanto. No hay cosa que me irrite más que los bestiarios de escritores, las hagiografías literarias: si Baudelaire bebía esto o lo otro; si Borges conoció a no sé quién, o si se cruzaron sin conocerse en una acera de Palermo Viejo. Eso no me interesa para nada, pero sí que me interesa dejar claro que, para mirar el mundo a través de la literatura, se necesita una columna vertebral, porque una novela es un organismo, y solo respetando su física y su química, atendiendo a sus necesidades, a su respiración, cumpliendo con sus exigencias, puede hablarse de moralidad; que las ideas políticas o sociales que uno pueda tener, puestas por escrito, sin cumplir con esas exigencias orgánicas, son imposturas. ¿Y cuáles son esas exigencias? De momento, seguir buscando el hueco por el que se entra en los lenguajes basura, en las estrategias del poder. Pasarse el día piqueta en mano, en primer lugar contra uno mismo, dinamitando las trampas que uno mismo se tolera al escribir, que es tanto como decir al vivir, despojándose más que vistiéndose, quitándose maquillajes, guardando en el armario el vestuario, o mostrándolo solo para explicar que es nada más que eso, puro fondo de armario, guardarropía: pero eso significa renunciar a la calma, a uno mismo como definición estable, estar siempre peleándote contra tu propio estilo. Luchar contra tu propio estilo, porque ese es el cadáver que tiende los brazos y pretende arrastrarte con él a la tumba. En algún sitio he hablado del escritor liebre o pulga, que se escapa, que no deja que lo capturen, el que está donde no se lo espera, el que salta cada vez que le tienden la red: eso exige estar contigo mismo, pero no en el sentido en el que lo estaban los egotistas, sino estar contigo mismo para que no te capturen la mirada y la pongan como una luminaria más en su desfile, como una pieza más de su engranaje. Sé que dicho así suena raro, casi esotérico, como gruñido de loco, pero no se trata de nada de eso, se trata de algo tan real como no dejar que el poder te masajee, te ponga a su lado, te convierta en una de las *langue de bois* con las que se expresa, vago eco de lo que dice, con toda la brillantez que puedas tener, tus toneladas de ingenio, pero comparsa a su servicio.

Me han conmovido las descripciones que Cicerón dedica al cultivo de la vid en *De senectute.* Dos mil años después, permanecen los hábitos, las maneras, los códigos. En lo esencial, apenas han cambiado las tareas del viticultor. Por cierto, los más vanguardistas son los que proclaman tareas más cercanas a las descritas por Cicerón: lo constato leyendo los consejos acerca de cómo se dirige la explotación de la viña, o cómo se poda; o las reflexiones que efectúa sobre el proceso de maduración de la uva. Parece que estás leyendo las reflexiones de un enólogo de vanguardia: me viene a la cabeza el tema, tan braudeliano, tan de los historiadores de la escuela Annales: para ellos, hay una agitación en la superficie de la historia, y, por debajo, la permanencia de un nife duro en las prácticas y saberes esenciales. Me dan ganas de copiar entero el párrafo enológico de Cicerón solo por el placer de copiarlo: está tan bien escrito. Tiene esa clase de armonía que solo una mente bien ordenada consigue transmitirle a la escritura. Lo que se dice parece brotar sin dificultades, crea en el lector el espejismo de la facilidad, como si escribir fuera una actividad tan natural como respirar y no la laboriosa construcción de un artificio que exige notables dosis de violencia ejercida sobre uno mismo. El orden y la precisión de la escritura surgen de un ejercicio antinatural, de una disciplina inhumana de la mente, del mismo modo que la danza o el canto se apoyan en la exhibición de esa violencia sobre miembros y órganos corpóreos: educar las piernas, la cintura, el cuello, para conseguir un *plié* o un *frappé;* descoyuntar las articulaciones, o trabajar con las cuerdas vocales, disciplinar la voz para ponerla en registros más bien inhumanos como hacen los cantantes.

20 de mayo

En el avión: al otro lado del pasillo, hay un tipo gigantesco con un niño en brazos. La pasajera que ocupa el asiento anterior echa el respaldo hacia atrás. El tipo, aplastado entre su asiento y el respaldo de la pasajera, abre las piernas, tiende una de ellas hacia el pasillo, aprieta el pequeño bulto del niño contra su cara. La escena se desarrolla en paralelo a mi lectura del *De amicitia* de Cicerón. Tengo la tentación de pensar en el contraste del viejo mundo de hombres buenos y razonables del que habla el romano con el egoísmo de nuestro presente, aunque enseguida pienso que, del mismo modo que los cultivos de vid de entonces se parecen a los de ahora, la cosecha de humanos también debe de ser extremadamente parecida. Sí, pero yo creo que es muy contemporáneo eso de que no nos importe nada cuanto existe a nuestro alrededor. Me parece muy contemporáneo, porque yo mismo me siento agredido por esa indiferencia hacia lo ajeno, se compadece mal con la forma en la que fuimos educados los niños de mi generación: deja paso, cede el asiento para que se siente la señora que va cargada con el niño, o ese señor mayor, no molestes, no hables tan alto, no te muevas de acá para allá, estate sentado leyendo el tebeo que te he comprado; en el tren, si alguien sacaba un pedazo de tortilla o de tocino, si cogía de la cesta una pieza de fruta, antes de dar el primer bocado, ofrecía a los compañeros de departamento, que no siempre decían que no: ¿ustedes gustan? Estoy hablando de usos de gente inculta, campesinos, trabajadores en lo más bajo de la escala social; la España paupérrima de los cincuenta, que había retrocedido en el producto interior bruto a la de los veinte. Si había estado charlando antes con el vecino de asiento al que acababa de conocer, el oferente insistía: ande, pruébela que está muy rica, me ha salido muy buena hoy la tortilla (se trataba de gente modesta para la que aquella comida era casi un tesoro), aunque solo sea probarlo, no me haga ese feo. Costumbres de las clases bajas, de la pobre *Bola de Sebo* a la que los burgueses no dudan en arramblarle las provisiones, aunque la desprecian por prostituta y luego la quieren dejar a mitad de camino para que se la follen los alemanes a cambio de que los dejen marchar a ellos, al fin y al cabo eso, ir a lo suyo, es precisamente lo suyo, lo del burgués, si eres generoso no te haces rico. La burguesía tenía otra forma de comportamiento, que olfateo que es la que se nos ha acabado imponiendo a todos (en la lucha de clases el vencedor impone también el dominio de sus ideas). Tenía muy claro el sentido de los límites entre su persona y la de los demás, y, desde luego, la idea de dónde empezaban sus cosas *(eso es mío y usted no tiene derecho a tocarlo).* En los valores del campesinado, del proletariado urbano, casi siempre había –mezclado con un pesimismo radical– un fondo de piedad, comprensión de las dificultades y sufrimientos ajenos, que al fin y al cabo no eran tan distintos de los propios, de los que había conocido o de los que le espantaba verse obligado a conocer. Me escandaliza que a esta mujer de aspecto refinado que ocupa el asiento delantero nada le importe lo que está sufriendo el gordo con el niño, aplastados por su respaldo. Ella ha buscado la posición más cómoda, ha pagado su asiento y tiene derecho a echar atrás el respaldo. Es el mundo de los derechos adquiridos; eres insolidario porque te lo has pagado; y ese derecho lo vives como un logro: yo tan ancha y el otro aplastado, yo en primera tan ricamente y los de tercera apretados como piojos en calzoncillo de soldado. Lo pagué. Patéticos hijos de obreros, caprichosos, gritones, maleducados, violentos, ejerciendo su sagrado derecho individual, reproduciendo los comportamientos que el señorito tuvo con su padre o con su abuelo. El otro día, en un autobús en Valencia, un niño de ocho o diez añitos se columpiaba colgado de la barra, poniéndome, en cada balanceo, los pies a un milímetro de las narices. Sus padres –robusta clase obrera, con la que mejor no enfrentarse– lo miraban embelesados. Me atreví a susurrarle al muchacho: pero ¿tú qué eres?, ¿niño o mono?, con cuidado de que no pudieran oírlo los mayores, fascinados por la agilidad de su primate. Ya tendrá tiempo el muchacho de comerse hasta el último bocado de ese orgullo en la vida civil cuando el banquero le diga o pagas o te quedas sin piso; en la laboral, porque haces esa hora sin cobrarla o te largas ahora mismo y a ver cómo pagas el alquiler: cuando les llegue la hora de topar con el sistema y sepan cómo las gasta. Se darán cuenta de lo mucho que puede llegar a agradecerse que alguien te invite a un bocado de tortilla, o te ceda el asiento cuando no te puedes tener en pie, y lo hermoso que es que, cuando vuelves con los pies hinchados y cansado como un mulo, alguien te deje tranquilo en tu asiento del autobús urbano. Principitos caprichosos. Yo tengo derecho, usted no tiene derecho. Como lo has pagado, consumes el repugnante zumo de naranja del avión aunque vayas a vomitarlo luego, va incluido en el precio del billete; y desayunas tres veces si el bufé del hotel es libre. El que fuma donde no debe viola tu derecho, y tú te remites a la aplicación de la ley, aunque esté fumando en la otra esquina del salón, junto a una ventana abierta, y a ti no te llegue ni un leve suspiro de ese humo que expelen sus negros pulmones. País (mundo) de policías sin sueldo. De imbéciles sin la menor conciencia de clase o solidaridad. Eso es mío. Eso lo he pagado yo. Lo que no acabó de llevarse por delante

Franco, se lo llevaron los nuevos ricos de la Transición, esa época en la que se supone que desapareció la clase obrera (su activo concepto, su valor performativo, su modesto maletín de valores entre los que estaba el de la piedad) y la gente se ha quedado en el limbo, sin un nombre que aplicarse que no sea el nombre propio, dueños de una historia única y una mujer única y unos hijos únicos. Somos la clase media con su panoplia de libertades y su radical originalidad. Mi niño tiene derecho a poner las patas sobre el asiento y a pasar la zapatilla a un milímetro de la nariz de ese viejo que, si se siente molesto, puede largarse con la música a otra parte.

Me cuenta D. que quien mejor ha aceptado la salida del armario de su hermano, que se ha casado con un muchacho, ha sido su padre. En cambio, su hermana, su madre, los otros hermanos, ni siquiera le dirigen la palabra al novio. Como suele ocurrir, lo que se dirime en todos los períodos de la historia no es exactamente la lucha de lo nuevo contra lo viejo, sino la del mal contra el bien. El padre de D. es el viejo –lo viejo, un agricultor jubilado–, pero es bueno, y, por eso, acaba entendiendo las razones y pasiones de los demás, incluidas las de esos hijos que le han salido maricones. Pero la madre y la hermana (son lo nuevo, el trabajo industrial, la modernidad en los gustos) al parecer no soportan que su predilecto, el soltero que vivía en la casa familiar, se hacía cargo de los gastos cotidianos y pagaba las obras de rehabilitación, los electrodomésticos y la mayor parte de la cesta de la compra, invierta ahora en otro nido. Su modernidad se les ha ido a freír espárragos. Las imagino charlando con sus amigas, qué disgusto, lo que me ha hecho, casarse así, me quita la salud. Qué vergüenza. Y las vecinas consolándolas a las pobres. Al otro hermano, al que ha ascendido a capataz en la fábrica en la que también trabaja el recién casado, le jode porque los obreros a los que manda, cuando se dé la vuelta dirán ahí va, igual de maricón que su hermano. En un pueblo se sabe todo.

24 de mayo

Viaje a Galicia. Y –¡por fin!– vuelta a casa. Tengo muchas cosas que hacer, muchas cosas pendientes: entregarle al director de *Sobremesa* el artículo sobre la cocina del mar; redactar un texto para la charla en Barcelona (cómo evadirme de esa trampa de la memoria con la que ahora juegan a su favor los mismos que la echaron de escena a patadas). Otra cosa que tengo que hacer: acabo de comprometerme con una gente que prepara una exposición de fotografía española entre 1950 y 1975, de la que se conoce como Escuela de Madrid. Se me ha pedido que escriba un prólogo sobre el Madrid que conocí. He aceptado porque me parece bien devolverle a Madrid algo de lo mucho que me dio en mi juventud; también como justa devolución a ese grupo de fotógrafos: a veces, solo gracias a sus imágenes consigo recordar aspectos de la España de entonces; devolución incluso por lo que les han dado a mis libros: una hermosa fotografía de Cualladó sirve como portada para la primera edición alemana de *La larga marcha;* y yo mismo elegí una foto de Ontañón para una de las ediciones de *La buena letra.* Los alemanes la habían seleccionado como posible cubierta para *La larga marcha,* pero luego se decidieron por la de Cualladó, y a mí me pareció tan buena que busqué la excusa para ponerla en la reedición de otro libro, al que, la verdad sea dicha, creo que le viene como anillo al dedo. Ambas fotografías tienen esa cualidad que las pone en lo más alto de los productos artesanos, ahora se dice que son obras de arte, ¿por qué no?, si traen, con un solo golpe de vista, un mundo. El verano se anima con los compromisos. Eso está bien. Me deprime el calor, me encierra en casa (apenas me veo con fuerzas para sacar la nariz al exterior), y me deja al pairo de derivas existenciales que no conducen a nada bueno. Evitar eso. En cualquier caso, lo que tengo que hacer este verano ante todo es coger por los cuernos el toro de la novela, y dejarlo cuadrado en el ruedo, a punto para la estocada. Por seguir con las metáforas procedentes del reino animal, yo creo que el pollo ha sido suficientemente incubado y es hora de que picotee la cáscara del huevo y asome la cabecita de una vez. No digo que vaya a acabarla, pero al menos que me sirva de cantera para seguir golpeando. Toro, pollo, cantera: feroz, tierno, duro. El artefacto adquiere aspecto multiforme cuando se presenta ante el perezoso autor. Pero ¿es exactamente pereza lo que arrastra el autor?, ¿lo que lo lleva a pasarse días enteros de la mesa a la cama, leyendo lo que sea con tal de no hacer lo que debe, es decir, escribir? Yo creo que no. Se trata de una forma de cocción, que, en la galbana, cueza lo que está crudo; una forma de trabajoso exorcismo: que se materialice lo que no es más que sombra, sospecha. Me ocurre algo parecido a lo que se produce en internet cuando quieres acceder a una página complicada, de esas que tienen muchos bits, o como se llamen: primero ves solo piezas de un rompecabezas hasta que poco a poco acaban por tomar forma. Qué más quiero yo que tener algo –una idea, frases– que me ate a la mesa. Pero no. Sensación de vacío. Procuro llenarla cubriendo de palabras estos cuadernos que tan buenos momentos me procuran: felicidad al sentir que la pluma corre sobre el papel, que la cabeza vagabundea libremente. El niño ha hecho pellas, se ha escapado de la escuela en un día de primavera y cree tener a su disposición el mundo entero; está convencido de que si no va más allá es porque no lo desea. El escritor sabe que, con un papel y una pluma, tiene el mundo entero a su disposición, y que si no lo captura y lo mete ahí dentro es solo por un problema suyo, no por los instrumentos, que son perfectos. No depende de nadie. Toda la responsabilidad pesa sobre sus hombros.

Leo la novela que acaba de escribir mi amigo Xabier Paz, cuyo protagonista es el Aretino, visto por su hija. El libro, que encierra belleza y sabiduría en muchas de sus páginas, tiene problemas de narradores, pasa de la hija que imagina la vida de Aretino a través de sus papeles, a él, a sus textos y confesiones, sin que el salto acabe de tener coherencia: la narradora (al menos, hasta donde llevo leído, que es la tercera parte del libro) carece de sustancia, no crece ni se perfila, es una estatua que no alcanza a levantarse sobre la excusa del autor, no se le impone. Depende, vicaria, de él. Por si fuera poco, el autor aparece hablando de lo que luego ocurrió (luego, cincuenta, cien años después), y ayuda a transmitir una sensación de trabajo poco convincente, sobrescrito, agravada por el hecho de que el tema sea de tan alto copete. Creo que Xabier tiene el núcleo del libro, pero que le falta el arte, en el sentido tradicional, es decir, la mampostería; ha tomado en un manojo todas las artes, le queda elegir si quiere hacer mesa, silla o ventana.

Stromboli, y, a continuación, un excelente documental de Carlo Lizzani sobre Rossellini. Es la vez en que más me ha conmovido *Stromboli,* a pesar del insistente final llamando a Dios, que, siempre que lo veo, me parece, precisamente por esa insistencia, por esa exasperación, menos creíble que el resto de la película, en lo más alto que el cine nos ha regalado. Y digo que parece menos creíble, no porque no estremezca la desesperación de la Bergman, sino porque la acompaña toda una retórica de imágenes muy a la moda del existencialismo católico de la época (Bardem manejó esas imágenes retóricas en *Muerte de un ciclista).* Con la película y su voluntad de mensaje católico, un aluvión de recuerdos de época (la primera vez la vi en un cineclub: discusión religiosa): una vez más, los volúmenes de Charles Moeller, sobre literatura y cristianismo en el siglo XX (que leí como si tuvieran la clave que yo necesitase para entender el mundo y ese misterio que me atraía, la literatura, a la luz de ese interrogante que aún me inquietaba, la religión. Leyéndolo tenía la impresión de que iba a aparecerse Dios para explicármelo: no vino), las charlas en el colegio de huérfanos tras las proyecciones de cine, que tanto me enseñaron a pesar de que los curas se empeñaban en buscar crípticas referencias religiosas en todas las películas, mientras analizábamos los contrapicados, los fundidos, los encadenados, las panorámicas y los planos americanos que aparecían en la proyección. Los detalles técnicos y de guión los aderezábamos con algún signo de la presencia de Dios: era la moda poscamusiana, que ponía la discusión sobre la existencia de Dios y su búsqueda en el centro de cualquier arte..., todo eso, que hoy nos parece tan artificioso (el silencio de Dios en Bergman ocupaba en los cineclubs discusiones interminables), digo que ese ambiente reaparece en mi memoria mientras contemplo los planos finales de la película de Rossellini, nacida del hervidero social y religioso de aquellos años, lo que no le arrebata un ápice de su valor. Una película así pone en primer plano la discusión sobre el sentido del arte: desde el arranque, *Stromboli* nos enfrenta al fondo de la condición humana y nos lleva a sentir que esos personajes somos nosotros, pero no como cerrado metabolismo, sino como piezas de la historia, actores y reflejos, muestras del catálogo de un animal dotado de capacidad para levantarse sobre la ciega naturaleza gracias al esfuerzo, y armado con una casi infinita capacidad de sufrimiento, pero también de crueldad, de odio y de compasión; provisto de un cerebro que aspira a conocer y se enfrenta a la búsqueda del sentido de una vida que es provisional; o sea, que se trata de algo que, por esencia, carece de sentido: hay que construirlo: ahí el cristianismo le echa una mano a lo social.

La película narra el imposible acuerdo de una mujer del norte –refinada a su manera, producto urbano que aspira a un espacio de libertad, aunque sea bajo mínimos– con la cerrada colonia humana de una isla miserable en todos los sentidos, dado que la miseria económica engendra las otras. En las imágenes de la película, he vuelto a ver a las mujeres de mi pueblo, vestidas de negro, en apariencia inexistentes, pero siempre atentas, espiando tras las persianas, tras las cortinas, rigurosas vigilantes del estricto cumplimiento del código social; seres implacables con cualquier desviación de lo que la tribu imponía. Veo los hombres brutales que poblaron mi infancia, forzados a la crueldad por razones de orgullo y de mera supervivencia (tan frágil el honor, caer en la deshonra, en la burla, estigmas imborrables). El mundo terrible de *Stromboli,* adornado por algunos tonos de verde y por la opulencia de los cultivos de huerta, es el que conocí en mi primera infancia y el tiempo se ha tragado nada más que en parte (el océano disimula el iceberg): no era solo la sórdida vigilancia franquista, era algo que llegaba nocturno, enlutado, desde el fondo: la tierra de los Alvargonzález de don Antonio Machado.

Por entonces, el sol todavía era amenaza de la que había que resguardarse *(El extranjero* de Camus), el turismo aún no había cambiado las mentes y las costumbres. Nadie imaginaba la heliofilia, los ritos solares que llegaron de los países nórdicos. El dominio solar era dominio del subdesarrollo, de lo brutal (lo es en el neorrealismo italiano), mundo de pobres obreros que no tienen más remedio que aguantar bajo su látigo; la sombra, en cambio, era un espacio civilizado: la parra bajo la que se reúnen los amigos o familiares a comer; la casa como defensa de la agresión de lo exterior, sombreado lugar de reposo y caja de secretos, persianas bajadas que no dejan pasar la luz ni la mirada de fuera (patio árabe, impluvio romano): en familia se habla en voz baja, se bisbisea, las paredes oyen los secretos, alguien que pasa por la calle puede detenerse un instante ante la ventana y escuchar: hasta las palabras circulan como sombras, huidizas del sol. La casa árabe ni siquiera tiene ventanas al exterior. La moda del sol y de los grandes ventanales abiertos de par en par la han traído desde el norte, ya lo he dicho, turistas y viajeros nórdicos, higienistas centroeuropeos. Al sol no permanecía más que quien no podía estar en otro sitio. Castigo humano y divino: cae un sol de justicia, se decía. Pobres albañiles al sol, pobres pescadores o labradores al sol. Ese sol de antes del desarrollo está en la fotografía quemada de la película de Rossellini.

Allá arriba, en el muro, las decenas de cabezas enlutadas se asoman para vigilar la escena inconveniente que transcurre en la playa, lo secreto convertido en lo más público, la sombra expuesta a la luz. Foucault y Lacan hechos cine. Lo inconveniente consigue que se pueble una ciudad en la que parecía no vivir casi nadie. No había nadie en la calle, pero tras las ventanas entornadas vigilaban a la forastera. No hay nadie en la calle, pero tras las ventanas vigilan el paso del protagonista y le cantan coplas llamándole cornudo. Ese es el paisaje moral del que hoy hablan con melancolía los profetas del nuevo patriotismo, aparentemente cargado con la utilería de la modernidad. Desde detrás de la persiana espían para descubrir quiénes incumplen el código. Frente a eso, quedarse colgado, ser literalmente un colgado; sobre todo si, como hace tiempo que no publico, no puedo escudarme detrás de la palabra «escritor», que siempre es una coartada, un aislante, o una trinchera que protege del exterior.

Del libro de Xabier se desprende un tremendo pesimismo. Si todo el texto es un despliegue de temas y artes renacentistas, incluidos los pigmentos, la cosmética, el vestido..., la conclusión resulta demoledora: todo se lo lleva el tiempo, la rata implacable: Venecia a merced de la peste, convertida en un horrible hospital, en un siniestro pudridero. El arte –se nos viene a decir– no salva de nada. Todos los esfuerzos, los impulsos, quedan al arbitrio de la muerte. Como diría Manrique:

Las huestes innumerables,
los pendones, estandartes,
y banderas,
los castillos impugnables,
los muros y baluartes
y barreras,
la cava honda, chapada,
o cualquier otro reparo,
¿qué aprovecha?
Cuando tú vienes airada,
todo lo pasas de claro
con tu flecha.

Aunque Paz no ha querido ahogarnos solo en desesperanza: Adria acaba quemando las cartas del Aretino, pero, a pesar de ese gesto destructivo, el arte deja un rastro: quedan la maltrecha ciudad de Venecia, los cuadros de Tiziano, las esculturas de Sansovino, al fin y al cabo, nuevos túmulos que se levantan sobre la muerte y su poder absoluto. También estos túmulos irán volviendo poco a poco al polvo. Pero tardarán un tiempo.

27 de mayo

Paso el día en la cama, con vértigos. Me provoca náuseas la comida, vivo una de esas jornadas en las que te sientes a merced de todo, inseguro, enfermo, pensando más en los novísimos que en lo que lees, a pesar de que no he parado de leer en todo el día: una novela reportaje sobre misteriosos crímenes en una aldea cerca de Andorra; y el diario de un roquero exyonqui (Sabino Méndez: *Hotel Tierra),* que aviva mi angustia: la generación achicharrada en los ochenta, la que se quemó a golpe de jeringuilla. El libro revela a un tipo bastante mejor persona que (por no salirnos de ese mundo y de esa generación) el que muestra la biografía de su coetáneo Eduardo Haro Ibars, que leí hace poco; o que el voraz Leopoldo Panero. Méndez muestra otra pasta: con una sólida voluntad literaria, se nos ofrece sin falsos pudores pero también sin estridencias. Es alguien que sabe que escribir es disciplina. El libro, que he empezado a leer con desconfianza, va poco a poco ganándome, y consigue despertar mi interés por su escritura, y mi simpatía por el hombre que lo ha escrito. Viniendo de una geografía vital diferente de la mía, acabo encontrándome con él.

Mientras contempla a un grupo de jóvenes que acuden en Bilbao a un concierto suyo con espíritu similar al que él mostraba a la edad de aquellos chicos cuando frecuentaba los locales de la CNT en busca de algo, dice Sabino Méndez: «Descubrirán con el tiempo que hay dos formas básicas de arte. La que sirve para narcotizar y la que sirve para despertar. Entre las dos formas básicas –la que nos ayuda a olvidar y la que nos ayuda a comprender; la que despierta y la que narcotiza–, la elección de la industria y sus leyes de concentración de capital no podía ser otra que la que ha sido. Pero en el caso individual recomiendo la astucia» (págs. 309-310). Y unas páginas más adelante: «Yo no soy sino una cadena de genes que se pierde en la oscuridad arqueológica a más de cuatro mil años. Escribir usando el pronombre en primera persona no es, por tanto, una demostración de egotismo sino una obra civil» (pág. 315). Me gusta esa relectura del yo como andamiaje cívico, que parece anunciar la reconstrucción de un sujeto narrativo de nuevo cuño. Si el egotismo de principios del XX surge por una disgregación de lo colectivo, aquí parece erigirse lo común como hastío del individuo: una búsqueda de sentido más allá del ego como centro, trabajada desde el reconocimiento del fracaso de unas cuantas generaciones: se adivina en el yo de Sabino Méndez una energía centrípeta y no el furor centrífugo de la mayoría de los literatos de la química que hicieron furor en los últimos ochenta. Y me parece advertir en ese yo un cambio de óptica que anuncia algo de lo que puede llegar. Hasta ahora, la literatura de la generación que sucede a la mía se caracterizaba por su complacencia en el extravío: aferrada al ombligo de la disgregación y al desprecio de los valores cívicos o colectivos, se limitaba a escupir altivamente sobre ellos. Se veían a sí mismos como células enfermas de un cuerpo en descomposición, metástasis malignas crecidas con una mezcla de irritación y complacencia.

Por cierto, que debería avergonzarme de –a mis casi sesenta años– no haber leído casi nada de Mayans (que fue vecino de la comarca), a quien Méndez cita y que también citaba con gratitud Francisco Brines en su reciente discurso de ingreso en la Academia. Hago firme propósito de enmienda, y lo pongo en la lista de lecturas de este verano, que empieza a ser larga, e incluye el pedido de una quincena de novelas francesas actuales que hice días atrás a la librería Avellán de Madrid. Añado también a Jean Starobinski a la lista veraniega. Ya veremos lo que luego acaba dando de sí el tiempo. Cada vez que pienso que el 8 de julio tengo que tener terminado un texto para la Universidad de Barcelona, me echo a temblar, pero no muevo un dedo, no me pongo a ello. Parece que preparo un castigo contra mí mismo: verme obligado a improvisar cualquier cosa, hacer lo que desprecio; queda la posibilidad de disculparme diciendo que me encuentro mal. Me gustaría entregarles una fotocopia del texto que leí el año pasado (es el mismo tema, no sé escribir dos veces sobre lo mismo, ¿para qué decir peor lo que se supone que has dicho lo mejor que sabías?), y allí, en Barcelona, leer algo más personal, más literario: hablar de mi sensación de aislamiento; del nuevo escenario desde la vuelta al poder de los socialistas, que han aprendido a capturar a sus víctimas con una rica y variada selección de carnazas: capturar y convertir en votante al joven de la izquierda radical, forzar al PP a tomar posiciones más a la derecha, recuperar la legitimidad como herederos de la República, desenterrar los cadáveres de los vencidos de la Guerra Civil. Han desplegado todos los discursos posibles desde la –llamémosla así– izquierda. No les queda ni una trampa por abrir. El novelista, liebre o pulga, debe saber escaparse a través de esa red de retóricas izquierdistas, como los personajes de aquella película, *Kanal*, buscaban la salvación en la red de cloacas de Varsovia, desmontar el retablo de las maravillas, intentar mostrar el poder que no se nombra, invisible: lo que se desliza por debajo del juego de los partidos, la levedad de las proclamas feroces: los resultados económicos de las grandes empresas nunca han sido tan espectaculares. Los periódicos informan a diario de que este año las empresas y bancos declaran beneficios superiores al treinta, cuarenta ¡y hasta el setenta! por ciento, respecto a lo que ganaron el año pasado. Ese poder invisible, el animal voraz, medra sin fatiga, lo otro sirve para tapar el ajetreo.

No se trata de estar cómodamente instalados, vivir más o menos bien: se trata de aspirar al protagonismo de la historia, como lo hicimos en nuestra juventud, y a eso, tras el fracaso de la experiencia comunista, da la impresión de que ya no aspiramos nadie. Parece una locura ni siquiera formularlo, planteárselo. Leído en los periódicos: Trescientas familias poseen tanto capital como tres mil millones de personas. Pero recuperar el protagonismo supone romper el acuerdo de clases, la quiebra de las sociedades, y eso implica una violencia alejada de las posibilidades de los de abajo (¿y quiénes son los de abajo? Si ellos mismos no lo saben, si nosotros no lo sabemos: hemos renunciado a los nombres, nos los hemos dejado quitar: proletario, clase obrera, revolución). Mordemos el polvo de una derrota dulce, con jacuzzi y televisor en color. El primer acto ha concluido, estamos en el entreacto. Expectantes. De dónde llegará la violencia imprescindible parece difícil saberlo ahora: el islam como confuso –y ponzoñoso– malestar social, las mafias capaces de apoderarse de São Paulo, Nápoles, México; de controlar los corrompidos ayuntamientos de las ciudades (de eso va, en parte, la novela que escribo), la imposibilidad de los Estados para mantener lo que se supone que es su propio orden: atracos con violencia, trágicas e incontrolables llegadas de emigrantes en patera...; desmoronamiento del propio Estado puesto en manos de mafias. Pero ninguna de esas violencias procede de la contradicción medular que opone a los de arriba con los de abajo; todas surgen desde las periferias, y, más que enemigas del sistema, son pesadillas, representaciones barrocas, exageradas, de los mecanismos del sistema, y casi diría que más inquietantes aún que el propio sistema, porque parece que anuncian una inminente etapa de dolor sin esperanza: una servidumbre sin paz: anuncian precisamente que el sistema renueva sus poderes a través de ellas y gracias a ellas. Son la violencia marginal que aspira a ser hegemónica.

Dejo a mano el tomito de Cicerón que me he leído, y que contiene *De amicitia* y *De senectute.* Releo las frases subrayadas. Sobre todo *De senectute* me parece un texto de insondable sabiduría y consoladora modernidad, aunque a veces se deja llevar por la brillantez y no se corta a la hora de jugar con los conceptos, con las palabras: tiene momentos que, en vez de Cicerón, parece un filósofo sofista. *De amicitia,* que era mi preferida cuando la leí siendo adolescente, me parece ahora más cargada de adornos, activa registros más líricos, formas retóricas. Pienso que seguramente esto es así porque la vejez es una etapa ineludible (para quien consiga llegar) que uno puede analizar, mientras que la amistad es solo un *desideratum,* una construcción de los sentimientos, fruto tanto del deseo, de la inclinación, como de la voluntad; y por eso necesita ser construida con palabras, para no dejarla en el plano del impulso casi animal de la atracción, ni en la pura arbitrariedad, ni en el voluntarismo intelectual del neoplatonismo o de su reconstrucción cristiana.

(Fin del cuaderno negro con el lomo azul.)

Un cuaderno azul, afelpado, que lleva la inscripción Berlín

(28 de mayo-3 de julio de 2006)

2006

28 de mayo de 2006

Preparo el equipaje. ¿Cómo no va a cansarme esta ceremonia que repito con tanta frecuencia? Ayer me llamó mi hermana para contarme que la pala ha tirado la casa del vecino con los muebles dentro. Los constructores estrechan el cerco: hace unos días le enviaron a ella una carta amenazando con desalojarla por la fuerza y con la ayuda de los guardias. La carta llevaba membrete y sello de la notaría, aunque sin la firma del notario. Aquí trabajan todos en la misma dirección. En el terreno que vendimos enfrente (la otra mitad), el notario utilizó toda clase de triquiñuelas en beneficio de un constructor que teóricamente no era cliente suyo, porque los clientes éramos nosotros: se olvidaba de presentar la escritura en el registro de la propiedad dentro del plazo que marca la ley, le comunicaba el curso de las actividades al constructor que había comprado ilegalmente a mis primos (según la ley, no se puede vender un indiviso; y, además, por el mismo precio, nos correspondía a nosotros el derecho de retracto). Cualquier cosa valía para entorpecer que pudiéramos vender a otra empresa lo que él quería comprar a precio de ganga. Al final, tuvieron la desfachatez de entregarle a él las escrituras (a él, al comprador-construcción que no aparecía por ninguna parte en los documentos), y yo acabé dando voces y amenazando en la notaría para conseguir una copia el día antes del fijado por los compradores de nuestro terreno para el acuerdo. Ahora, en este trozo que aún nos queda, la cosa es si cabe más siniestra, ya que, después de haber tenido que ceder una parte al Ayuntamiento y otra a los constructores, que no poseían los metros suficientes para fijar una parcela, se nos dice que somos nosotros los que carecemos de la superficie mínima para construir, y esta vez no hay nadie que nos ceda el espacio que nos falta, como nosotros nos vimos obligados a cederlo a otros. Cuando escribo nadie me refiero a la constructora que ha adquirido cuanto rodea la que fuera vieja casa de mis abuelos (por entonces, poco más que una chabola), y en la que ha vivido mi hermana durante los últimos treinta años. Gracias a un PAI, es decir, a un constructor que ha adquirido más del cincuenta por ciento de los terrenos de la zona, y con ello ha adquirido el derecho a urbanizar, se nos obliga a vender a precio de catastro: o sea, a que ellos compren a precio de catastro para vender al de mercado. Precisamente ayer leí en el periódico *El País* que el gobierno supuestamente progresista quiere sacar adelante una ley que impida la sobrevaloración de solares rústicos que se conviertan en urbanos. Asegura que es una medida de corte social, encaminada a abaratar los precios de la vivienda (solares más baratos, bla, bla, bla...), cuando el efecto será que los constructores consigan solares de forma aún más ventajosa, obligando a los antiguos propietarios a vender a precios irrisorios. Ellos venderán los pisos al precio que quieran.

También cuando los socialdemócratas (sí, fueron ellos, aunque ahora hagan como que no se acuerdan) inventaron la figura del PAI (plan de actuación integral, o algo de ese estilo), que consiste en que un propietario de más del cincuenta por ciento del terreno se convierte en agente urbanizador en sustitución del Ayuntamiento, aseguraban que era una medida social. Resultado: el mayor desastre urbanístico y medioambiental (¿se dice así?) de la historia de este país: el pelotazo. Un constructor, gracias a ese cincuenta y pico por ciento, puede echarte por la fuerza de la casa en que tu familia llevaba cien años viviendo. La RAU, la ley que ha permitido expropiar los huertos y viviendas de miles de pequeños propietarios, y ha conseguido que el ochenta por ciento del territorio urbanizable esté en manos de constructoras, se hizo (dizque) con la intención de liberar suelo para construir vivienda protegida. El resultado es que no ha quedado un palmo de terreno fuera del control de los grandes promotores. En una docena de años esa legislación ha sido determinante a la hora de provocar una formidable transformación de la sociedad valenciana, cuyos demoledores efectos empezarán a notarse en poco tiempo. De momento, está en vías de desaparición un segmento social importantísimo en el tejido humano de la zona: esa multitud que mantenía el doble carácter de campesino a tiempo parcial, mientras ejercía profesiones en la industria o en el sector de servicios, se ha volatilizado. La sociedad se ha desruralizado precipitadamente en apenas un decenio, se ha malurbanizado, ha sufrido una proletarización de hecho, de la que los afectados aún no han tenido tiempo de darse cuenta por culpa del destello del dinero que estos campesinos y sus hijos han obtenido en el trueque, como moneda de cambio de la irreversible transformación.

Han vendido, por lo que les parece buen precio, sus terrenos. Sin duda, aflorará pronto la conciencia de lo perdido, y tendrán tiempo de darse cuenta de la fragilidad de su nuevo estado, ya que, en la mayoría de los casos, el dinero recibido por sus pequeñas propiedades, para lo que ha servido ha sido para adquirir a precios desorbitados un piso en algún bloque de viviendas; para dar la entrada de un coche, y para ayudar en algo a sus hijos (en la compra de otro piso, de otro coche, en los gastos de una boda celebrada con todo el boato, de la primera comunión de un nieto...). Ahora, ya no les queda nada por vender, y les toca descubrir que han perdido lo que les ha permitido un cierto grado de autonomía respecto a las imposiciones del capital. Se han proletarizado. No deja de resultar curioso que un sistema capitalista haya implantado leyes que atentan descaradamente contra la propiedad privada. No recuerdo ahora quién era el que decía que el capitalismo es el peor enemigo de la propiedad privada, creo que era el propio Marx. Además, hace ya cien años que Lenin decía que el gobierno es el consejo de administración de las grandes empresas. Todo eso del capitalismo popular, del thatcherismo, ha sido una monserga (sirvió para que los desgraciados que se creyeron la milonga perdieran sus pocos ahorros en un par de calculadas caídas de la bolsa; ahora, servirá para que pierdan el dinero que están invirtiendo en viviendas, que parecen el único valor seguro). Se cumple al pie de la letra lo que decía Hannah Arendt: en la sociedad contemporánea los términos de propiedad y riqueza son antagónicos.

Tampoco esta noche consigo conciliar el sueño. De madrugada, empecé a releerme *Memorias de Adriano.* Solo con la primera página se justifica un escritor. ¡Qué hermosura!, ¡qué autoridad narrativa! De qué modo tan asombroso el narrador impone inmediatamente su tono, su orden, su discurso. Ya no puedes librarte de él, no encuentras ninguna fisura por la que escaparte. Estás entre sus manos. Seguirás así hasta que decida abrir los brazos y dejarte caer. No sé cuántas veces he leído este libro y siempre vuelve a ser la primera. Cada lectura me enreda en un hilo distinto, me hace recorrer un camino diferente. Me digo: tranquilízate. Llevas solo una veintena de páginas. Ya veremos si esta vez sigue sosteniéndose con la misma ligereza. Hay autores que olvidas que han sido decisivos en tu formación. No te acuerdas de ellos cuando te preguntan en las entrevistas, no piensas casi nunca en ellos, parece que se han quedado en un lugar que tú ya no frecuentas; y, sin embargo, no es así, los llevas dentro. Cuando por uno u otro motivo vuelves a ellos, descubres la fuerza que te transmitieron en tu juventud, en la adolescencia, o incluso en la infancia. Lo digo hoy por la Yourcenar. Pero lo pensaba el otro día, leyendo el discurso que Francisco Brines ha escrito para su ingreso en la Academia. Me identifiqué con muchas de las ideas que exponía, pero ahora quiero hablar de que comparto con él la experiencia de los dos primeros poetas que me marcaron. Durante mucho tiempo (tendría yo quince, dieciséis años) el libro que más quise y más influyó en mí, que por entonces quería ser poeta, fue una extensa antología de Juan Ramón Jiménez que, no sé por qué caminos, había llegado a mis manos (no recuerdo si era de Losada o, quizá, de Aguilar; ah, la experiencia de la poesía pura, versos construidos con unas pocas sílabas como piedras labradas). Unos años más tarde, el poeta que me acompañaba a todas partes, y cuyos libros leí decenas de veces, fue Luis Cernuda. Son los dos poetas de los que Brines se declara deudor y también él confiesa que le influyeron sucesivamente, en el mismo orden que a mí (¿y Whitman?, ¿y Hernández, Machado, Neruda? Todos fueron nutrición de aquellos años. Fueron llegando).

Cernuda, buen amigo de juventud. Leí con un temblor cómplice *La realidad y el deseo* (sí, había temblor, la sensación de que se rasgaba el velo que yo colocaba sobre sentimientos hasta entonces vergonzosos, innombrables), y también leí muy pronto sus ensayos, cuyo título ahora no recuerdo –*¿Poesía y literatura?*–, publicados por Seix Barral (en la portada creo recordar que aparecía el poeta sosteniendo una pipa); después devoré las *Prosas completas* que editó en Barral, este último volumen aún lo conservo subrayado con lápices de diferentes colores, cada color testigo de una lectura distinta. Nunca me he separado de ese libro, ni de las *Poesías completas* publicadas en la misma colección. El libro de Juan Ramón Jiménez lo perdí no sé dónde hace decenios, pero los de Cernuda han viajado conmigo de casa en casa, y no han dejado de emocionarme, de enriquecerme cada vez que me he asomado a ellos; de mayor, más veces a la prosa, al Cernuda crítico literario, que al poeta. Con la poesía de Cernuda me ocurre que, a veces, cuando la recuerdo en la distancia, me parece amanerada, pero, si vuelvo a entrar en ella, en alguno de sus poemas mayores, me captura y me devuelve las sensaciones de aquel tiempo, vuelvo a ser el joven poeta futuro, que creía poco menos que Cernuda había escrito todo aquello en exclusiva para él, un poeta que no llegó a cuajar, que se frustró: no volví a escribir ni un solo verso después de los veintidós o veintitrés años y tuve el suficiente sentido común para romper los que había escrito antes. Entre Juan Ramón y Cernuda tuve, y sigo teniendo, a Antonio Machado. ¡Ah! Y a San Juan de la Cruz, y a Manrique, y la ruidosa trompetería de Darío, y la claridad de Garcilaso (recuerdo una tarde en Valverde de Burguillos, hará una decena de años. Garcilaso, leído en el patio de casa, bajo la enredadera: era una inmersión en agua cristalina. Como si la poesía no necesitara de las palabras. Ramón Gaya habla de que en la pintura de Velázquez no hay color, porque su obra es «límpida, clara como el agua, incolora como el agua». Algo de eso ocurre en Garcilaso, las palabras son claras, incoloras); sigo leyendo, cada vez con mayor admiración, los *Sonetos* de Quevedo. Góngora me deslumbraba, me hacía ponerme la mano por visera, como cuando miras hacia un sitio en el que da demasiado el sol, lo admiré de muy joven –me hubiera gustado poder escribir imágenes tan brillantes y complicadas como las suyas, dominar esos hipérbatos– pero nunca me llegó dentro. No hace mucho, volví a leer las *Soledades* y confieso que se me hizo muy cuesta arriba. Cuestión de caracteres, imagino; o de formación del gusto. Me fatigan sus excesos y me desagrada su empeño en ponerle dificultades añadidas al lector, y, sobre todo, no acabar nunca de saber cuál es la idea sobre la que se levanta tanto esfuerzo y, por qué no decirlo, tanta trabajada belleza. En el colegio de huérfanos tuve un profesor de literatura que me obligaba a escribir todos los días un folio que tenía que entregarle antes de la cena. Se sentaba sobre el tablero del pupitre a leerlo, lo recuerdo como si estuviera viéndolo ahora mismo: las piernas cruzadas, un pie apoyado en el suelo, el otro moviéndose nervioso en el aire. Al terminar la lectura, me decía casi invariablemente: Muy bonito, pero falta la idea. Cuando escribas tienes que tener al menos una idea. Nunca se lo agradeceré bastante. Se llamaba don Justino, chocaba su delicadeza en aquel erial. Una de mis lecturas predilectas por entonces era Azorín, del que había leído algunos de sus libros de ensayos publicados por Austral. Me parecía muy elegante escribir como él, frases tajantes, que tenían solo una, dos o tres palabras. Cosas del tipo: anochece, punto y seguido. El aire cristalino, punto y seguido. O: el aire, punto y aparte. Para aquel adolescente, ese puntillismo era puro crepitar literario. Lo veía como el equivalente en palabras del impresionismo pictórico: un escrito de Azorín, como uno de aquellos cuadros franceses de fines del pasado siglo que reflejaban paisajes y cuyas reproducciones vi por primera vez por los mismos años. Literatura de los sentidos: palpar el aire y todo eso. Azorín y Miró. Al fin y al cabo, en aquel colegio castellano, en aquella sequedad de paisaje y de carácter, los dos autores parecían hechos a medida para que los vistiese un valenciano: se daba por supuesto que aquella sensualidad (así se definían sus escrituras, como sensuales) la imprimía en el código la geografía. Los curas se encargaban de recordármelo: los valencianos sois sensuales, os gusta el color, la luz, el arte (el eco de aquello de Unamuno: «Valencianos [¿o era levantinos?], os pierde la estética»). También la desmesura parecía propia de esos tipos sensuales que vivían a orillas del Mediterráneo, y el quejarse sin motivos: gente blanda a la que la naturaleza le ha regalado cuanto tiene y, sin embargo, no acaba de ser feliz. Frente a ellos, el castellano ascético, prieto de carnes, de piel correosa, desconocedor de placeres (pan, mucho ajo, tocino, sequedad de legumbres y pescados ceciales), recto y duro. Hasta entonces yo no tenía ni idea de que a los labradores de Tavernes con los que había tratado, y que se mostraban más bien crueles con los niños que se entrometían en sus huertos, les gustasen esas cosas que en los escritores se daban por supuestas, el cielo azul, los perfumes de azahar, de galán de noche, de dompedros: más bien veía que les gustaban la paella, o el arroz al horno, tan frecuente en el menú de los labradores porque, como no se pasa, podían comerlo a la vuelta del trabajo; les gustaba beber vino en bota, o poniéndole un pedazo de caña a la boca de la botella; les gustaban las contundentes *coques de mestall,* que eran las tortas que los panaderos hacen en invierno con harina de trigo y maíz, y tocino fresco o embutidos, o una sardina de bota, colocados en su superficie. Les gustaban las butifarras, las *llonganisses,* el Pernod, la cazalla, el pastís, e ir de putas al barrio de Valencia, o con las que trabajaban a oscuras entre los naranjos y cerca del molino. Yo del azul y del nácar del cielo nunca les había oído hablar. Esos otros (las morcillas, el vino, el arroz) eran los valores reales del Mediterráneo y no Miró o Azorín, representantes de una burguesía tan exquisita como minoritaria.

Pero volviendo a don Justino, por suerte para mi futuro literario, lo que a él no le acababa de gustar era la literatura impresionista, el fogonazo dirigido a los sentidos: le parecía tan superficial como a mí puede parecérmelo ahora; seguramente, su rechazo venía porque encontraba carente de alma esa sensualidad, carencia que sí que define con frecuencia a los ribereños del Mediterráneo, ajenos a los asuntos del espíritu, que imagino que para don Justino eran los únicos asuntos de verdad importantes. Me pedía recogimiento en torno al pensamiento. Y yo entendí que tenía que escribir una literatura del alma, que, con el tiempo, a medida que a mí mismo se me disolvía esa alma, se convirtió en literatura de la cabeza. Después iría añadiéndole otros órganos, incluso algunas vísceras. Pero por aquellos años escribí textos azorinianos o mironianos, en los que amanecía y anochecía muchas veces (aún ahora amanece de vez en cuando en mis novelas, me sigue gustando el paisaje). Aunque tampoco sería justo que me metiera con Azorín y con Miró. Lo mío les he sacado a sus libros, y aún los oigo rodar como el eco de un trueno lejano por debajo de muchas de las páginas que escribo. De ellos –y de algunos poetas– he heredado el gusto por la frase redonda, que me ha perseguido durante décadas. He tenido que llegar a *Los viejos amigos* para desembarazarme de esa atadura, o disciplina, que no es exactamente lo mismo. Me he librado como quien se libra de un incómodo arnés, pero ese arnés me ha ayudado a arrastrar mi afición literaria durante decenios, y media docena de novelas y no sé cuántos artículos.

Mientras escribía *Mimoun,* tuve como modelo literario *Otra vuelta de tuerca,* de Henry James, quería captar un ambiente de ese estilo, un tono, transmitirle a la novelita esa cosa gótica y ambigua que el narrador nunca aclara si está dentro o fuera de él mismo. Pero eso era la idea, el aire del libro. A la hora de escribirlo, poniendo una palabra detrás de la otra, pensaba que cada frase tenía que ser un verso, que cada capítulo tenía que funcionar como una estrofa, y que el libro era en realidad un poema. No sé si me salió así o no, ya se sabe que la mayor parte de las cosas que un novelista cree haber introducido en su novela se esfuman, nadie las ve, y al cabo de algún tiempo ni siquiera él se acuerda de lo que pensó que ponía dentro mientras escribía el libro. Creo recordar que algo parecido –lo de la narración como un poema– fue una idea que me guió en el alumbramiento de *La buena letra.* Seguramente, son las dos novelas mías en las que el tono está más conseguido –casi diría que es el verdadero protagonista– y las que desarrollan mayor tensión narrativa, una tensión que no nace precisamente de la trama (algo más de trama hay en *Mimoun,* que tiene algún toque de novela negra), sino de la textura, de esa forma de composición que es pariente –no sé si hermana o prima– del poema. Pero hablo de forma, como si me olvidara del consejo de don Justino: escribir siempre una idea. Y creo que las dos novelas tienen esa fértil idea detrás, la caldera que pone en marcha el juego de los mecanismos.

Hoy, primer día de calor, anuncio del verano, estreno este cuaderno forrado con una tela que habitualmente se usa más que para forrar las tapas de un cuaderno, para confeccionar abrigos, chaquetones, gorros o guantes, y de uso totalmente inconveniente para los días que se avecinan: creo que es un tipo de franela. Cada vez que rozo la tapa, me transmite una desagradable sensación de calor, noto picor en las yemas de los dedos, parece que me van a salir pupas, granos, en el lugar de la piel que ha rozado el cuaderno, sensación del mismo estilo que la que lo invade a uno cuando, en agosto, se le ocurre ponerse a ordenar un baúl en el que se guarda la pesada ropa de invierno: mantas, bufandas, camisas de felpa, albornoces de lana. Así que no queda más remedio que librarse cuanto antes de él. Llenarlo antes de que lleguen las jornadas de julio, tan temibles.

¡Si supiera a qué se debe la sensación de vértigo, que me acompaña a todas horas, y que se ha agudizado desde hace unos días! Desarrollo todas las hipótesis: me digo que tiene que ver con el funcionamiento del aparato digestivo (estómago, la vieja hernia de hiato; hígado, páncreas), con la columna vertebral; con una mala aireación cerebral por el estado deplorable de los pulmones (tabaquismo agudo), y también con la falta de sueño. Llevo unos cuantos días en los que no consigo dormir más de un par de horas diarias, y, en esas horas, sufro pesadillas de las que me acuerdo al despertar, algo que hacía años que no me ocurría. Debería anotar alguno de esos malos sueños en este cuaderno. El de hace dos o tres días fue especialmente desagradable. No recuerdo haber pasado tanto miedo en ninguna situación real (incluidas las torturas o palizas –lo que fuera que hiciera la policía franquista en la DGS–, que me dejaron un terror que me duró meses). En la pesadilla, que tenía un pie en el sexo y otro en asuntos relacionados con la muerte, el miedo se contaminaba con atavismos cristianos, pero también se levantaba sobre prácticas del más acá contemporáneo: extirpaciones de órganos, tráfico de cadáveres. Cuantos me rodeaban en aquel lugar bañado por una siniestra media luz, ciegos de deseo, se entregaban a prácticas sexuales sin darse cuenta de que los participantes en la fiesta iban progresivamente desapareciendo. Cada cual estaba a lo suyo, en su placentero egoísmo. Nadie parecía advertir lo que ocurría a su alrededor y –por lo que se intuía– acabaría ocurriéndoles a ellos, que seguían entretenidos en sus cosas en aquel jardín en penumbra en el que los vegetales formaban laberintos que continuaban en los pasadizos que se abrían en el porche de la casa contigua, cuyo interior estaba iluminado por pilotos como esos que permanecen encendidos en las salas de cine durante la proyección, o en los cuarteles e internados tras el toque de silencio. También me parecía luz de habitación de hospital.

Yo me daba cuenta, pero tenía los pies fijados al suelo y la mirada pendiente de los movimientos de aquellos cuerpos, que poco a poco, en cuanto apartaba un instante la mirada de ellos, al volver la vista ya no estaban; en determinado momento, me di cuenta de que allí ya no quedaba nadie. Me había quedado solo. Algo me dijo que había llegado el momento de enfrentar mi propio destino, así que decidí escaparme de allí cuanto antes. Intenté correr, y, como suele ocurrir en los sueños, descubrí que no podía moverme, que yo también había sido hipnotizado estúpidamente, y me estaba allí quieto, dispuesto a entregarme a aquella gente (lo vi claro: intuí que había *cierta gente,* eran los que nos habían convocado allí para hacer con nosotros lo que estuvieran en aquellos momentos haciendo con cuantos habían desaparecido). Pero yo, a pesar de haberme dado cuenta de eso, me comportaba como los otros, me estaba allí quieto, a la espera. No podía correr. Entonces, grité contra mí mismo, y mi propio grito me despertó. Lo peor fue que, al despertar, creí que me encontraba aún en el lugar del que acababa de escaparme y, por un momento, me convencí de que aquello no había sido un sueño. Las vigas del techo de mi casa, iluminadas por la luz de la luna que entraba por la ventana, se me parecían las que sostenían los emparrados de aquel jardín, estaban mojadas por la misma luz lunar, plateada: ese juego de luz de plata y sombras me ha hecho creer que seguía al aire libre, que no había vivido un sueño, sino que estaba de verdad atrapado. He tardado algunos segundos –que me han parecido eternos– en reaccionar.

Cargamos una relación ni siquiera con lo mejor de nosotros mismos, sino con lo mejor de lo que nos gustaría tener y ser, así que después resulta muy difícil aceptar el silencio que te devuelve la esfinge, escuchar el eco con que te responde la oquedad. Ese silencio cóncavo te envuelve por la noche, y de día envuelve cuanto te rodea. Estás enfermo: oyes el eco de ese silencio en cada cosa, lees y está el eco ahí, y también cuando hablas, miras un paisaje o pides un café en el bar, el vacío envuelve cada frase que lees, cada plano de película que ves en la televisión, no puedes salirte de él. Todo resuena con un eco insufrible de concavidad, y, con ese eco, llegan otros: se convierte el mundo entero en el no lugar en que resuena tu vida, la que fue carencia, la vida que no llegaste a tener y el accidentado camino hacia esta nada.

29 de mayo

Hacer llorar a Rubén Bertomeu, el protagonista de esta novela con la que peleo, por lo que ya no hará, por lo que no le queda tiempo de hacer. Está solo, viendo la televisión en el salón de casa. Se levanta, sale al jardín, oye el chirrido de los grillos en la noche calurosa. Las ramas de los árboles han empezado a moverse, porque se ha levantado una brisa que viene del mar y alivia ese día que ha sido asfixiante. Enciende un cigarro, camina hasta el desnivel desde el que se ve el golfo de Valencia con los miles de luces titilando en la orilla, y la lámina del mar que tiene un brillo mineral, de mica. Entonces, se echa a llorar. Se sienta en los escalones que vencen el desnivel y descienden a la parte baja del jardín, y se da cuenta de que no puede contener el llanto, hace pucheros, hipa, y las lágrimas le resbalan por la cara.

Me atrapa la Yourcenar con su extraordinaria novela, que avanza como un torbellino y, a la vez, con la precisa parsimonia de un reloj suizo. En lecturas anteriores, *Memorias de Adriano* me había parecido más divagante, más estática. Esta vez la leo casi como una novela de acción. Avanzo de manera compulsiva y me tengo que obligar a detenerme para poder disfrutar mejor y aprender de esa prosa perfecta, controlada, que mide cuidadosamente la entrada de los momentos de emoción que la salpican y que van estableciendo en el trayecto una especie de segura baliza, un sistema de señales cuidadosamente separadas por las exigencias rítmicas de la narración: no se aleja ni un ápice del tono que la primera frase marca.

31 de mayo

Excelente comida en Ca Sento. Fotografía A. de B. los platos para el número de verano de *Sobremesa:* productos al borde de la extinción: dátiles de mar, ortigas marinas, zapatos de mar, *espardenyes,* frutos que las siguientes generaciones ya no conocerán, paleta de sabores que desaparece en un mundo cada vez más uniforme. Día melancólico, gris, salpicado por un chirimiri que consigue que la ciudad parezca más Bilbao que Valencia. Mientras conduzco de vuelta a casa, el chirimiri se convierte en aparatoso aguacero. Apenas distingo la autopista bajo la lluvia, y el paisaje aparece difuminado por la niebla y, a trechos, completamente oculto por nubes bajas. Conduzco con temor y dificultad. Al llegar a Beniarbeig, en el camino que lleva desde el pueblo a mi casa, todo reluce: los naranjos, los baladres cubiertos casi por completo de flores rojas, blancas y rosas, la hierba de los ribazos. El paisaje se ofrece fresco y jugoso, como en un día de otoño. El aire llega cargado de ozono, y la atmósfera, que cuando me fui anteayer ya empezaba a adquirir esa cualidad pegajosa y deprimente que adquiere en verano, mezcla de vaho, polvo y calima, hoy aparece lavada, como si hubiera sido sometida a una ceremonia lustral. Yo mismo me siento lavado, de mejor humor: recibo el regalo inesperado de un día de otoño. Ceno un sabroso caldo de cocido que ha preparado Paco, y unos melocotones que me sorprenden por su intenso perfume y meloso sabor, ¿de dónde han salido, en estos tiempos en que la fruta no sabe a nada? Acepto los melocotones como parte del lote de felicidad que me ha regalado el día. Su fragancia me trae recuerdos de infancia (siempre, la infancia y los sabores; la infancia y los olores y los colores, y los sonidos), las estancias en la casa de los padres de mi cuñado, al pie de la sierra de Mariola, donde probaba las frutas y verduras de secano, repletas de sabor. Le digo a Paco que no se olvide de preguntarle al tendero de dónde proceden esos melocotones. Él se ha guardado en un vaso los huesos de los que se ha comido, para plantarlos en el huerto. Yo le añado los de los que me como. Me embriago con una pieza de fruta que me transporta a días de verano que hoy me parecen felices, aunque entonces posiblemente no lo fueran tanto.

2 de junio de 2006

Antes de acostarme, me pongo *El triunfo de la voluntad* de Leni Riefenstahl en un DVD que ayer me compré en Valencia, y que incluye también *Olimpia.* Hitler convirtió a toda esa gente que llena la pantalla en intérpretes de un espectáculo total, con momentos de casi insoportable sobrecarga escénica: por ejemplo, ese en que las brigadas de trabajadores empiezan a preguntarse unos a otros en voz alta: ¿Tú de dónde vienes? Y responden: Yo de tal sitio, y de nuevo la pregunta: Tú, ¿de dónde?, y la respuesta: Yo vengo de tal otro, y, en todas las ocasiones, acompañan su respuesta con una frase corta de extrema artificiosidad, que define el lugar nombrado con una característica. Visto ahora, resulta casi imposible creer que esos hombres fueran capaces de decir cosas como que el sitio del que proceden está *en los sombríos bosques,* u –otros– *en los húmedos pantanos.* Leen un guión aprendido, pero se han prestado a hacerlo y se supone que no sienten pudor, o vergüenza. El poder del teatro para meterte en su código, aquello que decía La Capria del *Huis clos* de Sartre, que convierte en estupenda obra de teatro elementos que, fuera de esa trama, serían ridículos. Si te dejas llevar, el teatro te introduce en un mundo que tiene reglas diferentes. Me digo que debería ponerme la película en otra ocasión para reproducir en este cuaderno la secuencia, con los diálogos completos. Hitler y la Riefenstahl han invitado a esos hombretones a participar en una obra de teatro colegial, de guión dudosamente creíble, y ellos cumplen con docilidad, ilusionados con su papel. Influye en esa impresión el tono de voz en el que se les pregunta, que es a gritos, y con qué orgullo responden ellos, que se negarían a decir cosas así en cualquier otro lugar, porque se sentirían ridículos. Sin embargo, en este caso se sienten fascinados por el lenguaje que suponen propio de la cultura, un lenguaje elevado, y aceptan el juego que creen que los levanta por arriba de su prosaica existencia cotidiana. Ese es el hechizo de la cultura que en tan peligrosos convierte a los brujos que manipulan la combinación de los ingredientes del bebedizo y gradúan la dosis. Me deprime terriblemente esa sensación humillante. Uno ve la película setenta años más tarde y sabe a lo que llevó todo ese ajetreo, las banderas, los pendones, tambores, uniformes, gritos, tirones de brazo y paso de la oca. El teatrillo infantil. Ves desfilar a esos jóvenes sabiendo que se convirtieron en carniceros antes de cumplir el papel de ovejas en el inmenso matadero. Mataron y se dejaron matar. Gimieron, lloriquearon y ensuciaron los pantalones antes de morir. Ves la película, miles y miles de ojos espléndidamente fotografiados, bocas, manos, caras, músculos, y te preguntas cuántos de ellos llegaron con vida a la primavera de 1945: solo diez años después de que el documental se rodara, ya era carroña la mayor parte de la carne humana fotografiada por Riefenstahl. Y la que quedaba con vida se había convertido en desecho. Durante la hora y media que dura la película, no consigo apartar de mí una telaraña, un pesar que me encoge el ánimo.

En los desfiles que aparecen en la película consiguen ponerme especialmente nervioso los momentos en los que los participantes se ponen a marcar el paso de la oca: me desazona la forma en que levantan al unísono la pierna a cada paso. La precisión y la velocidad a la que lo hacen convierte a esos hombres en una especie de figuras mecánicas movidas por un resorte, sin que, por ello, las figuras dejen de ser sospechosamente humanas, un ser humano al que le hubieran puesto un motor ajeno, le hubieran cambiado desde dentro el juego de sus articulaciones. Los miras marcar el paso de la oca y tienen algo de animalito agresivo (la velocidad con que levantan y bajan las piernas, la rapidez con la que avanzan, el modo como yerguen la cabeza, transmiten esa impresión de agresividad animal, pollos o patos furiosos que quieren picotear a un intruso que se ha metido en el corral), pero también de juguete mecánico, aunque todo eso no anula la visión de que se trata de seres racionales que aplican ese forcejeo sobre el propio cuerpo como metáfora del retorcido esfuerzo al que deberá someterse la sociedad que ellos moldeen, la que formen, deformen o conquisten. El complejo juego de símbolos me llega cada vez que veo pasar por la pantalla a un batallón marcando ese paso. Si los que aparecen marcando el paso de la oca son los dos o tres oficiales que preceden al grupo, y la cámara los muestra así, aislados, aunque sigue predominando en su manera de avanzar lo animal –aves zancudas en ejercicio de un juego de coquetería–, hay también una afectación ridícula en sus movimientos: viejas damas pintarrajeadas que se pavonearan ante un grupo de jovenzuelos, convencidas de su capacidad de seducción. Yo le encuentro muchos rasgos femeninos al pavoneo castrense, me ha ocurrido presenciando otros desfiles: como si la marcialidad, así ordenada, milimetrada, codificada en toda una serie de llamativos movimientos, limitase con el ballet, con las contorsiones de las coristas en una revista musical, lo cual, además, no tiene nada de extraño ya que el orden de los ballets de revista se ha inspirado no poco en la quincalla bélica (no me refiero ahora a los amoríos entre oficial y corista, Millán Astray-Celia Gámez, ni a la asiduidad con que la milicia llenaba los teatros de variedades). Cuántas veces no hemos visto en los teatros de varietés a las chicas desfilando con pícara marcialidad y cargando sobre el hombro con un fusil o con algo que lo representa o sustituye. La supervedette encabeza el desfile o se pone en el centro cuando las chicas se abren en abanico sobre el escenario, y, a veces, lleva una gorra de plato.

También resulta muy femenina la forma en que Hitler extiende y recoge el brazo para hacer el saludo a la romana, en él se trata de un gesto más coqueto que marcial, casi un guiño para entendidos (entre los gays se dice: ese entiende, cuando se reconoce a alguien afín) en una fiesta multitudinaria, coquetería que se prolonga en el recogimiento con que recibe los aplausos y vítores de la multitud (obsérvenlo: una quinceañera a la que su novio le dice al oído algo turbador, escabroso. Chaplin lo descifró muy bien en su película: esos mohínes). Aunque, a medida que sus discursos avanzan, los gestos se vuelven más explícitos, más teatrales, el movimiento de ojos, brazos y manos se acerca a lo convulso, se escapan del espacio femenino, se descontrolan, y remiten más bien a los catálogos de síntomas que se explican en los tratados de psiquiatría.

1 de junio

«Capote también reconoció que "a los ancianos les encanta California; cierran los ojos y el viento que pasa entre las flores de invierno les dice: dormid, y el viento les dice: dormid. Es un preestreno del paraíso"» (pág. 146). Leo ese párrafo y pienso en mi novela, donde la sensación que describe Capote debería estar presente. La novela. Empiezo a echarla de menos, que es una manera de empezar a quererla. ¡Hace tantos días que la tengo en *stand-by!* Me he rodeado de compromisos que me apartan de ella, y hasta de mí mismo. Con tal de no cumplirlos, o de ponerle dificultades a cumplirlos, me paso el día leyendo y procuro acercarme lo menos posible a la mesa de trabajo. Mañana leeré en Segorbe los tres folios que he escrito de pésima gana para la entrega del premio de cuentos del que fui presidente del jurado (pura retórica). Pasado mañana, seguiré allí, porque así lo exige la cosa: si lo llego a saber, no hubiera aceptado el compromiso. Y el domingo por la mañana he prometido acercarme a comer en Valencia con los excompañeros del orfanato de ferroviarios, la gente del curso de mi amigo Carretero. El martes tengo que entregar sin falta el artículo sobre la cocina del mar en *Sobremesa;* y, enseguida, meterme con el toro más grande y malcarado: la charla de Barcelona. ¿Por qué diría que sí, si lo que tenía que decir ya lo dije el año pasado, tengo muy poco que añadir a aquello, y, sobre todo, si el tema en estos momentos me importa bastante poco? Lo de la memoria histórica, tal como sirve ahora de caladero de votos socialdemócratas y de pieza de desgaste contra la derecha, puede servirme para despotricar en una charla en el bar, para que se me suba la adrenalina cuando oigo hablar del tema (últimamente a todas horas, tras tanto silencio) en la radio o en la televisión, pero no para dedicarle tres meses de mi vida. Bueno, de momento tres meses ya no voy a poder dedicarle, porque no me queda más que uno por delante, y con bastantes interrupciones de por medio: Madrid, Alemania, así que a ver cómo resuelvo la cosa de la mejor manera posible. De momento, hoy, amenazado desde tantos frentes, y después de una noche de insomnio, me paso el día tumbado sobre la cama. Leo y cabeceo. De vez en cuando me despierto asustado, al notar que el libro se me ha caído de las manos. Fuera hace un día precioso. Tras las lluvias de los pasados días, se despliega un cielo de intenso color azul, que enmarca los árboles relucientes, las plantas llenas de flores. Una brisa fresca ayuda a hacer aún más agradable el día, pero yo soy incapaz de levantarme de la cama. Cuando me llegan momentos así, en los que una carga de plomo tira de mí hacia el suelo, no sé si es porque tengo una naturaleza demasiado sensible (una especie de sismógrafo de los cambios de presión ambiental), si es que tengo problemas de salud, o si, sencillamente, soy un redomado vago. Si, como me temo, de lo que se trata es de que soy un vago, al menos podría intentar ser un vago feliz, pero no es así: me paso el día sufriendo porque no me concentro en la lectura y tampoco me siento con fuerzas para ponerme a escribir, en vez de echarme a dormir apaciblemente, sin más zarandajas. Nada de eso. A medida que el día avanza, me siento más y más deprimido, y no digamos cuando empieza a adelgazarse la luz de la tarde y descubro que he perdido la jornada completa, que he tirado por los aires la peonada. En esos momentos, una negra nube del espíritu asciende desde mi interior y va extendiéndose más y más, hasta envolver y cubrir los objetos de la habitación, la habitación misma, la casa entera, y ese paisaje que a diario se pierde de vista en la línea del horizonte marino. Todo cuanto me rodea participa de mi culpa: me parece mezquino, miserable, meras perchas sobre las que se posa un sufrimiento universal, cósmico, del que el mío no es sino una parte minúscula, me refiero al sufrimiento auténtico, al terrible, doloroso, inacabable sufrimiento de la humanidad en su lucha por la vida en condiciones geográficas y sociales detestables, destellos del cual descubrí ayer en los muchachos de la película de Riefenstahl que reían y marchaban con marcialidad en el congreso nazi de Núremberg, y luego mataron y murieron. También destellos de sufrimiento en las imágenes de Rocío Jurado, la tonadillera que ha muerto esta mañana devorada por un cáncer; el sufrimiento de las ciudades que Adriano fundó y cuyos nombres leía a duras penas esta perezosa tarde en la novela de la Yourcenar. Espantoso. Por todas partes, en todas las épocas, sufrimiento. Hace dos mil años que lo repiten los filósofos: somos el animal que sufre y hace sufrir. Cada vez que he bajado al comedor de casa, me encuentro con Paco de cara al televisor, contemplando las imágenes de la tonadillera. Está mustio, yo diría que hasta lloroso, por la muerte de esa mujer que le ha importado siempre un rábano, puro contacto magnético con los hipnotizadores de la tele, mesmerización. Pero a ti qué te va eso, le pregunto. Y me responde: Era muy buena, cantaba muy bien. Me quedo con la duda de si se refiere a que era buena cantante o buena persona, imagino que se refiere estrictamente a lo primero. Hasta aquí arriba llega el eco de sus canciones y los de las voces de los personajes a los que entrevistan para que hablen de la muerta. España entera vive un día fúnebre. España viste de luto, que diría el viejo cuplé dedicado a la reina María de las Mercedes (creo que era Juan Ramón el que decía que cada vez que un gobernante quería convertirse en dictador en España, se traía bajo el brazo el flamenquismo). Una escenificación catártica de la muerte en los televisores, colectivo *mientras agonizo* faulkneriano en el que todos reconstruyen a la muerta, en un juego poliédrico de infinitas caras que, como nos decían de los mandamientos, se reducen a un par. Pero el *ello,* manejado por *ellos,* la hace crecer, la despliega en el aire con un impulso que parece imparable y destinado a ocuparlo todo: desde las seis y media de la mañana, hora en que he oído la primera noticia de la muerte, con fondo triste de copla; hasta ahora mismo, que son las doce y media de la noche, la ceremonia mortuoria no ha hecho más que ensancharse, como esas nubes que empiezan siendo una pincelada en el paisaje y se hinchan y despliegan hasta que acaban tapando el horizonte. Me imagino que seguirá creciendo la pompa el día de mañana (al parecer, el entierro se celebrará a las ocho de la tarde). Le pido a Paco que baje el volumen del televisor para no oírlo desde aquí arriba. Yo creo que la gente tiene la impresión de que participar en estas ceremonias es un rito que garantiza la continuidad de la propia vida. La gran muerta carga –como Cristo– con las pequeñas muertes ajenas: sería algo así como la última víctima que cumpliría con su muerte para –sacrificándose ella– salvar a los demás de la agonía que les corresponde (curaciones, milagros). Como ella ha muerto, ya no nos morimos nosotros. Estar pendientes de la ceremonia evita darse cuenta de que la guadaña sigue segando en silencio, protegida tras la pantalla del televisor: en habitaciones privadas, en descampados, carreteras, hospitales, playas..., son los muertos que no existen, los que no nos llevan a preguntarnos por nada, ellos nos dejan trabajar, comer y dormir en paz, tranquilamente. Durante unos cuantos días, no pensaremos en ellos, gracias a la tonadillera muerta.

En las páginas de *Memorias de Adriano* que he leído esta tarde, sobre todo las que suceden al encuentro con Antínoo, el libro pierde bastante de ese impulso contundente de toda la primera parte. Se remansa, se vuelve más divagante: a pesar de que empieza a introducir elementos premonitorios del desgraciado final, y toques inquietantes que anuncian la brevedad de la perfección en la relación amorosa. Hay un sutil cambio de tono, y a mí me da por pensar que los momentos felices del amor, los amores afortunados, son difíciles o imposibles de novelar (tendría que hacer memoria para encontrar convincentes amores literarios felices: la narración es cambio, paso de un estado a otro, y el amor, al menos el amor tópico, es suspensión: el único movimiento posible del amor no es hacia más amor, sino hacia el desamor), sobre todo cuando el texto tiene esa tensión lírica del libro de la Yourcenar, que se desliza por el filo de la navaja en cuanto abandona el vigor enunciativo que tan bien le funciona, el que tiene en toda su primera parte, en la que la tensión lírica se compensa con la voracidad narrativa: se cuenta incansablemente. En este tramo, aparecen más aisladas las descripciones, o las representaciones escenográficas, hay más estatismo.

En días como el de hoy, estos cuadernos se me convierten en refugio, aunque cada vez que me acerco a ellos me inquieta comprobar que, teniendo toda la libertad del mundo, tengo poco que decir, y lo que digo lo digo de un modo torpe, plano. Hablar de libertad en literatura es hablar de disciplina casi presidiaria, libertad de corregir, ordenar y reordenar las partes a medida que se presiente el todo (el sentido no lo descubre uno hasta que en el horizonte apunta el final de trayecto), pero eso es precisamente lo que estos cuadernos no cumplen, porque son puro divagar. Aquí solo debería llegar el fruto de un trabajo que previamente se ha hecho fuera. Cada hoja de este cuaderno debería llevar veinte o treinta hojas rotas y tiradas, como las llevan las novelas e incluso los artículos que escribo por encargo. Si para algo sirven estos cuadernos es para demostrar que Chirbes no tuvo el don de la prosa, y muy ajustado el de la observación; que lo que pudiera haber de interés en lo que publicó fue fruto de un gran esfuerzo, de un ejercicio de violencia al que se sometió él mismo. Quizá por eso me siento tan a gusto en estos momentos en los que escribo de un modo que podría llamar natural (sin forzar ni retorcer los miembros), estos cuadernos son el refugio del cobarde, el que se fatiga por el doloroso esfuerzo que exige el atletismo de la verdadera escritura.

Aquí, en el pueblo, donde cada día me relaciono menos, y tengo menos ganas de relacionarme, ¿qué otra cosa puedo hacer más que escribir? Supongamos que ya he leído unas cuantas horas, y he visto una película por la tele, ¿qué hago? Los cuadernos cubren esa necesidad –y mi fetichismo por las estilográficas– de una manera indolora, da pena que sea igual de indolora que inútil, ya que ni siquiera cumplen el papel de cuadernos psiquiátricos.

Hojeo un ejemplar de *El viajero sedentario* que le llevo a un amigo de Segorbe, y releo algunos párrafos al azar. Me prometo una vez más no publicar nunca nada de lo que no me sienta completamente satisfecho al terminarlo (otra cosa es lo que pueda ocurrir luego, los desamores que vengan). Eso implica no tener prisa y, lo que es aún más difícil, superar el miedo que te entra cuando ves que llevas varios años sin ser capaz de terminar nada de provecho. Aceptar que esas cosas ocurren. Ni yo ni el momento que vivimos necesitamos más confusión, y eso, añadir confusión, es lo que hacen los libros en los que uno no confía. Si aun así, si cuidando los libros hasta el mínimo detalle, enviándolos a la editorial cuando vives la excitación de que te ha salido una joya, el tiempo acaba abriéndoles grietas, qué no les ocurrirá a los que, ya de salida, no te gustan, a los que te cuesta perdonarles los defectos a pesar de que eres su padre.

2 de junio

Día agitado en Segorbe. Por la mañana, charla con un grupo de estudiantes. A mediodía, comida multitudinaria en un restaurante a orillas del río Palancia. Descubro una parte de la comarca que no conocía: huertos, jardines, plantaciones de nísperos, un paraje sensual, *locus amoenus* que no hubiera imaginado en esta ciudad que siempre me ha parecido adusta, levantada en un paisaje seco, con laderas de rodeno cubiertas de pinos o abancaladas con plantaciones de olivos. Pero ese espacio polvoriento se vuelve frondoso, húmedo, se llena de verdes en las colinas que descienden al río, creando un paisaje cuyas cualidades el hermoso día de primavera resalta. Pienso en los paisajes que se han dilapidado durante los últimos años: la comunidad estaba llena de lugares así que ya no existen, y los que quedan los contemplamos como pequeños y amenazados islotes. Incultura, voracidad, los jinetes del Apocalipsis han pisoteado el territorio, han hecho estallar esta claridad, estos depósitos de belleza. El diablo se lleve con él a los depredadores. Lo malo es que han sido ellos quienes nos han arrojado a nosotros en brazos del diablo. Y todo indica que las cosas van a ir aún a peor. Por encima de mi cabeza, las relucientes hojas de los nísperos, los pequeños frutos anaranjados; más allá, la cúpula lejana del cielo, que parece hecho con algún material reluciente y sólido, de tan limpio como se ofrece, tan aislado de nosotros, como si entre la bóveda celeste y la tierra no hubiese ningún elemento, no hubiera aire, ni polvo en suspensión: solo el azul diáfano y compacto arriba.

Lo que me temía: son casi las cuatro de la mañana. Me he fumado más de dos paquetes de cigarros y me he bebido no sé cuántos whiskies.

3 de junio

Sombría jornada de resaca. Me hubiera gustado visitar la catedral de Segorbe para ver las tablas de Macip que tanto admiro, que tanto me hacen disfrutar y cuyas maneras me recuerdan las de los mejores renacentistas italianos (son Rafael en el dibujo: cuellos, peinados, tocados, perfiles, parecen sacados de un cuadro de Rafael, pero también están presentes Leonardo y Miguel Ángel: están todos ahí dentro, la delicadeza de Macip), volver a ver el extraordinario relieve de Donatello. No creo que puedan contemplarse en ningún otro sitio de España (el Prado, aparte) pinturas renacentistas de tanta calidad. Bueno, pues quería haber ido a verlas, porque, además, me habían dicho que iba a mostrármelas un muchacho muy documentado; y lo que he hecho ha sido quedarme a oscuras en la habitación del hotel, ciego y sordo, inútil, un trapo abandonado. Ni siquiera he salido para comer. Para matar el tiempo (como si él no se matara solo, no nos matara), me he puesto a leerme los *Viajes con Heródoto* de Kapuściński. Un detalle nimio ha quebrado el malhumor: a media tarde he entrado descalzo en el baño y el contacto con el frío de las baldosas me ha devuelto al almacén de siempre, en el que pongo siempre esa felicidad que no existió nunca: me ha vuelto el placer que sentía cuando jugábamos con el agua fría que extraíamos del pozo, el de sumergirme en el lavadero al aire libre que había junto al pozo (el *safareig,* lo llamábamos en Denia, ni siquiera se usa ya la palabra), el olor de aquel agua acabada de salir de dentro de la tierra, y que se metía por la boca, taponaba los oídos, empañaba los ojos. En aquel lugar, blanqueado con cal, cubierto por emparrados de galán de noche y jazmín, siempre se estaba fresco, incluso las asfixiantes tardes de verano en las que soplaba el desagradable *llebeig* que lo secaba todo. Un húmedo útero protector: dolía salir de él, el contacto con el aire caliente de la tarde, la exposición a los rayos del sol. Esta tarde me ha llegado en el baño de una habitación de hotel el verano de entonces, la sensación de aguardar misterios deseables y temidos que impregnaba aquellas tardes cargadas de confusos deseos. Al notar en la planta de los pies el frío de las baldosas he vuelto a ser un niño que corretea a la hora de la siesta entre los cañaverales de los cercanos caminos que desembocan en el mar, o que se mueve sigiloso en la penumbra de una casa que se defiende del calor –ventanas entornadas, persianas bajadas– que la asedia. Fuera, la luz cegadora del sol, el despiadado General Verano que se apodera de todo: tejados, muros, baldosas de patios y aceras, adoquines. Es tan intensa la luz, que lo vuelve todo blanco, como en una foto quemada, y, en una reacción inversa, disuelve el aire en una infinidad de puntos oscuros, vibrantes, que impiden que uno pueda fijar la vista sobre ningún objeto sometido a su dominio. A resguardo de esa luz implacable, un niño corretea por el pasillo, con los pies descalzos y nota el frescor de las baldosas en contacto con la planta de los pies.

Son casi las cinco de la mañana, cuando, tras la cena, vuelvo al hotel.

4 de junio

Estos ajetreados días segorbinos, me pareció prudente dejar *Memorias de Adriano,* para ocupar los escasos ratos que me han quedado libres con algo más ligero: Kapuściński, *Viajes con Heródoto.* De regreso en casa, vuelvo a la Yourcenar, y pienso en lo apresurada e injusta que fue mi anotación del otro día, cuando escribí que el libro se estanca. No es verdad. Se detiene apenas unas pocas páginas para mostrarnos la relación –entre apasionada y mezquina– de Adriano con Antínoo, y, enseguida, recupera toda su oscura energía. Las páginas que describen la visita a la hechicera y el sacrificio del halcón de Antínoo, el mundo sombrío de las religiones de Alejandría, la sordidez de las prácticas sacrificiales, el barrio de los embalsamadores, toda esa zona del libro está impregnada de una dolorosa desesperanza. La novela se adentra en el espacio de una pesadilla carente de belleza y sentido. Pienso en Virgilio, en la descripción en la *Eneida* del encuentro con los que ya han muerto, pero aquí, en la novela de Yourcenar, está además toda esa parte sucia, la manipulación de los cuerpos, la sordidez de unas ceremonias de marcado peso físico: cortar, abrir, eviscerar, vaciar, su absurdo (la manipulación del cuerpo del pájaro sacrificado parece más bien preparación culinaria, que se le esté aderezando para cocinarlo según una receta). Se trata de una crueldad gratuita, de una inútil ración de sordidez. En el caso del embalsamamiento de Antínoo la violencia no es mayor que la que conllevan otras soluciones: el fuego, la tierra. Páginas inigualables, que mantienen el veloz pulso enunciativo al que me referí cuando comenté las primeras páginas del libro.

Pienso: me gustaría escribir sobre estos días en Segorbe. La fundación Max Aub, sus problemas y tensiones: por lo que me cuentan, son, como de costumbre, fruto de la voracidad económica y de las miserables ambiciones de alguien (mejor no saber quién), pienso que me gustaría escribirlo, y al mismo tiempo me produce una enorme pereza, y es que a mí todo eso, la verdad sea dicha, me importa un carajo. Contar intrigas de unos y otros, un aburrimiento, siempre lo mismo: qué animal más previsible y estúpido es el hombre. Algunos resisten más a esas llamadas del dinero, o de lo que se supone que es la lucha por el éxito, y luego resulta que, en el último momento, cuando crees que ya están a salvo, se desmoronan y acaban comportándose con mayor mezquindad que quienes se entregaron casi alegremente a la primera tentación. No hay peor miserable que el que ha luchado por salvarse durante años, el que ha defendido con uñas y dientes su dignidad. Cuando cae, muerde a unos y a otros (incluso a los que poco pueden perjudicar sus aspiraciones: son solo testigos, o lo han sido). Líbrenos Dios de los mejores que han dejado de serlo. Conozco algunos casos. *Moi ou le déluge!*

El tétrico ambiente que rodea las ceremonias mortuorias de los egipcios nos lo da la Yourcenar con solo colocar bien un adjetivo: «*L'odeur* rance *de l'encens emplissait la salle.*» Le basta con ese *rance.*

5 de junio

Día lánguido. Como me encuentro cansado tras las jornadas segorbinas, y aterrorizado porque no sé por dónde salir en el artículo sobre la cocina del mar que desde hace unos días preparo para *Sobremesa,* hago lo que acostumbro a hacer: me escapo por la tangente y me paso las horas dormitando. Anoche me dormí en cuanto me dejé caer en la cama, aunque luego he pasado una noche agitada y me he despertado varias veces, sobresaltado por pesadillas que he olvidado al despertar. Por la mañana me he quedado leyendo en la cama hasta concluir las *Memorias de Adriano.* Cierro el libro abatido. Cómo tener el atrevimiento de llamarte escritor cuando la historia de la literatura incluye libros como este.

Me apunto este texto de la correspondencia de Flaubert que la Yourcenar anotó: *«Les dieux n'étant plus, et le Christ n'étant pas encore, il y a eu, de Cicéron à Marc Aurèle, un moment unique où l'homme seul a été»,* y añade la Yourcenar: *«une grande partie de ma vie allait se passer à essayer de définir, puis à peindre, cet homme seul et d'ailleurs relié à tout».*

Me gusta la imagen del libro, por otra parte tan eurocéntrica, según la cual a los bárbaros se los rechaza *«dans le centre obscur de l'Asie»,* una adjetivación sugerente, que podría ser de Braudel: el hombre rodeado por oscuros espacios desconocidos, cercado por amenazantes sombras siempre a punto de engullirlo. Solo la cultura (la dominación de los grandes imperios que se han sucedido) ilumina, coloca los espacios bajo el foco de la historia, los define, les entrega la densidad de una narración particular. Algo de verdad hay en ello, ya que, desde esos lugares, en los que, sin embargo, bullía la agitación de la vida, no nos ha llegado ninguna noticia. Adriano imagina que, aunque los bárbaros acaben apoderándose de Roma, Roma los marcará, los *romanizará,* les dará una existencia propia, que no será más que la de convertirlos en agentes suyos, y, de ese modo, no todo se perderá. Recogerán el alfabeto, la historia. Serán Roma.

Por la tarde, me he sentado un rato ante el ordenador, sin conseguir nada positivo. Sigue la confusión. La novela es un amasijo. Hace un rato –después de ver una excelente película, *El soborno,* de John Cromwell, con Robert Mitchum– me decido a dejar por hoy el trabajo: ni novela, ni artículo, todo sigue embarullado. Son las tres de la mañana. Pienso que, en realidad, deberían ser dos artículos, o un artículo en dos partes, y que es esa dualidad difícil de unificar –si no es con artificio– lo que me tiene empantanado. En una parte, hablaría sobre la tradición de consumo de pescado en España; en la otra, sobre esas nuevas tendencias culinarias que el director de la revista reclama que tienen que aparecer en lugar predominante.

Se me olvidaba anotar que he recibido las pruebas de imprenta de la charla que di en Barcelona hace un par de años o tres, bajo el título *De qué memoria hablamos.* No había ni una sola errata, y, además, el texto me ha parecido bien escrito, interesante, y está feo que lo diga yo. Incluso anuncia cosas que han acabado ocurriendo. Me he sentido satisfecho. Solo el trabajo cuidadoso llena, el resto son fantasmas del tren de la bruja, que diría la Gaite. El yo autista, un cajón de inútiles fantasmas.

También he recibido un paquete con los libros franceses que había encargado. La mayoría son novelas que me recomendó mi amigo Jean-Maurice de Montremy cuando estuve en París el pasado mes de enero. Se me acumulan las lecturas, el trabajo, ya que tengo que ponerme también con la charla que daré en Barcelona a principios de julio, y para preparar la cual apenas dispongo de un mes. Quiero que sea muy personal, literaria, con poco aparato de citas; reflejar más bien un estado de ánimo, mi propio desconcierto. La parte más reflexiva, más teórica, está en el texto que he corregido hoy, y he pensado que debería enviárselo antes a los organizadores del encuentro para que lo repartan entre los asistentes y así se lo lleven ya leído. Resultaría bastante absurdo que, tratándose del mismo tema, me pusiera a escribir de otro modo lo que yo creo que ha quedado bastante bien expuesto. Todo eso no evita que siga pensando que debería haber rechazado la invitación que, aun en el caso que consiga cumplir dignamente, será a costa de haber sufrido un par de meses antes y de seguir sufriendo el mes que aún queda por delante, y, sobre todo, a costa de seguir dejando en segundo plano la novela.

Miro el reloj. Las tantas. Al llegar a estas horas, me digo que debería intentar acostarme temprano para no pasarme luego las jornadas adormilado, pero se está tan bien a estas horas, envuelto en el silencio que solo rompe la música de Boccherini; mirando hacia dentro, de charla con este cuaderno, pensando lo que he hecho y dejado de hacer durante el día en busca de eso que no sé lo que es, pero que parece que cumple su cometido con solo dejarse perseguir. La busca es salvarse del tumulto, trabajar sobre la anomia para encontrar alguna ley escondida en esta etapa en la que hasta el mal parece carecer de planes y actuar de un modo atropellado; en la que el futuro es una probabilidad tan inconsútil como el velo del templo unos segundos antes de rasgarse. Por el simple hecho de sentarme a escribir de noche, aquí solo, bajo el halo de la luz del flexo –el resto de la habitación, de la casa, del huerto que las rodea, solo oscuridad–, me parece recuperar cierta nervadura moral, algo para lo que me eduqué y que se ha reblandecido, o vuelto inservible, pero que necesito sentir para no perderme. Podríamos hablar de esta como de una etapa en la que también los viejos dioses se han retirado y los nuevos se hacen esperar, aunque en apariencia ocurra más bien lo contrario: la nerviosa necesidad de conseguirlo todo –aquí y ahora– y la constatación de la imposibilidad de ese objetivo, y el carácter de implacable lobo en que se convierte el hombre que acepta ese reto, asusta a los más débiles, a los menos dotados, y los arrojan en brazos de los dioses más siniestros: el cristianismo en sus vertientes más intransigentes; el islam en sus versiones más devastadoras. Intuyo que al tiempo de los lobos sucederá el de las hienas, las desenterradoras de cadáveres, las devoradoras de carroña: Quicos, Legionarios de Cristo, mártires de Al Qaeda, pero también benevolentes ordenancistas socialdemócratas prohibiendo sin parar, rompiendo el ajustado equilibrio de costumbres en las que nos movíamos con ciertos ritos pactados entre *hybris* y razón, entre embriaguez y serenidad, entre culto y descreimiento, entre fiesta y trabajo que hoy se han roto. Los signos anuncian el advenimiento de una sinrazón y una crueldad mayores. Oímos acercarse sus pasos, vemos cómo su sombra enturbia el horizonte. Nos acostumbramos a convivir con formas abyectas de violencia, incluso en lo que se supone que son países altamente culturizados, el primer mundo. Al principio nos pareció una convivencia virtual, teórica o visual: la violencia se nos mostraba en el cine, en la televisión, en los libros, pero ha ido saliendo poco a poco de esos almacenes de imaginarios y se ha instalado con descaro en la vida cotidiana: incluidos los ámbitos en apariencia más recogidos, más al amparo de sus embates: la vida doméstica, los colegios, el trabajo, la calle y los espacios públicos..., y eso ocurre al mismo tiempo que el lenguaje se ve cercado por una multiplicidad de policías. Se vigila, se depura; se procede a internar, a sacar de circulación y poner a recaudo palabras, expresiones, construcciones sintácticas... Se nos convence de que la residencia del mal está en las palabras, alguien se siente más agredido, más violado por esas palabras cuando circulan en libertad, que por el asesino que vive en el piso de enfrente. La palabra se vuelve cada vez más doméstica, inane, mientras que los hechos devienen más violentos. El exterior nos asusta. En las ciudades más vigiladas del mundo, la noche toma rasgos de medievalidad, se convierte en inseguro refugio de sombras; en bosque, o selva, un espacio precultural por el que no se puede caminar sin riesgo. La propia casa se medievaliza al caer la noche: hay que fortificarse en su interior, blindarse y armarse, y así y todo, la protección parece más bien inútil ante la pericia de los asaltantes profesionales: la tele nos ofrece a diario los rostros tumefactos de ancianos maltratados, torturados por ladrones que han reventado puertas y rejas para penetrar en el interior de su domicilio y hacerse con unas decenas de euros. Entre tanto, la autoridad gasta su energía en vigilar el lenguaje, en vigilarte a ti en lo que tienes de usuario de tu libertad más íntima, en fingir que protege una salud corporal de cuyo deterioro te culpabiliza (demasiado azúcar, o sal, o grasas, o alcohol, o tabaco) y, además, deja al albedrío de los agresores: te vigila cuando enciendes un cigarrillo, cuando tomas una cerveza, cuando discutes con tu pareja, cuando riñes a tu hijo, cuando conduces. Vigila muy especialmente tu bolsillo, siempre dispuesta a picotear en él (multiplicación de impuestos entre los de abajo, gravamen de actividades y propiedades, multas). Guarda los datos del conjunto de sus vigilancias para tener siempre a mano el expediente que puede neutralizarte como ciudadano en el momento oportuno y, en caso necesario, destruirte como hombre. Deja de vigilarte mientras saquean (patronos, bancos) y mientras te golpean las mafias, ese proyecto de Estado futuro que es tolerado por el Estado presente e incluso colabora cada vez más estrechamente con él. El gran Estado mafioso. Cada vez más, ser ciudadano se limita a cumplir con tus obligaciones tributarias (ahí, en lo recaudatorio, ya lo he apuntado, la vigilancia se extrema, el Estado defiende con empeño tu derecho de ciudadanía y te obliga rigurosamente a ejercerlo).

Releo lo que he escrito para comprobar que está pésimamente explicada esa idea de la medievalización de la sociedad contemporánea, ese abandono del Estado de parcelas cada vez más amplias de la vida, mientras intensifica su vigilancia en otras en las que no debería meter las narices: condena a sectores crecientes de la población al sacrificio, o a la violencia en nombre de una improbable autodefensa (modelo norteamericano o latinoamericano, según el nivel económico y social). Constante crecimiento de las sociedades de protección mutua al margen del Estado (bandas, sectas, pero también empresas de seguridad privada, guardaespaldas; cada vez más individuos, empresas, urbanizaciones residenciales confían su seguridad a la rentabilidad de las empresas).

6 de junio

Hablo con mi hermana, que continúa su guerra privada con la constructora que quiere echarla de la casita en la que vive y que fue de nuestros abuelos. Hace un par de días, las máquinas demolieron parte de la del vecino. Al pozo de esa casa acudíamos a proveernos de agua potable, a la mujer que vivía allí, su propietaria, la señora Elena, una bomba le había matado una hija jovencísima y le habían amputado un brazo durante la guerra. La aviación fascista, procedente de Mallorca, apuntaba a la caldera del gas, que se levantaba en las cercanías, y de la que no queda rastro: fue poco a poco desmontada por chamarileros, vendida, por entonces era la única instalación de muy relativa envergadura con que contaba la ciudad. El acorazado *Baleares* cañoneaba impune desde el mar una ciudad sin defensas. Pero volvamos a las agresiones contemporáneas: la pala llegó a las siete de la mañana de un sábado con la intención de demoler tanto la casa de la señora Elena como la nuestra. Mi cuñado consiguió impedir que entraran en nuestro terreno, pero no pudo hacer nada por el del vecino. Ahora, la alcaldesa de Denia les dice que los constructores carecían de permiso para llevar a cabo la demolición. A buenas horas mangas verdes. Da igual. No hay nada que hacer. La imparable máquina de la corrupción y la codicia. Ese terreno lo tienen ya entre sus manos. Lo único que nosotros podemos hacer es intentar sacarles lo más posible (estrechar su margen de plusvalías, corregir a la baja su expolio) y, sobre todo, fastidiarles lo más posible: estamos convencidos de conseguir más lo segundo que lo primero. Qué se le va a hacer. De cada cual, según sus posibilidades, que diría un buen marxista. Al menos, fastidiar, no doblar la cabeza mansamente y entregarse al matarife. Me dice mi hermana: la parcela tenía mil ochocientos metros, hemos vendido solo trescientos cincuenta, el resto se lo han llevado entre el Ayuntamiento y las constructoras. Ahora nos dicen que los metros que quedan son insuficientes para poder obtener un permiso de obras, y ninguna constructora –ay, ese Ayuntamiento, ¿al servicio de quién trabaja?– está obligada a practicar lo que a ti sí que te obligaron, ceder terreno para que los vecinos –seguramente una constructora del mismo grupo que hoy quiere expoliarte– pudieran completar el ordenamiento de sus parcelas urbanizables. Cosas veredes. Los mensajeros de la inmobiliaria amenazan a mi cuñado: de ahí no os darán nada, aprovecha la oportunidad y vende ahora, le dicen. Respuesta de mi cuñado: Con que me den lo suficiente para comprarme una escopeta me doy por contento.

Anoche me acosté a las cinco de la mañana, y una hora más tarde ya estaba despierto, dando vueltas por la habitación, escuchando la radio, leyendo, así que, de nuevo, el día se convierte en una pesadilla larga. La sensación de vértigo que siempre me acompaña ha sido hoy más intensa; no me ha dejado en paz. Sin embargo, somnoliento, vertiginoso, he conseguido acabar mal que bien el artículo de *Sobremesa,* al final en dos piezas, como parecía razonable. Pero lo mejor del día ha sido la lectura de *Pedigree,* la sobria autobiografía novelada de Modiano, un autor del que leí muchos libros en mi juventud y últimamente tengo bastante abandonado. Vuelvo a él gracias a este texto riguroso: somero inventario de personajes y lugares de su vida, el libro transmite la frialdad de una infancia urbana, los avatares de una familia en cuyo interior apenas llegaban a sostenerse lazos mínimos, sociedad de estafadores de poca monta perdidos en un mezquino laberinto de intereses en el que los afectos brillan por su ausencia. No deja de sorprenderme la frialdad extrema de las relaciones del pequeño Patrick, o del Patrick adolescente, con sus padres, que emplean todas sus energías en la búsqueda de recursos sin que les importe el precio, aspiran a poseer amantes y lujos que no acaban de llegarles. Mis internados de niño pobre adquieren un aire romántico de dickensiana pobreza, que parece casi feliz si lo ponemos al lado de este bloque de hielo que es la infancia de Modiano: él es para sus padres un estorbo del que hay que librarse, y no se le encubre ese propósito –sobre todo, por parte del padre– con ningún disimulo: solo dicta las acciones el principio de conveniencia, que él debe aceptar por el momento, en la medida en que, en cuanto pueda, aplicará ese mismo principio a sus propias víctimas.Chapoteamos en lo que Marx, en el *Manifiesto comunista,* definía como «las heladas aguas del egoísmo», el capitalismo en versión pequeña burguesía arruinada.

Tomo del libro de Modiano esta frase que atribuye a Léon Bloy: «*L'homme a des endroits de son pauvre cœur qui n'existent pas encore et où la douleur entre afin qu'ils soient*» (pág. 91). Lúcido y hermoso.

8 de junio

Apuntes para un personaje:

No creo que, en los últimos diez años, haya dedicado tanto tiempo a intentar entender a nadie. Lo interesante sería saber por qué me he empeñado en descifrar el silencio de esta esfinge egoísta. Claro que, al principio, no era así; o yo quise pensar que no era así (fase seductora). Lo peor es cuando te enganchas diciéndote: el de verdad era el del principio, y si sigues insistiendo, cavando, lo encontrarás por debajo, lo reencontrarás. No es solo que resulte agotador, es que creo que ese es el mecanismo que mantiene atadas a millones de desgraciadas amas de casa, la justificación por la que la maltratada soporta los malos tratos: el que pega es el de fuera; el de dentro, el escondido que solo yo conozco, el que vive allá al fondo, es amable, me quiere, sufre si me ve así. La bondad inicial que te ofreció, su simpatía, declaraciones de amor o de afecto incluidas, son la goma, la pegajosa liga con que atrapó al pajarito. En el libro de Patrick Deville que he leído hoy aparece una reflexión que Aldous Huxley incluye en *Après le feu d'artifice* (colección de cuentos que aquí se tituló *Fogonazos; Brief Candels* en el original). Creo que viene a cuento: «*De sorte que ce grand amour, si nous étions assez fous pour nous y embarquer, serait une course à travers l'ennui, la mésentente, la désillusion –vers le poteau final de la cruauté et de la trahison*» (pág. 28). Las promesas se desvanecen y lo que queda es agotamiento, el vampiro te ha chupado las ganas de vivir, como si te sobrasen y pudieras permitirte ir desprendiéndote de ellas. Fuego fatuo que se consume en un suspiro y no deja ni siquiera un poco de calor. Ni frías cenizas quedan, solo la mueca boba de estupefacción porque te ha sobrevenido lo imprevisto, se ha abatido sobre ti el golpe que no esperabas, y te tambaleas, buscas como excusa la explicación de por qué el golpe te ha llegado precisamente a ti, como si no supieras que esas cosas ocurren porque sí, sin explicación que valga. Por eso, ante ese tipo de relaciones, la única estrategia es la del cobarde: huida. Tener el valor de huir. Él busca prolongar las cosas, que sigan sucediéndose *à sa convenance* los encuentros, no perder su parcela de poder. Lo tuyo es cambiar precipitadamente de tema, pasar página.

El libro de Deville está cargado con momentos de enorme belleza, nadie puede negarle su calidad de buen escritor, pero precisamente –y como tanto está ocurriendo en la literatura francesa contemporánea– esa calidad de escritor es la que le pone los límites: la novela está sobrescrita, se muestra como un fruto de la voluntad del autor, le falta vida propia, te deja a la espera de algo que no acaba de llegar. En puertas. Y ya digo que es un libro hermoso, rebosa inteligencia, y está tocado por el desgarro, deja que el lector descubra su punta de dolor, pero yo lo siento como un dolor vicario de la inteligencia, traído por un disciplinado ejercicio de voluntad. Un actor forzado a ocupar la escena a su pesar. Me doy cuenta de que ni siquiera he dicho que el libro trata de personajes para quienes las armas representaron una salida, revolucionarios o, la mayoría de ellos, suicidas. Un arma *«... vienne nous libérer de ce bonheur insupportable par la grâce d'une balle perdue...»*. La frase sirve como ejemplo del tipo de inteligencia del libro, más bien revolera, juego intelectual. Escritura bonita. Me dispongo a leer su novela anterior. *Pura vida. Vie & mort de William Walker*. Mañana escribiré algo acerca de él, pero antes debería plantearme qué y cómo escribo en estos cuadernos, donde cada día me pongo más a ras de suelo, en un lenguaje más plano, con la sensación de añadir más ruido al ruido ambiental, a la cháchara intrascendente y prescindible en la que vivimos sumergidos.

«Celui qui sert une révolution laboure la mer» (Pura vida, pág. 36). De una carta escrita por Simón Bolívar en 1830. En

el amor ocurre lo mismo: se labra el mar; si acaso, después del trabajo, queda la basura que deja en la playa la resaca.

9 de junio

Releo viejos cuadernos. Qué poco interés tienen. No creo que haya persona menos dotada para la escritura que yo. Todo el hervidero de ideas se queda en nada en cuanto intento ponerlas por escrito; en menos que nada, porque se me convierten en frases hechas, estilemas, mala copia de libros leídos. Entre la cabeza y la mano, se evaporan las ideas, y los sentimientos se convierten en aspavientos. Cuando he dicho que soy una persona poco dotada para la escritura no he querido hacer ningún chiste. Es la verdad. Cualquier trabajo mío, para alcanzar el nivel de correcto, lleva detrás un montón de borradores, es siempre resultado de un laborioso montaje. Me siento incapaz de fijar las ideas por escrito. Creo que incluso hablo mejor que escribo. Todos mis libros tienen esa carga refitolera que les quita naturalidad, chispa. Por poner un orden a lo que intento decir: pienso mejor que escribo y observo mejor que pienso, o, por decirlo con más exactitud: observaba, porque últimamente noto cómo me abandona la memoria visual, quizá porque esa memoria era fruto de la curiosidad, del gusto por el detalle, por la anécdota; del interés por el exterior: fueran rasgos físicos de los individuos, detalles arquitectónicos o urbanísticos, o cualidades de la naturaleza. Ya no es así. He perdido buena parte de la curiosidad que, en los viajes, me llevaba a jornadas extenuantes, quería estar en todas partes, verlo todo, charlar con toda la gente, enterarme de todo. Ahora, los paisajes los miro de refilón y en las ciudades que visito me limito a callejear, y a pasar largas horas leyendo o escribiendo en la habitación del hotel (me gusta mucho leer y escribir en habitaciones de paso, me encierran en mí mismo, me aíslan; me relajan, me vuelven irresponsable), y apenas si dejo caer alguna mirada sobre los edificios notables. Abandono cada vez más la afición a visitar los monumentos, los museos; digamos que tiendo a quedarme con la pintura que ya he visto y me gusta (me ocurre igual con la música) y que esos cuadros son los que no me importa visitar una y otra vez. De las ciudades, me quedo con el tono, con su respiración. El resultado es que, en los reportajes que escribo sobre las ciudades que visito, la bibliografía ocupa cada vez más el lugar que debería ocupar la observación, la experiencia del reportero.

Tras la apariencia de libertad absoluta, de individualismo radical y ausencia de escuelas, encuentro rasgos comunes en la mayoría de las novelas francesas que estoy leyendo estos días (casi todas, actuales, recién salidas de la imprenta), o por decirlo mejor, encuentro un rasgo común que intentaré expresar diciendo que detecto miedo a novelar con todas las consecuencias. Como si contar desde el exterior de la maraña de referencias literarias –es decir, contar a secas– fuera una forma literaria menor. En Modiano *(Un pedigree,* libro que me ha gustado mucho), ese pánico se expresa con la extrema contención del estilo, como si el despliegue de técnica estuviera demodé, fuera kitsch; en Patrick Deville *(La tentation des armes à feu, Pura vida. Vie & mort de William Walker)* la defensa contra eso que llamo aquí una narrativa con todas sus consecuencias procede del otro extremo: el sostén de la novela es el derroche de estilo, lo que se busca es que sea la sobrecarga estilística la que tienda los puentes entre las diversas historias: lo brillante como sostén. Ambos tienen indudables méritos literarios, y en Deville hay a trechos una escritura que deslumbra; sin embargo, sus libros no acaban de cuajar como novelas (¿qué es eso de cuajar como novela?). Les falta esa columna vertebral que parece que le pedimos a la narrativa. Modiano es otra cosa: renuncia voluntariamente a ese soporte, casi diría que tozudamente: se busca como narrador en los márgenes y consigue construir un mundo propio. Deville se mueve de una manera alambicada, y da la impresión de que se extravía en el recorrido. Leo al uno y al otro con gusto, casi diría que con envidia, pero no me parecen modelos que deba seguir. Aunque hablo antes de tiempo. Conviene que termine esta otra novela de Deville en la que me he embarcado, *Pura vida:* tiene que ver con los bestiarios literarios que tan poco me gustan; algunos textos de Borges, *La literatura nazi en América Latina,* de Bolaño, o lo último de Vila-Matas, van por ahí, por ese mismo camino. En *Pura vida,* personajes que se encuentran en el eje Cuba-Nicaragua, y comparten vidas trágicas, ilusiones perdidas o invertidas, pero el propósito, el hilo conductor del libro, por ahora se me escapa, si dejo de lado el ingenio de las asociaciones, el hilo brillante del fluir literario.

Digo que estos cuadernos carecen de todo interés, pero no hago ningún esfuerzo por trabajar más en ellos; por ejemplo, hacer borradores antes de anotar nada aquí. Tal como están, cumplen el papel de *interlocutor,* o al menos de espejo. Charlo con ellos porque no tengo a nadie con quien hablar. Son oyentes cargados de paciencia que me dejan divagar tranquilamente, sin llevarme la contraria (cómo puedo decir eso: más bien, no paran de llevarme la contraria y ese es su encanto: la página en blanco es siempre una enmienda a la totalidad de lo que vas a escribir); formas de pararte, y, por unos instantes, dejar de atender lo de fuera, para descubrir que dentro no hay gran cosa, ese confuso *pot-pourri* que borbotea desde hace algo más de medio siglo, un marchito yo.

El otro día escribía que hay autores que nos han marcado en nuestra juventud y de los que, sin embargo, nos olvidamos. Hoy leo un artículo sobre Walt Whitman en el periódico. Cuánto tiempo sin releerlo, sin oír hablar de él.

Durante unos cuantos años (pongamos de los dieciocho a los veinticinco) sus *Hojas de hierba,* en una edición de Aguilar, me acompañaban allá donde fuese, me servían de consuelo, y también de estimulante para sumergirme en el caldo sentimental de la juventud, deseo indefinido que deriva en formas de narcisismo. Recurría continuamente a esa poesía energética que se levanta sobre un humus viril, difusamente homosexual, para construir con tenacidad de obrero un imaginario honesto e ilusionante: era una forma de orgulloso estar en el mundo, de sentirte parte armónica de él. Me influyó mucho en aquellos confusos estertores del espíritu (la adolescencia, la primera juventud, que retuerce sus impulsos fisiológicos tratándolos como vida interior), en el despertar vigoroso de la carne que se reveló enseguida como envoltura luminosa de un cuarto sórdido en el que se celebraban ceremonias que hedían a flujos, a pieles mal lavadas.

Contar aquí el porqué de la tristeza suplementaria de esta noche es ser un pesado. Que cada palo aguante su vela. Que cada uno sea responsable de los líos en que se mete y de las mentiras que se deja contar. Como decía un personaje de *Mimoun,* robándoselo a Rilke, que Dios conceda a cada cual su propia muerte; y, lo que es peor, su propia agonía (no tememos tanto la muerte como la crueldad que la precede). Por lo demás, qué vida es esta que llevo, qué encierro voluntario, qué consuelo busca esta renuncia, qué fruto pienso obtener del cultivo en secano. La respuesta toca indagarla en la novela que escribo, y, desde luego, no en este vagabundeo por el interior de una única habitación: de la cama a la mesa, de la mesa a la butaca, de la butaca a la cama. Fin de la jornada. Cae el telón. Vuelta a empezar, de la cama a la mesa... Entre tanto, los días se escapan, cada vez queda menos tiempo para concluir esa tarea en la que me empeño y a la que yo mismo no paro de ponerle dificultades. Cualquier incidente en el camino me distrae del viaje, y así no se llega a parte alguna. Si al menos fuera capaz de dormir. Pero no. Me quedo con los ojos como platos, fumando un cigarro tras otro, y escuchando la radio hasta las cuatro o las cinco de la mañana. A esas horas, me amodorro (el ronroneo de la radio, al fondo), y, cuando me despierto, me encuentro con la sorpresa de que aún no son las seis. ¿Cuánto rato he dormido? No es la salud lo que más me preocupa: mi abuela era insomne y vivió cien años. Me preocupa no poder relajar la tensión de estos nervios que siguen en carne viva, cables eléctricos pelados, a punto de soltar una descarga, y que no encuentran reposo. ¡Que alguien desconecte de una vez ese generador!

10 de junio

El otro día, en Segorbe, me encontré con Paco Caudet. Me dijo que N., el becario que prepara la tesis sobre mis libros, está convencido de que no voy a volver a escribir novelas; que mi obra compone un ciclo que se cierra irremediablemente con *Los viejos amigos,* y después de ese libro lo que queda es el silencio. Caudet se ríe, le ha gustado el texto que he presentado en la mesa redonda. Dice: Sé que te queda mucho por escribir, que acabarás haciendo otra novela. Le doy la razón, no sé por qué. Le comento que tengo una novela avanzada. ¿Ves?, ¿ves?, se ríe Caudet. Pero la verdad es que yo no estoy tan seguro de que el becario se equivoque. En cualquier caso, ¿no es impúdico darles tanta importancia a las tres novelas que he escrito, precedidas por unas cuantas *nouvelles?* La gente escribe calladamente decenas de libros, y yo me paso el día hablando de escribir y sin escribir casi nada. Uno no puede meterse en una novela sin contar con un código. Se puede escribir un diario más o menos sin reglas, sin unidad de medida, pero no se puede escribir una novela desde la anomia, eso es un puchero confuso, sin cálculos en el tiempo de cocción de los ingredientes, ni proporción en el uso de las especias, un comistrajo. El diario es mero vagabundeo, tarea de *flâneur;* la novela, un viaje, un encuentro, por más que las sucesivas oleadas de modernidades nos hayan hecho creer (o lo hayan intentado) que puede haber novelas desde la falta de leyes, novelas forajidas, anómicas. Pues no, las novelas tienen albañilería, pero también –y sobre todo– arquitectura, y si no se las estructura, se caen como se caen los edificios a los que no se les aplican las leyes de cálculo y resistencia de materiales. Uno puede dibujar sobre papel los planos de ciudades fantásticas y de atrevidas construcciones, pero quién es el valiente que se atreve a levantarlas, a poner todo eso en pie sobre el terreno. No, no, hay que estudiar resistencia de materiales.

Leo de un tirón la magnífica *Ravel,* de Echenoz. Con una asombrosa economía de medios indaga en la aparente falta de correspondencia entre la grandeza de una obra y la fragilidad e incluso mediocridad del autor. ¿Y yo decía que la literatura francesa no se atrevía a ponerse ante el toro de la novela? Aunque sea desde el minimalismo, Echenoz me tapa la boca.

12 de junio

Una frase de Paul Valéry, recogida por Coco Chanel, me viene muy bien para pensar en el carácter de mi Mónica, la esposa del constructor de mi novela: *Une femme qui ne se parfume pas n'a aucun avenir.*

La tarde por los aires. Pensaba trabajar, escribir las fichas de los vinos del mes para *Sobremesa,* haber perdido algún rato anotando algo en este cuaderno y, al final, un encuentro inesperado en el bar y una visita de C. se comen el tiempo que tenía por delante. Es medianoche cuando vuelvo a la habitación cargado de copas y con la maldita sensación de vértigo que lo estropea todo. Por si fuera poco, recibo una llamada telefónica recordándome que el próximo martes tengo que ir a Berlín y a un par de ciudades alemanas para leer *El viajero sedentario.* Otra semana que se esfuma. Ahora añoro todo el tiempo que me he pasado apartado de estos cuadernos, sin dejar correr la estilográfica sobre el papel, ese fetiche, la estilográfica, que parece que se justifica a sí misma y te justifica a ti con dejarse llevar. Pocos placeres parecidos al de ver cómo van saliendo las palabras del extremo del plumín, sentir el roce del metal sobre el papel. A veces me gustaría tener algo que contar solo por seguir escribiendo a pluma.

Anoche concluí la lectura de *Fuir,* de J.-P. Toussaint. Aparte de las descripciones de Shanghái y Pekín (que ahora se llama Beijing), no tengo ni idea de lo que este hombre ha querido contarme. Para empezar, no sé si se trata de una novela o si son dos novelas pegadas a capón, por puro capricho del autor. No sé de lo que trata en el caso de que sea una, o lo que quiere decir con las dos. Otro intento fallido. Me queda el magnífico regusto de *Ravel.* Y eso sí que ha sido una sorpresa, porque las otras novelas que había leído de Echenoz, aunque excelentes, me habían parecido sobrecalculadas, artificiosas. En esta, la fuerza del libro se obtiene gracias a su extrema contención. La contención le aporta una energía fría pero tremendamente efectiva, la novela avanza precisa, contándonos con la delicadeza de un ala de libélula el contacto y a la vez la fractura entre el autor y la obra. La frialdad del narrador resulta un precioso instrumento para llevarnos sin trampas al espacio de la piedad, que va más allá del señor Ravel e incluso del artista, y se extiende al triste animal humano de Vallejo, tan frágil y tan capaz de levantarse sobre sí mismo en desmesurados esfuerzos de arquitecto.

14 de junio

Inmerso en el carrusel madrileño: oficina, comidas, copas, habitación de hotel. Echo de menos encontrar un momento para leer, para acercarme a este cuaderno y escribir unas líneas. Todo va tan deprisa. El tiempo, pompa de jabón que te estalla entre las manos. Ya no está, ya se ha ido, ha reventado. Me angustia ver que la rebanada de tiempo que me queda se adelgaza y que, sin embargo, actúo como si se me abrieran siglos por delante. Lo peor es que, cuando consigo quedarme en paz y a solas, miro las hojas en blanco y no sé qué hacer con ellas. Entre pitos y flautas, se escapa otro día.

Anoche y esta madrugada he estado leyendo *Los Trastámaras,* el libro de Julio Valdeón: es la época de la historia de España que peor conozco y, sin embargo, la más apasionante. Shakespeare hubiera sacado unas cuantas tragedias de esa etapa turbulenta, llena de enfrentamientos familiares, traiciones, celos, asesinatos...

16 de junio

Ya lo sé. He sido muy burro por pasarme los primeros seis o siete meses que viví en Beniarbeig –o quizá más, el primer año– sin enterarme de que no vivía en el campo, como en Extremadura; sin darme cuenta de que aquí no tenía que buscar paisajes bucólicos y perspectivas vírgenes. No saber eso me hizo sufrir una barbaridad. Me molestaba que de noche titilaran las luces de pueblos y urbanizaciones por todas partes, los faros de los coches moviéndose como nerviosos nictálopes, las luces de los neones, las de la autopista; y de día, no poder mirar hacia ningún lugar en el que no hubiese edificaciones, postes de la luz, antenas, carreteras. Desde mi casa de Valverde de Burguillos, de noche no veía más que las estrellas y la masa negra de los olivos y encinas alfombrando la estampa. Podía recorrer la veintena larga de kilómetros que separaban mi casa del siguiente pueblo situado en la carretera –Fregenal de la Sierra– sin encontrar otra cosa que no fuesen encinares: la dehesa sucediéndose a derecha e izquierda, y como únicas edificaciones, algunos corrales y un par de cortijos. Tardé en cambiar la escala de valores, en ajustar la mirada a lo que es el lugar donde ahora vivo, una conurbación que se extiende en todas direcciones a lo largo de decenas y decenas de kilómetros. El tema de la tarjeta postal que contemplo no es una estampa bucólica, sino la agitada vida de una ciudad dispersa: Los Ángeles vista desde el aire, cuando la visité en 1976, me dejó grabada la imagen que ahora identifico. Seis años después de haberme venido a Beniarbeig, he aceptado que este es mi paisaje, ciudad continua, insomne, que no deja de agitarse. La contemplo a diario desde la ventana de mi casa, en la ladera de Segaria, un mirador que a la gente le parece privilegiado, pero que a mí se me hace más bien cuarto de torturas: no hay ni un día en que no descubra otras máquinas arrancando naranjos, almendros u olivos; otras palas abriendo los cimientos de nuevas urbanizaciones, arañazos en la montaña, calveros que han surgido de pronto, de un día para otro, y en los que, al cabo de unas semanas, ya se están levantando muros o cubriendo aguas. Qué estupidez buscar aquí un palmo de terreno virgen: ahora ha sido el estallido, el gran boom, el pelotazo, el urbanismo salvaje, pero desde hace siglos todo esto ha sido utilizado, plantado, transformado y vuelto a transformar, exprimido por setenta u ochenta generaciones cuyos huesos se amontonan unos sobre otros en los mismos lugares. En estos momentos se trata ya de la destrucción final, el apocalipsis, Armagedón; pero las laderas desmochadas, aplanadas, distribuidas en formas de bancales existen desde hace más de dos mil años.

Anoche, en el libro de Julio Valdeón, *Los Trastámaras,* leía la terrible historia de Juan II y Álvaro de Luna. Dos amigos más que íntimos –los cronistas de la época insinúan relaciones poco confesables– que acaban odiándose. Juan II pedía que el condestable durmiese cada noche en su habitación, pero eso se acaba después de su boda con Isabel de Portugal; ahora, atendiendo a la petición de unos cuantos nobles, decide decapitar a su amigo. De camino a Valladolid, donde tiene previsto el sacrificio, le manda al condestable dos curas que empiezan a explicarle que la vida no vale nada, que es solo un accidente, que hay que estar preparados para perderla, y él se da cuenta de que lo llevan al cadalso, levantado en la plaza mayor de la ciudad, donde, según cuenta Fernán Pérez de Guzmán en su *Crónica del rey Juan II,* el verdugo «pasó el puñal por su garganta, é cortóle la cabeza, é púsola en el garavato». Julio Valdeón recoge los versos que Jorge Manrique le dedicó en sus *Coplas:*

Pues aquel gran Condestable,
maestre que conocimos
tan privado,
no cumple que dél se fable,
sino solo que lo vimos
degollado;
sus infinitos tesoros,
sus villas y sus lugares,
su mandar,
¿qué le fueron sino lloros?,
¿qué fueron sino pesares
al dexar?

Durante nueve días se expuso su cabeza. Fue el final de una pasión. Menos cruel es la caída del pobre Falstaff en el momento en que su compañero de juergas es nombrado rey y ya no quiere saber nada de él, lo desprecia. Cuestiones políticas aparte, la pasión casi siempre se esfuma más o menos pronto: cuando lo hace despacio, aterriza suavemente en el suelo y deviene pacto de amistad; si bulle en forma tumultuosa, entonces es Tánatos y no Eros el que se impone. Esos amigos que acaban decapitándose, ni han sido capaces de renunciar a lo glandular, ni han tenido la inteligencia de convertir la atracción en pieza del rompecabezas social; hacerse socios del mismo negocio, del club de pesca, o de fútbol (de algo que exija asistir juntos a muchas reuniones); o pasar a convertirse en familia: por ejemplo llegar a ser consuegros, o cuñados. Los marroquíes resolvían así esa insatisfacción de las apasionadas amistades juveniles (allí especialmente intensas). Decidían convertir en esposa del hijo del amigo a la hija, cumpliendo los ritos sociales públicamente aceptados; y digo sociales en todos los sentidos, como ceremonia, pero también y sobre todo como economía en el sentido originario, es decir, de mantenimiento de la tribu, de aporte a su reproducción. Los hijos practicaban dentro de ese orden lo que ellos habían deseado o incluso practicado en desorden, fuera de todo control.

19 de junio

Paseo vespertino por Valencia: la ciudad no acaba de librarse de sus solares, no cierra su corazón, el centro, que la riada del 57 vació. Han rehabilitado muchos edificios, y, sin embargo, sigue con esos huecos ahí, medianeras a la vista, corralones repletos de basura y pedruscos que seguramente son restos árabes o romanos. Algunos los recuerdo desde siempre. Otros son recientes. La ciudad se renueva, pero no pierde su aspecto caótico, desabrido, desordenado, desestructurado, y todos los des que se le quieran añadir. Incluso los edificios rehabilitados parecen en su mayoría frágiles; una arquitectura de escayola, de quiero y no puedo, de ciudad condenada desde hace siglos por una especie de castigo (inundaciones, destrucciones, guerras, expolio de políticos y del Estado, ciudad saqueada por un pacto entre las élites locales y las nacionales, los de arriba de dentro aliados con los de fuera) que viene a compensar una privilegiada posición y una envidiable geografía que debería destinarla a gran capital peninsular. Y lo que escribo vale tanto para lo viejo como para lo recién construido, en lo que, si se exceptúan unos pocos edificios, triunfa el feísmo. La ciudad no admite una mirada apacible en su continuidad, una visión sin sobresaltos. Carece de continuidad y de armonía, mezcla nuevo y viejo, alto y bajo, ancho y estrecho. Cuando un rincón parece rozar lo armónico, enseguida llaman tu atención los costurones, las grietas de los malos acabados, la inserción de un solar o un edificio de aquello que en la posguerra llamaron regiones devastadas.

Veo las obras de las plazas de la Almoina y del Palau, que están acabando a toda prisa (seguramente por la próxima visita del Papa), y la nueva construcción que cubre restos romanos y visigóticos, una explanada de hormigón sobre la que se levantan un par de cubos que impiden la contemplación apacible de los dos edificios de cierta nobleza que dan a ella. El lugar pasa de ser ruinoso a convertirse en feo.

20 de junio

Valencia desde el taxi. De camino al aeropuerto. En un día gris, parecen aún más sórdidos los bloques de ladrillo que han ocupado los espacios de las huertas, o en los que se levantaban viejas y dignas casas de campo y alquerías. Ni un solo árbol en las aceras. Feos pasadizos a ninguna parte.

El intruso, de Blasco Ibáñez, panfleto divertidísimo en muchos momentos (su descripción de Loyola resulta estupenda: no es extraño que lo odiasen los curas) y texto imprescindible para conocer la formación del capitalismo vasco. Consigue que añoremos aquellos tiempos en los que el novelista quería ser látigo de su tiempo y, para ello, se documentaba a conciencia, cosa que hoy ya no hacemos casi nadie; tampoco es que haga mucha falta. La documentación circula sobradamente fuera de los espacios literarios. Novela de tesis, panfleto social, sin embargo guarda una rica veta literaria; leyéndola tiene uno la impresión de que fue Blasco el escritor de su generación mejor dotado para la novela, y que esa capacidad, unida a la alegre claridad con la que veía su artefacto, en vez de empujarlo a veces a lo más alto, lo lastraron. La buena novela (el gran arte) siempre parece exigir ciertas dosis de incertidumbre: las mejores novelas son las que, además de intentar contarles algo a los demás, uno intenta, sobre todo, contárselo a sí mismo. En cualquier caso, nadie que quiera conocer el Bilbao de fines del XIX puede prescindir de *El intruso,* el libro sirve incluso para entender no pocas cosas que están ocurriendo hoy mismo: la violencia, la fantasmagoría patriótica como genética social, la importancia del clero.

El mundo de minas y mineros, el barrio de emigrantes llamado Somorrostro, tratado al modo de Zola; pero, sobre todo, la ciudad portuaria y el espacio de los negocios. Describe el paisaje –la ría, las colinas que rodean la ciudad– con primor de acuarelista. Solo cuando se mueve en lo ideológico, emplea el brochazo. Y lo hace con acierto. Si yo me quejo de que no encuentro el sujeto social o histórico de mis novelas, y por eso no sé en nombre de quién escribo, ni por qué, precisamente eso, conciencia del público, seguridad del que sabe en nombre de quién y por qué escribe, es lo que tiene Blasco, y, en el momento en que lo digo, me arrepiento: no debería haber hablado de brochazos, esa expresión, o la de trazo grueso, son las que usan los enemigos para descalificarlo y encierran una carga de desprecio ideológico, porque él a lo que aspiraba era a transmitir, a divulgar sus observaciones sociales entre las clases populares, publicar literatura de agitación, y eso lo hace de maravilla: una narrativa destinada a incendiar los corazones de sus partidarios, y cargada de una violencia inusitada, radiante, casi gloriosa; o, mejor dicho, una violencia que era usual en los medios del radicalismo de la época, y nos irrita o desazona en estos tiempos de beata vigilancia y corrección política en que vivimos: vigilancia y corrección que han neutralizado, muchas veces ridiculizándola, la protesta social en la cultura y en la calle. Imagino el odio que debieron sentir hacia el novelista foráneo (el intruso) la beata burguesía vasca, el clero montaraz, los jesuitas y los carlistones de por Dios, por la Patria y el Rey si leyeron este libro. Con qué rabia debieron masticar las páginas de una novela que, además, se permite que el personaje más limpio y esperanzador sea forastero –valenciano, como Blasco–, y que el narrador haga chistes sobre los soldados valencianos (los *ches)* del ejército liberal que defendió Bilbao contra los bizkaitarras –bastante bárbaros, por cierto– del ejército de don Carlos. Aquellos guindillas –los llamaban así por sus pantalones rojos– defendían una España abierta a Europa, moderna y laica, frente al ultramontanismo. Sería lo que fuera don Vicente, pero desde luego tenía mucho valor.

Si su paisano –y amigo– Sorolla pintó toda una España entre folklórica y social en los paneles de la Hispanic Society de Nueva York, Blasco no se anduvo por las ramas tocándose el alma, sino que, con su obra, dio un extenso barrido social (la España de Sorolla es, casi siempre, festiva, u hogareña; la de Blasco, trágica) y, con todas las limitaciones que se quiera, sus novelas siguen estando más vivas que la mayoría de las de sus contemporáneos: *La bodega,* retrato del Jerez de los señoritos y vinateros (Caballero Bonald volvería al tema medio siglo más tarde); *El intruso,* el Bilbao del comercio y la industria, con una burguesía que fracasa en su revolución, asfixiada por el jesuitismo. El título del libro es ambiguo, porque además de referirse al ingeniero que ha llegado de fuera con ánimo renovador, busca sentidos metafísicos en una obra de Maeterlinck, en la que *La intrusa* es la muerte: en Blasco esa metáfora de la muerte se refiere al desprecio del mundo terrenal, a la sequedad y amargura que le inocula el clero a la burguesía vasca, como un oculto instinto de Tánatos. El brillante empresario que se ha hecho a sí mismo a base de esfuerzo, el hombre repleto de vigor y creador de riqueza se convierte en triste asceta, monigote agobiado por el pensamiento de los novísimos con que el clero y su beata esposa han envenenado su inteligencia. Blasco odiaba a los jesuitas que habían vampirizado la energía de una burguesía laica, y los castigó con *La araña negra.* Como le dio su ración de purgante al clero tradicional, trasladándose a la ciudad católica por excelencia, Toledo, sede del cardenal primado, en *La catedral.* Nos entregó también el Madrid de los bajos fondos en una novela que se ha sostenido estupendamente, *La horda,* tocada por un aire de rara modernidad que la acerca a mi parecer a ciertas novelas de Huysmans. La Valencia condenada a una frustrante medianía de quiero y no puedo –ayer como hoy– y acomplejada con cuanto le llega de fuera, sea moda o lenguaje, aparece en *Arroz y tartana,* quizá la mejor novela que publicó. De los valencianos pobres de tierra y mar había escrito en *La barraca, Cañas y barro* y *Flor de Mayo.* Pero hablar de la radiografía que Blasco le hizo a Valencia daría para un par de tomos y seguramente está de más en estos cuadernos.

Cien años después, buena parte de sus novelas guardan muchas cosas interesantes. No todas, desde luego, ni mucho menos. A Blasco le pasa como a Sender: lo bueno está oculto bajo la ganga de lo mucho malo. Nos parecen de difícil digestión buena parte de sus novelas, muy especialmente las que escribió desde un punto de vista que a él le parecía cosmopolita y que le parecía que le ayudaba a remontar el vuelo de la provincia. Leyendo esos textos *mundanos,* uno tropieza con tópicos que aburren, o hacen sonreír. Pero el mejor Blasco tiene muchos elementos que habrá que rescatar para construirle cualquier modelo a la narrativa española; o para reinventar una literatura de combate de corte popular, un género que no tiene por qué ser menos digno que otros, aunque las élites arruguen la nariz ante él. Hasta como prosista podría servir de modelo el Blasco de las buenas novelas, por su claridad, por su efectividad y, sí, sí, sí, incluso, en muchos momentos, por su precisión y sutileza: las tiene cuando decide bajarse del bidón de petróleo al que se encarama para mitinear, y se limita a contar: entonces su punto de vista, su ideología surgen limpios desde la propia materia narrativa y no del maletín de consignas populistas que llevó toda la vida consigo, fabricado con la lectura rápida (Blasco lo hizo todo deprisa) de los escritores socialistas y anarquistas del XIX.

Por volver a *El intruso,* las descripciones del puerto y la ría de Bilbao, del campo que rodea la ciudad, de las minas, chabolas y hornos de las afueras, del callejero urbano y de los interiores de las casas burguesas (como modelo, la del despacho *a la inglesa* del empresario Sánchez Morueta) son extraordinarias. Esas páginas cuentan entre las mejores del libro, igual que se mantienen vivas esas otras en las que despliega su guasa, al atacar la beatería de los burgueses, y las –entre patéticas y sombrías– actividades del clero: en algunos momentos se ríe uno a carcajadas con el Blasco coñón, que –por ejemplo– describe la iglesia de Loyola como si fuera una empalagosa tarta, un producto de obrador de pastelería, en unas páginas tan divertidas como demoledoras. Para entender la especial inquina con que desprecia un sector de la crítica a Blasco conviene no olvidarse de que la enseñanza en España ha estado durante el último siglo en manos del clero; que el jesuitismo y el clericalismo (hoy, la Santa Obra) han formado el gusto y la actitud *espontánea* de varias generaciones, y Blasco atacó a esa caterva con furia y regodeo (no en vano el anticlericalismo era seña de identidad del republicanismo radical pequeñoburgués, con Lerroux como ejemplo no demasiado edificante). Para librarse de la lectura sesgada por la crítica católica y poscatólica de Blasco (ah, y del furor castellanista del 98, que tan bien observó Joan Oleza), hace falta un ejercicio particular de violencia sobre el propio gusto que muy pocos están dispuestos a llevar a cabo, porque supone alterar toda una manera de estar en el mundo, tocar el canon: se trata nada menos que de formas; es decir, de valores.

En la recepción del Alexander Plaza –el hotel que hay frente al Instituto Cervantes de Berlín–, mientras espero la llegada de un taxi que me llevará a no sé qué emisora de radio para una entrevista, me pregunto qué demonios pinto aquí, en esta ciudad pendiente del mundial de fútbol y que, hace un rato, en el recorrido desde el aeropuerto, me ha parecido dispuesta para un baile de disfraces, la gente vestida con las chillonas camisetas de las diferentes selecciones, los tipos tocados por gorros polícromos y ondeando banderas. Ahora mismo se han quedado vacías las calles, porque creo que está jugando o va a empezar a jugar en unos minutos la selección alemana. La cristalera del hotel me brinda la imagen de una ciudad fantasma. Quién habrá tenido la ocurrencia de organizar una gira de lecturas en estas fechas, quién vendrá esta tarde calurosa y futbolística a escuchar a un imbécil que lee un capítulo de su libro de viajes. Hay que tener valor o humor. Por cierto, el presentador es Marcel Bayer, un joven novelista alemán, cuyo primer libro publicado en España, *El técnico de sonido,* me pareció inquietante, riguroso, aún más si se tiene en cuenta que, cuando lo escribió, apenas había cumplido los treinta años, uno de los mejores libros alemanes que he leído en los últimos años (por supuesto, traducido). Cada vez que vengo a este país me enfado conmigo mismo por ser incapaz de leer en la lengua en la que han escrito buena parte de los novelistas que más me han marcado: Mann, Musil, Döblin, Roth, Broch, Zweig... Me digo que si cuando empecé a venir, hace ya una década, me hubiera esforzado, podría leer. Sé que hablar ya es harina de otro costal.

Madrugada del 20 de junio

Al final ha venido a la charla bastante más gente de la que esperaba. Marcel Bayer ha estado espléndido en la presentación. Se había preparado cuidadosamente el texto. En el trato, muy jovial, y muy riguroso en todo lo que ha dicho; atinado en las preguntas que ha planteado y certero en las reflexiones que ha desarrollado en torno a *El viajero sedentario.* Ha sido un placer compartir mesa con este joven novelista, tan serio y cuidadoso en su narrativa. El diálogo con el público ha sido rico, muy vivo, y el traductor ha estado a la altura, ágil, brillante. He expresado mi satisfacción a los organizadores. Durante la cena, como esos españoles exiliados del cuento de Max Aub, *La verdadera historia de la muerte de Francisco Franco,* no hemos parado de despotricar de la situación española, cada uno desde nuestra posición, que no es la misma, pero que nos lleva a coincidir entre otras cosas en la arrolladora capacidad del grupo Prisa para aplanarlo todo, un tanque soviético. Me ponen a Millás como ejemplo de moderno estratega, tanqueta ideológica perfecta al servicio del generalato, un magnífico instrumento de relojería, que, como todos los instrumentos, carece de escrúpulos, cumple lo que el programador ordena, es mecánica ordenada con un fin, inteligencia controlada: un comportamiento de corte radicalmente contemporáneo. Escritor posmoderno.

21 de junio

En metro desde las cercanías de Alexander Platz hasta la recién estrenada –espectacular– nueva estación central ferroviaria, Berlin Hauptbahnhof. Viajo con Bayer. Mientras llega la hora de salida del tren que ha de llevarnos a Frankfurt, tenemos tiempo para recorrer el edificio. Desde la entrada principal contemplamos los descampados –ese signo de Berlín– que la separan del nuevo Parlamento, con su gigantesca cúpula como un huevo de animal prehistórico; y de los volúmenes, también enormes, de los recién construidos o aún en construcción edificios gubernamentales. Todo es desmesurado, y están lejos unas piezas de otras en este nuevo dibujo urbano, separadas por distancias que no invitan a ser recorridas a pie. Es una ciudad a medida de un país entero, y no de sus habitantes. Los andenes de la estación participan de esa gigantomanía: interminables, kilométricos. El edificio en su conjunto transmite mensajes muy distintos, y casi contradictorios, según sea el lugar que recorres o en el que te encuentras: así, en las zonas intermedias se transforma en un *shopping mall* carente de cualquier gracia; sin embargo, si consideras el conjunto, compone espacios que comunican una potente idea de rigor, de fuerza y autoridad: los grandes pilares, como palmeras de acero que sostienen los andenes, los enormes vacíos que deja al descubierto el sutil esqueleto de la edificación, la geometría del movimiento circulatorio de los trenes... Pero la idea dominante, más allá de la autoridad y la potencia, es la de una ligereza (fingida), que se basa en un conjunto de estilemas que comparte con las estaciones decimonónicas y de principios del siglo XX, cuyas airosas columnatas exhibían la maestría con que los modernos arquitectos habían aprendido a trabajar el hierro en armonía combinatoria con el vidrio, grandes cristaleras laterales, cubiertas transparentes, bóvedas, luminosas fachadas acristaladas... A esa arquitectura de los primeros decenios del ferrocarril rinde homenaje esta flamante estación inaugurada hace escasos meses. Pero estamos en Berlín y fallaría a la cita conmigo mismo si no me lamentara también esta vez de que se me escapa la ciudad: la he vuelto a ver desde la pasarela por la que circula el metro entre los solemnes edificios de la Isla de los Museos; ahora la contemplo desde la ventanilla del tren que la atraviesa revelando su configuración dispersa, difícil de encerrar en un concepto: a trechos cuaja en núcleos en los que las edificaciones se concentran, se animan las aceras y calzadas, el tráfico se vuelve más denso; pero predominan al otro lado de la ventanilla las arboledas, las casas aisladas entre la vegetación, los solares. Con Berlín tengo la sensación que tenía de pequeño jugando con las bolas de mercurio que obtenía cuando se rompía el termómetro familiar. Las bolas eran metálicas pero se te escapaban entre los dedos si querías atraparlas, porque se deshacían en inestables gotas, fugaces como las mismas gotas de agua. Podías juntar unas cuantas bolas pequeñas y hacer una gruesa, pero resultaba poco provechoso, porque esa bola gruesa se deshacía igual que las pequeñas en cuanto intentabas cogerla: vistas así, oscuras y relucientes, las bolitas parecían invulnerables como las de acero que nos servían para jugar a las canicas, pero tenían cualidades más propias de los líquidos que de los sólidos. Unos años más tarde me enteré de que no es que el mercurio pareciera líquido, sino que lo es y los científicos lo definen así, como un mineral líquido. Berlín se me escapa igual: ciudad líquida (y no solo por sus canales, ríos y lagos); cuando consigo meterme en la cabeza la bola gruesa que compone una urbe de varios millones de habitantes, se deshace en pequeñas barriadas, parcelas de bosque, prados y descampados. Caminas por el centro y, de repente, te descubres a solas, marchando entre árboles, entre muros semiderruidos o restos de arqueología bélica. Eso no creo que ocurra en ninguna otra megalópolis del mundo. La frecuente soledad mientras paseas por esa aglomeración humana. ¿Dónde se meten sus habitantes? No solicito una agitación como la de El Cairo; o la que reina en las ciudades latinoamericanas; y, aún menos, la saturación callejera de las ciudades chinas: avenidas, calles, callejones, parques y casas de Pekín donde nadie está nunca a solas en ningún sitio, ni siquiera en el banco de un parque puedes estar a solas: tienes que compartirlo con las tres o cuatro personas que ya lo ocupan cuando tú intentas hacerte un hueco. Imagino que para un pekinés el concepto de intimidad resulta incomprensible.

Berlín es un ente perezoso cuyas células nerviosas, las neuronas que relacionan unas partes con otras y crean la ilusión de un cuerpo único, existen gracias a que así lo permiten dos formas imprescindibles de transporte: el metro y la bicicleta. Berlín existe porque los viajeros del metro y los ciclistas deciden que recorren una sola ciudad, y definen sus confines, y van de un sitio para otro dentro de esa entelequia urbana cuyos límites son como la pintura de Leonardo, más bien *cosa mentale:* no les importa cruzar siete u ocho kilómetros –canales, bosques y descampados incluidos– para tomar una copa y luego otros cinco o seis para entrar en una discoteca, y tres o cuatro para volver a casa, y a todos esos lugares dispersos han decidido llamarlos Berlín. Esta mañana una joven traductora me decía que las ciudades españolas la agobian, la asfixian sus calles, le parecen estrechas, ruidosas, carentes de vegetación, secas y desoladas. Se quejaba: esa continuidad de los edificios que se suceden a lo largo de kilómetros sin que apenas haya una pausa de verde le producían asfixia. Hablaba de Madrid y Barcelona, que son las ciudades que conoce. Lo cierto es que Berlín, incluso cuando consigue concentrar unas cuantas calles, es un damero más bien solitario. Caminando cerca del Pergamon Museum, por el interior del lujoso núcleo que incluye Unter den Linden y Französische Strasse veo las anchas aceras apenas pobladas, las tiendas vacías, y me pregunto cómo demonios funciona esto, quiénes son los que viven en esos pisos elegantes, los que compran en esas tiendas y se hospedan en esos hoteles carísimos; dónde se meten esos millones de habitantes que dicen que tiene la ciudad cuando no hay un partido de fútbol en la pantalla gigante del edificio Sony de la Potsdamer Platz o un concierto, eventos que sacan a la calle a decenas de miles de personas. En otros momentos, solo el conjunto de las grandes arterias circulatorias y sus principales ramas –unas cuantas grandes calles que la recorren de punta a punta en varias direcciones– resultan bulliciosos y hasta cierto punto ruidosos, pero es un sistema de circulación estanco, que apenas admite fugas; basta con alejarte de esas calles para volver a poder pasear tranquilamente por lugares solitarios, o entre casas en las que parece que no vive nadie.

Para la charla de Barcelona, me viene muy bien esta cita del brillante libro de Vicente Verdú *El estilo del mundo* (pág. 81): «mientras la rememoración progresista suponía una consideración de la historia como proceso y fuerza creadora, hoy solo se trata de una rememoración retórica. Por un lado, la historia que se evoca suele ser una historia relativamente reciente, no la historia profunda; por otro, el uso que viene a hacerse del pasado es equivalente al que se haría de un muestrario de artículos listos para satisfacer la heterogénea demanda de la clientela», y también: «El mundo occidental está colmado de medios, pero desertizado de fines.» Estamos totalmente de acuerdo con lo uno y con lo otro.

Le doy vueltas a la charla de Barcelona: la influencia de la novela hoy, en la vida social, es prácticamente nula, existen algunos novelistas que aparecen en la tele, que escriben columnas, colaboran en los dominicales de los periódicos, intervienen en tertulias radiofónicas y dan charlas. La gente los ha visto en su casa, en su despacho, casi siempre limpio y bien ordenado; y si está desordenado y sucio –lo que ya no suele ocurrir, esto es la Europa del siglo XXI–, también tiene su encanto (la medianía es lo que no encaja bien, un tresillito, un cuadro con ciervos bebiendo del río, eso no lo soporta la carrera literaria más firme). Conoce incluso sus avatares para publicar, lo que tuvo que hacer para conseguirse una agente, y sabe cuál es su posición ante los temas de actualidad, qué piensa de la muerte (lo de la muerte queda bien, profundo y civilizado, algo sabio, nada de aspavientos ante el momento final, nada de resistirse a patadas cuando te intentan meter en la tumba, palabras serenas, resignadas, entereza), y es también muy importante saber lo que piensa de esta u otra guerra: por supuesto, en cuestión de guerras el escritor siempre está en contra, lo más cómodo es condenar a los dos bandos (en caso de duda, se defiende al bando más afín a la OTAN: civilización). El público se muestra ávido por ver a los escritores, escucharlos, tocarlos si se tercia. Pero, llegados a este punto, para qué leerse sus novelas: no será mucho más interesante y sí bastante más penoso. Leer una novela ocupa muchas horas y en cambio puedes disfrutar del autor en unos minutos, mientras permaneces sentado en el sillón ante la tele, sin necesidad de someterte a pesados ejercicios. Si él, o ella, escribieran una novela, sería poco más o menos como la de ese hombre que piensa como ellos incluso a la hora de elegir los zapatos y la ropa interior. Todo en orden, a lo mejor compra el libro, que ya ha pasado a formar parte de su vida sin necesidad de abrir la primera página. No necesita leerlo para quererlo, aunque quizá lo lea, con muchas probabilidades de encontrar en él lo que ha escuchado que dice, lo que el autor en la entrevista y la crítica en el periódico decían del libro. Sensación de acuerdo. Entonces podrá discutirlo con los amigos, defenderlo, expresar algún matiz, el libro es una pieza que ayuda a componer el estilo, a definir tu posición en la escala social, si estás subiendo o estás bajando. Y hay autores tan simpáticos en la televisión...

22 de junio

Le echo la bronca al organizador de la lectura en Frankfurt. La cosa empezó rara. Se negaba a traducir lo que yo decía, lo comentaba, pero no lo traducía; según él, mis palabras sonaban demasiado duras en alemán. Pero, bueno, esta gente está aquí porque ha leído mis libros y les gustan, y mis libros suenan exactamente como yo sueno. A continuación me tiende un sobre con cien euros. La embajada se hará cargo del resto. Cien euros. Me parece humillante y los rechazo. Pasar a la categoría de mendigo. Está claro que al tipo no le caigo bien, lo hace todo con gestos de superioridad, los labios levemente apretados en una sonrisa burlona. La noche concluye con una ruidosa traca cuando nos lleva a dormir a un convento siniestro y nos instala, tras subir cuatro o cinco pisos a pie, en unas buhardillas situadas bajo el tejado, que da la impresión de que nadie ha abierto desde hace años y en las que el calor resulta insoportable (hoy han marcado treinta y tantos grados los termómetros en Frankfurt, en un ambiente cargado de humedad, y las habitaciones guardan el calor acumulado en el tejado durante muchos días). En todo el pasillo de las buhardillas hay una única ducha. Las camas carecen de sábanas, y tampoco hay jabón por ninguna parte, ni toallas. Me enfado. Yo no sabía que esto era así, dice el organizador. Le replico que puesto que nosotros hemos venido de tan lejos para cumplir con su invitación, bien podría él haber caminado unas decenas de metros, o haber enviado a alguien, para que se enterara de cuál era el lugar en el que iba a instalarnos. Somos sus invitados, le digo. Céline viene de Múnich; Marcel, de Dresde; yo, desde Valencia. Podían haberse enterado de si teníamos sábanas, haber ventilado las habitaciones (la noche será atroz: hay que abrir las ventanas, zumban los mosquitos), enterarse de si había jabón y toallas. Y, luego, la miserable escena del dinero. Salgo de pésimo humor de una ciudad que, cuando la abandonamos, a la mañana siguiente, sigue mostrando los derelictos de las grandes fiestas organizadas en muchos lugares la noche anterior con motivo del mundial de fútbol. Hasta llegar al mísero lugar de hospedaje, tuvimos que avanzar, cargados con nuestros equipajes, entre decenas de miles de jóvenes que saltaban, gritaban, cantaban a voz en grito, bailaban, coreaban canciones y consignas a ambas orillas del Meno: en mitad del río habían instalado una gigantesca pantalla de televisión que emitía imágenes hacia las dos riberas.

A pesar de que odio esas manifestaciones gritonas, a la vez ingenuas, chulescas y patrioteras que rodean siempre el espectáculo del fútbol, me siento atraído por estos jóvenes saludables, risueños, la mayoría de ellos con aspecto de niños grandullones, algunos desconcertados, solitarios, perdidos en la multitud como si buscasen a alguien; otros hechizados, mirando a sus colegas, sorprendidos de encontrarse ahí, como uno más, a la vez protagonistas y testigos de lo que los medios de comunicación les han contado que es un acontecimiento histórico, jóvenes Fabrizios del dongo perdidos en el estruendo de su particular Waterloo. La ceremonia iniciática de un mundial de fútbol debe de ser algo tan importante para estos muchachos como para los jóvenes griegos lo era acudir a los juegos de Olimpia o asistir a las *séances* o performances proféticas de la Sibila de Delfos. Los propios policías –los hay a miles, repartidos por todas partes– son también muy jóvenes y ayudan a extender sensaciones de saludable energía, que prolonga la que comunican los aficionados. Unos y otros tienen el aspecto compacto de quienes, bien nutridos, ejercitan tareas manuales que exigen despliegue de fuerza física: obreros, empleados en fábricas o talleres, campesinos. Han acudido imantados por la promesa de un espectáculo. Quizá es para muchos su primer viaje en soledad lejos de casa. Buscan el espectáculo en la gran pantalla instalada sobre la isla artificial, en la música, sin darse cuenta –en su conmovedora inocencia– de que el espectáculo son ellos.

23 de junio. Leipzig-Valencia

Desde el avión, el siempre extraordinario regalo visual de los Alpes, los picos sucediéndose hasta perderse de vista en un luminoso horizonte. Doy gracias a la vida por brindarme esta mañana soleada: las rocas, que desde aquí parecen azules, coronadas por la blancura intensa de la nieve. Entre azul y verde, el fondo de los valles; y azul y gris la parte inferior de las laderas. El conjunto geológico me hace pensar en un rebaño de animales arcaicos y gigantescos, un rebaño silencioso y paciente que contempla con indolencia los agitados trasiegos de diminutos insectos. Animales reconcentrados, que a veces muestran actitudes de contenida agresividad: algunos picos caen de manera abrupta, como en un movimiento de asalto; o se yerguen hoscos, amenazadores. Otros tienen formas redondeadas, tan suaves que se dirían blandas, como los lomos del burro Platero, blandura recubierta por una pelusa, en este caso vegetal. A medida que el avión avanza en dirección al sudoeste, las montañas disminuyen su altura, la nieve escasea, y las superficies adquieren colores terrosos, ocres, siena; en los espacios en los que no crece el bosque, laderas peladas que, sin duda, cubre el hielo durante buena parte del invierno. Más adelante, esos colores de terracota se extienden al fondo de los valles y van convirtiéndose en dominantes en el paisaje que se advierte desde la ventanilla. En el centro de uno de esos valles serpentea una cinta de color crema, ligeramente más clara que cuanto la rodea, y que toma la dirección norte-sur. Se trata, sin duda, del Ródano. Parece como si, en su viaje al sur, en vez de llevar humedad, frescor, verdura, fuera dejando a su paso un aliento ardiente que lo secara todo; o como si sirviera de pasadizo a vientos que llegan de más allá del mar, desde el Sáhara, que es lo que creo que hay: el Ródano es un gran pasillo de vientos, una avenida en la que se encuentra la respiración de Centroeuropa con la de África.

28 de junio

Ayer cumplí, casi sin enterarme, cincuenta y siete años. No me di cuenta de que era el día de mi aniversario hasta media tarde, cuando me felicitaron por teléfono mi viejo amigo A. R. y M. y A. A última hora, aparecieron mi hermana, mi cuñado y mi sobrina, y trajeron horchata y *rosquilletes.* Eso fue todo. Hace mucho tiempo que ni celebro ni me dice nada la fecha: un día más. Sigo obsesionado con la charla de Barcelona, con ese tipo de obsesión particular que lleva el sello de la casa, y consiste en que me paso el día sin hacer nada, buscando papeles que no encuentro, moviéndome de un extremo a otro de la habitación, incapaz de pensar en otra cosa que no sea eso –la charla–, y sin hacer nada más que alimentar el fogón de la angustia. Leo viejos cuadernos en busca de alguna idea, hojeo libros pensando que tienen algo que ver con el tema que me ocupa, o los expurgo, convencido de que guardan una cita que debo incluir en el texto. Al final, ocurre lo de siempre: que descubro que no tengo nada claro lo que quiero decir, pero cómo voy a tenerlo, si se me queda la mente en blanco, y soy incapaz de acordarme de nada que tenga que ver con esa evanescente nebulosa que me ronda la cabeza y lo cubre todo, niebla, sí, esa es la imagen exacta, la de que me muevo en una masa de espesa niebla que me impide ver, saber dónde estoy, un pobre tipo desorientado entre sus brumas, que no sabe si avanza hacia el norte o hacia el sur; si se acerca o se aleja cada vez más de su casa. Me despierto de madrugada y doy manotazos como si a fuerza de manotazos fuera a disiparse la niebla. Enciendo la luz. Son las cinco de la mañana. Otro día perdido, y ya solo me quedan seis para acabar de escribir, y, además, voy aceptando compromisos que me ocuparán parte de esos seis días.

Tengo escritos un par de textos que podría leer como complemento del que les he enviado por e-mail. Pero no se trata de eso. No es solo cuestión de quedar bien, sino que se trata de sentirme satisfecho conmigo mismo: convencerme de que aún puedo decir algo y no me veo aún obligado a sacar del baúl restos de serie, eso sería reconocer que estoy ya fuera de juego; tan fuera de juego como estos días, tan gagá, tan desmemoriado e inútil como estos días. Hace un par de meses pensé en el desahucio, en cerrar la puerta, tirar por la ventana la llave al lago, y decirle adiós a esto de la escritura: en el horno no se cocía más pan. Sin embargo, fui capaz de escribir el artículo sobre *La Celestina,* del que luego me sentí muy satisfecho. Lo que tengo que hacer es no esforzarme en ponerme el corsé de lo que se espera en la charla: escribir lo que me toca, lo que me duele. Pero es que ¿queda algo que me duela, que me interese poner por escrito? Escribo esto y pienso: la zorra y las uvas, no las quiero comer, no están maduras: porque claro que quedan cosas: me acaban de atrapar y me han llenado de envidia las *Memorias de Adriano* y, guardando las distancias, el *Ravel* de Echenoz. Escribir algo como las *Memorias de Adriano,* quién pudiera. Lo que ocurre es lo que decía Kafka, que resulta mucho más difícil (y, añado yo, más fatigoso) el camino entre el cerebro y la pluma que entre el cerebro y la lengua, aunque yo creo que, en este caso, el problema no está en el camino, sino en la estación de partida, en el cerebro, en el emisor, que apenas registra ni emite señales; y, luego, esta maldita memoria que lo borra todo en vez de guardarlo: en vez de ser un obrero, un arquitecto que trabaja ordenando materiales según un plan, es más bien anárquica empresa de derribos. Leo, anoto, creo que guardo algo, y todo eso se vuelve nada. Debe de ser muy consolador tener confianza en tu obra, en tu cabeza: impartir cursos en una escuela de letras y ser capaz de ponerte en la punta de la lengua o de la pluma personajes, frases, citas, saltar con naturalidad de Henry James a Kawabata, a Musil, a Goldoni. A mí, ese ejercicio tan natural en otros, me lleva a trabajos hercúleos, a búsquedas infructuosas en las estanterías, a descubrir que has escrito mal el nombre del autor y ni siquiera el título de la novela es el que recuerdas; que la similitud entre dos nombres ha hecho que cambies el de un autor por otro, le adjudiques una obra a alguien que no la ha escrito; también ocurre que, a pesar de que estás convencido de que esa frase la has sacado de su libro, cuando la buscas para ponerle la ubicación en el pie de página no consigues encontrarla, y decides evitar la cita. Pero, hombre, si es la tercera vez que te lees ese libro; si sigues al autor desde hace veinte años. ¿Cómo pueden producirse esos *glissements?* Lo sé. Es tan incomprensible como irreparable. Me lo digo a mí mismo. Lo más sensato sería cambiar de profesión. Pero ¿a estas alturas? Si no vale la pena hacer la mudanza, cargar la impedimenta, qué fatiga, en tiempo de desolación, no hacer mudanza, algo así dice la máxima ignaciana; pero si esto no va a durar ya mucho. Sopórtate otro rato. Además, cómo vas a curarte del vicio, del impulso (jodido impulso) de escribir. Ahora no recuerdo (vaya, otro agujero), a pesar de que creo que lo tengo anotado en alguno de estos cuadernos, quién decía eso tan cruel de que hay autores de indiscutible presencia cuando tienen un par de libros o tres, y van desapareciendo a medida que escriben otros; su propia obra los difumina, los va convirtiendo en nada (creo que es Gracq el que lo dice). Eso es lo que hay que evitar. Que una intervención en una charla, un artículo, un libro, banalice los trabajos anteriores, los disuelva. Si ves que tu capacidad narrativa, por modesta que sea, no da más de sí, tienes que ser capaz de advertirlo. No añadirle una palabra más a lo bueno o malo que hayas hecho, acordarte de que un texto de más actúa como disolvente sobre los que tenían razón de ser. Esa palabra de más es el disolvente, o, poniéndonos a la tremenda, la espoleta que revienta y tira lo anterior por los aires, lo banaliza, difumina sus virtudes y pone en evidencia los defectos. En el conjunto del trabajo de un escritor es así, pero también ocurre así en cada novela, los añadidos por razones ajenas a la lógica del libro acaban siendo grietas por las que se vacía ese depósito que con tanto esfuerzo habías llenado. Lo malo no es que estén de más, sino el daño que le hacen a lo que está en su sitio.

Voy a Madrid, y J. me pasa brillantes y combativos artículos literarios que encuentra en sitios de la red, *Attac, Revolución, Rebelión,* nombres de ese estilo, así que, mientras pongo por escrito estas dudas de egotista ensimismado, que es tanto como decir ignorante, me encuentro entre ridículo y patético, odiosa flor de té olisqueando su propio perfume. Aquí, más bien *fleur d'oranger.* Pero qué se le va a hacer. La nueva etapa, *la maturité,* es así: levantarse, pasarse cinco minutos buscando las gafas, diez la pluma con la que quieres escribir, otros tantos para encontrar las notas que tomaste la noche anterior; además, resulta que no te sirven para lo que querías utilizarlas porque no estás seguro de que has descifrado bien las palabras del texto que habías decidido citar (la maldita mala letra que en vano intentaron corregir mis maestros, me golpeaban el nudillo del dedo corazón para que cogiese bien la pluma, no lo consiguieron, o no lo conseguí, sigo cogiéndola con la misma torpeza que cuando tenía cinco años), y, por si fuera poco lo de la mala letra, tampoco te acordaste de anotar el número de página en la que aparece ese texto, por lo que te pones a hojear angustiosamente el libro. Vuelta a empezar. Para entonces tienes la cabeza en otra cosa, y ya no sabes muy bien para qué iba a servirte esa cita que, después de un buen rato pasando las páginas del libro, has encontrado. Lo que anoche parecía que apoyaba una idea que tenías en la cabeza, esta mañana tienes la impresión de que la luz del sol decolora los argumentos y la cita se queda colgada en el aire, porque la idea se ha desvanecido. También el día ha empezado a evaporarse.

Todo pasa, todo se disuelve. Remueves los papeles en los que anotaste lo que te parecían ideas que tenían cierta lógica y, al leerlos, ves que no eran más que vagidos, trivialidades. Parece mentira que, con ese método, haya sido capaz de concluir nada. Cada vez que doy una charla, o leo una conferencia, siempre hay alguno de los asistentes que me pregunta por el método. ¿Escribe usted por la mañana o por la tarde? ¿Cómo almacena los datos? ¿Se documenta mucho para reflejar el ambiente? Y yo no sé si reírme o echarme a llorar. De qué manera voy a explicar que, como esos cazadores de mariposas de tebeo que corretean de un sitio para otro, y dan ridículos saltitos, así me paso yo el día, intentando capturar en la red lo que voy a meter en el libro.

Por cierto –y esto no mejora la imagen–, releo el artículo cuyas pruebas corregí días atrás y en las que no encontré ninguna errata, y descubro espantado que en la primera página hay un párrafo trastocado, que carece de verbo, en el que los diarios de Pavese da la impresión de que se convierten en diarios de Proust (corrigiendo en el ordenador me he comido algo, he debido de cortar sin querer algunas líneas, y *voilà).* Cuando vuelve a aparecer Proust lo hace de manera confusa unas líneas más abajo. Cualquier lector sensato abandonará la lectura en ese mismo instante, o seguirá leyendo sin otorgarle credibilidad a lo que sigue. No tengo el teléfono de quienes están editando el libro en el que va a aparecer el texto y, aunque lo tuviera, daría igual, porque me pidieron que corrigiera con rapidez porque iba a entrar en imprenta de inmediato. La esperanza: que no lo lea nadie, o que no lo lea nadie con un mínimo de atención. De nuevo el deseo de ensimismamiento en la escritura, escribir para que no te lean, un boomerang que encontrara sentido en el juego de salir de ti para volver a ti mismo. Corrijo en el ordenador, y me siento más tranquilo. Ahora ya está bien el texto, he rellenado el corte, ya puedo quedarme en paz, me digo. Pero está bien, ¿para quién? Si, a lo mejor, ya ha salido, si ya está circulando. Pero esa parte exterior parece que ha dejado de preocuparme. Volverá la angustia mañana, o esta misma noche, cuando me meta en la cama y empiece a darle vueltas. Pero ahora el texto está bien en sí (Sartre), es algo bueno en sí mismo. Es un buen texto, y eso es todo. Eso es lo que importa. Está bien para mí, que soy el que lo sé. Él está y yo sé que está. Eso es todo. Variantes de la grafomanía y del egotismo. El escritor ensimismado.

29 de junio

El otro día, en Leipzig, me sorprendió gratísimamente el delicado aroma de los tilos que envolvía la ciudad. Se lo comenté a mi acompañante. Por la noche, durante la cena, me entero de que Leipzig es una palabra de origen eslavo que significa precisamente tilo. De vuelta al hotel, de noche, ya tarde, seguía la fragancia de las flores de tilo envolviendo toda la ciudad.

Como era de suponer tras una noche de insomnio, hoy jornada perdida. He leído, sin emocionarme demasiado, el libro de Yasmina Reza, *Una desolación,* del que tomo esta frase certera: «desconfiamos de las palabras de un seductor. El seductor no tiene la moral del verbo».

Me dispongo a retirar de la mesa de trabajo el tomito de Cicerón que incluye *De amicitia* y *De senectute,* y que compré el pasado mes de enero en Pisa. Me doy cuenta de que no he anotado nada sobre él, ni he tomado ninguna cita en estos cuadernos, a pesar de que lo tengo subrayado casi por completo. En esta ocasión, creo que ya lo he dicho, he apreciado sobre todo *De senectute,* que está escrito con una deliciosa frescura. En mi adolescencia prefería *De amicitia.* Lo traduje *motu proprio* en quinto o sexto de bachiller. Ahora lo encuentro más retórico y bienintencionado, voluntarista. Entonces me exprimía el corazón destilando cálidos sentimientos, era el tiempo en que se confundía el ardor de la amistad con el de las pasiones que aún no se atrevían a decir su nombre. En cambio, *De senectute* me parece –hoy más que ayer– un prodigio de escritura, un texto sabio, medido, pleno de sentido y muy pertinente para la construcción de la personalidad. Anoto: «Y si un Dios me otorgase volver a ser un niño que llora en la cuna, me opondría enérgicamente, me negaría, como lo haría uno que ha recorrido su camino si lo llevaran otra vez al punto de partida.»

29 de junio de 2006

Otra frase de Cicerón: «La vejez firma el fin de la vida como el último acto de una representación: una representación en la que debemos evitar la fatiga, sobre todo cuando a la fatiga se le añade la saciedad.» Evitar la fatiga, con el añadido de la saciedad: reconocer el resbaladizo límite más allá del cual un hombre deja de sostener su dignidad y se la cede al sistema hospitalario. Es difícil saber hasta qué punto uno desea sobrevivir acuciado por la aspiración irracional de que siga un poco más lo que, en realidad, sabe que está acabado; lo que el telón debería haber cubierto hace ya rato. Roguemos a un dios benévolo que nuestro sentido común no nos abandone en los últimos momentos y nos sirva para concluir bien la representación de la vida (eso que ahora se ha puesto de moda llamar el relato); cuidar para que seamos capaces de mantener el texto de nuestra vida hasta el final y no se nos caiga de las manos: saber morir bien, saber ponerle un buen fin a la novela. Creo recordar que era un personaje de Dostoievski el que decía que vivir no es lo más importante. Sobre todo, cuando la vida ya te ha abandonado y vivir es solo una humillante apariencia sostenida o forzada desde el exterior de ti mismo. Que no sean los hombres de las batas los que te terminen el cuento.

Angustia cada vez que noto agujeros en la memoria. Para encontrar la palabra «rebanada» (sí, rebanada: me salía loncha, rodaja), tengo que levantarme a buscar en el diccionario de sinónimos, que llevaba mucho tiempo sin abrir (siempre me pareció un deficiente diccionario). Lo malo es que, cuando cierro el diccionario, intento acordarme del nombre del autor (¡sí!, del nombre del autor del diccionario de sinónimos, más de media vida manejándolo, y ahora no me acuerdo del nombre; pero si siempre lo hemos llamado, ¿cómo? Vuelvo al estante y miro, ah, sí, el Casares). Cada vez más esa sensación de inestabilidad, de que todo flota y nada tiene consistencia, ni volúmenes definidos, ni solidez, ni peso. ¿Cómo organizar? ¿Qué organizar? Si no sabes dónde vas cualquier camino da igual. Polvo de ideas que ni siquiera soy capaz de materializar: ni pensar ya en ordenarlas. Esa degradación me produce una angustia que algunas veces me lleva a levantarme de la mesa y a golpearme la cabeza contra la pared, como si así fuera a colocar alguna pieza en su sitio, ¿no golpeamos un transistor parado, un motor que no se pone en marcha, con la esperanza de que alguna conexión, algún cable, una tuerca que se ha aflojado recupere su posición y el aparato vuelva a funcionar normalmente? Eso lo hacemos porque en ocasiones nos ha dado resultado. Es como si me estuviera yendo de mí mismo y no pudiera hacer nada para retenerme. Aunque, más que alejarme, yo diría que me disuelvo, me derrito, me fundo como una chocolatina expuesta al sol, pierdo las formas que había conseguido moldear en la cabeza, y queda una masa confusa, pringosa. Está la materia, pero se ha roto el orden de las partículas, se ha quebrado el sistema, todo se ha mezclado, el cuerpo carece de esqueleto, y de sujeción, ya no lo sostienen el complicado sistema de huesos, músculos, tendones, nervios. Quizá a eso se refería Cicerón cuando hablaba de cansancio y saciedad. Lo que has aprendido se amontona en un escorial. Lo que lees nuevo tienes la impresión de que ya lo has leído de otro modo en otra parte y no te hace poso. Cierro el libro o el periódico que estoy leyendo y me quedo en blanco. A veces ni siquiera recuerdo el último artículo que he acabado de leer un par de minutos antes en el periódico, sé que está en la cabeza, pero está como masa sin forma y no sé cómo capturarlo. Si alguien me llama por teléfono y comento mi olvido y, en la conversación, hago un esfuerzo, la mayor parte de las veces vuelvo a acordarme, pero si estoy yo solo, prevalece ese bloqueo que produce sensación de ser degradado, vacío, y mucha angustia.

30 de junio

Un mal Sender: *La mirada inmóvil,* creo que es la última novela que escribió. El artículo de Barcelona empieza a ordenarse, ¿me dará tiempo? No sé si queda demasiado duro. Me llama Basanta para proponerme una charla en Salamanca el 17 de julio... del año que viene. Esta vez no puedo quejarme de que no se me ha advertido con tiempo.

Como en *Stromboli,* en *Te querré siempre* Rosellini fuerza un final con mensaje católico (en este caso, un milagro; en *Stromboli* era una iluminación, el fuego del volcán, como una especie de caída paulina del caballo o de transverberación teresiana, una espectacular forma de éxtasis), y eso empaña una película excelente. No recordaba yo el papel protagonista que juega la ciudad de Nápoles, una ciudad-puré, en la que se combinan la torturada geología, la belleza del Mediterráneo, un sustrato humano que mezcla miseria, atraso e ingenua sabiduría popular; la permanencia en algún ámbito de lo colectivo de los dioses paganos con su secuela de viejos horrores sacrificiales, vicios y sexualidad exaltada; la decrepitud y la muerte, concentradas hasta emponzoñar el aire: el peso de lo viejo y muerto sobre lo joven y vivo; y la religión como una presencia omnímoda.

2 de julio

Anoche, sesión de sexo con A. La felicidad de la carne, del cuerpo, sin otro compromiso ni más pretensión que el puro goce. Sentir que le gustas tanto a alguien como él puede gustarte a ti, que cualquier iniciativa que tomas encuentra respuesta, entrega, complicidad en la cama, en el sofá, sobre una silla, de pie ante el espejo del baño, en el suelo; que nada es, en ese espacio, dentro de ese código del deseo, ridículo o sucio o vergonzoso. Todo admira y excita. El banquete de la carne. Nos usamos con avidez. Cómo mira. En su mirada encuentro el espejo de lo que debe de ser la mía: expresa deseo. Toca, aprieta, pellizca, golpea, sorbe, muerde, ni más ni menos que lo que yo hago. Nos corremos tres veces, y las tres después de larguísimos preámbulos y unas cuantas variaciones. O sea, que me he pasado la tarde y la mayor parte de la noche follando.

Hoy, cansado, vuelta al texto que tengo que leer en Barcelona, y que ahora veo bien encauzado. Cerrarlo, y, luego, proceder a ajustar la redacción. No sé si es brillante, pero creo que resulta efectivo. Me imagino que, leído en voz alta, deja una idea de violencia y también bastante hastío. Tengo que trabajarle la redacción definitiva. Me quedan tres días. Espero que nada me distraiga mañana. Y una vez que acabe este compromiso, entrar de cabeza, zambullirme en la novela. Dedicarle todo el verano para ver si tiene o no tiene salvación. Me acuerdo de que N., el muchacho que ha trabajado sobre mis novelas para su tesis, concluye el texto afirmando contundente que *Los viejos amigos* es mi última novela, el anuncio de que no volveré a escribir otra más, del mismo modo que –dice él– Fernando de Rojas no escribió otra novela tras *La Celestina.* Dice que se trata de dos libros demoledores. Cree que hasta *Los viejos amigos* hay un proceso de ascenso, una escalada en el conocimiento, y que, al llegar ahí, estalla y hace volar por los aires los materiales y el cemento que los unía. El joven tesinando solo admite que pueda sucederle una novela epigonal (o sea, reiterativa, de muy relativo interés), porque el proceso de construcción de ese mundo se ha cerrado; o bien, y eso es lo que él defiende, que ahora llegará el silencio. Quiera Dios que se equivoque. Hiroshima y Nagasaki han revivido después de la gran explosión, también es cierto que seguramente lo han hecho de esa manera epigonal a la que se refiere N.

Aunque yo mismo intuyo algo de eso, y lo he dicho así en público (aquí está todo el trigo molido), no me hace ninguna gracia verlo escrito por la mano de otro. Me da miedo y rabia. Bueno, precisemos: me da y no me da miedo. No me estremece de horror la idea de que no volveré a escribir otra novela, no me agita ni me quita el sueño, más bien me lleva a respirar hondo, a reconocer que he cerrado el ciclo y a relajarme como el peón que cierra por fin una zanja y busca la sombra más cercana para fumarse un cigarro y, desde cierta distancia, echarle una mirada al trabajo acabado. A lo mejor viene una etapa feliz, el estadio del encefalograma plano, una forma de paz, la ataraxia. No me angustio, pero sí que me pregunto en qué voy a emplear el tiempo si no es en escribir, y me respondo que hay otras formas de escritura además de las novelas: por ejemplo, esta, escribir de todo un poco en los cuadernos, y ver en qué para eso. Lo cierto es que muchas veces pienso que tiran más de mí estos papelitos que la novela en la que ando metido y que no sé qué final tendrá, si es que lo acaba teniendo: si será repetición de lo anterior, epígono que gobernará débilmente en alguna provincia ya conquistada. No creo que sea pereza. Lo mismo que se me pasa el tiempo volando si me pongo con estas notas, lo hace si me pongo ante la novela. Es verdad que en la novela están los problemas de composición, de trabajo de conjunto, de tono, de creación y manejo de personajes que estos cuadernos no me plantean: resulta cómodo escribir al tuntún, a vuela pluma y con total libertad, a lo que contribuye no poco el carácter supuestamente secreto de estas anotaciones, pero lo que yo creo que pesa sobre todo es mi desconfianza hacia la novela, y no me refiero hacia la novela como género, en el que tengo una fe casi inagotable, y me digo que seguirá reinventándose como sea y por donde sea de la mano del novelista que venga o de alguno de los contemporáneos capaz de capturar el aire de nuestro tiempo: mi miedo se refiere a la novela que tengo entre manos, la que debería ver crecer y veo más bien embarullarse.

Leo, a ratos entretenido, aunque sin ninguna pasión, la novela de Éric Chevillard *Le vaillant petit tailleur.* Eso sí que es todo un señor libro posmoderno, triunfo del textualismo y sus variantes. Se trata de coger el cuento de los hermanos Grimm para jugar con él, mostrando que todos los códigos literarios, los estilemas, se usan, se mezclan, se combinan y desarrollan según el gusto y la inteligencia del autor. Algo así como que si tú me das una narración yo te demostraré que me las has dado todas, que las has puesto todas a mi disposición: la literatura no sería otra cosa que esa serie de elementos lingüísticos y temáticos combinados así o asá. Te doy una combinación de palabras y, con ella, te ofrezco el mundo entero, con sus montañas, ríos y océanos. Con una fórmula te regalo el invierno, con otra te hago reír o te pongo melancólico. El libro –no sé si llamarlo novela, no me atrevo– sería una especie de demostración práctica de las tesis que hace medio siglo defendían Jakobson, la Kristeva o Propp, pasados por el taller de Barthes. El escritor tiene sobre su mesa un almacén de series literarias para combinarlas a su antojo. Lo malo del texto (homenajeémoslo, llamándolo así, como sus maestros lo llamarían) de Chevillard, que ya digo que, a trechos, resulta muy brillante, es que en cuanto te das por enterado de la tesis, y adivinas el proceso, pierde eso que a mí sigue pareciéndome tan importante en la narrativa, que es la tensión. Dicho de otro modo: pierde el interés. Chevillard te va instalando en distintas terrazas, situadas en diferentes lugares, pero que están todas a la misma altura. Yo no sé si ideológicamente será muy correcto o no, pero echo de menos que un libro tenga ese pulso que te empuja a seguir leyendo, notar que todo él está ordenado como una progresiva epifanía, y te lleva a través de círculos de conocimiento cada vez más luminosos y complejos: la experiencia del conocimiento ético en estado puro, casi como un estallido de verdad, ejercicio de ascesis, subida al Monte Carmelo (ya digo que no sé si es reaccionario expresarse así, creo que no, ¿qué otra cosa ha de pedirle un marxista a los textos?). Eso, desde luego, Chevillard no te lo da, así que en cada página me pregunto por qué no abandono ya la lectura. El autor seguramente me dirá que no la abandono porque quiero seguir experimentando el placer de leer, el barthesiano placer del texto, una propuesta que cumple con la tarea de hacerte mover los labios en una medio sonrisa cómplice cada diez o doce páginas, porque reconoces en ese párrafo que estás leyendo a un autor inteligente y con espléndido dominio del lenguaje. Imagino que, entre sus propósitos, está mostrarle al lector que expresamos mediante un catálogo de formas lo más doloroso y lo más feliz, lo más complejo de nuestro espíritu, o de la naturaleza, y que ese catálogo que el filólogo puede ordenar y codificar, el novelista puede trabajarlo científicamente y no con la azarosa intuición con la que lo ha hecho tradicionalmente. En el fondo se trata de una propuesta razonable (tan razonable como dejar de fumar, de beber o dejar de salir sin rumbo a vivir la incertidumbre de la noche), y que supone para la novela aquello que Marx planteó para la economía y las luchas sociales: pasar de la prehistoria a la historia; de los fantasmas de la religión a la claridad de la ciencia; de la intuición del brujo al estudio fundado del profesional: no hay alma romántica que se materialice en la vibración del lenguaje, sino un equipaje de recursos, de técnicas que hay que aprender a dominar, y de las que hay que surtirse, el fruto de ese trabajo organizado con las herramientas precisas dará como resultado esa alma y no viceversa.

Estoy de acuerdo en ese planteamiento que me parece adivinar en la urdimbre del libro de Chevillard, pero al mismo tiempo no se me va de la cabeza qué grandes novelas nos han dado los escritores prehistóricos y qué magros resultados se han obtenido hasta ahora con la utilería científica; sobre todo, porque los ingenieros del verbo creen en la orgullosa autonomía de las series literarias, y no aceptan enfangarlas con la historia, que es el único motor que remueve, revitaliza y altera el sentido de esas series, porque las palabras son contenedores del exterior y nos llegan cargadas con barro, con sangre y con mierda: la utilidad de las narraciones contemporáneas, o su renovación, solo puede venir del esfuerzo que hagan por capturar nuevos objetos, es decir, por capturar las nuevas circunstancias. Hay una correspondencia entre los modelos de fuera y los de dentro de la literatura. Chevillard construye su novela en un espacio flotante: no es casual que haya elegido para la experiencia la estructura del cuento infantil; las reflexiones del autor que acompañan todas las tramas, por más que se propongan como espacio de conciencia literaria, de irónica posmodernidad que solo trabaja con formas, esconden un no nombrado histórico cuya aparición desplomaría el castillo levantado sobre la levedad del aire. Todo el experimento reclama la complicidad del lector con guiños de muchacho travieso: tú y yo, que somos inteligentes, sabemos que estamos jugando, yo te cuento historias que te entretienen y te hacen sentirte inteligente y culto, y eso nos une frente a los malcarados que se niegan a participar en el juego.

3 de julio

Ayer pedía un día de calma. No ha sido así, y no porque alguien me haya molestado: no he recibido llamadas telefónicas, nadie ha comprometido mi tiempo. Pero a media mañana me he enterado de que se ha producido un accidente en el metro de Valencia y que hay decenas de muertos (al final han resultado ser más de cuarenta). A partir de ese momento, me he pasado el día zascandileando de emisora en emisora para enterarme de más detalles, y envenenado con un humor de perros. El artículo de Barcelona se me ha emponzoñado –corta, cambia, vuelve a cortar–, ya no sé ni dónde estoy. Y faltan solo cuarenta y ocho horas para la lectura. Miro el reloj, las dos de la mañana, estoy nervioso, bloqueado, las frases se retuercen como ofidios hasta que se convierten en garabatos ilegibles. Abandono, confiado en que mañana conseguiré restablecer el orden, seré riguroso y efectivo policía de mí mismo. Hablando del accidente: es raro, una especie de fulminante rayo caído del cielo, ya que se produce solo tres o cuatro días antes de que llegue el Papa (¿no habrá, Señor, ni media docena de justos en Sodoma?); tantos muertos en un accidente, un tren que ha descarrilado a la entrada de una estación de metro, al parecer hay casi tantos muertos como heridos, cuando lo habitual en este tipo de accidentes es que haya muchos heridos, y, quizá, uno o dos muertos. Lo primero que me ha venido a la cabeza ha sido que se trataba de un atentado, pero no, se trata de un puro accidente, aunque imagino que los islamistas lo tomarán como una señal de Alá, epifanía de uno de esos boatos terribles que acompañan la llegada del Shitán, o de su gran representante en la tierra que vive en Roma (el azar les ha hecho el trabajo sucio). Se trata del primer viaje del Papa fuera de Italia, si se exceptúa el que hizo a su patria. La fecha dota la tragedia de una simbología funesta. Cuarenta y tantos muertos, demasiada mala suerte, aunque esa ciudad, Valencia, parece atraer la mala suerte como el imán el hierro. Sufre el furor de una némesis que la fustiga y periódicamente la baja a ras de suelo, como para mostrar que no existe felicidad en el paraíso; y que la vida más sólida solo surge en las condiciones más difíciles. Nápoles está al pie del Vesubio.

3 de julio

Convencido de que el texto de Barcelona tiene difícil arreglo, paso el día distraído con las imágenes del accidente del metro como fondo. Qué pocas ganas tengo de ir a Barcelona. Como si se les hubiese contagiado mi desgana, al parecer hay un malentendido con los billetes: los organizadores no saben dónde están, los han extraviado. Me brindan una magnífica excusa. Por otra parte –el niño que rompe el juguete y luego quiere arreglarlo, cuando ya no tiene remedio–, pienso en todas las horas que he echado en ese texto. Ya, me digo, pero yo no puedo hacer nada.

Creo que estos dos párrafos de *Le vaillant petit tailleur* expresan mucho mejor de lo que yo haya podido hacerlo las intenciones de Chevillard: «*Il* [el sastrecillo valiente] *en a vu passer, des contents petits conteurs. Ils sont touts morts comme je mourrai. Lui, ça va, ça ira. Il est toujours là, toujours vaillant. Ces monsieurs se succèdent, chacun l'arrange à sa manière. On joue avec cette savonnette en prenant la pose de qui travaille le marbre. Il s'agit à chaque fois de donner une version définitive de l'aventure* [...] *Telle est la marge d'intervention du conteur. Il peut orner un peu, inventer un peu. C'est un homme libre*» (pág. 205).

Estoy distraído. Leo con mucha dificultad. La verdad es que me cuesta mucho hacer cualquier cosa: me paseo por la habitación como jilguero en jaula, busco citas que no encuentro, papeles que pierdo, gafas que extravío, y, a última hora, cuando veo que el día se me ha escapado, me invade un oscuro pesar. Estoy solo, tengo miedo. Me da miedo releer lo que llevo escrito. ¿Qué lógica puede tener la novela que escribo, si no tiene norte el autor? Me tumbo en la cama, cierro los ojos, y no consigo dormirme hasta que a través de la ventana veo cómo empiezan a disolverse las sombras nocturnas. Pienso: mañana (es decir, dentro de un rato) volveré a estar insomne y torpe.

Otra brillante novela del cargamento que recibí de Francia que tampoco pasará a formar parte de mis libros de cabecera. Se titula *Le jardin vu du Ciel.* Su autor: Richard Dembo. Cuenta la historia de un pintor jesuita (Castiglione) en la corte de los emperadores chinos. Por ahora, nada que levante el vuelo por encima de un cuidado esteticismo. A ratos me hace pensar (no solo por el ambiente) en *Seda,* de Baricco; o en *El perfume,* de Süskind. En su novela, Dembo enfrenta dos sistemas de símbolos: la escuela de pintura del emperador chino, que busca la pura expresión, en lucha contra la que Castiglione importa desde Italia. Castiglione, discípulo de Pozzo, trae consigo el arte de la perspectiva y, con él, el de la representación, el valor del reflejo, el realismo. Los sabios chinos no soportan la confusión entre lo real y su apariencia: para ellos el mundo es un bien en el que desaparecer convirtiéndose en inmortal. Es inútil imaginar que alguien puede apropiarse de él, y absurda la idea de pretender transformarlo (pág. 62). Los artistas chinos consideran a Castiglione como una especie de fenómeno, un mono de imitación: *«réduisait la perspective à une utilité vulgaire, un passetemps de bricoleur, une technique juste bonne à restituer l'apparence, mais incapable de porter cette tension du vide qui fait exister toute chose».*

Pienso: pasado mañana, tempranito, a Barcelona. Regreso al día siguiente (viernes) a media tarde, para el domingo a mediodía marcharme a Madrid, donde pasaré toda la semana. O sea, que este apacible primer tranco del verano frente a la mesa se me ha ido ya sin gran provecho. Mal empezamos. Agobiado por la charla catalana, apenas he conseguido tener la cabeza en paz para echarle alguna mirada a la novela, a esa novela que creo que ni me interesa, ni veo, ni acabaré; o sea, que el tesinando tiene razón: *Los viejos amigos* está destinada a ser mi última novela. No lo digo muy satisfecho, ni relamiéndome la herida, sino con bastante mala leche. Me digo que, para que el verano no sea un campo abierto por el que los interrogantes existenciales (ser o no ser) corretean desbocados a su libre albedrío, siguiendo las recomendaciones del señor de Montaigne para combatir la ociosidad, convendría ponerle cercas: dedicar las mañanas a trabajar en cosas diversas, como los artículos para *Sobremesa,* el prólogo sobre Madrid para el catálogo de la exposición de fotografía, o pasar a limpio lo que vea de interés en estos cuadernitos. Dejarle a la novela y sus abismos la tarde, o, más bien, la noche, que es cuando esas sensaciones de pérdida y fracaso se exasperan. Al fin y al cabo, eso, la pérdida y el fracaso, están en el tuétano de la novela que va saliendo. Además, soy animal antediluviano, de despegue lento, y por la mañana me cuesta efectuar trabajos de esos que llamamos de creación; puedo releer, corregir lo que he escrito el día anterior, eso sí, pero *inventar, crear* (¿se dice así?) no puedo hacerlo hasta bien avanzado el día. A veces, antes de comer empiezo a sentirme bien, despierto, con ideas, y trabajo a gusto; aunque, en general, es después de la comida y hasta altas horas de la noche cuando consigo los mejores momentos para el trabajo.

Leyendo estas últimas novelas francesas, tan hipercultas, tan elaboradas y llenas de referentes lingüísticos, filológicos y literarios, y, sin embargo, tan poco excitantes, me digo que el novelista necesita guardar un punto de ingenuidad, un impulso preliterario, aunque sea luego capaz de trabajar literariamente con él. Es peligroso un ignorante, no cabe duda, pero también alguien que no sabe qué hacer con lo mucho que sabe, y se complace, por encima de todo, en ofrecernos el catálogo de sus conocimientos. Me gustaría escribir sobre la narrativa como víctima de una sobredosis de sí misma.

(Fin del cuaderno de tapas azules que lleva grabada la palabra Berlín.)

Cuaderno Moma
(6 de julio-30 de agosto de 2006)

2006

6 de julio

En el Euromed, camino de Barcelona.

Paco resbaló ayer, se cayó, y se ha dañado el pie izquierdo. Cuando he salido de casa, cojeaba y se quejaba al apoyarlo en el suelo. Me vengo a Barcelona preocupado. Acabo de telefonear hace un momento para preguntarle si está bien, si necesita algo. Me dice que le duele, pero que no ha querido ir al médico. Me provoca mezcla de angustia y piedad imaginarlo solo, en el campo, sin apenas saber marcar un número de teléfono: además, ¿sabrá siquiera dónde tiene anotados los números que puede marcar solicitando ayuda en caso de que la necesite? Cuando intento explicárselo, no me hace ni caso. Se los pego una y otra vez en la pared, anotados con letra grande en papelitos que él hace desaparecer. Una especie de tendencia suicida lo lleva a ponerse a prueba en todo lo que le supone peligro, subirse a un andamio, trepar por los muros, manejar una máquina de cavar que no controla, cargar pesos con los que no puede, manejar aparatos eléctricos con los pies descalzos y mojados. Resulta milagroso que le ocurran tan pocas desgracias. Yo también estoy solo, pero se supone que tengo más recursos, aunque, a la hora de la verdad, resulta que soy incapaz de cumplir con la mitad de las tareas que exige esta casa, unas que necesitan de habilidad, otras de fuerza física. Este verano debería aprovechar para salir de la habitación en la que paso los días, hacer cosas en el huerto, regar, podar, cavar, quitar hierbas, lo que sea. A manejar la máquina de cavar no me atrevo, soy demasiado torpe. Alguna vez que la he cogido veo que se me va de las manos, que no la domino. Puedo hacer trabajos manuales, y la verdad es que me relaja mucho, pero siempre que tenga a alguien al lado que me indique, que me guíe, que me ayude. Aunque, si me paro a pensar, en las ocasiones en que me he mudado de casa, allá por los setenta y ochenta, en Madrid, hice de todo, hasta poner enchufes y pintar. Vivía solo y me gustaba demostrarme que no era un inútil: ahora acepto mis incapacidades con resignación, y también con egoísmo: con la excusa de que soy torpe, me quito de en medio de esas tareas.

Me han sacado billete de preferente en este tren cuya clase turista es comodísima, y para un trayecto que dura apenas tres horas. Pienso en la tendencia al despilfarro del mundo de la cultura, herencia de cuando ser culto era sinónimo de pertenecer a cierta clase (pocos asaltaban la fortaleza desde fuera). Aún no se ha librado la cultura de ese señoritismo, que se acompaña de victimismo: señorita y llorona, y tan hipócrita: vigilante de cualquier lujo ajeno, siempre a punto de escandalizarse por el derroche de los demás, no para en mientes cuando se trata de exigir para sí. El caso es que viajo en preferente, y me ofrecen una copita de cava que acepto, para, un segundo más tarde, al primer sorbo, empezar a maldecir, porque echo de menos el tabaco, soy incapaz de tomar alcohol o café sin acompañarlo de unas caladitas al cigarro, pero en este caso no hay nada que hacer: uno no puede impedir que los políticos y las personas virtuosas lo salven del cáncer de pulmón.

Releo la intervención que he preparado. Es dura, y no creo que les haga demasiada gracia a los asistentes, si tienen el perfil que imagino. Visto desde fuera, parece una tendencia al suicidio del estilo de la que comentaba hace un rato en Paco: parece que me esfuerzo por quitarme de encima a unos cuantos lectores con cada charla que doy, que les doy de manotazos para espantarlos como si fuesen pulgas, *animaux nuisibles,* que dicen los franceses con esa expresión que tanta gracia me hace desde pequeño. Cuando voy a París, veo un escaparate que creo que está en la esquina de la rue Rivoli con la rue de Saint Martin, donde se ven enormes ratas secas que, según el anuncio que las acompaña, fueron capturadas en el mercado de Les Halles hace un siglo. Sobre el escaparate aparece la expresión: ANIMAUX NUISIBLES. Pero hablaba de convertir a los lectores en seres de los que se huye o a los que se aparta, y no es exactamente así: más bien quiero quitarme yo de en medio, hacer de abogado del diablo con mis propios libros. Seguramente se trata de una reacción infantil: ponerlos a prueba a ellos, o ponerte tú a prueba, a ver hasta qué punto te quieren los que dicen que te quieren; o convencerlos de que hacen muy mal en quererte, porque tú mismo ni te quieres ni te crees. Soy un padre poco cariñoso con mis libros, los trato con displicencia; a veces, más que riguroso, cruel. Me comporto con ellos como les ocurre a tantos padres inseguros, que no soportan que sus hijos se les parezcan. Yo no soporto en mis libros lo que tienen de mí. Orfanatos, internados católicos en los que cualquier rasgo de sentimentalidad se asociaba con el afeminamiento, con algo peor que prohibido: despreciable y humillante. La lógica tensión erótica en un universo de niños y adolescentes, todos del mismo sexo, y privados de figura paterna, se disfrazaba de rudeza, de tosquedad. Cuando la gente que lee mis libros, o que acude a las charlas, me muestra cariño, admiración, algún sentimiento situado en esa longitud de onda, empiezo a encontrarme a disgusto, reaparece esa visión humillante que se me transmitió en la infancia, en la adolescencia, de que el afecto ajeno prueba la propia fragilidad, enredados siempre amor y compasión: como Belmondo en *Pierrot le fou,* te envuelves la cabeza con una ristra de cartuchos de dinamita y le prendes fuego con el puro que te estás fumando. Te revientas tu cabezón y tus libros saltan por los aires con él. Reaparecen esas convicciones que inculcó el clero en la cabeza de unos niños destinados a no salir de la clase obrera y que incluyen la de afrontar a solas las dificultades y ocultar pudorosamente las alegrías y los afectos; si añadimos una dosis de orgullo, búsqueda de la sensación de honestidad, y un saludable vacío en la cabeza, tenemos eso que llamamos hombría de un buen cristiano pobre. Era el mensaje de fondo de los salesianos. A los cristianos ricos los jesuitas les inculcaban otros códigos.

Ayer por la tarde vi *Berlín Occidente,* la película de Billy Wilder. Mientras me dejaba llevar por las imágenes, pensaba en qué idea tendríamos del mundo contemporáneo si no existiera el cine. La película no es ninguna obra maestra, pero está llena de escenas que respiran vida: son tan creíbles los soldados grandullones, torpes, y que uno imagina malolientes, bailoteando en Lorelei, el cabaret en el que canta la Dietrich. Wilder controla su amargura berlinesa (el mundo de su juventud destruido) con unos cuantos chistes. La película, rodada en el 48 en un Berlín arrasado, se complace en mostrarnos la ruina física de la ciudad y la degradación moral de sus habitantes. Nada queda al margen de esa corrupción. Es muy hermosa la canción que canta la Dietrich y en la que se dice que los castaños florecen aún más bellos entre las ruinas. Wilder, con ese olfato extraordinario que ha mostrado en su cine, no duda en ponerse a ras de esas ruinas. El personaje riguroso, puro, cargado de prejuicios, o de ideas, no se entera de cómo funciona la ciudad degradada: es una mujer vencedora y al mismo tiempo la boba de la película (Jean Arthur), intuimos que ha empezado a perder la guerra que ha ganado. Marlene, la perdedora y se supone que corrupta, se lleva la simpatía de Wilder: corrompe vivir, es ese ambiente, esa ciudad, son esas ruinas y el hambre y la miseria y la lucha por salir adelante. En efecto, corrompe vivir, pero también enseña, y Dietrich es sabia frente a la Arthur, que es ingenua mujer probeta. Antes me refería a la canción que habla de los castaños entre ruinas, pero Marlene canta otra que se titula «Mercado negro», cargada de dobles sentidos, en la que mezcla mercancía y sexo, y de la que se sirve para dar el tono moral de la película, que, como he dicho, no es de las mejores de Wilder, pero que me ha capturado, porque lleva una abundante carga dentro, remueve, y, sobre todo, trae el aire de una época. Creo que es la tercera vez que la veo y, en cada ocasión, me hace pensar en que si el cine no existiera tendríamos una idea fantasmagórica del mundo contemporáneo: el cine nos ayuda a ponerle decorados y rostros, maneras de expresarse y de mirar. Es un tiempo falso, inventado por guionistas, actores y decoradores, pero tiene la capacidad de parecerse mucho al real.

Charla en la Pompeu Fabra de Barcelona. Grato encuentro con Fernández Buey. Descubrimos que, sin conocernos, hemos estado en contacto hace muchos años a través de la revista *Ozono,* en la que ambos colaboramos. Eso fue en la segunda mitad de los setenta. Cenamos juntos y después tomamos copas hasta las dos de la mañana. Comentamos lo paradójico que resultó el acto en el que los más radicales (los extremistas) éramos dos viejos, mientras que los estudiantes hablaban como si fueran políticos profesionales y se mostraron muy enfadados con el texto que leí porque les pareció una agresión al constitucionalismo. Me parecieron felices de estar donde están y de vivir en el mundo en que viven. Escuchaban los razonamientos nuestros como violentas propuestas de unas generaciones –la mía, la de Paco– anteriores al pacto de la segunda restauración. Obsoletas, desestabilizadoras, despreciables. No deja de tener su gracia que el maestro de casi setenta años parezca el *petroliero* (así llamaban a los anarquistas en Alcoy, la revolución del petróleo) que, subido en un bidón y cóctel molotov en mano, irrita y provoca a los serenos jóvenes estudiantes de apenas veinte años. Pederastia intelectual y política que seguramente alguien acabará penalizando.

8 de julio

Vuelvo a ver *Los sobornados,* del gran Fritz Lang: de nuevo la sensación de que el cine nos permite reconstruir el ambiente de los sucesivos momentos del pasado siglo: trajes, peinados, mobiliario. Los años cincuenta puestos a nuestra disposición, una atmósfera que reconozco, a pesar de que yo no viví en Nueva York, sino en un pueblo de Valencia. Aunque, ahora que lo pienso, no tengo tan claro si el cine recogía esas modas, o era más bien que, gracias al cine, esas modas se imponían en rincones apartados de las grandes corrientes del mundo como mi pueblo (tampoco tan apartado, el comercio de naranja lo ponía en contacto con los mercados internacionales, las cajas de fruta que se cargaban frente a mi casa en los vagones de pequeño tren de vía estrecha, estaban unos días más tarde en París, Amberes o Londres).

Para alguien que no haya conocido aquel tiempo, imagino que no debe de ser fácil entender el poder de las imágenes del cine en una sociedad cerrada en tantas cosas como lo fue la española de aquellos años, si bien es cierto que zonas como Barcelona o Valencia tenían otro aire, otra permisividad. Recuerdo cuando llegué a Ávila, con ocho años: fue como ser aspirado por un tornado que me depositó en un decorado de la Edad Media: las murallas, las iglesias y palacios, pero sobre todo la gente: las conversaciones susurradas, los curas y monjas visibles por todas partes, los rosarios en público, las procesiones, los cirios y el olor a cera quemada, los pastores con una manta al cuello comprando y vendiendo reses en el prado que se extendía desde el pie de la muralla.

La primera vez que vi *Los sobornados* fue con Carmen Martín Gaite, hace una decena de años: nos gustó mucho. Estuvimos charlando de la estupenda mala-buena que es Gloria Grahame. Esas aparentes devoradoras de hombres que se sacrifican para que ellos puedan quedarse con la esposa honrada dieron mucho de sí en el cine de aquellos años. Aquí la Grahame –ojos felinos que la predestinaban al papel de puta– tiene un papel estupendo: envuelta en su abrigo de visón, le dice a la honorable viuda del policía corrupto: Tú y yo somos iguales (la viuda lleva un abrigo idéntico, es cierto que le sienta peor: no son exactamente iguales, es mejor la Grahame, de corazón y de todo lo demás). Al volverla a ver esta tarde, me acordaba de la Gaite, pensaba que esas imágenes que me atrapaban como la goma del envisque atrapa a los pájaros, están en su obra, que no habla para nada de ellas; está la fascinación por ese cine, por esas mujeres, como está en mí. Fue el cine de su juventud y el de mi infancia.

He visto la película de cuatro a seis de la tarde. Antes, he pasado unas cuantas horas en la sala de urgencias del hospital, adonde he acompañado a Paco, porque seguía quejándose de que le dolía el pie. Resultado de la radiografía: tiene dos dedos rotos. El resto del día, pendiente del televisor. He contemplado la retransmisión del viaje del Papa a Valencia, que me ha parecido uno de los mejores trabajos televisivos que he visto en mi vida: se vendía al mismo tiempo ideología, política, ciudad, economía..., no sé de dónde ha sacado fuerzas la televisión valenciana para ese despliegue. Durante todo el tiempo se transmite un mensaje calculado, cuidado hasta en los menores detalles, que, a medida que avanza la jornada, va deslizándose hacia arriba, en un creciente despliegue de las emociones, hasta una apoteosis final que el vidente recibe en estado de absoluta borrachera. La escenografía, la iluminación, la planificación, el manejo de lo más íntimo en cálidos primeros planos y la muestra de la orgía colectiva en amplias panorámicas, todo está armónicamente presentado, en un suave continuo: ajustado, medido, diseñado. Han debido de pasarse meses ensayando. No parece que los peperos, esas malas bestias, hayan sido capaces de ese montaje. No sé quién ha dirigido la espectacular transmisión (¿algún agente vaticano?, ¿el Opus?), pero desde luego es un maestro que ha visto mucho Riefenstahl, mucho Eisenstein y Griffith, y conciertos de los Rollings; y los festivales de Woodstock, Nashville o aquel de Monterey, con la furiosa Joplin. Alguien que, además de tener una idea clara de cómo crear imágenes, sabe lo que quiere conseguir con ese despliegue: lo disperso y anecdótico en los primeros momentos de la transmisión se ha ido cargando de elementos cada vez más significativos que avanzaban al principio como si fueran piezas independientes, pero que poco a poco iban descubriendo que formaban parte del mismo empeño: se trataba de impulsar el mismo artefacto. Al final, todo lo que parecía disperso ha acabado por componer un discurso sólido como un pedazo de mármol. Imagino que quien tuviera el espectáculo en la cabeza debió de tener ganas de suicidarse cuando se enteró del accidente del metro unas horas antes: era el mundo al revés, el Papa precedido por los heraldos del desorden: en el fresco de Rafael en el que el papa León I detiene a Atila, tras el Papa hay apacibles jardines, tierras cultivadas, y su cortejo son nobles caballeros montados en elegantes caballos. A espaldas de Atila, en esa composición política que precede, entre otras, a los fusilamientos de Goya, o a los murales de Diego Rivera, arden los bosques; los jinetes que acompañan al huno exhiben gestos retorcidos, violentos, antinaturales, del mismo modo que los indómitos caballos que montan; y, al fondo, los bosques son lugares sombríos y salvajes, iluminados por las llamas y la destrucción. Pues en esta visita a Valencia, tras el terrible accidente del metro, el Papa ocupa en el cuadro el lugar que Rafael asigna a Atila. Tras él, un amasijo de hierros retorcidos, de amenazadoras láminas metálicas cortantes y ennegrecidas, y un montón de cadáveres horriblemente mutilados. Sus heraldos han anunciado fragilidad y no certezas, han traído desorden, fealdad, muerte. El guionista de la televisión ha evitado cuidadosamente que pudiéramos construir ese mensaje evidente en un día como hoy; es más, ha sabido integrar la tragedia del metro en la dramaturgia del espectáculo, hacer que esas muertes –el horror de cuyas imágenes reales permanece oculto, esconden a las víctimas– pasen a formar –como idea, no como realidad– parte del todo: presencia del Papa, rezos, cánticos y dolor ante la puerta de la estación del metro han sido incorporados al desarrollo de la jornada, haciendo crecer exponencialmente la energía emocional. El mensaje tenía tanta fuerza, era tan arrollador, que nadie podía quebrarlo, el presidente Zapatero, cualquiera que no pusiera toda la carne en el asador de la fe, o estuviera en contra del gran carnaval, se han convertido durante la transmisión en seres insignificantes, patéticas hormigas asustadas ante algo que era único, una fuerza (cientos de miles de personas representando un gigantesco ballet), una ola que se extendía más allá del escenario propiamente dicho (la ciudad entera), porque era una ola universal: hermosísimos los niños rubios, pero también los morenitos del tercer mundo, parecían elegidos en un catálogo para pederastas; y elegantes los matrimonios latinoamericanos o africanos que participaban como teselas del inmenso mosaico: severos, con sentido de serena responsabilidad, doloridos testigos de un castigado tercer mundo, pero felices y bien vestidos y alimentados porque por algo son católicos. El catolicismo como un estado universal de bienestar, una especie de clase media global educada en los mejores modales, bien acomodada. La miseria, la suciedad, como lugar de quienes no han accedido a la experiencia de la fe. La barbarie, espacio al que aún no ha llegado la luz de Dios y que no excluye el interior de los países ricos donde hay gente que vive al margen de Él, se mueve sin Él y relativiza la familia, o la pervierte con fórmulas inmorales, en un camino de regreso al hombre primitivo, a la miseria y la guerra.

No importa que a lo largo del día muchos fieles hayan mostrado la peor cara, la más intransigente e ignorante del integrismo católico, y hayamos podido presenciarlo por la tele: todo eso ha sido lavado, integrado a medida que discurría el espectáculo, pasaban las horas, caía la noche y se iniciaba la ceremonia final, todo entonado. Lo dicho: elegante, razonable, discreto, pasando de puntillas sobre lo desagradable ajeno pero subrayándolo como sin querer (el sexo sucio, los abortos sanguinolentos, las torturas, los malos tratos en el seno de las familias extraviadas y los crímenes de las parejas descreídas), todo quedaba a la vista sin nombrarlo: en nuestra casa, en el seno de nuestra familia católica, no se habla de esas cosas, pero está claro que nosotros somos los otros, somos gente limpia, bien alimentada y educada, bañada y perfumada, no sabemos nada de todas esas manipulaciones con el cuerpo, con órganos, con células. Los nuestros son cuerpos cerrados, bien formados, enteros, saludables, y la enfermedad o la deformidad no nos rozan, porque no los pasamos por clínicas, por pinzas y bisturíes, los tratamos con un aura que lo ilumina y embellece todo –el láser de Él, la radioterapia divina–, hasta darles el aspecto con que nos veis aquí, sonrientes, sonrosados o bronceados, bien iluminados por esta luz de los focos que nos acaricia, que es luz dorada y suave, porque hoy la luz de los focos es la luz de Dios. Qué triste, qué cruda y mal iluminada imagen puede ofrecer nadie frente a eso. El exterior está crudamente iluminado –esa violencia– o se tiende a oscuras: esa falta de fe. Quién es capaz de ir a la muerte con la sonrisa de los cristianos en el circo que nosotros hemos heredado. Miradla. Insoportable. No me extraña que los romanos quisieran estrangularlos, decapitarlos, alancearlos, crucificarlos, empalarlos, achicharrarlos: sacar a la vista el contenido de sus vísceras, oler el perfume de su grasa chamuscada. Su altivez aún es una provocación difícil de soportar dos mil años más tarde.

Son las dos y media de la mañana. Pienso: dentro de un rato, a Madrid. Y me duele verme otra semana privado de estos momentos insustituibles, cuando todo está en silencio y noto el plumín que se desliza sobre el papel, a veces lo oigo rascar. Han cubierto la necesidad de amigos, de trabajo, hasta de sexo. La verdad es que el sexo me parece cada día más una actividad y menos una experiencia: una maniobra, algo que se hace aparte de la vida cotidiana, la imagen es la de un tipo que dedica algún rato al bricolaje. Los cuerpos despiertan en mí un deseo que no es el de poseerlos, el de consumar nada, más bien los veo como motor de melancolía, o de ensoñación, la realización del deseo se me carga de inconvenientes, incluidos los de tipo mecánico. El otro día estuve por anular, por pura pereza, mi cita con A., y eso que los encuentros resultan muy excitantes, de alto voltaje. Si no hubiera sido porque él ya había reservado el día para nuestro encuentro, y se lo iba a fastidiar, le hubiese llamado para decirle que no podía ir. Luego, en el momento del contacto, se disuelven esas prevenciones y disfruto del sexo con una lucidez como nunca había tenido: pura fruición, sin mediaciones, sin angustias sentimentales por medio. Podría decirse que trabajo con una envidiable profesionalidad, sacándole el máximo provecho (sí, ya sé que es fea la palabra; espantoso el concepto) a la carne, afán de gozo que se transmite de uno a otro cuerpo como una corriente eléctrica o magnética, inventando actividades, posiciones, y siendo –al mismo tiempo– extremadamente respetuoso con la otra parte, descubriendo reglas implícitas de juego, que él mismo seguramente ni siquiera es consciente de que las aplica, y respetándoselas. El último día, después de una larga sesión de sexo, se rompió de repente y lloró contándome una historia más bien rara (él es bastante extraño, tiene un punto de locura cuyo reborde veo y que me niego a descubrir). Me habla de que no se llama como me ha dicho (A.). No importa, le respondo. En este mundo (me refiero al de los homosexuales que se conocen en alguno de esos sitios propicios a los encuentros fortuitos), todos engañamos, ocultamos datos sobre nuestras verdaderas vidas. Rechaza mi razonamiento: No, no es que te engaño, es que también me llamo así. Mi madre, antes de morir, me contó que me había puesto B. porque A. era mi hermano mellizo, que se murió poco después de nacer, pero que, desde el día que se murió, quería que me llamase como él, A.: es como si así yo fuera los dos. Por eso, aunque para todo el mundo, y en los documentos oficiales, me llamo B., yo soy A. Le pregunto qué importancia puede tener eso, y me responde que para él se trata de algo muy importante, y que solo hay dos personas que saben su secreto: yo, que me entero en este momento, y su hermano pequeño, a quien se lo contó hace unos años y que, desde ese día, decidió dejar de hablarle por haber usurpado el nombre del difunto. Lo que cuenta es confuso, enloquecido. Estamos cenando en un restaurante donde todo el mundo me conoce, y él se echa a llorar. Me siento incómodo. Él insiste: Tú no dejarás de hablarme, aunque te lo haya contado, ¿verdad? Intento bromear. La historia más bien me asusta por el caos mental que revela: Nada, A., que me has medio engañado con tu nombre y ya está, yo también podría haberlo hecho. Este mundillo tiene esas cosas, formas de defensa. No pasa nada. Insiste una vez más: No, yo quiero que me llames A., que te creas que, en realidad, soy A., porque mi hermano no me creyó y dejó de hablarme, y se fue de casa, y ahora no sé ni dónde está ni de qué trabaja. Yo siempre querré que tú me llames A. aunque los demás me llamen B. Emerge el reborde esquizofrénico que he intuido cada vez que se toma una copa de más. En realidad, solo lo conozco de estos ratos que pasamos juntos, siempre solos, en lugares apartados, no sé qué es lo que hay de verdad, mentira o fantasmagoría en cuanto me cuenta, ni hoy, ni los otros días en que nos vemos. Me daría igual si fuera un cínico, un calculador (me inquietaría en otro sentido), pero me preocupa ese fondo descontrolado, esa deriva psíquica o psicótica, o llámese como sea. Es tan callado, tan sigiloso, en apariencia tan tranquilo, y, de vez en cuando, de pronto, transmite la sensación de que pisas una capa de hielo delgadísima. Esa tensión no se me ha quitado nunca, la de que hay un tumulto de personalidades dentro de él que parecen unirse, compactarse, en el momento del sexo. Ahí todo en él camina a la par, la entrega es total, se revela el temblor del placer en cada milímetro del cuerpo. En cuanto terminamos, vuelve a aparecer esa especie de refracción de la personalidad, se abre otra vez el ángulo.

11 de julio. Madrid

Hojeo a diario la prensa, sobre todo *El País,* donde no dan puntada sin hilo. La realidad es material con el que modelar un discurso único, cerrado, coherente (pienso en lo que días atrás comenté de la retransmisión de la visita del Papa). Todo avanza al unísono, como una división acorazada; mejor, como un ejército, porque hay fuerza aérea, infantería y marina, hay ingenieros, artilleros y zapadores, no falta de nada. Se coge la realidad, se la trabaja como si fuera plastilina y se moldea un muñeco al que se convierte en icono, o sobre el que se pinchan agujas de vudú. Claro que el periódico es solo uno de los ejércitos desplegados. Hay otros: las radios, las televisiones; los libros, con sus autores; las películas de cine, con sus directores; los políticos que trabajan en estrecha colaboración con ellos (el titular de hoy es la consigna de mañana), los militantes socialistas, los lectores ingenuos. La verdad es que se trata de una fuerza que impresiona.

Paso la tarde dormitando en el hotel, sin leer una línea ni escribir una palabra. Hoy, que he salido pronto de la oficina, esperaba aprovechar el tiempo, pero nada. A las nueve viene mi amigo C. Las relaciones de infancia, los viejísimos amigos: dos mundos que apenas se rozan, pero una extraña intimidad, el cariño de haberse visto envejecer, el eco del cariño que unía a dos niños huérfanos en un frío internado. Puro Dickens. No tenemos nada en común de lo que hablar, y, sin embargo, acabamos hablando de todo, cada uno interpretando con ironía el papel que la vida le ha asignado en el reparto. Una especie de paródica representación posmoderna de lo que éramos el uno para el otro, teatrillo de niños que juegan a ser el personaje que han elegido. Relectura libre de *Narciso y Goldmundo.* Ninguno de los dos somos felices. A mí, por lo de la sexualidad marginal, por la falta de vida familiar, por vivir solo, me tocaría serlo menos que él, pero él también ha llevado siempre extrañas relaciones con las mujeres. En su feroz heterosexualidad sigue un camino paralelo al mío. Se le ve ese fondo amargo, la incapacidad para ofrecer y aceptar sentimientos en la que nos educaron en el internado. Él, siempre tan a favor del sistema, de la convención, tan homófobo de boquilla, se acerca a mis espacios turbios como yo a los suyos. En realidad, su lenguaje convencional y el mío rebelde siempre me han parecido dos formas de expresar la misma mutilación: él buscaba refugio en un puerto seguro, yo encontraba fuerzas negando esa seguridad en los demás, era probablemente una forma de buscar la mía. Perdimos el padre en la primera infancia. Yo, a los cuatro años; creo que él un poco después. El suyo murió en un accidente: ahora que lo escribo me doy cuenta de que no tengo claro que fuera así. Creo que un accidente le amputó una pierna. La muerte debió de ocurrir de otra manera, nunca me lo ha contado. Hay algo confuso en ese final, o así lo percibo por lo que me ha contado, o mejor: por lo que no me ha contado. Tras la pérdida, el orfanato: la rigurosa educación cristiana, los sentimientos confusos hacia los compañeros, mezcla de atracción y rechazo, espesa coctelería de víctimas y verdugos en papeles cambiantes y angustiosos: años después, en mis primeras relaciones homosexuales sentía ganas de vomitar, a veces vomité. Nos ha quedado a la mayoría de aquellos muchachos con los que he tenido ocasión de charlar una actitud contradictoria a la vez permanente búsqueda de la compañía y sensación de asfixia ante la intromisión ajena, añoranza de la soledad: en medio de las órdenes, de la disciplina, de los castigos, cada niño era extrañamente libre en la campana de cristal en la que nadie penetraba. Más de medio siglo después, seguimos metidos en ella: callar, guardar, soportar en silencio. Al fin y al cabo, él, que fue meticuloso en buscarse apoyos (se casó pronto, encontró una empresa segura en la que trabajar), ha acabado llevando la peor parte: tiene el aire reconcentrado del que no es capaz de expresar o de representar su porción de tragedia; yo, en eso, le llevo ventaja. La expresé en mi juventud, con unos altivos aires de ruptura que mezclaban lo público y lo íntimo, el militante y el suicida: de aquello queda hoy un solipsismo que no supero pero que esquivo. Me salva la cualidad del narrador: escribir una novela te secuestra el alma y la pone a trabajar, a representar para los demás: el libro carga con el peso de tus desconsuelos. Te libra de ellos, te deja sin argumentos para la queja.

Se está bien aquí, en la refrigerada habitación del hotel, cumpliendo el ritual del grafómano. Fuera, la ciudad se asfixia asediada por un viento ardiente que ha hecho subir los termómetros hasta los cuarenta grados y ha cargado la atmósfera de polvo del desierto en suspensión. Desde que vivo en Benairbeig, he cambiado mi percepción del calor: ahora soporto con dificultad este ambiente tan seco. Cuando vivía aquí me ocurría lo contrario: en cuanto bajaba a Valencia, me agobiaba el exceso de humedad, tenía la sensación de que todo en mí y a mi alrededor era materia pegajosa, resbaladiza. Soportaba mejor el clima seco de Madrid. Mi hermana, cuando venía a visitarme, se quejaba de que el calor madrileño le producía la sensación de caminar por el interior de un horno, como los tres cantarines jóvenes de la Biblia castigados a asarse por el cruel Nabucodonosor. El domingo por la tarde, mientras esperaba a X. a la puerta del hotel, reconocí esa sensación de la que me hablaba mi hermana: me asfixiaba, me costaba respirar, tenía la impresión de que había metido la cabeza en un horno.

Mientras leo una novela de Vikas Swarup –*¿Quiere ser millonario?*– que se desarrolla en buena parte en Mumbai (la vieja Bombay), me entero por la televisión de que en la ciudad india han explotado siete bombas en otros tantos trenes de cercanías. El otro día Valencia, hoy Mumbai, dos tragedias en pocos días que, por distinto motivo, me resultan cercanas. La vida contemporánea consigue que te creas en el centro del mundo. Parece que te lo pone todo al alcance de la mano y todo parece afectarte a la vez que te resbala: te ocurre y no te ocurre. Que algo te ocurra de verdad es que te duelan las magulladuras, que tengas que ver, tocar y arrastrarte entre cuerpos mutilados, ensangrentados; que al saltar del vagón sientas el dolor intenso del filo de metal que te rasga el brazo, que se te clave en la planta de los pies la grava; que te fatigues corriendo mientras gritas histérico y te intentas tapar con la mano una herida que ni siquiera te atreves a imaginar cómo te ha mutilado. Gracias a la televisión, te haces una idea de todo eso, pero esa idea no te convierte en más capaz, más fuerte, no te prepara más para soportar lo terrible cuando te ocurre. Te regala, eso sí, un sentimiento fatídico de fragilidad, te quita importancia. Tú mismo te quitas importancia. Te prepara peligrosamente para la insustancialidad. Cuando el dolor te llega de verdad, nada puede evitártelo, ni cargar con él, ni compartirlo contigo; en ese momento te das cuenta de que la batería de información no tenía más valor que la retórica, sombras platónicas en la caverna que se reclamaban como verdadera vida. La aventura de la carne dotada de sentido es insustituible. Cualquier representación te parece –cuando llega la verdad– una usurpación fraudulenta de la que, en los momentos terribles, reniegas.

El pasado domingo, al llegar a Madrid, en cuanto bajé del coche empecé a notar la sensación de vértigo que ya no me ha abandonado en estos días: no sé si es fruto de un problema con las cervicales (noto dolores intensos en la nuca y en el brazo izquierdo, que apenas puedo mover, ¿tensión tras las horas conduciendo el coche?), del tabaquismo, de la sobrecarga hepática, fragilidad de los pulmones, o si se trata de problemas cordiales. Camino con torpeza, cualquier movimiento parece que va a tener consecuencias. Me cuesta hablar, se me va la cabeza, como si me faltara el aire. Sensación de que me sostiene un hilo delgado y que me paso el día haciendo trampas para no caerme, lo vivo como una tramposa huida del hospital en el que debería estar ingresado.

12 de julio

Escapada a las sombras madrileñas. Grata sesión de sexo, excitante y amable que se prolonga en la habitación del hotel. Después voy al bar de enfrente para comprarme los bocadillos de la cena. Charlo con los camareros: con uno, que es de Zamora; con otro, de Ávila. A ambos les cuento experiencias de juventud –al de Zamora– y de infancia (al abulense). Conozco las dos ciudades: con el de Ávila hablo de mi estancia en el colegio de huérfanos de ferroviarios, de las nevadas de fines de los cincuenta, del frío; revivo con él el viejo campo de fútbol del Abulense, situado al pie de la muralla. Asistir a los partidos de fútbol las tardes de domingo constituía un premio para quienes obteníamos buenas notas, y, sin embargo, los niños vivíamos como el peor de los castigos aquellas tardes de invierno en las que las gradas aparecían cubiertas por gruesas capas de hielo que se mantenían durante semanas enteras y sobre las que nos tocaba mantenernos calzados con los delgados zapatos de gala que usábamos para salir de paseo (a diario utilizábamos gruesas botas). Recuerdo el dolor en los dedos de los pies, las ganas de llorar en aquellos partidos que no se acababan nunca. Incluso me acuerdo del nombre del héroe del equipo local, Natalio, un gigante que empujaba sin piedad a los oponentes y disparaba unos cañonazos que aterrorizaban a los porteros de los equipos rivales. Le he hablado también al camarero del frío y el miedo que pasaba las madrugadas en que acudía a la iglesia de San Vicente para oficiar como monaguillo. La iglesia, de una belleza que corta el aliento, me producía auténtico pánico cuando caminaba encendiendo las luces por su interior, en el que hay alguna tumba extraordinaria y numerosas lápidas. Además, la misa se celebraba algunos días en la gruta subterránea (si no me confundo se la conoce como La Soterraña), donde, en una de las rocas que forman sus paredes, aparece una larga hendidura que, según la tradición, es la huella que dejó una serpiente que bajó hasta allí para morder a un judío que había profanado la hostia (creo recordar que el judío también había matado a un niño; quizá esa es otra historia, también oída o leída por entonces). A mí casi me mataba el miedo en aquel lugar siniestro, cuando bajaba la escalera de la solitaria gruta a las seis de la mañana. En la estrecha escalera, me apartaba lo más posible del lado en que aparecía la hendidura de la bicha. Lo malo era que, en el oscuro pasadizo, enseguida rozabas con la piedra fría del otro lado. Frío y miedo en aquella silenciosa Ávila en la que la mayor diversión la constituían las salidas para asistir a misas y procesiones. Solo la sesión de cine de los domingos por la tarde ponía un poco de alegría en nuestras vidas. También me resultaba excitante contemplar de lejos la aglomeración de campesinos y bestias que se reunían al pie de la muralla para el mercado de ganado una o dos veces al mes. Edad Media en estado puro. Después, el camarero y yo hemos charlado de la sierra de Ávila, de Gredos, de El Barco, donde creo que vive un amigo de adolescencia que hoy es veterinario, y, al parecer, todo un personaje en la zona. Mientras charlamos, oigo que el camarero me dice: Hay que ver la de cosas que conoces, y, al escucharlo, me ha invadido la tristeza: cuántos sitios he conocido, a cuánta gente he tratado, cuánto tumbo he dado. Me siento como el viajante de Arthur Miller, trágico y trivial. Subo a la habitación del hotel, cargado con las bolsas que contienen los bocadillos de la cena, uno con tortilla francesa, otro con salchichón. Completan el menú un par de plátanos y una botella de agua. Me veo como si fuera otro: soy el viejo que está en el espejo del ascensor, el que avanza por el pasillo. Me oigo como si fuera otro: ahora me estoy oyendo contarle al camarero cómo un par de años antes de que él –ese que es otro y fui yo– pisara la ciudad de Ávila, a Sofía Loren le habían impedido entrar en el recinto amurallado porque vivía con un bígamo; excomulgada por Roma, los abulenses decidieron en manifestación que no merecía poner el pie en una *ciudad de cantos y de santos,* que así llamaban ellos mismos a la suya: la tierra de Santa Teresa de Jesús, de San Juan de la Cruz, me oigo contarlo, y otra vez me veo como uno de esos pesados viajantes de comercio que luchan contra su soledad en una barra de bar, y me digo que ese tipo que se me parece en el espejo de detrás de la barra está muy solo y no tiene a quién contarle lo que ha hecho o dicho más que a un camarero que soporta estoico y seguramente está maldiciendo el momento en que se le ocurrió darle conversación a este charlatán. Así que, en cuanto entro en la habitación, me pongo a escribir, como si ese gesto me guardara a salvo, me rescatara de mi trivialidad, y de los niños huérfanos que pasaban frío sobre las gradas heladas de un campo de fútbol, y del silencio que envolvía la ciudad nevada y vacía: desde las ventanas del dormitorio del orfanato, antes de acostarnos, veíamos la muralla reluciendo sobre la nieve a la luz de la luna. Esa imagen, la muralla levantándose sobre la fosforescencia de la nieve iluminada por una enorme luna, me la devolvió un decenio después Miguel Delibes en *La sombra del ciprés es alargada:* la piedra, la nieve y la luna; y también los niños tristes, creo recordar que uno enfermo, no sé si moribundo. Nunca he vuelto a leer esa novela, pero su destello se ha superpuesto a los recuerdos que elaboré, o guardé, y empañan estas líneas que escribo. Vuelven a brillar para este tipo de cejas blancas y cara arrugada que hace un rato, en esta misma habitación, ha eyaculado sobre el pecho de alguien que miraba el semen con ese asombro que pone el deseo en las miradas, como si fuera la primera vez que estallaba la semilla: modesta siembra que los fantasmas sacan de cauce y desorbitan. Al fin y al cabo, los cristianos miran con ese mismo desorbitado asombro la hostia que el cura levanta: *hoc est enim corpus meum:* las gotas pegajosas de la polución y el pequeño círculo blanco: imágenes, metáforas que amparan grietas, los huecos que ocupan buena parte del alma de todo el mundo y no sabemos cómo llenar. El sexo –como la liturgia– es representación de una imposible plenitud, ritual que cubre esos vacíos. Cae la media docena de gotas sobre el pecho de ese hombre de piel aceitunada que las mira asombrado como si fueran salvación de algo, y, durante unos segundos, no es capaz de verlas como lo que son, poco menos que nada, que diría un napolitano. Al momento, oyes correr el agua de la ducha.

Cada vez que salgo del bar y cruzo la calle en la dirección del hotel, que está justo enfrente, me atrae la animación de la gente que entra y sale de la estación de metro situada justo a la puerta, o que aguarda en la inmediata parada de autobuses: latinoamericanos, marroquíes, rumanos, eslavos, españoles, una pequeña babel obrera, tipos que regresan del trabajo, la mayoría de ellos cargados con bolsas o mochilas, catálogo humano que alguien debería inmortalizar: dejar impresos para siempre sus movimientos, preservar esos cuerpos enérgicos y laborables de la voracidad del paso del tiempo y del olvido. Con la llegada del calor, las vestimentas ligeras, que con frecuencia no llegan a cubrir las partes del cuerpo para las que en teoría fueron diseñadas, permiten espiar todas las texturas que adquiere la carne humana, el tono de la piel, variaciones sin salir del código de la especie; sin romperlo: reino del infinito matiz en eso que alguien poco interesado por la fisiología masculina calificará despectivamente como vulgares cuerpos de obreros, y se ofrece a simple vista como anodina fuerza de trabajo para explotar. Qué más da uno que otro para obtener plusvalías. Me conmueve cada vez el espectáculo de la variedad, y en esa emoción creo que hay algo más que la calentura de un viejo rijoso, porque no me refiero solo a cuerpos que puedan atraerme sexualmente, que no son tantos, sino al rico catálogo de humanidad que se ofrece en cualquier aglomeración. Veo su manera de asentar los pies en el suelo, de apoyarse en la pared, o en un poste; de permanecer sentados en el banco a la espera del autobús, de caminar o detenerse para charlar con alguien. Si cierro los ojos, oigo el guirigay de voces en media docena de idiomas; las hay cantarinas, nasales, guturales, roncas...

Las gafas que me hicieron en París (es cierto que fueron baratas) no me sirven para ver la televisión, y a los pocos minutos soy incapaz de leer los subtítulos que aparecen en la pantalla. Tras media hora veo con dificultad incluso las imágenes y noto molestias en los ojos. Desde hace unos meses, se me deteriora mucho la visión, y a lo de los ojos se suman los dolores en el brazo izquierdo, en la nuca, las dificultades para respirar, los vértigos, la sensación de que voy a caerme en cuanto realizo el menor esfuerzo, cualquier movimiento brusco. Esto se degrada deprisa, pero uno se acostumbra a convivir con las limitaciones. La edad cumple, sin ni siquiera planteárselo, sus leyes; acepta con disimulo las limitaciones, se hace la distraída para no ver lo evidente. Lo único que importa es que las afecciones no te impidan llevar a cabo las actividades imprescindibles: conducir el coche, cumplir con los compromisos laborales, mantenerte en pie, aunque sea buscando siempre un punto de apoyo, la superficie de una mesa en la que posas la mano, la barra del bar, cuyo borde tocas: una pared en la que apoyas la espalda: lo importante es que no se note lo que te cuesta mantenerte en pie; que no notes tú mismo lo que te cuesta y, sobre todo, que no adviertas que empiezas a no ser tú sino otro que llega después de ti. El gran temor es la quiebra de lo cotidiano: la ambulancia, la rampa ante la puerta del hospital. Te aparta de un manotazo el que llega después de ti, y se queda él como único personaje. Pero luego resulta que no es exactamente así como ocurre. No lo pasé mal los días (más de una semana) que estuve ingresado en el hospital universitario de Frankfurt tras un virulento ataque de vértigo. No estaba mal allí, sin nadie que me molestara, alejado de toda responsabilidad, bien cuidado: era como volver a la infancia. Los demás solo se relacionaban conmigo para atenderme, para proporcionarme medicinas, tomarme la temperatura o la tensión, servirme la comida o cambiarme la ropa de cama. Era volver a la etapa anterior a los conflictos, un remanso de paz. La cárcel, con toda su dureza, también tenía algo de eso, la feliz irresponsabilidad, que es un sentimiento que sin duda limita de cerca con el miedo a la libertad del que hablaba Fromm. Ya sé que eso se soporta, y uno puede hacerse a la idea de que hasta gratifica, si ocurre durante un breve espacio de tiempo, aunque yo esté acostumbrado a pasarme días enteros metido en mi habitación, sin asomar la nariz fuera más que a la hora de comer: ahí leo el periódico, trabajo, escribo, tomo notas, veo la televisión, hago mis necesidades, duermo. No me agobio. Quizá esa tendencia al enclaustramiento, esa añoranza de un orden dirigido y claustral, tenga que ver con los años pasados en un internado.

14 de julio

Leo el libro de Gregorio Morán sobre el PCE. Hay momentos en los que la lectura me resulta casi insoportable, de tan dolorosa. Militantes encarcelados, torturados, fusilados: sufrimientos que sirvieron para muy poco, y algunos usaron como moneda para adquirir poder, posiciones. Leyendo, recuerdo lo mucho que duraba un minuto en la DGS, cuando esperabas sin saber muy bien qué podía suceder, o mientras te golpeaban: tomabas conciencia de la relatividad del tiempo. Descifro la cantidad de sufrimiento encerrado en cada línea del libro cuando habla de los años cuarenta, de los militantes de Madrid, acosados; de las partidas que se movían por las sierras de Asturias, Galicia o Valencia, y a las que los guardias civiles cazaban como conejos. Qué debían de sentir esos hombres sin horizonte, sin apoyos ni esperanzas, convertidos en alimañas, hambrientos y sedientos, sabiendo que la única salida que les quedaba era la muerte violenta. Morir matando. Cuánto debió de durarles aquel tiempo. Como del infierno de Santa Teresa –para siempre, para siempre– nos resulta hoy difícil tener idea de la textura de un tiempo así, conocer los infinitos matices del miedo que pueden meterse en un par de segundos. Había en el ambiente de aquellos años una violencia escondida y una suciedad que nosotros, convertidos en civilizados ciudadanos del oeste de Europa del siglo XXI, imaginamos o reconstruimos con dificultad. Algo de eso –de esa suciedad moral y física que Morán describe– conocí aún a fines de los sesenta y principios de los setenta en la DGS y en la cárcel de Carabanchel. Y arriba, por encima de esa maraña de crueldad, en el exterior, casi impasibles, los altos dirigentes del partido, manejando *pro domo sua* ese dolor, convirtiéndolo en plusvalía, acumulándolo como capital propio y encima buscando salvarse para la historia (Carrillo, Semprún, la Pasionaria), levantándose para la historia sobre todos los encarcelados y muertos anónimos. Morán incluye una cita de *El rey Lear:* «La verdad es un perro que hay que echar a la perrera, y hay que echarlo a latigazos.» La escritura de un libro así es como un ladrido –ni siquiera un bocado, la escritura no muerde– de ese perro, antes de que lo encierren para siempre. Al final, hasta la acción más odiosa, la del guardia que cumplía con su no pocas veces duro trabajo entre las breñas, persiguiendo a los maquis, tiene un punto de realismo laboral del que carece el dirigente, que es el que trafica con el esfuerzo y el trabajo ajenos.

16 de julio

En la comunión de Jonás, el hijo de D. Siempre me conmueven esas celebraciones modestas, el banquete es de una sencillez espartana, ni un exceso: apenas un menú diario en un restaurante obrero; y los asistentes son, en su mayoría, trabajadores de ajustadas pretensiones y vida. Pero D. está encantado, cuidando detalles en los que no se fija nadie más que él. Conociéndolo, sé que lleva un montón de días excitado con esta comunión de segunda mano. La verdadera la celebró su exmujer en la iglesia, pero, como era de esperar, no invitó a nadie de la familia paterna. Por eso ha organizado D. esta comida que tiene un aire contradictorio, mezcla de alegría (los niños que juegan, saludables, bien alimentados, guapos) y los mayores, incómodos, tensos, porque seguramente no entienden *esta* convocatoria y mucho menos que la celebre D. con su amigo como pareja aceptada, y estén presentes los familiares del amigo (también modestísima clase obrera) que han venido desde Madrid y a quienes nadie hace el menor caso. D. ha puesto a prueba a sus padres y hermanos, y ellos se han dejado querer, pero sin regalar nada, sin dar un ápice más de lo que toca. A mí me reciben con alegría, me invitan a comer una paella algún fin de semana de este verano, a ver si vienes a vernos, dicen. Suponen que soy el amigo heterosexual al que abandonó por el sucio amigo de ahora: Qué vergüenza, un padre de familia. Me palmean en la espalda, aseguran que me echan de menos. Me imagino que es un modo cruel de decirle al amigo de D. que ellos saben ser generosos, pero con quien lo merece: una manera de hacerle aún más palpable el vacío. Hablo durante toda la comida con una pareja que prepara su viaje de bodas. Ella, delgada, espiritual, tiene la belleza torturada de quien aspira al escalón superior (querría que el viaje de bodas fuera a un sitio especial, Alemania, Berlín: se lo quito de la cabeza, no los veo paseando por Berlín). Él, aspecto de obrero bonachón conforme con su suerte, con una agradable cara aniñada y un cuerpo deformado por una obesidad que parece corresponder a problemas hormonales, sonríe mientras dialoga con alguien, pero su rostro cae en una tristeza abismal en las pausas. Repite varias veces que a él le da igual el sitio al que vayan de viaje; donde tú digas cariño, dice, y le coge la mano, la besa; ella duda, pregunta: ¿Roma?, ¿París? Ahí va todo el mundo. Me gustaría ir a un sitio al que fuéramos solo nosotros. Y yo, con ese sentimentalismo barato que me levanta siempre la pobreza, me pongo triste: está claro que no irán a ninguno de esos sitios, echarán cuentas, pedirán tarifas..., aunque ahora las hay muy económicas. Ella ha perdido el trabajo, y él está yendo a coger naranjas cuando lo contratan. No se me va de la cabeza lo arduo que tiene que ser el trabajo físico para su cuerpo pesado. Imposible ofrecer piedad. Nadie puede apropiarse del dolor ajeno. Oigo esta historia de dos desconocidos, a los que dudo que vuelva a ver en la vida. ¿Quién soy yo, que vivo a solas y me sostengo sobre un hilo para permitirme destilar piedad sobre estos jóvenes cargados de vida y de ilusiones? Cada uno en su camino, con sus fantasmas, persiguiendo sus quimeras, un yo oculto que desconocemos nos maneja a su antojo, y nos lleva a hacernos daño, cada cual con su herida a cuestas, con algo que duele (pongamos que es la aspiración de ella y la imposibilidad de cumplirla de él: ese es el pedante guión que me he fabricado. Pero quién soy yo), sin que nadie pueda hacer nada, la limitada capacidad del hombre para actuar sobre sus semejantes como no sea con violencia; ahí sí, la violencia ejercida sobre alguien cambia su destino. No puedes cargar con el sufrimiento ajeno, pero sí que puedes infligirlo.

Vuelvo pronto a casa. En la autopista, la caravana de argelinos y marroquíes que viajan de vacaciones a sus países, con las bacas cargadas de fardos, de bicicletas, de cajas que contienen electrodomésticos: el regreso como alivio de esa herida indefinida, lenitivo, el reencuentro con los suyos, con su paisaje, la familia, el pueblo, los sabores y olores conocidos, bálsamo para las humillaciones de un año entero. Dentro de unos días, se pasearán orgullosos por sus pueblos: el que ha triunfado en Bélgica, en Holanda, en Francia; el que tiene esa moneda que todos miran con envidia, el euro. Cada vez que adelanto alguno de esos vehículos, vuelvo la mirada, el hombre de mediana edad que conduce, el anciano en el asiento de al lado, mujeres y niños en el asiento de atrás, o asomando las caras por las ventanillas de la caravana, buscar la densidad del aire que se insufló por vez primera en sus pulmones, el polvo cuyas plantas pisaron en el origen de todo. Podrían librarse de eso como de un chicle pegajoso que los estorba: todos han encontrado un trabajo mejor que el que tenían o que el que les esperaba en su país, gozan de otras comodidades, pero vuelven al útero del que salieron, a los lugares de los que fueron arrojados, al hombre primitivo del que proceden.

17 de julio

Sigo con el libro de Morán. En la Semana Santa de 1960, Pradera envía una carta al CC del PCE en la que apunta una salida monárquica al franquismo, y la integración en el mercado común. Nadie puede negarle clarividencia. Puesto a ser cabrón, diré que esa clarividencia que te da el cinismo: no sentirte ligado a nadie que no sea tu ego te libra de las presiones ideológicas ajenas. Con eso, con información privilegiada (siempre la ha tenido) y con inteligencia (no le ha faltado) la lucidez está servida. Hoy, tantos años después, podría decirse que Pradera sigue igual, pero por entonces la lucidez le servía para conocer las cosas, mientras que hoy le sirve nada más que para enredarlas, para taparlas y ocultarlas. Eso sí: su yo sigue intocado y, además, multiplicado por la creciente admiración ajena. Su capacidad de intriga también ha crecido de forma exponencial.

Releer *El gran invierno* de Kadaré, no me acuerdo de nada, solo el ambiente, el color de sus novelas que tanto me han gustado. La maldita memoria. Yo no necesito meter el perro de Shakespeare en la perrera. Me ha abandonado.

19 de julio

Días tensos: el calor, desde luego, condiciona, me pone los nervios a flor de piel, pero también saber que el domingo vuelvo a irme de viaje, y que, antes de ese día, tengo cosas que hacer, rutinas, así que apenas consigo centrarme en la lectura. Sin embargo, poco a poco estoy volviendo a la novela, que sigue sin acabar de organizarse, pero que busca el tono. A ver qué ocurre. A la vuelta de Francia, tendré mes y medio por delante para dedicárselo en exclusiva. Espero no distraerme, aprovechar para montar el artefacto (¿y cómo?), también para ordenar un poco los libros de casa, y para escribir el artículo de *Sobremesa* que traeré del Ródano. Al final, el programa de viaje parece agradable. Me asustan los mil y pico kilómetros que tengo que recorrer. Desde que me falló el coche –se vino abajo el embrague–, no me fío de él. Me digo que es solo aprensión, pero cómo se libra uno de la aprensión. Pues cogiendo el coche y conduciendo.

Dormito, estoy a punto de concluir el voluminoso libro de Morán, y empiezo *La vieille fille,* de Balzac. Pero, sobre todo, dormito y paso momentos febriles, desarreglos físicos (crecen los eccemas, se agravan los dolores musculares) que me impiden conciliar el sueño por las noches, con lo que, durante el día, apenas soy capaz de concentrarme en nada. Los dolores de brazos y nuca se añaden a los vértigos. Me veo como un zombi, flotante, más de otro mundo que de este. Esa impresión de relatividad es muy destructiva, te lleva a decirte que no te queda tiempo para nada, y eso te paraliza, te encierra en ti mismo, y ese tú mismo es la nada, porque lo único que justifica seguir vivo es el trabajo, lo que haces, el esfuerzo en que te empeñas para que quede algo cuando estés para siempre contigo mismo. Desde la adolescencia me debato entre el deseo de trabajar y el pesimismo que me anula durante semanas enteras. No es que me canse de trabajar y busque distracción, es que me vuelvo incapaz de escribir la be con la a, ba. Encierros en casa, de la cama a la silla, a la butaca (sobre todo, mucha cama, para castigarme con mala conciencia), u horas estúpidas en el bar, tomando una copa tras otra, aunque las visitas solitarias al bar se han reducido mucho. Antes era la manera casi ineludible de acabar el día. Ahora, en cambio, solo bajo al pueblo si tengo algo que hacer, y me tomo más de un par de copas si me enredo con alguien, si alguien insiste en invitar, y llega todo ese conocido ritual alcohólico de ahora pago yo y ahora me toca a mí. Podría pensarse que esa liberación de la barra es algo positivo, pero más bien lo que expresa es un empeoramiento del carácter; o sea, que no tengo a nadie con quien me apetezca perder unas horas. Me digo que es cuestión de edad: los viejos se vuelven huraños, se encierran en casa y no salen por la noche. Ya lo sé. Los efectos de la bebida adquieren rasgos de cataclismo a partir de cierta edad, cuando la demolición ya no exige grandes dosis. Empiezas a no soportar ni lo que te encuentras junto a la barra ni lo que te tomas. Proceso disuasorio, tratamiento a lo naranja mecánica, huir de las experiencias desagradables. *Puta temprana, beata tardana,* decían en mi pueblo para expresar esas retiradas de la vida pública, casi siempre con activos arrepentimientos de converso: me veo en poco tiempo despotricando contra los bares y el alcohol. De hecho, yo, que tan noctámbulo he sido, empiezo a dar convincentes excusas para no salir de noche. Sigo siendo noctámbulo, porque no consigo acostarme antes de las tres o las cuatro de la mañana, pero practico más bien una burguesa nocturnidad hogareña: empleo el tiempo en oír música (distraídamente, música de fondo), en leer, en escribir. Ya lo he dicho unas cuantas veces en estos cuadernos: las mejores horas del día son precisamente estas (miro el reloj, pronto serán las dos) en las que solo tengo el sonido de la música y, cuando la apago, el susurro del plumín que corre sobre la hoja siguiendo el movimiento de la mano, y el de las hojas de papel al pasar. Cuántas veces en estos momentos me acuerdo de la búsqueda de interlocutor de la que hablaba la Gaite. Yo, que tan inclinado me he sentido a imaginarme en comunión con alguien, que tantas relaciones he iniciado en esa búsqueda, en ámbitos laborales, bares y antros más o menos sórdidos, acabo encontrando a mi interlocutor en un papel en blanco: hablo conmigo mismo. Como el irónico personaje interpretado por Anna Magnani en *La carrosse d'or,* de Renoir, en la dicotomía entre el amor y el arte, he acabado aceptando esta artesanía, esta forma de chapucero arte menor, como otros, más hábiles, mejor dotados con las manos, practican para matar el tiempo el *bricolaje.*

Por la mañana, he almorzado con J. A. y G. J. A. saca el tema de los viajes, que tanto le gusta. Me pregunta con una candidez exagerada por China, por Indonesia, por Australia, por Laponia, por San Petersburgo. Me dejo llevar por una mezcla de melancolía y vanidad, y hablo de los mercados de Cantón, de Tanjung Pinang en las islas Riau, de una aurora boreal que contemplamos A. de B. y yo en un lugar de Laponia llamado Olostunturi. Hablo de Alejandría y de los fiordos noruegos; del perfume de los cafetales en el Quindío colombiano. Me aburre oírme hablar como un papanatas. Sacamuelas, decía mi abuela, ese habla como un sacamuelas. Eso soy. Pero no puedo remediarlo: me invade la melancolía por el que fui: ahora ya no tengo interés en conocer, y lo digo sin afectación ni orgullo, no me hace gracia que sea así, no me hace feliz haber perdido la capacidad para sorprenderme y disfrutar con los paisajes y las costumbres nuevas, haber extraviado ese componente de nerviosa curiosidad que ha condicionado buena parte de mi vida. Además, me siento como una urraca que guarda sus experiencias sin compartirlas. Me digo que no es verdad: que he escrito artículos sobre esos lugares, sobre lo que he visto y leído; que tampoco ha sido gran cosa: hay gente que de verdad ha estudiado geografía física y humana, que se ha preparado y ha escrito cosas bastante más interesantes que las que pueda escribir un *flâneur,* digámoslo así, que suena elegante: un tonto marciano aterrizado en paracaídas en un rincón del planeta. Lo más excitante de esas ciudades, más que mi propia mirada, me lo han ofrecido los libros que la han educado y dirigido. De la realidad en estado puro he aprendido poco: ni siquiera cuando he sido un modesto Oliver Twist (orfelinatos) o un personaje de *La madre* de Gorki (tres palizas en comisaría, cuatro o cinco meses de cárcel, casi uno en la DGS) he tenido conciencia de que eso tuviera mayor interés. Las cosas –incluso las peores– en la vida ocurren con una intrascendente grisura: los golpes en la DGS con la toalla mojada, con un zapato y con la guía de teléfonos, las patadas, prolongaban los castigos en el internado. Nada interesante, ni heroico, nada digno de mención. Al menos, en la comisaría tenías una tonificante sensación de destino y sabías que habías jugado meditadamente con el peligro y habías sido derrotado: eras un adulto. Lo grave era lo del internado, tú no habías buscado nada, aquello era sobrevenido, y no servía para cubrir aspiración alguna. Los hombres hechos y derechos que en el internado golpeaban con saña a un niño que no podía pedir auxilio a nadie que no estuviera a menos de setecientos kilómetros seguramente se castigaban a sí mismos, azotaban su cobardía, su desamor, creo que pegaban más quienes más amaban o deseaban y lo hacían porque se negaban a reconocer esa inclinación: nada puede excitar (enfurecer) más a alguien que desea que el desamor o el simple desinterés de un inocente. No digo que en comisaría no se diera ese juego perverso de sentimientos entre torturador y torturado, pero ellos –los policías– tenían un cimiento laboral, de trabajo, una frialdad que no calificaré de científica (nada más alejado de la policía franquista que la ciencia, aunque tampoco eran tan brutos como nosotros mismos nos hacíamos creer), pero sí precientífica, ejercían un oficio, practicaban la observación metódica, fase previa a la delación o denuncia: observación, espionaje, acumulación de experiencia cotidiana: era un trabajo; para ellos su especialidad, algo que convertía en banal la ceremonia de la tortura sin dejar de ser especialmente odiosa. Que a algunos les excitaba aquel ambiente, la sordidez corpórea de las torturas, que, por decirlo pronto, se les ponía dura, pues sí, pero eso se llama exceso de celo. Trabajar en lo que te gusta. Tener verdadera vocación.

Releo lo que escribí hace unos días sobre Pradera. Seguramente quería hacerme el bueno ante mí mismo. No sé por qué voy a pensar que su inteligencia le servía para conocer y algo así como ser el mejor hace cincuenta años. Yo lo conocí de refilón hace treinta y tantos y ya era tan intrigante y malévolo como hoy. Tenía fama de serlo, yo escuchaba a sus amigos hablar de él sin afecto, con una temerosa admiración. Y eso que entonces todo tenía un aire inocente, de noble resistencia antifranquista. Conclusión, listo sí que lo ha sido siempre. Su vocación, dominar a los demás. Siempre, incluso en el PCE (y eso que era de una de las familias centrales del régimen), ha estado arriba, se me dirá que estar arriba es destino de los mejores (los Pradera, una de las grandes familias de San Sebastián, Javier era sobrino del mártir, Víctor Pradera: tenía una calle importante en Madrid y en otras ciudades, la actual Martín de los Heros, su padre no sé si fue gobernador civil de San Sebastián en la inmediata posguerra, creo recordar que sí). Su frustración, no haber creado esa sólida obra teórica que lo ratificaría como el hombre de arriba, y no un intrigante –que es lo que ha acabado siendo al no dejar ningún volumen sólido–, sino como una verdadera autoridad intelectual. Permanece más firme lo que dejó su desdeñada cuñada Carmen Martín Gaite que lo suyo, artículos oportunistas en el día a día del periódico y de sus estrategias, nada grandioso. Ella, que a él le parecía poco dotada y liviana, ha acabado siendo sólido mineral. El leve es él. Creo que lo de escribir una obra teórica se lo ha impedido su propio orgullo, lo ha paralizado el pánico a que la obra no esté a la altura del desmesurado personaje que él mismo se ha construido.

23 de julio

Llego agotado a Chasse-sur-Rhône. Salí de Beniarbeig ayer a las cinco de la tarde, con un calor infernal –la carretera repleta, un tráfico pegajoso, todo el tiempo en caravana–, e intenté llegar hasta Barcelona, pero me dio miedo no encontrar habitación en la ciudad y tener que vagabundear por los barrios periféricos en busca de albergue, así que me salí de la autopista en Tarragona, y busqué en L'Ametlla o L'Ampolla, ya no recuerdo bien; en Cambrils, en Reus. Todo en vano: tarea inútil. No había habitación libre en ningún hotel. Era de esperar. Al final, un golpe de suerte me llevó a una habitación en un hotel de las afueras de Tarragona, junto a la carretera general. De buena mañana, vuelta a la autopista, que ya estaba saturada, y no se ha despejado en los setecientos kilómetros que he hecho hasta llegar aquí: repletas las áreas de servicio (imposible acercarse a comprar ni un bocadillo), las gasolineras, los comedores. He llegado a Chasse cerca de las tres de la tarde: un viaje no demasiado largo ya lo sé, los he hecho mucho peores; pero que se me ha hecho interminable por culpa de las aglomeraciones de gente por todas partes, y por la densidad del tráfico. Me he metido en la habitación del hotel y me he quedado dormido (en todo el día no había comido más que un *croissant* y unas cuantas galletas, pero no tenía ánimos para comer, ni humor para hacer cola en la cafetería o en la tienda de una gasolinera) hasta hace un rato. Ahora estoy de nuevo en la habitación, después de haber cenado con más pena que gloria en el restaurante del hotel. Mañana tengo la primera cita en una bodega de Condrieu a las nueve de la mañana. Ya he localizado el pueblecito, que está muy cerca de aquí. El problema es que muchos otros lugares que me marca el programa ni siquiera aparecen en el mapa. Ya buscaré a quién preguntar. Espero que de una bodega me guíen a otra. A Chasse he llegado *tatônant,* como dicen los franceses. Ha sido uno de esos días en los que quieres salir corriendo del coche y dejártelo en cualquier sitio. De haber tomado esa decisión lo malo es que no había sitio para aparcar en el último tramo del trayecto y no hubiese podido dejarlo como no fuera en medio de la calzada. Cuando he llegado al hotel y me he encontrado el parking vacío, creía que me había equivocado, que había hecho algo mal. No podía creer en tanta felicidad.

Leo *Por orden alfabético,* el libro de Herralde. Me emociona descubrir que incluye el artículo sobre mí que escribió para la Universidad de Berna; ver una foto mía me da cierta pena, qué joven estoy, Dios santo. Están las fotos de Carmen Martín Gaite, las del propio Herralde, hilos que se cruzan. Con ambos, con Carmen y con Herralde, he tejido una amistad desde la distancia. Creo que los dos han sido consecuentes en su vida. La obra de Carmen es ella y el catálogo de Herralde es él: su vida, sus avatares están ahí dentro, en el trabajo de los dos.

24 de julio

Son las doce y media de la noche. Acabo de llegar a la habitación del hotel, tras una cena en Les Saveurs du Marché, en Vienne, durante la cual hemos catado una quincena de vinos de un par de bodegas, todos blancos (a excepción de dos tintos de syrah). Viognier, roussanne y marsanne son las variedades con las que –dependiendo de la *appellation*– se elaboran los vinos de este tramo del Ródano. En su mayor parte son excelentes, aunque de discreta capacidad para el envejecimiento, cinco, seis años como máximo, a pesar de que algunos de los asistentes a la cena defienden que, si se vendimian las uvas en su grado óptimo de madurez, a los diez o doce años inician un nuevo ciclo vital en el que se vuelven más complejos los aromas secundarios.

He pasado el día –calurosísimo– visitando bodegas y recorriendo viñedos, cargado con todas las cámaras bajo un sol abrasador. A última hora, temía haber pillado una insolación. Siempre me asusta ponerme enfermo durante un viaje de trabajo: eso supondría el caos, anular citas, suspender reuniones, catas, ¡y qué hacer con el coche, con el material!; en cualquier caso, volver sin reportaje. Ya viví esa experiencia en Alemania, donde me escapé de un hospital, intentando en vano no anular una charla en la que me había comprometido. A las dos horas, una ambulancia me devolvió a otro hospital, donde me tuvieron internado más de una semana. Un ataque de vértigo. Ni di la charla ni hice el reportaje.

Desde las ardientes colinas, veía a lo lejos la ancha banda del río entre los árboles, o por encima de las plantaciones de viñedos, y su presencia, encajonado al fondo de este pasadizo montañoso, realzaba la sensación de calor. El agua era una colada de acero al blanco *vivo.* De regreso al hotel, con el trabajo cumplido, he recorrido un trecho de sus orillas: sensación de paz, grupos de gente jugueteaban sobre la hierba, una pareja lanzaba al agua objetos que un perrazo les devolvía sacudiéndose el agua de la pelambrera. Cuando me dirigía al restaurante, el sol doraba las aguas del Ródano y las fachadas y tejados de las viejas casas de Vienne, sobre las que destaca la torre de la fortaleza. Era la luz perfecta para obtener una buena foto, pero ya no podía detenerme (llegaba con el tiempo justo a la cena; los franceses son puntuales) y, además, había dejado las cámaras en la habitación del hotel. Es lo que ocurre en los viajes de trabajo, cargados de citas. Cada vez que ves una buena fotografía, piensas que estás dándole plantón a alguien, o te pilla en algún lugar en el que no puedes detener el coche. Se acostumbra uno a eso en estas visitas precipitadas: te llevas en los carretes un montón de morralla y dejas escapar lo que merecía la pena. Es la filosofía que parece marcar las profesiones contemporáneas, agobiadas por las prisas y los condicionantes económicos. Lo mejor lo obtienen los amateurs. El amateur busca solo lo óptimo, el instante que su libertad le permite capturar, pero no es un buen profesional, porque no les brinda a las empresas la seguridad, lo que ellas llaman regularidad, fruto de la desenvoltura y de cierta forma de constancia, eso es lo que permite que la empresa sea rentable, ruede; es una de las muchas castraciones de la vida laboral: se premia la constancia del mediocre: lo que soy.

26 de julio

Continúo mi vagabundeo por el país del fuego. Las citas se suceden en lugares situados a decenas de kilómetros y que, por si fuera poco, resultan difíciles de encontrar: caminos vecinales, rincones de pueblos perdidos, fincas aisladas, topónimos que no están indicados en ningún sitio... Hoy, durante la comida, pensaba que iba a desvanecerme sentado en una terraza situada en el interior de un patio de piedra en el que no corría ni gota de aire, desprotegido por una sombrilla que ha permitido que el sol me diera en la cara durante casi dos horas. Los otros comensales, amparados por la sombra, han debido pensar que, como español, estoy acostumbrado a insolaciones africanas, y yo por cortesía no me he atrevido a quejarme. Cuando he salido de allí en busca del coche, he visto que el termómetro situado bajo los plátanos marcaba treinta y ocho grados a la sombra. El campo –calizo– blanqueaba. Una densa calima lo envolvía y difuminaba todo: de un blanco cegador el cielo y los viñedos y también las montañas que se recortan al fondo del paisaje (¿dónde están los colores con que las pintó Cézanne?). Por la tarde, he dejado el coche en el inmenso aparcamiento que hay bajo la plaza de Aviñón y, cuando he ido a recogerlo, no lo encontraba. Me he pasado un buen rato buscándolo: el aire en el interior de aquellos túneles resultaba asfixiante. He tenido que salir precipitadamente a la calle para respirar unos minutos antes de volver al aparcamiento para ver si, en un segundo intento, encontraba el coche. Me ahogaba. Arriba, en la calle, los teatreros (la ciudad está en pleno festival): hombres-mono empeñados en complicadísimas torsiones, bailarinas, cómicos. Las calles y, sobre todo, la plaza de los Papas parecen el escenario de una fantasía de los surrealistas. Aquí está todo ese mundo que tanto les gustaba a ellos, payasos, funambulistas, princesas de pega: mucho joven con coleta, con barba caprina, vestido con mono de tirantes, o con jerséis marineros: cuello de barco y amplias bandas azules horizontales (vestuario del joven Dalí), y tocado con gran sombrero de paja, personajes vestidos como para una representación del *Moulin de la Galette* de Renoir o de una pieza de Pagnol; muchachas delicadas sacadas de una revista de moda de los sesenta, reencarnaciones de Jean Seberg en *Au bout de souffle.* El conjunto me transmite la sensación de *déjà vu,* una vanguardia que triunfó en tiempos del pintor Renoir, regresó allá por los treinta del pasado siglo, y se reprodujo en mi juventud, en los supuestamente felices sesenta, e inesperadamente reencuentro aquí: como si hubiera un lugar en el que se multiplicasen secretamente esos personajes, raza aparte que emerge de misteriosos pasadizos (los pasillos de la mente de los surrealistas) –los *égouts* del mundo– en ciertas ocasiones o en determinados lugares. Estos días se reúnen en Aviñón. Fuera de los espacios en los que se mueven artistas, turistas y curiosos, la ciudad carece de vida y tampoco tiene mucha gracia. Ahora mismo ceno en uno de los restaurantes que hay junto al hotel y oigo retazos de la conversación que mantienen los comensales de la mesa vecina, dos hombres y una mujer, maduros los tres, con aspecto de viejas reinas del teatro: rostros con la piel castigada por sesiones de maquillaje, movimientos de manos ensayados mil veces, control de una engolada voz que es puro artificio. Hablan con seguridad de alguien que tiene el sida, de dinero, de un montaje que les parece absurdo, del joven novio de uno de ellos. Es el escalón de arriba de los jóvenes titiriteros que lanzan aros al aire o escupen fuego: la estación de llegada, o el trayecto de vuelta en el viaje.

28 de julio

Ayer escribía que, fuera de los lugares en los que los turistas se concentran, la ciudad parece muerta, pero es que los turistas ocupan las tres cuartas partes de Aviñón intramuros. Debe de ser el sitio del mundo en el que más gente se sienta en las terrazas a estas horas (las nueve y media de la noche). De la plaza de los Papas en dirección al río, las calles están solitarias y oscuras, no hay gente, pero en cualquier otra dirección que uno tome, aceras, terrazas y locales revientan de público en una curiosa mezcla de clases (se echa de menos la clase obrera, aunque pueda verse algún ejemplar). Paseo por una ciudad que no acaba de seducirme, carece del aura benjaminiana, es como si el turismo le hubiera sorbido la sangre; no le ocurre solo a Aviñón: únicamente a lugares de tanto poderío como Roma o París, su inmensa energía los defiende contra viento y marea de la banalización definitiva del turismo de masas: por mucho que caiga sobre ellas en oleadas, permanecen incólumes. Influye el tamaño (Aviñón es una magdalena que uno se come de un bocado), pero también la potencia de su historia coagulada en piedras, en edificios, en espacios, en una complicadísima red de referentes. Son algo más que almacenes de arte o de historia. Las grandes ciudades de la historia se nos pueden volver triviales en su costra, pero guardan un nife duro, secreto y correoso que no puede masticarlo el turismo. No digo que Aviñón carezca de esa potencia, ni tenga escaso interés o poca historia: el exilio papal, el encuentro de Petrarca con Laura, fetiches no le faltan, ni monumentos: el contundente palacio de los Papas, las murallas, las torres, el gran puente roto y los claustros a medio derruir son arañazos de la historia en la piel de la ciudad, suficientes para seducir a cualquiera, pero el conjunto –ningún edificio sorprende por su belleza; sí que lo hace el palacio papal por su desmesura– parece un recortable, un forillo teatral, telón de fondo ante el que los visitantes representan su espectáculo, toman sus fotos, posan; además de los artistas del festival, los turistas, gente de paso cuya batalla se libra en otros decorados, que no lo son, sino que son lugares reales, y que acuden aquí en días de tregua, en pausas, los domingos de la vida, *Les dimanches de la vie,* creo recordar que es el título de una novela de Queneau que leí en su día. Mientras camino por las calles repletas de gente, me fijo en que la mayoría de las ventanas (en algunos barrios, prácticamente todas) están cerradas a cal y canto. Tierra de nadie. Nadie parece vivir en esas casas cuyos bajos son pubs o restaurantes o tiendas *takeaway* y *fastfood.* A lo mejor es solo que los habitantes están de vacaciones, han huido de la aglomeración de estos días de festival. Los imagino pasando casi tanto calor como aquí, sentados en una terraza igual de repleta que las que montan a pie de las ventanas de su casa, pero con decorado de mar, una playa de la Camarga en vez de estos blanquecinos muros de palacios e iglesias, los veo en otro lugar vampirizado, un puerto de juguete, decorado de sí mismo, una playa sin misterios, en la que el agua no arrastra ya ni siquiera restos de bivalvos, y en la que el olor de salitre ha sido sustituido por el de albañal mal depurado y el del gasóleo que arrojan los yates, los fuerabordas o los cargueros tras hacer limpieza de bajos. El precioso Sète que se expone a nuestra vista queriendo parecerse al que cantó Brassens.

Quisiera levantarme a las seis o seis y media de la mañana para ver si consigo alguna foto a orillas del Ródano, pienso en nieblas que se rasgan y desvanecen, luces sesgadas que definen los volúmenes de las piedras, colores dorados, algo que se separe de estas calimas. Estos cielos y aguas y muros blancos, quemados, esta lividez solar, tan enemiga de la fotografía. No sé qué imágenes me llevaré en la cámara de los viñedos del Ródano, poca cosa, el tiempo no ha ayudado. Calimas desde el amanecer hasta casi la puesta de sol. De Aviñón, ya veremos. Tengo dos días por delante.

29 de julio

Si no ocurre nada, mañana dormiré en mi querida e incómoda cama. He visitado el enorme y destartalado palacio de los Papas, una excelente lección de historia. Te acerca a la vida cotidiana de los siglos XIV y XV. No es hermoso, no cautiva, pero ilustra, te pone la Edad Media al alcance de las manos, también impresiona por sus volúmenes, por la cantidad de trabajo, un tanto desbarajustado, que supone el conjunto. La ciudad se eclipsa a la sombra de este edificio descomunal, se queda apenas en nada. En realidad, todo el conjunto urbano intramuros resulta también más ilustrativo que seductor, los viejos caserones tienen poca gracia, las calles muestran un aire destartalado, y, en estos días, no mejora el aspecto de los edificios de caliza blanquecina bajo la intensa luz del verano. Quizá lo más hermoso que tiene Aviñón son esos grandes plátanos que se levantan en varios lugares de la ciudad: aparecen por sorpresa al final de un desolado callejón, o protegen con su sombra una plazuela. Por aquí, por Valencia, también se plantaron en muchos sitios estos árboles grandes, acogedores, capaces de proteger bajo su sombra piadosa a la gente de las ciudades del sur, tan castigadas por el sol. Los sigo viendo en muchos pueblos de la Provenza, pero en Valencia los han quitado de casi todas partes. Incluso en Denia, donde, plantados a ambos lados de la calle principal, son la única gracia que tiene la ciudad (el mar han conseguido que ya no se vea desde ningún lugar), estuvieron a punto de talarlos y sustituirlos por palmeras. Sí que talaron los que bordeaban la antigua vía de tren. Ahora es una desolada explanada de cemento que cubre un aparcamiento.

Constato estos días la imparable decadencia de la cocina pública francesa. Es un fenómeno que se ha producido en poquísimo tiempo. Siempre he visitado Francia con la excitación de que, mientras durase el viaje, iba a disfrutar de una cocina excelente, por modesta que fuera. Las casas de comidas para obreros, las fondas de carretera han sido archivos de un recetario tradicional y reservas de una despensa de calidad, obligadas a cumplir con las exigencias de una clientela educada en el arte de la mesa: horarios rigurosos (la comida a *midi, midi et démie, tout le monde à table!;* la cena *à vingt heures),* correcto servicio de mesa, menú implacablemente compuesto por, al menos, dos platos, queso y postre, recetas rigurosas y productos estratificados en una correcta relación de la calidad con el precio del menú. En poco más de un decenio, tengo la impresión de que todo ese bien codificado ceremonial ha estallado. Hace años, me gustaba decir que, si caías en paracaídas en algún lugar del campo francés, era muy probable que tuvieras acceso a una buena comida, mientras que una caída semejante sobre la península ibérica te supondría, casi con certeza, una desagradable experiencia, sobre todo si la caída se producía en algún lugar de la costa mediterránea o del sur. Ahora, cada vez más, tengo la impresión de que ambos países se han igualado: es decir, que Francia se ha caído de bruces por la escalera hasta darse de cabeza en la planta baja, mientras que en muchas zonas de España la cocina ha salido del sótano. España emergía apenas de una incuria culinaria inmemorial, fruto del atraso, de la miseria, y de la escasa presencia de una burguesía mínimamente refinada, capaz de llevar a cabo una reflexión sobre la cocina, como tantos buenos pensadores han efectuado en Francia; conjunto desventajoso al que vinieron a sumarse la degradación y la picaresca que un turismo de ínfimo nivel produjo en los años sesenta y setenta, dispuesto a echarse al coleto las versiones más descabelladas de los platos emblema o los tópicos culinarios: paella o sangría (en ambos casos, con acento agudo en la a); o gazpacho: con acento en la o. Empezó mal el siglo XX y luego no hizo más que descender. Sin embargo, en los últimos años ha dado un salto notable: no es difícil encontrar buenos restaurantes, cocineros preocupados por su formación y pendientes de la calidad del producto, unos empeñados en recuperar la tradición, otros en la cocina moderna. Hay que reconocer ese movimiento, por más que venga acompañado por dosis de papanatismo, de chauvinismo y de esnobismo (valga la sucesión de ismos).

Mientras tanto, en Francia parece que todo haya sido retroceso. A riesgo de que se me llame xenófobo, creo que ha colaborado en esa degradación un turismo poco respetuoso (esos asesinos del paladar, los ingleses: se nota su destructiva presencia en la Provenza), pero, sobre todo, el peso creciente de una población emigrante, ajena a la tradición culinaria francesa, a sus rigurosos ritos de mesa y a su significado social, desde la colación familiar al banquete público.

Los turistas o residentes anglosajones forman una peligrosa especie, ajena a toda exigencia gastronómica. Devoran lo que sea sin otro criterio que el pecuniario, carecen de gusto y disciplina sápidos. Su única exigencia es que la bazofia que van a devorar se acompañe con abundantes dosis de cerveza. Su presencia en una comarca suele ser la mayor amenaza para cualquier cocina. Lo veo cerca de mi casa. En cuanto se establece una colonia inglesa en un pueblo, las tapas populares (las *picadetes,* que dicen aquí, en Valencia) se sustituyen por salchichas y hamburguesas, se convierten los bares en dispensarios de comida basura y expendedurías de cerveza, e inevitablemente se proveen de una inmensa pantalla de televisión para ofrecer los partidos de fútbol de la liga británica y las paredes se decoran con colgajos y bufandas con los escudos de los equipos.

Pero yo creo que, en Francia, lo peor ha llegado de la mano de la emigración y del gusto por los viajes exóticos tan extendido entre la clase media francesa y en amplios segmentos del proletariado (más exotista la clase media, el proletario suele ser más conservador: vota Le Pen, vota Patria, y *andouillette).* Un progresismo de Club Méditerranée ha puesto la guinda del mestizaje culinario: resulta moderno romper el rito de la comida francesa, eso de los tres platos y queso, y el horario de las doce y las veinte, para, en su lugar, ofrecer a cualquier hora del día intragables tapas recalentadas, que se suponen españolas, pinchitos morunos o kebabs remotamente orientales; y descabelladas ensaladas de frutos tropicales. Por lo general, todo suele ser de la peor calidad y el conjunto compone un espantoso barullo, cocina fuera de cualquier código, al margen de cualquier ley, de esa que yo llamo forajida porque se lo permite todo: en la Provenza ha alcanzado de lleno a los restaurantes populares y llama a las puertas de la alta cocina, apoyada por una permisividad de buen gusto (oponerse al proceso puede parecer xenófobo o dictatorial), por una mansedumbre social que sirve de cómplice a la picaresca: caída en picado de la calidad de las materias primas, abaratamiento hasta los límites del atraco de los costes del producto disfrazado por salsas, especias o maltratado en los tiempos de cocción, combinaciones que, por no poder reclamarse hijas de otro padre, se reclaman hijas del mestizaje. Los desaprensivos campan sin que parezca que haya nadie capaz de detenerlos. Desde luego no va a hacerlo una clientela ignorante narcotizada por el estúpido mensaje de la fusión, que piensa que ese confuso vertedero se corresponde con una forma progresista de vida. Comer confusión (basura confusa) se ha convertido en un modo de ideología progresista. Reclamar claridad, cierto orden, te convierte en sospechoso; uno añora el orden milenario de la cocina china, el orden de la gran cocina francesa, de la indonesia, o de las ricas e imaginativas culinarias marroquí y mexica.

Por lo que se refiere a los restaurantes franceses de alto copete, suenan demasiadas veces en un tono conocido, demasiado marcados por el peso de las escuelas, que enseñan técnicas, proponen fórmulas y extienden modas. Y fórmulas y modas corren de un sitio a otro como regueros de pólvora. Se ponen de moda ciertos productos, se repiten en la carta determinadas combinaciones, y lo que fueron hallazgos se vuelve monótona repetición: lo que se considera el buen gusto viaja de una región a otra. Mientras, los de abajo practican ese triturado en el que se confunden el tex-mex, lo libanés, lo turco o lo vietnamita, espacio de precocinados, sashimis, paninis, pizzas, kebabs o bocadillos; universo culinario en el que nadie se pregunta por el producto, ni de qué está hecho lo que te han puesto en el plato: en qué grado de frescura, en qué punto de cocción, en qué nivel de conservación, e incluso de higiene, se encuentra lo que te estás comiendo, y ni siquiera qué es o pueda ser lo que tienes en la punta del tenedor o entre los dientes. Lo cierto es que empieza a resultar difícil comerse una buena brandada, unas tripas a la manera de Caen, una *andouillette* (ni soñar con la *poule au pot* o el *canard à la rouennaise).* Todo eso que nos seducía, y nos hacía añorar Francia, está siendo arrollado por el guirigay que se reclama eco del mundo, y en realidad es espuma de ninguna parte y de todas, el banquete de los pícaros servido a un ejército de necios.

Con esas ideas en la cabeza, me he pasado la tarde buscando en las librerías de viejo *Un festín en palabras,* el libro de Jean-François Revel, que tan bien habla de cosas así y hace tiempo que he perdido. Me gustaría escribir un artículo que fuera una despedida de la cocina popular francesa. No he encontrado el libro de Revel, y no lo tengo en casa, no sé lo que se habrá hecho de él, otra joya más que se ha evaporado. Lo buscaré en España, aunque en castellano pierde mucha mordiente. En francés está publicado por Plon. Si supiera manejar mejor internet podía intentar conseguirlo a distancia, pero soy un negado para esas operaciones de cierta complejidad, que exigen localizar algo y, sobre todo, adquirirlo marcando cifras y letras y qué sé yo qué más. Siempre se me paraliza el ordenador a mitad de la negociación. A cambio, me llevo *Ni Marx ni Jesús,* que, al fin y al cabo, resulta muy oportuno en estos días en los que Yavé y Alá se bombardean en Oriente Próximo. Resulta que el único muerto (no sabemos si está muerto o de parranda, como aquel gitano de la rumba de Peret) es Marx, el que hablaba el lenguaje de los hombres. *Drôle d'histoire.* Lo mismo que los monstruos de las películas de japoneses poscatástrofe nuclear, en las que dinosaurios con muchos dientes y plesiosaurios de largos cuellos y aletas nacían de huevos perdidos millones de años antes, también los monstruos de principios del siglo XXI se sacuden el polvo milenario de los desiertos y se desperezan cuando todo el mundo los daba por extinguidos. Sí, vienen de los desiertos y de la noche; de los lugares que el hombre creía haber poblado e iluminado. El hombre primitivo reclama su puesto en el banquete contemporáneo; dice: no os olvidéis de mí. Y se abalanza sobre el vecino de mesa. En la cocina, nos habíamos olvidado del festín caníbal.

30 de julio de 2006

Cuando suena el despertador a las seis de la mañana, ya estoy duchado. Recojo los bártulos y consigo ponerme a las siete y pocos minutos en la carretera. Al salir de Aviñón, el aire inmóvil anuncia un día de aúpa. El calor empieza ya a apoderarse de todo. Cruzo el río, que me parece majestuoso, y resulta ser solo uno de los dos brazos: ya no me acordaba de que, frente a la ciudad, el Ródano forma una isla. Como era de esperar, la autopista está saturada de coches, la mayoría ocupados por norafricanos que se dirigen hacia su tierra. Me acompañarán durante todo el viaje. Coches cargados con bultos gigantescos, enormes caracoles con la pesada casa a cuestas. A las cuatro y pico de la tarde, estoy en casa, cansado pero feliz. El resto del día se me escapa en un pispás: leo los periódicos, ordeno los papeles con los que he ido cargándome en los hoteles, en las visitas a las bodegas, en las librerías: facturas, folletos, libros, lo normal en estos viajes de trabajo. Cuando me doy cuenta son las once de la noche. *Tempus fugit.* No quisiera que se me escapara agosto sin hacer unas cuantas cosas, por otra parte dispares: es difícil saltar de unas a otras y llevarlas todas al retortero: estos cuadernos, la novela, el artículo sobre los vinos blancos del Ródano, el que tengo que escribir sobre la ciudad de Aviñón, el prólogo sobre Madrid que me han pedido para un libro de fotografías; los libros que tengo previsto leerme y, bien mirado, darían para un buen medio año; las fotografías que debo enviar a revelar y seleccionar..., todo eso tan diverso que se me desmigaja entre las manos.

Anoche pasé un rato muy agradable durante la cena en un restaurante supuestamente lujoso de Aviñón. Me reí mucho a solas, observando la fauna humana: los trascendentes, los místicos, los descreídos..., por su forma de comer los conoceréis; por su forma de mirar y comentar los platos (con admiración, con voracidad, con ironía, con sarcasmo), por la manera de empuñar los cubiertos y enfrentarse a las modernas e incómodas vajillas. Una señora elegantísima –se parecía a (¿o era?) Lauren Bacall– se reía a carcajada limpia con su amiga ante una especie de redoma de cristal de boca estrecha que contenía algo que ella no sabía cómo extraer. El camarero le explicó detalladamente la manera de hacer llegar aquella comida a la boca y ella imitó sus gestos, sin dejar de reír, y convirtiendo la ingestión en una divertida sesión de mimo. El comedor del restaurante está situado en un patio neoclásico, del XVIII (o clásico, del XVI), y, por primera vez en muchos días, corría una brisa fresca: tras la tensión agobiante de toda la semana, bajo un sol de justicia (los periódicos hablan de la terrible ola de calor, que incluye víctimas), con momentos en los que me resultaba difícil respirar mientras correteaba entre los viñedos, la brisa parecía anunciar anoche algo así como la inocencia del otoño, el dicho de que no hay mal que cien años dure, un impagable alivio. Sobre la solitaria velada en el restaurante y sobre el propio restaurante (prodigio de cursilería y doblez culinarias) me gustaría escribir unas líneas. A ver si encuentro un poco de calma mañana. Escribo mañana y pienso: siempre mañana y nunca mañaneamos. ¿Era Quevedo el que decía eso? No, de Larra seguro que no es, aunque el gran suicida viniera a decir lo mismo, él no lo decía de alguien, sino de un país entero.

Nueve de la noche. Jornada fructífera. He conseguido amontonar, y más o menos ordenar, los papeles y libros que me he traído del viaje: por lo que se refiere al reportaje de vinos, ya me siento casi capacitado para ponerles nombre a los personajes que he fotografiado, lo cual –aunque parezca estúpido– no es poca cosa para mí, así de desmemoriado estoy, y así de desordenado soy. He mirado el correo, leído la prensa y los mensajes de internet: de cincuenta y tantos, solo había dos que no fueran mensajes-basura. El resto del día lo he pasado escribiendo en el ordenador páginas de los cuadernos que guardo y que quiero limpiar. Al menos, dejarlos correctamente escritos, siempre pensando en que pueda ocurrir algo; que no se queden como están, puro cosido de muñones: caminar un par de pasos por delante de la catástrofe: nadie tan joven que no pueda morir mañana, que diría Celestina. Y anoto la frase con pesar, porque acabo de hablar con mi hermana, y me ha dicho que esta mañana ha ido de entierro. Se ha muerto Enrique, un cocinero joven (no tendría más allá de treinta y cinco años) y lleno de vitalidad, con el que me unían buenas relaciones, cierta amistad. Al parecer se sintió mal mientras conducía el coche en el que llevaba a su hija de cinco años a un curso de vela, o de natación, algo así. Tuvo tiempo justo de aparcar en la cuneta antes de desplomarse sobre el volante. La niña salió por su cuenta del coche y corrió en busca de ayuda. Cuando el cuerpo llegó al hospital, ya no se movía. Al parecer, un coágulo de sangre le había afectado la zona cerebral que rige los movimientos. Consiguieron disolverle el coágulo, pero el lugar había sido dañado. Durante diez o doce días, se ha mantenido en coma profundo. Los pronósticos no podían ser más pesimistas: si sobrevivía, seguramente se quedaría paralizado, un tronco. A fines de la pasada semana observaron que movía un párpado, pero los médicos continuaban sin dar esperanzas. Ayer murió.

Aparto el viejo libro de Jean-François Revel, *Ni Marx ni Jesús,* que compré anteayer en Aviñón, con la intención de ponerme a leer antes de meterme en la cama, y pienso –en estos días en los que las radios transmiten las desastrosas consecuencias de los enfrentamientos entre Israel y Hezbolá– que ahora la lucha es entre Yavé y Alá. Los personajes han cambiado. Jesús y Marx se han quedado fuera de este juego del nuevo siglo. No es que hayan muerto: sestean. Jesús sigue ocupando el imaginario de buena parte de Occidente. A Marx se lo reencuentra uno en las pintadas de las universidades, o de algunos muros de los extrarradios urbanos, su cara barbuda, junto a la del Che. Poca cosa. Atraviesa una etapa de hibernación, pero sigue dándoles que pensar a algunos jóvenes privilegiados; sobre todo, resulta inevitable su presencia en las universidades latinoamericanas, allí aún está muy despierto y remueve conciencias, así me ha parecido advertirlo en los carteles que ocupan los pasillos de las facultades, en los puestos de libros y revistas, cuando he visitado las de Guadalajara y México; o las de algunas ciudades argentinas (Mendoza). Le supongo una presencia arrolladora en sitios como Perú, Bolivia y Ecuador, y en las universidades africanas y asiáticas.

1 de agosto de 2006

Síntesis del liberalismo de Revel: «*Dans une société les individus se pensent eux-mêmes au sein de la mobilité, ils peuvent améliorer leur sort en améliorant les choses; dans l'autre ils se pensent au sein de la viscosité, ils ne peuvent améliorer leur sort qu'en se faufilant entre les choses*» (J. F. Revel, *Ni Marx ni Jesus,* pág. 34). Por supuesto que la sociedad de la movilidad es el capitalismo y esa otra en la que el individuo se mueve en una masa viscosa es la sociedad comunista, un discurso que no sé si pueden creerse las masas de los grandes suburbios del tercer mundo; y ni siquiera las del primero, toda esa gente que apenas respira atrapada por la viscosidad de la miseria.

3 de agosto

Vuelvo a ver *Scarface.* Fue la primera película que vi en París, en 1969, en la filmoteca del Palais Chaillot. Un domingo por la tarde. Había llegado a la ciudad el día anterior, no conocía a nadie. Alguien me había llevado a dormir a su casa, un alma desinteresada (no quería nada de mí), generosa. A media mañana del día siguiente ya había encontrado trabajo en una agencia de limpieza y me metí feliz en el cine, una película en versión original: encuentro de un joven estudiante de la España autárquica con el mundo exterior. Pero hoy no tengo ganas de hablar de eso.

4 de agosto

De *La Muse du département,* de Balzac: «*il était paresseux et manquait de volonté. Certainement, le cerveau n'obéit qu'à ses propres lois; il ne reconnaît ni les nécessités de la vie ni les commandements de l'honneur; on ne produit pas une belle œuvre parce qu'une femme expire, ou pour payer des dettes déshonorantes, ou pour nourrir les enfants; néamoins il n'existe pas de grand talent sans une grande volonté. Ces deux forces jumelles sont nécessaires à la construction de l'immense édifice d'une gloire. Les hommes d'élite maintiennent leur cerveau dans les conditions de la production, comme jadis un preux avait ses armes toujours en état. Ils domptent la paresse, ils se refusent aux plaisirs énervants, ou n'y cèdent qu'avec une mesure indiquée par l'étendue de leurs facultés* [...]. *La volonté peut et doive être un sujet d'orgueil bien plus que le talent. Si le talent a son germe dans une prédisposition cultivée, le vouloir est une conquête faite à tout moment sur les instincts, sur les goûts domptés, refoulés, sur les fantaisies et les entraves vaincues, sur les difficultés de tout genre héroïquement surmontés»* (pág. 189).

6 de agosto

Justo este mes que tengo todo el tiempo a mi disposición, abandono el hábito de escribir en el cuaderno. Estoy a otras cosas: veo alguna película en la tele, me entretengo, pero, sobre todo, me dedico a pasar a limpio las notas de los años ochenta y pico, que la verdad es que carecen de interés y están sobradas de adverbios y adjetivos: arrebatos, calenturas que, al leer, no parecen justificados, alegrías y desesperaciones de corte retórico: bastantes más desesperaciones que alegrías. Pocas veces se encontrará un tipo menos capacitado para escribir que yo. Si he hecho algo de interés en la vida, ha sido tras un esfuerzo desmesurado, nunca una frase me ha surgido con naturalidad, siempre ha sido fruto de cortar, cambiar de posición las palabras, reelaborar una y otra vez, justo lo contrario de la ligereza con que parece que deberían surgir las notas de un cuaderno íntimo (desaparecen páginas enteras, e incluso algunos cuadernos).

8 de agosto

Extraño mes de agosto. No sé cómo se me escapan los días (ayer y hoy, el caos doméstico: obras en la fosa séptica, esa puerta al infierno de las casas rústicas). Paso bastante mecánicamente a limpio estos cuadernos, los viejos, los de los años ochenta. Les lavo un poco la cara al trasladarlos al ordenador: no evito lo escabroso (muy modestamente escabroso, por cierto), pero sí –en la medida de lo posible– lo cursi, la afectación que campa con bastante soltura y que me abochorna. Tacho párrafos enteros, arranco páginas, ya digo que por puro pudor literario.

También le he dedicado algunos ratos a la novela, que me parece aburridísima. Qué futuro puede esperarles a unos folios que el propio autor se siente incapaz de leer porque se aburre. Un cúmulo de divagaciones. Se salvan algunas páginas en las que vibra esa cosa indefinible de la literatura, eso que te toca dentro, pero el proyecto, en conjunto, no creo que se pueda sostener, ser lo que quería ser, una especie de *totum revolutum* sobre el desorden de nuestro tiempo, que parece pedir a voces el fin; indagación en el alma de un cuerpo social que alegremente se asoma a un abismo cuya densidad aún no conocemos. El banquete caníbal de un capitalismo podrido.

Ni me he acercado demasiado a estos cuadernos (a la vista está), ni he leído gran cosa, otra vez el gran Balzac, una cosa de Yasmina Reza, y *San Manuel Bueno, mártir,* de Unamuno, que en mi adolescencia en el internado salmantino me marcó profundamente, y hoy se me queda pequeño, empañado por un soniquete verbal que no le recordaba y que creo que, *malheureusement,* me influyó aún más que las ideas que expresa, y que se reducen a una: el fingimiento de la fe como un modo de hacer felices a los demás; de entregarles un (falso) sentido a vidas que carecen de él. Recuerdo que Martínez Llopis me contaba su radical materialismo, que contrastaba con la fe profunda, la beatería, de su mujer, y cómo, para evitar hacerla desgraciada, había fingido ser creyente durante todos los decenios que duraba su matrimonio. Soy médico, Rafael, en qué puedo creer respecto al hombre que no sea en la carne, me decía, pero ¿qué me cuesta arrodillarme todas las noches a su lado y rezar? Ella es feliz, cree que está ordenando mi futuro, el de nuestras hijas, habla incluso con la hija que se nos murió. Hasta rezamos por ti. Vamos a rezar por tu amigo comunista, me dice, y yo no creo que eso te haga a ti ningún daño. Volviendo al libro de Unamuno, es muy Schopenhauer, y curiosamente emparenta con lo que

Reza propone en el suyo (que se titula *El trineo de Schopenhauer)*, idea que también forma parte del esqueleto de la novela que estoy escribiendo, más desde las coordenadas dubitativas de Reza que desde las aseverativas de Unamuno. Lo que he leído estos días (incluido el magnífico Balzac) lo he leído sin orden, sin concentración, y hasta diría que con muy escaso provecho.

12 de agosto

Me cabrea que se me escape el verano sin hacer casi nada de lo que había previsto. He toqueteado, sin ninguna pasión, la novela; paso lánguidamente a máquina estos cuadernos, corrigiéndolos, aseándolos. Lo hago porque no me gustaría que, si me ocurriera algo, se quedaran como están, tan mal escritos, tan repletos de aspavientos de los que me avergüenzo. Así que o los rompo o los arreglo, y, por una razón de economía (por no tirar el esfuerzo que me han costado), voy pasándolos a ese estado intermedio, ni cuadernos de limpio, ni borradores. En cualquier caso, no se trataría de dejar testimonio autobiográfico, sino textos vagamente literarios: el testimonio sobre uno mismo no es nada, o es muy poco; lo que puede tener algún interés es dejar algo bien escrito, y cuando digo bien escrito no quiero decir con las comas y los puntos puestos en su sitio (que también, la sintaxis es sentido), sino que algo tenga la suficiente densidad como para ayudarle a alguien a reflexionar. A medida que voy pasando todo esto a limpio, me doy cuenta de que ocupará más espacio de lo que imaginaba: en los pequeños cuadernos caben bastantes más palabras de las que yo creía. No he hecho más que empezar y, a pesar de los descartes, llevo ya casi doscientas cincuenta páginas.

Desde que llegó el verano, solo he visto el mar un par de veces, y de refilón. Otro propósito incumplido: me había impuesto levantarme de buena mañana todos los días y bajar a la playa. Estar en el agua a las siete de la mañana, aprovechando los primeros rayos del sol, pero ya se ha ido la mitad del verano y no lo he hecho ni una sola vez. Tampoco he ido al mercado para comprar fruta, verduras, pescados..., para cuidar un poco la calidad de la despensa doméstica y de la alimentación. Ni he cocinado. Paco se limita a ir vaciando el congelador: comemos peor de lo que hemos comido el resto del año, al margen de cualquier ventaja estacional: esas frutas, esos pimientos, esos tomates...

Veo un reportaje sobre los campos de concentración, después otro sobre la guerra de España, siniestros uno y el otro: cuánta suciedad, cuánto olor a cadáver corrompido en la civilizada Europa de la primera mitad del siglo XX.

14 de agosto

Después de comer, somnolencia. Me digo que no tengo obligaciones, que no tengo por qué esforzarme, y que si tengo sueño, lo que debo hacer es dormir a gusto en vez de hacerlo cargado de mala conciencia. Pero duermo sobresaltado por las pesadillas, me despierto incorporándome bruscamente sobre la cama porque no puedo respirar, porque me ahogo (¿apnea?); el cuerpo tenso, como si tuviera fiebre. Cuando me reanimo, son casi las ocho de la tarde, escribo un rato, paso a limpio viejos cuadernos, intento dejarlos legibles, limpiarles la rebaba gesticulante que llevan adherida. Escribo sabiendo que no se trata de algo publicable: a trechos, por inane, por hueco; en otros tramos (seguramente los que tienen más aparato literario), por indiscretos: cuentan anécdotas en las que intervienen personajes conocidos, amigos míos reconocibles, o sacan a la luz aspectos de mi vida directamente impúdicos. Ya sé –y he ejercido mi oficio de novelista sabiéndolo– que no hay nada que pueda considerarse escandaloso si literariamente se sostiene, si forma parte del aparato moral que construyes.

La debacle de la que intento convalecer es sentimental, me ha producido daños en eso que llaman el corazón, pero también en la física (me veo malcomido y maldormido), e incluso en la moral, ya que me ha impuesto que me salte las reglas de mi propio juego, me lleva a un relativismo que me descoloca: desenfoca la imagen que tengo de mí mismo; me vuelve personaje movido en una fotografía, un tipo borroso difícilmente reconocible, falto de esa quietud precisa en quien quiere poner las cosas por escrito, tan necesitado de firmeza en el punto de vista. La anomia lleva a la agrafia. De eso, hasta un niño pequeño se da cuenta. La otra noche, cenando con P. G. N., le decía: Tengo un montón de folios escritos, pero me falta el punto de vista, así que no tengo nada. Me sorprendió cuando me dijo: Claro, es que sin punto de vista me imagino que es imposible escribir una novela. Puedes hacer cualquier otra cosa, pero una novela necesita de modo imprescindible la autoridad de una mirada. Y eso que él no sabe nada de literatura.

Entre una cosa y otra (hoy han seguido con las obras del pozo ciego en casa), se me está escapando agosto sin ni siquiera leer. Precisamente estos días que me parecen largos y libres estoy leyendo menos. Lo anotaba el otro día, no me concentro, no me intereso, no fijo la atención en lo que leo, como no fijo el punto de vista en lo que escribo. Lo dicho: un ser desenfocado, borroso, vagando por una pegajosa extensión de arenas movedizas. Por la noche, cuando me aburro de perder todo el santo día buscando cosas que no encuentro, removiendo papeles, u hojeando folios metidos en carpetas, me tumbo a leer en la cama; y es tal la pereza que siento, que no soy capaz de apartar la colcha para meterme debajo, ni de levantarme a apagar el ordenador o la luz que permanece encendida encima del escritorio. Me amodorro así vestido y permanezco en esa modorra hasta las siete o las ocho de la mañana, estúpidas maneras de perder el tiempo, de robarle tiempo al trabajo, y alegría al ocio. Aún no he sido capaz de ir un solo día a la playa para bañarme.

15 de agosto

Otro día que se va, que se esfuma, mientras paso al ordenador estos cuadernos, una tarea que suponía más fácil de lo que acabará siendo. Los cuadernos guardan bastante más texto de lo que yo creía. Apenas llevo una pequeña parte, y ya superan las doscientas cincuenta páginas, lo que significa que, si acabo pasándolo todo, el volumen podría tener setecientas u ochocientas páginas; y eso que evito volver a copiar la mayor parte de las citas, y de que hay algún cuaderno que se limita a recoger textos que he ido tomando de los libros que leo, y que se queda fuera de la selección. Además, copiar en el ordenador es solo la primera fase, lo complicado vendrá luego, cuando intente darles cierta corrección, y aún más si aspiro a que acaben teniendo alguna coherencia, componiendo un libro; es decir, cuando pretendan convertirse en un texto uniforme, ahí la tarea adquiere una magnitud que me asusta. Puede ser un trabajo que me ocupe durante meses. En cualquier caso, me creo más ese trabajo artesano, de mampostería, que el que llevo a cabo con la novela: no es que pretenda escaparme de ella, sino que el trabajo con los cuadernos se me presenta como una especie de prólogo, aclaración previa que debo cumplir antes de coger de una vez por los cuernos el toro de la novela. Ya sé que estos cuadernos no tienen valor público, no sirven para construirme eso que se llama carrera literaria, y que la mercadotecnia exigiría más bien otra novela después de tanto tiempo sin editar, pero a los cincuenta y siete años creo que puedo permitirme hacer lo que debo (y lo que puedo) y no lo que algún penate recomiende por mi bien. Por ahora, el ciclo narrativo está cerrado, y lo que venga (lo que esté viniendo) tiene que aparecer como necesidad, para lo que no me parece mal este ajuste, el inventario general que supone redactar lo que llevo escrito en estos cuadernos. Además, lo uno y lo otro no tienen por qué ser incompatibles; solo que, en estas notas, el tempo sería distinto, de un modo que me parece más libre, no presionado por supuestas estrategias: lo único importante es seguir trabajando, aunque sea a trancas y barrancas.

Hay que ver lo bien que trabaja el aparato de propaganda del PSOE (frente a la tosquedad de los peperos). Este año, en el que –como otros– ha vuelto a arder buena parte de los bosques gallegos, el problema ya no son los incendios, sino los pirómanos, las tramas organizadas de incendiarios. Ha sido llegar ellos al poder, y el foco ya no se sitúa en las llamas, sino en los mecheros que las provocan (que, por supuesto, se supone que pertenecen a los resentidos derechistas). No se piden responsabilidades políticas a los encargados de mantener los bosques, como se pedían los pasados años; no hay un movimiento ciudadano que exija al poder que cumpla con su obligación preventiva, sino que hay una enorme y conmovedora ola de solidaridad con esos pobres árboles quemados por los criminales y con esas autoridades acosadas por los fascistas pirómanos. Imagino cuáles serían los titulares de los periódicos, las soflamas de los locutores de radios y televisiones si esos fuegos le hubiesen estallado entre las manos al viejo rinoceronte Fraga. Las multitudes enfurecidas estarían en estos momentos apedreando las sedes de las consellerías del PP. Sin embargo, el mensaje de este año es justo el contrario, apoyar a los gobernantes, simpatía y solidaridad con los alcaldes de los pueblos dañados, la responsabilidad no es suya, sino que es –responsabilidad y culpabilidad– de la oposición: incluso se insinúa que los pirómanos forman parte de una trama muy bien trabada desde el PP. Es el PP el que está quemando nuestros bosques. Lo más sorprendente es que el mensaje cuela, cala, gracias al manejo de la juguetería derecha-izquierda que sigue dándoles unos excelentes resultados a los socialdemócratas.

16 de agosto

Aprovecho las horas de la madrugada para telefonear a California, a Carlos Blanco. Hacía tiempo que no tenía noticias suyas y no sabía cómo iba a encontrármelo. La última vez me contó unos cuantos achaques, pérdida de visión, y también algo así como un tumor en el colon o en la próstata del que lo habían operado. Al primer timbrazo, descuelga Iris: como de costumbre, un infatigable cascabel. Me pasa enseguida con Carlos, cuya voz desprende jovialidad, y suena particularmente juvenil, bien timbrada, a pesar de las decenas de miles de cigarros que se ha fumado en la vida. Enseguida fluye ágil la conversación. Todo indica que se encuentra estupendamente, y oírlo así de bien alegra. Me cuenta que se le ha roto el disco duro del ordenador y ha perdido tres novelas y no sé cuántos artículos, papeles, documentos, apuntes que tenía metidos allí dentro... Pero no parece darle demasiada importancia. Sin duda, debe tener copias en papel o en otro disco de la mayoría de lo que ha perdido, por más que no deja de ser un coñazo tener que volver a mecanografiarlo en caso de que se trate de copias de papel. También parece bastante satisfecho de las noticias políticas que le llegan de España, de lo que hace Zapatero, etc. Ya lo discutiremos, me dice. Noto un contraste tan grande entre su optimismo y mi falta de ilusión y mi desconfianza hacia el joven zorro. Me pregunta por conocidos comunes, por lo que escribo. No se acaba de creer que no veo a nadie, ni que lo de la novela lo tengo bastante crudo. Siempre estás igual, y luego fíjate en lo que haces, se burla. Miro en los suplementos culturales y no te veo por ninguna parte, bromea. Cuando cuelgo el teléfono, tengo tal sensación de desamparo, me veo tan perdido, que me pongo un rato con la novela. No es que escriba nada, pero intento ver si todos esos folios pueden ajustarse, pueden formar parte de algo: cirugía o implantes. Mezcla de ambas operaciones. Decido que eso es lo que necesita: cortar mucho, e implantar algo, reforzarle elementos de trama, no de trama policiaca, ni nada de eso, pero sí textura dramática, ritmo en la frase, tejido. Es un libro que debe sostenerse en la tensión del propio lenguaje. Me digo que, en realidad, el *corpus* está. Digamos que hay una sucesión de textos que captan cierto aire, el espíritu de lo que quiero expresar, pero que necesitan convertirse en novela. Tengo veintitantos días libres para dedicárselos (aunque deba escribir el artículo de *Sobremesa).* Veremos lo que dan de sí. En cualquier caso, qué verano tan espeso, tan poco fructífero. Lo pensaba hace un rato, cuando han lanzado un castillo de fuegos artificiales en El Verger y me he asomado a la terraza a verlo mientras me fumaba un cigarro. He sentido melancolía de los fugitivos días de verano mientras veía las figuras de colores que se formaban y deshacían en el cielo. Soplaba un vientecito anunciador del final de la estación y la sospecha otoñal llegaba envuelta en el aroma del galán de noche. El conjunto de sensaciones me traía recuerdos de otros veranos, el olor, el ruido sordo de las explosiones en la lejanía, la excitación al contemplar las manchas coloreadas allá lejos, por encima de la mancha oscura del mar. Fiestas en El Verger, en Els Poblets, en Ondara, en Pedreguer. Oigo la voz de mi abuela que, al ver los lejanos fuegos de artificio, dice: Hoy es El Salvador, hoy son las Nieves. Son fiestas en Els Poblets. Hoy es Sant Roc. Y lo dice como si ella hubiera estado allí, a la luz de los cohetes, en su lejana juventud, y en su tono de voz me dejara a mí una herencia de felicidad. Las Nieves, la Candelaria, Pascua, la Sangre, la Mare de Déu d'Agost, Navidad..., posos de la memoria, idea de una idea de felicidad hereditaria, porque ellas mismas, mi madre, mi abuela, mis vecinas, la habían recibido como imagen luminosa. Ni siquiera habían estado allí; desde casa, habían visto los fuegos allá lejos, y conocían, por las fechas, en qué pueblo vecino eran las fiestas; como me ocurre a mí ahora, repetían la felicidad de palabras que habían recibido. Esta noche, la grisalla asfixiante de mi verano perdido se ha rasgado un instante para filtrar, con el familiar perfume del galán de noche, el brillo encandilador de los fuegos: recuerdos de felicidad heredada. Son las fiestas en El Verger, hace unos días fueron las de Els Poblets, y yo soy un niño durante un instante. Veo el color de los fuegos de artificio por encima de la copa de la higuera de casa, por encima de la tapia del cine de verano. Pero de eso hace más de medio siglo. Me aferro a esa herencia sostenido por el olor de la noche, por el viento fresco que anuncia el otoño, y ahí me mantengo en ese estado de belleza que intuí y regresa para ayudarme en tiempos sin gracia: por la tarde había recorrido los bares y las bromas chuscas que se cruzaban los clientes, el tono pesado, las crueles alusiones a los ausentes, me habían puesto de un humor de perros. Me he quedado solo en una esquina de la barra, reducida a vacío cualquier aspiración privada: todo burdamente público, expuesto en la escenografía de la burla, carrera de apuestas por ver quién es más bruto, más despiadado con el prójimo. Necesito sacar la cabeza fuera de esta crueldad gratuita, de la innecesaria dureza envenenada con el otro. Es fiesta en el pueblo de al lado.

17 de agosto

La noche fresca, perfumada. Por las ventanas abiertas se cuela un vientecito otoñal que trae el olor del galán de noche. Lo capturo, se me escapa. Me levanto, me acerco a la ventana para notarlo con más intensidad, y sí, está ahí, llena el aire: es el olor de los desaparecidos cines de verano en Tavernes, en Denia (jazmín, rosas, clavellinas, galán de noche), el que, mezclado con el finísimo aroma de los dompedros, se filtraba entre los cañaverales que se extendían entre la casita de mis abuelos en el Saladar de Denia y el mar. Puedo oler ahora todo eso; y percibo el aroma secante de la higuera, el áspero de los geranios, el de las tomateras; notar el aire húmedo de la noche en la piel, escuchar el sonido de los grillos, la emoción al descubrir entre las yerbas el brillo de una luciérnaga. El del galán de noche es siempre el olor detonante que pone a trabajar la memoria y trae lo demás, pone los recuerdos –incluso, o sobre todo, esos falsos recuerdos consoladores– en marcha: me trae la humedad aromática de la noche, el aire, los cielos estrellados de entonces. Parecía que alguien hubiera derramado allá arriba un cubo de leche reluciente: las salpicaduras blancas se unían unas con otras y ocupaban parcelas enteras del cielo formando regueros de luz líquida. Todos los sentidos, y la memoria, enredados por un olor que regresa, que devuelve incluso las caras y las voces de mi abuela, de mis tíos, de mis vecinos, esa gente que ya no está, a la que no volveré a ver –reconstruida, rehecha, reinventada– más que en alguna otra noche de transporte lírico o histérico como la de hoy; por desgracia, hace decenios que ellos no pueden mirarme. Tampoco están ya los cañaverales, ni las orillas del mar frente a la casita (hoy un espigón de cemento, las construcciones de un feo edificio, el Club Náutico), las piedras lamidas por el agua, tapizadas por el verdín de las algas y pobladas por colonias de bígaros, de lapas, de diminutas clóchinas, de caracoles ermitaño con sus patitas moviéndose deprisa bajo el capuchón sólido; cangrejos de diversas variedades, algunos apenas un frágil caparazón transparente y rosado; otros, de un color oscuro y con las patas cubiertas de vello; o verdosos, o negruzcos, o azulados. Entre las piedras, la diversidad de los peces, los delicados hipocampos; las minúsculas gambas: líneas ondulantes que rodean un vacío. Al fondo, la vegetación submarina, cabelleras mecidas por el balanceo del agua, o misteriosas flores subacuáticas de deslumbrantes tonalidades. La belleza venenosa de las medusas, cúpulas transparentes y coloreadas con delicados tonos dignos de algún sabio maestro vidriero. Las voces llaman desde lejos con un sonido que se disuelve o ahueca en el calor de la tarde: el sonido parece su eco. Es la hermosura que se entrega repentina, y luego ya no está. El niño cree que se trata solo del caparazón del fruto y resulta que es su almendra. Pasa el instante, y luego ya no hay nada: pero eso se aprende después.

20 de agosto

Leo una escalofriante *Historia de la mafia siciliana,* de John Dickie, publicada por Debate.

Desidia.

No salgo de la habitación, apenas me lavo, me veo sin fuerza para escribir el artículo sobre los vinos blancos del Ródano que tengo que entregarles a los de *Sobremesa.* No mirar delante. No pensar en el futuro: es entelequia, no existe.

24 de agosto

Tomo notas para el artículo sobre los vinos del Ródano (tengo un libro magnífico, completísimo, de un tal Livingstone), leo un libro de Diamond sobre por qué unas sociedades se impusieron sobre otras (cosas que más o menos me sé: me aburre), y paso a limpio en el ordenador estos cuadernos: cuando me separo de la pantalla, descubro que son las tres de la mañana. Se me nubla la vista. No veo nada. Intento fijar la mirada en los lomos de los libros para leer los títulos: imposible. Tengo que dejar de lado el libro de Diamond porque lo cubre una gasa turbia. Tras el brillo de la pantalla, las bombillas apenas alumbran. Me mareo. Hago verdaderos esfuerzos para no caerme.

26 de agosto

Poco a poco avanza el artículo sobre los blancos del Ródano. Menos mal que conseguí el estupendo libro de Livingstone en el que viene todo, absolutamente todo sobre los viñedos y los vinos del tramo norteño del río. Fue una suerte acabar encontrándolo. De lo contrario, ahora estaría vagando entre mis apuntes como un alma en pena.

27 de agosto

Noche en blanco. Giro sin avanzar, más bien hundiéndome en un vórtice. El hombre sacacorchos. Un remolino que te sorbe. Pero no. No es del todo así. Ahora mismo, a las cinco de la mañana, leyendo algunos folios de la novela, me parece que tengo ahí el tono, que solo es cuestión de ajuste, de ponerle esos tirantes que necesitan las novelas para no caerse. El traje está cortado, y el paño es de calidad. Hay que coser cuidadosamente.

Avanza, aunque lentamente, la novela, cobra forma; y también la versión en limpio de estos cuadernos, y parece casi resuelto el artículo sobre los vinos del Ródano, que ayer quedó bien embastado. Me gusta esa palabra –embastar– que usaba mi madre cuando tenía una prenda cosida provisionalmente, hilvanada, a punto para la sesión de prueba. Tras el embastado, el cosido definitivo, el repunte; luego, doblar y planchar.

28 de agosto

El insomnio nuestro de cada día. Me adormezco hacia la una de la mañana pensando que los horarios empiezan a normalizarse (anoche no pegué ojo; por si fuera poco, hasta no sé qué hora, las cuatro, las cinco, sonó la música que llegaba desde el pueblo: están en fiestas), pero a las tres menos cuarto ya estoy otra vez despierto. No es grave, no pasa nada: no siento ningún tipo de angustia, oigo la radio, ni siquiera me siento especialmente cansado, más bien al contrario, me invade cierta sensación de euforia, pero no deja de parecerme poco normal que una persona apenas duerma ni de noche ni de día y, encima, cuando acaba la jornada tenga la impresión de que se le ha ido el tiempo sin hacer nada de provecho. ¿En qué se me va el tiempo? En buscar las gafas, un lápiz, el libro que hace un instante tenía entre las manos, una información que necesito para el artículo, o para la novela, y que no encuentro por ningún sitio. Además, cada vez tengo una tendencia mayor a quedarme abstraído, pensando en las musarañas, que es una manera de decir que ni pienso ni hago nada.

29 de agosto

Desde hace una semana, los días resultan frescos, agradables. Un vientecito suave me permite trabajar durante todo el día sin acordarme del claustrofóbico aire acondicionado; pero, en cuanto anochece, se para el aire y el ambiente se impregna de una humedad pegajosa, situación meteorológica que no ayuda precisamente a combatir el insomnio. Esta noche resulta especialmente agobiante. Es casi la una y estoy empapado. He trabajado con el artículo y con la novela.

Llamada de Barba diciéndome que ha terminado otra novela. Charlamos un buen rato por teléfono. Se trata de una novela corta y me la envía por correo electrónico. Según me cuenta, será la primera de una trilogía. Me dice: Quiero que te la leas, me fío mucho de tu opinión. Eres tan bestia. Me comentas siempre lo que piensas de una manera tan descarnada. Sus palabras me llevan a pensar lo fuera de juego que estoy, lo ensimismado. Parece que en el ambiente hay otra suavidad, otra dulzura en el decir las cosas que yo he perdido o no he llegado a adquirir.

30 de agosto

Leo la novela de Andrés Barba. No hay nadie como él –tan joven– que penetre con tanta agudeza en los órganos en los que se refugia el dolor humano, carne y dolor, pero este libro se le va de las manos. Tiene que corregirlo, cortar. Echar fuera al novelista que se le mete por medio. Hay páginas y páginas en las que las imágenes tienen ese valor que reclamaba Pavese como propio de lo literario, que dos palabras que no habían estado antes juntas se encuentren y de su conjunción salga una luz nueva, una nueva realidad, pero luego yo creo que se le mete por medio la prisa de contar, se le entromete el autor, y tiene caídas tremendas en las que roza lo redicho, lo cursi. Él está desconcertado. Al parecer, algunos amigos le han dicho que el libro es magnífico, y a él también le gusta mucho, pero Herralde, que acaba de volver de veraneo, no lo ve, y ahora comparezco yo con una opinión que tampoco acaba de ser favorable. Intento razonarle lo que me gusta y lo que no. Le hablo con dureza y él a ratos me da la razón, pero no se trata de eso. Se trata de que yo creo que tiene un libro que puede ser precioso y que no lo es. Su misión, o su vocación, no tiene que ser adecentar la novela, sino despojarla de ganga para sacar a la luz la joya que hay dentro. Y no parece que esté por la labor. Le digo: Al único que debe gustarle el libro es a ti. Cuando decides publicar una novela y cuando te mueres estás solo. Nadie puede ayudarte. Si a ti te gusta y a Herralde no, que no te la publique, y a ti te toca pelearte por que lo haga otro editor. Le digo también que desconfíe de la opinión de los novelistas: somos malos lectores. Siempre leemos a los demás desde la novela que llevamos en nuestra cabeza. En fin, que uno nunca sabe cuándo obra bien y cuándo mal.

(Fin del cuaderno Moma.)

El cuaderno negro cuadrado
(septiembre-octubre de 2006)

Un diario plantea siempre exigencias. Pero también trae ventajas. Con él se dejan huellas de luz en el oleaje de días vividos; de lo contrario, ese oleaje se vuelve oscuro enseguida. También quiero entender el diario más como un goce que como una obligación.

E. JÜNGER, *Radiaciones II*

2 de septiembre de 2006

Jiří Weil: *Moscú-Frontera.* Termino de leerla con un nudo en la garganta. Una lectura en negativo de la epopeya soviética, de las esperanzas de la clase obrera europea de entreguerras. No resisto la tentación de enviarle una carta felicitando por la publicación a Inmaculada Jiménez Morell, de Ediciones del Oriente y del Mediterráneo, a la que conocí hace algún tiempo y que es la que publica el libro.

3 de septiembre

Jornada de sexo intensivo con A. (que no se llama A.). La periódica resurrección de la carne, con sus ritos, tan variados, tan idénticos.

Esta tarde termino de leer *Les fausses confidences,* de Marivaux. Para poder anotar el título aquí, me levanto tres veces para mirarlo en la estantería. Lo leo, y cuando llego al cuadernito, ya lo he vuelto a olvidar: ¡como para hilvanar una novela de cientos de páginas! Un enredo bien medido, mujeres inteligentes y libres de pensamiento que resultaría difícil encontrar en el teatro español de la época (mientras lo escribo, pienso que seguramente me olvido de algunas, creo recordar que las hay mucho antes, en Tirso, en Ruiz de Alarcón..., no recuerdo bien, ¡hace tantos años que no los vuelvo a leer! Sin duda, están las mujeres de Cervantes. ¡Ah! Y está Celestina, aunque Celestina, como la lozana andaluza o la Trotaconventos, son mujeres del margen, no están en sociedad.

De quien me he acordado hace unos instantes sin venir a cuento ha sido de Silvio Pellico: leí *Mis prisiones* en el internado, a los trece o catorce años, y se convirtió en mi libro predilecto durante algún tiempo. Identificaba el sufrimiento, la soledad e impotencia de aquel presidiario con mis sufrimientos de alumno interno; y su exaltada carga de erotismo contenido se ajustaba bien a la de aquel adolescente que sentía bullir la desazón de amores confusos.

Anoche, en el apartamento al pie del cabo de San Antonio, soplaba un viento otoñal, y eran de otoño la luz, la finura del aire, los nacarados del cielo; sin embargo, aún no ha llovido ni un solo día, ni siquiera una de esas tormentas de agosto que suelen resolverse en trombas imprevistas de agua. No ha caído ni una gota, pero se ha limpiado la atmósfera y la montaña verdea bajo un cielo diáfano. Se han disuelto las calimas, se desvanece la pastosidad del verano. El paisaje parece cumplir la agenda de sus ritos sin darse cuenta de que falta precisamente el motor que pone en marcha toda la maquinaria del espectáculo: el agua. El verdor de la montaña lo achaco a la humedad acumulada en el aire, fruto de la evaporación del mar provocada por el tremendo calor que nos castigó durante los primeros días de agosto. Por las noches, cuando salgo a la terraza a fumarme un cigarro, gotea el tejadillo con unos goterones que se precipitan abriéndose paso en la atmósfera viscosa. Por la mañana, aparece encharcada la superficie que bordea el perímetro de la casa, resultante de esa humedad concentrada en el tejado. Desde hace una semana, los días son muy agradables, soplan brisas de fin de verano, y las temperaturas se mantienen muy suaves, pero al llegar la noche se para el aire y se concentra hasta crear una atmósfera pesada, casi irrespirable. Hace más calor de noche que de día, y eso que las noches son ya notablemente más cortas.

12 de septiembre

En Madrid, en la habitación del hotel.

Me despido de *Sobremesa,* un largo matrimonio de veintitantos años. Aparte de que, durante los últimos meses, he tenido la sensación de que aquí estaba de más, pesa esa carga de hastío que separa –o une– a las parejas que llevan largo tiempo conviviendo sin amor. Ajenidad. Ya no siento que la revista forme parte de mí, que reciba o me dé algo. El director, a cuyas arbitrariedades he achacado la tensión de los últimos meses, cuando le comento mi intención se muestra amistoso, cómplice, como si quisiera recuperar el clima de antes: su reacción es la del niño que fuerza el mecanismo del juguete hasta que lo rompe y, cuando lo ve roto, quiere volver atrás, recomponerlo. Como si su borderío de estos últimos tiempos no hubiera sido fruto del cálculo, sino de la soledad, o, mejor, de la amargura: se ha creado una especie de cárcel en la que rabia, en la que consume su ego en peleas que sería largo y poco interesante explicar. Que yo me vaya supone darle argumentos al enemigo que está dispuesto a devorar la revista para convertirla en basura comercial (eso hace veinte años que es así, el enemigo está estúpidamente instalado no sé si en la cabeza o en el corazón del propietario, que debería defender su producto, al fin y al cabo es posibilidad de obtener dinero aunque sea vendiendo la cabecera y su filosofía de independencia y calidad. El propio director no ha sabido si jugar a favor o en contra de sus propios enemigos). Tras hablar con él, lo veo desolado y me toca el corazón. Acepto darle un plazo de tres meses: que parezca que estoy ocupado en algo hasta fin de año. Lo acepto, pero estoy seguro de que no voy a cambiar de opinión. Por tu bien, por tu futuro, me insiste. Y apuntilla: No se vive de dignidad. Pero no se trata de eso. Es hartazgo. Son ganas de quedarme en casa, con mis cuadernos, con mis libros, con mis reconcomes. Ya veremos. Espero no dar marcha atrás.

14 de septiembre

El desparpajo. César Antonio Molina, director del Instituto Cervantes, dice: «Es una pena que los artistas solo opinen de política.» Todo lo que dice parece descomprometido, ligero, ajeno: en el punto exacto que le conviene a su carrera política y literaria. Defiende a Rubianes (el de que se metan a España por el culo y les reviente los huevos. Yo creo que se puede decir, claro, y seguramente hasta se debe, pero luego no puedes querer actuar en el teatro Español y que no haya quien te grite a la puerta, disfrazarte de flor de frágil té. ¿En qué quedamos? O que le den a España o que no le den, pero las dos cosas al tiempo es imposible, esto es una guerra), y lo defiende con equilibrio: «una cosa son las expresiones artísticas y otra las opciones personales. Puede interesarme la obra sobre Lorca, pero no lo que diga el que la monta». Al hablar de su obra, de sí mismo, nos dice Molina: «La poesía española se cerró en el realismo, había que devolverla al mundo, proyectar su universalidad», y se queda tan tranquilo. Para completar el panorama, habla de su familia republicana, la mitad en la cárcel, la otra mitad en el exilio. Todo correctísimo, en orden en la era zapateril. Nada que objetar, puede seguir colocando amigos gallegos como directores del Instituto Cervantes (me dicen que ya van ocho o nueve), y, sobre todo, labrándose el futuro, tal vez como apacible patriarca en la propia tierra.

(Unos meses después de que yo escribiera estas líneas, al que se quejaba de que los poetas hablan de política lo nombraron ministro de Cultura.)

15 de septiembre

Quiero dejar claro que no hay nada que nos una, que o todo fue un espejismo o se trata de algo contra lo que él ha luchado. Bien. Ya está. Ha ganado la batalla. Que acepte su victoria sobre sí mismo y sea consecuente. Todo esto me ha quitado concentración, ha dificultado mi trabajo, le ha robado continuidad y profundidad. Necesito un poco de paz, y más ahora, cuando estoy abandonando *Sobremesa* y tengo que organizarme para sobrevivir, pura resistencia fisiológica: comer, pagar la casa, la luz, el sueldo de Paco, la Seguridad Social... De momento, cumplir el primer compromiso que tengo (un prólogo sobre Madrid para un libro de fotografías), escribir el último artículo de *Sobremesa* que me queda por entregar (sobre Aviñón), organizar una charla para noviembre que acaban de proponerme, trabajar en estos cuadernos. Sobre todo, hincarle de una vez el diente a la novela. Todo para salir del pantano de esa amistad que se ha cerrado, y no por mi culpa (eso creo: yo no cambié las reglas del juego). Estuve conforme con aceptarla con las limitaciones que fueran, pero con franqueza. No ha sido así. Como de costumbre, sufrimiento inútil. No quiero ponerme economicista, pero sufrimiento, ¿en beneficio de qué?, ¿a cambio de qué? No hablo solo de materia en el sentido estricto o figurado, no: me refiero a satisfacción moral, a práctica de las virtudes humanas; si se me apura, hasta de deber cumplido. Ni siquiera un atisbo de eso me he encontrado. Pero ¿qué falsedades escribo? Práctica de las virtudes: ¿cómo se puede hablar así, cuando a lo que estoy refiriéndome es a emborracharse, meter y sacar, esnifar...?

16 de septiembre

He pasado todo el día leyendo *Radiaciones* de Jünger, sus diarios de guerra, que me parecen bastante más interesantes que sus novelas, tan cargadas de representación *(Heliópolis, Eumeswil),* tan teatrales. Quiero escribir más detenidamente sobre esos impresionantes cuadernos. Mañana empiezo mi nueva vida, la que he elegido: no volver a Madrid, darme de baja como asesor de *Sobremesa,* escribir *full time,* mantener el equilibrio, alumbrar algo. No puedo decir precisamente que, en estos momentos, no tenga nada. Soy un saco lleno de propósitos.

17 de septiembre

Fallidos intentos de organización. Ayer nueva llamada de W. para ir a comer. Acabo yendo, me digo que por su amigo (excusas, prolongar lo que no debo). Al final, grata jornada en la playa, en casa del amigo, las dunas vírgenes, un mar como el que conocí, el cielo otoñal, el agua que huele intensamente a sal, es de un color entre verde y azul, transparente, y se levanta en espumeantes olas sorollescas, justo como lo recuerdo en la felicidad originaria. En el paraje desemboca un riachuelo y daba mucho gusto meter los pies en las aguas frías del río y luego en las más cálidas del mar.

Hoy me he pasado el día leyendo a Jünger. He concluido –deslumbrado y afligido– el primer tomo de *Radiaciones.* Me he quedado tan abatido que no tengo ánimos para ponerme a escribir. Otro día será. Me espera el segundo tomo. De cuanto he leído, es el mejor Jünger (con permiso de *Tempestades de acero,* que tendría que releer). Sin proponérmelo, en estos días me he encontrado con dos magníficos textos sobre la guerra: el de Alberto Asor Rosa, *El alba de un mundo nuevo,* y estos diarios. Escribir sobre los dos. Pero, para eso, necesito poner mi cabeza en orden. Qué hacer cuando acaba de pasarte por encima un huracán. Me hago la pregunta y no puedo evitar la rabia, me siento como un inepto. Me encuentro sumido en el desorden porque he leído un libro que alguien escribió rodeado de cadáveres, casi cadáver él mismo, en un momento en el que la humanidad había regresado a un estadio zoológico; peor aún, a una mezcla del estadio zoológico con el tecnológico, una inhumanidad poshumana, que estaba más allá del gran salto. Libros como los de Jünger y Rosa nos demuestran el poder galvanizador de la literatura, ni el periodismo ni la televisión pueden sacudirnos con esa compleja energía, no nos sumergen en el verdadero horror a pesar de mostrárnoslo a diario. La literatura es todavía capaz de transmitirlo como si asistiéramos a su nacimiento, como si nunca hubiéramos estado en contacto, no ya físico, sino ni siquiera mental, con él. Nos hace volver a una particular forma de virginidad. Jünger cumple al pie de la letra la exigencia –o constatación– de Proust de que cada escritor vuelve a mostrarnos el mundo como si nadie lo hubiera hecho antes. Cada gran novela vuelve a crear el mundo.

Asor Rosa nos cuenta la guerra como momento de iniciación de un niño romano de familia modesta. Jünger documenta el paseo por el París ocupado y por buena parte de Europa de un altivo oficial nazi: norte de Francia, Luxemburgo, Ucrania, los Urales... Los dos libros consiguen un extraordinario efecto de inmersión en la verdad: Asor, con un ajustado lenguaje realista; Jünger, con un vibrante trabajo de orfebrería en la frase, en la adjetivación, buscando incardinar cuanto ocurre a su alrededor en el curso de las distintas ideologías que recorren su tiempo.

Asor nos transmite lo que aprendió en esos días y –muy especialmente en los emocionantes últimos capítulos– lo que su padre quiso que la guerra le enseñara cuando le contó el atroz encuentro con los cadáveres devorados por centenares de ratas, arrodillados de cara a la pared y con un tiro en la nuca, en lo que luego se conoció como la masacre de las Fosas Ardeatinas: «Mi padre me contó que había visto los prisioneros arrodillados en el suelo, no descompuestos todavía y colocados en filas muy apretadas, algunos de ellos caídos de bruces y todos con las manos atadas a la espalda y un orificio enorme en el cráneo. Dijo que, salvo quizá el primero, todos debieron de conocer el destino que los aguardaba con diferencia de pocos o de muchos minutos. Y también contó que cuando alguno de los encargados de alumbrar los restos alumbraba con la linterna al fondo de la cueva, se veían tropeles de ratas gordísimas que huían a toda velocidad» (pág. 263).

Jünger se cuenta a sí mismo un horror del que él forma parte. Había asistido a la primera gran matanza y puede permitirse establecer diferencias entre aquella y esta, para decirse que ahora sí que la humanidad ha tocado verdaderamente el infierno. Pasea entre casas y vehículos destruidos, entre cadáveres animales y humanos, en un *crescendo* del horror que, en su mirada, permite una lectura paradójica, ya que, al mismo tiempo, describe la fulgurante naturaleza que encuadra la guerra, colecciona y describe insectos que captura en los ratos libres, toma vinos de Borgoña: se hace un altivo hueco en ese hundimiento. Según nos dice, el demonio se ha apoderado del mundo: por todas partes rige su sistema contra el que no puede hacerse nada. Él goza y respira en los huecos. La exposición de cadáveres mutilados, helados, en diversos estados de corrupción, forma parte del escaparate del negocio del demonio: se mata por la supervivencia, por odio, o nada más que por rutina: la muerte es el método que lo resuelve todo. «El reino de la muerte se convierte en un trastero; en él se depositan, para no verlas nunca más, aquellas cosas que parecen incómodas, que parecen difíciles. Pero tal vez se cometa un error al obrar así» (pág. 438). Cualquier atisbo de piedad se convierte en error funesto. El soldado que salva a dos niños aparece degollado al amanecer. Los muchachos han huido.

En esta guerra de nuevo tipo, el soldado desaparece ante el técnico: «El ser humano se siente dentro de una máquina de la que no hay escapatoria» (pág. 442). Se ha esfumado cualquier vieja fórmula caballeresca, el soldado ya no se rodea de ningún aura heroica, es solo un carnicero: «Es horroroso el grado a que ha llegado la ceguera incluso de hombres jóvenes frente al sufrimiento de los indefensos; les falta el sentido para percibirlo. Se han vuelto demasiado débiles para una vida caballeresca y han perdido también hasta el simple decoro que prohíbe maltratar a los débiles. Al contrario, ven en ello incluso su gloria» (pág. 381). Para Jünger, esa es la diferencia esencial entre la Primera y la Segunda Guerra Mundial: la aparición de los carniceros, a los que él llama lémures. La guerra ha pasado «de la esfera de los héroes a la de los demonios» *(Radiaciones II,* pág. 156), una distinción que yo creo que está más en su cabeza que en la realidad, porque lo cierto es que las dos fueron guerras de carniceros, y las dos fueron guerras de máquinas y no de soldados: en la primera, la que él considera noble guerra de soldados, los soldados estuvieron metidos en las trincheras durante meses como si fuesen gusanos. Mandaban las máquinas, los tanques, los lanzallamas, los gases, los zepelines. Desde el origen de la guerra han mandado las máquinas, las espadas de hierro, los elefantes de Aníbal, o el caballo que los aqueos meten en Troya, trampas, mentiras, indignidad. Grandes carnicerías.

Jünger, como el Pasenow de Broch, ve en el uniforme del militar una coraza que impide que se liberen en el soldado las ocultas fuerzas inferiores, las que devuelven al hombre a un estadio inferior al zoológico: el del animal corrompido por las ideas. La Segunda Guerra Mundial ha afectado al sentido mismo del mundo. En ninguna de las facciones en lucha encuentra Jünger la libertad, «es preciso combatir en solitario». Solo el arte oculta una sospecha de salvación en medio del caos: «Uno tiene la impresión de que los pintores y en general los artistas siguen trabajando instintivamente en medio de la catástrofe, cual hormigas en un hormiguero semidestruido. Pero acaso sea esa una visión poco profunda y puede ser que por debajo de la gran aniquilación permanezcan intactos filones más hondos. También yo dependo de ellos» *(Radiaciones II,* pág. 151).

Jünger integra sus reflexiones en una cosmología mística, un esoterismo panteísta más que cristiano: la muerte es un desnudamiento, una entrada en la verdad. Nada que ver con el cristianismo, no se trata de una verdad religiosa, un lugar del alma, sino más bien de la puerta de acceso a un depósito de energías cósmicas. Detrás del horror y la podredumbre (los soldados hambrientos desuellan a sus compañeros para comérselos), se desarrolla una lucha de fuerzas telúricas, una especie de descarga de electricidad en el *backstage* de la vida. Él cree en las fuerzas del bien y del mal, no como enfrentamiento religioso, ni como pelea de las fuerzas políticas y sociales, sino como agitación en una especie de profundo hervidero infernal, energía misteriosa: lo es parte de esa energía. Desde luego que el concepto de Jünger no tiene nada que ver con las fuerzas demoníacas totalitarias de las que habla Miguel Torga en su prólogo a la edición española de *La creación del mundo,* y que son los fascismos. No, a Jünger la historia solo le interesa muy relativamente, y lo hace como manifestación de esa energía que culebrea por debajo. En cualquier caso, no creo que nuestra cultura haya ofrecido muchos testimonios del horror tan escalofriantes como estas *Radiaciones.* Leo con especial emoción las encabezadas con el marbete *París, 29 de mayo de 1941,* en las que describe su actuación como supervisor del fusilamiento de un joven que desertó para hacerse chulo de una francesa. Encogen el alma (págs. 225-227).

20 de septiembre

Me avisa Paco de que hay un incendio. Desde la terraza veo al fondo del valle la humareda y las chispas que centellean en la noche. Se oye un ruido como de traca: lo que arde deben de ser los cañaverales que hay a orillas del río, que, días atrás, de regreso de Madrid, oí por la radio que habían ardido. Seguramente el pirómano lo intenta esta noche por segunda vez. Ahora es continuo el ruido de traca, crepitar de las cañas que estallan por el calor. Mañana por la mañana habrá otra cicatriz en el paisaje, una mancha negra en el centro del valle. Hablo con A. Z. Me dice que el otro día pasó junto al río y vio que estaban quemándose una veintena de olmos que se habían mantenido en la ribera. *Apocalypse Now.*

En una nota a pie de página de la edición de *Mare nostrum,* una de las peores novelas de Blasco, encuentro el origen del despectivo *boche* que los franceses usan para llamar a los alemanes. Al parecer, viene de *boucher,* carnicero.

En *Radiaciones II, 21 de marzo de 1943,* Jünger habla de canibalismo en la campaña del este de Europa (gente que trafica con carne humana), y cuando se refiere al consumo de testículos, apunta que «lo que subyace a eso no es la mera hambre». Cuenta que algunos soldados «llevaban en su mochila testículos con fines de trueque, para cambiarlos por cigarrillos». Reflexiona que «(A)nte tales rasgos zoológicos o también demoníacos de la zona más baja me viene siempre a la mente Baader, con su teoría de que las doctrinas puramente economicistas llevan forzosa y necesariamente al canibalismo» (pág. 26). Esa teoría sirve para explicar la cada vez más frecuente aparición de caníbales en sociedades avanzadas contemporáneas. Los protagonistas de *Viernes 13,* los dos alemanes que se citaron a través de internet uno con la intención de comerse al otro y el otro con la de ser comido... Hannibal Lecter es su exitoso representante. El sida, enfermedad de la sangre, sería el heraldo de la nueva economía caníbal.

21 de septiembre

Con la excusa de luchar contra la reacción, y en nombre del progresismo, fórmulas que rozan el golpe de Estado. En nombre de la salud del Parlamento, el PSOE consigue enredar a todos los partidos contra el PP y prohíbe que se discutan los atentados del 11-M en eso que pomposamente llaman sede parlamentaria. ¿Cómo puede ser que, en un parlamento democrático, se prohíba hablar de algo? Vuelve el fantasma de aquel ministro (Belloch), a la vez de Justicia e Interior. Al mismo tiempo, el gremio de periodistas catalanes condena el *falso periodismo* de *El Mundo* y la Cope e incitan a que se cierren. Estar a favor de ese cierre es ser progresista, estar en contra de que nadie pueda pedir el silencio de alguien es ser de derechas. Llamazares, que apoya y jalea la medida del silencio parlamentario, se refiere a *la estrategia venenosa del PP.* Qué inconsciencia, o qué estupidez, si no se da cuenta del peligroso precedente que eso crea, aunque el PP sea el diablo, él, como representante de un grupo minoritario, debería saber a qué se arriesga cuando se van imponiendo prohibiciones de ese tipo. La democracia española es poco democrática desde su nacimiento. Cualquiera puede pisotearla, pasársela por el forro. Ingenuo de mí, yo creía que el Parlamento y la prensa eran los lugares en los que se podía hablar de todo (es mentira: nunca me lo he creído, vi cómo se montó la farsa). Ese manejo interesado, el expulsar fuera del terreno de juego a quien molesta para tu estrategia, es la encarnación de nuestro particular satanismo, que diría el panteísta Jünger; la herencia del canovismo en la segunda Restauración, para alguien que se interese por la historia de España. Al final, cualquier prohibición que se instaure siempre acaba concerniendo a los de abajo.

Es una pena que Blasco Ibáñez desperdiciara buena parte de sus extraordinarias cualidades como novelista por su afán de amplificar cuanto decía, sobre todo en su etapa de escritor cosmopolita: ese querer convertir sus experiencias de hombre de mundo en extraordinarias (para consumo de los provincianos de su tierra) lo lleva a crear personajes desmesurados, con afán de raros, y carga su obra tardía con una retórica que, a fuerza de aspirar a más, se queda en menos. Resulta divertido ver cómo se esfuerza en demostrarnos lo perversas que son sus cosmopolitas mujeres malas: fuman cigarrillos orientales y se envuelven en kimonos transparentes (y más orientales aún que los cigarrillos). Rasgos pueriles, como cuando les pone un altavoz hiperbólico a las ciudades, a la historia, al mar. Ese afán amplificador empaña sus valores. No hubiera necesitado de todo ese esfuerzo para demostrarle al lector que es un novelista que se documenta (por lo que se refiere a la historia y al mundo del mar) y también el que más ha viajado de su generación. Muchas de las descripciones de paisajes y ciudades son de gran calidad y revelan que Blasco escribe con materiales de primera mano, pero lo subraya tanto, lo convierte todo en tan extraordinario (cuando ya sabemos que, como diría Melville, todas las Limas son la misma Lima), que el conjunto chirría.

Ayer, charla con M. V., que, para decirme que el poder de la literatura va más allá de las palabras, me pone como ejemplo a Lorca. Lorca, viene a decirme, no es solo la puntilla y el canesú, porque un bailarín como Gades ha podido captar en su representación de *Bodas de sangre* ese desgarro del universo lorquiano sin pronunciar ni una sola palabra, nada más que con el movimiento. Y ese movimiento sale del fondo de Lorca. Aunque no soy muy lorquiano, le doy la razón. Descubrimos la presencia de un gran novelista a pesar de una pésima traducción. Hemos leído a Balzac, a Tolstói, a Dostoievski, en traducciones imposibles, y detectábamos a esos grandes autores. Me ocurrió leyendo *El tesoro de Sierra Madre,* de Traven, en una traducción espantosa. Mientras leía, me iba diciendo: esto es un horror, pero, sin embargo, qué novela tan extraordinaria. Le digo a M.: La palabra es pararrayos que captura la energía que está en el aire (la sociedad, su tiempo). Es eso, es eso, responde él. Usaré la imagen. Te citaré en clase. M. V., arquitecto culto e inquieto, escribe unas brillantísimas críticas teatrales (su especialidad son las arquitecturas de los teatros, eso es lo que le gusta), críticas agudas y con una escritura impecable, tienen algo de extremadamente razonable, en la mejor tradición de la crítica teatral española.

Otoño de 2006

Escribir no cura, no alivia, no saca de esa niebla, de esa rebaba que es la vida. Sí, la novela... La escribí en una soledad tremenda, es un libro solitario en una España... Más que de escalada, la imagen es la de merodeo. Vagabundeo torpe en busca del sentido de la propia vida. Un escritor. No el que se pasa la vida entre palabras, sino el que se pasa la vida buscando atrapar algo que está a la vez dentro y fuera de él y solo se deja atrapar mediante palabras: no, no es exacto, las palabras no lo atrapan, sino que lo revelan.

Establecer cuál puede ser el código que nos permita estar entre los demás, civilizar el egoísmo de animal carnívoro del que surgimos. Negarte a renunciar a tu apropiación del pasado. En *El grado cero de la escritura* Barthes dice que «La finalidad común de la Novela y de la Historia narrada es alinear los hechos: el pretérito indefinido es el acta de posesión de la sociedad sobre su pasado» (pág. 39).

Me lo fui encontrando. Lo del franquismo. ¿Por qué escribe usted sobre el franquismo? Eso es como si a Balzac le preguntaran por qué escribió sobre París, o sobre la Francia de la Restauración. De qué iba a escribir. Yo nunca he escrito sobre el franquismo. He escrito sobre mí mismo. Sobre lo que me rodea, tenía que mirar por fuerza hacia atrás y hacia afuera, la novela es tiempo, lo que sucede entre dos tiempos, mi reflexión es sobre lo que he vivido. Tolstói, en *Guerra y Paz,* quería entender las raíces de Rusia: cómo marcó a sus padres aquella guerra lejana. Yo había tenido mi pequeña lucha al alcance de la mano, y había visto cómo nos había moldeado la paz, lo celebraron: recuerdo los carteles en las calles: 25 AÑOS DE PAZ. Aún hubo otra década de paz. Saber en qué nos había convertido la paz.

Dice Zweig, en su extraordinario ensayo sobre Balzac incluido en *Tres maestros (Balzac, Dickens, Dostoievski),* que el novelista francés quiso «describir la presión atmosférica de su época».

El novelista como pájaro en las minas que avisa de la falta de oxígeno. Zola.

Pues claro que también el realismo es una digestión de arte, cualquier escritura es comentario de textos sobre los escritos que la han precedido. Qué aburrimiento. Siempre la misma discusión. Parece que el realismo sea una fruta inocente que se ha caído del guindo. Pues no, también el realismo viene de algo que ha sido manoseado desde hace tres milenios y llamamos literatura.

22 de septiembre

Paso el día con una angustia que tiene un sustrato físico: me duele la cabeza, no puedo concentrarme leyendo. Me veo incapaz de hacer nada. Creo que es la resaca de haberme despedido de *Sobremesa.* El inconsciente me avisa de que va a ser duro estarme aquí, en casa, sin nada que hacer, poniéndome cada día a prueba. O sea, que lo que circula al fondo es el miedo: un miedo que no quiero reconocerme: miedo de no ser capaz de mantener el tipo, capaz de dar la talla en lo que escriba. Resultado: bloqueo en el artículo sobre Madrid. Me encuentro como un niño de cinco años, balbuceante, sin ideas. Una parte de mí tira hacia el suelo, la otra intenta demostrarme que no tengo nada que hacer, que soy libre y que use esa libertad. Veo a los columnistas de los periódicos escribiendo disciplinada, ordenadamente, cada día, mientras yo soy incapaz de mantenerme media hora delante del ordenador. Si no entregara el texto, sería ponerme en lo alto del tobogán. Me digo que tengo que sacarlo como sea. Ya. Pero pasan los días y no consigo levantarme, hacerme a la idea de que la situación es otra: soy libre: puedo salir de la habitación, caminar, tomarme las cosas con calma. No hago nada de eso. Estoy aquí metido, recociéndome, viendo cómo sube la capa freática de la tristeza. Solo llevo una semana así y ya empiezo a pensar en los novísimos. ¿Podré aguantar mi nueva vida? Y eso, sin contar con la economía, porque me he tirado al agua sin calcular cuánto oxígeno me queda. Oscuridad. Ya veremos en qué para todo esto. Como dice el refrán, no preguntes por saber, que el tiempo te lo dirá. No tengo a nadie en quien apoyarme; es más, ni siquiera sé cómo hace uno para apoyarse en alguien. Es una circunstancia con la que no he contado en mi vida. Al revés, tengo a Paco, que depende de mí, y esta casa con huerto, corral y animales domésticos, que no se puede cerrar de un portazo. Me veo rompiendo amarras, o, como se titulaba aquella vieja película, levando anclas. Dejarse envolver por el proceloso mar. Leo los periódicos, veo la televisión, oigo a los contertulios hablar por la radio, y percibo que me he quedado fuera, que estoy en una esquina de eso: ni visto, ni me peino, ni hablo así. ¡Si al menos tuviera la facilidad para escribir que se me supone! Intento agarrarme a estos cuadernos, mantener en ellos las normas, buscar en ellos mi código, guardar cierta esperanza en un código de honor particular, secreto, pero, cuando me da por leerlos, descubro que se trata más bien de balbuceos: instantáneas del barrizal en que me hundo, o del barro mal moldeado que soy. Toda la vida dedicado a escribir, para acabar haciendo esto que hago. Hoy leía una entrevista que publicaba *El País* con el altivo Martin Amis, en la que se quejaba del igualitarismo que el 68 había implantado también en la escritura. Decía: Hay gente que tiene talento, y gente que no lo tiene. Y la frase me ha dolido: sí, hay gente que no tenemos talento, y ahí no hay justicia que valga, ni ley a la que acogerse. Nadie es mejor escritor por tener más razón en su intimidad, por ser más justo en sus actos. Duele reconocerlo, pero es así. Y, entonces, ¿para qué sirve la escritura? Un combate entre los mejor dotados. Gladiadores masacrándose en la arena del circo. Duelo de titanes.

Sigo con el segundo tomo de *Radiaciones* de Jünger, cuya lectura me resulta casi insoportable. Él odia a los nihilistas (el dandismo es su puerta, su línea de fuga: yo mismo escribí de eso en *El yo culpable),* pero su visión de esa aristocracia de la mente que se hunde enterrada en sus propios despojos, en sangre y mierda, anulada por esos carniceros que llevan el peso de la guerra, es aún más terrible. Mi propio nihilismo (pequeña parte, aún me quedan hebras de ese mito del siglo XX, el Trabajador, que diría el propio Jünger) no soporta sus proyectiles. Paseo por la habitación, insomne; a deshora, dormito vestido, tengo pesadillas, me despierto a cualquier hora de la noche (ahora mismo acabo de despertarme de uno de esos sopores: son las tres de la mañana).

Por cierto, que no puede ser más despreciable la imagen que Jünger da de Céline (aparece como Merline en el libro), un tipo que se pasa la guerra llamando al exterminio, y, luego, temeroso, cobarde, se arregla precipitadamente los papeles para huir a Alemania: «inmediatamente después del desembarco aliado Merline acudió a nuestra embajada a solicitar con urgencia los documentos y [...] ya ha huido a Alemania. Qué notable resulta lo mucho que se preocupan de su mezquina existencia unos sujetos que piden a sangre fría las cabezas de millones. Las dos cosas han de estar relacionadas. París, 22 de junio de 1944» (pág. 258). Las otras veces en que aparece en el libro (dos relámpagos) no provoca mayores simpatías: llamando a matar, o en su consulta de enfermedades venéreas, sin un céntimo en el bolsillo porque les entrega el dinero a las putas. Resulta curioso que, al leer ese párrafo, no pensemos que les da el dinero a las chicas por su bien, para ayudarlas. Imaginamos que es por sus vicios por lo que se arruina.

Hace unos días citaba en estos cuadernos a Silvio Pellico *(Mis prisiones),* que fue un fetiche en mi adolescencia. Hoy me lo encuentro, citado con admiración, entre las páginas de estos diarios de Jünger. Hacía años que no me encontraba por ninguna parte a ese autor. ¿Funcionan esas metafísicas energías jüngerianas?

Fatih Akin: *Contra la pared.*

24 de septiembre

Cuando me canso de darle vueltas al texto sobre Madrid, me dedico a hojear algunos libros de arte que hacía mucho que no miraba: uno sobre pintura occidental en el Hermitage, otro sobre la Pinacoteca Vaticana, un catálogo de Velázquez. Pienso: es verdad que Velázquez pinta el aire (¿era Camón el que lo decía?). Me entretengo descifrando *La tentación de Santo Tomás,* el cuadro que hay en Orihuela: la belleza del espacio, la *goyesca* prostituta en fuga, el bodegón con libros que aparece en primer plano. También llama mi atención el retrato de la reina Isabel de Francia a caballo: la belleza de los drapeados, la elegancia del animal, el paisaje que aparece al fondo. Velázquez no pinta: en sus cuadros las cosas no están pintadas, sencillamente están. Otros libros que hojeo son uno con magníficas fotos de la Capilla Sixtina (la gloria de la carne) y otro con imágenes del *Retablo de Isenheim,* de Grünewald, que sería el negativo: el castigo de la carne, o su horror.

Sobrecogido con las últimas páginas de *Radiaciones II.* Anoto este texto: «Debería haber escritos que se volatilizasen en perfume. Entonces, ciertamente, el entendimiento tendría que poder asociarse al olfato, igual que se asocia a lo visible y a lo audible. Kant dijo que el sentido del olfato es el más prescindible de todos. Es un puro juicio del intelecto. Uno vislumbra a veces que los aromas albergan archivos gigantescos para los que carecemos de llave. En ellos reposa un sentido que está oculto a la palabra. Hablamos del perfume de una época, de un libro, de una espiritualidad» *(Radiaciones II,* pág. 589). En la página anterior, habla de «los jeroglíficos que son los aromas».

Y no me resisto a copiar este otro párrafo: «Incluso en la esencia de rosas hay un tufo de escatol, de olor a excrementos. En no pocos aromas, como el de los membrillos, lo agradable y lo repugnante están equilibrados. Ningún perfume debería ser demasiado fuerte. Su sustrato se destaca con mayor nitidez cuando estamos débiles. Ese sustrato es putrefacción; en todos los olores se revela la metamorfosis, a menudo sublime, de la sustancia, el hálito de la mortalidad» *(Radiaciones II,* pág. 588).

De una carta de Saint-Exupéry, citada por Jünger *(Radiaciones II,* pág. 602): «Sufro de un tiempo que me resulta ajeno. Pero no me arrogo el derecho a quedar exceptuado de ese sufrimiento.»

Pasar a limpio viejos cuadernos en el ordenador exige bastante más trabajo de lo que me pareció a primera vista. Además, los textos, vueltos a leer, revelan su endeblez, su escaso fuste. Ya sé que, en muchos casos, las partes más jugosas han desaparecido porque han ido a parar a novelas que han visto la luz o se han frustrado, digamos que los cuadernos han cumplido la digna función de almacén de materiales; pero, incluso las páginas en las que hablo de literatura, o comento libros, exigirían otro grado de reflexión, una revisión de arriba abajo, tendría que redactarlos de nuevo.

En noches de acidia, como la de hoy, como tantas otras en estos últimos tiempos, tengo la sensación de que el contacto con un catolicismo de corte solidario (ecuménico, diría un cura de entonces), y luego con el marxismo, ha desviado mi vocación de solitario, dirigiéndola hacia una sociabilidad que se manifestó durante algún tiempo en formas de militancia política y luego en una necesidad impostada de interlocutores (la ansiedad del alcohólico social). Poco a poco, vuelve mi yo infantil y adolescente, el carácter de aquel muchacho al que le gustaba encerrarse en sí mismo con libros y juguetes, o perderse en la oscuridad (forma radical de soledad) de un cine: sentía que cada contacto con el exterior lo hería, lo privaba de esos mundos que eran los únicos que sentía de verdad suyos y en los que se sentía protegido. En la madurez, el alcohol ha cubierto ese espacio, empujándome a una sociabilidad tabernaria. En esta etapa que empiezo desde que abandoné la obligada convivencia con los compañeros de *Sobremesa,* vuelvo a reencontrarme con los placeres solitarios, aunque me cuesta recuperar la idea de tiempo continuo, la de que no tengo que interrumpir esta soledad con viajes periódicos y puedo emprender la lectura de un libro sin otro condicionante que la relación que establezca con él y conmigo mismo. Quedan, claro está, los grandes condicionantes, la enfermedad, que tanto asusta; o la muerte, cuya idea, desde esta desolada calma hogareña, más bien me llega como una forma de alivio. El trabajo habría llegado hasta donde fuese, pero esa no me parece ahora una idea trágica, ni siquiera triste. La sensación que me llega como ponzoñosa ahora es la de haberme ocupado de unas cosas cuando debería haber estado ocupándome de otras, haber derrochado en vano los dones que, abundantes o escasos, me fueron concedidos. Eso es lo que me hace sentirme incómodo, incluso mezquino, o miserable. Ahora tengo la oportunidad de reparar un tanto lo mucho que he tirado persiguiendo la espuma evanescente de cosas que no me correspondían.

La lectura de Jünger ha venido a ayudarme en estos días de mudanza. Recuperar, sobre todo, la sensación de tiempo por delante, saber que ya trabajo sin plazos.

No poner ningún objetivo fuera. No esperar nada que venga de fuera de mí mismo. En realidad, creo que ya hace tiempo que me comporto así, pero he seguido haciendo *como si*. Quitar ese último velo de hipocresía.

25 de septiembre

Trabajo por la mañana en el prólogo, que empiezo a ver, por fin, ordenado. Por la tarde, paso un buen rato con la novela. No sé si tiene pies ni cabeza, pero añado, corto, intento hilvanarla. Desde hace un par de días, me encuentro tenso. Me cuesta concentrarme en la lectura. Hoy he leído a ratos la última novela de Fadanelli, el mexicano, que me parece bastante más floja que lo que conocía de él. La tensión que noto creo que tiene que ver con la tremenda sequedad del ambiente, con este verano que no acaba de irse. Días atrás, empezó a soplar un viento húmedo que parecía anunciar inminente lluvia y al final no dejó caer ni una sola gota. La mera sospecha del agua me ayudó a pasar unos días relajado, pero han vuelto esta luz que nos castiga desde el mes de mayo, este calor. El cuerpo pide una tregua. De momento muestra la panoplia de síntomas que aparecen en las situaciones difíciles: se me ha reavivado el eccema del pecho, manchas muy marcadas y de una extensión e intensidad como no recuerdo que hayan tenido nunca antes, a pesar de que he estado untándome un par de veces al día con una crema que, en otras ocasiones, se muestra efectiva y consigue que desaparezcan los síntomas a la segunda aplicación.

Hace un rato me he mirado en el espejo y parece que, por fin, va desapareciendo la mancha, y digo mancha porque esta vez las manchitas han crecido hasta el punto de unirse y formar una sola que ocupa todo el pecho. El eccema suele aparecer también en las cejas, a ambos lados de la nariz y a veces incluso en las mejillas, y puede hacerlo por diferentes motivos: cuando sudo metido en ropa que no transpira, cuando como determinados alimentos (salazones, chocolate, farináceos tratados con ciertas levaduras, etc.), pero lo hace, sobre todo, cuando, por cualquier motivo, me encuentro excitado, nervioso, o tengo alguna preocupación que no se manifiesta abiertamente. También el cambio estacional, sobre todo en primavera y otoño, influye notablemente.

Tengo que acabar metiéndome en la cabeza que soy el propietario de mi tiempo y la casa ha perdido el aire de provisionalidad que hasta ahora tenía. Mis movimientos, mis actividades, mi relación con el medio, con el paisaje, con la gente, ya no son paréntesis entre dos viajes, sino un continuo: son lo que es mi vida. Me costará hacerme a esa idea, la de que puedo moverme libremente a donde quiera y puedo cogerme libre el día que quiera, porque nada me presiona, nadie me obliga a permanecer en casa o a salir de ella. Dispongo de mí. Puedo marcharme un día a Alicante y Elche a ver unas exposiciones cuya visita llevo meses aplazando. De momento, emprendo exploraciones en mi propio cuarto: manoseo los discos, me entretengo hojeando libros olvidados, me pongo música (hoy tocan las oberturas de Wagner) para trabajar.

Hacerme el ánimo de que tengo que romper con la neurosis del deber inmediato: mi único deber es trabajar en mí mismo, en mi novela, es todo lo que puedo ofrecer a los demás.

27 de septiembre

Tomeo: *La noche del lobo.* En su línea.

Molina Foix: *El abrecartas.*

Ante la amenaza del caos, que empieza a enseñar las orejas demasiado deprisa (apenas llevo ocho o diez días de jubilado), con insomnios y somnolencias repartidos a deshoras, con bloqueos, perezas y los consuetudinarios dolores de vértebras y bíceps (soy incapaz de cogerme las manos por la espalda), empiezo a tomar medidas: como verduras y pescado, paseo hasta el pueblo nada más terminar de comer, ducha y afeitado cuando vuelvo (intento mantener la imagen de orden ante mí mismo, engañarme), y al ordenador... En fin, un poco de orden, aunque sea de mentirijillas. Música de fondo: «La noche transfigurada», de Schöenberg, sonatas de Brahms, tangos de Goyeneche... Me leo la novela de Molina Foix, un ejercicio de *hablas* cuyo propósito se me escapa, parece un calendario de efemérides y una guía de personajes de la historia de España, dramatización de lo que la historia oficial de la Transición ha convertido en importante. Lleva mucho más trabajo metido y más cuidados que las otras cosas que le he leído: algunos capítulos están incluso muy bien, pero el conjunto tiene una dudosa finalidad. Voy por la página doscientos noventa y cinco, me quedan aún ciento cincuenta. No sé si al final se ordenará el conjunto y cobrará sentido, aunque me temo más bien lo contrario, porque los capítulos que estoy leyendo ahora (unas chicas de Valencia, un confidente) están entre los más flojos, tienen el aire de boba ligereza de otros libros suyos. En este caso, mucho costumbrismo, mucho toque social y republicano en el estilo que tanto se aprecia en los últimos tiempos. Vicente Molina, siempre a la última. En los capítulos que leo hoy, aparecen los años cincuenta y sesenta: las modas, los vestidos, las películas, los lugares, las músicas, topografías comunes para quienes vivimos aquellos tiempos presentadas sin función narrativa, sin esa densidad que le pedimos a lo literario. La novela salta de un tema a otro, de un sitio a otro, y, más que ofrecernos un friso, parece que compone una nerviosa colección de guiños a diferentes clientes, o adeptos, con marcada predilección por el público gay.

Volviendo a lo de la disciplina: imagino que va a ser más duro de lo que parece aguantar sin salir de aquí, de Beniarbeig: no salir de aquí significa no salir de casa. Hoy, cuando he bajado al pueblo a recoger el correo, me he tomado un café en el bar, donde estaba solo, como estaba solo estos días pasados cuando entraba a beberme un gin-tonic a la vuelta del baño en la playa (otro puntal disciplinario: bajar cada día a la playa y hacer unos cuantos largos, pocos, porque no aguanto mucho, enseguida me canso, me mareo).

30 de septiembre

Ayer me llamó P. para que tomara una copa con él. Bajé al pueblo y, sí, tomé copas, pero no una, más bien quince o veinte: vermuts (3), vinos (3 o 4), cazallas (4 o 5), gin-tonics (5 o 6). Volví a casa hecho polvo (lo que peor me sienta es la cazalla, no puedo con ella) y he pasado una noche espantosa, con la hernia de hiato levantada en armas (casualmente, era el primer día en dos años que no tomaba el milagroso omeprazol que me ha hecho olvidarme del estómago, tan desgraciadamente presente antes en mi vida). Hoy, el día parecía condenado a lo peor, pero no ha sido así. Me he levantado relativamente temprano y, mal que bien, he aprovechado el tiempo, leyéndome *A sangre y fuego,* de Chaves Nogales, unos cuentos de sorprendente dignidad y de una lucidez lacerante, sobre todo si uno piensa que fueron escritos en 1937, casi al principio de la guerra. El exilio, la distancia (los escribió en Francia), seguramente le ayudaron a conseguir esa mirada implacable, sorprendida. Otra cosa es si fue ético salir de estampida a las primeras de cambio. ¿Quedarse a participar en el festival de la sangre? Tampoco muy razonable: defender los valores en peligro que los militares se cargaban. El libro me trae la sensación de cruel despropósito que me transmitieron mi madre, mi abuela y los familiares cercanos (gente muy alejada y contraria a los rebeldes), lo que casi nunca hacen otros libros, seguramente con mejor armazón ideológico, más militantes y, por eso mismo, más depurados: me refiero a depurados ideológicamente, no en lo literario, porque el libro de Chaves está espléndidamente escrito y muestra un olfato extraordinario para llevar la narración por caminos laterales que acaban empastando y cargando de sentidos los cuentos, adensándolos. Además de leerme a Chaves, he dejado prácticamente terminado el prólogo madrileño, y he estado leyéndome mi novela, anotándola, corrigiendo, viendo si tiene o no remedio. De momento, no sería capaz de decir que sí o que no. En algunos momentos, me llegan relámpagos, intuiciones de por dónde podría ir, salvarse: me digo que es cuestión de poner a trabajar el hacha y de ajustar la trama, hilar y concentrar, pero en otros momentos me doy cuenta de que tiene que tener tejido de novela larga, necesita de esa densidad que da el volumen, y no puede quedarse en unos cuantos flashes, eso sería un libro diferente del que quiero hacer. Sea como sea, aún queda mucho trabajo.

Por la noche, me he puesto el primer acto de *Norma.* En mi nuevo estado de prejubilación no estaría nada mal recuperar la música. Imagino: una vida ordenada, con un profesor de música; con un profesor de inglés, ah, y con un buen fisioterapeuta que me cure los insoportables dolores de brazos que me dificultan el sueño: he perdido la movilidad. Ser otro Chirbes que tuviera muy poquito que ver con este.

Arnal es el protagonista de uno de los cuentos de Chaves («El tesoro de Briesca»), al que el gobierno de la República le ha encargado salvar del pillaje las obras de arte. Dice de él el narrador: «Empezó a pensar que cuando los hombres podían ser inmolados en masa con tan inhumana indiferencia, lo menos que podía pasar era que pereciesen también sin duelo las obras del espíritu que no sirvieron para evitar semejante barbarie» (pág. 151).

1 de octubre

Día raro, semiperdido, leyéndome la novela y descubriendo que no se aguanta, que no se sostiene por ningún lado. Es pura palabrería, bla, bla, bla, ni una frase termina, ni una brilla, todas están ahí dentro empastadas en barro. No hay emoción, no transmite ningún conflicto, no propone nada para pensar. ¿Mandarla a hacer gárgaras y meterme en otra cosa? De momento, ir pasando a limpio la primera entrega de estos cuadernos.

El clima no ayuda gran cosa a la concentración. Hace un calor tremendo (son las doce y media de la noche, no corre ni una brizna de aire y estoy sudando), y, desde el mes de mayo, que yo recuerde, no ha caído ni una sola gota de lluvia sobre la comarca. Una agobiante monotonía marca el devenir de los días, que se suceden idénticos a sí mismos. He pasado la mañana leyendo (un buen rato, los periódicos) y, después de comer, he bajado al bar a tomarme un carajillo. Han caído también un par de chupitos de whisky malo que se me han subido un poco a la cabeza, aunque creo que se me ha subido más el tabaco que el whisky. Estos días largos y pesados, en los que cunde la desgana, acaban pagándolos los pulmones y el hígado.

2 de octubre

«*Moby Dick* como la monomaníaca encarnación de todas las fuerzas del mal, por las que ciertos espíritus profundos se sienten incesantemente devorados, hasta el punto de que no les dejan, en vida, más que la mitad de un corazón o de un pulmón para vivir.» Leyendo el magnífico *A sangre y fuego,* de Chaves Nogales, me doy de bruces con el antecedente más directo de *Los girasoles ciegos,* de Méndez, que tanto me gusta: hay similitudes en la composición, en ese tomar al bies las historias y servirlas en varias tandas, escapándose por los laterales para seguir la narración y componer de ese modo un espacio rico, complejo; pero también me parece advertir influencias en los personajes que aparecen, en los empastes, y en esa visión desolada, tan lejos de cualquier mirada militante, y que somete a una auténtica operación de lavado la mirada del que lee. Sin perder de vista ni un segundo de qué lado está la justicia y la razón, el libro no tolera complacencias con ninguno de los bandos; en el fanatismo está la reproducción de la injusticia, el dominio de clase. Se trata de un libro que habría que establecer como lectura obligatoria de todos los ciudadanos de este país. Eso, y no las confusas leyes zapateristas, es un ejercicio de memoria histórica.

Noche calurosísima, como de agosto. De madrugada, me asomo a la ventana para fumarme otro cigarro (estoy subiendo la dosis: tengo que recortarla) y observo que, del tejado, caen gruesos goterones, condensación de la elevadísima humedad ambiental; el cielo está manchado con pesadas gasas de niebla. Al fondo, titilan las luces de Denia, como las estrellas de un tango o las del poema de Neruda. Destacan por encima de un telón de bruma que emerge del mar. Todas esas pinceladas blanquecinas manchando la oscuridad de la noche crean un ambiente claustrofóbico, al mirarlas siento como si húmedas telarañas se cerraran en torno a mí y me impidieran respirar. No sopla ni una pizca de aire. Aunque tengo la sensación de haber pasado el día zanganeando, lo cierto es que en estas jornadas tan largas en las que no me muevo de casa acabo haciendo muchas cosas. Además de deambular por la habitación, buscando esto o lo otro, he escuchado el segundo acto de *Norma,* he escrito algunas cartas, he registrado unas cuantas carpetas, y me he leído el libro de Pierre Bayard *Demain est écrit,* el penúltimo que me faltaba por leerme de la lista que, en enero, me dio en París Jean-Maurice de Montremy. Bayard propone leer a los autores de forma inversa, es decir, descubriendo que lo que les ocurrió en los últimos años fue fruto de lo que escribieron antes; o sea, que no escriben porque les ha ocurrido algo, sino que les ocurre algo porque lo han escrito. Su futuro está en lo que han escrito, y no al revés. En su banco de pruebas, las desgracias de Oscar Wilde, cuya historia va cruzando todo el texto; el final como escritor de Melville a los treinta y tres años (encuentro con el blanco de la ballena); la muerte de Virginia, la frágil esposa de Poe («El retrato oval» sería la narración premonitoria de esa muerte), o los suicidios de Virginia Woolf *(Las olas)* y el –no del todo probado– de Jack London *(Martin Eden).* El libro de Bayard me parece bastante cogido por los pelos, algo así como «voy a hacer lo que nadie ha hecho», y como resulta que ya está hecho prácticamente todo, pues eso, acaba siendo un ingenio que se agarra a lo que sea, aunque tenga que cogerse con alfileres. Aparte de algún relámpago brillante (la brillantez parece el *en soi* del texto), no tengo la impresión de que el libro ilumine nada. Que en mis novelas aparecen muchos arquitectos y albañiles, y que yo he acabado asociándome con un albañil para rehabilitar una casa, a Bayard es algo que le vendría de perillas para su tesis: me he convertido en un personaje de una novela que escribí y de la que estoy escribiendo, pero eso dice poco. Quizá de mí puede decir que acabo creyéndome mis propias mentiras, algo de corte psiquiátrico, pero de mis novelas poco dice.

Se me ocurre mirar el reloj y descubro que son casi las cuatro de la mañana. Me alarmo. Me reprocho: ¡otra noche igual! Pero enseguida me doy cuenta de que soy un hombre sin compromisos. ¿Y qué?, me digo. ¿Acaso tengo que responder de mis horarios ante alguien? Pero sí que tengo que responder ante mi salud. Al día siguiente de una noche sin sueño, se agudizan los vértigos. Estoy convencido de que los puñeteros vértigos tienen mucho que ver con la falta de descanso. Sea lo que sea, pongo rumbo a la cama. Buenas noches.

3 de octubre

Jornada casera, dándole vueltas a la novela. Elijo ir desmontando piezas, porque soy incapaz de ver la luz teniéndola así, en bloque. Decido meterme con el capítulo dedicado al escritor y me encuentro con el problema que lastra toda la novela, que es el del narrador. No están bien integrados los juegos entre primera y tercera persona. Quién cuenta. Parte de la densidad del texto se pierde si se coloca en tercera, y, aunque parezca una paradoja, para que funcione el conjunto necesita varias primeras personas y una tercera muy delicada que el lector apenas advierta. Me digo que necesitaría todas las personas, incluso voces que vengan, por así decirlo, del aire. Ya, pero cómo se hace eso sin que el resultado parezca un caos.

Me falta concentración. Tengo la cabeza como si fuera a estallarme.

7 de octubre

Metido en una historia de los papas de Aviñón. Mi pasión por esos libros de historia, que me enseñan tanto mientras los tengo entre las manos, y me dan la sensación de que domino el mundo, pero que olvido al día siguiente de haberlos leído.

Me hago una revisión de próstata en el Hospital de la Salud de Valencia. Al parecer, todo está en orden. El próximo miércoles me completarán las pruebas, análisis de sangre y orina. Al salir del hospital me encuentro en el periódico la necrológica de Almudena Cano, pianista, y hermana de mi buen amigo de juventud, Agustín, a cuya casa acudíamos con frecuencia los amigos porque nos brindaba un espacio de libertad. Recuerdo a Almudena como una presencia delicada y amable en aquellas tardes de juventud. Por lo que fui sabiendo, y por lo que hoy cuentan los periódicos, fue una mujer exigente, trabajadora, de rigurosa ética y fuerte vocación social: luchó por la mejora de la enseñanza de la música y dedicó a eso más esfuerzos que a la búsqueda de la gloria personal. Ya digo que la recuerdo muy cariñosa, en la casa familiar de la calle Ríos Rosas que compartía con mi amigo Agustín y con su permisivo padre viudo, que nos daba libertad para ocupar el salón con nuestras acaloradas discusiones sobre lo divino y lo humano, el humo de los porros y la música de los Beatles o de Paco Ibáñez. Me cuesta reconocerla en la foto, que muestra una mujer corpulenta, de aspecto sereno. Era menor que nosotros: le llevábamos tres años que, a nuestros dieciocho o diecinueve, parecían casi insalvables. Mientras leo la crónica que le dedica *El País,* pienso melancólico en las ansias de cambio de mi generación, a la que la política ha acabado convirtiendo en un club de cínicos capaces de casi todo. La medicina se convirtió en veneno. El recuerdo de Almudena me habla de quienes han trabajado calladamente durante años en medios hostiles. Me digo que ojalá esa energía secreta aporte fuerza para otra sacudida moral. Pero la verdad es que no me lo creo. ¿De dónde iba a salir algo nuevo, si toda aquella fuente de energía se cegó en su momento y a los jóvenes casi nada les ha llegado? Anoche contemplaba en la televisión el ataque de un grupo de jóvenes radicales al Macba, tras una manifestación vecinal, y no me parecía encontrar casi nada que me uniera a ellos, poco que ver con la violencia que impregnó nuestra juventud; la de ellos me parece mero fruto de lo juvenil considerado como categoría, la parte de autoafirmación, el peterpanismo, el miedo a crecer, jóvenes en un estadio previo a *Los endemoniados* de Dostoievski. Sé que en los jóvenes burgueses de mi generación pesaba mucho la parte de aventura que pudieran tener las actividades subversivas (así las definían entonces), o delictivas; pero muchos de nosotros recogíamos el rencor, el eco de injusticias familiares, queríamos lavar viejos pecados que se remontaban a la Guerra Civil, y también librarnos de la sensación de asfixia o de mutilación que nos provocaban las prohibiciones, los insufribles controles de la dictadura, todo eso aderezado con dosis más o menos abundantes de voluntariosa caridad cristiana (me influyeron los curas de los internados), travestida en marxismo. Creo que ha sido una generación que ha sacrificado a la política a sus mejores hijos, quienes hace años abandonaron sobre las mesas de los despachos oficiales el impulso de una libertad conseguida con extremo sacrificio, y con no poco riesgo. Tras una larga estancia en el país de los sueños de nunca jamás, los viejos camaradas decidieron madurar precipitadamente, es decir, acogerse a los códigos de sus maestros. Eso es lo que siento que ha quedado de aquel esfuerzo.

Solo una anécdota: a los pocos meses de alcanzar el poder los socialistas, cargados con su legitimidad, se saltaron lo que ni siquiera Franco se había atrevido a saltarse en los últimos años: recuerdo aquel operativo de la policía que se conoció como el peinado de Barrionuevo, por el que los guardias entraron sin mandamiento judicial en miles de casas del madrileño barrio del Pilar, de Peña Chica, etc. Buscaban a unos secuestrados por ETA, o por el GRAPO, no sé si el empresario Oriol y el militar Villaescusa, no importa el motivo, porque fue una gran tropelía aquel registro que anunciaba lo que iba a llegar luego y que culminó con Alberto Belloch, ejerciendo a la vez de ministro de Justicia y de Interior, y cubriendo en un día de lluvias con un paraguas al general Galindo, fundador de un grupo terrorista al que tuvo la ironía de bautizar con su apellido, llamándolo GAL. Cuando ahora los biempensantes se quejan de la indiferencia o el cinismo del pueblo español respecto a la política, olvidan que, por si quedaba algún resquicio de resistencia, o de rebeldía, o de dignidad, tras la muerte de Franco se domesticó todo eso concienzudamente. Los Cano –Agustín, Almudena, su padre– me traen la melancolía del viejo republicanismo madrileño, honesto y bienhumorado, hoy convertido en testamento incumplido, herencia de improbable ejecución. El oportunismo de la izquierda y el disonante ruido de la derecha lo han eclipsado, aunque en ese eclipse no hay que olvidar la labor de zapa de los nacionalistas, empeñados en encerrar Madrid en el estrecho corsé del franquismo. Ya nadie recuerda su heroica resistencia, lo del rompeolas de todas las Españas, el no pasarán de aquel pueblo en armas: herreros, ferroviarios, albañiles, peluqueros... Ese Madrid se lo han comido, se lo han servido en bandeja a los nacionalistas. Pocas páginas más conmovedoras en la literatura española que la lista de los peluqueros que murieron en la defensa de Madrid que nos brinda Max Aub en sus *Campos.* El pasado mes de enero, leía en un periódico francés el tópico que se ha extendido por todo el mundo: que los militares que se alzaron el 18 de julio lo hicieron contra catalanes y vascos, lo que no deja de ser una falacia sarcástica. Muy ladinamente, se esconden las raíces catalanas y vascas de buena parte del pensamiento reaccionario español; el ruralismo y el jesuitismo que fluyen por la médula del pensamiento vasco y nutrió el alzamiento con requetés y carlistas (la terrible Pamplona de Mola), sin quienes Franco lo hubiera tenido difícil. Baroja se reía a costa de aquel periódico que se llamaba *El Pensamiento Navarro:* «O es navarro o es pensamiento», decía el viejo zorro. Balmes, el padre Claret o la intransigencia de la patronal catalana, aliada de Primo de Rivera y de Franco (¿se acuerdan ustedes de la patronal catalana inventando con Martínez Anido la ley de fugas, que era como se conocía la ejecución sumaria, con un tiro en la espalda del detenido, que se suponía que iba a fugarse?; nadie está interesado en elaborar una nómina de intelectuales catalanes falangistas, Santamarina, D'Ors, Pla...). Hasta Goytisolo –nacido en Barcelona– evita pisar ese territorio ideológico en su *Reivindicación del conde don Julián.* Mientras pone en la nómina de los imagineros de la España franquista a gente como Antonio Machado, con sus alcores y sus álamos dorados, de toda esa maraña de carlistas y pupilos del seminario de Vic que ha alimentado el ultramontanismo español no dice ni palabra. Del Madrid rompeolas hoy borrado por los nacionalismos periféricos he querido escribir en mi prólogo del libro de fotografías, rendirle un homenaje.

Llevado por la idea del peterpanismo, se me ocurre ver la película de Disney, tan saturada de erotismo y de alusiones sexuales: entiendo que me atrajera tanto de niño, cómo no, si sigue divirtiéndome hoy, a punto de cumplir los sesenta. Está llena de hallazgos, realmente muy avanzados para su época, incluido el barco de oro final que se va convirtiendo en nube que también se desvanece lentamente. Tiene un ritmo enloquecido que no deja en paz al espectador: ni un minuto sin sorpresa, son estupendos los paisajes, los personajes, y brillantes los ballets. Quería haberla visto de reojo, mientras hacía otras cosas, y he terminado sentándome ante el aparato de televisión sin perder detalle de la proyección y gozando como un niño que se niega a crecer. Volver no a los diecisiete como en la canción de Violeta Parra, sino a los siete, o aún antes (yo creo que la vi por primera vez a los cinco o seis años). Después de *Peter Pan,* me he puesto unas sonatas para piano de Brahms; y, ahora, mientras leo las *Memorias de la casa muerta* de Dostoievski, tengo como música de fondo al melancoliquísimo Roberto Murolo, un napolitano cuya voz me trae un estilo que aquí (sin el desgarrado afeminamiento de Murolo) representaron Bonet de San Pedro y Jorge Sepúlveda (ese extraordinario bolero, «Limosna de amor»). Es el timbre quejumbroso de la voz.

Oigo la radio y obtengo una ingrata sensación de caos. Como si el país hubiera empezado a aburrirse de tanta calma y se buscara agitadas distracciones; desde luego, nada que toque la médula del poder ni el bolsillo de los poderosos. Competencias autonómicas, nacionalismos..., ningún movimiento se corresponde con la búsqueda de un ideal de justicia, más bien lo contrario, puro ventajismo que roza con el chantaje: la desvergüenza de unos políticos que han encontrado en el irredentismo un vivero creciente de votos. Les dices: te van a quitar el agua del río, que es tuya, y enseguida sale un montón de tipos airados a la calle reclamando su derecho al agua, el río es nuestro, el agua es nuestra. Delante de ellos, te puedes colocar con una bandera en la mano y empezar a contar votos. Un líder patriótico. La piscifactoría se alimenta con sacos de pienso podrido, pero qué más da: como si estas cosas no acabaran saliéndose de madre con el tiempo, no tuvieran consecuencias. Ya las veremos a no mucho tardar. Mientras tanto, estos cínicos (muchos de ellos viejos lectores de Marx: tendrían que saber cómo las gastan en la historia el populismo, el nacionalismo y –lógico motor y movido– el irredentismo) solo se ocupan de mantener las parcelas de poder y de aumentarlas; a ser posible, de hacerlas indefinidas. *Après moi, le déluge.* Que arreen los que vengan detrás.

9 de octubre

Qué libro tan grande estas *Memorias de la casa muerta* de Dostoievski. Son insuperables los retratos de los distintos personajes que se encuentra en su recorrido por las cloacas de la sociedad rusa: esos dostoievskianos (sí, lo son, dostoievskianos, dudo que hayan existido en otro sitio que no sean sus libros) criminales ingenuos, ajenos a cualquier sensación de culpa; la descripción de los ritos de la colonia penitenciaria (movimientos a veces casi infantiles), sujeta a códigos siempre inexplicables, me lleva a acordarme de lo que yo mismo observé cuando estuve en Carabanchel. Hay un extraordinario capítulo en el que describe la excitación de los presos en vísperas de Navidad y la seriedad con la que esos tipos (capaces de cualquier crimen) preparan decorados y vestuarios y se esfuerzan por representar una obra de teatro. En lo más sombrío y supuestamente lo más bajo, Dostoievski se enamora de los personajes y nos contagia una rara alegría que clava sus raíces en la piedad hacia la condición humana. Consigue que nosotros mismos nos sintamos embelesados al contemplar la cara de un preso que mira algo con placer y asombro. Transmite el escritor perfectamente el doble plano por el que discurre la vida carcelaria, dos espacios paralelos: excitación y abulia avanzando a la vez. En apariencia, el método de análisis de Dostoievski se parece mucho al de un científico que mira y analiza, un etólogo pendiente de los comportamientos humanos, pero en esa mirada nos inocula una desazonante emoción, piedad por todo, hasta por lo más abyecto, que nos desconcierta, porque nos supera, porque no sabemos exactamente dónde consigue colocar su lente el escritor para que nos lleguen esos destellos. El efecto que nos produce las *Memorias* es el de un libro casi milagroso. Aunque todo él esté lleno de retratos individuales, el tema es la configuración de un retrato colectivo: el preso como sujeto múltiple marcado por rasgos comunes, con una psicología particular que recoge y diluye la de los diferentes individuos. El preso tiene valores, suspicacias, formas de conducta que al que no es preso pueden parecerle absurdos, o inexplicables, pero que rigen su vida y la encauzan; y él cumple esos ritos y desarrolla esos comportamientos como un mito trágico cumple fatalmente la condena impuesta por los dioses, que –como ya se sabe– suelen proponer aparatosas autodestrucciones. Ante el comportamiento de ese sujeto colectivo, se desvanece el yo individual. No es que el comportamiento del grupo derrote al individuo, es que la individualidad se diluye, no tiene sentido en el grupo cerrado. Ya he dicho que yo mismo pude comprobar lo acertado de la visión dostoievskiana del tema cuando estuve en la cárcel de Carabanchel. Un ejemplo: aquellos días resultaron especialmente fríos y cayeron un par de nevadas. Dentro de la celda, los copos de nieve alcanzaban las camas superiores de las literas porque las ventanas carecían de cristales o de cualquier protección, ya que los presos, llevados por la furia, se encargaban de destruirlos en un acto de venganza que solo les afectaba, y de modo muy perjudicial, a ellos mismos: su propia ira les traía el castigo suplementario del frío. La explicación que te daban cuando preguntabas por esa actitud era que «aquí hay muy mala leche»; es decir, que el preso, por su naturaleza de preso, estaba condenado a destruir cuanto pudiese, incluido él mismo, o sus compañeros de celda. Sin cristales en las ventanas, el frío dentro de las celdas resultaba insoportable, nos abrigábamos como podíamos, pero nadie le discutía a nadie el derecho a destrozar los elementos aislantes. En las *Memorias,* resulta muy iluminador ese momento en el que Dostoievski se siente culpable porque no participa en un plante que sus compañeros le hacen a la comida. Pero los propios presos se niegan a que lo haga y lo expulsan del grupo: él es un noble, que come por su cuenta y no del rancho común, así que no tiene por qué meterse en eso. Y cuando intenta explicarle a uno de aquellos hombres que quiere participar por compañerismo, el tipo no entiende nada: «En su pregunta: "¿En qué somos compañeros usted y nosotros?", vibraba auténtica ingenuidad, tan candoroso asombro... Yo pensé: "¿No habrá en estas palabras algo de ironía, de mala intención, de zumba?" Pero no había nada de eso; sencillamente que no éramos compañeros, y nada más. Tú vas por tu camino, y nosotros por el nuestro; tú tienes tus cosas, y nosotros las nuestras» (pág. 1343). Dostoievski tiene la sensación de que «esa gente era una gente extraordinaria. Puede que fuera la mejor dotada, la más fuerte de todo nuestro pueblo. Pero sucumbieron en balde a energías poderosas, sucumbieron de una manera anormal, ilegal, irreparable» (pág. 1363).

Leo desolado un larguísimo capítulo de mi novela. No hay nada que se salve en todas esas páginas: una pasta espesa, pura verborrea, en vez de brillo; ni un relámpago surge de ellas. Aparto de mi vista los folios con más desánimo que rabia.

14 de octubre

Día en Valencia, recojo los resultados de los análisis, consulto con el médico: todo está en orden (unos pocos triglicéridos y transaminasas de más), bien la próstata, y la verga al parecer en perfectas condiciones, aunque a mí no me lo parezca. De todas formas, me receta unas pastillas de esas que sirven para mantener la erección, familiares cercanas de la viagra. Tras la cita médica, camino por la ciudad, tan familiar, tan burguesa: zona de Mestalla, Jaume Roig, el Ensanche... Observo varias tiendas de vinos, bien surtidas, incluso de vinos caros; y restaurantitos de diseño, muy a la última.

El día del Pilar subí a Segaria que, por esta cara sur, de tan hosca parece artificio: decorado que alguien ha levantado para alguna secuencia de *Lawrence de Arabia,* piedras azuladas que se extienden en un plano inclinado: lo dicho, parecen rocas de cartón pintadas por un decorador, pero no son cartón: rascan, agreden, duele cualquier roce con ellas; contempladas desde lejos parecen más bien un paisaje asfaltado o, mejor, adoquinado: entre los pedruscos, apenas crece nada, y menos aún este año en que, a pesar de que ya hemos entrado en el otoño, sigue sin llover: secos pinchos (aulagas, esparragueras, cardos) y algunas humildísimas hierbas aromáticas (romero, tomillo, orégano, salvia). Pero la planta más visible es el palmito, que se ha multiplicado enormemente durante los últimos años desde que lo declararon especie protegida. Antes se consumía como golosina. Recuerdo los sacos tendidos en la acera y cubiertos de palmitos a la puerta de los cines o de las iglesias de Tavernes, los niños comprábamos los palmitos que íbamos deshojando lentamente, royendo con deleite aquellos pies de hojas blancos y dulzones, antes de llegar al apreciado corazón. En Valencia al palmito se le llama *margalló,* y los consumidores preferentes de *margallons* éramos los niños, que los comprábamos con nuestro modestísimo aguinaldo semanal, y, consecuentemente, los *margalloners,* o vendedores de palmitos, estaban entre los más pobres del pueblo, un poco como esparragueros y piconeros forman en los pueblos de Extremadura el estrato inferior de la sociedad. En cambio, en Marruecos, los restaurantes afrancesados de Fez los servían como algo refinado y exquisito bajo el pretencioso nombre de *salade de cœurs de palmier.* Recuerdo haberlos comido en un restaurante situado en un primer piso del boulevard Hassan II que se llamaba Le Nautilus. Pero volvamos a la triste cara norte de Segaria, donde el manto de piedra se interrumpe solo en algunos lugares en los que se mantiene una delgada capa de tierra arcillosa y en los que crecen algunos raquíticos pinos o, ya en la cumbre, unas pocas carrascas centenarias. El único lujo de esta cara de la montaña (en la cara sur mana el agua en distintos parajes y hay una abundante vegetación tanto silvestre como cultivada), digo que el único lujo de Segaria son las deslumbrantes vistas al valle del Girona (la Rectoría, llaman a esta comarca), a la plana de Denia, a la marjal de Pego y al Mediterráneo que ciñe el distendido arco del golfo de Valencia y, justo enfrente de Segaria, en los días claros deja ver sobre su lomo azul y magnífico el perfil de Ibiza y la silueta inconfundible de Es Vedrá.

«Una historia enojosa», de Dostoievski es un relato a la vez desternillante y terrible. Un jefe decide comportarse bondadosamente con su empleado, regalarle la generosidad de su presencia el día de la boda, y entra en la humildísima casa en que el empleado celebra la fiesta. Su gesto tendrá repercusiones insospechables, y su paso sembrará un reguero de desgracias. Juntar las diferentes categorías laborales (sociales) es una ingenuidad o, aún peor, una estupidez.

Termino de leerme los últimos cinco artículos de Reich-Ranicki en su libro *Los abogados de la literatura,* un recorrido por la crítica de su país desde Lessing, a quien considera el padre de los estudios literarios alemanes, hasta nuestros días. El libro de Ranicki es una joya. Poco a poco, de autor en autor (son veintitrés los que estudia), Ranicki nos va descubriendo, de un modo a la vez flexible y riguroso, su propia posición, su idea de la literatura y su concepción del trabajo. Un libro precioso para cualquier novelista, escrito con un orden y con una pulcritud que producen envidia. En España yo creo que sería imposible contar con alguien capaz de elaborar un corpus así. En primer lugar por la escasez de materia. No creo que saliera una lista tan brillante de escritores críticos, imposible. En realidad, todo el libro es lo que él dice cuando habla de Joachim Kaiser: un producto de la burguesía alemana ilustrada, un fruto –ese de la burguesía ilustrada– que en nuestro país se ha recolectado en muy raras ocasiones.

Tampoco sería posible que en España se hubiera publicado hace cien años una novela como la que acabo de leerme, *Là-bas,* de Huysmans, una pesadilla que se ha añadido a las que sufro en estos días de insomnio, fiebre y males diversos (incluido un grueso golondrino en la nalga derecha). La novela fue publicada en 1891 y trata del satanismo; sin duda, tuvo que hacer las delicias de los surrealistas este libro extraño en el que un lector de hoy descubre notables subrayados posmodernos, ya que la novela no desarrolla una historia sino un tema; así, su estructura se construye en tres bloques separados entre sí por siglos: en uno de ellos se nos cuenta la historia truculenta de Gilles de Rais, introduciendo como motivo que el protagonista de la novela está escribiendo una biografía del personaje, cuyas perversiones se nos describen con todo lujo de detalles sexuales y escatológicos, muy subidos de tono: entre otras actividades, Gilles abre la tripa de los niños para penetrar en sus caldeados excrementos con el falo. El segundo bloque desarrolla el encuentro del protagonista con una mujer que, en realidad, es la encarnación de un súcubo satánico. Un tercer espacio novelesco lo constituyen las continuas cenas y las conversaciones que sobre campanas y endemoniados mantiene un grupo de amigos en una desolada sala al pie de una de las torres de la fea (para Huysmans) iglesia de Saint-Sulpice: se trata de un médico, del campanero y su esposa y del propio novelista, a los que se agregará un personaje que ha conseguido librarse de una amenaza diabólica: las enumeraciones de comportamientos, hábitos, filtros mortales o adictivos, etc., son los temas que se abordan en estas charlas mientras los personajes degustan –en un estado de benéfica inocencia– suculentos platos que el autor tampoco se priva de enumerar con un notable sentido gastronómico. Con esta estructura plural, el libro quiere llegar más allá y más abajo: uno tiene la impresión de que lo que Huysmans refleja en esta y en otras obras, como *À rébours,* es más bien su propio desconcierto como narrador tras las obras de Balzac y Zola, los grandes descodificadores de la sociedad burguesa. El artista busca en el diabolismo un espacio propio que a la sociedad le parezca temible o insoportable; se trataría de encontrar nuevamente el ámbito de la diferencia. En cualquier caso, la locura que parece marcar el texto, su composición y su desarrollo, lleva en germen caminos nuevos que reencontramos en algunas narrativas de hoy, formas arbitrarias de tratar lo narrativo al margen de lo razonable, que cuajarán en sucesivas escuelas años más tarde. Yo creo que, entre nosotros, quien estuvo más cerca de esas descabelladas construcciones narrativas; es decir, de ese concepto de que la novela no tiene por qué tener columna vertebral, e incluso que el protagonista real puede no ser una persona sino cualquier objeto, una casa o, como en este caso, un libro que alguien está preparando (aquí, en *Là-bas,* el estudio sobre Gilles de Rais), digo que el que más cerca estuvo de eso por aquellos mismos años fue seguramente Baroja, y estoy pensando en una novela como *César o nada,* en la que su personaje vagabundea por lugares y temas como perdido, disperso, y el lector no acaba de saber muy bien cuál es *el tema* narrativo. También las novelas de Azorín tienen esa desestructuración. Son ideas que han cuajado en ciertas escuelas contemporáneas muy valoradas por la posmodernidad.

Llama mucho la atención, cuando se vuelven a ver las viejas películas españolas, lo mucho que ha cambiado el tono de las voces de los actores, la vibración, la impostación y la música del habla. Es como si el desarrollo nos hubiera alterado incluso el órgano de fonación (me refiero al habla de la calle de hoy, no a esos doblajes de películas americanas en las que todo suena falso, yanquizadas las expresiones, el canturreo, cargado de expresiones que nadie usa; o que nadie usa hasta que empiezan a copiarlo a fuerza de oírlo en el cine y la televisión: traducción literal de las expresiones americanas). Lo advertía ayer por la tarde en dos excelentes películas de los años cincuenta que vi por televisión y que me brindaron imágenes poderosas del mismo Madrid que he intentado devolver a la vida en el prólogo que me encargaron y al que estoy dándole vueltas desde hace días. La primera película, *El último caballo,* de Edgar Neville, cuenta la historia de un soldado de caballería que se enamora de un caballo y, al final del servicio militar, decide traérselo con él a Madrid. Se trata de una amarga crítica de la España del progreso: camionetas y automóviles que invaden cada vez más las calles de la ciudad, contribuyendo a llevarse la supuesta felicidad de la vida sencilla. La crítica es amable, como corresponde a Neville, el director de la película, una versión pastelera de un mensaje que aparece en forma de tragedia en *Surcos* de Nieves Conde, y de tragicomedia en *Mi tío Jacinto* de Vajda. De hecho, el final, con un triunfo de viejos valores (el cultivo del campo, la vuelta a la naturaleza y a los oficios tradicionales), es muy parecido al de *Mi tío Jacinto,* con su imagen de resistencia a la especulación inmobiliaria (resistir la presión de la ciudad: mantener el huerto; si la ciudad quiere crecer, que crezca hacia otro lado y no sobre esa tierra en la que los bienaventurados cultivan sus flores; ella, Conchita Montes, es una florista muy chapliniana). Cine marcadamente ideológico, con moraleja final, visión del mundo expresada con claridad, y con elementos de vaselina que apartan el conflicto de un realismo desagradable: hay un comisario bueno y honesto, un jefe que, aunque parece cruel, en realidad lo que ha hecho ha sido descubrirte que tú no estás capacitado para los negocios modernos, no tienes vocación y debes abandonar la empresa siguiendo tu impulso vital. A pesar de todo eso, en el desarrollo de la película hay una excelente puesta en escena y un retrato de costumbres que consiguen traernos con fuerza la España de entonces: resulta demoledora la imagen de la egoísta clase media (ahí vibra el falangista, que odia la mediocridad), representada por novia y suegra que esperan la llegada del protagonista con el anillo de petición. Cuando la novia se echa a llorar, porque él no llega, y su madre le dice no llores por él, la novia responde que no llora por el novio, sino por el ridículo que le ha hecho pasar y por lo que se burlarán de ella sus amigas; en toda la película, ocupa un papel notable la hipocresía, hay un desajuste permanente entre el cumplimiento de la norma (citas con la novia, horarios laborales) y el impulso de la vida. Son estremecedoras las secuencias en las que se envía el caballo a la plaza de toros para que sirva como cabalgadura de los picadores: la crueldad con los animales en las corridas de toros, la sordidez como de morgue de los corrales de la plaza, el tráfico de animales para el sacrificio... El conjunto acaba componiendo una interesante lección de sociología de época, y a la vez nos cuenta la desilusión del falangismo con la nueva España monetarista y despojada de cualquier escrúpulo; desilusión que se extiende a la propia ciudad de Madrid, cuya vieja textura contrasta con la modernidad que, en la película, se representa con imágenes de la plaza de Cibeles y la Gran Vía. Se ha esfumado el Madrid de corrala, chotis y organillo que Neville amaba.

Con una imagen de la Cibeles, empieza la segunda de las películas que vi ayer, *Alta costura,* de Luis Marquina, un trabajo impecable sobre el mundo de la moda, una lección –dice ser– sobre la diferencia entre el amor honesto y el amor pasión, que se revela sórdido. La acción se desarrolla casi por completo durante un pase de modelos y resulta un elegantísimo retrato –y amarga sátira– del mundo de las jóvenes modelos, muchachas pobres dispuestas a todo por salir de sus mundos mezquinos, por ascender. Sorprende la factura, el ambiente elegante que crean los diálogos, los trajes de Balenciaga, la luz, y el triste y decadente bolero que sirve como *leitmotiv.* En su tiempo, la película debió de resultar subversiva por su propia sutileza, pero es que, además, está llena de detalles casi increíbles para la época, como la complejidad psicológica del modisto, un homosexual retratado sin ningún tipo de prejuicio y con un gran respeto: es más inteligente y honesto que la mayoría de los personajes que aparecen, el tipo es lo que es, o es lo que era un hombre así en aquel tiempo; incluso las mujeres, que parecen retratadas con brocha más gorda, muestran rasgos que las empastan en el conjunto de tonos matizados que define la paleta de la película. La puesta en escena, además de ser extraordinaria como retrato de una clase social, posee un estupendo calado pictórico. En fin, otra imagen del calidoscopio del Madrid de posguerra. En una sola tarde, gracias a dos películas, he tenido la sensación de volver a palpar una ciudad que se esfumó hace tiempo. El milagro del cine. No se cansa uno de repetirlo. Qué sería de nosotros sin ese séptimo arte. Por cierto que, al hablar de los elementos subversivos que se cuelan en la película, se me ha olvidado citar el parlamento en el que una de las mujeres defiende la necesidad que tienen ellas de mentir para protegerse. A un hombre no se le puede decir nunca la verdad, viene a decir, y en sus palabras todo, el contenido, el tono, la actitud, tiene una violencia, una rabia turbadora, muy superior al lenguaje de buena parte de las feministas radicales actuales. La verdad es que he disfrutado enormemente viendo esta sobria y elegante película.

19 de octubre

Ambiente poco saludable: además de porque no me encuentro bien, sigo febril, y el golondrino, o lo que sea, de la nalga no desaparece ni con antibióticos ni con cremas, porque me paso los días como si de verdad estuviera enfermo: buena parte del tiempo en la cama, dormitando lo que no duermo por las noches, incapaz de concentrarme en las lecturas que emprendo. Cuando braceo, no veo la orilla. Pienso, me obsesiono, doy vueltas a las cosas, pero soy incapaz de que ninguno de esos pensamientos u obsesiones (cada vez más obsesiones y menos pensamientos) acaben fructificando. No sé si la desgana es una expresión extrema de la amargura, un apaga y vámonos, eso que antes se decía dejarse morir, fulano se dejó morir, se decía. De dónde voy a sacar energía para seguir si esto dura unos cuantos años más. Ha bastado dejar el trabajo en *Sobremesa* para que estas reflexiones (que rechazo) se evidencien. Seguramente, miedo que no declara su nombre, y que tendré que dominar. Me digo que he tenido otros momentos así, que cualquier día volveré a tomarles gusto a las cosas, a mis actividades, a leer y escribir, pero también a cuanto me rodea y es amable, apetecible: de momento, estoy tirando, aquí metido, estos dulces días de otoño. Con toda esta desgana, empiezo a leerme los libros sobre Aviñón que me traje para preparar el artículo de *Sobremesa.* Son bastante poco interesantes, solo uno sobre el papado ha resistido hasta el final; los otros son meras guías escritas por eruditos locales, cargadas de fechas y nombres que a mí me dicen más bien poco.

A ratos perdidos, me acerco a la novela, que es a lo que tendría que dedicar todos los esfuerzos. Pero me veo tan torpe. Y yo que me había propuesto encontrar un poquito de paz. Ya se sabe que el hombre propone y el diablo enreda con la cola. Si algo tiene de bueno esta muerte civil a la que me he sometido es que ni una sola imagen erótica viene a turbarme. ¡Cómo ha de levantarse un muerto!

Espantos de la campaña electoral catalana: Mas pide que se puntúe a los emigrantes para obtener su derecho a la ciudadanía y al voto. Deberán demostrar su grado de integración. ¿Qué demonios querrá decir eso? ¿Cuál es mi propio grado de integración que me autoriza a vivir en Valencia? ¿Deberán expulsarme? Carod Rovira acusa a Múgica Herzog de alimentar a los delfines de Milošević (que deben de ser Jiménez Losantos y Pedro Jota). Su señora, ayer, declaraba en una entrevista en la radio que Madrid no le tira; que solo ha estado una vez en Madrid. La sensación de que vamos hacia algún desastre de la mano de fasciopopulares, nacionalistas y socialdemócratas (la mafia política que tejió la Transición) no me la quita nadie. Esta tarde he entrado en un bar donde estaba la niña de la casa haciendo los deberes. Me ha preguntado algo acerca de una pregunta que debía responder. Le he dicho: piensa un momento, pero ella me miraba con cara de perplejidad. Fíjate en lo que te dice la pregunta, le he insistido, y he empezado a repetirle palabra por palabra el enunciado sin que ella reaccionase, hasta que me ha confesado que no sabía ni una de las palabras de las que componían la pregunta a la que debía responder. Le he hecho unas cuantas preguntas más, muy fáciles para una niña de su edad. Ha sido incapaz de responder ni a una sola. Ni sabía dónde tenía el norte, ni el sur, ni sabía lo que significaba la palabra orientarse, ni siquiera tenía idea de por cuál de los puntos cardinales sale el sol. La niña debe de tener unos ocho o nueve años. Ningún niño de mi edad que hubiera pisado un solo día la escuela desconocía esas cosas. Cada vez que hablo con algún muchacho joven tengo la impresión de que han fabricado una serie de generaciones lumpen, trapos ignorantes, condenados a ser manipulados, tirados. Unos minutos antes había visto que han colocado unas enormes torres eléctricas a la salida de Ondara, y que están arrancando los naranjos que bordeaban la zona norte y noroeste del pueblo. Cada día descubro una nueva tala, nuevas máquinas que excavan, más grúas, así que quién me quita esa sensación de que todo se está yendo al carajo: lo de dentro y lo de fuera. He regresado del paseo por el exterior con una depresión de caballo (había ido a Ondara para cortarme el pelo, y ha sido al volver cuando me he metido en el bar). No me gusta lo que me rodea, lo que veo, ni lo que intuyo que ocurre en sordina, lo que se está fraguando, eso que antes se llamaba el tiempo futuro. Para aliviar la tensión, una noticia divertida (tolstoiana, dostoievskiana): al parecer, un guardabosques ruso ha denunciado en un periódico local que un grupo de cazadores, entre los que se hallaba el rey de España, mató a un buen oso doméstico, que se llamaba Mitrofán o algo así, tras emborracharlo con miel y vodka. La eterna juventud de nuestro viejo monarca. Nuestro maduro monarca comportándose como el joven Pierre Bezukhov y sus amigotes golfos de Moscú. Ellos creo recordar que atan juntos a un guardia y un oso y los arrojan al río.

22 de octubre

Recibo un libro de Jean-Maurice de Montremy, un crítico que conocí y con el que congenié *(malgré nos différences)* el pasado enero en París. Se trata de una biografía novelada de Rancé, un abad de tiempos de Luis XIV. El barroco en estado puro, la muerte como centro de la vida (el no volveré a servir a señor que se me pueda morir del Borja), todo un espeso caldo en el que se mezclan la exhibición cortesana y el lujo con el rigorismo de Port-Royal y el jansenismo. Me ha parecido un libro muy hermoso. Leo, en una carta del padre Monchy a San Vicente de Paúl «la muerte: ese momento en el que el tiempo se acaba y comienza la eternidad. En el momento que yo hablo Dios ha decidido su eternidad. Ya está hecho, él es feliz o desgraciado para siempre jamás» (pág. 65). El Dios del barroco no es Dios de amor, ni de bondad. «Es un Dios de principio, insertado como una evidencia en la gran mecánica del lenguaje de la época» (pág. 82). El libro plantea una reflexión sobre el sentido de la religión y la religión como sentido en cierto modo cívico: Jean-Maurice es cristiano sui géneris; para él, el cristianismo es columna vertebral del espíritu, de la inteligencia, de la propia sociabilidad en nuestra cultura, y en el libro roza sus fantasmas, sus obsesiones.

24 de octubre

En Valencia, anoche asistí a la presentación del *Anuario Gastronómico* de Antonio Vergara en el que colaboro con una instantánea. A la mesa, Fernando García Delgado, como siempre cariñosísimo conmigo. Carmen Alborch, distante:

no ayuda mucho a mejorar la cosa el comentario que le hago sobre su oposición a que se reconstruya el patio renacentista del palacio del Embajador Vich, cuyas piezas se han encontrado conservadas en un almacén. Los socialistas han organizado un escándalo porque, tras ese hallazgo y la decisión de reconstruirlo en el edificio del Museo de Bellas Artes, se han desmontado algunos arcos procedentes del patio que, en el siglo XIX, se insertaron de modo arbitrario en el refectorio gótico del convento del Carmen. El argumento utilizado en la campaña de denuncia de lo que califican como expolio, es que el arte valenciano ha sido siempre ecléctico, y la verdad es que resulta un argumento bastante frágil, pero ellos han conseguido armar mucho ruido. Cuando le comento que el resultado de la reconstrucción me parece espléndido, me responde que no la ha visto. Al parecer, reconstruir le parece *una horterada* que no está dispuesta a contemplar. Cómo puede no ver algo así una profesora de arte que, además, aspira a ser alcaldesa de la ciudad. Un trato afectuoso recibo, en cambio, de Carlos Marzal, con quien hago bromas y nos reímos durante buena parte de la cena (me dice que Brines me aprecia mucho, no tengo la suerte de conocer a Brines, cuya poesía es seguramente la que más me interesa de la que están haciendo en España los veteranos). También se deshace en elogios (maestro por aquí, maestro por allá) Joan Lagardera, el jefe de opinión de *Levante,* un periódico que no dedica una línea a mis libros; y se despide muy afable Miquel Navarro, el escultor, que ha permanecido callado durante casi toda la velada. Tipo raro. No se sabe si en su cabeza bulle una tormenta de ideas o si está vacía. Tiene algo de pálido Michael Jackson, una cara casi traslúcida, como maquillada con polvo de arroz. Su palidez de geisha con mejillas pétalo de rosa resalta aún más porque sobresale de una camisa blanca a lo conde ruso, con el cuello cerrado y la fila de botones en un lateral. Fernando se queja de que envejece, de que engorda, y él le dice: Te conservas muy bien, tienes el cutis perfecto, y eso me hace pensar que algo debe de preocuparle u obsesionarle el tema del cutis, lo que consigue que, al volverlo a mirar, resalte aún más la sensación de que tiene la cara espolvoreada con harina de arroz.

En el hotel en que me hospedo (Hesperia Parque Central), el único periódico que tienen es *La Vanguardia.* Lo hojeo. Dedica dos páginas a la Ópera de Valencia, un proyecto caro, insostenible, dice el artículo, extremadamente crítico. ¿Y el Liceo, que se traga un montón de fondos del Estado? *D'això no es parla.* Recuerdo la emisión de una hora que escuché por Catalunya Radio al día siguiente del accidente del metro valenciano; hablaban de una ciudad tercermundista, caótica, de la que huían los inversores, etc. Hay que ser muy poco pudoroso para intervenir siempre en los asuntos de aquí espada en mano, ponerle sordina a lo propio y luego hablar de *països.* Así no se crea clientela. A ver quién se atreve a publicar un artículo crítico con Barcelona. Pasas a la historia de la humanidad como anticatalán. Hace unos cuantos años, en un artículo extremadamente halagador que publiqué en *Sobremesa* acerca de los vinos del Penedés, se me ocurrió decir que la restauración de la zona no estaba a la altura de los vinos (la verdad es que fui extremadamente benévolo: por entonces, los restaurantes de la comarca dejaban bastante que desear). A los pocos días de aparecer la revista en los quioscos, empezó a caer una lluvia de cartas de protesta en la redacción: organismos oficiales, sociedades de restauradores y particulares se lamentaban, se declaraban dolidos, se daban de baja como socios, amenazaban con boicotear la revista... Fastidia la extrema sensibilidad de los catalanes ante cualquier comentario poco halagador que reciben de fuera y su ligereza para descalificar lo ajeno. La altiva relación que mantienen con lo que definen como *països* hace pensar en una metrópoli en busca de periferia. Quieren ampliar su *petit pais* y tener unas provincias colonia a las que mirar desde arriba. Nunca he sido anticatalanista, el primer disco que me compré en mi vida fue *Al vent,* de Raimon (por cierto, valenciano colonizado), y el segundo sus *Cançons de la roda del temps,* en el que ponía música a los poemas de Espriu. Admiro a Merçe Rodoreda, que para mí ha sido lectura de cabecera durante muchos años, aprendo de Pla cada vez que lo leo, Segarra, etc. Y el nacionalismo español, con sus camisas azules y sus banderas al viento, me ha irritado casi tanto como asustado. O sea, que esto –lo que digo– tiene que ver con la rabia que me producen estos tiempos de descuartizadores que huyen con la presa para devorarla en su madriguera, al tiempo que no puedo evitar cierto sentimiento de irredentismo por vivir en esta zona en la que me ha tocado nacer, condenada a ver pasar de largo el Estado, cuando no a tenerlo enfrente, precisamente porque carece de un partido nacionalista, capaz de chantajear desde posiciones de fuerza. Contradicciones.

Concluyo el libro de Jean-Maurice sobre Rancé, *Le soleil noir,* que trae (a veces, con una complacencia excesiva) la Francia convulsa del XVII (escribo la palabra «convulsa» referida a una época y me digo: ¿qué época no es convulsa? Una *idée reçue,* que Flaubert no dudaría en poner en su diccionario), el barroco extremándose en dos direcciones: por un lado, una sociedad que pronuncia y valora las grandes frases, la desmesura de una teatralidad barroca que lleva a la ornamentación extrema; por otro, como forma aún más refinada, el desnudamiento jansenista, la contención verbal, unas pocas palabras pero vibrantes, cargadas de sentidos; o –sencillamente– el silencio, todo ello igualmente teatral, componiendo subrayados que tienen la expresividad de una pausa musical, del estilo de los que Rancé gustaba destacar en las interpretaciones del canto gregoriano que permitía entonar a los trapenses. El libro muestra cómo la máquina sombría del barroco trabaja por debajo de las brillantes apariencias y los disfraces de la corte, las luchas religiosas como trasuntos de las luchas políticas, o simplemente de facciones enfrentadas: Arnauld y los portroyalistas; los oratorianos de San Felipe de Neri y su influencia sobre San Vicente de Paúl o Descartes; el rigorismo de Bossuet enfrentado a la dulzura de Fénelon...

Por la tarde, me leo el *Sganarelle,* de Molière, el cornudo imaginario, y me río a carcajadas con sus juegos de palabras, su socarronería, sus diálogos cargados de dobles y triples sentidos, el delirante uso irónico y paródico del lenguaje culto y de todo el aparato de metáforas de la lírica al uso en su tiempo. Una delicia. Mientras la lees, te dan ganas de representarla, así que me la he leído en voz alta. Veía a los personajes, imaginaba el ritmo de la frase, y cómo destacar los diferentes planos en los que se entienden buena parte de ellos.

Llega el intenso olor del galán de noche en esta madrugada calurosa, que parece de pleno verano. Debe de estar totalmente florecido, porque la planta que huele no es la que está más cerca de la ventana, sino la que crece al otro lado del camino. Mañana me asomaré a verlo.

Es extraordinario el manejo del verso en Molière: el juego de las rimas, las de fin de verso y las internas que cierran hemistiquio; los acentos, el preciso control del paso en el habla, todo ayuda a subrayar la intención, la comicidad, la personalidad de los personajes, que se construyen a sí mismos eligiendo la calidad del lenguaje en que se representan. La *souplesse,* la elegancia que el verso concede a la representación no flota en el aire, sino que está cargada de sentido, no es ornamento, es meollo. Todo es juego, y, sin embargo, nada está de más, el juego es la propia expresión de la idea, el fundamento de la comedia. Leo ahora *Le Tartuffe* y, como hice con *Sganarelle,* lo hago en voz alta, procurando representar yo mismo los distintos personajes, pararme aquí o allá, poner énfasis en tal palabra o en tal otra, y noto que es el texto el que me guía como si tuviera un don, como si no pudiera ser leído de otra manera, y mi propia entonación se convierte en la psicología, hasta en el físico de cada personaje.

27 de octubre

Le Tartuffe, Don Juan. Tiene menos frescura Molière en sus grandes obras, en las de más fuste, donde la denuncia se convierte en motivo dominante. Es más ágil cuando se siente más libre. En cualquier caso, imagino el efecto que esas obras debieron de tener en aquel tiempo de eclosión de la teatralidad religiosa, todo eso que he leído estos días en el libro de Montremy: el propio Don Juan pasa de ser un blasfemo que se burla del cielo a justificar el abandono de doña Elvira por una repentina conversión religiosa, en un juego de manos del estilo de los que suele hacer nuestra Celestina: achaca su infidelidad a su deseo de cumplir la voluntad de Dios. El cielo es una excusa: en ese espacio hipócrita se juntan Don Juan y Tartufo. Con Don Juan, Molière, partidario de una sensata bonhomía, de un modesto sentido común, entra a saco en las exhibiciones religiosas y en las conversiones de la aristocracia, tan frecuentes en la corte de Luis XIV por influencia de María Teresa, su beata esposa española.

Pasan con poco fruto estos días de prejubilación, con una cabeza hueca, e incapaz de hilar una frase. Voy a ver si salgo como puedo del artículo sobre Aviñón, el último encargo que me queda por cumplir, y que no me motiva nada. Ni me acerco a la novela, ni apenas a estos cuadernos. Paso los días en el peor de los estados de ánimo, dormitando, yendo de un sitio para otro de la habitación, buscando cualquier papel, llamando por teléfono a alguien, incapaz de atarle una mecha a la cabeza, prenderle fuego y que estalle; que, al saltar por los aires, deje encima de la mesa algo de lo que lleva dentro. ¿O es que dentro no hay nada?

Resulta incómoda, casi lacerante, la recuperación de su adolescencia en Úbeda que emprende Muñoz Molina en su última novela, *El viento de la luna:* todo tiene una sordidez, una grisura dolorosa, que me llena la cabeza de recuerdos de mi propia infancia y adolescencia, esa desconfianza campesina, la agrura, la retranca borde, de vuelo bajo. El libro derrocha en muchas páginas una sinceridad hiriente, física. Te hace oler, tocar las manos de aquellos campesinos engreídos e ignorantes. Creo que es un libro meritorio, de valor entomológico (son también excelentes las páginas dedicadas a la sensualidad de la huerta y sus frutos), y que se le escapa cuando pretende elevarlo con la historia, un tanto forzada, aunque muy bien escrita, del primer viaje tripulado a la Luna. Hay en otros capítulos un exceso de voluntad magistral, explicativa, cierto gusto por remachar el clavo, que le quita fuerza al libro en vez de dársela. Además, no parece muy ético eso de tratar al lector como alumno al que hay que gritarle las cosas para que se entere. En eso, sin darse cuenta, Muñoz Molina acaba siendo heredero de los sentenciosos y cerrados campesinos de los que se libró en su adolescencia. Es un rasgo que le empaña sus últimas novelas. En cualquier caso, se trata de un libro cargado de cosas admirables. Me ha traído imágenes poderosas de la Úbeda que yo mismo conocí cuando tenía seis o siete años, justo el tiempo en que Muñoz Molina nació: he vuelto a ver las paredes encaladas de la ciudad, las casas sin agua corriente, las largas colas de mujeres y niños cargados con cubos y botijos ante la fuente de la plaza, los cuartitos en los que se hacían las necesidades, los pobres que recorrían las calles tirando de un burro que arrastraba el carro con la leña, con el picón, con la leche, con las cubas de agua. El olor de alpechín siempre flotando en el aire. Pero ya digo que también encuentro ahí la sordidez moral de la España de mi adolescencia. Creo que es el libro suyo que más verdad lleva encima. Recupera un pulso que había perdido en la maraña ideológica de sus últimas novelas, editorialismo periodístico más que narrativa. La oscuridad le viene por lo que él seguramente pensaba que iba a darle el brillo, por las páginas de la luna; las terráqueas son las que iluminan.

28 de octubre

Dormito durante buena parte del día; luego, paso unas cuantas horas con la novela (es de esos días en los que la veo, la tengo en la cabeza) y leo –treinta y tantos años después de la primera vez– *Gran Sol,* de Aldecoa, que me está gustando mucho. Hay en el libro un trabajo riguroso con el lenguaje que es expresión de respeto al mundo de los pescadores, cuya vida es el tema de la novela, al que se acerca de un modo minucioso, con elegancia, poniendo literariamente arriba los mecanismos del comportamiento de esos hombres sencillos. Qué diferencia entre este libro y *La colmena,* de Cela, o incluso *El Jarama,* de Sánchez Ferlosio, con sus visiones desde arriba. Busco algo que se le pueda comparar, un trabajo así con los de abajo en la literatura actual, y no lo encuentro. Es más, mientras lo leo, no para de venirme a la cabeza mi propia novela, la que estoy escribiendo, y reconozco que sale muy mal parada –su verborrea– ante esta talla rigurosa, hecha con materiales de primera calidad. Todo huele aquí a verdad, uno palpa la verdad, la buena materia. En *Gran Sol* se nos descubre la continuidad del oficio de pescador, lo que tiene de esfuerzo y de sabiduría: continuidad en la forma de vida y, por tanto, en la formación del carácter: hombres que han heredado hábitos y una tradición laboral: los instrumentos de trabajo, las partes del barco, los aparejos... El esfuerzo por apropiarse de ese legado y fijarlo en la red de la palabra escrita es el que se impone Aldecoa. Leo el libro con admiración. La generosidad del escritor que convierte en relato lo que estos hombres viven como trabajo, en elevar a la categoría literaria un habla, una forma de vida.

29 de octubre

A las seis de la mañana he terminado *Gran Sol* con la sensación de haber leído un libro hermoso y envidiable. Resulta curioso comprobar cómo los libros nos hablan en cada edad de la vida de una manera diferente. No era ese el recuerdo que yo tenía de la novela. Quizá mi trabajo de escritor, saber lo difícil que resulta conseguir esa precisión, esa mesura, capturar con tanta delicadeza el temblor de lo humano, me ayudan a valorar el trabajo ajeno, porque cuando digo precisión no me refiero solo a precisión en el lenguaje, ni en el pudoroso avance de la trama, o en el modo en que el lenguaje cotidiano y laboral se convierten elegantísimamente en material literario, hablo de los magníficos retratos humanos y del paisaje, de la riqueza de matices, de los claroscuros para construir una sensibilidad de los de abajo, algo que muy pocas veces ocupa a la literatura. Aldecoa traza individualidades poderosas a la vez que levanta ese sujeto colectivo, que es el marinero, formado por el juego de fuerzas de numerosos individuos, en el mismo sentido en el que, días atrás, hablaba de cómo Dostoievski, en las *Memorias de la casa muerta,* construía *el preso,* que surge en el libro de los numerosos retratos individuales, como común denominador entre ellos, pero también por encima de ellos. Así funciona *el marinero* de Aldecoa, y su espacio, el barco, el arrastrero, construido como suma de experiencias, como enciclopedia de códigos. Envolviéndolos, los códigos y aprendizajes de ese otro ente que pide su propio lenguaje, el mar. El libro de Aldecoa me ha hecho pensar mucho sobre lo que yo escribo, y me llena de dudas, me digo que quizá he renunciado demasiado pronto a escuchar el rumor del sujeto colectivo, a intentar traducir sus voces.

Por lo demás, el día de hoy se ha ido también más deprisa de lo que yo hubiese querido. Por la mañana, he escrito un par de folios del artículo sobre Aviñón y he leído los periódicos (clima de un día de verano, incluso más bien sofocante). Por la tarde he leído un capítulo de mi novela con creciente pesimismo, he dormitado (sin demasiado complejo de culpa, anoche no dormí), he vuelto a reescribir los dos folios aviñoneses, he visto una película bastante fallida de Neville *(El crimen de la calle Bordadores),* y *c'est tout.* Fin de jornada. Creo que no tendré problemas en dar por terminado en un par de días un artículo correcto sobre Aviñón. Parece que le he cogido el hilo. Oigo un disco que hacía tiempo que no escuchaba y que siempre me pone melancólico: Johann Schobert: *Quatuors, trios, sonates.*

30 de octubre

Aprovecho bien la jornada. Por la mañana, un ratito de Aviñón; luego releo los diarios, la novela. Trabajo casi todo el tiempo en la novela: corto, anoto, etc. Ya sé, ya sé que eso no es escribir, quiero decir que eso no es poner una frase detrás de otra, que es lo que cada día me asusta más, me cuesta más, pero es tarea necesaria. Lo que noto es que cada vez me salen las frases más chatas, con menos matices y con un vocabulario más limitado. Percibo una especie de regresión, voy hacia atrás como los cangrejos. Si leo cosas que escribí hace tiempo, me deprimo. Tienen otra flexibilidad, una textura más rica, riqueza cromática; y tienen, sobre todo, un orden. Como me dijo el otro día P. G. N., es imposible escribir novelas sin punto de vista. Sentía envidia estas noches pasadas leyéndome *Gran Sol,* toda esa riqueza verbal, esa precisión meticulosa al nombrar faenas e instrumentos. Para escribir así hace falta otra clase de esfuerzo, yo diría que menos sufrimiento metafísico (el que yo padezco) y más trabajo instrumental: tengo la impresión de que yo busco y, en cambio, Aldecoa sabe con exactitud el paisaje, el objeto, el sentimiento que quiere describir y afila su instrumental para cumplir con su tarea. Es algo muy distinto de este dar manotazos a la niebla, este recoger puñados de nada, o la nada a puñados.

Incumplo todos los propósitos saludables: llevo una semana sin salir de la habitación más que para comer. Ningún paseo, ninguna visita, ni siquiera al bar. Solo me interesa lo que hay aquí dentro: letra impresa, algún rato de música clásica al fondo, los días se me quedan cortos. Me acuesto a las cuatro o las cinco de la mañana y me cuesta apagar la luz porque aún quiero avanzar algunas páginas más en el libro que estoy leyendo.

Al principio me interesa y luego se me hace pesado y empiezo a saltarme páginas de un libro sobre Marruecos que se titula *Los tres reyes,* de un francés, Ignace Dalle, que cuenta con morosidad los movimientos políticos del país; consigue acabar motivándome muy poco tratando un tema que me interesa mucho. Acabo dejándolo, aburrido en la maraña de partidos políticos y escisiones y peleas entre ellos, una visión tan prolija como inútil para lo que a mí pueda interesarme. La mayor parte de eso estaba ya en el viejo libro de

Charles-André Julien *Le Maroc face aux impérialismes.* Ahí está tratada la información básica y tendido el hilo que uno debe seguir. Dalle, en la prolongación de lo que hizo Julien, se enreda más que aclara.

En las pausas de la historia marroquí, me he acercado al artículo de Aviñón. Espero sentirme con más ánimos mañana por la mañana. Entre pitos y flautas, lo cierto es que hoy no he encontrado ni un minuto para la novela ni para pasar a limpio estos cuadernos. Me dominaba esa sensación que conozco tan bien, la de no estar haciendo lo que debo (escribir el artículo) y al mismo tiempo no poder quitarme de la cabeza eso que no estoy haciendo. A estas horas en las que huele intensamente a galán de noche (están todas las plantas florecidas, la que hay del otro lado del camino y la que hay junto a la casa), me parece haber regresado a alguno de los cines de verano que frecuenté en Tavernes o en Denia y tenían ese perfume embriagador. Pienso: estamos en la última noche de octubre y huele a verano. La temperatura es también de noche de agosto. Qué cascada de recuerdos puede traer un olor (ver Proust, o Jünger). Se me amontonan las imágenes, siempre las mismas, recurrentes: el camino bordeado de cañaverales que iba desde el puerto a la casita, las estrellas arriba, la humedad que se desprendía de la hierba en la que buscaba el brillo misterioso de las luciérnagas, los dompedros, de aroma delicado, en cuyas semillas, unas bolitas negras y rugosas, creíamos descubrir una calavera. No son solo imágenes lo que me llegan, es todo un mundo, paisaje, gente que ha desaparecido y que ya está solo ahí, en las cabezas de unos pocos, y que, con sus sucesivas muertes, se las irán llevando consigo. Es la vida. Vuelvo a estar allí, soy el que era, siento la misma emoción mirando la reluciente mancha blanca de la Vía Láctea (por entonces no existía la contaminación lumínica), viajo en el tiempo conducido por el hilo de ese olor que llena la habitación esta noche. Hasta la delicada textura de la brisa que lo trae me llega desde entonces, tiene esa suavidad, la misma densidad, es la misma leve caricia, la exacta proporción de humedad.

(Fin del cuaderno negro cuadrado.)

NOTAS SUELTAS

Eugenio D'Ors: «en este país lo más revolucionario es tener buen gusto».

Inesperado ataque de angustia. Estoy leyendo el libro de Gregorio Morán sobre el País Vasco, *Los españoles que dejaron de serlo,* y, sacudidos por una referencia, me llegan recuerdos de un viaje a San Sebastián con mi amigo T., y de la noche en la que estuvimos oyendo una fanfarria en un concierto en el barrio viejo que acabó con carreras ante la policía y una ensalada de palos. Esa noche dormimos sobre la arena de la playa de la Concha y nos despertó, cuando el sol ya nos daba en la cara, el hombre que colocaba las hamacas. El recuerdo me ha llegado porque Morán cita los nombres de algunos grupos populares vascos de música. Yo intento recordar el nombre del que oímos aquella noche y no lo consigo, a pesar de que lo he sacado a colación muchas veces desde entonces, porque era un nombre que me hacía mucha gracia. Esta noche no logro recordarlo, y esa imposibilidad es la que abre la puerta de la angustia: olvido cosas que forman parte importante de mi vida, porque ese recuerdo está ligado a mi amigo T., que murió tan joven. Las sensaciones de pérdida de memoria se convierten en desoladoras cuando te das cuenta de que no queda nadie que pueda ayudarte a rellenar ese hueco, porque los posibles testigos son gente que ha desaparecido. No sabes qué fue de ella, o ha muerto. Este es el caso: no queda ninguna de las personas con las que compartí aquella noche. Te queda la responsabilidad del testigo, pero te das cuenta de que la misma rata que se ha comido de uno u otro modo a los demás ha empezado a roerte a ti por dentro. Tampoco yo podré contar aquella noche. Pero contar qué, ¿esa trivialidad de que éramos jóvenes y fuimos felices y nos toqueteamos a oscuras en el túnel que lleva desde el bulevar a la estación? Enredo de bocas, de manos, de sexos. Me desvelo, enciendo la luz, me siento en la cama, golpeo con el puño la pared: necesito el nombre de esa fanfarria como prueba de que no me estoy muriendo. Sé que el nombre está dentro de mi cabeza –como lo están estos otros recuerdos–, pero no hay nadie que me pueda ayudar a sacarlo, y yo solo no lo consigo. A partir de ese instante, ya no puedo seguir leyendo, ni dormir, ni fijar la atención en nada que no sea la búsqueda de un nombre. Paso la noche en blanco, sumergido en una avalancha de recuerdos de aquellos años (1973, 1974). Me llegan de forma desordenada, en aluvión, imparables. Cinco horas más tarde, suavemente, del modo como uno piensa que emergen los ahogados a la superficie, reaparece el nombre: «Los Pomposos», y vuelve el sofocante calor húmedo de aquella noche, el ruido, toda aquella gente que se apretaba en una placita del barrio viejo de San Sebastián para escuchar la música de aquellos músicos socarrones que habían decidido bautizarse con ese nombre zumbón y zarzuelero. Oigo el acordeón, el ruido de los pies siguiendo el ritmo de la música. Recuerdo la alegría de la música y las risas que provocaban los comentarios de los músicos entre pieza y pieza, y luego ya el estruendo de los botes de humo, los gritos de la gente, los insultos –incluidos los nuestros– dirigidos a los guardias, las carreras que se prolongaron junto a la playa de la Concha hasta la madrugada. Luego, el calor del sol, y la sensación de que el mundo se desliza: abrí los ojos, y me encontré con la cara del hombre de la limpieza que arrastraba el saco de dormir en el que estaba yo metido para ponerlo en la sombra. Aquí pega mucho el sol, muchachito, se reía. He encontrado el nombre de «Los Pomposos», y ahora sí, ahora sí que me siento dueño de la memoria: pienso en T., veo su cara pegada a la mía, labio con labio, su sonrisa, como si las tuviera aquí mismo, es como si estuviera ocurriendo lo que cuento en estos mismos momentos. Estoy vivo.

Oigo las declaraciones de los políticos, tras los resultados del referéndum sobre el Estatuto catalán, y siento una mezcla de bochorno, rabia e indignación: cada vez soporto peor a esa pandilla de oportunistas que se apoderaron de la vida política durante la Transición y de los que el país no consigue desprenderse ni frotando con agua caliente, jabón lagarto y estropajo. Su cinismo llega a que ni siquiera se esfuercen por disimular, por acercar un poco las palabras a la realidad que el resto de los mortales vemos, ese pasarse por el arco del triunfo la verdad y ajustarla a la consigna que les conviene y arropa. Lo que no se ajusta a sus discursos, no existe, y si alguien se empeña en demostrar que existe, se le barre de la faz de la tierra. Me irrito con solo ver sus caras en la tele. Hablan de éxito, cuando después de haber apoyado unánimemente el Estatuto con una campaña sin rivales (solo la débil voz del PP, ellos sí, con su milonga desde Franco o don Pelayo, España, España) apenas han conseguido que acudan a votar el treinta y pico por ciento de los censados. Dicen el pueblo catalán ha decidido, cuando de lo que hablan es de la clase política catalana. Se les llena la boca, pueblo catalán, dicen, mientras babean de gusto. En las imágenes, se veía haciendo cola ante las urnas a numerosos árabes y centroafricanos, que seguramente aspiraban a que los vieran los de los servicios locales de asistencia social.

El libro de Morán es excelente. Junta lo que él llama tres realidades: Neguri, el PNV y la ETA, para acabar pintando un panorama completo de Euskadi durante el siglo XX. Apabulla la cantidad de trabajo que lleva dentro el libro, su lucidez, más aún si se tiene en cuenta que, cuando lo escribió, el autor tenía treinta y pocos años. Mientras leo, siento admiración por la capacidad de trabajo de ese muchacho (aún lleva más trabajo el libro que escribió después de este, la *Historia del PCE).* No es fácil encontrarse con libros de historia reciente que, casi veinticinco años después de haber sido escritos, sigan manteniéndose tan frescos de lenguaje, tan ajustados, solo contaminados por algún que otro estilema de periodista de la época. Sin duda, Morán, que ha merecido las iras de *El País,* y cuya tarea no cuenta para nada en lo que se llama la izquierda española, es uno de los mejores escritores de nuestro tiempo, fuente imprescindible para encontrar anécdotas y argumentos que la rata del tiempo (es decir, los fabricantes del imaginario de la Transición) se afana en tragar, hechos sobre los que la Transición ha tendido una gruesa manta en su reconstrucción de la historia a la medida de los discursos socialdemócrata y nacionalista en santa alianza: la entrega por el PNV del frente del norte a los italianos, sacrificando toda la estrategia de defensa republicana y entregando a comunistas y anarquistas, lo que era tanto como condenarlos a muerte; el intento por parte de los nacionalistas de que Hitler les ayudara a conquistar el espacio desde los Pirineos hasta la ribera del Ebro a cambio del apoyo de la causa vasca a su guerra (creo recordar que los irlandeses también trabajaron en ese sentido); o, ya concluida la guerra, la filtración por parte de ese mismo PNV a los servicios secretos americanos de las listas de militantes del PCE, que estos se encargaban de pasarle a Franco..., todas esas indignidades que la historia de hoy se empeña en callar las saca Morán a la luz: el sufrimiento de tanta gente que vivió y fue víctima y murió mientras se cerraban aquellos pactos entre las élites. El libro establece atisbos de justicia y derrama unas cuantas gotas de piedad sobre tanto sufrimiento inútil. Pero, sobre todo, cumple los parámetros de eso que le pedimos a la buena escritura: nos hace vivir un tiempo que ya no existe, conocerlo como si estuviéramos hoy allí (en mi caso, también reconocerlo), y nos hace entender un poquito mejor el caldo de cultivo original de esas indignidades de los políticos actuales de las que me quejaba unas líneas más arriba como si acabara de caerme de un guindo, y no supiera, por libros como el de Morán, y por tantas cosas vividas, y por tantas mañanas de pelea con los periódicos, digo que como si no supiera lo que hay, y de dónde y por qué ha salido esto así. Estoy convencido de la ilegitimidad de lo que se estableció, una usurpación astuta –zorrerío– de la voluntad popular, pero no soy capaz de intuir la legalidad posible.

Sé que algunos colegas novelistas han acabado encontrando un espacio literario que se reclama voz de un sujeto social contemporáneo, y solicitan su parcela de violencia. No me atrevo a tanto. Intuyo que lo nuevo surgirá de una forma de violencia, no puede ser de otra manera. Nadie deja por las buenas el poder que detenta. Y el poder, como dijo el agudo Mao, está en la punta del fusil. De joven –eran los turbulentos años sesenta, la lucha de clases y de los pueblos oprimidos iba a vida o muerte–, digo que de joven lo acepté así, aunque a regañadientes (problemas de psicología, de carácter: si no servía ni para pelearme con los niños de la escuela, si me horrorizaba la violencia que el fútbol desarrolla a patada limpia y me ponen los pelos de punta los energúmenos que gritan en las gradas de los estadios), la asumí casi como un inverso sacrificio de mártir cristiano: no hay otra manera de acabar con estos (no la hay). Lo he contado en mis novelas y, sobre todo, en un capítulo de *Los viejos amigos.* Convertido en un viejo prematuro, confieso que me espanta la violencia, y no sería capaz de ejercerla ni de participar en ella, más aún sabiendo que, dada la correlación de fuerzas, como decíamos por entonces, la violencia ejercida en la sociedad de hoy –con sus medios para aplastar, para corromper– solo conduciría a algo aún más temible. Entonces, ¿qué hacer?: es lo que se preguntaba el clásico. El gran dilema.

El sujeto se formará en otros espacios sociales, incluso geográficos, se está formando aunque nosotros no somos capaces de verlo, traerá consigo su violencia de nuevo cuño y llegará con él la palabra que la plasme, conforme y legitime. Seguramente también caeremos nosotros.

En mi opinión, el novelista no puede ser la sibila, ni siquiera Casandra (les dejo eso a los predicadores de todas las religiones), sino el forense de la crónica, que es casi como decir (coño, volvemos a la violencia, si es que no hay manera, la de unos o la de otros) el dinamitero: el que con un lenguaje que busca converger con lo real descalifica o hace saltar por los aires el lenguaje de uso. Morán, cuyo libro sobre el País Vasco estoy leyendo, con su revisión de la historia, sospecho que hace más por lo que va a venir que los novelistas programáticos. Hay problemas de otro orden. De pudor. Desde esta Europa rica y letrada, parece impúdico brindarse como portavoz de lo que vendrá, y que, ya digo, será seguramente terrible, y además nosotros no lo entenderemos, al menos yo sé que no lo entenderé, como no entiendo los vagidos de la bestia que los monoteísmos de los desiertos han vuelto a engendrar: cada nueva generación trae su propio horror imprevisto. Pienso en los profetas futuros de ese horror. Conformémonos con reducir a astillas el retablo pintarrajeado que nos han puesto delante los contemporáneos.

No es ambición pequeña en un tiempo en que la narración se vuelve cada vez más compacta y uniforme. Al fin y al cabo, vista desde aquí, la bestia de la noche de los desiertos representa el papel de antihéroe (el villano) que necesita toda narración de corte único. Sin un antihéroe no es posible el cuento. La verdad es que, esta vez (lo de los soviéticos como bestias fue más confuso, los envolvía un halo justiciero), cumple a la perfección su papel, con su dosis de crueldad prehistórica, pretecnológica: el degüello, el sacrificio animal como homenaje al dios, colorea con una extraordinaria viveza el retablo. Pienso ahora en el fresco de Rafael en el que el Papa detiene a Atila. Tras el Papa, los campos cultivados, el orden, la civilización, los elegantes caballos sosteniendo apaciblemente a sus serenos jinetes. Por detrás de Atila se extienden los bosques tenebrosos, anteriores a la agricultura, las humaredas que reflejan la destrucción irracional, los caballos de los hunos son bestias desbocadas que se mueven con fieras contorsiones. El modelo se repite hoy. El lenguaje se ha despedido de las sutilezas con que lo envolvieron los textualistas de los setenta y ochenta, los que vinieron en el ocaso de la tercera –y larga, y dispersa– guerra mundial, los del final de la historia. Ahora, ni siquiera de puertas adentro –para contarnos el mundo que entendemos como civilizado– derrochamos sutileza: lo literario, lo sutil, se refugia en lo privado.

Qué deprisa se me pasan siempre las últimas horas del día, que son las primeras del día siguiente. Me pongo a hojear cuadernos, a escribir estas anotaciones, y son las nueve o las diez de la noche, y cuando vuelvo a mirar el reloj, resulta que ya son las dos o las tres de la mañana, y entonces me entran las prisas por hacer cosas, me doy cuenta del mucho tiempo que he perdido durante la jornada. Querría ordenar, darle forma a cuanto tengo escrito, disperso. Me da miedo que todo se quede a medio hacer, a medio decir, que no sea nada; y es una ansiedad que se parece a la que sentí anoche, cuando no conseguía acordarme del nombre de la charanga vasca, la sensación de cabalgar a lomos de esa ola inversa, enorme resaca que ha empezado a arrastrarte, que te separa de la costa, te lleva a perder de vista la playa. Como si el fin de la jornada tuviera algo de presagio del fin de todo y uno quisiera aplazarlo a cualquier precio.

Un cuadernito negro Marbré
(1 de noviembre de 2006-6 de enero de 2007)

2006

1 de noviembre de 2006

Se escapa el tiempo. Ayer bebí, perdí medio día, me acosté tarde; y hoy, ese malestar pegajoso, inconsolable, de la resaca, la sensación de final, de que no hay salida ni futuro; de que no queda tiempo de hacer nada de provecho, de ordenar nada; ni siquiera estos papeles. Me he pasado el día dándole los últimos toques al artículo sobre Aviñón (me falta el último párrafo, cerrarlo) y leyendo el libro de Michael Parenti que se titula *La muerte de César,* en el que intenta demostrar, a veces –demasiadas veces– en un tono sermoneante, que el asesinato de César no se produjo porque quisiera convertirse en rey, en dictador, sino precisamente por lo contrario, porque se había convertido en el defensor de las clases populares frente a los aristócratas (los *optimes),* y se oponía a su voracidad. No digo que no sea verdad, pero como todo suena –lo uno y lo contrario– a reconstrucción interesada, me pregunto por la utilidad del esfuerzo. Ya sé, ya sé que se trata de una noble empresa: leer la historia desde los perdedores, y que eso mismo es lo que, en cierta medida, yo intento en mis novelas, pero lo que se nos cuenta queda tan lejos (¡dos mil años!), parece tan forzado rebuscar ahí, que uno llega una vez más a la deprimente conclusión de que la historia no es más que un banquete de carroñeros, y la verdad acaba siempre sepultada por el tiempo, aunque sea bajo el peso de una causa justa. Si no recuerdo mal, era el tema de Sciascia en *Il Consiglio d'Egitto.* ¿Es primero la justicia o la verdad?, ¿vale la manipulación de la verdad, que hoy día ya todos hemos aceptado que siempre es provisional, para conseguir que se instaure la justicia? Si esa pregunta me la hubiesen hecho hace treinta y cinco años, sin ninguna vacilación hubiera tenido la respuesta a mano: lo primero la justicia, caiga quien caiga. Recuerdo aquellas clases de alfabetización para adultos en las que les hablaba a los alumnos de Vallecas, de Entrevías y del Cerro del Tío Pío de las tropelías de los faraones y, en realidad, los faraones eran Franco (por entonces Innombrable); como ellos, explotaba a los pobres tras haberlos derrotado, y el Valle de los Caídos con su desmesura era sus Karnak y Luxor, y sus absurdas pirámides. Acerté en lo último: el Valle de los Caídos es su pirámide, en la que yace en matrimonio poco ortodoxo con el guapo mártir del Alzamiento y muy lejos de su voraz esposa. Hoy dudo. La experiencia me ha convencido de que, de la manipulación, es difícil que nazca la justicia. Quien hace un cesto hace ciento. Un manipulador es un ser peligroso. No puede impartir justicia. Ejercerá poder. Es decir, que estamos ante el fracaso permanente por solidificar la historia –convertirla en mármol, lo que han pretendido todas las culturas–, no, la historia no es material sólido, es más bien materia resbaladiza, cambiante, y hay que permanecer siempre vigilantes, no dejarla quieta ni un segundo, saber hacia dónde la dirigen en cada momento para doblarla a nuestro favor. No hay manera de detener la pelea con ella (con ellos). No puedes decir: ya está, ya he cumplido, apartarte al margen y pensar: ahora me toca un ratito de descanso, tomar un refresco, fumar un cigarro. Imposible: tienes que elegir a cada instante; cada gesto público (y buena parte de los privados) supone una toma de posición. Y todo es seguir releyendo y volviendo a interpretar. La única forma de mantenerte al margen –y no lo tengo tan claro– es suicidarte: sacarles la lengua a los manipuladores colgado de una cuerda. Lo otro es colaboración con unos o con otros: lo que hicieron esos escritores o artistas que dicen que lucharon contra el franquismo con su silencio, mientras exponían, publicaban u obtenían premios. ¿Franquistas vergonzantes? Pensar en estas cosas desanima, quita las ganas de vivir si no eres de carácter combativo. Tienes la impresión de que corrompe el mero hecho de seguir respirando, el miserable oficio de vivir: la vida es participación en la cadena trófica, comerte a los demás, aunque sea a tu discreta manera, ligeramente al margen. Comerte la presa *pudorosamente* apartado en tu rincón: vida monástica, el quietismo, Miguel de Molinos, la Trapa de Rancé, o el Hare Krishna y los budistas (aunque el Dalái Lama no para de enredar en el curso de la historia), práctica de un trofismo reducido al mínimo, penitencial, compartir con las palomas el arroz blanco que los monjes cocinan en la lamasería, triturar con los dientes solo cándidas hierbas. Mientras escribo estas líneas recuerdo un diálogo que aparece en *Eugénie Grandet.* La criada le pide dinero al viejo y tacaño Grandet para acudir a la carnicería a comprar carne para el puchero. El viejo le dice que no: «De eso nada», dice; «nos harás un puchero de ave [...], voy a decirle a Cournoiller que me mate unos cuervos. Esa caza proporciona el mejor caldo de la tierra.» La criada pregunta: «¿Es verdad, señor, que se comen a los muertos?» Y Grandet: «¡Eres boba, Nanon! Comen, como todo el mundo, lo que encuentran. ¿O acaso no vivimos nosotros de los muertos? Entonces, ¿qué son las herencias?» (pág. 77). No está mal amueblada la cabeza del maestro Balzac. De momento, desde este monasterio en el que me he recluido, descubrir los mecanismos de la mentira, acordarme de la *Retórica* y la *Poética* de Aristóteles, aprender a razonar o a justificar.

Defenderme y, con ese gesto, defender a cuantos en tu entorno se cobijan de algo. Pero ¿esos quiénes son? Los diez justos de Sodoma, ¿dónde están? Prefiero verlos en su inocencia que pensar en que acusan al ladrón porque se les lleva el botín por el que pelearon. Mientras escribo, me siento a la vez miserable y empalagosamente arcangélico, falto de impulso, de eso que hasta no hace tanto se llamaba hombría. El activo revolucionario convertido en su madurez en pusilánime flor de té, o, mejor, en una de esas flores que, en cuanto notan la vibración en el aire de algo que se acerca, se cierran pudorosamente pero también tozudamente.

Hoy había vuelto a quedar para cenar en Denia y vuelvo a percibir que se agravan los síntomas de esta fragilidad: salto de la pereza al miedo. Empieza a darme algo más que pereza salir de casa, coger el coche, caminar por la calle, cualquier ruido estridente, cualquier movimiento brusco. Me da miedo conducir en calles atascadas, pero, sobre todo, de noche. Cuando recibo la propuesta de la cena, solo pienso en eso, en que tendré que volver de noche, por caminos solitarios. Mala cosa esta tendencia creciente y reciente. Debo controlar la fragilidad, luchar contra ella. Ya he tenido –hace muchos años– la experiencia de la agorafobia y sé que es un camino que luego tiene difícil marcha atrás. Quiero estar en casa para escribir. No asomar la nariz fuera. Pero luego resulta que estoy en casa y no escribo, porque a la silla que hay ante el ordenador le he cogido aún más miedo que al coche, que a los caminos solitarios o que a las caóticas calles de la ciudad.

No quiero que se me olvide anotar la desazón complementaria que me produce el personaje de Cicerón, cuyos escritos tanto me gustan y cuya personalidad tan desagradablemente pintan los historiadores: mezquino, tramposo, intrigante, en la mayoría de los libros (también en el *Julio César* de Mankiewicz, que he vuelto a ver no hace mucho): ese espléndido moralista, capaz de darle sentido a tu vida, probablemente era un miserable, ambicioso, un hijo de la gran puta, que no paraba de mentir y maquinar. Por ahí, el ovillo vuelve a llevarme al principio: cuál es el sentido de la literatura. ¿Una representación falsaria o una indagación sobre y desde uno mismo? Al lector le da igual, le importa el resultado, pero no deja de ser escandaloso que el farsante se legitime en sus textos. ¿A quién le importa que sea representación o confesión? ¿Dura menos? ¿Salva más lo sincero? Puedo decir, como escritor, que si soy sincero, me salvo a mí mismo, pero ni siquiera eso es verdad. Darles vueltas a estas cosas te hace sufrir inútilmente y tampoco facilita mucho los resultados. Ni siquiera creo que sirva para ayudarte a morir en paz. Más bien, te deja un desagradable gusto a ceniza en la boca, sensación de inutilidad, de fracaso. Acabo de tachar la palabra «desagradable» tras la palabra «ceniza» y la he puesto delante de «gusto»: ¿refleja ese gesto una opción moral?, ¿solo se trata de música?, ¿qué supone la sonoridad, la eufonía? ¿Salva o condena? Misterios de la palabra y su relación con la moral.

Por fin, después de casi medio año sin que caiga una gota sobre la comarca, esta noche llueve mansamente desde hace tres o cuatro horas. Oigo el sonido de la lluvia, por detrás de las músicas de la radio y del débil siseo de la pluma al correr sobre el papel, y me digo que estos momentos son los que más me acercan a la felicidad. En una noche así, no quisiera cansarme nunca, ni sentirme nunca vencido, no quisiera morirme: leer, escribir, oír música, y la lluvia cayendo fuera, un útero materno rico en sustancias revitalizantes.

3 de noviembre

Día apacible. Oigo llover, acabo el artículo de Aviñón, que entrego a media mañana; corrijo la novela; leo ese libro extraordinario que es *La galería,* con la música (no sé cuál) de Radio Clásica sonando al fondo. Todo un poquito melancólico, otoñal, con rachas de desánimo con respecto a la novela, que combato con artesanía, tachando una palabra aquí, añadiéndole otra, alejándome de la zona de altas tensiones. Poner el trabajo por medio es el espíritu que le impongo al día. Tengo sobre la mesa los billetes para Marsella, y estoy leyéndolos, cuando me llaman de Berlín para proponerme ir a Mombay a finales de febrero: les digo que, en principio, sí. No me lo he pensado mucho al decirlo. Lo pienso mejor ahora, y me aterra lo del avión, las largas horas de viaje, los trasbordos, las colas en los aeropuertos. Nunca he querido viajar a la India por miedo a enfrentarme a esa pobreza tan impúdica, y pienso que esta es una oportunidad imprevista, quizá la última, así que me dejo llevar por la curiosidad. Ya veremos en qué para el viaje. Lo que no parece que vaya a arreglarse es la economía doméstica. Es mucho dinero el que necesito cada mes: seguro mío, seguro y sueldo de Paco, incluidas las pagas extras; letras del coche, de la casa de Benigembla; teléfono... Me pongo a sumar y sale una suma que prefiero no enunciar. Cierro los ojos, respiro hondo y me digo que malo será que no venda el local de Denia que me ha tocado por herencia, y, si no queda más remedio, el apartamento. Pienso: soy un privilegiado. Y me recrimino dedicar un segundo a esos problemas cuando la gente no llega a fin de mes. Yo mismo me he pasado media vida haciendo malabarismos para llegar a fin de mes. Ya. Pero ahora no tengo trabajo y, desde aquí, será difícil, por no decir imposible, que lo consiga. Al dejar *Sobremesa,* me he convertido en un frágil rentista. Entre tanto, aprovechar el tiempo. Si consiguiera que la novela fuera encauzándose, me diría que tiene sentido este aislamiento. Trabajar con cierta seguridad me ayudaría, me daría fuerzas para enfrentarme con las dificultades que puedan venir. Pero mirar el futuro así, con las manos vacías...

5 de noviembre 2006

Después de haber puesto estúpidamente a prueba el estómago con un montón de esos alimentos que me sientan como un tiro, paso una noche espantosa, un ataque hepático o algo así, la bilis, sí, era bilis, por lo amarga: me subía a la garganta, a la nariz, apenas conseguía respirar. Hoy, resaca del episodio. Dormito todo el día con pésima conciencia por no tocar la novela, y sensación pesimista de que ya no me queda gran cosa por hacer, no tengo nada que ofrecer: caos y sequedad. Leo páginas de la novela, y pienso en que debería tener el valor de abandonarla de una vez. Meterla en un cajón y olvidarme de ella. A esa angustia, se añade la que me produce la idea de que tengo que marcharme mañana de viaje: la creciente agorafobia, ¿dónde dejar el coche durante estos cuatro días?, ¿dónde aparcar?, ¿ir hasta Valencia?, ¿dejarlo en Xeraco? Me dan ganas de decirles a los marselleses que me he puesto malo, o que he perdido el tren: quedarme en casa, metido en la cama, reconcomiéndome con la mala conciencia.

6 de noviembre

Ni me he puesto malo (aunque, después de no comer ayer en todo el día, me he levantado con unos vértigos espantosos), ni he perdido el tren. De hecho, a las cinco menos veinticinco de la tarde estoy entrando en la estación de Barcelona, mitad de camino hasta Montpellier.

7 de noviembre

Marsella. Me captura: con Nápoles, es la única gran ciudad europea que no se ajusta al canon. Uno se pregunta por el misterio de este endemismo. No se trata solo de que, en la parte vieja, en La Cannebière y los alrededores del puerto, el ochenta por ciento de la gente con la que uno se cruza sea árabe. Es la textura misma de la ciudad, su costra, los montones de basura, el cutrerío de los escaparates, el olor a orín. Es la forma como viste la gente, el tinte de su piel. Me asomo al mercadillo de Capucines, más Orán o Tánger que Europa, pero los puestos de pescado que hay en el puerto (ni siquiera puestos, unas cajas colocadas sobre borriquetas) tampoco son de la Europa de hoy. Los pescadores que se mueven detrás de las cajas de pescado son como los que yo conocí en Denia hace medio siglo, pero en Denia ya no quedan esas pieles, esas manos que hacen pensar en el cuero de ciertos animales o en texturas minerales. Ni desde luego se permite vender pescado con esa libertad, a pie de barca. Hasta la fragancia del pescado me parece que llega de otras épocas ya enterradas, yo he aspirado esos olores hace tiempo en Denia; ahora ya no los detecto. ¿Por qué esta ciudad se mantiene así (locos, hay decenas de locos por las calles, mendigos bíblicos en cuclillas, defecando tras un arbusto en el centro de la ciudad), tan cerca de las refinadas Lyon, o Montpellier; o de Niza y Cannes?, ¿qué fuerza o inercia la mantiene cociéndose en una miseria que une en una misma bullabesa la tradicional de los puertos del Mediterráneo con otra suburbial, y con la migratoria? Marsella aglutina y exhibe sin pudor todas las formas de exclusión (las incluye, las convierte en el núcleo mismo de la ciudad), de pobreza, y eso, paradójicamente, parece concederle la fuerza de un vibrante hormiguero en el que me quedo atrapado, presa de ese bullicio fascinante que rescata capas geológicas enterradas en mi propia biografía, y en la biografía que me transmitieron quienes me precedieron. Pobreza de tus ancestros. Paseando por Marsella, rescato recuerdos de la Valencia que yo conocí, pero también de la que conocieron mi madre y mi abuela, cuyo rumor me regalaron no sé exactamente cómo, porque es un recuerdo compuesto no solo por elementos orales, sino también táctiles, visuales, olfativos, lo que parece imposible: el presentimiento de unas raíces que se hunden unos cuantos siglos atrás, hilos de largo alcance.

De vuelta al hotel, entre los escombros de las obras que se efectúan en La Cannebière algo se mueve a unos metros por delante de mí: un par de gruesas ratas se separan de una mancha oscura que cubre el suelo y que, de repente, también ella empieza a moverse y se quiebra en decenas de formas móviles. Se trata de un auténtico batallón de ratas negras; son tantas, que parece que el suelo se mueva. Me invade el terror. Estoy solo y rodeado de alambradas y cascotes frente a las ratas. De un salto huyo de ese lugar y doy un rodeo para llegar al hotel.

Esta tarde he terminado de leerme *El compromiso,* el libro de Dovlátov (procuro escribir bien el apellido, porque él hace unas cuantas bromas en el libro burlándose de la gente que, al parecer, lo llama de cualquier manera). Si Horne, el autor de *La galería,* que he leído recientemente, murió alcoholizado a los treinta y seis años, Dovlátov duró un poco más: murió en 1990, a los cuarenta y nueve, por el mismo motivo. El libro tiene esa capacidad para crear descabelladas situaciones hilarantes que poseen algunos humoristas rusos. Inventa personajes que mezclan una humanidad casi tangible con comportamientos absurdos, como de autómatas, seres que desmienten con sus actos enloquecidos sus pensamientos razonables; se trata de narradores que manejan con libertad una retranca que los lleva a poner el punto de vista lo más abajo posible (por ejemplo, el ojo de un alcohólico) para enfrentarlo con la seria mirada del mundo oficial, con la rigidez de los burócratas: el resultado –además de enormemente cómico– es explosivo, demoledor con los códigos dominantes, con el sistema, y le permite derramar una desolada ternura sobre esos seres sufrientes. Maneja un lenguaje sencillo, directo, cargado de verdad, que choca con el lenguaje de altos vuelos, y falso como Judas de una asfixiante burocracia. Cada sonrisa del lector comporta una elección moral. Te enamoras de esos *petits hommes* razonables que generan en torno a ellos –o lo ponen en evidencia–, y avanzan tozudos hacia el desastre.

9 de noviembre

En el hotel, en el tren, en el autobús que suple al tren en un tramo porque hay huelga de ferroviarios franceses, releo de un tirón *Imán,* de Sender. Sobrecogido, dolorido, emocionado. ¿Quién da más? Hace casi treinta años se la recomendé recién publicada a los alumnos marroquíes de la facultad de letras de la Universidad Dar Marez, en Fez. Después, la he vuelto a leer en un par de ocasiones, siempre con admiración. En cada lectura me parece más grande. Dicho así, a bote pronto: no creo haber leído una novela de guerra que tenga esa fuerza, esa complejidad; por decirlo en lenguaje bélico: que ataque con tanta fuerza y en tantos frentes. En sus no demasiadas páginas, está el frente del Rif, pero también la basura militarista y su reverso cobarde y criminal, está toda la España corrupta del primer tercio del siglo XX. ¡Enseña tanto el libro acerca del carácter y hasta de la morfología del español de su tiempo! Por cierto, que se trata de una tipología que nos parece arqueológica, pero que es la de la generación inmediatamente anterior a la mía, la de mis padres: hasta el físico de esos hombres nos parece extraído de un libro de anatomía milenario, casi anterior a Roma, a Grecia. El propio Sender, en alguno de sus libros –creo que en *Crónica del alba*–, dice que, en el Aragón de su infancia y juventud, conoció el Neolítico, instrumentos, formas de cultivo, de construcción, de vida, pero también tipos físicos..., *ese* campesino que saca de la alpargata el dedo gordo del pie para apretar con él el gatillo del rifle cuyo cañón ha apoyado en la barbilla. Eso es *Imán.* La desesperación de los de abajo, apartados violentamente de sus profesiones, de sus familias, de sus pueblos, convertidos en héroes involuntarios, por un ejército a la vez inepto, corrupto y miserable. Corrupción y cobardía en los de arriba y heroísmo en ese pueblo llano metido en una guerra que no es la suya. Como dice Antoine Thibault, el personaje de la preciosa novela de Martin du Gard, en los cuadernos que escribe durante los últimos días de la gran guerra en un hospital francés: «el ejército, chancro que se alimenta de la sustancia de una nación. (Imagen acertada, *ad usum populi;* todo obrero empleado en la fabricación de granadas deja de colaborar en la producción útil, convirtiéndose, por tanto, en un parásito a costa de la colectividad)» (VI, pág. 251). Me gustaría escribir algo sobre *Imán,* ese libro extraordinario. Ponerlo en relación con otros textos de literatura bélica. Creo que lo voy a hacer. Hacía mucho que un texto no me atizaba un puñetazo tan directo (y llamar a eso puñetazo directo no deja de ser una estupidez, una frivolidad). Está a la altura de los diarios de Jünger, pero, además, tiene una rabia, un rencor social, una visión del medio que Jünger ni se olió. Es más bien heredero del Galdós de *Aita Tettauen,* que estoy convencido de que Sender había leído. Escribir sobre *Imán,* releerme algunas otras novelas de Sender, pensar sobre él. Ese heroísmo manso, taciturno y callado de los soldados, al margen de cualquier consideración, sin lenguaje que lo nombre. He conocido ese tipo de personajes. Los he visto en mi pueblo. Gente que había vuelto de allí, que había visto aquello: eran mis vecinos, mi familia, mi propio padre; mi tío Emilio, el hermano de mi madre. Vieron aquel espanto y luego la otra guerra, la civil, la de defensa popular contra la reacción, moldeada en buena parte por ese núcleo corrupto del militarismo africanista. El libro tiene una potencia física estremecedora, y cómo construye, a través de ella, el amargo sentido de lo humano, la vida, su accidentalidad, su insignificancia y su inmensidad, todo en un paquete. No me canso de echarle flores al libro, que está más vivo que nunca, devuelve un cargamento de alto voltaje, enterrado bajo toneladas de supuesto progreso, agua y jabón. La ingenua brutalidad, el heroísmo de los soldados, del soldado como sujeto narrativo y social. El tratamiento del soldado como actor me trae el recuerdo del que concede Dostoievski al preso en *Memorias de la casa muerta.* Claro que el libro de Dostoievski parece el diario de una clarisa en el convento comparado con este brutal *Imán.* ¿Cómo pudieron tragarse un texto así los españoles de aquel tiempo?, ¿los militares?, ¿los políticos? No se lo tragaron. Dieron un golpe de Estado para parar versiones así de su papel en Marruecos (¿o es que el demoledor Informe Picasso, sobre la actuación de los militares españoles en el Rif, no está en el meollo del alzamiento?). No me extraña que quisieran matar a Sender por haber escrito esa magnífica barbaridad.

13 de noviembre

La imposible búsqueda del absoluto. Estos días que he estado tranquilo, aquí, en casa, sin ningún compromiso que me distrajera, ni ninguna salida a más de veinte metros de la mesa en la que escribo (hoy me he sentado en la parte del huerto que hay al otro lado del camino, y desde la que se ve todo el valle, he puesto la silla junto a los olivos recién plantados, y me he colocado los auriculares para oír música), digo que estos días que estoy tranquilo, el diablo enreda con la cola y la naturaleza hace de las suyas: paso treinta y tantas horas sudoroso y febril, metido en la cama, apenas habilitado para leer una novela de Wodehouse, que dejo a medio acabar porque me aburre el esfuerzo de la trama (¿poco sentido del humor?: anoche me reí con *Pero ¿quién mató a Harry?*, de Hitchcock, que no es una gran película, pero sí una película muy divertida, gamberra).

El resto del tiempo lo paso zascandileando en torno a la novela, que parece que empiezo a creerme. Por fin. Me meto arbitrariamente en los capítulos, sin seguir un orden, pero voy empastándola, dándole densidad, al mismo tiempo que intuyo líneas de continuidad, esos tirantes que necesita un libro y que no son los trucos de trama, aunque a veces se le parezcan bastante. Digamos que, resueltos de forma espuria, son meros trucos de trama, mientras que, de otro modo, son varillas que sostienen, mallazo, tirantes, cinchos que necesita para no deformarse, para no herniarse. Cuando estoy metido en la novela, me resulta muy difícil escribir en este cuaderno, aunque tenga tiempo por delante, y a pesar de los buenos propósitos. Me ocurre aquello que decían que le ocurría al presidente Ford, que era incapaz de hacer dos cosas al mismo tiempo; por ejemplo, caminar y a la vez mascar chicle.

He empezado a leer con interés *Les bienveillantes,* de Jonathan Littell, el reciente Goncourt. La compré el otro día en Marsella. Por ahora, avanza estupendamente. Llevo cien páginas. Faltan otras ochocientas de muchas matrices, hojas de letra muy apretada. Crea un ambiente de normalidad en la aplicación del terror que lo vuelve escalofriante (he llegado a las matanzas de judíos en Ucrania). Esa normalidad implicaba a casi todo el mundo. Ya digo que queda mucho trecho, pero, por ahora, da la impresión de que el autor no está dispuesto a darle al lector ningún tipo de consuelo, ni a permitirle traspasar la culpabilidad a los del otro lado. El libro arrebata el aire de tragedia a lo más atroz y le arranca la beatería. Propone: se puede llegar a ser cualquier cosa, depende del código que se instaure. Así, la gente bromea, ríe, toma fotos, mientras preparan a los judíos para fusilarlos. No los nazis, los que bromean y ríen son los curiosos que asisten a la escena. Su actitud, al fin y al cabo, es la misma que tenían quienes asistían a una ejecución pública, a un auto de fe en cualquier plaza española durante el siglo XVII, o la de quienes presenciaban las decapitaciones a pie de guillotina en el termidor.

La emoción, la rabia, la tristeza, todo eso no es nada; bueno, o no es suficiente, la literatura es lo que está en el papel, nada más que eso; lo que tengas en la cabeza, o en el corazón, poco importa. Solo cuenta lo que queda derramado en el papel, y para eso se necesita una fuerza, una voluntad de las que demasiadas veces me parece que carezco.

14 de noviembre

Altibajos. Anoche no dormí y hoy me he pasado el día con la novela, convencido de que no tiene solución. Me duele, me irrita cada frase, todo me resulta artificial, pasado de rosca, así que, a media tarde, la dejo estar y me tumbo en la cama, donde me adormezco con una sensación de oscuridad, con miedo. ¿Qué será de mí, si soy incapaz de poner dos palabras seguidas? Me despierto a las nueve de la noche (anochece prontísimo ahora, a las seis, cuando me he acostado, ya estaba oscuro) y vuelvo a ponerme a la tarea: corto, tacho, corrijo, y, a esta hora (son las cuatro de la mañana), vuelvo a pensar que quizá todo ese desorden puede encauzarse. Me fumo un cigarro asomado a la ventana, contemplando la noche apenas iluminada por una luna delgada: una raja de melón amarillenta cuyas puntas miran hacia arriba. Decido que mañana me tomaré el día libre. Ir de compras al supermercado, caminar, coger el coche y subir a Benigembla, lo que sea para rebajar esta tensión. Los dolores de brazos me impiden abrocharme el cordón del albornoz y ponerme la camisa resulta una auténtica tortura. Todos los días me digo que debería hacer algo, pero ¿para conseguir qué?

Sigo adelante con *Les bienveillantes.* Llevo unas ciento ochenta páginas y de momento me parece una buena –y terrible– novela. Podría decirse que Francia recupera con este libro la pasión de contar, el gusto por una narrativa sin mediaciones, sin remilgos, que parece haber perdido durante los últimos años. No busca el pastiche, ni el juego, ni la distanciación, ni el voy a hacer como si, sino que ofrece pasión novelesca, cogerle otra vez impúdicamente los cuernos al toro de la literatura sin avergonzarse ni justificarse (lo del escritor como torero y la literatura como tauromaquia era de Leiris, estuvo muy de moda la cita entre los modernos de entonces. Otro libro que he perdido. Por cierto, ahora ningún moderno querría que lo relacionaran ni de lejos con el mundo de los toros: maltrato animal, españolismo, casi casi franquismo, uf).

La tercera o cuarta novela de guerra que me leo en pocos días (habría que añadir los cuadernos de Jünger que leí recientemente) y la verdad es que la experiencia saca a flote pesimismo. Qué aburrimiento, no las novelas, sino la historia, qué atracón de sangre un siglo y otro y por todas partes. Me siento mal por ser español *(Imán),* por ser europeo *(La galería,* Jünger), por ser humano, por formar parte de esta anilla de la cadena trófica. Resulta tan difícil no hundirse en el cinismo de ande yo caliente... Ayer, el gato en celo agredía y mordía a la gata, que intentaba librarse de él, componiendo una escena violenta, muy a tono con mis lecturas bélicas. Todo esto, la vida misma, está lastrado de raíz, me digo, pesimista: nos reproducimos de la peor manera posible (por más retórica que intentemos echarle al asunto) y nos alimentamos de la manera más cruel. Cualquier atrocidad parece esperable. Mire uno donde mire no ve más que sometimiento de los unos por los otros, crueldad necesaria o gratuita, cuando no directamente crimen. La paz es un estado provisional, incluso ilusorio. Haciendo zapping, me encuentro con un programa de televisión en el que cuentan la venganza del rey Pedro de Aragón contra sus enemigos de la Unión, que asesinaron a varios partidarios suyos metiéndolos en sacos y tirándolos al Turia para que se ahogaran. Cada vez que asesinaban a uno de esos hombres, luego hacían sonar la campana de la catedral para que él se enterase. El rey furioso rezongaba: les voy hacer tragar esa campana, mientras seguía buscando a los rebeldes. Una vez descubiertos, el rey los llevó frente a la puerta de la catedral de Valencia, e hizo transportar hasta allí una enorme cazuela en la que hervía algún líquido. Los presos pensaron que quería sumergirlos en ese líquido y cocerlos, condenándolos a una muerte terrible, pero no fue así. La venganza resultó ser más refinada: la cazuela contenía metal fundido y los verdugos lo tomaron con unos cucharones con los que fueron echándoles el líquido en la boca. Era el bronce de la campana que habían hecho sonar avisando de sus crímenes. El rey cumplía la amenaza que venía haciendo cada vez que la oía: voy a hacerles tragar esa campana.

18 de noviembre

Paso los días sin salir prácticamente del cuarto: dormito, leo la prensa que trae Paco y avanzo en *Les bienveillantes.* El resto del tiempo lo dedico a trabajar en la novela, que se me escapa por todas partes y no consigo domesticar. Seguramente falla el punto de vista. No he encontrado el sitio desde donde mirar. La enfrío, cortando lo que me parecen excursos, los arrebatos líricos, los toques más tremendos, pero ni por esas funciona. En cualquier caso, me he propuesto terminar una versión en unos meses, y, una vez terminada, ya me pensaré si la dejo o si vuelvo a meterme en ella. Así, enfriada, muestra más su intrascendencia que cualquier posible virtud. Ocurra lo que ocurra, tengo que procurar no venirme abajo, estoy llevando un tipo de vida que me pasea por el filo de la depresión, y no puedo permitirme caer en ella. Que el fracaso sirva como acicate para emprender algo nuevo y no venga a convencerme de que no tengo nada que contar. Entre tanto, aquí estoy, sin trabajo, sin un duro y sin nada que contar, dando vueltas en mi cuarto; la situación puede convertirse en angustiosa. Si al menos consiguiera vender el local de Denia (parece que no son buenos tiempos para vender nada), tendría una pequeña seguridad, la economía, o sea, el pan y la tinta.

La lectura de la demoledora *Les bienveillantes* no ayuda mucho a tonificar los nervios. Me sume aún más en la oscura visión de animal humano, un naturalismo pesimista, dañino. De la mano de Littell, me he pasado la tarde entera entre cadáveres malolientes, ratas, mutilados, carniceros y enfermos, metido en una Stalingrado cubierta de hielo e infectada de piojos, sangre y deyecciones. Me acuerdo de que escribí en estos cuadernos que me habían aburrido las memorias de Margarete Buber-Neumann, víctima de los nazis, y me creaba mala conciencia por eso de que la cantidad de sufrimiento no se ajusta con la intensidad de la experiencia estética. Ahora, en cambio, me desazona, asusta, irrita, etc., esta novela escrita por un tipo joven que no conoció la guerra y, sin embargo, me la sirve en un plato sucio. La veo, la huelo. Tengo la sensación de ser yo quien camina entre cadáveres. Es el misterio de la literatura. Leyendo este libro que acaba de escribirse, salta a la vista que no hay discusión más estúpida que la de si está viva o muerta la literatura. La literatura –lo he dicho en otros sitios– está siempre muerta, hasta que llega alguien y la resucita, nos la trae como si acabara de nacer. A ese lo llamamos escritor, y lo envidiamos. Envidio muchas páginas de Littell mientras escribo mi novela, tan pequeñoburguesa, tan *fluette,* tan desmayada. ¿De dónde sacar la fuerza?, ¿cómo transmitir el dolor, el desánimo y la rabia que llevo dentro, todo lo que me ha hecho volverme hacia dentro y renunciar? Lo diré una y mil veces. Creo que soy una de las personas menos dotadas para la literatura; de las menos capacitadas para convertir sus pensamientos, sus vivencias y sus sentimientos en frases. He dedicado toda mi vida a eso, y el resultado es desolador. Hay una barrera que me separa de la palabra, una incapacidad para la sintaxis, a la que se le añade cada día menor capacidad de observación y retención; para encontrar la palabra precisa; para memorizar los objetos y las situaciones. Por si fueran pocas las limitaciones, ahora se les añade el ensimismamiento. Me auguro un negro porvenir como escritor, y me revuelvo contra ese destino, pero como si una cosa fuera –y lo es– el deseo (hondo) y otra la práctica (superficial), a la hora de la verdad escribo como si el dilema o el sufrimiento o la voluntad fuesen asuntos de otro, con una especie de perezoso desapego.

La nube científica envuelve el horror: los lingüistas y antropólogos llegan desde Berlín para determinar si una tribu georgiana es o no judía; si hay que fusilar o no a todos sus miembros; el médico tiene a su disposición todos los cadáveres y a los hambrientos y miserables para estudiar los efectos de la desnutrición. Por debajo de esas parafernalias, los juegos de intereses políticos, las luchas ideológicas. La ciencia justifica lo que la política ambiciona.

Casi como prolongación de la carnicería de *Les bienveillantes,* anteanoche vi un reportaje que pusieron en Canal + sobre los hospitales del ejército americano en Bagdad, más tripas fuera, mutilaciones, sangre, mierda, aunque aquí todo te lo presentan aséptico: el hombre como carne que se rasga, se rompe, se quiebra. Entre laboratorio de Frankenstein y taller automovilístico. La guerra como lo que es, carnicería, paraíso de carniceros y también –en el otro plato de la balanza– paraíso y escuela de los que sajan, cosen, pegan, remiendan: las enfermeras, los médicos, cirujanos, anestesistas, traumatólogos, o mecánicos, reparan cuerpos provistos con un concepto totalmente ajeno al del cristiano que los considera templos del Espíritu Santo: aquí estamos más cerca del despiece de un animal en un matadero o del desguace de un coche en un taller. Hay algo intrascendente en el modo en que amputan, hurgan o reconstruyen los cuerpos. Los heridos, muchachos jóvenes, cuerpos hermosos tumbados en sus camas, puestos entre las manos de los médicos, cuando muestran y explican lo que se les ha hecho apenas parece que hablen de sí mismos, ni siquiera de seres humanos; parecen referirse a vehículos, a motores, a ordenadores. Esos corpachones de jóvenes soldados no dimanan erotismo, su capacidad de seducción se esfuma; se diluye su densidad, la madeja de cosas inquietantes que nos excita en los humanos: no vemos su particularidad, su misterio, generado por la situación del hombre en el escalafón en la escala animal. Los muchachos que nos presenta el reportaje, mutilados, heridos, son sólidos bueyes, hermosos caballos que sangran y defecan, como potentes motores averiados. Sus sonrisas al mostrar las heridas bajo las gasas, las prótesis que sustituyen los miembros mutilados, son como relinchos satisfechos de animal bien comido, rugidos de un motor al que se le ha cambiado una pieza y vuelve a funcionar. Ya digo que la visión del reportaje prolonga las sensaciones que me transmite la lectura de la novela de Littell. *Imán,* que también es un texto sobre la guerra, posee unos repliegues que tanto el reportaje que he visto como *Les bienveillantes* desconocen, y es la capacidad de que esa especie de continuo bélico se individualice, brille en la respuesta del individuo: el acto humano como afirmación, acto que en la novela de Sender prolonga la experiencia de la miseria y el trabajo, que están en la base de la personalidad del soldado, en sus recursos y en sus limitaciones, y también en sus *russes,* que diría un francés: su capacidad de ironía, de enredo, el soldado como pícaro trágico. En la novela de Littell, meritoria en tantos aspectos, o en el reportaje que acabo de ver, eso no aparece, la guerra es espacio aparte, cuestión de profesionales, de animales entrenados para el oficio de matarife, o adocenados como víctimas: una profesión al margen de las otras. En *Imán,* se habla del soldado llevado a la fuerza, como animal al que se arrastra al matadero, para el que la guerra es pausa desgraciada, porque su profesión es otra, y es esa otra profesión, la vida verdadera que se desarrolla al margen de la guerra, la que configura su carácter, la que le da el utillaje con el que intenta enfrentar la guerra, no como oficio, sino como desgracia que se juzga desde el trasfondo de valores laborales o sociales, siempre externos a lo bélico.

19 de noviembre

Hoy he tocado bastante poco la novela, pero lo hago desde un estado de ánimo positivo. Veo luz, aunque no sé si esas bombillas están encendidas dentro del libro o en mi cabeza; en cualquier caso, eso quiere decir que hoy no manda él en mí, no se me cae encima y me aplasta, sino que puedo entrar en él y marcarlo con mi voluntad, imponerle mi voz. Eso me pone de buen humor. Me digo: no hay prisa, la cosa es trabajar; mientras pueda trabajar, todo va bien. No importa acabar la novela, sino saber que la tienes, que te ocupa, que da sentido a lo que haces. Casi dan ganas de decir que lo mejor sería que no se acabara nunca para no perder el sentido. Así de cobarde soy. En vez de usar el libro como campo de batalla, usarlo como bastón.

En la parte titulada «Menuet», el libro de Littell pierde fuelle, se le escapa el impulso inicial, se vuelve pesado, moroso: describe de una manera puntillista, *morne,* la burocracia en torno a los campos de concentración. En cualquier caso, está bien captada esa sensación de que la desaparición de los judíos acaba siendo un vago horizonte (como todo proyecto que se burocratiza), lo importante es el funcionamiento correcto del aparato, su control interno, su correcto estado de revista y policía como nos decían en el cuartel.

21 de noviembre

Veo, por enésima vez, *El inocente.* ¡Menuda despedida de Visconti! Ya sé que el cine es trabajo de muchos, que una película no es como una novela que tiene que salir del esfuerzo de un hombre a solas, pero empequeñece ver lo que fue capaz de hacer un hombre como Visconti, prácticamente un agonizante mientras rodaba esta tremenda película, que es a la vez estudio sobre el fracaso de una generación que quiso acabar con todo un continente moral, y un tratado sobre los celos. Valor y fuerza de Visconti, semejantes a los de Huston cuando rodaba *The Dead.* Qué buen último acto, ese último acto que Cicerón recomienda cuidar en su *De senectute.*

Por lo demás, tras una noche insomne (como ya es costumbre en casa) y un tanto febril, perseguido –en los breves momentos en que dormito– por pesadillas que no recuerdo cuando me despierto, pero que me llenan de angustia, he seguido corrigiendo la novela.

23 de noviembre

Aunque no hace frío, se mete por las rendijas que dejan los mal sujetos vidrios de las ventanas que, algún día, debería reparar, un viento desapacible. A ver si la economía lo permite, porque esta habitación en la que escribo, duermo y vivo la cruzan las corrientes de aire en todas las direcciones como a la rosa de los vientos. De momento, el temporal me mantiene toda la noche en vela, leyendo las últimas páginas de *Les bienveillantes,* dando vueltas en la cama, levantándome a fumar. Hoy, cuando me levanto (tarde), me pongo con la novela y le veo todas las grietas: le falla el narrador, sigue sin encontrarlo; está hecha de retales, de pedazos. Hay trozos que están bien, pero incluso esos piden cemento: largos tramos afectados, o directamente cursis, que lo que piden es tijera y papelera. Corto y tacho, aunque me da la impresión de que lo hago con excesiva benevolencia, perdonando más de lo que debería. A media tarde, empiezo a releerla desde el principio, y me parece plana, de vuelo gallináceo, no resuelve el doble tono, a veces es de un costumbrismo chato, y otras de un lirismo que pediría mejor causa. Paro de corregir e intento pensar. Busco la voz o el arte que lo empaste.

Otra vez *El jardín de los cerezos.* En unas pocas páginas, Chéjov trae toda Rusia, la tierra, su fracaso como país, esos personajes heridos: paralizados o voraces.

Llevo días y días sin salir de la habitación más que para comer, con la certeza de que no tengo más amigos que los libros. Con qué gusto estoy volviendo a leer, y yo también, como un personaje de Chéjov, paralizado, sin ganas de mirar el porvenir. Ni siquiera me remueve la idea de qué voy a vivir si no consigo pagar los créditos, si no consigo vender el local de Denia. Sombría ataraxia. Como si se hubiera producido una alteración, no solo moral, sino incluso física. Yo, que siempre me he buscado la vida, he trabajado con una mentalidad laborable, proletaria, en lo que fuera, ahora no quiero hacer otra cosa que leer. No quiero ver a nadie, ni hablar con nadie. Lo peor es que tampoco consigo hilar dos frases seguidas. Es como un estado de estupefacción que roza la mística, sensación de llegada, de haberme encontrado con algo tras haber cruzado una puerta que nunca me había atrevido a franquear. Para que este aislamiento se mantuviera, cuajara, necesitaría sostener la economía con algo, buscar colaboraciones, alguna forma retribuida de trabajo, y no, estoy aquí encerrado, hipnotizado en una actividad que roza lo pueril, leer, escuchar música, corregir la novela, actitud bíblica de no pensar en el futuro, eso de que los pájaros o las flores del campo ni siembran ni recogen y ni Salomón en su gloria vistió con tanta opulencia. A ver si para romper esta hipnosis mañana me pongo a escribir el epílogo a *Gran Sol* de Aldecoa que me pide una editorial alemana. No pagan gran cosa, unos trescientos o cuatrocientos euros, pero al menos es trabajo. No sé si seré capaz de ponerme, la rutina diaria solicita pasividad absoluta.

«La vida ha pasado y es como si no hubiera vivido», dice el viejo criado al que abandonan cuando dejan la casa de *El jardín de los cerezos.* Se queda ante la puerta cerrada. Resulta asombroso cómo Chéjov consigue transmitirnos la extraña mezcla de desgana y voracidad del ambiente, la tristeza y la gozosa inconsciencia, la particular *anomia* rusa. Porque, al fondo de la obra, lo que vemos es la inmensa y desgraciada Rusia, la tierra, los ríos, los paisajes, pero también sus fracasos como pueblo, la benévola paciencia de los mujiks, la irresponsable frivolidad de los aristócratas, la falta de escrúpulos (aún más, la falta de cualquier sensibilidad) de la nueva clase en ascenso, y, entre todo eso, el sinsentido del paso del tiempo. Nos lo da Chéjov con solo unas pinceladas de acuarela y, sin embargo, ahí está con toda su consistencia. Esa es la maestría que nos admira en él, la tragedia del mundo que se hunde ofrecida en una preciosa acuarela de suaves tonos pastel.

Les bienveillantes pretende ser una de esas novelas titánicas cuyo empaque envidia todo novelista. No lo consigue. Es verdad que tiene muchas páginas memorables, sobrecogedoras (a veces demasiado parecidas a las de algunos clásicos que han escrito sobre lo mismo), pero también largos tramos cansinos, que aburren, y supongo que aburrirán aún más al lector de a pie (no entiendo el éxito de cientos de miles de ejemplares, cuando me ha costado leerla a mí, que no soy exactamente lo que se entiende por lector de a pie). Es un libro que parece querer estructurarse con rigor, pero que no para de romper la disciplina en su andadura. Por ese supuesto prurito de rigor que parece exhibir, me ha sorprendido aún más que, al final, decida resolverlo en una doble partida (los capítulos titulados «Aire» y «Gigue»), muy por debajo del proyecto. En «Aire», se embarca en lo sado-sexual, subrayando algo en apariencia muy políticamente incorrecto en nuestros días –una homosexualidad, aparte de deslizante, criminal– y que parece más propio de Houellebecq que del dominante Littell. Un error o una frivolidad aún más grave me parece el broche del libro, donde cae en lo que parecía negar la primera parte y a mí tanto me atrajo de lo que creí su actitud: se mete en el juguete literario y la parodia posmoderna, con recurso al absurdo (el personaje le acaba tirando a Hitler de la nariz) y al pastiche: los dos policías que lo persiguen, esa especie de Fernández y Fernández de los tebeos de Tintín. Ahí se le acaba de disolver la inicial ambición narrativa, el impúdico afán de contar que nos anunciaron las primeras páginas. El libro se queda en una nadería estética y en una burla moral. Al final, el propio Littell se convierte en víctima de la gazmoñería literaria que parecía negar y aqueja a tantos novelistas franceses contemporáneos: contar *como si,* empeñándose en dejar claro que el autor no es tan ingenuo para creerse lo que está contando y pretende que nos creamos nosotros. Lo he dicho en alguna ocasión: novelas a las que mata un exceso de inteligencia.

En la serie de textos literarios de guerra leídos durante los últimos días, se me olvidó citar anteayer *A sangre y fuego,* la magnífica colección de cuentos de Chaves Nogales. Hoy me pongo con *Represalia,* de Gert Ledig. Este ciclo de lecturas, iniciado más bien como fruto de la casualidad, me está resultando tremendamente instructivo, aunque solo sea para aumentar mi pesimismo respecto a la condición humana, y también me ayuda a empastar el tono de guerra en la paz con que pretendo teñir el conjunto de la novela que creo que estoy escribiendo.

Esta tarde he salido de casa, ¡albricias! He ido a Benigembla a ver a F. Está mal, se marea, se rasca la entrepierna (debe de molestarle la sonda), se sienta y se levanta, cambia de posición continuamente. Apenas atiende a lo que se le dice. Mal color de cara, gestos inseguros. Al parecer, la semana pasada le quemaron unos cuantos pólipos en el colon. Me cuenta que estuvieron dos horas y pico hurgando para ponerle la sonda. «Me han quemado los que tenía en la mitad interna del colon, la otra mitad me la quemarán en marzo.» No sé cuántas operaciones lleva en el colon, más el marcapasos, la operación de aorta, las de próstata. Año y medio con la sonda para orinar. Cada vez que lo veo me dice que se la van a quitar ya, pero vuelvo a verlo dos meses más tarde y sigue con ella, y otra vez me dice que se la quitan un día de estos. Me admira que siga interesándose por los terrenos, por los olivos, por la cosecha de aceite; por si va a comprar o vender otro pedazo de tierra. Pienso que, en esas circunstancias, yo me hubiera metido en casa, o me habría quitado de en medio, pero, a continuación, me digo que cómo sabe uno cuál va a ser su comportamiento en el punto de no retorno. Seguramente, para no verle la cara a la muerte, te buscas obligaciones, te inventas tareas que tienes que acabar antes de dar el gran paso, formas de distracción; sobre todo, formas de distraerla a ella, de retrasarla. Te largas a Basora convencido de que te espera en Bagdad. Nos conocemos a nosotros mismos muy relativamente. Sin ir más lejos, estos días me desconozco, con esta resignación, sin querer enterarme de que no puedo permitirme este encierro que llevo y en el que tan a gusto parece que me encuentro, leyendo, oyendo música; escribiendo, aunque sea poco y tortuosamente. El otro día lo anotaba en este cuaderno: es como si me hubiera cambiado el metabolismo, como si no fuera yo, siempre tan temeroso de quedarme en el paro, de no tener un mínimo económico resuelto. Ahora me digo: ya veremos lo que pasa, venderé a tiempo, alguien me prestará, acabaré una novela (¡pero si yo no quiero ni querré ligar mi supervivencia económica a mis novelas, si las quiero libres, fuera del mercado, aunque eso suene poco marxista!). Es que ni siquiera tengo ganas de coger encargos, de asegurarme algún artículo, alguna colaboración. No quiero ser de nadie. Solo yo, mío, de mí, conmigo. Dejarme resbalar en mí mismo. Otro Chirbes. Si me lo hubieran presentado hace unos meses, no lo habría conocido. A lo mejor es que me he desfondado, he tirado la toalla, me he cansado de pelear. Pero lo cierto es que todo lo de fuera –incluido el paisaje que contemplo desde casa– me distrae, me agrede, me saca de mí, y lo rechazo. Aunque decir que soy de mí mismo es puro idealismo. Soy del banco, de la hidroeléctrica, del municipio, del vecino que decida denunciarme y del juez que me ponga proa..., soy de cualquiera menos de mí mismo.

El final de *Les bienveillantes* pone al descubierto la gran trampa que esconde el libro. Lo inicias convencido de que estás entrando en la obra de un tipo sólido, maduro, en su plenitud, y sales de él convencido de que, a mitad de trayecto, el autor ha sido sustituido por su hermano pequeño. Las desconfianzas que algunos fragmentos –digamos que pasados de rosca– despiertan en la primera parte, empiezan a ocupar todo el horizonte novelesco a medida que avanza la narración. Lo que parecía denuncia, ahora vemos que es complacencia. En lo que creíamos ver un ejercicio de demolición, ahora descubrimos juguetería morbosa en un salón en el que se practican extremos sadomasoquistas.

Cierro por el momento el ciclo novelesco de la guerra con la espeluznante *Represalia,* de Gert Ledig, una de las novelas que Sebald cita como testimonios del punto de vista de los vencidos de la Segunda Guerra Mundial. La novela cuenta el bombardeo por parte de la aviación americana durante una hora y diez minutos de una población de Alemania. Libro coral, muy a lo *Paralelo 42* (aunque *Represalia* es brevísimo), calidoscopio o mosaico, es el segundo de los tres que Ledig escribió. El primero, *El órgano de Stalin,* me lo habían recomendado hace algún tiempo en Alemania y creo que no se ha publicado nunca aquí en España. *Represalia* es una auténtica explosión literaria, una demolición de todos los valores (nada queda a salvo tras una guerra): fuego y ceniza, sangre y mierda lo cubren todo. Al fondo, vagidos del animal humano que intenta mantener en pie algún viejo valor, o atavismo, en esa falta absoluta de razón, vuelta atrás hacia la oscuridad originaria del prehomínida corrompido.

Llama la atención que Ledig, después de escribir su trilogía, abandonase la narrativa durante los cuarenta años que aún vivió. Al parecer, esta novela –la segunda del ciclo– y también la siguiente fueron mal recibidas por la crítica y por los lectores, que, sin duda, eran incapaces de digerir la imagen de sí mismos que se les ofrecía en el espejo. No sé si ese desapego resulta suficiente para explicar el abandono de la narrativa por parte de un novelista tan extraordinariamente dotado. Por transferencia de mis propios fantasmas, me inclino a pensar que a lo mejor lo que le ocurrió fue que creyó que ya había contado todo lo que tenía que contar, su historia; se había vaciado de lo que llevaba dentro. Había escrito sus demonios y, tras el exorcismo, se había quedado vacío. Yo mismo sentí algo parecido tras escribir *Los viejos amigos.* En realidad, lo que debería extrañarnos es que un novelista escriba sin parar una novela tras otra; lo que debería extrañarnos es que, en esto de la novela, al menos como la entendemos en nuestro tiempo, uno pueda acabar convirtiéndose en un profesional. Cuando acabé *Los viejos amigos,* me dije: he cerrado el ciclo, he contado lo que llevaba dentro, ya no queda más agua en el pozo. Pero eso no es verdad, o solo en parte es verdad. A partir de esa liberación, es cuando debe iniciar su verdadero trabajo el escritor, ahora ya sin trabas; pero eso no es fácil, la tendencia más bien suele ser la de seguir tocando cada vez con más desgana el mismo instrumento: por eso, son más los novelistas que escriben sus mejores libros al principio de la trayectoria que los que lo hacen al final; y son muchos a los que sus primeras magníficas obras las entierran o trivializan las mediocres que llegan después. Un escritor tiene que estar muy atento. Puedes ser pocero de tu propio pozo, sacar agua de ahí; o puedes ejercer como médium que recoja las tensiones que flotan en el ambiente. Esa segunda opción es la que de verdad acaba convirtiéndote en escritor, te aparta del dietarista, del memorialista. Ahí es donde se necesita el suplemento de esfuerzo, la disciplina que pide Balzac; pero no solo disciplina de sentarse ante la mesa durante horas; sobre todo, disciplina de la mente: saber cargar las provisiones para el viaje y ejercitarse en leer correctamente los mapas, porque empieza la difícil travesía del desierto, sin el consuelo de lo autobiográfico, sin el equipaje emotivo del tiempo ido, más bien con la obligación de filtrar el tiempo que se va, libre de la carga nostálgica con que lo lastra lo propio. Tomo esa expresión, *ganga nostálgica,* de

Carmen Martín Gaite, en las primeras páginas del libro que le dedicó a Aldecoa –*Esperando el porvenir*–, y que empiezo a releer con gusto para preparar el epílogo a *Gran Sol* que me han encargado desde Alemania. Habla la Gaite de que la historia está hecha de las pequeñas historias de cada cual, y de la necesidad de fechar, para ir poniendo, con la propia historia, los cimientos de la historia colectiva. El libro recoge cuatro charlas que dio para conmemorar el veinticinco aniversario de la muerte del escritor que tan amigo suyo fue.

Hoy, leyendo *Represalia,* pensaba en las diferencias entre verdad y verdad literaria, un tema siempre escabroso, delicado, diferencia que uno parece que no puede definir-establecer (lo que es tanto como calibrar el grado de culpa propio) si se aparta de lo ideológico. La novela de Ledig fue rechazada cuando apareció porque se la consideró pesimista por gente como Böll, según dice el epílogo. Me he acordado de *La resistencia interior,* el ensayo de Jordi Gracia: como se trata de un libro de historia, y habla de un tiempo que yo mismo viví, su defecto, su *clivage* ideológico, me resulta escandaloso. Gracia, como en la escolástica medieval, construye muy bien su silogismo, pero falla el soporte, la correspondencia entre ese trabado silogismo y la realidad. Tampoco debería extrañarme. Como los escolásticos, Gracia nos propone un santoral: en su caso, el de la Transición española: busca las esencias de la contemporaneidad que lo recoge y acomoda a él (como Jorge Guillén) en su sillón: un mundo definitivamente bien hecho. Más que un historiador de las ideas, Gracia ocupa su lugar como teólogo de un régimen: tresbolilla los hilos que componen el tapiz del régimen hasta dejarlo presentable, incluso hermoso. En una novela (enseguida se ve el empeño ideológico: ver *Plenilunio;* cada vez más, los libros de Almudena), la cosa se vuelve más peliaguda, no es tan fácil discutir ese tema de la verdad remitida al exterior.

Lo que está claro es que la novela de Ledig no servía para construir la paz moral que los teólogos de la posguerra predicaban. Pero justamente esa incomodidad moral es lo que la mantiene tan viva, moderna, radical: tan verdadera. Escrita con los cadáveres aún calientes, ni siquiera puede permitirse los deslizamientos que hoy llamamos posmodernos, la parodia, el devaneo sexual o la pirueta literaria, frutos de una sociedad volcada en la auscultación del yo, ese partir un cabello en cuatro que acaba marcando todo el viaje de Littell. Ledig no tiene menos perspicacia psicológica: en la escena de la violación de la chica y en las reacciones posteriores del agresor, aparece contado en un par de líneas lo que a Littell le ha costado cientos de páginas; además, nos agrede como verdad y no nos entretiene como juguete. Ledig entra a hachazo limpio. El lector de Littell se esfuerza en sintetizar el mensaje, al de Ledig le crece, se le llena de repliegues, lo amplifica, porque detrás de cada frase hay un mundo por el que se puede caminar. Discutir aquí qué entendemos por valores literarios, dónde hay densidad literaria y dónde sobreproducción de ganga. Por cierto, he escrito que con el libro de Ledig concluía mi paseo por la literatura de guerra, pero me doy cuenta de que no: sobre la mesa tengo en espera el libro de Claude Simon, *La route des Flandres,* que aparté para releer hace un par de meses, y que, por qué no, empezaré cuanto antes, así que el frente sigue abierto, las armas aún están en alto. Y yo no sé si el alma de Chirbes tolerará otro vaso de pesimismo con respecto a la condición humana.

Son las cuatro de la mañana, y esta noche me voy a la cama con la sensación de que tengo la novela al alcance de la mano; de que no debo dejarla escapar. La veo. A lo mejor es solo un espejismo, la hora tardía, la embriaguez de la palabra, todo eso, pero noto su textura, lo demás es cuestión de mecánica, trabajo, artesanía, ajustes: solo trabajo.

25 de noviembre

Tres y media de la mañana. Toda la tarde con la novela: vacía, hueca, un galimatías, pura nebulosa. Ni un personaje. No hay conflicto, ni tema. Nada se transforma en el transcurso. Tengo ganas de llorar. ¿Qué me queda? Creo que nunca me había sentido tan impotente ante un texto. Veo tan claras mis limitaciones. Sí, estoy fumándome un cigarro y estoy llorando. Tengo pena de mí mismo. Me da vergüenza anotarlo, pero me pregunto qué será de mí.

26 de noviembre

Sísifo o Tántalo, o quien sea que revele eso que los valencianos definen como *fer i desfer, treball de dimonis.* Paso el día entero con la novela. Corto, cambio, me aferro a ella, naufrago con ella o estoy enganchado a ella, la arrastro como puedo (Sísifo), o me arrastra ella a mí en pos de su estela: parece que la tengo al alcance, pero se me escapa (Tántalo).

Esta madrugada me he leído el Premio Herralde de este año, *La enfermedad,* de Alberto Barrera Tyszka, un libro muy digno, doloroso, sobre la muerte, pero que me plantea un interrogante que me despiertan últimamente las cada vez más numerosas novelas y películas que tratan o investigan *un tema, un problema.* Me parece que tienen algo de limitado que las aparta del valor *cosmológico* (llamémoslo así), de esa cualidad por la que una novela te otorga una visión del mundo, que uno parece que le solicita a la narrativa, y esa carencia las acerca a la sociología, o a una visión refinada o crítica de los libros de autoayuda. Quizá la mía sea una visión posromántica, y al arte ya no hay que pedirle esa universalidad, porque el mundo moderno ha saltado hecho trizas y no admite un sentido o un sinsentido únicos. ¿Y cuándo los admitió? Vaya usted a saber. En cualquier caso, el libro está resuelto con una gran honestidad, y eso se agradece. El tema (cómo afrontar la muerte) está planteado de un modo que te hace sentirte incómodo, te lleva a pensar cuál puede ser el sentido de tu propia muerte en un mundo sin dios ni proyectos colectivos. Como últimamente no ando muy bien de salud, y el cuerpo se me revuelve con muchas novedades, y ninguna buena, termino de leer la novela con una oscura desazón. La finalista del premio, Teresa Dovalpage, ha escrito con *Muerte de un murciano en La Habana* una novela descabellada y, a ratos, divertida, con la que le pone un petardo en el culo (o donde sea) a la sociedad cubana, un hábil e ingenioso despliegue de recursos literarios con los que construye un pastiche de la cotidianidad de la isla.

27 de noviembre

Con poca pasión, de nuevo pierdo la tarde amarrado al duro banco. Corto y corto, mientras pienso que lo que tendría que hacer es librarme de esta novela que no tiene pies ni cabeza. ¿Qué ha de decir un muerto? Se me deshilachan los días entre los dedos. Me pongo ante el ordenador para ahuyentar el miedo. Este silencio que, por una parte, me regala hermosas sensaciones de paz, pero que también me asusta, porque es como una campana de cristal: como si hubiera un vacío absoluto en torno a mí y mis actos careciesen de repercusión, fueran gestos en el vacío. Escribir sin que el movimiento de la mano engendre letras. Ya lo digo: gestos en el vacío que no se concretan en nada. Claro, aquí aislado, solo puede contar lo que va escrito, el resto ya me dirás.

28 de noviembre

Más Chéjov: *La gaviota.* Qué hermosura esa malla de amores cruzados, o equivocados, tristísimos. La vieja actriz ama al escritor, que seduce a la señorita, objeto de la pasión del joven autor, quien, a su vez, es amado por la hija del administrador, que se casa con el maestro al que desprecia y humilla, porque sabe que está ciegamente enamorado de ella y va a soportar la crueldad con que lo trate. Por su parte, la esposa del administrador está enamorada del médico, un hombre cansado por lo mucho que amó en su vida y ya para pocos trotes. Todo contagia un ponzoñoso dolor, muestra un aura de fracaso que va concentrándose y conduce al disparo final, un estallido en sordina, fuera de campo, como en sordina discurre toda la obra y fuera de campo permanece el juego de pasiones que torturan a los personajes. Suena el disparo. ¿Qué ha sido eso?, pregunta alguien. El médico se levanta. Dice que algo ha debido de estallar en su maletín. Pero, en un aparte, le pide en voz baja al escritor que aleje a la vieja actriz: sabe que su hijo se ha suicidado, se ha quitado de en medio el joven autor que se siente fracasado, enamorado de la ingenua jovencita que quiere ser actriz (también ella sufre fracaso tras fracaso) y sigue colgada del escritor que la sedujo y abandonó, y, por eso, no tiene lugar en su corazón para el muchacho que la quiere. De nuevo, como siempre ocurre con Chéjov, en cuanto leemos unas pocas páginas, vemos, olemos, tocamos el fracaso de Rusia; cómo se convierten en cenizas las ilusiones de una juventud incapaz de tocar la tierra con los pies.

Paso buena parte de la tarde con la novela, y ahora emprendo *La route des Flandres* de la mano de Claude Simon: desde la primera línea, uno se pregunta qué sería de la literatura del siglo XX sin Proust. Es tan palpable la presencia de ese padre literario: la respiración de la frase interminable que compone toda la novela, pero también la mirada sobre el detalle, el uso social del paisaje, del gesto (el sol ilumina de una manera la espada, y su brillo nos da el orgullo del personaje), y cómo introduce la anécdota más a ras de suelo como andamio de la reflexión de altos vuelos: todo eso es Proust, viene de él.

29 de noviembre

Llueve. La maravilla de escuchar el sonido del agua golpeando sobre el tejado.

Hoy he estado en Denia. Había quedado con Buki y con Ximo para comer, y ha resultado que se trataba de un banquete casi multitudinario, doce o trece comensales escenificando el paraíso mediterráneo, que ya se sabe que es más bien poco espiritual: setas de cuatro o cinco variedades, incluidos boletus, trompetillas y níscalos; cigalas apenas pasadas por el aceite de la sartén con unos trozos de jamón; pulpo seco; crujientes pedazos de raya frita; y luego, casi entre redobles de tambor, bandejas que exhiben un soberbio dentón, escorpas y rascacios y rapes, entre otros pescados, escoltados por cremosas patatas. Unas y otros, patatas y pescados, habían contribuido a nutrir un extraordinario arroz caldoso que se nos sirvió luego. Todo ha resultado magnífico, pero me molestan el ruido, el tono de voz de las discusiones y ese hablar por hablar, tumulto de palabras que se lleva el viento, cada loco con su tema. Al final, regreso a casa cargado con unas cuantas copas de cava, carajillo, y cuatro o cinco gin-tonics, que me condenan a una noche de pesadillas; de pecador agónico, hundido bajo el peso de su culpa que comprueba espantado lo gélido que puede llegar a ser el fuego del infierno que lo amenaza. Me veo solo, a la deriva, sin fuerzas para ganarme la vida. Lo de siempre.

30 de noviembre

Nueva excursión a Denia: revisión del coche y encuentro con el editor holandés, que se trae bajo el brazo la traducción de *Los viejos amigos.* Quería entregártela en mano, me dice, y yo se lo agradezco. Las dos veces en que me ha visitado me sorprende lo joven que es. No he sabido si decirle que comiéramos juntos o no. Como la vez anterior lo invité yo, parece que ahora le tocaría a él invitar, así que, para no comprometerlo, no he dicho nada. Nos hemos despedido pasado el mediodía.

Por la tarde, un rato con la novela, hasta que me atasco; luego, veo en televisión *Alejandro Magno,* de Oliver Stone, tan espectacular como artificioso y hueco. Cien veces mejor los *peplum* (¿o pongo *pepla?)* de antes.

1 de diciembre

Paso todo el día peleándome con la novela, cuya prosa me irrita aún más que la que destilo en estos cuadernitos en los que escribo a vuela pluma. Creo que debería tener valor para tirarla a la basura. Reconocer que no tiene remedio y ser capaz de volver a ponerme ante un folio en blanco encabezado con un epígrafe que diga CAPÍTULO UNO. Ahora, como estoy concentrado con mi novela, me resulta difícil concentrarme en las de los otros. Leo con dificultad. Tengo sobre la mesa *Florido mayo,* de Alfonso Grosso (quiero releerla), y *La fortuna de Matilde Turpin,* de Pombo, y soy incapaz de leer una línea de ninguna de las dos, a pesar de que tengo muchas ganas de hincarles el diente. *Florido mayo* la leí en su día, cuando apareció, pero no recuerdo absolutamente nada de ella.

Oigo por la radio la hermosa sonata de Cesar Frank, que creo recordar que es la sonata Vinteuil de *À la recherche...* ¿O no?

4 de diciembre

Pendiente de los mareos, de los dolores de brazos, que cada vez limitan más mis movimientos; o de la pesada somnolencia que me sume en un estado que roza la estulticia durante días enteros. Trabajo poco. Por las mañanas, un par de horas con el artículo sobre Aldecoa; por la tarde, un rato poco inspirado con la novela. Hoy me he pasado dos o tres horas durmiendo después de comer, y ahora mismo me caigo de sueño. Por las noches no duermo, de día no me despierto. Sensación de que el cuerpo soporta cada vez menos esfuerzos, apenas tengo ánimos para mover la escalera metálica que me sirve para alcanzar los libros de los estantes más altos, si subo a los peldaños situados a más de un metro me domina el vértigo, cualquier peso me abate, camino torpemente. No sé si son síntomas depresivos o si es algo que está trabajando por dentro (no quiero pensar en lo peor, que sea lo que Dios quiera).

7 de diciembre

Leyendo *La fortuna de Matilde Turpin,* confirmo que Álvaro Pombo es el mejor narrador contemporáneo. Posee una técnica que le permite rozar esa figura del narrador-Dios: hace lo que quiere, juega, se salta toda norma previsible, mezcla el tono más elevado con una expresividad a ras de suelo, entra y sale de los personajes, les hace decir lo que le parece, venga o no a cuento; los mira desde dentro y desde fuera, y todo ese juego no nos parece inútil porque está puesto al servicio de una idea, de un conflicto moral. Leyéndolo, me reafirmo en que la novela no puede soportarse sobre la pura literatura. Yo intento levantar las mías sobre la historia. Pombo, sobre la filosofía: es un razonador, es un poeta, sus novelas son intensas construcciones filosóficas, poéticas y éticas.

11 de diciembre

Paso a papel los nuevos apuntes de la novela. Los primeros capítulos (las primeras doscientas páginas) empiezan a tener el ritmo endiablado que me gusta que tenga, esa especie de correr a trompicones tras una idea, con rudeza. Me gusta mucho leerlos, y me impresiona ver el tocho de más de quinientas páginas sobre la mesa. Eso es trabajo, el trabajo de este tipo perezoso, abúlico. Hago votos para que no ocurra nada. Ahora, terminarla es solo cuestión de tiempo (todo es cuestión de tiempo en esta vida, que diría Cernuda; por desgracia, el corto tiempo de los humanos). Pido tener vida suficiente, no caer enfermo; que nada me distraiga ni me impida llegar al final de esto que ya vislumbro.

12 de diciembre

Intento entrar en el epílogo para *Gran Sol* por otro camino. Creo que lo tengo medio resuelto. ¡Y todo este ajetreo para escribir media docena de folios! El monte parió un mur. ¿Habrá alguien más inepto, menos dotado para la escritura?

Tras *La CÍA en España,* de Alfredo Grimaldos, *Rusia en la era de Putin,* de Carlos Taibo. En el libro de Grimaldos, mi curiosidad morbosa (quiénes han sido agentes de la compañía, qué perrerías han hecho) se queda bastante insatisfecha. Conocía prácticamente todo lo que cuenta, e incluso creo que sé o intuyo más de lo que Grimaldos dice. Una excepción: el tema de la intoxicación por aceite de colza que se produjo en los años ochenta. No conocía esa versión según la cual una parte de la intoxicación provendría de partidas de tomates envenenados en Almería distribuidas por diversos puntos de España para disimular una fuga bacteriológica en la base norteamericana de Torrejón de Ardoz. Se trataría de diseminar brotes infecciosos con síntomas parecidos a los que partieron de Torrejón para crear una cortina de humo en torno al origen de la fuga. La historia, aunque me parece bastante descabellada, consigue ponerme los pelos de punta. Qué no hará esta gente con nosotros. ¿Pues no contagiaron con el virus de la sífilis a los pobres guatemaltecos?

Esta tarde he estado leyendo muchas páginas de la novela. Me asusto. El caracol se mete en su concha, que es la cama. Dormito unos ratos y leo otros mientras llovizna durante todo el tiempo. Estoy sumido en ese humor sombrío de fin de partida que tan familiar me resulta. Me encuentro como en el cursi título que ayer, en mi euforia nocturna, le puse a la novela: *En brazos de nadie.* Pero ¿no quedamos en que este libro no puede tener ni un gramo de retórica? ¿Que no aspira a ser literatura sino a salirse de ella? Como de costumbre, siento más que pienso, y lo que siento es que no me queda tiempo suficiente para acabar la novela; no me queda tiempo para hacer nada de provecho. Pasillo oscuro que se cierra, luz que se apaga. ¿A qué podría dedicarme?

13 de diciembre

Segunda visita al fisioterapeuta y, sin embargo, dolores insoportables cada vez que tiendo los brazos para coger algo que esté a la altura o por encima de mi cabeza. Renuncio a ejecutar los movimientos normales: coger un libro de una estantería, o recoger algo que se ha caído bajo la mesa o debajo de la cama y que me exige extender el brazo: me digo que el cuerpo empieza a mostrar sus limitaciones. Pasar los brazos por las mangas de la camisa o meter los faldones en la culera del pantalón se convierten en ejercicios dolorosísimos.

Por lo demás, jornada funcionarial. Leo con placer unas cuantas páginas de *El año de la peste,* de Defoe, y veo (por cuarta o quinta vez, la primera fue cuando era un niño) *El hombre que sabía demasiado,* una película bobalicona de Hitchcock, que sigo pensando que es un director sobrevalorado (¿qué es al lado de Ford, de Huston o de Renoir?), aunque tenga películas hábiles y brillantes. Paso también unas cuantas horas cortando párrafos enteros de la novela, concentrándola, para ver si así adquiere un poco más de interés, de ambigüedad (en literatura, casi siempre menos es más). Hoy no me ha gustado nada lo que he visto: capítulos enteros deslavazados, personajes sin fuste, arbitrariedades... Estoy deseando llegar al final de esta primera fase para leérmela de un tirón y ver si merece la pena seguir con ella. No lo tengo nada claro. Si me lo pregunto ahora mismo, tengo que responder que no; que estoy perdiendo el tiempo, que el cadáver ha dejado de respirar y resultan inútiles todos los esfuerzos por insuflarle vida. En cualquier caso, a diferencia de lo que ocurre con los cadáveres físicos, un cadáver literario no debe ser enterrado precipitadamente. No porque corras el riesgo de encontrártelo luego como dicen que se encontraron a Tomás de Kempis, con la cara arañada por sus propias manos porque lo habían enterrado vivo, sino sencillamente por decoro. Antes de echarlo a la tumba, lavarlo, vestirlo, peinarlo, y hasta afeitarlo, darle un tónico (aquel olor de Floïd de nuestros mayores) y maquillarlo. Los muertos exigen su decoro. Una vez hecho todo eso, sí, meterlo en un cajón: así están unos cuantos hermanos anteriores, *Las fronteras de África,* el que vino luego (que no sé cómo titulé, hace casi treinta años), *El mal de la noche* y *Paris-Austerlitz,* además de algún otro nonato. Como siga a este paso, voy a tener más hijos bajo tierra que en los escaparates, más en los cajones que en las baldas de las estanterías. Qué se le va a hacer, no tengo la culpa de no ser más inteligente, de no tener más imaginación, y de no estar mejor preparado. *On fait ce qu'on peut,* ¿se dice así?

Continúan los insomnios. Anoche me dieron las cuatro de la mañana con *La Rusia de Putin,* y a las seis y media ya estaba despierto oyendo la radio. No sé cómo resisto, porque no duermo siesta, y, sin embargo, no me siento especialmente cansado, solo la permanente sensación de vértigo y los dolores de los brazos.

14 de diciembre

Vuelvo a darle vueltas a si esto es una novela muerta o no. Pienso: otra vez enterrada. Esto empieza a parecerse (por los entierros frecuentes y precipitados) al Londres de *El año de la peste* de Defoe, que estoy leyendo con emoción y admiración, así que, de perdidos al río, me decido a entrar en el libro hacha en mano: corto, pego, libero capítulos, concentro otros, elimino. El caos se apodera progresivamente de mi mesa: folios que no sé si se han quedado en el ordenador o no, bloques de folios que debería agrupar (¡con lo que me cuesta eso de pegar y cortar en el ordenador!). Acabo la jornada (es la una de la mañana) sumido en la desolación, pero dispuesto a llevar adelante esta cirugía. Apago el ordenador, coloco más o menos los folios, y me decido a meterme en la cama con Defoe, ese minucioso y sensato guía que me lleva de la mano a través de la vida y la muerte: ventajas del sentido común y de la contención; de la economía y la mesura literarias. El libro me parece absolutamente contemporáneo, como si hubiera acabado de escribirlo hoy. Nada de lo que cuenta me parece lejano ni ajeno, una excelente lección de literatura, en esa dirección de que menos es más que ha marcado mi tarde de hoy. El artesano ha tomado el poder, confiemos en la dignidad del trabajo.

Relajante sensación la de la lluvia que ha caído mansamente durante todo el día, y que sigue repiqueteando a estas horas en el tejado. Es la música que me acompaña en la noche. Ahora ha arreciado y suena severa, grave; en otros momentos se adelgaza y pica con puntas de alfiler los vidrios y el falso techo de la terraza, que amplifica cualquier sonido y exagera las sensaciones: parece el diluvio universal y no es más que un buen chaparrón.

15 de diciembre

Prosigue con su tarea el leñador insomne. Pantalón de pana, camisa a cuadros, hacha bien afilada (disfraz de personaje de *Siete novias para siete hermanos)* y, zas, golpe de hacha. Uh-uh-uh-uh. Zas. A lo largo de todo el día (son las tres de la mañana: sí, sí, es el leñador insomne) podando la novela, y ahora mismo puedo decir que ya está, que la tengo; que, como decía Miguel Ángel, había que buscar la escultura que se ocultaba en la roca y la he encontrado. Han caído más de cien folios, pero, a cambio, veo la novela, los capítulos, tengo que corregir, reescribir cosas, reforzar un par de personajes, y, zas, zas, novela hecha. No sé si esta noche vuelvo a estar borracho de optimismo, pero ahora mismo pienso que, en un par de meses, puedo tener una versión cerrada. A ver. Hay dificultades, diálogos que no funcionan; otros que aún no he escrito y tienen que estar, detalles así.

Por lo demás, hoy ha salido un sol glorioso, casi ha hecho calor, y el paisaje, después de las lluvias, debía de estar bellísimo. No le he echado ni una mirada. El mundo a lo suyo y yo a lo mío. Hoy es así.

16 de diciembre

El vampiro sigue sin pegar ojo. Apago la luz a las cuatro, me despierto a las seis y media, y luego dormito hasta tarde con la radio puesta. Cuando me asomo al exterior, descubro que ha cuajado un día bellísimo, azulísimo, un sol pascual, plantas relucientes tras los días de lluvia, aire perfumado con materia vegetal. Por la mañana subo a Benigembla disfrutando del paisaje y, por la tarde, me pongo con la novela a la que le queda mucha limpieza por hacer, pero que, si no ocurre nada y llego a tiempo de adecentarla, de cortarle todas las frases campanudas o huecas, aún provisionales, los párrafos que están de más, etc., puede ser excelente. Todo el trabajo

–al margen de esos tirantes de tensión que hay que ajustarle, las incoherencias que hay que corregir– consiste ahora en ir adensándola, ensombreciéndola, precisamente a base de cortarle excesos y tremendismos (menos es más). Al llegar a la página ciento ochenta y siete, lo que ha empezado de cero ya resulta irrespirable. Ahora sí que empieza a notarse el *crescendo,* dice más de lo que decía cuando tenía muchas más páginas. En estos instantes, solo pido tiempo, vida por delante, y voluntad; también maña de artesano para introducir tres o cuatro diálogos que calienten los primeros capítulos (¡y, de nuevo, quitar retórica!). Me gusta verla avanzar día a día, notar ese ritmo de vaivén que, a cada vuelta, introduce nuevos elementos narrativos. Por cierto, el capítulo del escritor (que es el que acabo de corregir hace un rato) me gusta muchísimo, aunque sea una pasada de rosca. Se aguanta ahí arriba. Creo que es de lo mejor del libro y que le inyecta sordidez y amargura al resto. Es nuestro tiempo.

Leo *Los ojos del hermano eterno,* el hermoso relato de Stefan Zweig sobre la imposibilidad de librarse de la culpa. No salva la ascesis, la inacción y el quietismo, ni siquiera el ejercicio de la soledad salva de la culpa. Todos tus actos, e incluso los no-actos, las omisiones, tienen repercusión. Solo la voluntad de servicio purifica. Contado con la sencillez de un cuento oriental, el librito es una joya. El servicio como guardián de perros del rey libera a Virata y lo entrega a la perfección del olvido, lo libera de la condena de la memoria. En su proceso de purificación (inútil) fue el primer guerrero, *el rey de la espada* (fue injusto: mató a su hermano), fue el primer juez, *la fuente de la justicia* (fue injusto: condenó sin haber sufrido él mismo la dureza del castigo), el que vive solo en casa, *el campo del buen consejo* (libró a un esclavo y fue injusto porque violó el derecho de propiedad de su familia), el eremita, *la estrella de la soledad* en un bosque (y también tuvieron repercusión sus actos: provocaron el mal, porque, a imitación suya, muchos hombres abandonaron sus casas, llevándolas a la ruina). Solo como sirviente encuentra la soledad y la irresponsabilidad, se libra de la culpa: sus hechos no tienen repercusión, *su* historia de gran hombre se olvida, y el día de su entierro en el hoyo de la basura de los siervos (nada de fuego purificador) solo lo echan de menos los perros, que aúllan durante varios días. Una vez más, mientras leo este precioso cuento tengo la sensación de que Zweig, por esa especie de modestia que tiene su escritura, ha sido minusvalorado. Hablamos de escritores cargados de pretensiones que han elaborado grandes teorías, o sobre los que se han levantado grandes teorías, cuando alguien como Zweig ha escrito novelas seguramente más valiosas, desde una posición que me gusta llamar de artesano: pienso en la extraordinaria *La piedad peligrosa* (que ahora creo que está traducida como *La impaciencia del corazón),* en *Veinticuatro horas en la vida de una mujer,* en *Carta de una desconocida* o en *La embriaguez de la metamorfosis.* Con demasiada frecuencia nos movemos entre lugares comunes, alimentados por altivos papanatas a los que nosotros mismos les servimos como cajas de resonancia. Por pura pedantería, se tiende a sobrevalorar lo que puede parecer difícil o confuso, como si en la confusión se guardaran valores ocultos, cuando nada se iguala a esas escrituras que nos parecen diáfanas y que, cuando nos asomamos a ellas con atención, nos descubren que, a través del cristal, podemos tener acceso a mundos de inacabable riqueza. Nunca me ha gustado la literatura que, antes de dejarte pisar el umbral de su puerta, le exige al macero que dé unos cuantos golpes solemnes, anunciándose a sí misma; esa que, para ser entendida, necesita que accedas antes a la teoría que se supone que la justifica. Yo creo que la teoría surge *a posteriori,* es una manera de levantar acta de lo hecho y no un heraldo de lo que va a venir; o un guarda que te impone el recorrido, el paso de peatones por el que debes cruzar para no estamparte, o para que no te multen. Como Zweig, también Somerset Maugham, que tiene obras maestras como *Servidumbre humana,* fue mirado con desprecio por las élites durante muchos años: eran escritores populares, que se editaban en colecciones al alcance de cualquiera y vendían muchos ejemplares entre las clases medias y bajas: secretarias, contables, modistas, oficinistas, obreros cualificados... En los sesenta del pasado siglo, uno no se hubiera atrevido a entrar en la facultad de letras con un ejemplar de alguno de esos autores. La presión ambiente iba en la dirección de arrebatarnos el gusto espontáneo y gozoso por la literatura para sustituirlo por una moral de campo de trabajos forzados, de la que luego hemos tenido que librarnos con dificultad y a veces con dolor, una literatura opaca, plúmbea, desprovista de humanidad (novelas sin carne), y hasta privada de naturaleza (el exterior, desterrado). Se suponía que cualquier brillo, cualquier sensación táctil, era vulgar; y la verosimilitud, un truco de ilusionista, un fraude que solo satisfacía a gente de escasa formación y sentimientos primarios. Pero, después de arrebatarle eso a la narrativa, ¿qué queda? Yo diría que una sequedad de hueso desnudo o de bosque calcinado, un vacío que toma forma de bostezo: hablo de deformaciones elitistas, vicios que no diría yo que no han acabado lastrando mi propia escritura, dificultando el camino que va desde el ojo, el oído, la cabeza y el corazón hasta el papel: en la misma medida en que leer tumbado en la cama, o inclinado sobre la mesa, me ha provocado dolorosas deformaciones de columna, esas lecturas han provocado deformaciones que solo el paso del tiempo va poniendo en evidencia.

19 de diciembre

Noche espantosa la de ayer. Me tomé un par de gin-tonics en el bar, y, de vuelta en casa, se me ocurrió cenar una colección disparatada de cosas, a cuál más perjudicial: una salchicha con mostaza, paté, yogur, castañas, nueces, café con leche... Media hora después de acostarme la hernia de hiato ha reaparecido con un furor incontrolable (llevaba una semana sin tomar el milagroso omeprazol). La hiel me salía por la nariz, quemaba en la garganta, amargaba en la boca, me asfixiaba. Los fluidos me ahogaban. Ha sido espantoso, hasta que, a las seis de la mañana, una náusea irresistible me ha llevado a levantarme precipitadamente y a vomitar litros y litros de un líquido que tenía el color rojizo-pimienta de las lentejas que había comido a mediodía. Hubo momentos en los que pensaba que me moría (esto es el final, aquí acabo). No recuerdo una crisis así. Hoy estaba hecho polvo, con un humor torvo que solo me aliviaba ver moverse por la casa al perrito que me han regalado, tan nervioso, vivo, alegre (ya se le ha pasado la angustia que lo invadió ayer cuando lo separaron de la madre. Qué pesar tenía. Conmovía. Hoy, en cambio, mostraba otro talante. Poco a poco, fue acercándose, dejándose tocar). Luego se durmió junto a mi cama, como un angelito. La verdad es que parecía un niño, bostezando, rascándose la cara y encogiéndose en el interior de la caja que le había puesto. A última hora ya buscaba refugio en mí o en Paco, para aliviarse el miedo. Hoy corría alegremente detrás de Paco, en vez de huir tembloroso como hacía ayer. Observar los comportamientos de un animal así te deja una mezcla rara de sentimientos. Por una parte, comunica alegría vital, el gozo ante la naturaleza reencarnándose, polimorfa, tomando infinitas formas de expresión. Por otra, te desata la angustia, porque descubres que también en esas formas que sabemos inferiores se manifiesta un abanico de variantes del dolor. Cuando el perro se quedó ayer solo, cuando descubrió que lo habían separado de la madre, gemía, la buscaba, temblaba. Era evidente que sufría con un dolor semejante al que, en su misma circunstancia, podía sentir un niño. Además, en el caso del animal (como en el niño), siempre acabas por pensar que su dolor es más inmerecido, por su radical ausencia de culpa previa: en esa inocencia, en esa arbitrariedad del castigo inmerecido muestra más crueldad la naturaleza. Aunque sepamos por principio que el hombre es más respetable que cualquier animal, y hay que esforzarse por no perder de vista esa perfección, para no volverse uno de esos dementes de las sociedades de la opulencia, animalófilos que darían su vida por el *pet dog* y no moverían un dedo para salvar a un niño, a veces cuesta no traspasarles a los animales sentimientos de esta especie a la que pertenecemos y de la que en demasiadas ocasiones tenemos ganas de apearnos para cambiar a cualquier otra: chimpancé, perro o pájaro cantor. Creo que era Lorenz el que decía que el hombre no es lobo para el hombre, sino rata, porque solo la rata ejerce crueldad contra los miembros de su especie y los asesina. Pues eso, ser miembro de cualquier especie de la escala animal menos rata y hombre. Aunque, mientras me buscaba un lugar entre los insectos, me he acordado de que también las mantis religiosas, nuestras estilizadas y elegantísimas santateresitas, se las traen: son casi peores que Judith.

Aparte de mis melancólicas observaciones perrunas, desde el mediodía hasta ahora (son las dos de la madrugada), me he dedicado a repasar la novela, ya sin detenerme a calibrar sus méritos: hago tarea más bien mecánica, tachar lo que me suena mal al oído, las frases que me parece que sobresalen y rompen –por arriba o por abajo– el tono del conjunto. A todo eso, sigo sin resolver (¡son cinco folios!) el texto sobre Aldecoa. Hoy me ha parecido que está casi maduro. Debería enviarlo mañana sin falta. Yo creo que no lo van a querer ya a estas alturas. Me da la impresión de que me lo encargaron para que les hiciera la faja de promoción de la portada, y esa la tienen desde hace tres o cuatro meses. En cualquier caso, resulta imperdonable mi desgana, ya que, además de que estoy encantado con este encargo que me ha permitido volver a leer el libro de Aldecoa, es un texto que –aunque poco– voy a cobrar, y no está mal ver que algo de lo que hago sirve para ingresar algún dinero.

22 de diciembre

Un día espantoso. Estoy lleno de ronchas, el eccema del pecho se ha desbocado, exhibo unas manchas rojas, nítidas, bien marcadas. También tengo un par de manchas en la polla desde hace unos días, justo en estas fechas en las que no puedo ir al urólogo o al dermatólogo (es Navidad). Pienso en el sida, en sífilis. Pero hace tres meses que no estoy con nadie. Manda huevos. Qué manera de atraer las desgracias. Por si fuera poco, mañana tengo que asistir a la comida navideña de W. No quiero ir, y sé que mi negativa va a crear una tensión fuerte, pero también sé que, si voy, el que saldrá jodido seré yo, y ya estoy harto de ser siempre el perjudicado; de que Nazarín avance, de buena obra en buena obra, hacia su perdición. Martirio y deshonor, humillación: excelente programa para nutrir una buena causa de beatificación. Los santos escupidos, apedreados. Maldita educación judeocristiana, maldito afán de echarme el mal del mundo sobre mis espaldas, como decía Marx que hacía (echarse el mundo sobre sus hombros) aquel filósofo anarquista que escribió *El único y su propiedad* y se llamaba Max Stirner. Lo escribió en *La ideología alemana.*

A media tarde, no puedo soportar más la tensión y me meto en la cama. Dormito, tengo ganas de llorar, porque no sé cómo comportarme, y ese no saber es siempre lo que más me mina la moral. No me importa el esfuerzo, que tengo claro, sino la duda. No hay casi nada que me una al exterior. ¿Y eso es bueno o malo? Por una parte es magnífico. Soy uno de los seres más libres del mundo, me digo. Ni patria, ni rey, ni Dios, ni patrón. Bueno, patria y rey se me aparecen en forma de declaración de Hacienda, IBI, etc., y en su nefasta influencia sobre la prensa que leo y sobre muchos libros. Cuando me animo a levantarme, me pongo a cortar páginas de la novela, hojas y hojas que no hay quien salve porque se apartan del punto de vista. Corto una veintena de páginas, y podría seguir con la tijera toda la noche, da igual; podría tirarla al cubo de la basura (al contenedor de papel, ecología), que seguramente sería lo mejor. Las manchas de la polla no desaparecen. Y todo este ajetreo, con una economía de subsistencia que se cortará del todo en tres meses. Después, el abismo.

23 de diciembre

Decido que la novela no tiene salvación. La dejo.

25 de diciembre

La había visto de pequeño. Hizo furor por entonces. No recordaba nada de ella. Una suerte. Para mi mal, hoy he vuelto a ver *Navidades blancas,* que me ha parecido un auténtico espanto: blanda, pegajosa, reaccionaria, con dos actores repulsivos (Danny Kaye y Bing Crosby), cargada con toda la rebaba militarista (es del 54) que podía halagar los más bajos instintos de los recién licenciados de la Segunda Guerra Mundial y de la de Corea, y, por si fuera poco, con pretensiones de crítica-caricatura al existencialismo y, de rebote, a lo europeo, por cuya culpa ya no se baila de verdad: hay incluso una coreografía existencialista, bailan unos tipos vestidos de oscuro, como de antro parisino de Juliette Greco (me he acordado de otro panfleto antieuropeo de la época: *Una cara con ángel,* que es otra cosa, la verdad). En fin, un horror.

Anoche, cena familiar. Constato que la hija de mi sobrino Manolo es toda una mujer. Me gusta verla así, tan guapa, con sentido del humor, y con la herencia justiciera, subrayada por la correspondiente juventud. Despotrica de esto y lo otro. Bien. En forma. De madrugada, vuelta a casa, y el desconcierto. ¿Qué voy a hacer sin novela? Empezar otra, me respondo. Se dice pronto. Siento amargura, me aburre esta queja permanente: saber que no estás dotado para lo que más quieres. Ni para el amor (no soporto que me quieran; he acabado sin aspirar ni siquiera a un poco de sexo: desgana), ni para la literatura (ni siquiera escribir artículos, ágrafo). Me asusta la perspectiva de ir dejándome vencer por la desgana. Y el final ¿cómo?, ¿esperarlo resignadamente? ¿Por qué lo que veo, lo que pienso, incluso lo que hablo, soy incapaz de ponerlo por escrito?

28 de diciembre

Termino *Estambul,* de Orhan Pamuk. No acaba de seducirme. Gira y gira en torno a un concepto de tristeza de la ciudad que me resbala, aunque le reconozco párrafos (más que páginas) hermosos. Bajo a la almadraba de Denia, paseo largo rato por la playa, el mar está hermoso, entonado en verdes, apacible, silencioso (apenas lame los cantos rodados), empaquetado en la gasa de una leve neblina. Como con unos conocidos en El Tresmall. Bien, como siempre en ese restaurante, buen producto y cocina honesta: salazones, *sepionets* a la plancha, suquet de rape y langosta. ¡Qué más se puede pedir, si están ahí mismo el mar y el sol esquinado y amable del invierno! ¿Qué más, si está esta luz nacarina envolviéndolo todo? Hablo por los codos y contra quien me parece, con libertad, a pesar de que sé que estas charlas han dejado de tener la inocencia de lo estrictamente privado y, de una u otra manera, trascienden y se pagan, pero me da igual. Mantener al menos esa libertad de decir lo que uno piensa, sin reparos. Es lo único que se mantiene en pie de cuanto creí que formaba el mallazo de mi vida, lo que hacía que no me disolviera, que no me convirtiera en un ser baboso, medusa humana. Siempre lo he hecho, ¿cómo no voy a hacerlo ahora, desde este estado posadamita en el que me mantengo? Despotrico de *El País,* de los socialdemócratas, de L. Q. Creo que todo lo que digo es verdad. Los socialdemócratas han conseguido tener la exclusiva en la elaboración de carnets de izquierdas. Si estás contra mí, eres la derecha, y eso te lo dice una legión de beatas, de hijos de militar de alta graduación o de comisario, legión de camisas azules a medio arrepentir, de jesuitas sin reciclar. Con casi sesenta años, puedo permitirme lo que me permitía a los treinta y cinco, cuando hablar así te cerraba puertas, te aislaba laboral y socialmente. Ahora estoy en puertas de la jubilación, y no aspiro a nada que no sea vivir en paz en mi casa, que ni siquiera está dentro del pueblo sino en medio del campo. Muchos de estos neocensores han leído a Marx, saben lo que se hacen y a lo que han renunciado, y son conscientes de que no generan ideología sino productos tóxicos, no es que reflexionen y se equivoquen, sino que rebozan su menú con la intoxicación. Se mueven con la disciplina de un ordenado ejército. Fatiga, aburre, desespera el mecanismo de la política, ese afán para que todo se integre en una dicotomía por la cual ellos son la mitad justa del mundo y el resto (¡esa maldita derechona!), la otra mitad, permanece amparada por una ignominia monocroma y universal. Ormuz y Arimán, dos grandísimos hijos de puta que se repartieron el mundo.

29 de diciembre

Día resacoso y tristón, con escaso pulso vital. Lo paso entero corrigiendo la novela, con la idea de acabarla en pocas semanas y guardármela. Para librarme de ella, he interrumpido el trabajo y he visto la divertidísima *Elena y los hombres,* de Jean Renoir. Creo que es una película que influyó en Berlanga (todos esos movimientos corales, el humor descabellado) y también en Buñuel *(El discreto encanto de la burguesía).* Renoir tiene una frescura inigualable, y siempre nos deleita con su tonificante inmoralidad: el deseo irresistible de la carne, la hipnosis del amor y la intrascendencia de la infidelidad son temas centrales de la película, pero todo su cine está poblado de cornudos que miran hacia otro lado, de viejos comprensivos que entienden que su jovencísima amante se vaya con uno de su edad. En fin, que me he reído mucho. Nunca le agradeceremos bastante a Renoir películas como *La carrosse d'or, Boudu sauvé des eaux* o *Le déjeneur sur l'herbe,* comedias divertidísimas y estimulantes. Por no hablar de *French Cancan* o de esa maravilla absoluta que es *Le fleuve* (si nos metemos en su cine *serio,* la lista se vuelve larguísima: *La grande illusion, La regle du jeu, This land is mine, La Marsellaise, La bête humaine...).*

Voy a meterme ahora mismo en la cama para leer la novela de Gustafsson, *Muerte de un apicultor.* La he empezado esta mañana y me ha atrapado: con poquísimos elementos crea un ambiente desazonante, la definiría como una novela casi silenciosa, susurrada. Teje el vacío en torno del lector para que escuche.

Debo imponerme tareas para los próximos meses: pienso en escribir un artículo sobre *Imán,* en el que tengo a medio terminar sobre Galdós, y pienso también en lo que pasé a limpio de estos cuadernos. Hacer algo que no me deje a solas y vacío. Yo, que tanto me irrito con lo de la escritura automática, qué coño hago escribiendo a vuela pluma en estos cuadernos, sin ordenar previamente lo que intento decir. Así solo salen pinceladas impresionistas: me he leído, me ha gustado, es magnífico, no me gusta nada, etc.; ese tipo de opiniones que carecen del menor interés. Qué más me da que te guste o te disguste un libro o una película. A mí qué me cuentas. Dame algún pensamiento, hilvánname un silogismo, cuéntame dónde tengo que poner ese libro y por qué, qué lugar ocupa en la secuencia, no me pongas delante ese puntillismo vacío, de nula utilidad. Escritos así, los cuadernos no sirven ni para poner orden en mi cabeza, tampoco puedo decir que serán útiles algún día como materia prima de algo que puede venir.

2007

1 de enero de 2007

Concluyo *Muerte de un apicultor.* Leo en la contraportada del libro que es la última entrega de una pentalogía. No sé si será por esa mutilación, pero leída así, sola, se me queda en un espacio demasiado metafísico, descarnado. Estupendo armazón de novela más que novela.

Veo un espectacular reportaje-videoclip del último concierto de Madonna. Sus actuaciones cada vez tienen una carga más violenta e imágenes con una fuerza sexual tremenda, que imagino que atrapan a los adolescentes como la goma de los envisques captura a los pájaros. La exaltación de la mujer fuerte, dominadora, se supone que perfecta, que pone a sus pies a esos negrazos forzudos, está diseñada para desatar instintos de emulación y sensaciones de fracaso en las jovencitas. Luz, sonido, música, imágenes, movimiento, decorados cambiantes. Todo es perfecto. No creo que ninguna de las performances que montan en los museos de arte contemporáneo le llegue a la suela de los zapatos a lo que ella monta. Es el espectáculo total: el invencible poder del dinero al servicio de un producto estudiado hasta en sus menores detalles para obtener el resultado emocional preciso, y puesto en escena con una fuerza aplastante. Pienso en los fenicios vendiéndoles bolitas de colores a mis paisanos hace dos mil quinientos años, en los colonizadores europeos traficando con agua de fuego cuyos excitantes efectos fascinan a los indios, y con ese otro fuego de verdad que salía por los cañones de los fusiles. Pero, de uno u otro modo, ¿qué es lo que hacemos quienes nos movemos por la telaraña de lo que los clásicos del marxismo llaman las superestructuras? No importa que, en los primeros espectáculos de Madonna, se enuncie una ingenua blandura, del orden de cuidemos a los pobres, salvemos a la humanidad: lo que las imágenes transmiten es justo lo contrario: el triunfo del más fuerte, del cuerpo más perfecto, mejor dotado y preparado, del más inteligente y, sobre todo, del más rico, que es capaz de reunir cuanto quiere y ponerlo a funcionar a su servicio en un espectáculo de este calibre.

2 de enero de 2007

Leo *Poliética,* el libro que Fernández Buey dedica a algunos de los fundadores de la sensibilidad ética contemporánea: Karl Kraus, György Lukács, Walter Benjamin, Bertold Brecht, Simone Weil y Primo Levi. Por ahora, he leído los textos dedicados a los tres primeros. Cuenta algo de su biografía, los sitúa en su tiempo, y analiza (en un lenguaje muy asequible para el profano) qué es lo que, a su parecer, han aportado. Libro pedagógico, lo leo con gusto; me sirve de recordatorio y no sé si de reflexión sobre estos autores que han formado parte de mi propia educación, aunque mi falta de formación filosófica me haya impedido sacar de ellos todo el provecho que hubiera debido. Sé que tengo una inteligencia ágil, sensible, pero más impresionista que sólida. ¿Por qué la naturaleza no me habrá dotado de capacidad para el pensamiento abstracto? He sido un auténtico negado para la filosofía, a pesar de que le he dedicado muchas horas de mi vida; tampoco he tenido ninguna dote para las artes plásticas. La pintura me emociona, me conmueve, me excita, pero he sido incapaz de poner una pincelada o de trazar una línea, un absoluto inepto.

Tonteo con la novela y me animo a hacer limpieza de papeles en mi cuarto. Intento en vano ordenar los libros. No puedo. No se puede. Es que no caben, y eso no tiene arreglo. Los cambio de un sitio a otro y el resultado es igual de frustrante. Imagino lo que podría ser una casa ordenada. Qué felicidad. Yo la he tenido: tuve orden en mi pequeño apartamento de La Coma, junto al barrio del Pilar en Madrid; también en la casa de la calle Calatrava, y en la de Valverde de Burguillos. El caos empezó cuando me mudé aquí. Aquellos tiempos en los que, para encontrar un libro, no tenía más que tender la mano. El nuevo orden ya solo me llegará en alguna reencarnación. Cada vez que subo a Benigembla y veo la casa que hicimos M. y yo (bueno, la hicieron sus albañiles movidos por el dinero del banco que ya veremos cuándo devolvemos), miro con codicia las largas y altas paredes vacías. Quién las tuviera. Se me cae la baba. Imagino orden, y que ese orden de la casa se me contagia a mí, impregna mi vida, pone en su sitio cuanto hago.

Por la noche he visto una película de Brian de Palma que se titula *Atrapado por su pasado,* con De Niro y Sean Penn. Es del 93 y describe el mundo de los traficantes neoyorquinos de un modo muy convincente. Pese a algunos excesos que chirrían y a ciertas trampas de trama para atrapar la atención del espectador, es una película excelente. Ahora, mientras escribo estas líneas, escucho el piano de Joaquín Achúcarro, delicadísimo, interpretando la «Danza lejana», de Falla. El mundo tiene tendencia a ordenarse, a parecerme hermosamente bien hecho cuando llegan estas horas de la noche. Hasta los libros parecen encontrar su sitio. ¿Por qué le cuesta tanto al día encontrar sentido y solo lo entrega cuando va a acabarse? Echando humo por la boca, llevándome a los labios un vasito de whisky (apenas probándolo, solo un sorbito, o, ni siquiera, un toque en los labios, soy bebedor social, incapaz de echar un trago a solas), oyendo esta música y viendo correr el plumín sobre la página parece que me alcanza el orden que imagino en la casa de paredes amplias de Benigembla, con los lomos de los libros a la vista y colocados en su sitio. Para cerrar el círculo perfecto, la locutora de radio Clásica anuncia la octava de Beethoven por Bruno Walter.

Hace unos días hablaba aquí de mi incapacidad para el estudio de la filosofía. Viene a cuento esta cita de Brecht que me encuentro en el libro de Fernández Buey: «No creo que llegue a tener una filosofía tan completa como la de Goethe o la de Hegel, que debieron tener memoria de revisor de tranvía en lo que respecta a sus ideas. Yo olvido siempre las mías y no puedo decidirme a memorizarlas... ¿Qué haré cuando sea viejo? ¡Qué penosamente viviré con mis recuerdos diezmados y mis ideas desvencijadas, que no serán sino tullidos arrogantes!»

Otra cita sacada del libro, esta de Walter Benjamin: «Un pensamiento tiene que ser tosco si va a entrar en acción por sí solo.»

3 de enero

Día agitado y poco productivo, tras una noche insomne. A las cuatro de la mañana estaba leyendo *Weekend (d'estiu) à Nova York,* de Josep Pla, y a las seis y cuarto oía las noticias de la radio. Luego, visitas, citas, copas: un día de pendoneo. Solo un par de horas de la mañana las he dedicado a maquillar, depilar, embellecer la novela que, en mi interior, doy por acabable, ya que no por acabada. Me digo que ahora es solo cuestión de tiempo. No sé. A ratos me parece que es una excelente novela (dura, bestia), mientras que, en otros momentos, pienso que estoy drogado con ella, que me he creado un código desde el que la miro, y fuera del cual el texto no se sostiene. A ver si, en unos cuantos días, la doy por provisionalmente acabada, la paso a papel, y me la leo de un tirón. De momento, me meto en la cama con Pla y su Nova York, que, en cuanto te descuidas, te lleva a Barcelona. Ya el barrio portuario de La Habana (primera escala en el trayecto) le ha parecido la Barceloneta; la visión de los rascacielos neoyorquinos lo lleva a oponerlos a la arquitectura de Gaudí; y cuando pisa la ciudad, y la descubre tan rica y llena de vida, lo primero que se pregunta es cómo no hay más catalanes que hayan emigrado allí. El libro está estupendamente escrito en una prosa hermosa y brillante (los rascacielos de Manhattan le parecen *«un manat fantàstic d'esparrecs»),* lo que no evita que, acá y allá, salgan las *boutades* de Pla, quien no tiene el menor pudor en decir ¡en 1954! cosas como estas: *«Hi ha persones que han vist centenars i centenars de films una gran part dels quals contenen aquestes imatges que ara tenim davant. I bé: aquestes persones no queden, davant l'espectacle, tan fascinades como jo, per exemple, que, pel fet de no anar mai al cinema i viure al camp, em trobo més candorosament i inèditament preparat per a rebre el seu impacte. Per ells, aquestes formes viuen en la seva memòria cinematogràfica. Per mi són una realitat que s'imposa a través un xoc directe i primigeni»* (pág. 23). Lo primero que se te viene a la cabeza decirle: Usted es un fresco. El *homenot,* sin pensárselo dos veces, se viste un traje de campesino palurdo que no se cree nadie. Pero ¿este hombre no ha sido corresponsal en París, Roma y Berlín? ¿No ha visto en ningún noticiario los rascacielos? A él lo que tú pienses le da igual. Se lo pasa por. La provincia es una filosofía, o un estado de ánimo literario, no una realidad.

4 de enero

Creo que tengo el orden definitivo de la novela. Queda, sobre todo, cortar y ajustar en la primera parte, donde se me va de las manos, y reescribir los dos últimos capítulos de Rubén Bertomeu, que exigen vaselina, porque entran a tropezones. Una vez hecho eso, vamos a ver qué tal queda. Hay tramos en los que tengo la impresión de que estoy leyéndome una excelente novela y otros en los que me parece desmadejada e incluso pasada de rosca. Lo que no creo, en cualquier caso, es que sea un libro inane; tal vez, demasiado discursivo. Me digo que, si acabo esta de una vez, la siguiente –si llega– tendría que ser pura acción. El desquite de Chirbes.

5 de enero

Demoledora lectura general. La próxima puede que sea el desquite de Chirbes como escribía anoche, pero desde luego esta es su naufragio. No puede salir una buena novela si tú no sabes quién eres ni dónde estás. Como consuelo, vuelvo a ver *La diligencia.* Qué belleza. Hoy me fijo en el momento en que se bifurcan los caminos y los soldados toman uno y la diligencia otro; o en cómo brilla el vaso del tahúr cuando se lo ofrece a la dama. Ford domina la gramática: cada plano está cargado de sentidos; y la sintaxis: todo fluye y se sucede acumulando esos sentidos, creando un nudo cada vez más complicado con una naturalidad asombrosa. Ves esa película y, como Vallejo al ver pasar a los brigadistas de la guerra española, no sabes dónde ponerte. Lo tiene todo: inteligencia, sensibilidad, una idea del mundo, un conocimiento asombroso de la psicología humana, una técnica depurada. Con un plano puede definir un personaje o la lucha de clases. Por cierto que siempre se me olvida el nombre del estupendo borracho que en tantas películas de aquellos años vemos: es Thomas Mitchell, un actorazo.

Me quedo hasta las cuatro de la mañana taciturno, pensando en que no tengo nada. La novela falla de arriba abajo. No se sostiene el punto de vista. Es una construcción de cartón. Me hundo. Se me mete el tono del libro en la cabeza y me desagrada, me rasca, hasta diría que me humilla, es un soniquete de copla barata. ¿Qué puedo hacer? Tener dos cojones y guardármela. ¿Y? Si hago eso, ¿seré capaz de empezar otra cosa? Pero si yo lo que quiero contar es esto, lo que veo a mi alrededor desde que me he venido a vivir aquí, si la novela tenía que ser casi mi testamento. Uno no puede cambiar el testamento por las buenas, solo porque no sabes redactarlo bien. Menuda jugada les haces a la viuda y a los hijos, menuda jugada te haces tú mismo, porque un testamento cierra el sentido de una vida, es, como diría el personaje de la novela que cita a Dumas, su manera de impartir justicia, separar el bien del mal. Además, están los aspectos digamos de estrategia, o de logística: ¿tendré el valor suficiente para pasarme dos o tres años más mirando las musarañas a la espera del paráclito? Y, en otro caso, ¿seguir empeñado en lo que no tiene arreglo? Estoy asustado, o, por lo menos, deprimido. Voy a acostarme y a intentar dormir.

6 de enero

Los Reyes Magos han traído un día cálido, luminoso, que gozo desde la mesa, a pesar de que me paso la mañana desguazando la novela, descubriendo, ay, eso que temía descubrir: su inanidad. Ya no puedo pensar que se resuelve eliminando media docena de fragmentos prescindibles. Así y todo, corto, tacho, releo. Hoy lo cortaría todo. Empezaría de nuevo. Pero, de pronto, me dejo atrapar por una frase. Me digo que, a lo mejor, puedo rescatar algo. ¿Dejarla del todo? Me da miedo quedarme otra vez en blanco un día tras otro, un mes tras otro; sin nada. Convertirme en el protagonista de *El resplandor,* colgado de una sola frase. Me digo que si ensombrezco un poco a Rubén Bertomeu, que si consigo hilar mejor su relación con los rusos (es solo poner una pincelada, apenas una frase), es decir, si trabajo, el libro puede coger algún sentido. Doy vueltas, me desespero, aquí, solo, sin ducharme ni afeitarme, oliendo a rayos a la una de la mañana, sin apenas conexión con nadie, sin trabajo, sin dinero. Pero todo eso no es grave. Lo único grave es tener la cabeza vacía y la pluma seca. Ni siquiera puedo bajar al bar a tomarme un café o un gin-tonic. No creo que a estas horas, y en noche de Reyes, haya ningún bar abierto. Además, cómo voy ir a ningún sitio, si huelo a tigre.

(Fin del cuadernito negro con tapas Marbré.)

ÍNDICE

A RATOS PERDIDOS 3
(2005-2006) 7
Sigue la agenda Max Aub
(5 de marzo de 2005-5 de mayo de 2005) 9
Inserción de un cuadernito de tapa dura negra/
Viaje a Alemania (23-29 de mayo de 2005) 67
Vuelta a la agenda Max Aub
(23 de junio-27 de octubre de 2005) 93
Un cuadernito negro de tapa dura
(28 de octubre de 2005-26 de febrero
de 2006) 165
Un cuadernito negro de tapa blanda
(1 de marzo-6 de mayo de 2006) 253

A RATOS PERDIDOS 4
(mayo de 2006-enero de 2007)
Tempus fugit 345
Sigue mayo de 2006 347
Un cuaderno azul, afelpado, que lleva
la inscripción Berlín
(28 de mayo-3 de julio de 2006) 413
Viaje a Alemania 464

Cuaderno Moma
(6 de julio-30 de agosto de 2006). 499
El cuaderno negro cuadrado
(septiembre-octubre de 2006) 567
Notas sueltas 629
Un cuadernito negro Marbré
(1 de noviembre de 2006-6 de enero de 2007). . 637